Königseder Recht und nationalsozialistische Herrschaft
Berliner Anwälte 1933–1945

Recht und nationalsozialistische Herrschaft

Berliner Anwälte 1933–1945

Ein Forschungsprojekt des Berliner Anwaltsvereins e.V.

Von
Dr. Angelika Königseder

Hrsg. vom Berliner Anwaltsverein

Copyright 2001 by Deutscher Anwaltverlag, Bonn
Satz: W&V Werbe- und Verlagsgesellschaft mbH, Grevenbroich
Druck: Richarz Publikations-Service GmbH, St. Augustin
Titelgestaltung: D sign Agentur für visuelle Kommunikation, Peter Korn-Hornung, Solingen

Die Deutsche Bibliothek – CIP-Einheitsaufnahme

Königseder, Angelika:
Recht und nationalsozialistische Herrschaft: Berliner Anwälte 1933 – 1945;
ein Forschungsprojekt des Berliner Anwaltsvereins e.V. / Angelika Königseder.
Hrsg. vom Berliner Anwaltsverein. – Bonn: Dt. Anwaltverl., 2001
  ISBN 3-8240-0528-X

Geleitwort

Der Berliner Anwaltsverein hat 1995 eine große Anstrengung beschlossen, die der Selbstvergewisserung durch die kritische Darstellung des Berufsstandes in Berlin unter nationalsozialistischer Diktatur dienen soll. Lutz von Pufendorf regte eine breit angelegte wissenschaftliche Studie an, in der alle zentralen Fragen des Standes und seiner Mitglieder im historischen Kontext von Staat und Gesellschaft des „Dritten Reiches" behandelt werden müßten, Gleichschaltung und Zulassungsgesetze ebenso wie Ehrengerichtsbarkeit, die Problematik der Strafverteidigung vor Sondergerichten oder dem Volksgerichtshof, das Schicksal jüdischer Anwälte wie die Entwicklung des Standesrechts, um Beispiele zu nennen.

Das Zentrum für Antisemitismusforschung der Technischen Universität Berlin hat – in seiner Kompetenz als Forschungsinstitution, die sich auch mit der Geschichte des Nationalsozialismus beschäftigt – die Anregung gerne aufgenommen und Dr. Angelika Königseder als einschlägig ausgewiesene Historikerin nominiert. Im Zeitraum September 1996 bis Ende 1999 wurde die Studie erstellt.

Im Mittelpunkt der Darstellung, die Institutionen, Strukturen und Sachkomplexe anwaltschaftlicher Rechtspflege unter nationalsozialistischer Herrschaft thematisiert, stehen Personen als Opfer, als Täter, als Nutznießer, als Gleichgültige. Die kollektive Biographie der Berliner Anwaltschaft besteht aus Einzelschicksalen mit vielen Nuancen und Facetten. Der Bogen spannt sich von prominenten Anwälten auf der Seite des Regimes wie Rüdiger Graf von der Goltz oder Walter Luetgebrune, die sich schon vor 1933 in der Partei Hitlers engagierten, über Opportunisten wie den Verbandsfunktionär Wolfgang Hercher oder den Gauführer des NS-Rechtswahrerbundes Georg Staege, den Hauptschriftleiter der „Juristischen Wochenschrift" Rudolf Hensen oder Anwalt Gerhard Bohne, der Handlanger der „Euthanasie"-Morde wurde, über achtbare und unauffällige Standesvertreter, deren Berufsethos die NS-Diktatur unbeschadet überstand, zu den Widerstandskämpfern Helmuth James Graf von Moltke, Josef Wirmer, Klaus Bonhoeffer, Carl Langbehn, die ihre Gegnerschaft zum Regime mit dem Tod büßten.

Ein besonderes Kapitel war die Diskriminierung der Frauen im Anwaltsberuf. Bis auf 15 Berliner Anwältinnen sind alle ab 1933 aus dem Beruf gedrängt worden; als eine der ersten die Kommunistin Hilde Benjamin, die als geschickte Verteidigerin der Mörder Horst Wessels im September 1930 Aufsehen erregt und den besonderen Haß der Nationalsozialisten auf sich gezogen hatte. Im April 1933, nach dem Berufsverbot, wurde sie in „Schutzhaft" genommen. Als Jüdin verlor Margarete Berent im April die Zulassung, die sie 1925 als erste Anwältin in Preußen (und als zweite im ganzen Deutschen Reich) erhalten hatte. Das sind Beispiele, die für viele Biographien stehen.

Die Studie will einen Beitrag zur Aufarbeitung der Geschichte der Anwaltschaft und der Rechtsanwälte in Berlin leisten, über die standes- und regionalgeschichtliche Bedeutung des Untersuchungsgegenstandes hinaus ist die Arbeit ein wichtiger Beitrag zur Sozialgeschichte. Dem Berliner Anwaltsverein gebührt Respekt für die Absicht, Licht in ein dunkles Kapitel der Geschichte zu bringen, die zur Vergabe des Forschungsauftrags führte, und Dank für die vertrauensvolle Zusammenarbeit. Auf die Ausarbeitung der Studie im Zentrum für Antisemitismusforschung hat der Anwaltsverein als Auftraggeber zu keiner Zeit Einfluß zu nehmen versucht.

Berlin, im September 2001

Prof. Dr. Wolfgang Benz
Leiter des Zentrums für Antisemitismusforschung
TU Berlin

Vorwort

Die nachfolgenden Zeilen werden zu einem Zeitpunkt geschrieben, zu welchem die Welt unter dem Schock der Terroranschläge in den USA steht. Die zivilisierte Welt ist aufgerufen, gegen Terror aufzustehen.

1933–1945 fand Terror gegen die jüdischen Mitbürger statt. Die Vertreter der zivilisierten Welt, u. a. die Anwaltschaft, waren danach ebenfalls aufgerufen – schon aufgrund der berufsethischen Ausrichtung – Mitbürger, Kollegen, Partner, Konkurrenten vor diesem Terror zu schützen, solidarisch zu sein.

Damals hat die große Mehrheit der Anwaltschaft versagt. Das Bewußtsein dieses Versagens wirkt heute noch nach. Vielleicht sind wir empfindsamer, feinfühliger gegen Terror und Ungerechtigkeit. Hoffentlich sind wir einsichtiger gegen Pauschalverurteilung, gegen blanke Vergeltung.

Die Befassung mit der Zeit 1933–1945 soll der Berliner Anwaltschaft helfen, aus der Beschämung der Vergangenheit für heute und die Zukunft Konsequenzen zu ziehen.

Die Erkenntnisse aus dem Fehlverhalten der meisten damals soll die meisten heute daran mahnen, daß blinder Haß, Rassendünkel und Menschenverachtung keine Rolle mehr in der Zivilisation von heute spielen dürfen.

Der Forschungsauftrag des Berliner Anwaltsvereins, dessen Ergebnis dieses Buch darstellt, ist angesichts des Terrors vom 11.09.2001 so aktuell, daß der Berliner Anwaltsverein zu Recht festhalten kann, daß es sinnvoll war, auch die Facetten der Täter, der Dulder, der Wegseher und nicht nur die der Opfer zu beleuchten. Möge diese Erkenntnis über Verhalten von Menschen dazu beitragen, menschenverachtenden Terror, Diskriminierung und Rassenhaß zu verhindern, zumindest weitgehend einzuschränken. Mögen die Erkenntnisse die Sensibilität gegen Gleichgültigkeit, Wegschauen verstärken.

Die Anwaltschaft ist aufgerufen, gegen Extremismus, gleich von welcher Seite – Vorbote des Terrorismus –, offen Stellung zu beziehen. 1933-1945 darf sich, gleich wo, gleich gegen wen und gleich in welcher Massivität nicht wiederholen.

Berlin, 17. September 2001

Uwe Kärgel
1. Vorsitzender des Berliner Anwaltsvereins

Inhaltsverzeichnis

Abkürzungsverzeichnis		11
I.	**Einleitung**	13
	1. Der freie Anwalt	13
	2. Wirtschaftliche Not	14
	3. Der Weg der jüdischen Juristen zum Anwaltsberuf	16
II.	**Revolution, Ausgrenzung und Anpassung**	20
	1. Der Terror nach der nationalsozialistischen Machtübernahme	20
	2. Die Propaganda der Partei und ihrer Organisationen	26
	3. Der Kerrl-Erlaß vom 31. März 1933	27
	4. Das „Gesetz über die Zulassung zur Rechtsanwaltschaft" vom 7. April 1933	30
	5. Das Armenrecht und die Bestellung als Vertreter	42
	6. Die Inschutzhaftnahme	51
	7. Die Gleichschaltung der Standesorganisationen	61
	7.1. Die Reichs-Rechtsanwaltskammer	61
	7.2. Die Rechtsanwaltskammer Berlin	65
	7.3. Der Deutsche Anwaltverein	78
	7.4. Der Berliner Anwaltverein	86
III.	**Die Rechtsanwältinnen**	88
IV.	**Die Vorkriegsjahre**	94
	1. Der Kampf um die Erweiterung der Betätigungsfelder	94
	2. Die Entwicklung des Standesrechts	97
	3. Die Ausschaltung der jüdischen Rechtsanwälte	110
V.	**Die Ehrengerichtsbarkeit**	123
VI.	**Die Strafverteidiger**	139
	1. RA Alfons Sack und der Reichstagsbrand	141
	2. Verteidigung nach Kriegsbeginn	150
	3. Verteidigung vor den Sondergerichten	158
	4. Verteidigung vor dem Volksgerichtshof	162
VII.	**Die Kriegsjahre**	186
	1. Disziplinierung und Entfremdung	186
	2. Das Schicksal der jüdischen Rechtsanwälte	199
VIII.	**Biographien von Berliner Rechtsanwälten**	211
IX.	**Die Nachkriegszeit**	226
Dokumente		231
Quellen- und Literaturverzeichnis		385

Abkürzungsverzeichnis

AV	Allgemeine Verfügung
BA	Bundesarchiv, Berlin
BDC	Berlin Document Center
BGB	Bürgerliches Gesetzbuch
BNSDJ	Bund Nationalsozialistischer Deutscher Juristen
DAV	Deutscher Anwaltverein
DVO	Durchführungsverordnung
EGH	Ehrengerichtshof
GStA	Geheimes Preußisches Staatsarchiv, Berlin
IfZ	Institut für Zeitgeschichte, München
JW	Juristische Wochenschrift
KSSVO	Kriegssonderstrafrechtsverordnung
KStVO	Kriegsstrafverfahrensordnung
Nbg.Dok.	Nürnberger Dokument
NJW	Neue Juristische Wochenschrift
NSRB	Nationalsozialistischer Rechtswahrerbund
OLG	Oberlandesgericht
RAK	Rechtsanwaltskammer
RAO	Rechtsanwaltsordnung
RG	Reichsgericht
RGBl	Reichsgesetzblatt
RJM	Reichsjustizminister
RRAK	Reichs-Rechtsanwaltskammer
RRAO	Reichs-Rechtsanwaltsordnung
SD	Sicherheitsdienst
StGB	Strafgesetzbuch
VfZ	Vierteljahrshefte für Zeitgeschichte
VGH	Volksgerichtshof
VO	Verordnung

I. Einleitung

1. Der freie Anwalt

Das Jahr 1879 ging in die Geschichte der deutschen Anwaltschaft ein; das Inkrafttreten einer reichsweiten Rechtsanwaltsordnung (RAO) begründete die freie Advokatur. Bis dahin war die Entwicklung der Anwaltschaft in den einzelnen deutschen Ländern sehr unterschiedlich verlaufen.[1] In Preußen hatte Friedrich II. 1780 die Advokaten und Prokuratoren, deren Zahl sein Vater Friedrich Wilhelm I. bereits 1713 an den preußischen Gerichten streng reglementiert hatte, zu staatlich bestellten „Justizkommissaren" ernannt. Ihre Stellung glich mehr der eines Beamten als der eines Vertreters eines freien Berufes. Damit verschwand gleichzeitig die seit Beginn des 16. Jahrhunderts bestehende Zweiteilung des Anwaltsberufes in Advokaten und Prokuratoren; Advokaten hatten Schriftsätze und Eingaben angefertigt, während die Prokuratoren vor Gericht aufgetreten waren. Seit Inkrafttreten der Preußischen Gerichts-Organisations-Verordnung vom 2. Januar 1849 bezeichnete man den Justizkommissar als Rechtsanwalt. Er wurde von der Justizverwaltung für ein bestimmtes Gericht ernannt und gleichzeitig mit dem Amt des Notars betraut.[2]

Die Forderung nach der gesetzlichen Freigabe der Advokatur war erstmals während der Revolution von 1848 laut geworden; 1863 nahm sie der 4. Deutsche Juristentag[3] in sein Programm auf, und 1876 wurde sie im Reichstag im Zusammenhang mit der Behandlung der Reichsjustizgesetze erhoben. Ein am 23. Mai 1878 verabschiedetes Gesetz schuf schließlich erstmals eine reichsweite Rechtsanwaltsordnung, die den Zugang zur Advokatur freigab und das anwaltliche Kammersystem begründete.[4] Das Gesetz wurde am 1. Juli 1878 veröffentlicht und trat am 1. Oktober 1879 in Kraft. Wer die Voraussetzungen erfüllte – die wichtigste Bedingung war die Befähigung zum Richteramt nach Ablegung des zweiten Staatsexamens –, hatte nun Anspruch auf Zulassung als Rechtsanwalt, soweit nicht ein in der Rechtsanwaltsordnung genannter Hinderungsgrund wie Vorstrafe, Ausschluß aus der Anwaltschaft aufgrund eines ehrengerichtlichen Verfahrens, ein geleisteter Offenbarungseid, eine mit der Würde des Anwaltsberufes nicht zu vereinbarende Beschäftigung oder ein körperliches Gebrechen vorlag. Die RAO beschränkte die Zulassung lediglich vor dem Reichsgericht auf 20 Rechtsanwälte.[5]

---

1 Zur Geschichte der Rechtsanwaltschaft vgl. ausführlich: Fritz Ostler, Die deutschen Rechtsanwälte 1871-1971, Essen 1971, passim; Gerhard Hartstang, Der deutsche Rechtsanwalt. Rechtsstellung und Funktion in Vergangenheit und Gegenwart, Heidelberg 1986, S. 3-59.
2 Hartstang, Der deutsche Rechtsanwalt, S. 13ff.
3 Die angesehene und traditionsreiche Vereinigung „Der Deutsche Juristentag" war 1860 in Berlin gegründet worden und entwickelte sich im Laufe der Jahre zu einer gedanklichen Austauschbörse für Juristen. Bis 1933 avancierte „Der Deutsche Juristentag" zu einer geistigen Zentralstelle für die Weiterentwicklung des deutschen Rechts. Die während seines Treffens 1924 verabschiedete Satzung war gleichzeitig Programm: „Der Deutsche Juristentag ist eine Vereinigung zur Förderung des lebendigen Meinungsaustausches und des persönlichen Verkehrs unter den deutschen Juristen. Er will unter Ausschluß jeder Parteipolitik und jeder einseitigen Interessenvertretung für eine gerechte und zweckentsprechende Fortbildung des Rechts auf dessen gesamtem Gebiete wirken." Die Ständige Deputation des „Deutschen Juristentags" trat letztmals am 29. April 1933 zusammen. Mit nur einer Ausnahme verweigerten die Mitglieder die Gleichschaltung der Vereinigung, was de facto ihr Ende bedeutete. De iure wurde er am 1. Juli 1937 aufgelöst; sein Vermögen übernahm der Nationalsozialistische Rechtswahrerbund (NSRB). 1949 wurde „Der Deutsche Juristentag" wiedergegründet. Horst Göppinger, Juristen jüdischer Abstammung im „Dritten Reich". Entrechtung und Verfolgung, München 19902, S. 129ff.
4 Zum Inhalt s. Ostler, Die deutschen Rechtsanwälte, S. 15ff.; Peter Landau, Juristen jüdischer Herkunft im Kaiserreich und in der Weimarer Republik. Dem Andenken Ernst Landsbergs, in: Helmut Heinrichs/Harald Franzki/Klaus Schmalz/Michael Stolleis (Hrsg.), Deutsche Juristen jüdischer Herkunft, München 1993, S. 135.
5 Hartstang, Der deutsche Rechtsanwalt, S. 23f.

I. Einleitung

Die neue Rechtsanwaltsordnung regelte nicht das Verhältnis von Anwaltschaft und Notariat, so daß in weiten Teilen Preußens und auch in Berlin im Gegensatz zum süddeutschen Raum weiterhin beide Berufe vereinbar blieben.

2. Wirtschaftliche Not

Die Freigabe der Advokatur führte rasch zu einem zahlenmäßigen Anstieg der Anwälte. Waren 1880 reichsweit 4091 Anwälte zugelassen, erhöhte sich die Zahl 1895 bereits auf 5597, 1905 auf 7835 und im Vorjahr des Ersten Weltkriegs 1913 auf 12 297.[6] In Berlin gab es am 1. Oktober 1879 98 Anwälte und nur ein Jahr später bereits 250; im Laufe der nächsten zwanzig Jahre stieg die Zahl auf 1001.[7] Diese Entwicklung ließ bald Diskussionen hinsichtlich eines zulassungsbeschränkenden numerus clausus aufkommen, da die in der ebenfalls 1879 erlassenen Gebührenordnung festgelegten Vergütungssätze hinter der Preisentwicklung zurückblieben und damit der wachsenden Zahl der Anwälte kein ausreichendes Einkommen garantierten. Bereits am Vorabend des Ersten Weltkriegs war die wirtschaftliche Lage eines Großteils der Anwaltschaft schlecht. Die Zahl der mit Anwaltszwang geführten Prozesse war von 482 714 im Jahr 1908 auf 369 911 im Jahr 1913 gefallen. Eine Anhebung der Gebühren unterblieb. Gleichzeitig wurden immer mehr Rechtsauskunftsstellen gegründet, die das Betätigungsfeld der Rechtsanwälte einschränkten. Der Kriegsausbruch verschlimmerte die Situation gravierend; zum einen gingen, bedingt durch Krieg und Kriegsrecht, die Aufträge zurück, und zum anderen mußten die Kriegsdienstleistenden – und dies betraf mindestens die Hälfte aller Rechtsanwälte[8] – als Freiberufler wenigstens teilweise auf ihr Einkommen verzichten. 1918 zeichnete die „Juristische Wochenschrift" ein dramatisches Bild von der Lage der Anwaltschaft. Zahlreiche Praxen seien geradezu vernichtet, und bei vielen Anwälten sei bittere Not eingekehrt, weil die Gebührenordnung nicht der inflationären Geldentwicklung angepaßt werde.[9] Auch nach dem Ersten Weltkrieg[10] blieb das unzureichende Gebührenrecht ein Sorgenkind der Anwaltschaft.[11]

1919 erfolgte die lange geforderte Simultanzulassung der Berliner Landgerichtsanwälte an allen drei Landgerichten der Stadt[12], und am 3. Juli 1927 beendete ein Gesetz zur Änderung der RAO die jahrzehntelange Diskussion über die Benachteiligung der nur Amtsgerichts- bzw. nur Landgerichtsanwälte. Das Gesetz führte mit Wirkung vom 1. Januar 1928 die Simultanzulassung des Rechtsanwalts sowohl beim Landgericht als auch beim Amtsgericht ein. Und dennoch konnte sich die Berliner Anwaltschaft in den Jahren der Weimarer Republik nicht wirklich konsolidieren; die Einkommen eines Großteils der Rechtsanwälte blieben – auch durch die inflationäre Geldentwertung bedingt – zu niedrig. Viele Wirtschaftsunternehmen waren nicht in der Lage, die anwaltlichen Gebühren aufzubringen und griffen deshalb auf kostengünstigere Rechtsberater zurück. Zudem verloren die festgesetzten Gebühren ständig real an Wert. Das Tätigkeitsfeld der Anwälte wurde außerdem weiter eingeengt durch ihren Ausschluß vor den Arbeitsgerichten erster Instanz durch eine Änderung des Arbeitsgerichtsgesetzes vom 23. Dezember 1926 und die Erweiterung der Zuständigkeit der Amts-

---

6 Ostler, Die deutschen Rechtsanwälte, S. 60.
7 Tillmann Krach, Jüdische Rechtsanwälte in Preußen. Über die Bedeutung der freien Advokatur und ihre Zerstörung durch den Nationalsozialismus, München 1991, S. 40f.
8 Ostler, Die deutschen Rechtsanwälte, S. 153.
9 Ebenda, S. 110f.
10 Für die Geschichte der Berliner Anwaltschaft in den Jahren 1918 bis 1923 vgl. ausführlich: Willy Alterthum, Fünf Jahre Berliner Rechtsanwaltschaft. Ein Streifzug durch Protokolle und andere Schriften, in: Festschrift für Albert Pinner zu seinem 75. Geburtstag, Berlin 1932, S. 55-107.
11 Ostler, Die deutschen Rechtsanwälte, S. 154ff.
12 Alterthum, Fünf Jahre, S. 77.

gerichte von 500 auf 800 RM durch die „Notverordnung des Reichspräsidenten zur Sicherung von Wirtschaft und Finanzen" vom 1. Dezember 1930. Diese Notverordnung führte zudem eine Kürzung der Anwaltsgebühren in Armensachen ein und ermöglichte in Zukunft die Erhebung von Gewerbesteuer bei freiberuflich Tätigen.[13] Auch die Einstellung von Syndikusanwälten, die fest an ein Unternehmen gebunden sind, ging zu Lasten der freien Anwälte.

Auf der Habenseite der Anwaltschaft zu verbuchen waren lediglich das Gesetz vom 18. Dezember 1919, das die staatliche Auslagenerstattung für die bisher unentgeltlich geführten Armensachen einführte, und jenes vom 6. Februar 1923, das einen Gebührenanspruch für Armensachen schuf.[14]

Während sich also das Tätigkeitsgebiet der Anwälte verkleinerte, nahm ihre Zahl stetig zu. Vor allem die Rechtsanwälte in der Reichshauptstadt litten unter der Überfüllung ihres Berufsstandes. In Berlin waren 1919 1868 Anwälte zugelassen, 1923 war die Zahl auf 2386, 1929 auf 3096 und 1932 auf 3355 gestiegen.[15] Die starke Konzentration in Berlin erklärt sich durch die Hauptstadtfunktion. In Berlin hatten zahlreiche Reichs- und preußische Behörden, viele Industrieunternehmen, Banken und Verbände ihren Sitz. Reichsweit waren 1919 12 030 Anwälte zugelassen,[16] 1929 15 846 und 1933 bereits 19 208.[17] Die Prozeßtätigkeit war jedoch von 102 000 Prozessen, die im Jahr 1930 vor den Berliner Landgerichten geführt worden waren, auf 62 600 im Jahr 1932 und gar auf nur 45 630 im Jahr 1933 zurückgegangen.[18] Julius Magnus, Herausgeber und Seele der „Juristischen Wochenschrift", prägte die Formel: „Der Divisor steigt rapide, der Dividendus fällt."[19] Die Anwaltschaft befand sich in einer Notlage.

Ein Pressebericht vom März 1931 zeichnete das düstere Bild von der hauptstädtischen Anwaltschaft: „Wer die gegenwärtige Lage der Rechtsanwälte schildert, der wird, ob er es will oder nicht, zum Anwalt des Anwaltes. Wenn man ganz pessimistisch sein will: Zum Armenanwalt des Anwaltes. Es läßt sich nicht länger verbergen, daß der Anwaltsstand zu einem nicht geringen Teil der Proletarisierung verfällt. ... 30-35 v.H der gesamten Anwaltschaft hatte im Jahr 1929 kein höheres Gesamteinkommen als 10 000 M. Darunter sehr viele, die nicht einmal ein Jahreseinkommen von 3000 M erreichten. Und nur 5 v.H. verdienen mehr als 35 000 M. ... Arbeitslosigkeit wie überall. Und dabei ein nachdrängendes Heer von massenhaft von den Universitäten gelieferten Novizen. ... Und kein Ende dieser geometrischen Reihe ist abzusehen. Denn die ganze Lage mit ihrem abschreckenden Abbau der Angestellten treibt zur Flucht in den freien Beruf. In der Verwaltung ist für den Juristen kein Bedarf. ... In der Justiz schreckt eine lange Wartezeit. Die Wirtschaft ist heute kein günstiger Boden, sie ist selber krank. So bleibt nur die Rechtsanwaltschaft. ... Und dieser Überfülle steht eine sparsame, störrische Klientel gegenüber. Dem Kaufmann fehlt die nötige geldliche Bewegungsfreiheit und damit der Kraftüberschuß zur Freude am Prozeßführen. Man vergleicht sich heute schnell, man begnügt sich heute rasch. Dabei überall kaufmännische Organisationen, die den Schlichter zwischen ihren Mitgliedern spielen und so den Rechtsanwalt ausschalten. Das Schiedsgericht macht Prozesse überflüssig. Und zu alldem hat jede größere Organisation, jedes größere Unternehmen einen eigenen Rechtsanwalt, der die Möglichkeit von Prozessen auffängt. Und daß bei diesem Drang zur prozessualen Sparsamkeit die Winkelkonsulenten erst recht glanzvoll und üppig in Erscheinung treten, ist nur zu selbstverständlich. ... Und zu alldem traf die Anwaltschaft gerade jetzt von oben ein

---

13 Ostler, Die deutschen Rechtsanwälte, S. 202f.
14 Ebenda, S. 160.
15 Berliner Anwaltsblatt 2 (1930), S. 31; Reinhard Neubert, Anwalt in der Politik, Berlin 1939, S. 240.
16 Ostler, Die deutschen Rechtsanwälte, S. 207.
17 Lothar Gruchmann, Justiz im Dritten Reich 1933-1940. Anpassung und Unterwerfung in der Ära Gürtner, München 1988, S. 125.
18 GStA Rep. 84a MF 1252. Bericht des Vorstandes der Anwaltskammer in Berlin über das Jahr 1933, S. 5.
19 Zit. nach: Hartstang, Der deutsche Rechtsanwalt, S. 29.

I. Einleitung

fürchterlicher Schlag: die Notverordnung des Reichspräsidenten.... Der Anwalt muß Gewerbesteuer zahlen.... Dann wurde die Zuständigkeitsgrenze der Amtsgerichte von bisher 500 M Prozeßsachen auf 800 M erhöht.... Sachen, die bisher dem Anwaltszwang unterlagen, können jetzt durch freie Vertreter, lies Winkelkonsulenten, vertreten werden.... Und zu alledem werden noch die Armenrechtsgebühren herabgesetzt.... Es geht eben dem Groß der Anwälte herzlich schlecht.... Es besteht eine große Gefahr, daß sich das Gesicht der Anwaltschaft wandelt, daß das Berufsethos von der Not angenagt wird und daß mancher Rechtsanwalt ein... Geschäftemacher wird."[20]

Die Verelendung der Anwaltschaft bewirkte einen folgenschweren Beschluß, den der Deutsche Anwaltverein auf seiner Abgeordnetenversammlung am 4. Dezember 1932 in Berlin faßte. Nach jahrzehntelanger Diskussion sprach sich eine deutliche Mehrheit für die Einführung einer sofortigen Zulassungssperre und der anschließenden Einführung eines numerus clausus aus. Die Nationalsozialisten lehnten diese Maßnahmen zwar mit der Begründung ab, daß damit der Nachwuchs benachteiligt würde; die Anwaltschaft hatte mit der Aufgabe des unbeschränkten Zulassungsanspruches jedoch freiwillig ein hohes Gut der freien Advokatur geopfert und damit den neuen Machthabern in die Hände gespielt.

3. Der Weg der jüdischen Juristen zum Anwaltsberuf

Berlin spielt in der deutsch-jüdischen Geschichte und in der jüdischen Anwaltsgeschichte eine besondere Rolle. 160 564 der 499 682 im Juni 1933 im Deutschen Reich lebenden Juden wohnten in Berlin. Die Stadt beherbergte damit nicht nur die mit Abstand größte jüdische Gemeinde des Landes, sondern lag mit 3,78 Prozent jüdischer Einwohner auch deutlich über dem Reichsdurchschnitt von knapp 0,77 Prozent.[21] Am 1. Januar 1933 waren in Berlin 3400 Rechtsanwälte zugelassen;[22] davon waren 1835 Juden – das entspricht 54 Prozent. Dem Beruf des Rechtsanwalts kam damit für die Berliner jüdische Bevölkerung eine zentrale Bedeutung zu. Umso verheerender mußten sich die nationalsozialistischen Ausgrenzungsmaßnahmen auswirken. Betroffen von dieser Entwicklung war der gesamte Berufsstand, da der Ausschluß etwa der Hälfte aller Berliner Anwälte eine völlige Umstrukturierung bewirkte.

Die Ursache für die Hinwendung zahlreicher Juden zum freien Beruf des Rechtsanwalts – vor allem seit der Freigabe der Advokatur 1879 – lag in der traditionell restriktiven Haltung der Justizverwaltungen wie der übrigen staatlichen Behörden gegenüber jüdischen Juristen.[23] Trotz des preußischen Emanzipationsedikts von 1812, das den Juden das Staatsbürgerrecht verlieh, blieben jüdische Juristen weiterhin von öffentlichen Ämtern wie Richterstellen ausgeschlossen. Da die Berufung der Justizkommissare (seit 1849 Rechtsanwälte) ebenfalls in die Verantwortung der preußischen Justizverwaltung fiel, blieb den jüdischen Juristen auch diese Möglichkeit versperrt. Solange sie nicht das Entrebillet der Gesellschaft erwarben, sich also taufen ließen, waren ihre Berufsaussichten schlecht. Bis 1848 waren jüdische Rechtsanwälte nur in Württemberg, Baden, Hessen-Kassel und Frankfurt zugelassen.[24]

---

20 Tempo Nr. 67 vom 20. März 1931, in: GStA Rep. 84a Nr. 10352 (Äußerungen der Presse über den Anwaltsstand).
21 Ino Arndt/Heinz Boberach, Deutsches Reich, in: Wolfgang Benz (Hrsg.), Dimension des Völkermords. Die Zahl der jüdischen Opfer des Nationalsozialismus, München 1991, S. 23f.
22 GStA Rep. 84a MF 1252. Bericht des Vorstandes der Anwaltskammer in Berlin über das Jahr 1933, S. 8.
23 Vgl. dazu ausführlich: Krach, Jüdische Rechtsanwälte, S. 3ff.
24 Reinhard Rürup, Die Emanzipation der Juden und die verzögerte Öffnung der juristischen Berufe, in: Heinrichs u. a., Deutsche Juristen jüdischer Herkunft, S. 15.

Einleitung I.

Die preußische Verfassung von 1850 garantierte zwar die staatsbürgerliche Gleichstellung der Juden, die preußische Justiz weigerte sich gleichwohl in den Folgejahren, daraus einen Anspruch auf die Verleihung bestimmter Ämter, etwa als Richter, einzuräumen. Die offene Diskriminierung wurde auf verdecktem Wege fortgesetzt. Es dauerte bis Februar 1870, bis mit Jeremias Mai erstmals ein jüdischer Jurist zum Kreisrichter in Beuthen berufen wurde. Am 1. Januar 1871 amtierten drei jüdische Richter in Preußen.[25] Ihrer Ernennung waren zahlreiche Petitionen jüdischer Gemeinden an den inzwischen gegründeten Norddeutschen Reichstag vorausgegangen, der daraufhin eine Gesetzesinitiative eingeleitet hatte. Das neue Gesetz, betreffend die Gleichberechtigung der Konfessionen in bürgerlicher und staatsbürgerlicher Beziehung, das seit 1869 für den Norddeutschen Bund und seit 1871 für das Reich galt, unterschied sich inhaltlich zwar nicht von der preußischen Verfassung von 1850, formulierte jedoch nochmals deutlich jegliches Diskriminierungsverbot aufgrund der Religionszugehörigkeit. Es hieß: „Alle noch bestehenden, aus der Verschiedenheit des religiösen Bekenntnisses hergeleiteten Beschränkungen der bürgerlichen und staatsbürgerlichen Rechte werden hierdurch aufgehoben. Insbesondere soll die Befähigung zur Teilnahme an der Gemeinde- und Landesvertretung und zur Bekleidung öffentlicher Ämter vom religiösen Bekenntnis unabhängig sein."[26]

Während des folgenden Jahrzehnts übte Justizminister Leonhardt eine relativ liberale Einstellungspolitik gegenüber jüdischen Bewerbern für das Richteramt aus. Die Zahl der jüdischen Richter stieg in Preußen von neun im Jahr 1872 (0,02 %) auf 99 im Jahr 1880 (3,8 %).[27] 1872 gab es in Preußen jedoch bereits 75 (3,0 %) Rechtsanwälte[28] – davon neun im Kammergerichtsbezirk, der die Anwaltskammern Berlin und Potsdam und die Landgerichtsbezirke Berlin, Cottbus, Frankfurt/Oder, Guben, Landsberg/Warthe, Neuruppin, Potsdam und Prenzlau umfaßte; 1880 war die Zahl auf 146 (7,3 %) gestiegen – davon 53 im Kammergerichtsbezirk, von denen wiederum 50 in Berlin zugelassen waren; dies entsprach bereits 1880 einer Quote von 28,6 Prozent.[29]

Seit 1879/80 beeinflußten mehrere Faktoren das nun immer deutlicher werdende Auseinanderklaffen der Zahlen jüdischer Richter und Rechtsanwälte. Zum einen verfolgte der neue Justizminister Friedberg die Politik seines Vorgängers Leonhardt nicht weiter. Andererseits trat 1879 die Reichs-Rechtsanwaltsordnung in Kraft, die erstmals den freien Zugang zur Rechtsanwaltschaft und einen Anspruch auf Zulassung nach Erfüllung bestimmter Ausbildungskriterien schuf. Forciert haben den daraufhin einsetzenden Zustrom jüdischer Juristen in den Anwaltsberuf auch die in den achtziger Jahren aufkeimenden aggressiven antisemitischen Bewegungen, die Einfluß auf Presse und Parlamentsarbeit nahmen. Vielen Juden wurde deutlich bewußt, daß sie in einem staatsferneren Beruf mit weniger Schikanen zu rechnen hatten. Opfer einer antisemitischen Presse wurden sie dennoch. So klagte „Das Volk" im April 1889: „Früher, als die Anwälte von den Staatsbehörden ernannt wurden, glaubte man dadurch die Gewähr zu haben, daß sie es als ihre heilige Pflicht betrachten, dem Rechte Achtung zu verschaffen. Jetzt, wo nach Einführung der freien Advokatur auch dieser Stand dem Judentum preisgegeben ist, ist man zu der Überzeugung gelangt, daß hier der Beruf einzig und allein nach kaufmännischen Gesichtspunkten, also als Geschäft behandelt werde."[30]

Derartige Agitationen beeinträchtigten die Erfolgsgeschichte der jüdischen Rechtsanwälte nicht. Der Anwaltsberuf wurde nach seiner Freigabe 1879 ein klassischer jüdischer Beruf; es entwickelte sich eine Anwaltstradition, die ganze Familien dem Berufsstand verschrieb.

---

25 Krach, Jüdische Rechtsanwälte, S. 414.
26 BundGBl, S. 292. Zit. nach: Krach, Jüdische Rechtsanwälte, S. 421.
27 Landau, Juristen jüdischer Herkunft, in: Heinrichs u. a., Deutsche Juristen jüdischer Herkunft, S. 135.
28 Wolfgang Eggert, Jüdische Rechtsanwälte und Richter im Deutschland des 19. und 20. Jahrhunderts, in: Historische Mitteilungen 1 (1989), S. 89.
29 Krach, Jüdische Rechtsanwälte, S. 414f.
30 Das Volk, 27. April 1889. Zit. nach: Krach, Jüdische Rechtsanwälte, S. 27.

I. Einleitung

1893 waren in Preußen 168 jüdische Richter angestellt, was einer Quote von 4,5 Prozent entsprach; 1904 war die Zahl auf 191 und 1907 auf 213 gestiegen. 1916 gab es nur noch 186 jüdische Richter in Preußen; ihr Anteil war auf 2,8 Prozent gesunken.[31] Die restriktive Justizverwaltung hatte also die Übernahme jüdischer Juristen in die verbeamtete Justiz ziemlich erfolgreich verhindert. Die Zahl der jüdischen Rechtsanwälte entwickelte sich konträr. 1880 waren in Preußen 146 (7,3 %) jüdische Rechtsanwälte zugelassen, 1893 bereits 885 (25,4 %) und 1904 1287 (27,4 %).[32]

Die Schere zwischen jüdischen Rechtsanwälten und Richtern schloß sich auch in den Weimarer Jahren nicht. 1919 gab es in Preußen 284 jüdische Richter,[33] 1927: 312, 1931: 392 und 1933: 401; dies entsprach einer Steigerung auf nun immerhin sieben Prozent.[34] Da in der Justiz die Planstellen für Beamte nicht unbegrenzt vermehrt werden konnten, war selbst bei einer liberalen Einstellungspraxis kaum eine größere Steigerung zu erzielen. Seit 1930 hatte sogar ein Abbau der Richterstellen eingesetzt. Hinzu kamen die politischen Krisen des Weimarer Staates, die in den letzten Jahren seines Bestehens vielen Juden eine erneute Hinwendung zu einem staatsfernen Beruf ratsam erscheinen ließen. 1927 waren in Preußen 2208 (26,2 %) jüdische Anwälte zugelassen, 1179 (45,4 %) davon im Kammergerichtsbezirk. Am 7. April 1933, also nur sechs Jahre später, waren von insgesamt 3890 im Kammergerichtsbezirk zugelassenen Rechtsanwälten 1879 jüdisch; dies entsprach einer Quote von 48,3 Prozent.[35] 1835 waren davon allein in Berlin zugelassen.[36] Insgesamt waren in Preußen 3370 jüdische Rechtsanwälte tätig.[37]

Zweifelsohne gereichte die restriktive Haltung des Staates der Anwaltschaft insgesamt zum Vorteil. Mögen viele Kollegen die Überfüllung des Standes, die ihnen teilweise massive wirtschaftliche Probleme brachte, beklagt haben und dabei, wenn auch unausgesprochen, eine Reduzierung des jüdischen Anteils erwogen haben, bleibt doch die Tatsache, daß zahlreiche hervorragende jüdische Juristen den Anwaltsberuf ergriffen und das Berufsbild nach innen und außen prägten und weiterentwickelten. Prominente und erfolgreiche jüdische Anwälte wie Eugen Fuchs, Adolf Heilberg, Martin Drucker, Max Hachenburg und Albert Pinner lenkten den Deutschen bzw. Berliner Anwaltverein. Julius Magnus, Max Hachenburg und Otto Liebmann prägten die „Juristische Wochenschrift" und die „Deutsche Juristen-Zeitung". Zahlreiche Standardwerke wurden von jüdischen Rechtsanwälten verfaßt. Prominente jüdische Strafverteidiger wie Max Alsberg, Alfred Apfel, Erich Frey, Hans Litten, Rudolf Olden und Kurt Rosenfeld standen gleichsam symbolhaft für eine erfolgreiche Verteidigerkultur in der Weimarer Republik. Das oftmals viel gerühmte liberale Element gerade der Berliner Anwaltschaft basiert großteils auf dem Wirken der jüdischen Standesvertreter.

Keinesfalls soll an dieser Stelle der Eindruck einer politisch oder gar religiös homogenen Anwaltsgruppe vermittelt werden. Das Gesicht der Berliner jüdischen Anwaltschaft war facettenreich und vielschichtig, reichte vom nationalkonservativen Vorsitzenden des „Verbandes Nationaldeutscher Juden" Max Naumann[38], über die weitgehend unpolitischen und sehr erfolgreichen Strafverteidiger

---

31 Krach, Jüdische Rechtsanwälte, S. 23.
32 Ebenda, S. 415.
33 Ebenda, S. 36.
34 Ebenda, S. 416.
35 Übersicht über die Zahl der am 1.5.1934 zugelassenen arischen und nichtarischen Rechtsanwälte und Notare, in: Deutsche Justiz. Rechtspflege und Rechtspolitik. Amtliches Blatt der deutschen Rechtspflege, 20. Juli 1934, S. 950.
36 Krach, Jüdische Rechtsanwälte, S. 416f.
  Nach einem Bericht des Kammergerichtspräsidenten waren am 7. April 1933 1911 „nichtarische" Rechtsanwälte zugelassen, davon 1839 in Berlin. GStA Rep. 84a MF 11323. Der Kammergerichtspräsident. Betrifft: Statistische Angaben über die Zahl der nichtarischen Rechtsanwälte, 14. August 1933.
37 Sievert Lorenzen, Das Eindringen der Juden in die Justiz vor 1933. Ein historischer Rückblick, in: Deutsche Justiz, 2. Juni 1939, S. 966.
38 Max Naumann, 1875 geboren, gründete 1921 den „Verband nationaldeutscher Juden", der eine völlige Anpassung der

Alsberg und Frey bis zu den Linksliberalen Apfel und Olden. Ein großer Teil kann dem bürgerlichen Mittelstand mit einer liberalen politischen Einstellung zugerechnet werden.[39]

Die verzerrte Berufsstruktur am Vorabend der nationalsozialistischen Machtübernahme, die im wesentlichen eine Folge der überwiegend restriktiven Politik der preußischen Justizverwaltung war, geriet den Nationalsozialisten zum willkommenen Anlaß für eine ideologische Kampagne gegen den „jüdischen Advokaten". Die historischen Tatsachen verdrehend machten sie die angebliche „jüdische Mentalität" – darunter verstanden sie vor allem deren „Gerissenheit" – für den Erfolg der jüdischen Anwälte verantwortlich. Hinzu kam, daß viele jüdische Rechtsanwälte mehrere nationalsozialistische Feindbilder auf sich vereinigten, etwa das des Pazifisten, des Sozialisten oder des Demokraten.[40] Fatal für die folgende Entwicklung war, daß diese Kampagne mit dem Beschluß der Abgeordnetenversammlung des Deutschen Anwaltvereins zur Einführung eines numerus clausus zur Bekämpfung der Überfüllung des Standes im Dezember 1932 zusammenfiel.

---

jüdischen Deutschen an ihre nichtjüdische Umwelt unter Aufgabe jeglicher jüdischer Identität postulierte. Verbandsorgan war bis 1934 die Zeitschrift „Der nationaldeutsche Jude". Erklärte Gegner waren die ostjüdischen Zuwanderer und die Zionisten, da beide die vollständige Assimilation zu verhindern schienen. Rechtsanwalt und Notar Naumann war Mitglied der DNVP und begrüßte den Aufstieg der Nationalsozialisten. Sein Anpassungskurs konnte nicht verhindern, daß der „Verband nationaldeutscher Juden" 1935 zwangsaufgelöst und Naumann kurzzeitig verhaftet wurde. Er starb 1939 in Berlin. Robert Wistrich, Wer war wer im Dritten Reich, München 1983, S. 193ff.; Göppinger, Juristen jüdischer Abstammung, S. 227.

39 Simone Ladwig-Winters, Anwalt ohne Recht. Das Schicksal jüdischer Rechtsanwälte in Berlin nach 1933, Berlin 1998, S. 25f.
40 Ingo Müller, Furchtbare Juristen. Die unbewältigte Vergangenheit unserer Justiz, München 1987, S. 68.

II. Revolution, Ausgrenzung und Anpassung

1. Der Terror nach der nationalsozialistischen Machtübernahme

Nur kurze Zeit nach der Machtübernahme im Januar 1933 wurden jüdische Rechtsanwälte das Ziel nationalsozialistischen Terrors. Unter den etwa 4000 in der Nacht des Reichstagsbrandes vom 27./28. Februar 1933 verhafteten Regimegegnern befanden sich mit Alfred Apfel, Ludwig Barbasch und Hans Litten auch prominente Berliner jüdische Anwälte. Diese Verhaftungen im Februar und März 1933 sind weniger als eine gezielte Ausschaltung jüdischer Rechtsanwälte zu werten denn als Racheakte und Angriffe auf politische Gegner. Die Anwälte hatten sich in zahlreichen Prozessen den Zorn der Nationalsozialisten zugezogen und besetzten idealtypisch das negative NS-Propagandabild vom „jüdischen Advokaten".

Von der spannungsgeladenen, bedrohlichen Atmosphäre in diesen Wochen berichtete der Berliner Rechtsanwalt und Notar Fritz Ball: „Bald hört man von verhafteten und heimlich verschwundenen Kollegen. Zunächst sind es die politischen Gegner der Nationalsozialisten, sehr bald aber hört man, daß Kaufleute, Ärzte, Anwälte verhaftet sind, die sich politisch unseres Wissens nach niemals gegen die Nazis betätigt haben. Furchtbare Gerüchte über Greuelkeller tauchen auf. ... Immer häufiger hört man von diesen Dingen. Kollegen, die verschwunden sind, werden gesucht, manche lebend, manche tot gefunden. Wer sich politisch gegen die Nazis betätigt hat und wer kann, flieht."[1]

Durch Flucht retten konnte sich der prominente Strafverteidiger und Publizist Rudolf Olden. Als stellvertretender Chefredakteur des liberalen „Berliner Tageblatts", Autor der pazifistischen Zeitschriften „Weltbühne" und „Tagebuch" und des Organs der „Liga für Menschenrechte" („Die Menschenrechte") und exponiertes Mitglied der linksliberalen Intellektuellenkreise der Weimarer Republik war er nach dem Herrschaftsantritt der Nationalsozialisten in Gefahr. Hinzu kam, daß er seit 1926 Rechtsberater der „Liga für Menschenrechte" und 1931 in ihren Vorstand eingetreten war. Breiteren Kreisen bekannt geworden war er als Anwalt Carl von Ossietzkys im „Weltbühnen-Prozeß" 1931; gemeinsam mit Max Alsberg, Alfred Apfel und Kurt Rosenfeld konnte er nicht verhindern, daß das Reichsgericht in Leipzig Ossietzky wegen Spionage und Landesverrat verurteilte, weil er einen Aufsatz über verbotene Luftfahrtaktivitäten der Reichswehr veröffentlicht hatte. Als der inhaftierte Ossietzky 1931 außerdem als verantwortlicher Redakteur wegen „Beleidigung der Reichswehr" angeklagt wurde – Kurt Tucholsky hatte in einer Glosse der „Weltbühne" geschrieben, „Soldaten sind Mörder" –, erreichte Olden einen Freispruch für seinen Mandanten. Noch Mitte Februar 1933 zeichnete er für eine Versammlung „Das Freie Wort" in der Krolloper verantwortlich, die von etwa tausend Teilnehmern besucht wurde.

In der Nacht des Reichstagsbrandes wurde er vor seiner drohenden Verhaftung gewarnt. Dennoch vertrat er am 28. Februar noch einen Mandanten vor dem Amtsgericht, wo er benachrichtigt wurde, daß die Gestapo bereits vor dem Landgericht auf ihn warte und auch seine Wohnung überwacht würde. Daraufhin übernachtete er bei einem Freund, floh am nächsten Tag Richtung Süden und überquerte auf Skiern die Grenze zur Tschechoslowakei. Im August 1933 wurde ihm die Anwaltszulassung entzogen; als Begründung diente seine Betätigung „in kommunistischem Sinne" bei der „Liga für Menschenrechte".[2] Über Österreich und die Schweiz flüchtete Rudolf Olden mit seiner Frau Ika nach Paris, wo er im Auftrag des „Comité des Délégations Juives" an dem „Schwarzbuch über die Lage der Juden in Deutschland 1933" arbeitete. Ende 1933 erreichten Rudolf und Ika Olden

---

1 Kurt Schilde/Rolf Schultz/Silvia Walleczeck, SA-Gefängnis Papestraße. Spuren und Zeugnisse, Berlin 1996, S. 56.
2 Krach, Jüdische Rechtsanwälte, S. 167.

England. Am 3. Dezember 1936 gab der „Reichsanzeiger und Preußische Staatsanzeiger" Oldens Ausbürgerung bekannt. Nach Kriegsausbruch wurde er als „feindlicher Ausländer" in England interniert. 1940 nahm Olden einen Ruf der „New School for Social Research" in New York an, obwohl er eigenen Aussagen zufolge lieber in England geblieben wäre. Während der Überfahrt nach New York griff ein deutsches U-Boot am 16./17. September 1940 das Passagierschiff „City of Benares" an; Rudolf und Ika Olden kamen dabei ums Leben.[3]

Fliehen konnte auch der bekannte Strafverteidiger Dr. Arthur Brandt,[4] der vor allem durch sein Auftreten im Aufsehen erregenden „Tscheka-Prozeß" 1925 und seiner in diesem Zusammenhang verfaßten „Denkschrift der Verteidigung", die sich mit den Eingriffen des Staatsgerichtshofs in die Rechte der Verteidiger auseinandersetzte, berühmt geworden war.[5] Brandt, 1893 im brandenburgischen Züllichau geboren, war von 1921 bis 1933 als Rechtsanwalt in Berlin tätig. Unmittelbar nach dem Reichstagsbrand verließ er Berlin und floh über die Schweiz und Frankreich nach London; von dort aus emigrierte er im März 1938 in die USA, wo er als einer der wenigen Auswanderer als Rechtsanwalt beim Obersten Gerichtshof in Massachusetts und beim Bundesappellationsgericht New York tätig war. Brandt kehrte 1953 nach Berlin zurück, wo er bis 1970 als Anwalt arbeitete. Seinen Lebensabend verbrachte er in Lugano, wo er hochbetagt 1989 starb.

Rechtsanwalt Günther Joachim gelang die Flucht nicht. Am 18. März 1933 drangen SA-Männer in seine Wohnung ein und verhafteten ihn und seinen Bruder, den Nervenarzt Fritz Joachim. Der erst 33jährige Anwalt hatte sich als Verteidiger von Sozialdemokraten und Kommunisten politisch exponiert. Die beiden Brüder wurden in die SA-Kaserne in der Jüdenstraße verschleppt und dort einem Augenzeugenbericht zufolge schwer mißhandelt.[6] Fritz Joachim wurde noch am Abend des 18. März wieder entlassen, Rechtsanwalt Günther Joachim in die SA-Unterkunft im Universum-Landesausstellungspark (Ulap) in Moabit gebracht. An ihm sollte offenbar ein Exempel statuiert werden. Am 20. März nahm die Polizei Günther Joachim dort in „Schutzhaft", brachte ihn in ein Polizeigefängnis und später in das Staatskrankenhaus, wo er am 29. März 1933 verstarb. Seine Mutter und sein Bruder, der die Mißhandlungen teilweise miterlebt hatte, glaubten nicht an die von der SA angegebene Todesursache einer Nierenentzündung. In ihrem Namen beantragte Rechtsanwalt Carl Falck am 31. März eine Obduktion der Leiche. Der zurückhaltend formulierte Obduktionsbericht, den der Generalstaatsanwalt, der das Verfahren aufgrund der Straffreiheitsverordnung vom 21. März 1933 eingestellt hatte,[7] im September an das preußische Justizministerium richtete, gibt Einblick, wie die SA mit ihren Gegnern umging: „Nach dem ärztlichen Gutachten hat die Obduktion eine bestimmte Todesursache nicht ergeben. Es fanden sich Reste ausgedehnter Blutungen im Haut- und Fettgewebe, eine wässerige Durchtränkung des Gehirns und seiner Häute, Herz- und Nierenveränderungen sowie ein schleimig eitriger Katarrh der Luftwege. Diese krankhaften Veränderungen kommen nach dem ärztlichen Gutachten in ihrer Gesamtheit als Todesursache in Betracht. Nach dem Gutachten sind die ausgedehnten Hautblutungen mit hoher Wahrscheinlichkeit auf Einwirkungen stumpfer Gewalt auf den Körper (Gummiknüppel, Stock usw.) zurückzuführen."[8] Der junge Rechtsanwalt war im März 1933 in Berlin zu Tode geprügelt worden.

---

3   Ingo Müller, Rudolf Olden (1885-1940). Journalist und Anwalt der Republik, in: Kritische Justiz (Hrsg.), Streitbare Juristen. Eine andere Tradition, Baden-Baden 1988, S. 180ff.; Göppinger, Juristen jüdischer Abstammung, S. 306f.; Rudolf und Ika Olden, „In tiefem Dunkel liegt Deutschland". Von Hitler vertrieben – Ein Jahr deutsche Emigration, Berlin 1994, S. 7-21.
4   Zu Brandt: Krach, Jüdische Rechtsanwälte, S. 168, 253 und 431; Göppinger, Juristen jüdischer Abstammung, S. 330.
5   Arthur Brandt, Der Tscheka-Prozeß, Hamburg 1979 (erstmals 1925 erschienen).
6   GStA Rep. 84a (2.5.1.) Nr. 12733. Betr.: Terrorakte und Überfälle, 21. März 1933.
7   Ebenda. Oberstaatsanwalt an den Nervenarzt Herrn Dr. Fritz Joachim z. Hd. des Herrn Rechtsanwalts Dr. Carl Falck, 23. Mai 1933.
8   Ebenda Nr. 12733. Der Generalstaatsanwalt bei dem Landgericht an den Herrn Preußischen Justizminister, 14. September 1933. Betrifft: Ermittlungsverfahren betreffend den Tod des Rechtsanwalts Günther Joachim.

II. Revolution, Ausgrenzung und Anpassung

Vorfälle in Breslau

Besonders schwere Ausschreitungen gegen jüdische Anwälte ereigneten sich am 11. März in Breslau.[9] Sie wurden zum Fanal für die Gewalt in Berlin. Der Ablauf der Ereignisse und die Reaktionen darauf sind teilweise exemplarisch und deshalb von allgemeinem Interesse. Den besten Einblick bietet der Augenzeugenbericht des Rechtsanwalts Ludwig Foerder, der an jenem Sonnabend nach dem Besuch der Synagoge in das Amtsgericht gegangen war: „Plötzlich – es war genau 11 Uhr – ertönte auf den Korridoren ein Gebrüll wie von wilden Tieren, das sich schnell näherte. Die Türen des Anwaltszimmers flogen auf. Herein quollen zwei Dutzend SA-Männer in ihren braunen Blusen und Kappen und schrien ‚Juden raus'. Einen Augenblick waren alle, Juden und Christen, wie gelähmt. Dann verließen die meisten jüdischen Anwälte das Zimmer. Ich bemerkte den über 70 Jahre alten Justizrat Siegmund Cohn, Mitglied des Vorstandes der Anwaltskammer, wie er vor Schreck wie angenagelt auf seinem Stuhl saß und unfähig war, sich zu erheben. Ein paar Mitglieder der braunen Horde stürzten auf ihn zu. Da traten einige jüngere christliche Anwälte, darunter Mitglieder des deutsch-nationalen ‚Stahlhelms', hinzu und stellten sich schützend vor ihn, was die Eindringlinge bewog, von ihm abzulassen. Ich selbst rührte mich zunächst nicht von der Stelle. Da sprang ein SA-Mann auf mich zu und packte mich am Arm. Ich schüttelte ihn ab, worauf er sogleich aus dem rechten Ärmel seiner Bluse ein metallenes Futteral hervorzog, das auf einen Druck eine Spirale hervorspringen ließ, an deren Ende eine Bleikugel befestigt war. Mit diesem Instrument versetzte er mir zwei Schläge auf den Kopf, der sogleich infolge eines Blutergusses anzuschwellen begann. ... Man sah Richter, Staatsanwälte, Rechtsanwälte, wie sie, manche in ihren Amtsroben, von kleinen Gruppen der braunen Horde auf die Straßen getrieben wurden. Überall rissen die Eindringlinge die Türen der Verhandlungszimmer auf und brüllten ‚Juden raus'. Ein geistesgegenwärtiger junger Assessor, der gerade seine Sitzung abhielt, schrie sie an: ‚Macht, daß Ihr herauskommt', worauf sie sogleich verschwanden. In einem Zimmer saß ganz allein ein jüdischer Referendar. Zwei Hooligans schrieen ihn an: ‚Sind hier Juden?' Er erwiderte seelenruhig: ‚Ich sehe keinen' – worauf sie die Tür zuwarfen und weiterzogen."

„Ich begab mich", so Ludwig Foerder weiter, „in der Absicht, gegen die Unholde Hilfe von außen herbeizurufen, in das Zimmer des Aufsichtsrichters des Amtsgerichts. Der 64jährige Amtsgerichtsdirektor, ein alter Hauptmann der Landwehr, den ich seit mehr als zwei Jahrzehnten als einen anständigen und energischen Deutschnationalen kannte, saß ziemlich bleich in seinem Lehnstuhl. Ich fragte ihn, welche Maßnahmen er zu treffen gedenke, um diesem unerhörten Ereignis zu begegnen. Er erwiderte, er habe bereits mit dem stellvertretenden Landgerichts-Präsidenten telefoniert, dieser habe ihm mitgeteilt, daß er sich seinerseits mit dem Präsidenten des Oberlandesgerichts in Verbindung setzen werde. Ich wandte ein, daß mir die Beobachtung [sic!] des Instanzenzuges in dieser Situation nicht ganz angebracht scheine, und bat ihn, mich seines Telefonapparates bedienen zu dürfen, was er gestattete. Ich rief das Überfallkommando des benachbarten Polizeipräsidiums an und erhielt den Bescheid, zwanzig Polizisten seien bereits nach dem Gerichtsgebäude unterwegs. ... Nach einer kleinen Weile sah ich zwanzig Mann im Gänsemarsch über die Straße kommen, und zwar im denkbar gemächlichen Schritt. Sofort wurde mir klar, daß der neue Polizeipräsident Heines zu den Arrangeuren des Pogroms gehörte; er sorgte dafür, daß seine Männer nicht zu zeitig eintrafen. ... Die Art, auf die die Breslauer Richterschaft auf dieses in den Annalen der deutschen Rechtsgeschichte noch nicht dagewesene Ereignis reagierte, war sehr interessant und ist wohl bis heute noch nicht genügend bekannt geworden. Am Nachmittag desselben Tages versammelten sich die Richter im Gebäude des Oberlandesgerichts und beschlossen für sämtliche Gerichte der Stadt Breslau ein Justitium (Stillstand der Rechtspflege) eintreten zu lassen. Es wurde bekanntgegeben, daß für eine gewisse Dauer kein

---

[9] S. dazu u. a.: Wolfgang Benz, Von der Entrechtung zur Verfolgung und Vernichtung. Jüdische Juristen unter dem nationalsozialistischen Regime, in: Heinrichs u. a., Deutsche Juristen jüdischer Herkunft, S. 814ff.; Comité des Délégations Juives (Hrsg.), Das Schwarzbuch. Tatsachen und Dokumente. Die Lage der Juden in Deutschland 1933, Paris 1934, S. 94ff.

Richter ein Gerichtsgebäude betreten werde, was zur Folge hatte, daß keine Gerichtsverhandlungen stattfanden und der Lauf wichtiger gesetzlicher Fristen gehemmt oder unterbrochen wurde. Mit anderen Worten: die Richter streikten. Wäre dieses Verfahren an all den vielen Gerichten verfolgt worden, in denen sich in den nächsten Wochen die gleichen unwürdigen Szenen abspielten, wer weiß, welchen Verlauf dann die ‚nationale Erhebung' genommen hätte, die mit einem derartigen Niedergang der Moral begann."[10] Das Justitium dauerte bis 15. März; bis dahin fanden keine Termine und Sitzungen statt. Amts- und Landgericht wurden jedoch von der SA „bewacht", die jüdische Beamte und Rechtsanwälte weiterhin am Betreten der Gebäude hinderte.

Hitler selbst, der von Vizekanzler von Papen über die Vorfälle unterrichtet wurde, verhinderte eine weitere Eskalation in Breslau, indem er Anweisung gab, derartige eigenmächtige Störungen der Rechtspflege zu unterlassen. Damit war die physische Gewalt beendet. Am 16. März 1933 aber gab der Oberlandesgerichtspräsident bekannt, daß auf Veranlassung des kommissarischen Breslauer Polizeipräsidenten in Zukunft nur noch 17 der 376 jüdischen Anwälte in Breslau[11] zum Auftreten vor Gericht berechtigt seien. Zu ihrer Legitimation erhielten diese besondere polizeiliche Ausweise.[12] Zynisch mutet die fadenscheinige Begründung für diese Maßnahme an: Nur wenn diese Richtlinie beachtet werde, sehe sich die Polizei wegen der erregten Stimmung der Bevölkerung in der Lage, den Geschäftsverkehr bei den Justizbehörden zu sichern.[13] Der Oberlandesgerichtspräsident versprach sich davon eine „Beruhigung der Bevölkerung und eine Entspannung der allgemeinen Lage".[14]

Der Polizeipräsident betonte gleichzeitig, daß er keinesfalls dem Vorsitzenden der Anwaltskammer und Vizepräsidenten des Deutschen Anwaltvereins, dem 75jährigen Geheimen Justizrat Adolf Heilberg, polizeilichen Schutz gewähren könnte.[15] Dieser floh daraufhin nach Berlin, um einer drohenden „Inschutzhaftnahme" zu entgehen. Dort schilderte er auf einem Treffen der Vereinigung der Vorstände der deutschen Anwaltskammern am 18./19. März die Breslauer Vorfälle. Obwohl tief bewegt, weigerten sich die Kollegen, die Geschehnisse als Vorboten für das Kommende zu werten. Heilberg beschrieb die Versammlung in seinen Erinnerungen: „Was in Breslau geschehen und was mir persönlich widerfahren war, galt damals noch als lokale Einzelerscheinung, daß die Eingriffe in die Tätigkeit der jüdischen Anwälte, und zwar sowohl die unregelmäßigen durch die SA als auch die behördlichen durch Anordnungen der Justizverwaltung, in den nächsten Wochen in großen Teilen Deutschlands sich in gleicher Form wiederholen würden, war damals noch nicht vorauszusehen. Der Leiter der Sitzung, Rechtsanwalt Ernst Wolff, ... veranlaßte mich, das, was in Breslau geschehen war ... mitzuteilen. Die Anwesenden, etwa 50 Anwälte aus ganz Deutschland, von denen kaum ein Viertel Juden waren, waren tief erschüttert sowohl von den Eingriffen in die Rechtspflege wie auch von dem, was mir geschehen war. Rechtsanwalt Wolff drückte mir in wenigen von Tränen unterbrochenen Worten seine und der Versammlung Teilnahme aus, und die Kollegen aus dem ganzen Reich taten das gleiche und gaben mir zu erkennen, wie schwer sie es empfanden, daß gerade mir, einem der Ältesten des Kreises, das geschehen war."[16]

---

10 Ludwig Foerder, Der erste Pogrom auf ein deutsches Gericht, in: Wiener Library P II b, Nr. 174. Zit. nach: Günter Plum, Wirtschaft und Erwerbsleben, in: Wolfgang Benz (Hrsg.), Die Juden in Deutschland 1933-1945. Leben unter nationalsozialistischer Herrschaft, München 1988, S. 284f.
11 Göppinger, Juristen jüdischer Abstammung, S. 91.
12 GStA Rep. 84a MF 1251. Oberlandesgerichtspräsident an sämtliche an den Breslauer Gerichten zugelassenen Rechtsanwälte, 16. März 1933; Göppinger, Juristen jüdischer Abstammung, S. 49ff.
13 GStA Rep. 84a MF 1251. Anlage zum Schreiben des Oberlandesgerichtspräsidenten vom 16. März 1933; Frankfurter Zeitung, 17. März 1933, in: Schwarzbuch, S. 96.
14 GStA Rep. 84a MF 1251. Oberlandesgerichtspräsident an sämtliche an den Breslauer Gerichten zugelassenen Rechtsanwälte, 16. März 1933; Vossische Zeitung, 17. März 1933, in: Schwarzbuch, S. 96f.
15 Ostler, Die deutschen Rechtsanwälte, S. 248.
16 Adolf Heilberg, Pro memoria 1933, in: IfZ F 59. Zit. nach: Krach, Jüdische Rechtsanwälte, S. 175f. Dort auch zur weiteren Biographie Heilbergs.

II. Revolution, Ausgrenzung und Anpassung

Mit dieser gesetzlosen Maßnahme einer Reduzierung der jüdischen Anwälte griff der Breslauer Oberlandesgerichtspräsident einer ähnlichen Berliner Aktion voraus. Für Breslau bleibt festzuhalten, daß es Zeichen einer solidarischen Haltung den jüdischen Kollegen gegenüber gab. Der herbeigeführte Stillstand der Rechtspflege stellte einen Protest gegen die willkürlichen gewalttätigen Übergriffe dar und sollte Schutz vor persönlichen Angriffen bieten. Die Reaktion zeigt, daß die meisten Juristen dem Radau-Antisemitismus, wie ihn die SA vor allem in den ersten Wochen nach der Machtübernahme praktizierte, ablehnend gegenüberstanden. Den konservativen Juristen mißfiel darüber hinaus das ungesetzliche Vorgehen der SA. Ein schnelles Opfer des Zeitgeistes schien der Amtsgerichtsdirektor geworden zu sein. Trotz der massiven, akuten Bedrohung gedachte er, den Amtsweg einzuhalten. Sein „formaler" Widerstand richtete sich gegen das gewalttätige Vorgehen der SA, nicht gegen den prinzipiellen Ausschluß der jüdischen Kollegen. Dies zeigt die Anordnung, im folgenden lediglich 17 jüdische Rechtsanwälte ihre Tätigkeit ausüben zu lassen.

Am 31. März kam es auch in Berlin zu gewalttätigen Ausschreitungen. Vor dem Landgericht Berlin I und dem Amtsgericht Berlin-Mitte am Alexanderplatz marschierte SA auf und forderte die Entfernung aller jüdischen Richter und Rechtsanwälte.[17] Der kriegsbeschädigte Rechtsanwalt Julius Fliess wurde von SA-Männern in Robe aus einem Sitzungssaal im Kammergericht gezerrt und beschimpft. Der Präsident des Kammergerichts Eduard Tigges protestierte beim kommissarischen Leiter der preußischen Justizverwaltung Hanns Kerrl und Ministerialdirektor Roland Freisler erfolglos gegen das Vorgehen der SA. Tigges wurde daraufhin auf eigenen Antrag vorzeitig in Ruhestand versetzt.[18]

Fritz Ball betrieb gemeinsam mit seinem Bruder Kurt am Viktoria-Luise-Platz in Schöneberg seine Kanzlei. Am 30. März 1933 wurde er dort, während der Sprechstunde, nachmittags um vier Uhr, von SA-Mitgliedern festgenommen. Er selbst schilderte den Vorfall: „‚Herr Doktor ist verhaftet' flüstern meine Bürodamen gleich. Mein Bruder ist Mitglied des Vorstands der Anwaltskammer; er ist insofern mehr exponiert als ich. Ich betrete den Korridor, auch er ist voll von SA. Ein Sturmführer, erkenntlich an seiner Uniform, spricht gerade zu meinem Bruder. ‚Haben Sie einen Haftbefehl?' fragt mein Bruder. ‚Mund halten, Mantel anziehen', kommandiert der Braune barsch. Mein Bruder nimmt Mantel, Hut. Da sage ich zu ihm: ‚Wir sind hier zwei Rechtsanwälte Ball, Kurt und Fritz Ball. Wen wünschen Sie?' Er stutzt, zieht einen ganz winzigen Zettel aus der Tasche, dann sagt er: ‚Fritz'. Ich ergreife Mantel und Hut. ‚Das bin ich', sage ich. Hinter mir höre ich das Schluchzen meiner Bürodamen. Ein Mandant erscheint gerade, entsetzt sich beim Anblick der SA und der weinenden Damen. ... Vor dem Hause wartet ein offener Wagen, wie sie von der SA zum Transport von Gefangenen verwendet werden."

Rechtsanwalt Fritz Ball wurde in den SA-Keller in der General-Pape-Straße gebracht und dort zunächst einem Verhör unterzogen: „‚Sind Sie Jude?' – ‚Ja'. – ‚Ihr Beruf?' – ‚Rechtsanwalt am Kammergericht und Notar'. – ‚Das seid ihr zum längsten gewesen', schreit einer hinter mir aus der Menge. ‚Morgen werdet ihr Judenschweine alle aus den Gerichten gejagt. Ihr habt es nur unserm Führer zu verdanken, daß ihr heute noch lebt.' ‚Sagen wir', meint einer hinter mir, ‚daß er bis heute noch gelebt hat', – mit sehr ernster Stimme. ‚Wir hätten euch längst umgelegt.' Dann geht es weiter Frage über Frage, eine halbe Stunde lang. Wirre, unzusammenhängende, ganz unsinnige Fragen. Ich antworte, so gut es geht."

Während der Befragung stellte sich heraus, daß Fritz Ball offensichtlich Opfer einer Verwechslung geworden war; er sollte am nächsten Tag wieder entlassen werden. Bis dahin mußte er Qualen und Demütigungen durch die SA über sich ergehen lassen. Er war gerade in seinem dunklen Kellerverlies eingenickt, als SA-Männer in den Verschlag stürmten: „Der Korridor ist plötzlich hell erleuchtet. Sie

---

17 Vossische Zeitung, 31. März 1933, in: Schwarzbuch, S. 107f.
18 Göppinger, Juristen jüdischer Abstammung, S. 52f.; Ostler, Die deutschen Rechtsanwälte, S. 249.

fallen über mich her, ziehen mich heraus. Krachend schlägt die Tür des Verschlages hinter mir zu. Sie schleppen mich in eine Ecke, ich sehe eine große Nilpferdpeitsche, sie beugen mich über, aber sie schlagen nicht zu, sie heben mich nur hoch und lassen mich auf einen Stuhl fallen. Sie binden mir die Arme hinter dem Rücken zusammen. Sie johlen und heulen wie schwer Betrunkene. . . . ‚Was hat der Junge für einen schönen Anzug.' Sie betasten den Stoff meines Jacketts, meine Hose. Einer versucht, mich unzüchtig zu berühren. ‚Biste auch schwule', fragt er. ‚Nein, ich bin verheiratet, habe Frau und drei Kinder', antworte ich. Und ich denke, aber die meisten von euch Bestien sind es. Plötzlich ein Hallo. Eine Riesenschere wird gebracht. Und nun geht es los. Sie zerren und schneiden an meinen ziemlich langen Haaren. Sie versuchen, ein Hakenkreuz auf meinem Kopf zu schneiden. Sie verletzen mich, ich blute. Sie stoßen und schubsen sich gegenseitig, um besser sehen zu können. . . . Sie halten mir einen Spiegel vor. Ich sehe meine verstümmelten Haare und sage, obwohl ich kaum mehr sprechen kann nach dieser Indianerszene: ‚Ich danke Ihnen, meine Herren, daß Sie mir umsonst die Haare geschnitten haben, ich muß sonst beim Friseur wegen meines üppigen Haarwuchses immer doppelte Preise bezahlen.' "

Am nächsten Morgen bestätigte ihm ein SA-Mann, daß er tatsächlich entlassen würde. Zuvor versuchte dieser, die Ereignisse in jovialem Ton herunterzuspielen: „‚Ich kann Sie also entlassen, Herr Rechtsanwalt', sagt er nicht unfreundlich. ‚Sie müssen aber bis etwa elf Uhr warten, bis der Obersturmführer hier ist. Sie haben uns schön zu schaffen gemacht. Sechs Autos haben Ihretwegen bis spät in der Nacht vor der Tür gewartet. Das Telefon hat nicht stillgestanden. Meine Jungens haben wohl ein bißchen Spaß mit Ihnen gemacht. Das machen sie hier mit allen so, wenn wir fort sind. Ich freue mich, daß Sie den Humor behalten haben. Die Bemerkung mit dem Friseur hat mir großartig gefallen.' ... Endlich ... werde ich gerufen. Der Obersturmführer steht vor mir. ‚Ich habe mit unzähligen Stellen Ihretwegen telefoniert. Ich habe noch niemals über einen Menschen von allen Seiten so gleichlautende Antworten erhalten. Ich habe von allen Seiten gehört, daß Sie sich niemals politisch betätigt haben und ein anständiger Mensch sind. Es ist hier kein Hotel Adlon, aber Sie werden es hoffentlich nicht allzu schlecht gehabt haben.' "

In seinen Beruf als Rechtsanwalt und Notar konnte Fritz Ball nicht zurückkehren. Da er – 1893 geboren – erst seit 1920 als Rechtsanwalt zugelassen war, fiel er nicht unter die Ausnahmebestimmungen des „Gesetzes über die Zulassung zur Rechtsanwaltschaft" vom 7. April 1933. Bevor er 1939 über Großbritannien in die USA emigrierte, arbeitete er in Berlin als Vertreter bei einem Seifenhersteller, um die Familie zu ernähren. Die Kanzlei am Viktoria-Luise-Platz wurde noch im Frühsommer 1933 aufgelöst, da auch seinem 1891 geborenen Bruder Kurt die Zulassung entzogen wurde. Dr. Kurt Ball, der bis 31. März 1933 Mitglied des Berliner Kammervorstands war,[19] arbeitete bis 1938 als Steuerberater für jüdische Auswanderer. In der Nacht des Novemberpogroms 1938 wurde er verhaftet und fünf Wochen im KZ Sachsenhausen festgehalten. Nach seiner Entlassung emigrierte er nach Palästina und begann unter dem Namen Kurt-Jacob Ball-Kaduri mit der Sammlung von Zeugenaussagen über die nationalsozialistische Judenverfolgung und war maßgeblich an der Errichtung der Jerusalemer Gedenkstätte Yad Vashem beteiligt. Kurt-Jacob Ball-Kaduri starb 1976 in Tel Aviv.[20]

---

19 GStA Rep. 84a MF 1252. Bericht des Vorstandes der Anwaltskammer in Berlin über das Jahr 1933, S. 10.
20 Ladwig-Winters, Anwalt ohne Recht, S. 32 und 98.

2. Die Propaganda der Partei und ihrer Organisationen

Die Schilderungen über das Gebaren insbesondere der SA-Horden lassen unschwer erkennen, welches Ausmaß der Verrohung diese „Kampftruppe" bereits zu Beginn des Jahres 1933 erreicht hatte. Die Funktionäre taten das Ihre dazu, um Stimmung und Aktionen weiter anzuheizen. Am 14. März forderte der „Bund Nationalsozialistischer Deutscher Juristen" (BNSDJ) auf einer Tagung in Leipzig eine „Säuberung" der Rechtspflege von Angehörigen „fremder Rasse": „Für Angehörige fremder Rasse ist unverzüglich die Zulassungssperre zur Ausübung des Rechtsanwaltsberufs an deutschen Gerichten zu verhängen. ... Im Ablauf von vier Jahren darf nach dem Plan unseres Führers kein Angehöriger fremder Rasse mehr Anwalt sein. In jedem Jahr hat ein Viertel dieser auszuscheiden. ... Endlich sind die Anwaltskammern sofort aufzulösen, neu zu wählen und juden- und marxistenfrei zu gestalten."[21] Dieses Programm, das auch den Ausschluß jüdischer Richter und Notare forderte, wurde in ganz Deutschland propagiert.

Der „Völkische Beobachter" hatte auf Vorfälle wie in Breslau gewartet: Er wollte sie als Initialzündung für weitere derartige Aktionen an anderen Gerichten verstanden wissen und propagierte in seiner Ausgabe vom 19. März unter Verwendung primitivster antisemitischer Klischees ein konsequentes Vorgehen gegen jüdische Juristen: „Während in Breslau immerhin ein ganz bescheidener Anfang einer Säuberungsaktion gemacht werden konnte, hat sich an den Berliner Gerichten noch nichts geändert. Wer das Anwaltszimmer im Amtsgericht Mitte in der Neuen Friedrichstraße betritt, wird entsetzt aus dem Riesenraum flüchten. Mehr Juden können im Krakauer Ghetto auch nicht herumwimmeln! ... Die gleichen Verhältnisse herrschen im Moabiter Kriminalgericht. Immer noch besteht der größte Teil der Strafverteidiger aus Hebräern, die dem deutschen Richter durch ihre Rabulistik und Paragraphenklauberei das Leben zur Hölle machen. ... Wie lange noch soll Moabit ... als Neu-Jerusalem in der Justiz gelten? Man darf hoffen, daß auch hier der eiserne Besen nicht mehr lange auf sich warten läßt!"[22]

Der Berliner Rechtsanwalt Wolfgang Zarnack machte die Thesen des BNSDJ nochmals auf einer Versammlung nationalsozialistischer Juristen im Anwaltszimmer des Landgerichts Berlin I am 22. März bekannt.[23] Der Gau Groß-Berlin des BNSDJ habe an den Kammergerichtspräsidenten und die drei Landgerichtspräsidenten die Forderung gerichtet, in Zukunft nur noch „deutschstämmige" Anwälte als Armenanwälte, Pfleger, Vormünder, Testamentsvollstrecker, Zwangsverwalter und Konkursverwalter zu bestimmen. Angehörige „fremder Rasse" sollten nicht mehr als Anwälte zugelassen werden. In radikalem und hetzerischem Ton fügte er hinzu, daß diese Forderungen sofort durchgeführt werden sollten und die „Grundlage für die restlose Säuberung der Justiz von fremdrassigen und undeutschen Elementen" darstellten. Die „Erregung in der deutschbewußten Rechtsanwaltschaft" habe zudem aufgrund des provokativen Verhaltens seitens der jüdischen Rechtsanwälte solche Ausmaße angenommen, „daß für den Fortbestand eines ordnungsgemäßen Geschäftsablaufs ernste Gefahren" bestünden. Drohend endete er: „Die deutschen Anwälte werden jeder Provokation in Zukunft rücksichtslos mit den angebrachten Mitteln entgegentreten."[24]

Ohne ersichtlichen Druck von staatlicher Seite ordnete die Berliner Stadtverwaltung am 17. März 1933 an, daß künftig jüdische Rechtsanwälte und Notare nicht mehr mit Rechtsangelegenheiten der Stadt betraut würden.[25] Das Beispiel zeigt, daß antijüdische Maßnahmen nicht nur von der Staats-

---

21 Telegraphen-Union, 17. März 1933, in: Schwarzbuch, S. 114f.
22 Völkischer Beobachter, 19. März 1933, in: ebenda, S. 101f.
23 Vossische Zeitung, 23. März 1933, in: ebenda, S. 115.
24 GStA Rep. 84a MF 1198. Dr. Wolfgang Zarnack an das Preußische Justizministerium, 22. März 1933.
25 Vossische Zeitung, 18. März 1933, in: Schwarzbuch, S. 102f.

führung zu verantworten waren. Diese schuf zwar die Rahmenbedingungen für derartige Ausgrenzungsmaßnahmen, konkrete Initiativen kamen aber häufig auch von nachgeordneten Stellen.

Die NSDAP rief am 28. März 1933 für Sonnabend, 1. April, zu einem reichsweiten Boykott „jüdischer Geschäfte, Waren, Ärzte, Rechtsanwälte" auf; die Aktion sollte unter Leitung des fanatischen Antisemiten Julius Streicher stehen. Gefordert wurde eine quotenmäßige Reduzierung von Juden in allen Berufen ihrem Anteil an der Gesamtbevölkerung entsprechend. Um die „Stoßkraft der Aktion zu erhöhen", sollte sich diese Forderung zunächst auf drei Bereiche beschränken: auf die Mittel- und Hochschulen, Ärzte und Rechtsanwälte.[26] Vor zahlreichen Berliner jüdischen Anwaltskanzleien zogen SA-Trupps auf, um antisemitische Parolen zu grölen, Kanzleischilder zu beschmieren oder zu überkleben und Mandanten am Betreten zu hindern. Vor den Gerichten verhinderte die SA das Betreten der Gebäude durch jüdische Anwälte. Es war ein entwürdigendes, aber in die Zukunft weisendes Schauspiel. Auch wenn Rechtsanwalt Bruno Blau konstatierte, daß der Boykott sein Ziel nicht erreicht habe, weil am nächsten Tag der alte Zustand wiederhergestellt war und jeder zu dem Anwalt ging, dem er vertraute,[27] war die psychologische Wirkung verheerend.

3. Der Kerrl-Erlaß vom 31. März 1933

Der kommissarische Leiter der preußischen Justizverwaltung Hanns Kerrl hielt die Zeit für gekommen, seine Vorstellung von Boykott in die Tat umzusetzen. Sein Fernschreiben vom 31. März 1933, also am Vorabend des Boykott-Tages, erwies sich für die jüdischen Anwälte als noch weitaus folgenschwerer.[28] Kerrl richtete ein Telex an die Oberlandesgerichtspräsidenten, Generalstaatsanwälte und Präsidenten der Strafvollzugsbehörden Preußens, das über Polizeifunk auch an die untergeordneten Gerichte weitergeleitet wurde. Darin hieß es die jüdischen Anwälte betreffend: „Die Erregung des Volkes über das anmaßende Auftreten amtierender jüdischer Rechtsanwälte ... hat Ausmaße erreicht, die dazu zwingen, mit der Möglichkeit zu rechnen, daß besonders in der Zeit des berechtigten Abwehrkampfes des deutschen Volkes gegen die alljüdische Greuelpropaganda das Volk zur Selbsthilfe schreitet. ... Besondere Erregung hat das anmaßende Auftreten jüdischer Anwälte hervorgerufen, ich ersuche deshalb, mit den Anwaltskammern oder örtlichen Anwaltsvereinen oder sonstigen geeigneten Stellen noch heute zu vereinbaren, daß ab morgen früh, 10 Uhr nur noch bestimmte jüdische Rechtsanwälte und zwar in einer Verhältniszahl, die dem Verhältnis der jüdischen Bevölkerung zur sonstigen Bevölkerung etwa entspricht, auftreten. Die danach zum Auftreten autorisierten Rechtsanwälte ersuche ich im Einvernehmen mit dem Gaurechtsstellenleiter der NSDAP. oder dem Vorsitzenden der Gaugruppe des Bundes n.s.d.J. auszuwählen und zu bestimmen. Wo eine Vereinbarung dieses Inhaltes infolge Obstruktion der jüdischen Anwälte nicht zu erzielen ist, ersuche ich, das Betreten des Gerichtsgebäudes diesen zu verbieten. Mir scheint es selbstverständlich zu sein", so Kerrl weiter, „daß die Beiordnung jüdischer Anwälte als Armenanwälte oder Bestellung von solchen als Pflichtverteidiger, zu Konkursverwaltern, Zwangsverwaltern usw. ab morgen 10 Uhr nicht mehr erfolgt, da solche Maßnahmen ein Vergehen gegen die Boykottpflicht des deutschen Volkes enthalten. Aufträge zur Vertretung von Rechtsstreitigkeiten des Staates an jüdische Anwälte ersuche ich sofort zurückzuziehen und nichtjüdische Anwälte mit der Vertretung des Staates zu betrauen. ... Den Gesamtrücktritt des Vorstandes der Anwaltskammern ersuche ich durch entsprechende Ver-

---

26 „Aufruf der nationalsozialistischen Parteileitung", in: Vossische Zeitung, 29. März 1933, in: ebenda, S. 295ff.
27 Bruno Blau, Vierzehn Jahre Not und Schrecken, o.O. o.J., S. 15.
28 Dazu: Krach, Jüdische Rechtsanwälte, S. 184ff.; Martin Hirsch/Diemut Majer/Jürgen Meinck (Hrsg.), Recht, Verwaltung und Justiz im Nationalsozialismus. Ausgewählte Schriften, Gesetze und Gerichtsentscheidungen von 1933 bis 1945, Köln 1984, S. 174ff.

handlungen herbeizuführen. Mit der vorläufigen Wahrnehmung der Geschäfte der Anwaltskammer ersuche ich einen Kommissar zu beauftragen, der nach Anhörung der nationalsozialistischen oder sonstigen nationalen Anwaltsorganisationen zu bestellen ist."[29]

Am 4. April bestätigte Kerrl in einer Rundverfügung seinen Erlaß vom 31. März; bis auf weiteres sollten die Anordnungen in Kraft bleiben.[30] Um alle Zweifel an Sinn und Zweck seiner Maßnahmen auszuschließen, erklärte er am gleichen Tag dem Kammergerichts- und den Oberlandesgerichtspräsidenten noch einmal, daß damit die „Zurückführung der jüdischen Rechtsanwälte auf ein erträgliches Maß, wie es dem Verhältnis der jüdischen Bevölkerung zur Gesamtbevölkerung durchaus entspricht", bewirkt werden sollte. Folglich waren die vor Gericht nicht mehr zugelassenen Anwälte auch nicht berechtigt, Klagen und Schriftsätze in Angelegenheiten, in denen von Gesetzes wegen Anwaltszwang bestand, zu unterzeichnen.[31]

Diese Anordnungen bedeuteten de facto ein jeglicher gesetzlichen Grundlage entbehrendes Vertretungsverbot für jüdische Rechtsanwälte. Sie wurden gezwungen, einen erneuten Antrag auf Zulassung zur Rechtsanwaltschaft zu stellen. Kerrl sah sich genötigt, den Kammergerichts- und die Oberlandesgerichtspräsidenten am 5. April darauf hinzuweisen, daß die Bearbeitung eines derartigen Gesuches nur erfolgen könne, wenn der Gesuchsteller „die auf Grund der bekannten Vereinbarungen geschaffene, jetzt bestehende Lage ... als für sich rechtsverbindlich" anerkenne. Die Loyalität „gegenüber der Regierung der nationalen Erhebung" müsse zweifelsfrei vom Antragsteller bestätigt werden. Bis 11. April sollten alle Gesuche bei Kerrl eingegangen sein, der sie unter diesen Gesichtspunkten prüfen lassen wollte.[32]

Obwohl der Kerrl-Erlaß keine gesetzliche Grundlage hatte, wurde er konsequent in die Tat umgesetzt. Der stellvertretende Präsident des Landgerichts I Moabit etwa ordnete an, „daß Rechtsanwälte zwecks Ausübung ihres Berufs das neue Kriminalgerichtsgebäude nur betreten dürfen, wenn sie im Besitz eines vom Anwaltskammerkommissar erteilten Ausweises und eines amtlich ausgestellten mit Lichtbild versehenen Personalausweises sind".[33] Auch die nichtjüdischen Anwälte waren verpflichtet, sich einen Ausweis für das Betreten der Gerichtsgebäude zu beschaffen. Dazu mußten sie bei der Anwaltskammer eine Erklärung abgeben, in der sie ihre „arische Abstammung" bestätigten. Erst am 8. April wurden die Namen der weiterhin zum Auftreten vor Gericht befugten jüdischen Rechtsanwälte bekannt gegeben. Bis dahin war ihnen das Betreten aller Berliner Gerichtsgebäude verwehrt worden.[34] Bei dem Auswahlverfahren, so der kommissarische Vorsitzende des Berliner Kammervorstands Neubert an Ministerialdirektor Freisler, seien vor allem Frontkämpfer berücksichtigt worden, die als beruflich gewissenhaft und national zuverlässig eingeschätzt würden.[35]

Für den Erhalt dieser Ausweise mußten die Betroffenen persönlich einen Antrag bei der Anwaltskammer einreichen.[36] Neubert machte am 2. April bekannt, daß etwa 35 jüdische Anwälte wieder vor Gericht zugelassen würden.[37] Rechtsanwalt Bruno Blau beschrieb in seinen Erinnerungen die ent-

---

29 Abschrift in: GStA Rep. 84a (2.5.1.) Nr. 67. Abgedruckt auch in: Deutsche Allgemeine Zeitung, 1. April 1933, in: Schwarzbuch, S. 110ff.; GStA Rep. 84 MF 1198.
30 GStA Rep. 84a (2.5.1.) Nr. 67. Der Preußische Justizminister, 4. April 1933.
31 Ebenda MF 1198. Der Preußische Justizminister an den Herrn Kammergerichtspräsidenten sowie die übrigen Herren Oberlandesgerichtspräsidenten. Betrifft Amtshandlungen jüdischer Rechtsanwälte, 4. April 1933.
32 BA R 43 II/600. Der Preußische Justizminister an den Herrn Kammergerichtspräsidenten sowie die übrigen Herren Oberlandesgerichtspräsidenten, 5. April 1933.
33 Frankfurter Zeitung, 4. April 1933, in: Schwarzbuch, S. 112.
34 Krach, Jüdische Rechtsanwälte, S. 192f.
35 Ebenda, S. 197f.
36 GStA Rep. 84a Nr. 20363. Verzeichnis der im Justizministerium unmittelbar eingegangenen Anträge auf Aufrechterhaltung der Zulassung zur Rechtsanwaltschaft.
37 Tillmann Krach, „... endlich von artfremdem Einfluß ganz befreit ..." – Jüdische Rechtsanwälte und ihre Vertreibung im

würdigende Prozedur, die die Antragsteller über sich ergehen lassen mußten: „Obwohl die Anzahl so sehr begrenzt war, und nur die wenigsten Aussicht hatten, berücksichtigt zu werden, glaubte ein jeder, nichts versäumen zu dürfen, und begab sich zur Anwaltskammer – die meisten lange vor der festgesetzten Zeit, damit sie ihren Antrag so früh als möglich abgeben konnten. Wir mußten dort stundenlang vor dem Gebäude warten, und zwar im Regen und unter Aufsicht junger SA-Burschen, bis wir einzeln in das Haus eingelassen wurden. Dieser Vorgang war für uns in höchstem Maße entwürdigend und sollte es auch sein, obwohl man wußte, daß sich unter uns eine ganze Anzahl hoch betagter und solcher Herren befanden, die einen anerkannten wissenschaftlichen Ruf besaßen und bis dahin allgemeines Ansehen genossen."[38] Erschwerend kam hinzu, daß der Vorsitz der Kommission für die Wiederzulassung dem fanatischen Antisemiten Karl Deutschmann übertragen worden war, der auch bei der Durchführung des Anwaltsgesetzes vom 7. April eine unrühmliche Rolle spielen sollte.

Eine dem Regime äußerst unliebsame Begleiterscheinung des de facto über die jüdischen Rechtsanwälte verhängten Berufsverbots war die damit verbundene Entlassung der Angestellten. Die Tatsachen verdrehend empörte sich Freisler in einem Schreiben, das er im Auftrage Kerrls an den Kammergerichts- und die Oberlandesgerichtspräsidenten richtete, daß fristlose Kündigungen von Angestellten „von völligem Fehlen deutschen sozialen Sinnes" zeugten, „da der **deutsche**[39] Arbeitgeber, wenn er jahrelang mit Hilfe seiner Angestellten gearbeitet und verdient hat, seine Angestellten nicht plötzlich fristlos entläßt". Bei den Oberlandesgerichten sollten nun Listen der entlassenen Angestellten angelegt werden; jeder Antragsteller auf Neuzulassung zur Anwaltschaft war verpflichtet, den oder die erste Angestellte aus dieser Liste einzustellen.[40]

Der individuelle Terror gegen einzelne jüdische Rechtsanwälte, die SA-Aufmärsche vor Gericht und vor Anwaltskanzleien, die bedrohliche, die Ausgrenzung manifestierende Situation des Boykott-Tages und das jeglicher gesetzlichen Grundlage entbehrende aggressive Vorgehen von Justizkommissar Kerrl und der preußischen Justizverwaltung schuf für die jüdische Anwaltschaft im Frühjahr 1933 eine ausweglos scheinende Situation. In wenigen Wochen waren zahlreiche Kanzleien und damit menschliche Existenzen zerstört. Die, die an das Recht geglaubt und es durchzusetzen versucht hatten, waren nun ohne rechtliche Grundlage entrechtet worden. Hanns Kerrl hatte – wie der bayerische kommissarische Justizminister Hans Frank – das Reichsjustizministerium vor vollendete Tatsachen gestellt. Der erreichte Zustand sollte dann nur noch in Gesetzestext gegossen werden.[41]

Wenig zu berichten gibt es über das Verhalten der nichtjüdischen Kollegen in den für die jüdischen Anwälte existenzvernichtenden Wochen. Im preußischen Justizministerium wurde ein „Verzeichnis der von dritter Seite eingereichten Eingaben über Rechtsanwälte nicht arischer Abstammung" angelegt, in dem die Namen der Rechtsanwälte, für die die Eingabe erfolgte und die Einsender festgehalten wurden. Die 148 Eingaben tragen das Datum 2. April bis 19. April 1933. Absender waren zufriedene Mandanten, ausländische Vertretungen, Veteranenorganisationen, Angestellte und kirchliche Bittsteller. Auch zwei vom Nationalsozialismus überzeugte Rechtsanwälte richteten eine Eingabe an das Ministerium. Rüdiger Graf von der Goltz, damals noch in Stettin zugelassen, verwandte sich für

---

Nationalsozialismus, in: Jüdische Rechtsanwälte im Dritten Reich. Dokumentation der Veranstaltungen des Bonner Anwaltverein vom 23. Oktober 1992 zum Gedenken an das Schicksal der jüdischen Rechtsanwälte, Bonn 1994, S. 29.
Krach (Jüdische Rechtsanwälte, S. 191) weist zu Recht darauf hin, daß bis heute die Entstehung dieser Zahl von 35 Anwälten nicht geklärt ist. 35 der insgesamt 3400 Berliner Anwälte sind knapp ein Prozent. Zu diesem Zeitpunkt waren jedoch 3,8 Prozent der Berliner Bevölkerung Juden; im Reichsdurchschnitt lag die Quote bei 0,77 Prozent.
38 Bruno Blau, Vierzehn Jahre Not und Schrecken, S. 18f.
39 Im Original unterstrichen.
40 GStA Rep. 84a (2.5.1.) Nr. 67. Der Preußische Justizminister an den Herrn Kammergerichtspräsidenten sowie sämtliche übrigen Herren Oberlandesgerichtspräsidenten. Betrifft Kündigung von Angestellten bei jüdischen Rechtsanwälten und Notaren, 6. April 1933.
41 Gruchmann, Justiz im Dritten Reich, S. 128ff.

Rechtsanwalt Fritz Adler und Reinhard Neubert, der als neu eingesetzter kommissarischer Vorsitzender des Berliner Kammervorstands maßgeblich an den Aktionen im März und April mitwirkte, für den bekannten Rechtsanwalt Rudolf Isay; letzterer war allerdings evangelisch getauft.[42]

4. Das „Gesetz über die Zulassung zur Rechtsanwaltschaft" vom 7. April 1933

Am 7. April 1933 trat das „Gesetz zur Wiederherstellung des Berufsbeamtentums" in Kraft.[43] Politische Gegner und Juden konnten damit aus dem Staatsdienst entfernt werden. Es folgten im April weitere antijüdische Gesetze, darunter das Anwaltsgesetz, zu dessen Erörterung das Reichskabinett am Nachmittag des 7. April zusammenkam.[44] Dem konservativen Reichsjustizministerium war der Aktionismus von Kerrl und dem kommissarischen bayerischen Justizminister Frank zu weit gegangen; es wollte diesen eigenmächtigen, gesetzlicher Grundlagen entbehrenden Aktivitäten ein Ende bereiten. Hitler wollte für den „Augenblick ... nur das Notwendige regeln". Nach einer „eingehenden Aussprache" einigten sich die Anwesenden, daß das zu verabschiedende Gesetz nur für die Berufsgruppe der Rechtsanwälte gelten sollte. Es war außerdem zeitlich zu befristen und dem „Gesetz zur Wiederherstellung des Berufsbeamtentums", das am vorherigen Tag verabschiedet worden war, anzupassen. Von der Einführung eines numerus clausus wurde vorerst abgesehen.[45]

Das Reichsgesetzblatt vom 10. April 1933[46] publizierte das mit dem Datum des 7. April versehene „Gesetz über die Zulassung zur Rechtsanwaltschaft".[47] Gemäß Par. 1 konnte danach die „Zulassung von Rechtsanwälten, die im Sinne des Gesetzes zur Wiederherstellung des Berufsbeamtentums vom 7. April 1933 nicht arischer Abstammung sind, ... bis zum 30. September 1933 zurückgenommen werden". Analog zum Berufsbeamtengesetz durfte diese Vorschrift nicht angewendet werden auf „Rechtsanwälte, die bereits seit dem 1. August 1914 zugelassen sind oder im Weltkriege an der Front für das Deutsche Reich oder für seine Verbündeten gekämpft haben oder deren Väter oder Söhne im Weltkriege gefallen sind". Nach Par. 2 des Gesetzes konnte Personen „nicht arischer Abstammung" die Zulassung zur Rechtsanwaltschaft versagt werden. Par. 3 schloß „Personen, die sich in kommunistischem Sinne betätigt" hatten, von der Zulassung bzw. vom Beruf des Rechtsanwalts aus. Bis zur Entscheidung, ob einem Rechtsanwalt unter Berufung auf die genannten Paragraphen die Zulassung entzogen werden sollte, konnte die Justizverwaltung ein Vertretungsverbot verhängen.[48]

Mit seinen Ausnahmebestimmungen für „Altanwälte" und „Frontkämpfer" und der Kann-Formulierung bedeutete das Gesetz de facto einen Schritt hinter die radikalen Maßnahmen, die die preußische Justizverwaltung unter Kerrl inszeniert hatte. In Anbetracht von Gegnerschaft, Diskriminierung und Terror in den ersten Wochen nach dem Machtwechsel wird verständlich, daß den Betroffenen das Gesetz als geradezu gemäßigt erschien.

---

42 GStA Rep. 84a Nr. 20363. Verzeichnis der von dritter Seite eingereichten Eingaben über Rechtsanwälte nicht arischer Abstammung.
43 RGBl. I 1933, S. 175ff.
44 Dazu: Gruchmann, Justiz im Dritten Reich, S. 136f.
45 BA R 43 II/600. Auszug aus der Niederschrift über die Ministerbesprechung vom 7. April 1933.
46 RGBl. I 1933, S. 188.
47 Ausführlich zum Gesetz des 7. April: Krach, Jüdische Rechtsanwälte, S. 202ff. Soweit nicht anders angegeben, beruht die folgende Darstellung weitgehend auf dieser Publikation.
48 RGBl. I 1933, S. 188.

Kerrl äußerte sich vier Wochen nach Verabschiedung des Gesetzes dazu sehr deutlich: „Ich hätte es viel lieber gesehen, das Reich hätte sich damals noch gar nicht mit der Frage der Erlassung eines Gesetzes über die Zulassung zur Rechtsanwaltschaft befaßt.... Wir wären vier Tage später in der Lage gewesen, die Frage als geregelt anzusehen, es wäre alles in Ordnung gewesen für uns. ... Ich habe damals dem Herrn Reichsjustizminister gesagt, ich müßte darauf außerordentlich Gewicht legen, daß in das Gesetz selbst nicht etwa die von uns für selbstverständlich angesehenen Ausnahmen hineinkämen, sondern daß diese Ausnahmen absolut der Ausführung überlassen würden, die ohne weiteres gesichert sein, weil wir Justizminister ja ... sämtlich Nationalsozialisten wären, die sich ohne weiteres unter den Befehl des Reichskanzlers stellen. ... Wir haben dann nichts gehört."[49]

Er war „außerordentlich enttäuscht" über den Inhalt des Gesetzes, den er schließlich der Presse entnehmen mußte, legte aber die Entscheidung „natürlich nicht dem Führer zur Last ..., sondern nur dem Reichsjustizministerium.... Über den Entwurf selbst, über das Gesetz selbst, über seinen Inhalt brauchen wir kein Wort zu verlieren. Es entspricht nicht unserem Willen und auch nicht ... dem unseres Führers."[50] Gürtner hatte jedoch am Vormittag des 7. April bei einer Besprechung mit den Leitern der Landesjustizverwaltungen nochmals eine Bestätigung der radikalen Einstellung einiger Landesjustizvertreter erhalten und versicherte sich deshalb in einem Schreiben an Hitler vom 8. April 1933 dessen Rückendeckung für die Verabschiedung und Durchführung des Gesetzes: „Bei der gestrigen Konferenz mit den Leitern der Landesjustizverwaltungen wurde wiederholt die Besorgnis geäußert, wenn die reichsrechtliche Regelung der Anwaltsfrage dazu führen sollte, daß auch nur ein Teil der gegenwärtig vorläufig ausgeschlossenen jüdischen Rechtsanwälte wieder zuzulassen ist, würde dies zu einer ungeheuren Erregung des Volkes und zu Zusammenstößen führen. Einer der Herren Justizminister sprach sogar davon, daß die SA auf eigene Faust solche Anwälte aus dem Gerichtsgebäude herausholen würde. Ich bin zwar überzeugt davon, daß sich die Bevölkerung der reichsrechtlichen Regelung fügen und die Staatsautorität sich auch in diesem Punkt ohne weiteres durchsetzen wird. Jede Besorgnis würde aber zerstreut werden, wenn Sie, Herr Reichskanzler, als Kanzler und als Führer der Bewegung Ihren Willen kundtun würden, daß selbstverständlich auch diese Anordnung der Reichsregierung von jedermann zu respektieren ist."[51]

Die folgenden Monate zeigten, daß Gürtners Befürchtungen durchaus der Realität entsprachen. Der preußische Justizminister versuchte, die Bestimmungen des Anwaltsgesetzes auf administrativem Weg nach seinen Vorstellungen „abzumildern".[52] Schlüssel dazu war die „Kann-Bestimmung" für „nichtarische" Rechtsanwälte, die ja keineswegs zwingend eine Rücknahme der Zulassung vorschrieb. Der der Verwaltung eingeräumte Ermessensspielraum wurde mißachtet, das „kann" rigoros zum „muß" umgedeutet. Jeder Rechtsanwalt, der nach dem neuen Beamtenrecht[53] als „nicht arisch" galt, verlor seine Zulassung. Dies kam einem Berufsverbot für alle jüdischen Rechtsanwälte, die zum Zeitpunkt der Verabschiedung des Gesetzes 44 Jahre oder jünger waren,[54] gleich, soweit sie nicht unter den Status des „Frontkämpferanwalts" fielen. Die Ausnahmeregelung für Frontkämpfer war auf eine Intervention des Reichspräsidenten Hindenburg zurückzuführen. Ihn hatten zahlreiche Schreiben von Weltkriegsteilnehmern mit der Bitte um Unterstützung erreicht, der er in einem Schreiben an Hitler vom 4. April auch nachkam und diesen um eine persönliche Intervention ersuchte.[55]

---

49 Tagung der Landesjustizminister am 6. Mai 1933 in Stuttgart. Zit. nach: Krach, Jüdische Rechtsanwälte, S. 206.
50 Tagung der Landesjustizminister am 6. Mai 1933 in Stuttgart. Zit. nach Wilfried Helling, Gleichschaltung und Ausgrenzung. Der Weg der bremischen Anwaltschaft ins Dritte Reich, Bremen 1990, S. 258.
51 BA R 43 II/1534. Reichsminister der Justiz an Herrn Reichskanzler, 8. April 1933.
52 Zum Vorgehen Kerrls s. Gruchmann, Justiz im Dritten Reich, S. 140ff.
53 Gemäß der 1. Durchführungsverordnung zum „Gesetz zur Wiederherstellung des Berufsbeamtentums" vom 11. April 1933, in: RGBl. I 1933, S. 195.
54 1914 mußte mindestens 25 Jahre alt sein, wer zur Anwaltschaft zugelassen werden wollte.
55 Gruchmann, Justiz im Dritten Reich, S. 134.

II. Revolution, Ausgrenzung und Anpassung

Zu Lasten der Betroffenen wurde sodann eine Beweisumkehr geschaffen, was zur Folge hatte, daß „Altanwälte" und „Frontkämpfer" keineswegs, wie es laut Gesetz möglich gewesen wäre, am 11. April ihre Tätigkeit vor Gericht wieder aufnehmen konnten. Vielmehr sollten sie erst nach einer „Neuzulassung... gemäß ihrer Anträge" wieder tätig werden.[56] Diese Beibehaltung des von Kerrl am 31. März geschaffenen Zustands hatte für die betroffenen Rechtsanwälte von den psychischen Auswirkungen abgesehen auch verheerende wirtschaftliche Folgen. Alle Klienten, die vor Gericht vertreten werden wollten, mußten sich einen nichtjüdischen Anwalt suchen, um ihre Anliegen durchzusetzen.[57] Mehrere jüdische Rechtsanwälte gründeten daraufhin eine „Auskunftsstelle", die Verhandlungen mit den Behörden führte, die betroffenen Anwälte über die Gesetze und folgenden Verordnungen informierte und sie im Zweifelsfall beriet.[58]

Da der Schutz der „Frontkämpfer" im Gesetz festgeschrieben war, galt es nun für die preußische Justizverwaltung, eine reichseinheitliche Auslegung des Begriffs zu verhindern,[59] um einen möglichst großen Handlungsspielraum zu behalten. Unter Leitung von Rechtsanwalt Deutschmann „prüfte" ein Ausschuß der Berliner Anwaltskammer die Frontkämpfereigenschaft der betroffenen Anwälte. Abgesehen von den Totenscheinen wurde zunächst grundsätzlich alles in Frage gestellt. Freisler formulierte das zynische Vorgehen in einer Sitzung der Landesjustizminister am 22. April: Zwischen „Frontriechern und Frontkämpfern, nicht nur zwischen Front und Etappe" bestünde ein grundsätzlicher Unterschied. Selbst die „Anwesenheit bei einzelnen Kampfhandlungen" reichte Freisler für die Gewährung des Status des „Frontkämpferanwalts" nicht aus, eine „gewisse seelische Einstellung" müsse hinzukommen. Solange der Begriff nicht näher definiert sei, könne man mit ihm „sehr viel anfangen".[60] Für die betroffenen Anwälte begann damit eine entwürdigende Prozedur um die Gewährung eines ihnen von Gesetzes wegen zustehenden Rechts.

Das preußische Justizministerium ließ sich die Umsetzung seines Ausschaltungsvorhabens nicht mehr aus der Hand nehmen. Eine Allgemeine Verfügung vom 25. April 1933 regelte das weitere Vorgehen: „Die OLGPräs. reichen bis zum 5.5.1933 eine Liste derjenigen Rechtsanwälte ihres OLG-Bezirks ein, bei denen nach Ansicht entweder des OLGPräs. selbst oder eines LGPräs. oder aufsichtführenden Amtsrichters oder nach Ansicht des Vorsitzenden des Anwaltskammervorstandes oder nach Ansicht anderer nach Meinung des OLGPräs. in Frage kommenden Stellen eine Prüfung erforderlich ist, ob eine Zurücknahme der Zulassung zur RA. nach dem RG. v. 7.4.1933 in Frage kommt.... Diejenigen Rechtsanwälte nichtarischer Abstammung, die für sich die Voraussetzungen des Par. 1 Abs. 2 des RG... in Anspruch nehmen, haben dies unter Angabe der zur Begründung von ihnen vorzubringenden Tatsachen und Beifügung der Belege schriftlich in dreifacher Ausfertigung dem für sie zuständigen OLGPräs. darzulegen.... Der... OLGPräs. reicht diese Darlegungen nebst etwaigen Anlagen gesammelt bis spätestens 6.5. dem Justizministerium ein."[61]

In einer unscharfen Formulierung des Par. 3 des Anwaltsgesetzes war die Zurücknahme der Zulassung von Rechtsanwälten gefordert worden, die sich „in kommunistischem Sinne" betätigt hatten. Dazu wurde am 25. April dem Denunziantentum Tür und Tor geöffnet. Par. 3 der AV lautet: „Die OLGPräs. erlassen bis spätestens zum 1.5.1933 an a) die in Betracht kommenden Polizeibehörden und Staats-

---

56 Im GStA (Rep. 84a Nr. 20363) liegt das „Verzeichnis der im Justizministerium unmittelbar eingegangenen Anträge auf Aufrechterhaltung der Zulassung zur Rechtsanwaltschaft".
57 Dazu Blau, Vierzehn Jahre Not und Schrecken, S. 23ff.
58 Mehrere Schreiben in: GStA Rep. 84a Nr. 106.
59 Vgl. dazu auch: Gundula Knobloch, Deutsch das Recht und deutsch auch die Juristen. Zur Ausschaltung der jüdischen Rechtsanwälte aus der Anwaltschaft 1933-1938, in: Anwaltsblatt 10 (1990), S. 484ff.
60 Sitzung der Landesjustizminister am 22. April 1933 in München. Zit. nach: Krach, Jüdische Rechtsanwälte, S. 260; Gruchmann, Justiz im Dritten Reich, S. 142f.
61 Die vom Berliner Kammergerichtspräsidenten eingereichte Liste der Gesuchsteller vom 5. Mai 1933 liegt im GStA (Rep. 84 a Nr. 20363).

anwaltschaften, b) die Anwaltskammervorstände, c) die Gauobleute des für ihren Bezirk zuständigen Gaues des BNSDJ, d) andere ihnen geeignet erscheinende Organisationen das Ersuchen um schriftliche Mitteilung, welche Rechtsanwälte nach Ansicht der ersuchten Stellen sich in der Vergangenheit in kommunistischem Sinne betätigt haben. Die ersuchten Stellen haben die Tatsachen anzugeben, und soweit möglich die von den ersuchten Stellen vertretene Ansicht zu belegen."[62]

Alle Recherchen, an denen sich auch die Gestapo beteiligte,[63] führten schließlich in ganz Preußen zu 104 und im Kammergerichtsbezirk zu 35 Zulassungsrücknahmen wegen Betätigung „in kommunistischem Sinne". Die intensiven Nachforschungen verdeutlichten die nicht mehr verschwiegene Absicht, unliebsame jüdische Anwälte kaltzustellen, denen wegen der Ausnahmebestimmungen des Gesetzes vom 7. April die Zulassung nicht entzogen werden konnte. Nur drei der 35 betroffenen Anwälte waren schließlich nichtjüdisch.[64] Einige prominente Strafverteidiger wie Alfred Apfel fielen dieser Strategie zum Opfer. Auch Max Alsberg, Arthur Brandt, Rudolf Olden, Kurt Rosenfeld und Johannes Werthauer verloren ihre Zulassung aufgrund des Paragraphen 3. Herausragendes Beispiel für einen mutigen Kampf um seine Rechte ist Ernst Fraenkel, dem es gelang, den Entzug der Zulassung rückgängig zu machen.[65]

Der unpräzise formulierte Gesetzestext hatte für den Niedergang der freien Verteidigung fatale Auswirkungen. Da die Strafverteidiger nicht sicher sein konnten, ob ihre Mandatsübernahme in einem politischen Prozeß unter den Begriff „kommunistische Betätigung" fiel, nahmen sie sich dementsprechend zurück.[66]

Das Preußische Justizministerium scheute auch den Konflikt mit dem Reichsjustizminister nicht. Dreist wurde in Par. 7 der AV formuliert: „Bis zum 8.5.1933 ist der jetzt überall bestehende tatsächliche Zustand [das generelle Vertretungsverbot vom 31. März] aufrecht zu erhalten, da ich auch bei größter Beschleunigung diese Zeit zur Prüfung der vom Vertretungsverbot auszunehmenden Fälle benötige."[67] Nach dem 8. Mai tauchten offenbar Zweifel über die Vertretungsbefugnis der jüdischen Rechtsanwälte auf. Kerrl führte in einer Rundverfügung an den Kammergerichts- und die Oberlandesgerichtspräsidenten am 15. Mai aus, daß „der bisherige Zustand mit dem 8. Mai 1933 ein Ende genommen" habe. Es sei „nunmehr der durch das Reichsgesetz vom 7. April 1933 ... geschaffene Zustand eingetreten".[68]

Das Vorgehen des Preußischen Justizministers im April und Anfang Mai 1933 widersprach eindeutig dem Reichsgesetz, und so kam es auch im Mai zum offenen Ausbruch des Konflikts zwischen Kerrl und Gürtner, dem vor allem der Versuch Kerrls zu weit ging, gegen die „Alt"- und „Frontkämpferanwälte" mit Hilfe des Vorwurfs der kommunistischen Betätigung – also durch die Hintertür – gesetzeswidrig ein Vertretungsverbot durchzusetzen. Noch im April hatte Kerrl behauptet, daß die Prüfung, wer nach dem Reichsgesetz künftig noch zugelassen werden könne, „so gründlich vorgenommen [werde], daß sie jahrelang dauern dürfte".[69] Der Druck von seiten des Reichsjustizministeriums hatte offensichtlich Erfolg. Nach der Rundverfügung Kerrls vom 15. Mai waren nun „nur diejenigen Anwälte in ihrer Berufsausübung gehemmt, die ein Vertretungsverbot erhalten haben,

---

62 AV abgedruckt in: Krach, Jüdische Rechtsanwälte, S. 422ff.
63 GStA Rep. 84a Nr. 20363. Geheimes Staatspolizeiamt an alle Staatspolizeistellen, 15. Mai 1933.
64 Ebenda MF 1205. Aufstellung über die Rechtsanwälte Preußens, Ende Juli 1933.
65 Krach, Jüdische Rechtsanwälte, S. 254ff.
66 Ausführlich dazu: Stefan König, Vom Dienst am Recht. Rechtsanwälte als Strafverteidiger im Nationalsozialismus, Berlin 1987, S. 46ff.
67 AV abgedruckt in: Krach, Jüdische Rechtsanwälte, S. 422ff.
68 GStA Rep. 84a (2.5.1.) Nr. 67. Der Preußische Justizminister an den Herrn Kammergerichtspräsidenten und die übrigen Herren Oberlandesgerichtspräsidenten, 15. Mai 1933.
69 Deutsche Allgemeine Zeitung vom 21. April 1933. Zit. nach: Schwarzbuch, S. 153f.

oder deren Zulassung zurückgenommen ist".[70] Von der Wirklichkeit waren diese Äußerungen weit entfernt, da die Betroffenen meist nicht in der Lage waren, die erforderlichen Nachweise so rasch vorzulegen – und noch galt die Beweisumkehr.

Aktivisten an allen Fronten suchten den Gesetzgeber beim Erlaß von Vorschriften unter Druck zu setzen und bei der Anwendung an Rücksichtslosigkeit zu überbieten. Ein solch unrühmliches Verhalten legte der Berliner Kammervorstand bei dem Vorhaben, Kollegen auszuschalten, an den Tag. Er sprach sich für einen „möglichst lückenlos(en) Gebrauch" der Kannvorschrift des Par. 2 des Anwaltsgesetzes aus[71] und bewies damit, daß die jüdischen Rechtsanwälte von dieser Seite mit keinerlei Unterstützung rechnen konnten. Am 28. April sandte der Vorstand an sämtliche Kammervorstände eine Liste von Rechtsanwälten, die im Jahre 1930 Zahlungen der KPD-Organisation „Rote Hilfe" erhalten haben sollten. In dem Begleitschreiben stellte er „ergebenst anheim, die weiteren Ermittlungen hinsichtlich der zu Ihrem Kammerbezirk gehörigen Rechtsanwälte zu treffen".[72] „Eine vorläufige Zusammenstellung solcher Rechtsanwälte, die sich in kommunistischem Sinne betätigt haben" samt Unterlagen sandte der Vorstand am 11. Mai 1933 an das Preußische Justizministerium. Das Material sei wenig umfangreich, da sich der Kammervorstand bisher nur in Ausnahmefällen mit der politischen Betätigung seiner Mitglieder befaßt habe. Die Liste umfaßte zahlreiche bedeutende Berliner Strafverteidiger.

Das jeweils als „Beweis" für die kommunistische Betätigung beigefügte „Material" erscheint in vielen Fällen mehr als dürftig. Da gerade in Anbetracht des Bekanntheitsgrades einiger der genannten Anwälte sicherlich ohne großen Aufwand weit aussagekräftigere „Beweise" hätten erbracht werden können, könnte man zunächst vermuten, der Kammervorstand wollte das Vorgehen des Ministeriums konterkarieren. Max Alsberg etwa wurde die Verteidigung von Ossietzky im Landesverratsprozeß zum Vorgewurf gemacht; als Beweismaterial legte der Kammervorstand „Zeitungsnachrichten" bei. Bei Ludwig Barbasch, Sozius von Hans Litten und einer der prominentesten linken Strafverteidiger der Weimarer Republik, lag, wie der Kammervorstand selbst einräumte, „lediglich die Nachricht über seine im Februar 1933 erfolgte Verhaftung wegen politischer Betätigung vor; ... ferner aus dem Jahre 1925 die Anzeige des Oberreichsanwalts an den Generalstaatsanwalt beim Kammergericht über seine Tätigkeit für die Rote Hilfe". Zu Erich Frey, neben Max Alsberg der bekannteste Starverteidiger der Weimarer Republik, fiel dem Kammervorstand nur ein: „Zufolge Nachrichten der Berliner 12-Uhr-Zeitung vom 12.7.30 Verteidiger der Mörder von Horst Wessel. Die Verteidigung wurde zufolge Nachricht der ‚Welt am Montag' am 22. September 1930 von ihm vor der Verhandlung niedergelegt."

Die dilletantische „Beweisführung" kann nicht den böswilligen Aktionismus des Kammervorstands überdecken. Allein die Nennung Alsbergs und Freys, die sich keinesfalls in die Kategorie „linke" Verteidiger einreihen lassen, macht die denunziatorische Absicht deutlich. Um Zweifel an der Unterstützung der ausgrenzenden Maßnahmen zu zerstreuen, wies der Vorstand darauf hin, daß er „keineswegs einzig und allein in der Lage [sei], dem Preuß. Justizministerium Material darüber zur Verfügung zu stellen, ob und wie weit sich einzelne Anwälte kommunistisch betätigt haben. ... Weit eingehender und umfangreicher ist das Material, das bei den Staatsanwaltschaften und bei der Politischen Polizei (Polizeipräsidium) vorhanden ist." Neubert als Vorsitzender des Kammervorstands empfahl, die Unterlagen des Polizeipräsidiums, die Mitgliederlisten der Kommunistischen Partei, der „Roten Arbeiter-Hilfe", der „Liga für Menschenrechte" und des „Zentralvereins [sic!] deutscher Staatsbürger jüdischen Glaubens" umfaßten, anzufordern. Außerdem könnten weitere Informationen aus den Akten des Reichsjustizministeriums vor allem zum Fall Ossietzky gewonnen

---

70 Zit. nach: Krach, Jüdische Rechtsanwälte, S. 271.
71 GStA Rep. 84a MF 1202. Vereinigung der Vorstände der Deutschen Anwaltskammern an den Preußischen Justizminister. Betrifft: Freizügigkeit der Rechtsanwaltschaft, 3. Juli 1933.
72 GStA Rep. 84a Nr. 20363. Der Vorstand der Anwaltskammer zu Berlin an sämtliche Kammervorstände, 28. April 1933.

werden. Diese deutlichen Worte lassen an dem Engagement des Kammervorstands keine Zweifel. Daß diese Aktion sich nicht lediglich gegen „kommunistische" Verteidiger richtete, sondern auch von antisemitischen Motiven genährt wurde, macht die lapidare Bemerkung hinter der Rechtsanwältin Hilde Benjamin deutlich: „arisch, aber mit einem Juden verheiratet". Wenig Unterschied zu den platten Denunziationen der Partei und des BNSDJ läßt der Kommentar des Kammervorstandes zu Anwalt Georg Meyer erkennen. Er sei ein „Vertrauensanwalt der Berliner Unterwelt. In diesem Zusammenhang hat er jetzt mehrere Monate wegen Verdachts der Gefangenenbefreiung und wegen Verdachts der Begünstigung von Automobildiebstählen bezw. Hehlereien im Untersuchungsgefängnis gesessen. Zufolge einer Zeitungsnachricht ist er Anfang Mai auf freien Fuß gesetzt. – Aus der Wirksamkeit des RA. Meyer in Zusammenarbeit mit dem in Haft befindlichen Auto-Hehler und Rechtskonsulenten Scheer läßt sich die Folge ziehen, daß er sich in volkszersetzendem Sinne betätigt hat."[73]

Der Kammervorstand zog selbst Bilanz seiner denunziatorischen Beteiligung an der Durchführung des Gesetzes vom 7. April. Am 27. Juni wandte er sich an den Kammergerichtspräsidenten, um – mit dem Zusatz Eilt! Fristablauf – nochmals eine Liste derjenigen Rechtsanwälte einzureichen, „gegen die ein Vertretungsverbot in Betracht kommen könnte, weil sie weder Arier noch Kriegsteilnehmer zu sein scheinen". Und weiter: „Der Kammervorstand hat bereits am 23. Mai 1933 an den Herrn Preußischen Justizminister eine Liste derjenigen Rechtsanwälte übersandt, die nach dem 1. August 1914 zugelassen sind, bei denen aber eine Frontdienstleistung fraglich oder ausgeschlossen erscheint (junge Anwälte, weibliche Anwälte, Rechtsanwälte, die nach unserer Kenntnis nur in der Etappe waren). Außerdem haben wir dem Herrn Preußischen Justizminister am 11. Mai 1933 eine Liste derjenigen Anwälte übersandt, bezüglich derer uns die Unterstützung kommunistischer oder staatsfeindlicher Bestrebungen bekanntgeworden war."[74] Die Umsetzung des Gesetzes vom 7. April war einem eigenen Bericht zufolge von April bis September die Hauptaufgabe des Berliner Kammervorstands.[75]

Das gute Zusammenspiel aller beteiligten Kräfte machte eine weitgehend reibungslose Durchführung der Hetzjagd auf „Kommunisten" möglich. Neben Partei[76] und ihren Organisationen beteiligten sich daran auch der Kammergerichtspräsident und der Generalstaatsanwalt. Beide kamen den in sie gesetzten Erwartungen nach. Anstatt die Aufforderung zur Denunziation einfach liegen zu lassen, was sicherlich ohne Folgen für sie geblieben wäre, richteten sie in Untertanenmentalität eine Nachfrage an den Preußischen Justizminister, da über „den Inhalt der auszustellenden Unbedenklichkeitsbeschei-

---

73 Ebenda. Vorstand der Anwaltskammer in Berlin an das Preußische Justizministerium, 11. Mai 1933.
  Die Liste umfaßte Eduard Alexander, Max Alsberg, Alfred Apfel, Ludwig Barbasch, Kurt Beck I, Kurt Beck-Wardan, Hilde Benjamin, Ernst Boenheim, JR Hanns Broh, Erich Cohn-Bendit, Oskar Cohn, Erich Frey, Herbert Fuchs, Josef Herzfeld, Fritz Jonas II, Franz Kremer, Botho Laserstein, Hans Joachim Litten, Fritz Löwenthal, Richard Mautner, Joachim Meinshausen, Alfred Pincus, Leo Plaut, Heinrich Rathe, Kurt Rosenfeld, Werner Salinger, Arnold Wadler, Gerhard Wilk, Kurt Garnatz, Volkmar Borbein, Walter Gutfeld, Georg Meyer und Arthur Brandt.
74 Ebenda. Vorstand der Anwaltskammern in Berlin an den Herrn Kammergerichtspräsidenten, 27. Juni 1933.
75 Ebenda MF 1252. Bericht des Vorstandes der Anwaltskammer in Berlin über das Jahr 1933, S. 13.
76 Von dieser Seite kamen besonders widerliche Denunziationen. Der Ortsgruppen-Pressewart der politischen Ortsgruppe Steglitz-Süd reichte etwa am 27. April 1933 dem Reichsjustizministerium eine Liste von Juristen ein, die er ausgeschaltet sehen wollte. Den Berliner Rechtsanwalt Walter Loewe verleumdete er folgendermaßen: „Ein jüdischer Rechtsverdreher schlimmster Sorte, nimmt hinter den Kulissen Einfluß auf Richter seiner Rasse, hat damit auch immer Erfolg, beeinflußt seine Kollegen zum Parteiverrat, seine gemeinste Handlung ist, seine Gegner, denen er so nicht beikommen kann, mit der ‚Geisteskrankheit' zu erledigen, veranlaßt die Richter hinter den Kulissen ohne Grund zum Fassen diesbezügl. Beschlüsse, droht offen seinen Gegnern damit, veranlaßt selbst falsche eidesstattliche Versicherungen, ist galizischer Abstammung, Kommunistenfreund. – Ein schmieriger Rechtsverdreher, wie es schlimmer keinen gibt! Nach meinen Erfahrungen Mitglied jüdischer Geheimorganisationen." Ebenda Nr. 20363. NSDAP Kampfbund des gewerblichen Mittelstandes an das Reichs-Justizministerium, 27. April 1933.

II. Revolution, Ausgrenzung und Anpassung

nigungen ... Zweifel entstanden" waren.[77] Um nicht in den Verdacht eines „kommunistischen" Rechtsanwalts zu geraten, mußte eine entweder vom Kammergerichtspräsidenten, Oberlandesgerichtspräsidenten, Generalstaatsanwalt oder Vorstand der Anwaltskammer unterzeichnete Unbedenklichkeitsbescheinigung vorgelegt werden. Freisler antwortete an alle betroffenen Stellen und gab in seinem Schreiben den Wortlaut der Bescheinigung vor.[78]

Die in der Folgezeit geführte Diskussion, ob nationalsozialistischen Rechtsanwälten die Verteidigung von Kommunisten gestattet sei, zeigte deutlich, daß mit Hilfe des Par. 3 des Anwaltsgesetzes unliebsame, also linksliberale, demokratische und vor allem erfolgreiche jüdische Verteidiger ausgeschaltet werden sollten. Die „Deutsche Justiz. Amtliches Blatt der deutschen Rechtspflege" beschäftigte sich 1935 mit den Klagen von NS-Anwälten, die kommunistische Mandate übernommen hatten, daß ihnen politisch gesinnungsloses Handeln vorgeworfen würde. Der Autor kam zu dem Ergebnis, daß diese Beschwerden deutlich machten, daß die Aufgaben des Anwalts immer noch „verkannt" werden. Die Tätigkeit des Anwalts sei „mißverstanden, wenn von ihr angenommen wird, sie diene unter auch innerer Übereinstimmung des Anwalts mit der Auffassung des Angeklagten ausschließlich der Reinwaschung des Angeklagten". Gerade die Übernahme von Offizialverteidigungen für Kommunisten sei eine „moralische Pflicht des betreffenden Anwalts". Es sei „falsch, hieraus Schlüsse auf die politische Einstellung des betreffenden Anwalts zu ziehen".[79] Diese Freiheit hatte man den meisten von Par. 3 des Anwaltsgesetzes Betroffenen nicht zugestanden.

Vielen jüdischen Rechtsanwälten war damals offenbar nicht bewußt, wer die treibende Kraft hinter der rigorosen Durchsetzung des Anwaltsgesetzes war. Im Juli 1933 wandte sich nämlich eine Delegation der jüdischen Rechtsanwälte, bestehend aus den Herren Fliess, Illch (Berlin), Dellevie (Kassel), Dorpahlen (Düsseldorf) und Goldschmidt (Wuppertal) an das Preußische Justizministerium, um Unterstützung in ihren Auseinandersetzungen mit dem BNSDJ und den Anwaltskammern zu erhalten. Die Vertreter des preußischen Justizministeriums spielten die Unschuldigen und argumentierten, sie könnten „nichts weiter tun als das Gesetz loyal ausführen". Sie redeten sich darauf hinaus, daß sie keinen Einfluß auf die internen Maßnahmen von Parteistellen hätten, und schließlich sei der BNSDJ eine Unterorganisation der NSDAP. Die Anwaltskammern seien eine „autonome Einrichtung des freien Anwaltsstandes", in die das preußische Justizministerium keinesfalls eingreifen könne. „Selbstverständlich" würden die „weiterhin zugelassenen jüd. Anwälte vor dem Gesetz und von allen Amtsstellen als gleichberechtigt mit den noch zugelassenen arischen Rechtsanwälten behandelt werden".[80]

Der der NSDAP nahestehende Essener Rechtsanwalt Prof. Dr. Friedrich Grimm kommentierte das Gesetz und seine Durchführung im Mai 1933 in der „Deutschen Juristen-Zeitung". Seine Ausführungen geben einen Einblick in die Gedankenwelt nationalkonservativer Juristen, die keine Anhänger der radikalen Austreibung der jüdischen Rechtsanwälte waren. Ihre Unterstützung eines „gemäßigten", quasi „legalen" Hinausdrängens der jüdischen Kollegen ließ sie dennoch zu Wegbereitern ihres Ausschlusses werden. Grimm stand mit seiner Einschätzung des Gesetzes sicherlich

---

77 Ebenda MF 1199. Der Kammergerichtspräsident und der Generalstaatsanwalt bei dem Kammergericht an den Preußischen Justizminister, 26. April 1933.
78 Ebenda. Der Preußische Justizminister an den Herrn Kammergerichtspräsidenten und sämtliche übrigen Herren Oberlandesgerichtspräsidenten, die Herren Generalstaatsanwälte, die Vorstände der Anwaltskammern, 27. April 1933. Die Unbedenklichkeitsbescheinigung sollte folgenden Wortlaut haben: „Nach meiner Kenntnis ist es völlig ausgeschlossen, daß der Rechtsanwalt ... sich in kommunistischem Sinne betätigt hat. Hierbei bin ich mir bewußt, daß unter Betätigung in kommunistischem Sinne nicht nur Betätigung in der kommunistischen Partei, sondern jede Unterstützung kommunistischer Organisationen und Bestrebungen zu verstehen ist."
79 Deutsche Justiz, 21. Juni 1935, S. 893f.
80 GStA Rep. 84a MF 1198. Niederschrift über die Besprechung am Freitag, den 7. Juli 1933 im Preuss. Justizministerium betr. jüdische Anwälte.

nicht allein: „Selten haben wohl Gesetze die gesamte deutsche Juristenwelt so bewegt, wie das Gesetz zur Wiederherstellung des Berufsbeamtentums und das Gesetz über die Zulassung zur Rechtsanwaltschaft. ... Heute wird es wohl jedem deutschen Juristen klar sein, daß es sich hier nicht um gewöhnliche Gesetze handelt, die mehr oder weniger die Organisation unserer Rechtspflege betreffen, sondern daß diese Gesetze das Kernstück einer völligen Neuordnung darstellen, die an die tiefsten Tiefen unseres Rechtslebens überhaupt herangehen. Die Dinge, die heute neu geformt werden, sind längst über den Rahmen einer bloßen Judenfrage hinausgewachsen. Es geht um den deutschen Richter, um den deutschen Rechtsanwalt, um die deutsche Rechtsordnung schlechthin. ... Wenn wir hiernach sine ira et studio das neue Anwaltsrecht betrachten, so scheint mir die Hauptbedeutung dieses Gesetzes darin zu liegen, daß es nach Überwindung der Periode der revolutionären Tatsachen, die ihrer Natur nach nur eine vorübergehende sein durfte, für die Frage der Zulassung zur Rechtsanwaltschaft wieder einen festen Rechtsboden schafft. Das bedeutet ein Bekenntnis zur Legalität, das wir als Juristen natürlich besonders begrüßen." Im folgenden nahm Grimm das Gesetz im einzelnen unter die Lupe, konstatierte unter anderem, daß der Begriff „kommunistische Betätigung" unglücklich gewählt sei und wegen dieser vagen Formulierung in der Praxis größere Schwierigkeiten bereiten werde. Er mahnte deshalb eine rasche Klärung des Begriffs an. Sich und seine Leser beruhigte er hinsichtlich des Ausschlusses der jüngeren jüdischen Rechtsanwälte, daß es sich ja lediglich um eine „Kannvorschrift" handele, die die Möglichkeit biete, „auch andere Verdienste zu berücksichtigen" (was in der Praxis in keinem einzigen Fall geschah). „Alles in allem", so Grimm, „bedeutet die Regelung der Nichtarierfrage im Reichsgesetz vom 7. April 1933 eine erhebliche Milderung der zunächst ‚von den Landesjustizverwaltungen getroffenen weitergehenden Maßnahmen'."[81]

Die Auseinandersetzungen zwischen Reichs- und Preußischem Justizministerium über „Frontkämpfer" und „kommunistische Betätigung" gingen weiter. Gürtner beharrte darauf, daß eine freiwillige Mandatsübernahme eines kommunistischen Angeklagten noch nicht ausreiche, um einem Rechtsanwalt die Zulassung wegen Betätigung „in kommunistischem Sinne" zu versagen. Es müsse zusätzlich die Nähe des Anwalts zur kommunistischen Ideologie durch „die Art, in der die Vertretung geführt wurde", oder die Abhängigkeit von der Kommunistischen Partei deutlich sein.[82] Dies erregte beim Preußischen Justizminister heftigen Widerspruch. Er stand „grundsätzlich auf dem Standpunkt, daß in der freiwilligen Verteidigung von Kommunisten in politischen Prozessen eine Betätigung in kommunistischem Sinne zu sehen" war. Von dem „subjektiven Wollen des einzelnen Anwalts abgesehen" sei dadurch die kommunistische Bewegung „objektiv betrachtet gefördert" worden.[83]

Gürtners Vorstellungen gingen – allerdings weiterhin unscharf formuliert – in die 1. Durchführungsverordnung zum Anwaltsgesetz vom 20. Juli 1933 ein. Par. 2 der Vorschrift besagte: „Die Verteidigung oder Vertretung von Angehörigen der kommunistischen Partei ist nur dann als Betätigung in kommunistischem Sinne ... anzusehen, wenn dies nach den besonderen Verhältnissen, insbesondere der Häufigkeit derartiger Verteidigungen oder Vertretungen, der Art ihrer Führung oder den Umständen, unter denen die Verteidigung oder Vertretung übernommen wurde, gerechtfertigt ist."[84]

Par. 1 regelte den Begriff des Frontkämpfers. Die Ausführungsvorschriften zum Berufsbeamtengesetz hinsichtlich der Frontkämpfer galten nun ebenso für die Anwaltschaft. Folglich war als Frontkämpfer anzuerkennen, wer das Abzeichen für Verwundete erhalten hatte oder „bei der fech-

---

81 Deutsche Juristen-Zeitung, 15. Mai 1933, S. 651ff.
82 GStA Rep. 84a MF 1203. Der Reichsminister der Justiz an den Herrn Preußischen Justizminister, 12. Juni 1933.
83 Ebenda. Der Preußische Justizminister an den Herrn Reichsjustizminister, 18. Juli 1933.
84 Verordnung zur Durchführung der Gesetze über die Zulassung zur Rechtsanwaltschaft und zur Patentanwaltschaft vom 20. Juli 1933, in: RGBl. I 1933, S. 528.

II. Revolution, Ausgrenzung und Anpassung

tenden Truppe an einer Schlacht, einem Gefecht, einem Stellungskampf oder an einer Belagerung teilgenommen hat". Auskunft darüber gaben die Eintragungen in der Kriegsstammrolle oder in der Kriegsrangliste. Als Gefallener wurde auch anerkannt, wer an einer Verwundung starb, die er als Frontkämpfer erlitten hatte.[85] Diese Bestimmungen hatte die preußische Justizverwaltung bis zur Durchführungsverordnung vom 20. Juli nicht als verbindlich betrachtet. Es genüge nicht, „wenn die Frontkämpfereigenschaft durch den Eintrag in der Kriegsstammrolle oder Kriegsrangliste nachgewiesen wird". Darüber hinaus müsse „auch noch besonders festgestellt werden ... , ob der Betreffende tatsächlich einer ‚fechtenden Truppe' angehört hat".[86] In Fällen, in denen eine Landesjustizverwaltung einem Rechtsanwalt die Frontkämpfereigenschaft absprach, obwohl er eine entsprechende Eintragung nachweisen konnte, hatte der Betroffene nun die Möglichkeit, beim Reichsjustizminister um eine Entscheidung in der Angelegenheit nachzusuchen.[87]

Dem BNSDJ gingen die Maßnahmen nicht weit genug. In einem Beschwerdebrief an das Preußische Justizministerium vom 27. Juni 1933 beklagte sich der Gauobmann des BNSDJ-Gau Groß-Berlin, Rechtsanwalt Wolfgang Zarnack, daß „die im Bund nationalsozialistischer Deutscher Juristen organisierten Anwälte es nicht verstehen können, daß gegen die marxistischen Anwälte insgesamt, also nicht nur gegen die kommunistischen, sondern insbesondere auch gegen die sozialdemokratischen Anwälte, bisher nicht durchgegriffen worden ist. Die Erregung in der nationalsozialistischen Anwaltschaft ist derart groß, daß ... Zusammenstöße in absehbarer Zeit nicht mehr vermieden werden können, zumal das Auftreten der Juden bereits wieder ungeheuer provozierend ist. Es wird der Eindruck erweckt, als ob die Juden sich niemals sicherer gefühlt haben als jetzt."[88] Wenige Tage zuvor hatte sich Zarnack privat an das Preußische Justizministerium gewandt; er betonte in diesem Schreiben, daß es ihm nur „unter größten Anstrengungen, unter energischem Appell an die Disziplin und den Hinweis auf das Führerprinzip gelungen" sei, „Zusammenstöße zu vermeiden". Die „Erbitterung unter den Deutschen Anwälten" sei derart groß, daß es seiner Einschätzung nach bald zu Unruhen kommen würde.[89] Zarnack hatte bereits im Mai in denunziatorischer Absicht an das Preußische Justizministerium geschrieben. Er schickte eine Liste mit 24 „Nichtariern" und vier „Ariern", die ihm „aus ihrer kommunistischen Tätigkeit persönlich bekannt" seien. Besonders tiefschürfende Recherchen hatte der Denunziant dabei jedoch nicht angestellt. Mit Alfred Apfel, Ludwig Barbasch, Ludwig Bendix, Arthur Brand, Hans Litten und Rudolf Olden führte er lediglich einige der prominentesten jüdischen Anwälte auf. Das Justizministerium bat in seinem Antwortschreiben um „gefällige nähere Angaben ihrer kommunistischen Tätigkeit, wenn möglich für jeden Anwalt auf einem besonderen Bogen, da den betr. Anwälten bestimmte Tatsachen vorgehalten werden müssen".[90]

Bedrückender als die Schreiben der Parteiorganisation und des fanatischen Nationalsozialisten Zarnack mußte die in die gleiche Richtung tendierende Einstellung der Kammervorstände empfunden werden. Hatte man vom BNSDJ nichts anderes erwartet, so ließ das Verhalten der Kollegen in den Kammervorständen die jüdischen Rechtsanwälte schmerzlich ihr Ausgegrenzt-Sein bewußt werden. Das Präsidium der Preußischen Anwaltskammervorstände, das sich bereits deutlich für die rigorose

---

85 Dritte Verordnung zur Durchführung des Gesetzes zur Wiederherstellung des Berufsbeamtentums vom 6. Mai 1933, in: ebenda, S. 245ff., hier S. 247.
86 Schreiben des Reichsinnenministers an den Reichsjustizminister, 30. Juni 1933. Zit. nach: Krach, Jüdische Rechtsanwälte, S. 261.
87 Verordnung zur Durchführung der Gesetze über die Zulassung zur Rechtsanwaltschaft und zur Patentanwaltschaft vom 20. Juli 1933, in: RGBl. I 1933, S. 528.
88 GStA Rep. 84a MF 1202. BNSDJ Gau Groß-Berlin an das Justizministerium, 27. Juni 1933.
89 Ebenda MF 1203. Dr. Wolfgang Zarnack an das Preußische Justizministerium, 15. Juni 1933.
90 Ebenda Nr. 20363. Wolfgang Zarnack an den Herrn Preußischen Justizminister, 13. Mai 1933. Antwortschreiben vom 17. Mai 1933.

Durchsetzung der „Kann-Vorschrift" des Anwaltsgesetzes stark gemacht hatte,[91] unterbreitete am 23. Juni 1933 sein Anliegen dem Preußischen Justizminister, an Schärfe kaum von den ideologisch gefärbten Eingaben des BNSDJ zu unterscheiden. Das Gesetz vom 7. April habe keine „genügende Bereinigung" gebracht, vielmehr sei der Inhalt hinter dem Berufsbeamtengesetz zurückgeblieben, ohne zu berücksichtigen, daß „im Gegensatz zur Beamtenschaft die Anwaltschaft schon vor dem Kriege überfremdet war". Neubert als Vorsitzender der Anwaltskammervorstände bat deshalb um eine Nachbesserung des Gesetzes.[92]

Mit der 2. Verordnung zur Durchführung des Anwaltsgesetzes vom 1. Oktober 1933 waren die „Maßnahmen abgeschlossen, die in den Gesetzen ... für die Rechtsanwaltschaft und Patentanwaltschaft vorgesehen und bis zum 30. September 1933 befristet waren". In der Theorie klang die Anordnung des Reichsjustizministers gut: „Jeder Rechtsanwalt und Patentanwalt, der auf Grund der Gesetze vom 7. und 22. April 1933[93] in seinem Beruf verblieben ist, bleibt nicht nur im vollen Genuß seiner Berufsrechte, sondern hat auch Anspruch auf die Achtung, die ihm als Angehörigen seiner Standesgemeinschaft zukommt. Kein Rechtsanwalt oder Patentanwalt darf in der gesetzmäßigen Ausübung seines Berufes gehindert oder beeinträchtigt werden."[94] Damit war den Absichten des Reichsjustizministeriums klar Ausdruck gegeben, ein weiterer Ausschluß der jüdischen Rechtsanwälte oder gar radikale Aktionen waren zu diesem Zeitpunkt unerwünscht. Bis zur weiteren gesetzlich verankerten Ausgrenzung der jüdischen Rechtsanwälte sollten – abgesehen von einer Durchführungsverordnung zum Reichserbhofgesetz vom 19. Oktober 1933 – tatsächlich fünf Jahre vergehen. Die preußische Justizverwaltung und vor allem die Kollegen samt Standesorganisationen sorgten jedoch dafür, daß der Alltag der jüdischen Rechtsanwälte sich immer schwieriger gestaltete. Ministerialrat Kunisch vom Preußischen Justizministerium etwa ließ im Rahmen der Erörterung der Frage, ob sich ein aufgrund des Gesetzes vom 7. April ausgeschiedener Rechtsanwalt „Rechtsanwalt a.D." nennen durfte, keinen Zweifel an der zukünftigen Zielrichtung. Nach der juristischen Klärung des Diskussionspunktes kam er zu dem Ergebnis, daß sich weder die wegen „kommunistischer Betätigung" noch die „nichtarischen" ehemaligen Rechtsanwälte als „Rechtsanwalt a.D." bezeichnen durften. Immerhin gestand Kunisch zu, daß die Frage bei den „nichtarischen" Anwälten umstritten sei, da man ihnen nicht vorwerfen konnte, daß sie unehrenhaft ihre Zulassung verloren hätten, was Voraussetzung für die Verweigerung der weiteren Titelführung war. „Ausschlaggebend" für Kunisch war jedoch „die Tendenz des Gesetzes über die Zulassung zur Rechtsanwaltschaft vom 7.4.1933. ... Die ganz klare Tendenz des Gesetzes ist, der Überfremdung des deutschen Rechtslebens mit fremdrassigen Juristen abzuhelfen. ... Insbesondere aus dieser Tendenz des Gesetzes ist ... zu folgern, daß den nichtarischen Rechtsanwälten ... die Führung des Titels ‚Rechtsanwalt' auch mit Zusätzen, die auf ihr nunmehriges Ausscheiden aus der Rechtsanwaltschaft hinweisen, nicht gestattet ist."[95]

Der Vorsitzende der Berliner Anwaltskammer und Präsident der Reichs-Rechtsanwaltskammer Reinhard Neubert versuchte an den Absichten nichts zu beschönigen: „Das Reichsgesetz vom 7.4.1933 hat für die jüdischen Vorkriegsanwälte und Kriegsteilnehmer die Milderungen einer Übergangszeit gebracht, ohne das Fernziel aufzugeben: daß deutschen Volksgenossen als Rechtsuchenden im Beistand von Volksgenossen als Anwälten nur von Volksgenossen als Richtern ein deutscher Art entsprechendes Recht gesprochen wird."[96]

---

91 Ebenda MF 1202. Vereinigung der Vorstände der Deutschen Anwaltskammern an den Preußischen Justizminister, 3. Juli 1933.
92 Das Präsidium der Preußischen Anwaltskammervorstände an den Preußischen Justizminister, 23. Juni 1933.
93 Gesetz, betreffend die Zulassung zur Patentanwaltschaft und zur Rechtsanwaltschaft vom 22. April 1933, in: RGBl. I 1933, S. 217f.
94 RGBl. I 1933, S. 699.
95 Deutsche Justiz, 29. März 1934, S. 414ff.
96 Reinhard Neubert, Anwalt in der Politik, Berlin 1939, S. 223.

II. Revolution, Ausgrenzung und Anpassung

Bereits am 12. April, also unmittelbar nach Bekanntwerden des Anwaltsgesetzes, richtete der Berliner Rechtsanwalt und Notar Steinbrecher ein Schreiben an den Preußischen Justizminister, in dem er Kerrl Vorschläge für das weitere Vorgehen gegen die jüdischen Rechtsanwälte unterbreitete: „Überzeugt davon, daß die Reichsgesetze bezügl. der Beamtenschaft und Rechtsanwaltschaft keine endgültige Lösung der Entfernung der Juden aus der Justiz darstellen können, erlaube ich mir auf folgende Punkte hinzuweisen: 1.) Bei der Entfernung der Juden aus der Justiz handelt es sich um ein Rasseproblem. Es gibt daher keine Kompromisse, so schmerzlich der Einzelne davon betroffen werden mag. 2.) Wenn der arische Gedanke nicht rein durchgeführt wird, käme höchstens eine Beteiligung prozentual der Bevölkerungsziffer in Frage. Auch diese Schwäche wird sich später rächen. 3.) Sehr wohl dagegen ist es verständlich, wenn ein Übergangsstadium geschaffen wird, auch im Interesse der arischen Angestellten der jüdischen Anwälte. a) Die Juden dürfen keine neuen Sachen irgendwelcher Art annehmen. Dagegen können sie die laufenden Sachen zu Ende führen. Auf diese Weise läuft sich die jüdische Anwaltspraxis im Laufe von 1 bis 2 Jahren tot. b) Soweit Juden im Anwaltsberuf verbleiben dürfen, sind strenge Vorschriften dagegen erforderlich, daß diese verbleibenden Anwälte durch Riesenbüros im Zentrum der Bank- und Geschäftswelt, die Praxis der ausgeschiedenen Anwälte weiterführen, oder daß sie als Winkelkonsulenten die Amtsgerichte überschwemmen. Maßnahmen dagegen sind: Sozietäten von jüdischen Anwälten sind verboten. Aufnahme juristischer Mitarbeiter, insbesondere ehemaliger jüdischer Anwälte ist verboten, jeder darf also nur soviel Sachen bearbeiten als er persönlich schaffen kann, für seinen eigenen Broterwerb. Rechtsbüros mit jüdischen Teilhabern sind verboten. Jüdische Vertreter bei den Amtsgerichten werden nicht zugelassen."[97] Mit der simplen Argumentationsweise und der platten Bedienung antisemitischer Klischees war der zitierte Rechtsanwalt sicherlich nicht repräsentativ für die nichtjüdische Berliner Anwaltschaft. Er trat auch in den Folgejahren nicht in Erscheinung. Seine möglicherweise nicht zuletzt durch wirtschaftliche Not genährte Sichtweise diente jedoch vielen Anwälten als – mehr oder weniger offen geäußerte – Rechtfertigung für die antisemitischen Maßnahmen des Regimes. Ein Spandauer Anwalt etwa beklagte sich am 8. Mai 1933 über den „Übelstand", daß Rechtsanwälte, die nicht mehr beim Land- bzw. Kammergericht zugelassen waren, weiterhin ihre Hinweisschilder an den Hauseingängen angebracht hatten. Er selbst hätte „hierdurch bereits Schaden" genommen.[98]

Rechtsanwalt Richter sandte am 20. Mai 1933 ein Schreiben („Erregung meiner Klientel gegen das Auftreten der jüdischen Anwälte") an die NSDAP Ortsgruppe Yorck über die – seiner Meinung nach unzureichenden – Auswirkungen des Reichsgesetzes vom 7. April und zeigte damit, inwieweit das nationalsozialistische Gedankengut Eingang in Teile der Berliner Anwaltschaft gefunden hatte: „Rein äußerlich genommen ist der Zustand in den Anwaltszimmern und den Gerichtssälen genau derselbe wie zuvor. In meiner Klientel mehren sich die Beschwerden hierüber und es ist mir mehrfach von Mandanten gesagt worden, daß sie in der Anwesenheit der jüdischen Anwälte in den Gerichtssälen eine Provokation erblicken würden und daß, wenn nicht unverzüglichst diesem Zustand ein Ende bereitet würde, sie sich mit allen Mitteln gegen das Auftreten der jüdischen Anwälte zur Wehr setzen würden. Es ist mir mehrfach die Absicht geäußert worden, mit Scharen von S.A.-Leuten auf dem Landgericht anzutreten, um falls erforderlich, den nötigen Nachdruck zu erreichen." Der Anwalt räumte ein, daß er „ein solches Verfahren formell für unzulässig halte, weil der Führer ein für allemal Einzelaktionen untersagt hat". Nach seinem „Dafürhalten" seien „bei der denkbaren Erregtheit und bei dem begründeten Unwillen eines großen Teils meiner Klientel" aber Geschehnisse zu erwarten, die er für „durchaus berechtigt" hielt. Viele seiner gleichgesinnten Kollegen hätten sich ihm gegenüber ähnlich geäußert.[99]

---

97 GStA Rep. 84a MF 1199. Schreiben von Rechtsanwalt und Notar Steinbrecher an den Preußischen Justizminister, 12. April 1933.
98 Handschriftliches Schreiben in: Ebenda MF 1200.
99 Ebenda MF 1202. Rechtsanwalt Dr. Richter an die Ortsgruppe Yorck N.S.D.A.P., 20. Mai 1933.

Rechtsanwalt Bruno Blau zog eine Bilanz der abschließenden Durchführungsverordnung vom 1. Oktober aus jüdischer Sicht: „Die meisten von uns waren damals so naiv, daß sie diesen schönen Worten Glauben schenkten; ja sie dachten sogar, daß für sie in wirtschaftlicher Beziehung eine besonders gute Zeit hereingebrochen sei. Sie gingen davon aus, daß, da ja jüdische Anwälte und Notare nicht mehr neu ernannt wurden, sich deren schon durch das Ausscheiden eines Teils verminderte Zahl immer mehr verringern müsse, so daß die übrig Bleibenden für die Zukunft bessere Aussichten hätten als früher. Sie glaubten, daß die Klienten, die früher jüdische Anwälte in Anspruch genommen hatten, dies auch in Zukunft – wenigstens zu einem guten Teil – tun würden und daß dafür eben mit der Zeit eine immer kleiner werdende Zahl von Anwälten zur Verfügung stehen würde.... Es war die allgemeine Ansicht, daß das Verbleiben im Beruf als Anwalt und Notar einen ganz besonderen Glücksfall bedeute, den man sich nicht verscherzen dürfe.... Ich war anderer Ansicht und sah im Gegenteil eine Verschlechterung unserer Lage, ja die gänzliche Ausschaltung, wie sie später auch tatsächlich erfolgt ist, voraus; ich habe stets auf dem Standpunkt gestanden, daß diejenigen, die aufgrund des ersten Gesetzes gezwungen waren, aus dem Beruf auszuscheiden und sich entweder in Deutschland eine neue Existenz zu schaffen oder auszuwandern, das bessere Los gezogen hätten." Blau emigrierte Anfang 1936 nach Warschau und später nach Prag, wo er 1942 verhaftet und nach Berlin verbracht wurde. Er überlebte die NS-Herrschaft im Jüdischen Krankenhaus in Berlin und wanderte 1947 in die USA aus.[100]

Die überzeugten Nationalsozialisten, die den Kurs einer möglichst raschen und ausnahmslosen Entfernung der jüdischen Rechtsanwälte verfolgten, konnten mit dem quantitativen Ergebnis des Gesetzes kaum zufrieden sein. Die Zahl der Berliner Rechtsanwälte war zwar vom 1. April 1933 mit 3433 auf 2849 Ende des Jahres zurückgegangen. Noch immer waren in dieser Statistik jedoch 1178 „nichtarische" Rechtsanwälte enthalten, was einem Anteil von 41,3 % (am 7. April 1933: 52,9 %) der Berliner Anwaltschaft entsprach. 570 Anwälten war die Zulassung aufgrund des Gesetzes vom 7. April entzogen worden, 139 waren wegen anderer Gründe gelöscht und 107 waren bis Ende 1933 neu zugelassen worden. Reichsweit war 1494 (Berlin: 570) Rechtsanwälten die Zulassung entzogen werden; 2900 (1178) „nichtarische" Rechtsanwälte waren Ende des Jahres in ganz Deutschland noch zugelassen.[101]

Obwohl den nach Abschluß der Durchführungsmaßnahmen weiterhin zugelassenen jüdischen Rechtsanwälten von Gesetzes wegen keine Einschränkungen in ihrer Tätigkeit auferlegt waren, wurden in der Folgezeit immer wieder Beschwerden laut. Eine Delegation jüdischer Anwälte beklagte sich etwa im November 1933 bei einer Besprechung im Preußischen Justizministerium, daß die vom Reichsjustizminister verkündete Gleichberechtigung nicht überall beachtet werde. Als ihrer Stellung unangemessen betrachteten sie die mancherorts erfolgte Einrichtung von gesonderten Anwaltszimmern für jüdische Rechtsanwälte. Vor allem würden sie jedoch bei der Zuteilung der Armenmandate benachteiligt. Dies blieb in den folgenden Monaten der größte Streitpunkt zwischen jüdischen Anwälten, Justizministerium und nationalsozialistischen Anwälten, die sich weigerten, die 2. Durchführungsverordnung vom 1. Oktober als rechtmäßigen Anspruch der jüdischen Anwälte auf Armensachen zu betrachten.

Festzuhalten bleibt, daß die nichtjüdischen Rechtsanwälte keinen Widerstand gegen das Gesetz vom 7. April leisteten. Durch das Ineinandergreifen zahlreicher Rädchen funktionierte das System zur Ausschaltung der von vielen als Konkurrenz betrachteten jüdischen Anwälte. Obwohl nicht alle der Gedankenwelt von Kunisch und Neubert verfallen waren, erfüllten sie die in sie gesetzten Erwar-

---

100 Blau, Vierzehn Jahre Not und Schrecken, S. 25f. und passim.
101 Übersicht über die zahlenmäßige Auswirkung des Gesetzes über die Zulassung zur Rechtsanwaltschaft vom 7. April 1933, in: Juristische Wochenschrift, 24. November 1934, S. 2956.

tungen, sei es indem sie etwa bereit waren, in der Kommission zur Überprüfung der Frontkämpfereigenschaft mitzuwirken, denunziatorische Schreiben an das Preußische Justizministerium richteten oder aber auch gerne und freiwillig die Mandanten ihrer früheren Kollegen übernahmen, als diese nicht vor Gericht auftreten durften.

5. Das Armenrecht und die Bestellung als Vertreter

Das Armenrecht ist ein besonders interessanter Indikator sowohl für die Klärung des Verhältnisses zwischen nichtjüdischen und jüdischen Anwälten als auch für die Rolle, die Reichs- und Preußisches Justizministerium und die Richterschaft bei der Ausschaltung der jüdischen Rechtsanwälte spielten. Da die wirtschaftliche Lage eines Großteils der Anwaltschaft Anfang 1933 als äußerst prekär zu bezeichnen war, stellte das staatlich finanzierte Armenrecht – also die Beiordnung eines Rechtsanwalts für eine einkommensschwache Partei – eine unentbehrliche Finanzquelle für viele finanziell schlecht gestellte Rechtsanwälte dar. 1933 waren mehr als die Hälfte aller Zivilprozesse Armensachen.[102] Ein Gesetz vom 6. Februar 1923 hatte die von der Zahlungspflicht des Prozeßgegners unabhängige staatliche Erstattungspflicht eingeführt. Nun hatte der Armenanwalt Anspruch auf gesetzliche Gebühren und Rückerstattung seiner Auslagen.[103]

Durch das Zurückdrängen der jüdischen Konkurrenz aus dem Armenrecht konnte also tatsächlich eine Verbesserung der Einkommenssituation erzielt werden. Da der aus der ökonomischen Bedrängnis heraus entstehende Konkurrenzneid als wichtigstes Motiv für den Antisemitismus der Anwaltschaft betrachtet werden muß, scheint das Armenrecht einer genaueren Untersuchung wert. Hinzu kommt, daß die Beiordnung vom Justizapparat bestimmt wurde; damit war ein staatlicher Einfluß gewährleistet, der auf die private Vergabe von Mandaten an die Vertreter eines freien Berufes nicht möglich war. Im übrigen wurde nicht nur der Ausschluß jüdischer Rechtsanwälte vom Armenrecht diskutiert, sondern auch die Sperre von Armensachen für neu zugelassene Rechtsanwälte. Der Präsident des Deutschen Anwaltvereins Rudolf Dix sah diesen Vorschlag als ein geeignetes Mittel, um den Zustrom zur Anwaltschaft, der zu ihrer fortschreitenden Verarmung beitrug, einzudämmen.[104] Auf Mißmut in der Anwaltschaft stieß auch die Beiordnung von Ruhegehalts- bzw. Pensionsempfängern, die nach ihrer aktiven Laufbahn im Justizdienst ihre Zulassung zur Rechtsanwaltschaft beantragt hatten.[105]

Bereits am 22. März 1933 wandte sich der Berliner Gauobmann des BNSDJ, Rechtsanwalt Wolfgang Zarnack, der in den folgenden Jahren die Ausschaltung der jüdischen Kollegen tatkräftig förderte, an die Präsidenten der Berliner Landgerichte und des Kammergerichts mit der Forderung, daß „ab sofort nur noch deutschstämmige Anwälte" zu Armenanwälten, Pflegern, Vormündern, Testamentsvollstreckern, Zwangsverwaltern und Konkursverwaltern ernannt werden durften.[106] Neun Tage später gab der „Kerrl-Erlaß" die gleiche Richtung vor. Dem Reichskommissar für die preußische Justizverwaltung, Hanns Kerrl, schien es „selbstverständlich zu sein, daß die Beiordnung jüdischer

---

102 Krach, Jüdische Rechtsanwälte, S. 306, Anm. 4.
103 Deutsche Justiz, 11. Mai 1934, S. 607.
104 GStA Rep. 84a MF 1203. Sitzungsvermerk des Reichsministers der Justiz über eine Besprechung mit Vertretern des Deutschen Anwaltvereins und der Vereinigung der Deutschen Anwaltskammervorstände am 8. Februar 1933, 23. Februar 1933, S. 5f.
105 So etwa das Schreiben eines Rechtsanwalts an den Berliner Kammervorstand vom 18. Juli 1933, in dem er sich beklagte, daß ein früherer Staatsanwaltschaftsrat in einer langwierigen Strafsache als Offizialverteidiger bestellt worden war und damit voraussichtlich Anspruch auf 4000 bis 5000 RM Gebühren entstünden. Vorgang in: Ebenda.
106 Ebenda MF 1198. Wolfgang Zarnack an das Preußische Justizministerium, 22. März 1933.

Anwälte als Armenanwälte oder Bestellung von solchen als Pflichtverteidiger, zu Konkursverwaltern, Zwangsverwaltern usw. ab morgen 10 Uhr nicht mehr erfolgt, da solche Maßnahmen ein Vergehen gegen die Boykottpflicht des deutschen Volkes enthalten."[107]

Obwohl die Aktionen des Boykott-Tages am 1. April offiziell beendet wurden, das „Gesetz über die Zulassung zur Rechtsanwaltschaft" vom 7. April keine Diskriminierungen der weiterhin zugelassenen jüdischen Rechtsanwälte enthielt und auch darüber hinaus keine gesetzlichen Bestimmungen über die Nichtbeiordnung jüdischer Anwälte erlassen wurden, waren offenbar alle Beteiligten bereits im Frühjahr 1933 so weit von der NS-Ideologie infiziert, daß es fast „normal" schien, bei der Vergabe der Armenmandate Juden nicht mehr zum Zug kommen zu lassen. Die Selbstverständlichkeit, mit der diese Ausgrenzung in die Tat umgesetzt wurde, zeugt von der raschen und widerstandslosen Anpassung eines Großteils der Justiz an die Vorstellungen der neuen Machthaber.

Am 6. Mai trafen sich die Landesjustizminister in Stuttgart. Reichsjustizminister Gürtner berichtete dort seinen Kollegen, es sei „von vielen Seiten der Wunsch ausgesprochen worden", die Beiordnung jüdischer Rechtsanwälte „schlechthin zu verbieten". Gürtner stand dem ablehnend gegenüber und wollte die Bestellung weiterhin in den richterlichen Händen belassen. Bezeichnenderweise fügte er hinzu: „Wir wissen doch alle, daß es Mittel und Wege gibt, darauf auch einen gewissen Einfluß auszuüben."[108] Wie das Verhalten der Berliner Richter in den folgenden Monaten zeigte, war eine gesetzliche Regelung in der Tat nicht nötig. Der BNSDJ übte durch zahlreiche Eingaben Druck in die gewünschte Richtung aus und das Preußische Justizministerium machte in einer unveröffentlichten Rundverfügung am 31. Mai deutlich, „daß eine Notwendigkeit, Rechtsanwälte nichtarischer Abstammung, deren Zulassung nicht zurückgenommen ist, nunmehr wieder im Armenrecht beizuordnen oder als Pflichtverteidiger zu bestellen, keineswegs besteht. ... Daß hierbei nicht nur die Interessen der im Einzelfalle Beteiligten, sondern auch die berechtigten Auffassungen des deutschen Volkes berücksichtigt werden", erachtete Kerrl „als selbstverständlich".[109]

Die Aktionen des BNSDJ beeindruckten die Richter vermutlich wenig; die unveröffentlichte Rundverfügung des Preußischen Justizministeriums reichte jedoch aus, um die Richter auf den gewünschten Kurs zu lenken und zu halten. Das Kammergericht kennzeichnete auf einem internen Verzeichnis alle bei ihm zugelassenen jüdischen Anwälte mit einem Kreuz; lediglich der 22. Zivilsenat ignorierte bis zum Jahresende 1933 in zwei Beiordnungsfällen die damit verbundene Intention, die Beiordnung jüdischer Anwälte zu verhindern.[110] Der 16. Zivilsenat des Kammergerichts konstatierte im Februar 1934: „Bei Berliner Gerichten ist es seit Monaten üblich geworden, nichtarische Anwälte arischen Parteien nicht mehr als Armenanwalt beizuordnen. Dieser Brauch ist nach Erkennung der Bedeutung der Rassenfrage zu billigen."[111]

Besonders aufschlußreich war ein Beschluß des Landgerichts Berlin vom 9. Oktober 1933 zur Entlassung eines jüdischen Rechtsanwalts als Testamentsvollstrecker. Ein Fabrikant hatte im Oktober 1932 den jüdischen Justizrat Julian Jacobsohn als seinen Testamentsvollstrecker eingesetzt. Nach dem Tod des Fabrikanten im Juni 1933 stellte die Ehefrau für sich und ihre minderjährige Tochter den

---

107 Ebenda Nr. 67.
108 Niederschrift über die Konferenz der Landesjustizminister in Stuttgart am 6. Mai 1933. Zit. nach: Krach, Jüdische Rechtsanwälte, S. 306.
109 GStA Rep. 84a MF 11217. Der Preußische Justizminister an den Herrn Kammergerichtspräsidenten und den Herrn Generalstaatsanwalt bei dem Kammergericht sowie sämtliche übrigen Herren Oberlandesgerichtspräsidenten und Herren Generalstaatsanwälte. Betrifft: Zuteilung von Armensachen, Pflichtverteidigungen und dergl. an Rechtsanwälte nichtarischer Abstammung, 31. Mai 1933. Auch: BA R 22/263.
110 Vgl. dazu: Krach, Jüdische Rechtsanwälte, S. 309ff.
111 Beschluß vom 2. Februar 1934. Zit. nach: Ebenda, S. 310.

II. Revolution, Ausgrenzung und Anpassung

Antrag, den Testamentsvollstrecker zu entlassen. Zur Begründung führte sie an, es „sei ihr unerträglich, mit einem Testamentsvollstrecker jüdischer Rasse zusammenarbeiten zu müssen". Justizrat Jacobsohn wollte dies nicht tatenlos hinnehmen und beantragte die Abweisung des Antrages. Er sei seit 15 Jahren Rechtsberater des Erblassers und habe dessen besonderes Vertrauen genossen. Seine Entlassung sei nicht zu rechtfertigen. Diesem Antrag gab das Amtsgericht am 25. Juli 1933 statt. Die Erbinnen legten Einspruch ein – vertreten durch Rechtsanwalt Dr. Karl Deutschmann, schon damals einem der fanatischsten NS-Anwälte und Antisemiten. Zur Begründung führten sie an, daß der Erblasser nur „infolge starker geschäftlicher Inanspruchnahme und Reisen" versäumt habe, einen „deutschen" Testamentsvollstrecker einzusetzen. Eine gedeihliche Zusammenarbeit mit Justizrat Jacobsohn sei völlig ausgeschlossen, da er gegen sie eingenommen sei. Zudem könne die Firma, die den Hauptwert des Nachlasses darstellte, „leicht in den Ruf einer jüdischen kommen". Jacobsohn bestritt diese Vorwürfe und betonte, daß er vom Erblasser aus mehreren Gründen ganz bewußt zum Testamentsvollstrecker ernannt worden sei. Das Gericht urteilte, daß die Beschwerde der Erben begründet sei. Nach Par. 2227 BGB. konnte das Nachlaßgericht den Testamentsvollstrecker auf Antrag eines der Beteiligten entlassen, falls ein wichtiger Grund vorlag. Dies galt es zu prüfen. Obwohl das Gericht zu dem Ergebnis kam, daß sich Justizrat Jacobsohn sachlich nichts zu Schulden hatte kommen lassen, rechtfertigte es seine Entlassung mit einer Begründung, die an seiner Identifizierung mit nationalsozialistischem Gedankengut keinen Zweifel ließ. Es führte aus: „Für die Entscheidung über die Beschwerde kommt es aber hierauf nicht wesentlich an. Denn es ist zu berücksichtigen, daß der Testamentsvollstrecker seinem ganzen Wesen nach Organ der Rechtspflege ist, die nach den Grundsätzen der neuen Staatsform ... nur noch von Ariern auszuüben ist. Aus staatpolitischen [sic!] Erwägungen, die auch das bürgerliche Recht zu leiten haben, wird daher im Regelfalle ein wichtiger Grund zur Entlassung des Testamentsvollstreckers ... schon anzunehmen sein, wenn der Testamentsvollstrecker einer anderen Rasse als der arischen angehört. ... Erstes Grundgesetz des neuen Staates ist ... die Ausschaltung aller Fremdrassigen aus öffentlichen Ämtern und Funktionen, die, wie auch der Testamentsvollstrecker, über Wohl und Wege deutscher Menschen zu befinden haben."[112]

Die jüdischen Anwälte ihrerseits wollten und konnten dieses Feld nicht kampflos räumen; das Thema der Beiordnung war für das wirtschaftliche Überleben vieler zu wichtig. Sie intervenierten und beschwerten sich deshalb immer wieder. Am 19. Mai 1933 etwa traf eine Vertretung der Großen Kommission der jüdischen Anwälte – die Herren Dellevie (Kassel), Illch, Landsberger und Fliess – im Reichsjustizministerium mit Ministerialdirektor Freisler und Kommissar Rechtsanwalt Kunisch zusammen. Freisler gab sich sehr zurückhaltend; die seinerzeit erlassene Anweisung, jüdische Anwälte nicht zu Armenanwälten zu bestellen, „sei eine vorübergehende Kampfmaßnahme im Rahmen der Boykottanordnungen gewesen, sie sei überholt". Das Ministerium beabsichtige, eine Rundverfügung zu erlassen, die all diese Maßnahmen als „hinfällig" erklären würde. Gleichzeitig gab sich Freisler als Garant der richterlichen Unabhängigkeit; die Bestellung eines Armenanwalts sei schließlich Aufgabe des Richters, auf den das Ministerium keinerlei Einfluß nehmen könnte. Folglich könne es auch „etwaigen Neigungen der Richterschaft, jüdischen Anwälten keine Armenmandate zu übergeben", nicht „entgegenwirken". Prinzipiell gebe es jedoch nach der Durchführung des Anwaltsgesetzes vom 7. April keinerlei Unterschiede zwischen den noch zugelassenen Anwälten.[113]

Unter Berufung auf diese Unterredung richteten mehrere jüdische Anwälte Eingaben an den Kammergerichtspräsidenten, der sich sofort an den Preußischen Justizminister wandte, um seine Be-

---

112 GStA Rep. 84a MF 11219. Anlage zur Besprechung vom 2. November 1933, 7. November 1933. Gezeichnet: Illch, Samoje, Fliess.
113 Ebenda MF 11217. Unterredung zwischen Freisler und Kunisch mit einer Delegation der Großen Kommission der jüdischen Anwälte, 19. Mai 1933.

denken gegen die Beiordnung „nichtarischer" Rechtsanwälte anzumelden.[114] Das Justizministerium konnte also seinen Schein der Objektivität wahren, während die Richterschaft und ihre Vorgesetzten die gewünschte Diskriminierungspolitik in die Tat umsetzten. Ganz ähnlich verlief eine Besprechung im November 1933 mit den gleichen Teilnehmern wie im Mai – mit Ausnahme von Rechtsanwalt Landsberger, der durch Rechtsanwalt Samoje ersetzt worden war. Die jüdischen Anwälte beklagten sich wiederum, daß sie keine Armensachen erhielten und baten um die bereits im Mai zugesagte Aufhebung der früheren Verfügungen. Freisler sagte eine Prüfung zu und gab sich darüber hinaus neutral.[115]

Aufschlußreich für die Politik und das Taktieren des Preußischen Justizministeriums ist dabei eine Stellungnahme des Referenten für Anwaltsfragen, Kunisch: „Sobald das Ministerium irgendwie Einfluß nimmt, werden selbstverständlich die jüdischen Rechtsanwälte noch lauter und intensiver als bisher ihre Klage wegen der Nichtbeiordnung hier vorbringen. Insofern ist es an sich nicht ungünstig, daß in einer Anzahl von Fällen jüdische Anwälte beigeordnet sind. Grundsätzlich ist es jedoch vom Standpunkte des Anwaltsreferates äußerst unerwünscht. ... In Berlin stehen immer noch nahezu 1500 jüdischen Anwälten etwa 1800 deutsche Anwälte gegenüber. Bei diesem Verhältnis ist natürlich eine weitere Zurückdrängung der jüdischen Anwälte durch Nichtbeiordnung wünschenswert. ... In Anbetracht der eingangs erwähnten Rechtslage halte ich es jedoch für sehr bedenklich, grundsätzlich oder in den angeschnittenen Einzelfällen etwas wegen der Beiordnung jüdischer Anwälte zu veranlassen. Das ganze Gebiet eignet sich überhaupt schlecht für eine schriftliche Erörterung, insbesondere mit den nachgeordneten Justizbehörden."[116]

Wenige Tage nach der Besprechung im Justizministerium reichten die Anwälte Fliess, Illch und Samoje, wie bei dem Treffen vereinbart, mehrere Gerichtsbeschlüsse nach, aus denen die Diskriminierung offen hervorging. Das Amtsgericht Berlin hob am 30. Oktober 1933 nicht nur die Bestellung eines jüdischen Anwalts aufgrund seiner Religionszugehörigkeit auf, sondern betonte darüber hinaus, daß der Anwalt verpflichtet sei, das Gericht auf seine „Konfessions- und Rassenzugehörigkeit" hinzuweisen, andernfalls mache er sich der arglistigen Täuschung schuldig. Das Landgericht Berlin hob am 20. Oktober 1933 die Bestellung eines jüdischen Anwalts auf, weil die Gegenpartei erklärt hatte, sie empfinde „gefühlsmäßige Widerstände gegen den nicht arischen Armenanwalt". Diesen „Widerständen" gab das Gericht nach, weil sie den „allgemeinen Auffassungen des deutschen Volkes entsprechen". Die Konkursrichter des Amtsgerichts Berlin-Mitte hatten im Frühjahr 1933 die ihnen unterstehenden Konkursverwalter angewiesen, keinen jüdischen Anwälten mehr einen Prozeßauftrag zu erteilen. Diese Weisung war bis November noch nicht zurückgenommen worden, obwohl die Durchführungsverordnung vom 1. Oktober 1933 den noch zugelassenen jüdischen Anwälten Gleichbehandlung zugesagt hatte.

Da sich also die Richterschaft weitgehend an der Diskriminierung der jüdischen Rechtsanwälte beteiligte, war eine gesetzliche Regelung nicht dringlich notwendig. Erst am 22. Februar 1934 erließ das Preußische Justizministerium eine Allgemeine Verfügung zur „Beiordnung von Armenanwälten", derzufolge „bei der Auswahl des beizuordnenden Anwalts ... in erster Linie auf den Wunsch der armen Partei Rücksicht zu nehmen sein" sollte.[117] Damit waren offenbar Gürtners Vorstellungen von der Respektierung des Mandantenwunsches in die Allgemeine Verfügung ein-

---

114 Ebenda. Der Kammergerichtspräsident an den Herrn Preußischen Justizminister. Betrifft: Bestellung nichtarischer Rechtsanwälte zu Armenanwälten, 27. Mai 1933.
115 Ebenda MF 11219. Niederschrift über die Besprechung im Preußischen Justizministerium am 2. November 1933. Betrifft: Jüdische Rechtsanwälte.
116 Stellungnahme vom 15. Dezember 1933, in: BA R 22/21169. Zit. nach: Krach, „ ... endlich von artfremdem Einfluß ganz befreit ... ", S. 91.
117 AV vom 22. Februar 1934, in: Juristische Wochenschrift, 17. März 1934, S. 671.

geflossen, die der im Preußischen Justizministerium zuständige Kunisch zwar nicht guthieß, sich aber wohl nicht zuletzt aus außenpolitischen Erwägungen fügte. Weder Gürtner noch Kunisch dürfen allerdings hier als Wahrer der Rechte der jüdischen Anwälte betrachtet werden. Eine Referentenbesprechung im Reichsjustizministerium am 20. Juni 1933 hatte die Positionen ganz deutlich gemacht. Kunisch berichtete: „Es herrschte Einmütigkeit darüber, daß Juden im allgemeinen nicht mehr als Armenanwälte bestellt werden sollten. Auch der RJustMin. schien dieser Auffassung zu sein, jedenfalls dürften Deutsche nur durch deutsche Anwälte vertreten werden. ... RJustMin. wollte die Sache auf das Vertrauensverhältnis abstellen und mit verschiedenen Ländervertretern Juden dann beiordnen lassen, wenn der Gesuchsteller es beantragt. Ich halte das für bedenklich."[118] Vor allem Kunisch kannte die Beiordnungspraxis der preußischen Gerichte und wußte, daß er sein Ziel auch ohne radikale Gesetzgebung, die zu diesem Zeitpunkt in Anbetracht der Bedeutung des Themas und der immer noch hohen Zahl jüdischer Rechtsanwälte großes Aufsehen erregt hätte, erreichen würde. Und tatsächlich blieben die Richter ihrer Ausgrenzungspolitik treu. Bereits wenige Tage nach der Publikation der Allgemeinen Verfügung wurden erneut jüdische Anwälte bei Freisler vorstellig und beklagten sich, daß die meisten Berliner Senats- und Kammervorsitzenden die Beiordnung mit der Begründung verwehrten, es müsse erst „eine authentische Klarstellung" erfolgen, „daß sich die Verfügung ... auf alle zugelassenen Anwälte bezieht".[119] Eine wesentliche Verbesserung in der Beiordnungspraxis scheint die Allgemeine Verfügung für die jüdischen Rechtsanwälte in Berlin nicht bewirkt zu haben.[120] Am 14. April 1934 wandten sich die Rechtsanwälte Fliess und Samoje wiederum an Freisler und beklagten sich ausdrücklich über die restriktive Haltung des Berliner Kammer- und Landgerichts. Die Gerichte außerhalb Berlins würden im Gegensatz dazu „zu einem erheblichen Teil" der Allgemeinen Verfügung vom 22. Februar Folge leisten und „arischen" Parteien auf deren Wunsch „nichtarische" Anwälte beiordnen.[121] Am 19. April fand wiederum eine Unterredung zwischen Freisler, Kunisch und den Vertretern der jüdischen Rechtsanwälte, Dellevie, Fliess, Samoje und Illch, statt. Die Besprechung lief offenbar genau wie im Mai und November 1933 ab. Die jüdischen Anwälte machten deutlich, daß die Beiordnung jüdischer Anwälte besonders in Berlin von den Richtern abgelehnt würde. Freisler stellte sich wiederum als Garant der richterlichen Unabhängigkeit hin, der keinerlei „Anweisungen in dieser Beziehung" geben könne.[122] Im August 1934 wiederholten Dellevie, Samoje und Illch die Klage.[123]

Der „Reichsverband christlich-deutscher Staatsbürger nichtarischer oder nicht rein arischer Abstammung e.V." richtete im Oktober 1934 einen bitteren Beschwerdebrief an Reichsjustizminister Gürtner. Der Vorsitzende des Verbandes legte dar, daß sich der Ausschluß der „nichtarischen" Anwälte von der Armenrechtsvergabe nicht mit der Verordnung vom 1. Oktober 1933 in Einklang bringen lasse. Zudem könne man „nicht auf der einen Seite der Partei das Recht zubilligen, sich den Armenanwalt ihres Vertrauens auszuwählen und ihr dann auf der anderen Seite vorhalten, daß bei rassischer Verschiedenheit ein solches Vertrauensverhältnis nicht bestehe". Gleichzeitig machte er deutlich, wie schmerzlich diese Zurückweisungen für die betroffenen Anwälte waren: Dies sei „in hohem Maße ein Angriff auf die Standesehre des nichtarischen Rechtsanwaltes. Denn durch die Ablehnung seiner Beiordnung wird er in den Augen der Partei, die zu ihm volles Vertrauen hatte, herabgesetzt und zu einem Anwalt minderen Rechts degradiert, der nicht fähig oder nicht würdig sei, eine arme Partei vor Gericht zu vertreten. Werden schon die nichtarischen Rechtsanwälte wirtschaft-

---

118 GStA Rep. 84a MF 1203. Bericht über die Referentenbesprechung im Reichsjustizministerium am 20. Juni 1933, 30. Juni 1933, S. 4f.
119 Zit. nach: Krach, Jüdische Rechtsanwälte, S. 315.
120 Ausführlich: Ebenda, S. 315ff.
121 GStA Rep. 84a MF 11220. Schreiben von Fliess und Samoje an Staatssekretär Roland Freisler, 14. April 1934.
122 Ebenda. Vermerk von Kunisch über die Unterredung vom 19. April 1934, 26. April 1934.
123 Ebenda MF 11221. Vermerk über die Besprechung, 22. August 1934.

lich dadurch schwer geschädigt, daß sie zu Armenanwälten nicht beigeordnet werden, so werden sie noch weit schwerer durch diesen Angriff auf ihre Standesehre verletzt."[124]

Dennoch waren die Positionen abgesteckt: Der BNSDJ forderte laut und rücksichtslos, daß „deutschen" Parteien keine jüdischen Anwälte beigeordnet werden sollten. Ein Richter, der diesen für Nationalsozialisten selbstverständlichen Grundsatz mißachtete und damit deutlich machte, daß er nicht rückhaltlos für den nationalen Staat eintrat, sollte gemäß Par. 4 des „Gesetzes zur Wiederherstellung des Berufsbeamtentums" entlassen werden. Für den BNSDJ war die Beiordnung eines jüdischen Anwalts ein Hinwegsetzen „über die einfachsten Grundsätze des nationalsozialistischen Rechts".[125] Dieser das materielle Recht glattweg negierenden Auffassung konnten sich das Preußische und das Reichsjustizministerium nicht offiziell anschließen. Inhaltlich aber war zumindest das Preußische Justizministerium nicht weit davon entfernt. Da die beiordnenden Richter in vorauseilendem Gehorsam auch ohne gesetzliche Regelung die politischen Vorstellungen des Ministeriums in die Tat umsetzten, konnte sich die Justizverwaltung einen gemäßigten Anschein geben.

In dieses Bild paßt das Ablenkungsmanöver vom eigentlichen Problem, das Ministerialrat Kunisch in einem Aufsatz in der „Deutschen Justiz" vollführte. Darin betonte Kunisch, daß die Interessen der Rechtsanwälte bei der Auswahl des Armenanwalts nur eine untergeordnete Rolle zu spielen hätten. Allein die Rechte der Armenpartei seien entscheidend. „Aus der augenblicklichen Not geborene Versuche, ein Recht des Anwalts auf Beiordnung als Armenanwalt zu konstruieren oder eine schematische Verteilung der Armensachen zu erreichen, machen den bedenklichen Eindruck eines Rückfalls in liberalistische Anschauungen."[126]

Die Reichs-Rechtsanwaltskammer hegte keine Scheu, wenn sie tatkräftig dabei mitwirkte, die jüdischen Kollegen zu verdrängen. „Da ein wirkliches Vertrauensverhältnis heute zwischen Angehörigen verschiedener Rassen regelmäßig zu verneinen sein wird", sollte bei der Auswahl des beizuordnenden Anwalts „zwangsläufig auch die rassische Zugehörigkeit" berücksichtigt werden – so ein Schreiben an das Preußische Justizministerium vom 22. Januar 1934. Sobald jüdische Anwälte nicht davon profitierten, betonte die Reichs-Rechtsanwaltskammer allerdings sehr wohl den hohen Stellenwert des Mandantenwunsches bei der Bestellung eines Armenanwalts. Dies kam deutlich in der Diskussion 1933/34 darüber zum Ausdruck, ob ein Anwalt innerhalb Groß-Berlins von einem Amtsgericht als Armenanwalt beigeordnet werden konnte, wenn er nur bei einem anderen Amtsgericht oder dem Landgericht Berlin zugelassen war. Als Argument für diese Position führte die Kammer an, daß „in erster Linie auf den etwa besonders begründeten Wunsch des rechtsuchenden [sic!] Volksgenossen Rücksicht genommen werden [müsse], ihm den Anwalt seines Vertrauens zur Seite zu stellen". Die Ansprüche der Anwaltschaft müßten hinter den Wünschen des Gesuchstellers zurücktreten. „Erst in zweiter Linie ist aus sozialen Rücksichten darauf Bedacht zu nehmen, daß alle geeigneten Anwälte zur Vertretung armer Parteien ungefähr gleichmäßig herangezogen werden", so das Schreiben der Reichs-Rechtsanwaltskammer vom 29. Januar 1934.[127]

Ein Zeichen abstoßender Niedertracht setzte der BNSDJ-Fachgruppenleiter Rechtsanwälte im Kammergerichtsbezirk, Rechtsanwalt Wolfgang Hercher. Er nutzte das Schwarze Brett im Anwaltszimmer des Berliner Landgerichts für einen Aushang, in dem er zur Denunziation aufrief. Im April 1934 stand darauf zu lesen: „Berufsgenossen, die selbst dahin Erfahrungen gemacht haben, oder

---

124 BA R 22/263. Reichsverband christlich-deutscher Staatsbürger nichtarischer oder nicht rein arischer Abstammung e.V. an Herrn Reichsjustizminister Dr. Gürtner. Betr. Zweite Verordnung zur Durchführung der Gesetze über die Zulassung zur Rechtsanwaltschaft und Patentanwaltschaft vom 1.10.1933, 8. Oktober 1934.
125 Deutsches Recht. Zeitschrift des Bundes Nat.-Soz. Deutscher Juristen, 25. Februar 1935, S. 104.
126 Deutsche Justiz, 11. Mai 1934, S. 606ff.
127 GStA Rep. 84a MF 1208. Präsidium der Reichs-Rechtsanwalts-Kammer an den Herrn Preußischen Justizminister. Betr. Beiordnung von Armenanwälten durch die Groß-Berliner Amtsgerichte, 29. Januar 1934.

denen von dritter Seite begründet mitgeteilt wurde, daß entgegen den ergangenen Verfügungen nichtarische Anwälte zu Prozessvertretern für arische Parteien bestellt werden, werden ersucht, mir umgehend entsprechend Mitteilung zugehen zu lassen."[128] Der Anschlag rief Teile der jüdischen Anwaltschaft auf den Plan, die sich beim Preußischen Justizministerium beschwerten.[129] Dieses wandte sich daraufhin an den Kammergerichtspräsidenten, der allerdings glaubte, „von weiteren Maßnahmen absehen zu sollen", weil das Anwaltszimmer ein lediglich der Benutzung durch die Anwaltschaft vorbehaltener Raum sei und die Verantwortung für den Inhalt des Anschlags der Berliner Anwaltverein bzw. die Person trage, die das Schriftstück angeheftet habe.[130] Nach Kritik aus dem Reichsjustizministerium, das in diesem Fall wieder als das retardierende Element auftrat, wurde der Anschlag zeitweise entfernt.[131] Ende 1934 bat Hercher seine Kollegen an gleicher Stelle um sofortige Mitteilung, falls „entgegen den ergangenen Verfügungen nichtarische Rechtsanwälte zu Prozeßvertretern für arische Parteien bestellt werden".[132] Einige Kollegen leisteten Herchers Aufruf offenbar Folge. Er erhielt „mehrfach Benachrichtigungen" und konnte dem Präsidenten des Landgerichts eine „Anzahl von Mitteilungen" über derartige Beiordnungen machen; dieser versprach eine Prüfung der vorliegenden Fälle. Dem Bericht des Landgerichtspräsidenten zufolge beschwerte sich kein Rechtsanwalt über den monatelang im Anwaltszimmer aushängenden, niederste denunziatorische Instinkte weckenden Anschlag.[133]

Am 10. Dezember 1934 erließ Gürtner, dem seit Oktober 1934 im Zuge der Aufhebung der Justizhoheit der Länder, der sogenannten Verreichlichung der Justiz, auch das Preußische Justizministerium unterstand, eine Allgemeine Verfügung zur „Auswahl von Armenanwälten". Ihrzufolge waren „bei der Auswahl des beizuordnenden Anwalts Wünsche der Partei nach Möglichkeit zu berücksichtigen". Falls kein Wunsch geäußert wurde, sollte der Anwalt „den berechtigten Belangen der Partei und ihren mutmaßlichen Wünschen" entsprechend ausgewählt werden. Dabei war davon auszugehen, „daß eine arische Partei die Beiordnung eines arischen Anwalts erwartet".[134]

Hercher stieß sich an dieser Klarstellung, sie ging nicht weit genug in die von ihm angestrebte Richtung. Er reagierte auf die unmißverständliche Formulierung, die bei den jüdischen Anwälten leise Hoffnungen geweckt hatte, mit einer erneuten Plakataktion in den Anwaltszimmern der Berliner Gerichte. Am 12. Januar 1935 konnten die Kollegen dort lesen: „Berufsgenossen, die, nachdem jetzt ... unzweideutig festgestellt ist, daß bei der Bestellung von Armenanwälten davon als berechtigten Wunsch der arischen Partei auszugehen ist, daß arischen Parteien arische Armenanwälte beigeordnet werden, selbst feststellen oder durch Dritte erfahren, daß von diesem Grundsatz im Gerichtsgeschäftswege irgendwie abgesehen wurde, bitte ich um umgehende Mitteilung." Gürtner teilte dem Kammergerichtspräsidenten Hölscher vier Wochen später seine Mißbilligung der Auslegung seiner Allgemeinen Verfügung durch Hercher mit, weil sie sachlich auf eine „Überwachung des Gerichts" hinauslaufe, die das Ansehen der Rechtspflege gefährde. Obwohl er Hercher keine bösen Absichten unterstellen wollte, hielt er es für geboten, den Anschlag zurückzuziehen.[135] Daraufhin wandte sich Hercher am 6. März an den „Stellvertreter des Führers", Rudolf Heß. In dieser Eingabe machte Hercher neben platten antisemitischen Vorurteilen auch seine wirtschaftlichen Motive deutlich: Die Einstellung Gürtners hielt er „mit Rücksicht auf das nationalsozialistische Programm und auf die

---

128 Schreiben in: Ebenda MF 11221.
129 BA R 22/263. Preußisches Justizministerium an den Herrn Kammergerichtspräsidenten, 8. Mai 1934.
130 Ebenda. Der Kammergerichtspräsident an das Preußische Justizministerium. Betr. Auftrag vom 8.d.M., 19. Mai 1934.
131 Krach, Jüdische Rechtsanwälte, S. 313f.
132 Zit. nach: Ebenda, S. 318.
133 BA R 22/263. Der Kammergerichtspräsident an den Herrn Reichs- und Preußischen Justizminister. Betrifft: Anschlag des Rechtsanwalts Hercher im Anwaltszimmer des Landgerichts Berlin, 7. Dezember 1934.
134 Allgemeine Verfügung vom 10. Dezember 1934, in: Deutsche Justiz, 14. Dezember 1934, S. 1572.
135 BA R 22/263. Der Reichs- und Preußische Justizminister an den Herrn Kammergerichtspräsidenten, 18. Februar 1935.

Gesundung des deutschen Volkes vom jüdischen Geist für bedenklich". Den jüdischen Anwälten würden dadurch „Wirtschaftsvorteile in die Hand gegeben werden, die ganz unübersehbar sind".[136] Nach einer Unterredung mit dem Kammergerichtspräsidenten entfernte Hercher schließlich seinen Anschlag, ersetzte ihn jedoch Ende März 1935 durch einen neuen, der vom Kammergerichtspräsidenten als unbedenklich eingestuft wurde. Diesmal plakatierte er: „Um einen Überblick zu gewinnen, ob und in welchem Umfange auch heute noch deutsche Volksgenossen den Wunsch äußern, einen nichtarischen Anwalt als Armenanwalt beigeordnet zu erhalten, bitte ich, mir von jedem Fall Mitteilung zu machen, in dem ein nichtarischer Anwalt einer arischen Partei beigeordnet worden ist."[137]

Tatsächlich ordneten im Januar 1935 drei Senate des Kammergerichts jüdische Anwälte bei, fünf Senate weigerten sich ausdrücklich. Am Landgericht ordneten ebenfalls drei Kammern bei; die große Mehrzahl der Kammern lehnte die Beiordnung eines jüdischen Anwalts ab.[138] Die Vorreiterrolle, die die Richterschaft beim Ausschluß jüdischer Rechtsanwälte von der Armenrechtsvergabe spielte, unterstreicht eine Verfügung des Vorsitzenden der 77. Zivilkammer des Berliner Landgerichts, die einem Antragsteller gar mit der Entziehung des Armenrechts drohte, falls er nicht von seinem Wunsch nach Beiordnung eines jüdischen Anwalts abrücke.[139] Ein solcher Beschluß ging Reichsjustizminister Gürtner offenbar zu weit. Er forderte die betroffene 77. Zivilkammer wie den Kammergerichtspräsidenten „gefälligst" zu einer Stellungnahme auf.[140]

Hercher rief offen zur Denunziation von Kollegen auf und appellierte an niedere Instinkte. Daß seine Radikalansichten keine Ausnahmeerscheinung mehr darstellten, machte im März 1935 ein Aufsatz des stellvertretenden Präsidenten der Reichs-Rechtsanwaltskammer Erwin Noack in der „Juristischen Wochenschrift" deutlich. Die Gürtnersche Allgemeine Verfügung vom Dezember 1934, die offenbar sehr willkürlich ausgelegt wurde, verfehlte eine positive Wirkung. Noack schrieb – die weitere Entwicklung vorausnehmend –: „Die Erörterung der bei der Auswahl von Armenanwälten sich ergebenden Fragen ist auch die AllgVfg. des RJM. v. 10. Dez. 1934 ... noch nicht abgeschlossen. Obwohl die Handhabung der für die Auswahl maßgeblichen Vorschriften unter Berücksichtigung der nationalsozialistischen Weltanschauung nachgerade klar sein sollte, weichen hier und da doch noch Gerichte von den ihnen durch den Nationalsozialismus gegebenen Richtlinien ab. Grundsätzlich soll zwar jede Partei berechtigt sein, sich durch den Anwalt ihres Vertrauens vertreten zu lassen. ... Aber dieser Grundsatz erleidet eine Ausnahme jedenfalls dann, wenn die Interessen der Allgemeinheit des deutschen Volkes es erfordern. ... Besteht schon kein Recht der armen Partei darauf, daß der von ihr bezeichnete Anwalt ihr beigeordnet wird, so erst recht nicht darauf, daß ihr ein nichtarischer Anwalt beigeordnet wird. ... Die allgemeine in Deutschland herrschende Anschauung ... und die Interessen des deutschen Volkes als Gesamtheit erfordern es, daß eine arische Partei, die auf Kosten der Volksgesamtheit ihr Recht verfolgt, nicht von einem Nichtarier, sondern nur von einem arischen Rechtsanwalt vertreten wird. ... Nicht in erster Linie das Interesse der Partei ..., sondern das Interesse des Volksganzen hat für jede Handlung maßgebend zu sein, also auch für den Vorsitzenden bei der Auswahl des Armenanwalts. Und letzten Endes erfordert es auch das Interesse der armen

---

136 Vorgang in: Ebenda. NSDAP Reichsrechtsamt an das Reichsjustizministerium. Betr. Beiordnung jüdischer Armenanwälte für arische Prozessparteien, 28. März 1935.
137 Ebenda. Der Kammergerichtspräsident an den Herrn Reichsminister der Justiz. Betrifft: Anschlag am schwarzen Brett im Anwaltszimmer des Landgerichts Berlin, 12. April 1935.
138 Ebenda. Dr. Kann an Herrn Ministerialrat (vermutlich Dr. Martin Jonas), 23. Januar 1935.
139 Ebenda. Dr. Kann an Herrn Ministerialrat Dr. Martin Jonas, 4. April 1935. In diesem Schreiben sind mehrere die Beiordnung jüdischer Anwälte ablehnende Entscheidungen von Berliner Gerichten aufgeführt.
140 Ebenda. Der Reichsminister der Justiz an den Herrn Kammergerichtspräsidenten, 13. April 1935.

II. Revolution, Ausgrenzung und Anpassung

arischen Partei als eines Gliedes der Volksgesamtheit, daß er nicht den jüdischen Einfluß in der Rechtspflege stärkt."[141]

Im Dezember 1935 fanden die Diskussionen um die Beiordnung jüdischer Rechtsanwälte ihr Ende. Par. 4 Abs. 1 der 1. Verordnung zum Reichsbürgergesetz vom 14. November 1935 verbot Juden die Übernahme eines öffentlichen Amtes.[142] Die Allgemeine Verfügung des Reichsjustizministers vom 19. Dezember 1935 räumte dann mögliche Zweifel, ob die Beiordnung als öffentliches Amt zu verstehen sei, endgültig aus. Es liege „nicht im Sinne dieser Regelung..., Juden als Armenanwälte, Pflichtverteidiger, Konkurs-, Vergleichs- oder Zwangsverwalter zu bestellen oder mit der Wahrnehmung ähnlicher Aufgaben zu betrauen".[143] Der Ausschluß aus der Armenrechtsvergabe verschlechterte die ökonomische Situation jüdischer Rechtsanwälte entscheidend.

Daß die Armenmandate in den Folgejahren für die Anwaltschaft weiterhin eine wichtige Einkommensquelle blieben, machte die Allgemeine Verfügung des Reichsjustizministers vom 16. Dezember 1939 deutlich. Darin wurde bestimmt, daß die zum Wehrdienst einberufenen Rechtsanwälte, die ihre Praxis durch einen Vertreter fortführten, bei der Beiordnung in gleichem Maße zu berücksichtigen waren wie nicht einberufene Anwälte.[144]

Die Richterschaft stellte bei dem Ausschluß jüdischer Rechtsanwälte von der Vergabe von Armenmandaten die treibende Kraft dar. Dieses Resümee erwächst unmittelbar aus den historischen Quellen. Die zitierte, unveröffentlichte Rundverfügung des Preußischen Justizministeriums vom 31. Mai 1933 reichte offenbar aus, um die Richter binnen kürzester Zeit auf den gewünschten nationalsozialistischen Kurs schwenken zu lassen. Hierbei hatten sie die Rückendeckung des Ministeriums. Das hohe Gut der richterlichen Unabhängigkeit blieb auf der Strecke.

Zurückhaltung zeigte in Sachen „Armenrecht" die Berliner Anwaltskammer, die sich bei der Durchführung des „Gesetzes über die Zulassung zur Rechtsanwaltschaft" vom 7. April 1933 als Vorreiterin bei der Austreibung jüdischer und „kommunistischer" Kollegen präsentiert hatte: Sie trat hier kaum in Erscheinung. Auch bei der Reichs-Rechtsanwaltskammer, die sich häufig mit dem Thema Armensachen beschäftigte, stand die Beiordnung jüdischer Anwälte nicht im Mittelpunkt. Sie setzte sich mehr für eine vor allem unter sozialen Gesichtspunkten – wie etwa Kinderreichtum – gerechte Verteilung der Armenmandate ein.

Die Quellen vermitteln nicht den Eindruck, als hätte sich die Berliner Anwaltschaft bemerkenswert am Ausschluß jüdischer Anwälte von der Beiordnung beteiligt. Sicherlich kamen der Aufforderung Herchers zur Denunziation einige Anwälte nach. Dies darf jedoch nicht überbewertet werden. Dieser Schlußfolgerung liegt die Annahme zugrunde, daß die vom BNSDJ vertretene Radikalposition nur von einer Minderheit der Anwälte unterstützt wurde.

Dieser Befund überrascht vor dem Hintergrund der finanziellen Bedeutung, die das Armenrecht für die Anwaltschaft hatte. Verschiedene Erklärungen sind möglich. Zum einen ordneten so viele Richter keine jüdischen Anwälte mehr bei, daß kaum mehr die Notwendigkeit für Beschwerden dieser Art bestanden. Außerdem ist davon auszugehen, daß sowohl die führenden Anwaltsfunktionäre als auch die bekannten jüdischen Anwälte aufgrund ihrer gesicherten wirtschaftlichen Situation kaum Armenmandate übernahmen. Für erstere bot sich also kaum ein Neidmotiv, was sicherlich bei der Ausschließung aufgrund des Anwaltsgesetzes ein wesentliches Moment dargestellt hatte. Erstes Opfer war dabei die prominente jüdische Konkurrenz. Aber auch die wirtschaftlich schlechter

---

141 Juristische Wochenschrift, 2. März 1935, S. 679.
142 RGBl. I 1933, S. 1333.
143 Allgemeine Verfügung vom 19. Dezember 1935, in: Deutsche Justiz 1935, S. 1858. Auch abgedruckt in: Erwin Noack, Kommentar zur Reichs-Rechtsanwaltsordnung in der Fassung vom 21. Februar 1936, Leipzig 1937, S. 308.
144 Deutsche Justiz, 21. Dezember 1939, S. 1903.

gestellten Anwälte, die auf die Armenmandate angewiesen waren, drängten nicht öffentlich auf den Ausschluß der jüdischen Kollegen. Sie profitierten stillschweigend von der staatstreuen Haltung der Richterschaft. Dies war der bequemere Weg.

6. Die Inschutzhaftnahme

Die Verhängung von „Schutzhaft" erwies sich von Anbeginn des NS-Regimes als eine der wirkungsvollsten Maßnahmen zur Stabilisierung der Diktatur. Oppositionelle und andere dem Regime mißliebig Erscheinende wurden ausgeschaltet. Die psychologische Wirkung war verheerend.[145] Die „Verordnung des Reichspräsidenten zum Schutze des deutschen Volkes" vom 4. Februar 1933, die noch von der Regierung Papen vorbereitet worden war, gestattete, bestimmter Verbrechen verdächtige Personen in Schutzhaft zu nehmen. Die Haftdauer war auf drei Monate begrenzt, und den Festgenommenen war ein Beschwerderecht eingeräumt.[146]

Nur drei Wochen später unterzeichnete der Reichspräsident die „Verordnung des Reichspräsidenten zum Schutz von Volk und Staat" vom 28. Februar 1933,[147] die sogenannte Reichstagsbrandverordnung. Wesentliche Grundrechte der Weimarer Reichsverfassung, darunter Art. 114, der die Unverletzlichkeit der Freiheit der Person garantierte, wurden auf unbestimmte Zeit außer Kraft gesetzt. Die Verordnung schuf den zivilen Ausnahmezustand. Die Rechte der in Schutzhaft Genommenen entfielen wieder. Die Schutzhaft, die in der Regel Einweisung in ein Konzentrationslager bedeutete, unterlag keiner zeitlichen Begrenzung mehr und war einer richterlichen Prüfung entzogen. Daraufhin wurden mit größter Brutalität Hausdurchsuchungen durchgeführt und zahlreiche Kommunisten, linke Intellektuelle, bald auch SPD-, Reichsbanner- und Gewerkschaftsfunktionäre verhaftet. Am 31. Juli 1933 befanden sich mindestens 26 789 dem Regime Mißliebige in Schutzhaft.[148]

Die „Deutsche Justiz. Amtliches Blatt der deutschen Rechtspflege" veröffentlichte im Januar 1934 einen Aufsatz, der den Charakter der Schutzhaft zutreffend beschrieb. Demzufolge war die Verhängung von Schutzhaft „nicht nur gegen aktive Staatsfeinde, sondern z. B. auch aus erzieherischen Gründen, gegen Kritiker der Regierung der nationalen Erhebung, gegen Miesmacher usw. zulässig, auch wenn sie nicht die öffentliche Sicherheit ... gefährden". Als einzige Einschränkung ließ der Autor gelten, daß sie nicht willkürlich verhängt werden dürfe. Die Frage, ob Rechtsmittel gegen die Verhängung der Schutzhaft ergriffen werden könnten, wurde eindeutig verneint. Polizeiliche Maßnahmen – und darunter fiel die Schutzhaft – könnten im NS-Staat nicht von einem ordentlichen Gericht überprüft werden. Obwohl dieser „Grundsatz ... noch nicht in Paragraphen niedergelegt worden" sei, müsse er bereits als geltendes Recht betrachtet werden.[149]

Das Präsidium der Reichs-Rechtsanwaltskammer befaßte sich mit der neuen Rechtslage auf einer Sitzung Ende Oktober 1933. Der fortwährende Gegensatz zwischen dem Versuch, die eigenen Interessen zu wahren, und der bereitwilligen Anpassung, wurden deutlich. Die „außerordentlich eingreifenden Maßnahmen" der Verwaltung irritierten die Funktionäre. Die fehlende Möglichkeit des

---

145 Grundlegend zum folgenden: König, Vom Dienst am Recht, S. 98ff.; Gruchmann, Justiz im Dritten Reich, S. 535ff. und 694ff.
    Zur Schutzhaft im allgemeinen vgl. auch: Klaus Drobisch/Günther Wieland, System der NS-Konzentrationslager 1933-1939, Berlin 1993. Der Begriff „Schutzhaft" wird im folgenden als terminus technicus stets ohne Anführungszeichen verwendet, das ist selbstverständlich keine Verharmlosung des rechtlichen und moralischen Sachverhalts.
146 RGBl. I 1933, S. 35ff., hier S. 39.
147 Ebenda, S. 83.
148 Drobisch/Wieland, System der NS-Konzentrationslager, S. 134.
149 Deutsche Justiz, 12. Januar 1934, S. 58ff.

Betroffenen, einen Richter gegen die Verwaltungsentscheidung anzurufen „wäre erträglich", wenn der Kreis derer, die zum Erlaß dieser Maßnahmen befugt sind, beschränkt wäre etwa auf oberste Behörden und eine „besonders qualifizierte Dienststelle" wie das Preußische Geheime Staatspolizeiamt. Die Verhängung der Schutzhaft auch von untergeordneten Dienst- und Parteistellen barg nach Ansicht der Reichs-Rechtsanwaltskammer hingegen schwere Gefahren für den einzelnen. Ausdrücklich wies der an das Preußische Justizministerium gerichtete Sitzungsbericht auf mögliche unsachliche Übergriffe und schwer nachprüfbare Denunziationen hin. „Im Interesse des Rechtschutzes" plädierte das Präsidium der Reichs-Rechtsanwaltskammer für eine „baldige gesetzliche Regelung des Verfahrens bei der Verhängung der Schutzhaft und die Zulassung von Rechtsmitteln".[150] Die Reichs-Rechtsanwaltskammer vertrat damit die Linie des Reichsjustizministeriums. Beide zweifelten nicht grundsätzlich an der Zulässigkeit und Notwendigkeit der Schutzhaft, lehnten jedoch ihre willkürliche Handhabung durch untergeordnete Stellen ab. Sie traten nicht für die Abschaffung dieser Zwangsmaßnahme ein, sondern für deren „Verrechtlichung".

Ein Hilfsmittel zur Festigung der NS-Herrschaft war Einschüchterung. Dazu trugen die oftmals willkürlich durch Horden der SA und SS durchgeführten Verhaftungen bei. Um die Auswüchse unter Kontrolle zu bekommen, erließ der Reichsinnenminister am 12. April 1934 einen Runderlaß (ergänzt am 26. April) „zur Abstellung von Mißbräuchen".[151] In Preußen durften von nun an nur das Geheime Staatspolizeiamt, die Oberpräsidenten, die Regierungspräsidenten, der Polizeipräsident in Berlin und die Staatspolizeistellen, in den übrigen Ländern die entsprechenden, von der Landesregierung zu bestimmenden Behörden Schutzhaft verhängen. Stellen der NSDAP und der SA waren „nicht befugt zur Inschutzhaftnahme". Der Innenminister betonte, daß sich jeder, der ohne Befugnis „einen Menschen einsperrt oder auf andere Weise des Gebrauches der persönlichen Freiheit beraubt", der Freiheitsberaubung schuldig machte. Die Verhängung von Schutzhaft war nur zulässig zum eigenen Schutz des Häftlings oder falls der Häftling „durch sein Verhalten, insbesondere durch staatsfeindliche Betätigung, die öffentliche Sicherheit und Ordnung unmittelbar gefährdet". Die Vollstreckung sollte ausschließlich in staatlichen Gefangenenanstalten oder Konzentrationslagern stattfinden. Rechtsanwälte durften nicht wegen der Vertretung von Interessen ihrer Klienten in Schutzhaft genommen werden. An der Rechtlosigkeit der Inhaftierten änderte sich allerdings in der Folgezeit nichts.

Die Maßnahmen der Gestapo waren nicht durch die Anrufung eines Gerichtes anfechtbar. Umso mehr kam dem Einsatz der Rechtsanwälte für ihre von Schutzhaft betroffenen Mandanten Bedeutung zu. Der Gestapo war diese Kontrolle lästig, und sie versuchte daher, die Vertretung von Schutzhäftlingen durch Rechtsanwälte zu verhindern. Am 28. Januar 1935 ordnete der politische Polizeikommandeur in Preußen an, daß es für die Schutzhaft „kein formelles Beschwerderecht, sohin auch keine Vertretung durch Rechtsanwälte gebe".[152] Oberregierungsrat Werner Best, Leiter der Abteilung Verwaltung und Recht im Geheimen Staatspolizeiamt, schrieb am 11. April 1935 an die preußischen Staatspolizeistellen, „daß ein mit der Vertretung der Interessen eines Schutzhäftlings betrauter Rechtsanwalt lediglich die Rechte besitzt, die jeder andere Staatsbürger geltend machen kann, der für einen von der Schutzhaft Betroffenen eintritt. Es bestehen keine Bedenken, die Mitwirkung von Rechtsanwälten insoweit zuzulassen, als es sich um die Abfassung und Einreichung von schriftlichen Gesuchen für eine in Schutzhaft genommene Person handelt. Selbstverständlich ist eine Einsichtnahme in die Akten der Politischen Polizei und überhaupt die Mitteilung politisch-polizeilicher Vorgänge an die Rechtsanwälte wie auch an andere Personen, die in Schutzhaftsachen vorstellig

---

150 GStA Rep. 84a MF 1206. Präsidium der Reichs-Rechtsanwalts-Kammer an das Preußische Justizministerium. Betrifft: Freiwillige Übernahme der Verteidigung von Kommunisten, 15. November 1933.
151 Runderlaß in: BA R 22/1467.
152 Zit. nach: König, Vom Dienst am Recht, S. 100.

werden, unzulässig. Es kann daher auch die Erteilung von Sprecherlaubnis an Rechtsanwälte oder sonstige mit der Wahrnehmung der Interessen eines Schutzhäftlings beauftragte Personen nicht zugelassen werden, wenn dadurch der politisch-polizeiliche Zweck der Schutzhaft gefährdet wird."[153]

Diese massive Einengung ihres Spielraums rief viele Rechtsanwälte auf den Plan. Rudolf Dix, ehemaliger Präsident des Deutschen Anwaltvereins, wandte sich im Mai 1935 an den Reichsjustizminister, nachdem er die Vertretung der in Schutzhaft verbrachten Rechtsanwälte Pünder und Wedell übernommen hatte: Obwohl er bis zu diesem Zeitpunkt nie als Verteidiger in Schutzhaftsachen zurückgewiesen und auch „höflich und korrekt" behandelt worden war, hielt er „eine Verteidigung oder anwaltschaftliche Vertretung in Schutzhaftsachen für unmöglich, wenn dem Anwalt nicht die Möglichkeit gegeben wird, seinen Klienten, den Schutzhäftling, zu sprechen und sei es auch in Gegenwart eines Beamten". Bislang hatte Dix in keinem Fall Sprecherlaubnis erhalten. Zwei seiner Klienten durfte er in Gegenwart eines Beamten sprechen, jedoch nur in anderen Rechtsangelegenheiten. Einen hatte er in einem ehrengerichtlichen Verfahren verteidigt, dem zweiten notariell bei der Testamentserstellung zur Seite gestanden. Keiner der Beamten hatte ihn über den Ermittlungsstand oder das Ermittlungsergebnis in der Schutzhaftangelegenheit in Kenntnis gesetzt, vielmehr jegliche Information mit der „Begründung der Verpflichtung zur Geheimhaltung" verweigert. Auch habe er keine Möglichkeit der Akteneinsicht erhalten. Dix weiter: „Es entzieht sich der Zuständigkeit meiner Beurteilung, ob die politische Lage die Notwendigkeit eines geheimen inquisitorischen Verfahrens erfordert und ob dieser Charakter in einem Ausmaße gewahrt bleiben muß, daß sowohl ein Meinungsaustausch zwischen Schutzhäftling und Anwalt als auch eine Mitteilung der Einzelheiten des Ermittlungsergebnisses und des Ermittlungsstandes an den Verteidiger als politisch untragbar angesehen werden muß. Ist dem so, so schafft diese Übung denselben Zustand, wie ein Ausschluß der Anwaltschaft von der Vertretung in Schutzhaftsachen. Deshalb ist der heutige Zustand eine lex imperfecta." Er beantragte deshalb, „die erforderlichen Schritte zu ergreifen, daß die Geheime Staatspolizei in dem in dieser Eingabe umschriebenen Ausmaß den Rechtsanwälten Sprecherlaubnis erteilt und ihnen die Möglichkeit gibt, sich über die Einzelheiten des Ermittlungsergebnisses zu informieren."[154]

Weniger um die Beschneidung der freien Berufsausübung, die Dix kritisierte, ging es Rechtsanwalt Hermann Auert, als um die finanziellen Einbußen, die die restriktive Haltung der Gestapo zur Folge hatte. Er wandte sich an den BNSDJ, weil ihm die Gestapo am 7. Mai 1935 mit der Begründung, daß Rechtsanwälte grundsätzlich in Schutzhaftsachen nicht zugelassen seien, Auskunft in einer von ihm vertretenen Angelegenheit verwehrt hatte. „Ich bitte ergebenst", so Auert, „umgehend bei der Geheimen Staatspolizei dafür Sorge tragen zu wollen, daß entsprechend der Anordnung der Herren Minister das umfangreiche Gebiet der Schutzhaftsachen einem Anwalt nicht entzogen wird. Ich weise darauf hin, daß ich Mitglied Nr. 13167 bin. Ich bin arischer Kriegsteilnehmer und Offizier, sodaß in meiner Person bestimmt nicht der Grund zum Ausschluß vorgelegen haben kann. In der heutigen Zeit, in der das Arbeitsgebiet der Anwälte derartig beschränkt ist, muß der Gau mit aller Entschiedenheit darauf hinwirken, daß die Tätigkeit der Anwälte auf dem Gebiete der Schutzhaftsachen keiner Beschränkung unterliegt." Eine Abschrift sandte er an den Berliner Kammervorstand, verbunden mit der Bitte, „dort das Erforderliche zu veranlassen, daß Anwälte in ihren Arbeitsgebieten nicht eingeschränkt werden".[155]

---

153 Preußische Geheime Staatspolizei. Der stellv. Chef und Inspekteur an die Staatspolizeistellen in Preußen. Betrifft: Zulassung von Rechtsanwälten in Schutzhaftsachen, 11. April 1935.
154 Rudolf Dix an den Herrn Reichsminister der Justiz, 10. Mai 1935, in: BA R 22/1467.
155 Hermann Auert an den BNSDJ, Gau Kammergerichtsbezirk, 10. Mai 1935 und an den Vorstand der Anwaltskammer Berlin, 10. Mai 1935, in: Ebenda.

II. Revolution, Ausgrenzung und Anpassung

Einen die alltägliche Gestapo-Praxis beleuchtenden Fall teilte Rechtsanwalt Hans-Joachim Heyl dem Kammervorstand mit: „Am 27.5. [1935] ist Frau Mary Königshagen in Berlin ... von der Geheimen Staatspolizei in Schutzhaft genommen worden. Ihr Patenonkel ist Herr Alfredo da Silva in Lissabon, der den Unterzeichneten hat bitten lassen, die Interessen der Frau Königshagen wahrzunehmen. Unter vorläufiger Annahme dieses Auftrages ... begab ich mich ... zur Geheimen Staatspolizei in der Prinz Albrechtstrasse. ... [Der] Sachbearbeiter ... erklärte mir, daß eine Verteidigung in Schutzhaftsachen unzulässig sei. Als ich darauf auf die bekannte Verfügung des Herrn Ministers hinwies, erklärte er, daß diese Verfügung von falschen Voraussetzungen ausgehe und jedenfalls eine Verteidigung nicht zugelassen werde. An diesem Standpunkt änderte sich auch nichts, als ich ihm erklärte, daß es sich erst um die Vorbereitung für die Frage handele, ob ich das Mandat übernähme. Auf eine weitere Frage hat mir dann Herr ... wenigstens mitgeteilt, was der Frau Königshagen zum Vorwurf gemacht wird. ... Der Fall dürfte umsomehr von Bedeutung sein, da die Schwester der Frau Königshagen mit dem Griechischen Wirtschaftsminister Theotoki in Athen verheiratet ist. Ich lasse es dahingestellt, ob es uns gleichgültig sein kann, wenn im Ausland die Feststellung getroffen werden kann, daß in Schutzhaft genommene Personen die Möglichkeit der Verteidigung durch einen Verteidiger für die Dauer der Schutzhaft versagt wird."[156] Rechtsanwalt Heyl war seit März 1932 NSDAP-Mitglied und höherer SA-Funktionär;[157] die Zutrittsverweigerung kann also, wie im Fall Auert, keinesfall mit „politischer Unzuverlässigkeit" in Zusammenhang gebracht werden. Rechtsanwalt Hellmuth Herold, seit 22. April 1933 Mitglied des neuen, gleichgeschalteten Berliner Kammervorstands, wurde ebenfalls die Vertretung eines Mandanten in einer Schutzhaftsache verwehrt.[158]

Auf heftiges Mißfallen des Geheimen Staatspolizeiamtes (Gestapa) stießen die Eingaben des Rechtsanwalts Surholt, der sich über die „unwürdige Behandlung, die den Rechtsanwälten bei der Stapo zuteil wird" beklagte. Ihr Vorgehen schien ihm „als zur sachlichen Förderung und Aufklärung ungeeignet. ... Daß der Besitz der Freiheit ein sehr hohes persönliches Gut sei, scheint nicht hinreichend gewürdigt zu werden." Auch ihm war der Zutritt zu seinen Mandanten verwehrt worden. Das Gestapa drohte im Falle weiterer Eingaben an, „gegen Surholt mit den schärfsten Maßnahmen vorzugehen".[159]

Der Präsident der Reichs-Rechtsanwaltskammer Neubert wandte sich in Sachen Schutzhaft mehrmals an das Reichsjustizministerium.[160] Am 20. Mai 1935 ersuchte er, „bei dem Herrn Reichs- und Preußischen Minister des Innern darauf hinzuwirken, daß der von ihm seinerzeit ausgesprochene Grundsatz auch von den ihm unterstellten Behörden beachtet wird und den Rechtsanwälten bei der Verteidigung von Schutzhaftgefangenen keine Schwierigkeiten in den Weg gelegt werden".[161]

Ein wegen seines sachlichen, sich jeglicher ideologischer Phrasen enthaltenden Tones ungewöhnliches Schreiben richtete der BNSDJ an den Reichsjustizminister. Es gehe nicht an, daß die Gestapo im Widerspruch zu Stellungnahmen des Reichsinnen- und Reichsjustizministers weiterhin Schutzhäftlingen die Beratung und Vertretung durch einen Rechtsanwalt verwehre. „Ich brauche Ihnen gegenüber, Herr Reichsjustizminister," so der Stellvertreter des Reichsjuristenführers Raeke, „die bedenklichen Folgen dieser von den Dienststellen der Geheimen Staatspolizei vertretenen Auffassung nicht näher zu erörtern und spreche die dringende Bitte aus, zur Vermeidung weiterer

---

156 Dr. Heyl an den Vorstand der Anwaltskammer Berlin, 31. Mai 1935, in: Ebenda.
157 Zu Heyl s. Personalakte in: Ebenda/60363 und Unterlagen im Berlin Document Center. Heyl wurde im November 1943 zum SA-Standartenführer befördert.
158 Schreiben des BNSDJ, Gau Kammerger. Bezirk Berlin, 5. Dezember 1935, in: Ebenda/1467.
159 Diensttagebuch des Reichsjustizministeriums, 6. Mai 1935, in: Ebenda/1056.
160 Am 20., 22. Mai und 3. Juni, in: Ebenda/1467.
161 Präsidium der Reichs-Rechtsanwalts-Kammer an den Herrn Reichsminister der Justiz. Betrifft: Anwaltsvertretung in Schutzhaftsachen, 20. Mai 1935, in: Ebenda.

unerwünschter Folgen auf dem Gebiete der Rechtspflege und der Rechtssicherheit unverzüglich dahin zu wirken, daß die von Ihnen in dem oben erwähnten Schreiben niedergelegte Auffassung auch von Seiten der Dienststellen der Geheimen Staatspolizei als die in einem Rechtsstaat allein mögliche Auffassung respektiert wird."[162]

Die Preußische Ministerratssitzung hielt am 27. Juni 1935 fest, daß „jegliche Verhinderung der Vertretung in Schutzhaftsachen durch Rechtsanwälte" unzulässig sei.[163] Die Gestapo ließ sich dadurch nicht beirren und blieb weiterhin restriktiv. Die Auseinandersetzung zwischen Justiz und Gestapo im Jahr 1935 hatte sich zu einer Machtfrage entwickelt. Dieser Konflikt ging weit über die Frage der Einschränkung der beruflichen Freiheit des Anwaltsstandes hinaus. Hier standen sich die Verfechter des „Normen-" und des „Maßnahmenstaates" unversöhnlich gegenüber. Abteilungsleiter Best äußerte sich dazu im August 1935: „Die Frage der Zulassung von Rechtsanwälten in Schutzhaftsachen ist vom Standpunkt der Staatsführung aus weniger eine Frage des formellen Rechts oder der Rechtspflege als vielmehr eine Frage der Zweckmäßigkeit gegenüber skrupellosen Todfeinden des Staates und eine Frage des Vertrauens zu den Organen der von der Staatsführung mit der Abwehr gegnerischer Angriffe betrauten Geheimen Staatspolizei." Im Oktober 1935 ergänzte er: „Auf keinen Fall darf zugegeben werden, daß die Anwendung der Schutzhaft irgendwie in justizähnliche Formen der Entscheidung und der Nachprüfung übergeleitet wird. Die Anerkennung einer Verpflichtung zur Zulassung von Rechtsanwälten in Schutzhaftsachen und die darauf folgende Anerkennung bestimmter Rechte dieser Rechtsanwälte wäre der erste Schritt hierzu. Die Verfahrensformen der Justiz sind für den Kampf gegen die Staatsfeinde unter den gegenwärtigen Verhältnissen schlechthin unzulänglich."[164]

Im September 1935 erreichten die Verfechter einer „Verrechtlichung" der Schutzhaft einen – allerdings nur theoretischen – Punktsieg, indem der Reichsinnenminister in einem Schreiben an das Reichsjustizministerium nochmals versicherte, daß die für die Schutzhaft erlassenen Richtlinien, „die vom Führer und Reichskanzler gebilligt worden sind, ... unverändert weiterbestehen".[165]

Ein Schreiben Himmlers an den Reichsjustizminister vom 6. November 1935 setzte allen Aktivitäten ein vorläufiges Ende. Er habe dem Führer und Reichskanzler wegen der Erteilung der Genehmigung, in Schutzhaftfällen Rechtsanwälte hinzuziehen, am 1. November Vortrag gehalten. Lapidar fuhr Himmler fort: „Der Führer hat die Hinzuziehung von Rechtsanwälten verboten und mich beauftragt, Ihnen seine Entscheidung zur Kenntnis zu bringen."[166]

Nach dieser Entscheidung Hitlers versuchte Gürtner, die Zulassung von Rechtsanwälten in Schutzhaftangelegenheiten analog zur Zulassung vor dem Volksgerichtshof zu regeln. Es sollten Listen von politisch zuverlässigen Verteidigern geführt werden, die mit der Mandatsübernahme von Schutzhäftlingen betraut werden konnten. Ende Januar 1938 erst forderte Staatssekretär Schlegelberger die Oberlandesgerichtspräsidenten auf, beim Reichsjustizministerium Listen von in Frage kommenden Strafverteidigern einzureichen, bei denen kein Zweifel bestand, „daß sie mit den politischen Bestrebungen des Staates und den weltanschaulichen Zielen der Bewegung voll übereinstimmen".[167] Auch diesen Bemühungen blieb der Erfolg verwehrt. Nach der Konsolidierung des Regimes und dem

---

162 BNSDJ an den Herrn Reichsminister der Justiz, 10. Mai 1935, in: Ebenda.
163 Zit. nach: König, Vom Dienst am Recht, S. 101.
164 Zit. nach: Ebenda, S. 102f.
165 Der Reichs- und Preußische Minister des Innern an den Herrn Reichsminister der Justiz. Betrifft: Geheime Staatspolizei, 5. September 1935, in: BA R 22/1467.
166 Schreiben abgedruckt in: Im Namen des Deutschen Volkes. Justiz und Nationalsozialismus. Katalog zur Ausstellung des Bundesministers der Justiz, Köln 1989, S. 251.
167 Der Reichsminister der Justiz an die Herren Oberlandesgerichtspräsidenten. Betrifft: Vertretung von Schutzhäftlingen durch Rechtsanwälte, 31. Januar 1938.

Machtzuwachs der Gestapo war es immer weniger möglich, eine Kontrolle ihrer Handlungen durchzusetzen – und als solche hätte die anwaltliche Vertretung von Schutzhäftlingen verstanden werden müssen. Ein Erlaß des Reichsministers des Innern vom 25. Januar 1938 regelte schließlich unter Aufhebung des Erlasses vom 12./26. April 1934 die Schutzhaft neu. Demnach konnte die Schutzhaft „als Zwangsmaßnahme der Geheimen Staatspolizei zur Abwehr aller volks- und staatsfeindlichen Bestrebungen gegen Personen angeordnet werden, die durch ihr Verhalten den Bestand und die Sicherheit des Volkes und Staates gefährden". Strafbare Handlungen waren weiterhin von den Gerichten abzuurteilen. Die Schutzhaft konnte nur von der Gestapo angeordnet werden. Eine zeitliche Begrenzung war nicht vorgesehen; die Gestapo sollte lediglich „von Amts wegen in regelmäßigen Zeitabständen von höchstens 3 Monaten" eine mögliche Aufhebung prüfen.[168] Bezeichnenderweise war in diesem Erlaß von der rechtlichen Vertretung der Schutzhäftlinge gar nicht mehr die Rede; die Waagschale hatte sich zugunsten der Gestapo gesenkt.

Für die Anwaltschaft blieb die Verweigerung der rechtlichen Vertretung von Schutzhäftlingen ein Dauerthema. Noch Ende 1941 teilte Neubert in den „Mitteilungen der Reichs-Rechtsanwaltskammer" mit: „Die Frage des Auftretens von Rechtsanwälten in Angelegenheiten der Geheimen Staatspolizei ist bisher noch nicht abschließend geregelt worden. Auf Grund vielfacher Anfragen weise ich darauf hin, daß der Rechtsanwalt als Vertreter eines Beschuldigten in einem Verfahren bei der Geheimen Staatspolizei z.Zt. nicht die Stellung eines Strafverteidigers hat und daß ein Anspruch des Rechtsanwalts auf Zulassung als Vertreter des Beschuldigten nicht zuerkannt wird."[169] 1944 wurde das Schutzhaftverfahren durch eine Anordnung des Reichsführers SS und Reichsminister des Innern vereinfacht. Die Vertretung der Schutzhäftlinge durch Rechtsanwälte war kein Thema.[170]

Da den Rechtsanwälten also in der Regel der Zugang zu ihren Mandanten wegen der Sache, die zur Verhängung der Schutzhaft geführt hatte, verweigert wurde, mußten sie sich auf Umwegen Zutritt verschaffen. Eine Möglichkeit bestand darin, daß sie den Häftling in anderen Rechtsangelegenheiten wie Notariatsakten und straf- oder ehrengerichtlichen Verfahren vertraten und dadurch zumindest etwas über den gesundheitlichen Zustand ihres Mandanten in Erfahrung bringen konnten. Freien Zugang hatten sie jedoch auch in solchen Fällen nicht; die „Lagerdisziplin" stand dem in vielen Fällen entgegen.[171] Die Vertretung des Schutzhäftlings durch einen Rechtsanwalt hing also von der Gefälligkeit und dem Gutdünken der Gestapo und Staatspolizeistellen ab, ein rechtloser Zustand, dessen Änderung dem Justizministerium und der Anwaltschaft bis zum Ende des Regimes nicht gelang und immer weniger gelingen konnte.

Rechtsanwälte in Schutzhaft

Die Gestapo beschränkte sich nicht auf die Verwehrung des Zutritts von Rechtsanwälten zu ihren Mandanten, sondern nahm – allerdings in nur wenigen Fällen – auch Rechtsanwälte selbst in Schutzhaft.[172] Der Erlaß des Reichsinnenministers vom 12./26. April 1934 hatte dies zwar ausdrücklich untersagt; unter der Generalklausel, daß die Verhängung von Schutzhaft zulässig sei, falls die

---

168 Der Reichsminister des Innern an das Geheime Staatspolizeiamt und die Staatspolizeileit- und Staatspolizeistellen. Betrifft: Schutzhaft, 25. Januar 1938, in: BA R 22/1467.
169 Mitteilungen der Reichs-Rechtsanwaltskammer, 20. November 1941, S. 102.
170 Der Reichsführer SS Reichsminister des Innern an die Befehlshaber der Sicherheitspolizei und des SD, Kommandeure der Sicherheitspolizei und des SD und Staatspolizeileitstellen. Betrifft: Vereinfachung im Schutzhaftverfahren, 31. August 1944, in: BA R 22/5032.
171 König, Vom Dienst am Recht, S. 106.
172 Gruchmann (Justiz im Dritten Reich, S. 698) führt einige Fälle von Inschutzhaftnahme von Rechtsanwälten, die nicht in Berlin praktizierten, auf.

öffentliche Sicherheit und Ordnung unmittelbar gefährdet sei, ließ sich eine Verhaftung dennoch rechtfertigen. Rechtsanwälte durften, „sofern nicht Gefahr im Verzuge" war, aus politischen Gründen nur auf Anordnung oder mit Zustimmung des stellvertretenden Chefs und Inspekteurs der Preußischen Geheimen Staatspolizei in Schutzhaft genommen werden. Der Präsident des für den Anwalt zuständigen Oberlandesgerichts war unverzüglich von der Inhaftierung zu informieren.[173] Das Reichsjustizministerium ersuchte um vorherige Benachrichtigung von der bevorstehenden Verhaftung eines Rechtsanwalts vor allem, wenn die Inschutzhaftnahme in Zusammenhang mit der Berufsausübung stand. Die Gestapo reagierte freundlich, aber ablehnend-bestimmt auf diese Bitten. „In der Regel werden ... diese Fälle mit größter Eile zu behandeln sein, so daß eine vorherige Benachrichtigung Ihrer Behörde nicht möglich ist", beschied die Preußische Geheime Staatspolizei den Reichsjustizminister am 25. September 1935.[174]

Im Dezember 1936 wurde Rechtsanwalt und Notar Graf von Strachwitz in Schutzhaft genommen. Er hatte sich auf einem festlichen Ball ironisch über das Winterhilfswerk geäußert und lediglich einige Pfennige gespendet, „obwohl im Saale Sekt und teure Weine in Mengen getrunken wurden".[175]

Noch weit geringer war die Hemmschwelle bei der Verhaftung des jüdischen Anwalts Oskar Fischer, der auf dem Polizeipräsidium bat, von seinem Mandanten eine Vollmacht unterzeichnen zu lassen. Der Beamte verweigerte ihm dies, und während der folgenden Auseinandersetzung sagte Fischer zweimal „bitte schreihen [sic] Sie mich nicht so an". Dies reichte aus, um Rechtsanwalt Fischer in Schutzhaft zu überführen.[176]

Am 16. April 1935 wurden die Rechtsanwälte Werner Pünder und Erich Wedell in Schutzhaft genommen.[177] Sie hatten für die Witwe und den Sohn des Ministerialdirektors im Reichsverkehrsministerium und Leiters der Katholischen Aktion, Erich Klausener, eine Klage auf Schadenersatz gegen das Deutsche Reich und das Land Preußen erhoben. Klausener war im Zusammenhang mit dem „Röhm-Putsch" auf Befehl Heydrichs am 30. Juni 1934 erschossen worden. Als Leiter der Katholischen Aktion gehörte er zu den Feinden des Regimes, und der „Röhm-Putsch" bot eine willkommene Gelegenheit, ihn zu beseitigen, ohne daß Klausener jemals mit Röhm oder den anderen Ermordeten in Verbindung gestanden hätte. Rechtsanwalt Werner Pünder wandte sich zunächst an das Reichsinnenministerium, um für die Angehörigen Klauseners eine Entschädigung aufgrund des „Gesetzes über den Ausgleich bürgerlich-rechtlicher Ansprüche" vom 13. Dezember 1934[178] durchzusetzen. Er war dabei von der Annahme ausgegangen, daß dem Ministerium nicht an einer Aufwicklung des Hergangs der Ermordung Klauseners in einem Prozeß gelegen sein konnte und er deshalb eine außergerichtliche Einigung erzielen könnte, die von Gesetzes wegen möglich gewesen wäre. Kompetenzunsicherheiten zwischen Innen- und Justizministerium und die Empfehlung von ersterem, eine gerichtliche Klärung herbeizuführen, bewirkten schließlich Pünders Klageerhebung am 28. März 1935. Er und sein Sozius Erich Wedell wurden daraufhin am 16. April von der Gestapo verhaftet. Wedell war im „Columbia-Haus", Pünder in der Prinz-Albrecht-Straße, dem Sitz der Gestapo, inhaftiert. Werner Pünder berichtet, daß die Behandlung Wedells sehr viel schlechter war als

---

173 Preußische Geheime Staatspolizei. Der stellv. Chef und Inspekteur an die Herren Oberpräsidenten, Regierungspräsidenten, den Herrn Polizeipräsidenten in Berlin, alle Staatspolizeistellen und die Dienststellen im Hause. Betrifft: Inschutzhaftnahme von Rechtsanwälten, Notaren und sonstigen Organen der Rechtspflege, 20. Mai 1935.
174 Preußische Geheime Staatspolizei. Der stellvertretende Chef und Inspekteur an den Herrn Reichsminister der Justiz. Betrifft: Inschutzhaftnahme von Rechtsanwälten, 25. September 1935.
175 Diensttagebuch des Reichjustizministeriums, 24. Dezember 1936, in: BA R 22/930.
176 Ebenda, 2. Dezember 1936.
177 S. dazu: Erlebnisbericht Werner Pünders über die Ermordung Klauseners am 30. Juni 1934 und ihre Folgen, in: VfZ 4 (1971), S. 404-431; Gruchmann, Justiz im Dritten Reich, S. 482f.; Fritz Ostler, Rechtsanwälte in der NS-Zeit. Fakten und Erinnerungen, in: Anwaltsblatt 2 (1983), S. 52.
178 RGBl. I 1934, S. 1235.

II. Revolution, Ausgrenzung und Anpassung

seine. Wedell wurde „durch die Aufseher und deren Kapos gestoßen und geschlagen und wie ein Verbrecher behandelt. Er trug Sträflingskleidung, hatte keine Möglichkeit der Körperpflege, erhielt nur Wassersuppen und kleinste Brotrationen und litt schwer unter einer derart entwürdigenden Behandlung."[179] Beide Rechtsanwälte trafen bis zu ihrer Entlassung nicht mehr zusammen; in zahlreichen Verhören mit Todesdrohungen sollte ihnen das Geständnis entlockt werden, daß sie durch die Klage und die damit verbundene Publizität des Falles die Reichsregierung im In- und Ausland diskreditieren wollten. Auf Betreiben des Bruders von Werner Pünder setzten sich die Minister Gürtner, Schwerin von Krosigk, von Neurath, von Blomberg und Frick neben der schwedischen Regierung (Pünder und Wedell waren langjährige Vertrauensanwälte der Königlich Schwedischen Gesandtschaft in Berlin) für die Anwälte ein, so daß beide am 16. Mai 1935 wieder entlassen wurden. Mit der Inschutzhaftnahme Werner Pünders hatte die Gestapo deutlich gemacht, wie gering sie das im Erlaß vom 12. April 1934 festgelegte Verbot der Inhaftierung von Rechtsanwälten achtete. Pünder war immerhin Mitglied des Vorstandes der Berliner Anwaltskammer[180] und langjähriger, etablierter Rechtsanwalt am Kammergericht. Daß nicht häufiger Rechtsanwälte in Schutzhaft genommen wurden, lag wohl weniger an der Zurückhaltung der Gestapo als an dem Verhalten der Anwaltschaft, die nur wenig Anlaß zum geheimpolizeilichen Eingreifen bot.

Werner Pünder wurde nach Kriegsbeginn als Reserveoffizier des Ersten Weltkriegs eingezogen und war zuletzt Oberstleutnant im Oberkommando der Wehrmacht. Erst 1953 wurde er aus sowjetischer Gefangenschaft entlassen und nahm dann in Frankfurt am Main seine Anwalts- und Notartätigkeit wieder auf.[181] Erich Wedell, der nicht der NSDAP beigetreten war, blieb nach seiner Haftentlassung in Berlin als Rechtsanwalt und Notar tätig. Ende Januar 1945 wurde er zum Volkssturm einberufen und geriet am 1. Mai in sowjetische Gefangenschaft, aus der er im August 1945 entlassen wurde. Seit September 1945 war er in Berlin wieder als Rechtsanwalt und Notar tätig. Er starb im Februar 1983 94jährig in Berlin.[182]

Der Fall Hans Litten

Unmittelbar nach dem Reichstagsbrand am 28. Februar 1933 wurde der junge Berliner Rechtsanwalt Hans Litten[183] in Schutzhaft genommen. Ursache hierfür war seine Tätigkeit vor der Machtübernahme der Nationalsozialisten. Litten wurde 1903 in Halle geboren und wuchs in Königsberg auf, wo der Vater Fritz Julius Litten Ordinarius für römisches und bürgerliches Recht, zeitweise auch Dekan der juristischen Fakultät und Rektor der Universität war. Schon früh versuchte sich Hans dem Einfluß seines konservativen Vaters, der als Gegner der Republik galt, zu entziehen. Auch den Schritt des Vaters, sich aus Karrieregründen taufen zu lassen, mißbilligte er. Unter dem Einfluß seiner Mutter setzte Litten sich zusehends für die Schwächeren der Gesellschaft ein; er wurde zu einem Anhänger

---

179 Erlebnisbericht Werner Pünders, S. 425.
180 GStA Rep. 84a MF 1252. Bericht des Vorstandes der Anwaltskammer in Berlin über das Jahr 1933, S. 10f.
181 Fabian von Schlabrendorff, Werner Pünder 85 Jahre alt, in: NJW 40 (1970), S. 1784f.
182 Personalakte Dr. Erich Wedell, in: Berliner Anwaltskammer.
183 Inzwischen liegt umfangreiche Literatur zu dem noch vor wenigen Jahren fast unbekannten Hans Litten vor: Irmgard Litten, Eine Mutter kämpft gegen Hitler, Rudolstadt 1947 (erstmals 1940 erschienen); Carlheinz von Brück, Ein Mann, der Hitler in die Enge trieb. Hans Littens Kampf gegen den Faschismus. Ein Dokumentarbericht, Berlin 1975; König, Vom Dienst am Recht, S. 18ff.; Norman Paech, „Ich habe nur als proletarischer Anwalt meine Pflicht den angeklagten Proletariern gegenüber erfüllt." Hans Litten, Rechtsanwalt (1903-1938), in: Demokratie und Recht (1988), S. 70-78; Gerhard Jungfer, Hans Litten zum 50. Todestag – Eine Dokumentation –, in: Anwaltsblatt 4 (1988), S. 213-216; Heinz Düx, Hans Litten (1903-1938). Anwalt gegen Naziterror, in: Kritische Justiz (Hrsg.), Streitbare Juristen. Eine andere Tradition, Baden-Baden 1988, S. 193-203; Krach, Jüdische Rechtsanwälte, S. 83ff., 138ff. und 165f.; Maren Witthoeft, Hans Litten – Ein zu Unrecht fast vergessener Anwalt der Opfer, in: Kritische Justiz 3 (1998), S. 405-411.

des Marxismus, ohne sich parteipolitisch binden zu wollen. So war es nur konsequent, daß er nach Beendigung seines Studiums 1928 eine Sozietät mit Ludwig Barbasch, einem prominenten linken Strafverteidiger, einging. Wie sein Sozius übernahm Litten Mandate der „Roten Hilfe", der Rechtshilfeorganisation der KPD, und wurde aufgrund zahlreicher erfolgreicher Verteidigungen rasch ein bekannter Anwalt. Zur Finanzierung der Kanzlei und des Lebensunterhaltes führte er auch Zivilprozesse, den größten Teil seiner Arbeitskraft nahm jedoch die wenig gewinnbringende Tätigkeit als Strafverteidiger in Anspruch. Sein Verhältnis zur „Roten Hilfe" blieb nicht ungetrübt, da der KPD mehr an der Schaffung von Märtyrern gelegen war als an dem Ausgang des Verfahrens für den einzelnen Angeklagten, dem Littens ganzes Engagement galt. Rudolf Olden kommentierte in dem Vorwort zu Irmgard Littens 1940 erschienenen Erinnerungen „Eine Mutter kämpft gegen Hitler": „Litten war zu erfolgreich. Der kommunistischen Agitation war mit Bluturteilen und mit Märtyrern in den Zuchthäusern gedient, nicht mit Freisprüchen und mit gerechten Entscheidungen der bürgerlichen Gerichte."[184]

Zum Verhängnis wurde Litten sein Engagement im „Edenpalast-Prozeß" 1931. In diesem Fall wurden die Übergriffe eines SA-Rollkommandos auf Mitglieder des Arbeitervereins „Falke" vor dem Tanzlokal „Eden" in Charlottenburg verhandelt. Litten vertrat in dem Prozeß die Nebenkläger[185] und erreichte, daß Hitler als Zeuge zu der Frage vernommen wurde, wie die NSDAP sich zur Anwendung von Gewalt stelle. Der von Hitler vor dem Reichsgericht abgelegte „Legalitätseid" sollte entlarvt und gleichzeitig bewiesen werden, daß die gewalttätigen Aktionen der Nationalsozialisten von der Parteispitze initiiert wurden. Litten trieb Hitler bei der Befragung am 8. Mai 1931 so in die Enge, daß der spätere Reichskanzler den jungen Rechtsanwalt noch immer in Erinnerung hatte. Litten hatte durch diese Zeugenvernehmung sein Todesurteil bewirkt. Rudolf Olden kommentierte den Prozeß 1940: „Litten zog sich schon durch seine forensischen Erfolge die Aufmerksamkeit und Abneigung der Nationalsozialisten zu, auch die seiner nationalsozialistischen Kollegen. Die Abneigung sollte sich zum Haß steigern durch einen folgenschweren Zwischenfall: Hitler wurde in Moabit als Zeuge vernommen. Rechtsanwalt Litten wollte nachweisen – auch hier als Vertreter der durch Nazi-Terror Geschädigten –, daß die Partei selbst Gewalttätigkeiten ihrer Mitglieder dulde, ja sie hervorrufe. Darum wurde der Parteiführer selbst geladen... Litten hatte ihm aber doch gehörig zugesetzt. Es ging nicht so leicht ab wie in Leipzig, wo ihm die Reichsrichter einfach die Stichworte zu der Propagandarede geliefert hatten. Litten hatte nicht wenige Zitate aus der nationalsozialistischen Literatur zur Hand, – ‚die Gegner zu Brei zerstampfen', ‚von der Revolution des Worts zur Revolution der Tat übergehen', und anderes mehr, – er vernahm den prominenten Zeugen mit der ihm eigenen beharrlichen Ruhe, machte ihn ein paarmal wütend und ließ ihn zwei Stunden lang beträchtlich schwitzen. Ob damals irgend jemand im Saal eine Ahnung hatte, daß er sich selbst das Urteil qualvollen Todes gesprochen hatte? Ich glaube, keiner von uns vermochte so weit zu blicken."[186]

1932 vertrat Litten im Röntgenstraßen-Prozeß mehrere des Totschlags aus politischen Motiven angeklagte Arbeiter. Dem vorangegangen war ein Überfall des SA-Sturms 33 auf eine Gruppe Arbeiter am 29. August 1932 vor dem SA-Lokal in der Röntgenstraße. Bei den Kämpfen waren zwei SA-Männer von ihren eigenen Kameraden verletzt und einer getötet worden; dies wurde vor Gericht jedoch den Arbeitern zur Last gelegt. Aufgrund umfangreicher eigener Recherchen und zahlreicher Beweisanträge gelang es Litten, den Sachverhalt klarzustellen, und am 6. Oktober wurden alle von ihm vertretenen Angeklagten freigesprochen. Der Redaktion des „Angriff" war die „Gefahr" wohl bewußt, die den SA-Leuten durch die erfolgreichen Recherchen von Rechtsanwalt Litten drohten. Wenige Tage vor dem Urteilsspruch erschien ein diffamierender, das Klischee des „jüdischen

---

184 Zit. nach: Witthoeft, Hans Litten, S. 407f.
185 Die vier angeklagten SA-Mitglieder wurden von Rechtsanwalt Wolfgang Zarnack vertreten (Brück, Ein Mann, S. 14).
186 Zit. nach: Jungfer, Hans Litten, S. 213.

Rechtsanwalts" bedienender Artikel: „Die wahren Mörder aus der Röntgenstraße sind erwischt, und nun versucht ein jüdischer Rechtsverdreher mit den unsaubersten und widerlichsten Methoden, ihre feige, hinterhältige Tat zu verdunkeln!"[187]

Littens letzter Prozeß verhandelte den Überfall der Laubenkolonie „Felsenecke" durch ein SA-Kommando, bei dem ein Kolonist erschossen und ein SA-Mann im Handgemenge getötet wurde. Der Staatsanwalt kehrte die Tatsachen um und ging in seiner Anklageerhebung davon aus, daß kommunistische Arbeiter die SA-Männer angegriffen hätten. Angeklagt waren schließlich fünf der über 150 SA-Leute und 19 Bewohner der Kolonie „Felsenecke". Litten stellte sehr zeitintensive eigene Ermittlungen an, um die Versäumnisse der Voruntersuchung und die gefälschten Beweise der Polizei und des Untersuchungsrichters offenzulegen. Nach monatelangen Verhandlungen wurde Litten vom Gericht mit der Begründung, er habe „eine hemmungslose parteipolitische Propaganda im Prozeß entfaltet" und zahlreiche Anträge „nur aus politischem Sensationsbedürfnis" gestellt,[188] als Verteidiger ausgeschlossen. Littens Beschwerde gegen den Beschluß vor dem Kammergericht war erfolgreich, der Prozeß platzte jedoch, weil sich der Vorsitzende und der Berichterstatter für befangen erklärten. Der neue Vorsitzende ließ Litten mit der Begründung, er habe sich der Begünstigung seiner Mandanten verdächtig gemacht, ebenfalls nicht als Verteidiger zu.

Der Ausschluß Littens vom Prozeß führte zu einer Solidaritätsgeste des Berliner Kammervorstands. Der Vorsitzende Ernst Wolff sprach auf einer im November 1932 zu diesem Zweck einberufenen Kammerversammlung vor 178 Mitgliedern, was auf eine starke Beachtung des Falles Litten weit über seine Person, die ohnehin bei weiten Kreisen der Anwaltschaft auf Ablehnung stieß, schließen läßt. Wolff formulierte seine Mißbilligung des Verteidigerausschlusses in deutlichen Worten: „Die Anwaltschaft beschäftigt die prinzipielle Frage, ob und inwieweit ein Verteidiger ausgeschlossen werden kann. Was Litten geschehen ist, kann dem Verteidiger einer jeden anderen Parteirichtung geschehen. ... Es rührt an den Wurzeln unseres Standes, wenn die Gerichte den Versuch machen, die Freiheit des Verteidigerstandes und damit der Anwaltschaft überhaupt anzutasten."[189]

Charakteristisch für diesen Akt der Solidarität war, daß die Initiative hierzu von den nur kurze Zeit später selbst Ausgeschlossenen und Verfolgten ausging. Bereits im Mai des folgenden Jahres wurde der gleichgeschaltete Berliner Kammervorstand in entgegengesetzter Richtung tätig. Er setzte Litten auf die Liste, die der Kammervorstand dem Preußischen Justizminister einreichte, um ein Vertretungsverbot wegen Betätigung „in kommunistischem Sinne" zu erlassen, was am 26. Mai auch geschah.[190]

Hans Litten war zu einem der bekanntesten und bei den Nationalsozialisten verhaßtesten Berliner Strafverteidiger geworden. Ohne Begleitschutz konnte er das Haus nicht mehr verlassen. Seine Mutter und Freunde rieten ihm, vorübergehend ins Ausland zu gehen, was er jedoch ablehnte. „Die Millionen Arbeiter können nicht heraus, also muß ich auch hierbleiben", erwiderte er auf den Vorschlag.[191]

Am Morgen des 28. Februar 1933 wurde Hans Litten zusammen mit seinem Sozius Ludwig Barbasch und Alfred Apfel in Schutzhaft genommen. Noch amtierte der alte Vorstand der Anwaltskammer Berlin, und Ernst Wolff wandte sich am 3. März an das Preußische Innenministerium. Er betonte, daß seine Eingabe durch „keinerlei politische Gesichtspunkte" und vor allem „nicht Sympathie mit den Bestrebungen der kommunistischen Partei" geleitet sei. Grundsätzlich rechtfertige der „Umstand,

---

187 Der Angriff, 28. September 1932. Zit. nach: Krach, Jüdische Rechtsanwälte, S. 142.
188 Zit. nach: Witthoeft, Hans Litten, S. 409.
189 Zit. nach: Krach, Jüdische Rechtsanwälte, S. 84.
190 GStA Rep. 84a Nr. 20363. Vorstand der Anwaltskammer in Berlin an das Preußische Justizministerium, 11. Mai 1933; Krach, Jüdische Rechtsanwälte, S. 166.
191 Litten, Eine Mutter kämpft, S. 17.

daß ein Anwalt in politischen Prozessen mehrfach Angehörige einer bestimmten Partei verteidigt" noch nicht den Schluß, „daß der Anwalt eben dieser Partei angehört".[192] Der Eingabe war kein Erfolg beschieden; sie steht jedoch als Zeichen einer mutigen Solidarität und gewissenhaften Pflichterfüllung des Kammervorstands, der zu diesem Zeitpunkt bereits selbst einer mehr als ungewissen Zukunft entgegenblickte.

Seine fast fünfjährige Odyssee führte Hans Litten über das Gefängnis Spandau, das KZ Sonnenburg, das Zuchthaus Brandenburg, das „Moorlager" Esterwegen, das Zuchthaus Lichtenburg, das KZ Buchenwald schließlich im Oktober 1937 nach Dachau, wo er sich am 5. Februar 1938 erhängte. Qualvolle Folterungen, die ihn zur Denunziation seiner Mandanten im „Felsenecke"-Prozeß zwingen sollten und zu dauerhaften Verletzungen an Gehör und Augen, einem steifen Bein und Herzattacken führten, gingen seinem Selbstmord voraus. Seine Mutter kämpfte während der fünf Jahre verzweifelt für die Freilassung ihres Sohnes, indem sie all die Beziehungen mobilisierte, die sie in Königsberger Zeiten geknüpft hatte. Aber weder Reichswehrminister von Blomberg, noch Reichsjustizminister Gürtner, Reichsbischof Müller, Dirigent Wilhelm Furtwängler oder Kronprinz Wilhelm konnten oder wollten bei Hitler eine Erleichterung für Hans Litten erwirken. Nach seinem Selbstmord emigrierten seine Eltern und sein Bruder noch im Februar 1938 nach Großbritannien.

7. Die Gleichschaltung der Standesorganisationen

7.1. Die Reichs-Rechtsanwaltskammer

Bereits mit der „Verordnung des Reichspräsidenten über Maßnahmen auf dem Gebiete der Finanzen, der Wirtschaft und der Rechtspflege" vom 18. März 1933[193] wurde die Zentralisierung der deutschen Anwaltschaft in die Wege geleitet. Dem Führerprinzip Folge leistend errichtete man die Reichs-Rechtsanwaltskammer (RRAK).[194] Die Anwaltschaft reagierte darauf erfreut, da damit ein langjähriges Anliegen erfüllt wurde. Bislang waren die Anwaltskammern in Form eines privatrechtlichen Zusammenschlusses der „Vereinigung der Vorstände der deutschen Anwaltskammern" verbunden. Die Anwälte erachteten dies als nicht ausreichend, um ihre Interessen wirksam zu vertreten.[195]

Die Institution Reichs-Rechtsanwaltskammer war keine Erfindung der Nationalsozialisten. Bereits 1928 hatten der Deutsche Anwaltverein und die Vereinigung der Kammervorstände einen Ausschuß eingerichtet, der die Gründung einer reichsweiten Anwaltskammer befürwortete. Im November 1928 hatte die Abgeordnetenversammlung des DAV beschlossen, der Vorstand solle dem Reichstag einen Entwurf für die Errichtung einer „Reichsanwaltskammer" vorlegen. Dieser Vorschlag wurde zwar vom Reichstag nicht verabschiedet,[196] fand aber größtenteils Eingang in die Verordnung vom 18. März 1933.[197] Die neue RRAK diente als Verbindungsorgan zwischen den Vorständen der Anwaltskammern und als Repräsentationsorgan nach außen. In die Selbständigkeit der Anwaltskammern wurde nicht eingegriffen. Über ihre Zusammensetzung und ihre Einrichtungen sollte eine Satzung befinden.

---

192 Zit. nach: Krach, Jüdische Rechtsanwälte, S. 88.
193 RGBl. I 1933, S. 119ff.
194 Zahlreiche Unterlagen der RRAK sind durch den Bombenangriff vom 22./23. November 1943 auf das Gebäude der RRAK in der Admiral-von-Schröder-Straße 6 vernichtet worden.
195 Berliner Anwaltsblatt 3 (1933), S. 58.
196 Ostler, Die deutschen Rechtsanwälte, S. 219.
197 Zu den Vorstellungen vgl. den Bericht über die Abgeordnetenversammlung des DAV im April 1929 in Dresden, in: Berliner Anwaltsblatt 5 (1929), S. 109.

Auf der konstituierenden Sitzung der neugebildeten RRAK am 1. Juli 1933 wurde der Berliner Anwalt Reinhard Neubert, seit 27. April 1933 Vorsitzender der preußischen Anwaltskammern, zu ihrem Präsidenten gewählt. Erwin Noack aus Halle (Saale) wurde sein Stellvertreter, Werner Ranz (Berlin) Schriftführer. Die Anwälte Graf von der Goltz (Stettin), Mößmer (München) und Droege (Hamburg) stellten die weiteren Präsidiumsmitglieder.[198] Als Mitglieder in die RRAK wurde je ein Anwalt von den einzelnen Kammervorständen delegiert; Berlin durfte neben Neubert zwei weitere Anwälte entsenden. Es handelte sich hierbei um Wolfgang Hercher und Werner Ranz.[199] Für jeden Abgeordneten wurde ein Stellvertreter benannt. Der Berliner Kammervorstand bestellte dafür Willy Hahn, Wilhelm Scholz und Wilhelm Heltge.[200]

Da die Anwaltskammern ihre Rechtsfähigkeit noch nicht eingebüßt hatten, erwies sich die tatsächliche Bedeutung der RRAK bei ihrer Gründung als gering. Sie verstand es jedoch, ihren Machtbereich rasch auszudehnen. So wurde ihr zum Beispiel mit Wirkung vom 1. Mai 1934 die zweite Instanz der anwaltlichen Ehrengerichtsbarkeit, die bisher beim Reichsgericht gelegen hatte, übertragen.

Mit der Verabschiedung der neuen Reichs-Rechtsanwaltsordnung durch das „Zweite Gesetz zur Änderung der Rechtsanwaltsordnung" vom 13. Dezember 1935[201] war der Übergang vom Kollegialsystem zum Präsidialsystem im Aufbau der RRAK vollzogen. Alle zugelassenen Rechtsanwälte waren in der RRAK zusammengeschlossen; die Anwaltskammern verloren ihre Rechtsfähigkeit und wurden zu weisungsgebundenen Organen der RRAK. Die neue Körperschaft war Rechtsnachfolgerin der bisherigen RRAK und aller deutschen Anwaltskammern mit ihren Einrichtungen. Die Aufsicht über die RRAK und ihre Organe, nämlich Präsident, Präsidium, Beirat, Präsidenten der Rechtsanwaltskammern, Ehrengerichtshof und Ehrengerichte,[202] übte der Reichsjustizminister aus, der auch den Präsidenten im Einvernehmen mit dem Reichsführer des BNSDJ auf Vorschlag des Präsidiums der RRAK auf fünf Jahre bestellte. Mit dieser Gesetzesanpassung war die Einflußnahme von staatlicher Seite geregelt. Freisler bezeichnete die Maßnahme folgerichtig als „Aufbau einer echten nach nat.-soz. Gesichtspunkten orientierten anwaltschaftlichen Selbstverwaltung".[203]

Die genaue Definition des Tätigkeitsgebietes der RRAK blieb einer Satzung vorbehalten, die am 21. September 1936 bekannt gemacht wurde. Als eine wesentliche neue Aufgabe der RRAK mußte ihre Mitwirkung an der Ausbildung des anwaltlichen Nachwuchses betrachtet werden. Als Sitz der RRAK wurde Berlin beibehalten.[204] Wie stark die RRAK in der Folgezeit dem Führerprinzip insbesondere in der Person ihres Präsidenten Reinhard Neubert unterworfen war, machte dieser selbst mehrfach deutlich.[205]

Neubert wurde durch Erlaß vom 7. Juni 1937 von Reichsjustizminister Gürtner endgültig für die gesetzlich vorgesehenen fünf Jahre zum Präsidenten der RRAK berufen,[206] nachdem er bereits seit

---

198 Mitteilungen der Reichs-Rechtsanwaltskammer, 15. August 1938, S. 134.
199 Berliner Anwaltsblatt 4 (1933), S. 75.
200 GStA Rep. 84a MF 1252. Bericht des Vorstandes der Anwaltskammer in Berlin über das Jahr 1933, S. 20.
201 RGBl. I 1935, S. 1478f.
202 Zu den Aufgaben der Organe der RRAK ausführlich: Deutsche Justiz, 13. Dezember 1935, S. 1820.
203 Ebenda, S. 1793f.
204 Satzungs der Reichs-Rechtsanwaltskammer. Bekanntmachung d. RJM. v. 21.9.1936, in: Deutsche Justiz, 25. September 1936, S. 1450f.
205 Etwa 1941 in seinem Rechtfertigungsschreiben an den Reichsjustizminister, in dem er sich gegen vom NSRB erhobene Vorwürfe wehrte. Die verantwortliche Führung liege beim Präsidenten, der sich zwar vor Erlaß grundsätzlicher Anordnungen mit den besten Kennern des Gegenstands berate; eine zwangsläufige Konsultation mit dem Präsidium erfolge jedoch nicht. Vorgang in: BA R 22/273.
206 Mitteilungen der Reichs-Rechtsanwaltskammer, 15. Juli 1937, S. 145.

Gründung der Organisation an ihrer Spitze gestanden hatte.[207] Im Sommer 1936 scheint die weitere Besetzung des Präsidentenamtes mit seiner Person in Frage gestellt worden zu sein. Der inzwischen zum Reichsminister aufgestiegene Hans Frank hatte sich danach für den Reichsgruppenwalter Rechtsanwälte des NSRB, Droege, stark gemacht.[208]

Am 2. Juli 1934 legte die Reichs-Rechtsanwaltskammer neue „Richtlinien für die Ausübung des Anwaltsberufs"[209] vor. Ihre Staatsnähe formulierte sie in anwaltlicher Eindeutigkeit: „Trägerin des deutschen Staats- und Rechtsgedankens ist die NSDAP. In ihrem Sinne soll der Anwalt deutschen Blutes an den großen Aufgaben des Volkes mitarbeiten und sich in der nationalsozialistischen Bewegung und ihren Organisationen nach Kräften betätigen." Für den Anwalt, „durchdrungen" vom „Geiste eines freien Dieners am Recht", sei wesentliches Kriterium, die Interessen der Volksgemeinschaft wahrzunehmen. Die staatliche Neuordnung lasse es „geboten erscheinen, ... die für die Ausübung des Anwaltsberufs geltenden Richtlinien neu zu fassen und mit den Anschauungen des Dritten Reiches in Einklang zu bringen".

Mit Sicherheit stießen diese ideologischen Vorbemerkungen bei der Mehrzahl der Anwälte auf wenig Interesse. Für sie war der Teil der Richtlinien wichtig, den sie bei der alltäglichen Berufsausübung zu beachten hatten; die meisten unterschieden sich nur unwesentlich von den standesrechtlichen Vorschriften vor 1933. Gewichtige Ausnahme waren die Punkte 5 und 21, denen zufolge der Anwalt bei der Vertretung eines „Volksschädlings" stets die „Belange des deutschen Volkes" zu beachten hatte und eine „gemeinschaftliche Berufsausübung zwischen arischen und nichtarischen Anwälten ... grundsätzlich" vermieden werden sollte.

Im übrigen aber zeigte sich die RRAK als Wahrerin von Standesinteressen, soweit es sich mit den Zielsetzungen des NS-Staats vereinbaren ließ. Im Oktober 1934 setzte sie sich etwa für Maßnahmen zugunsten kinderreicher Anwälte ein, da ihr diese Kollegen „für die Bevölkerungspolitik des Dritten Reiches besonders wertvoll" schienen. Wer drei und mehr Kinder hatte, für deren Unterhalt und Ausbildung er sorgen mußte, sollte bevorzugt bei der Vergabe von staatlichen Aufträgen und Armenmandaten berücksichtigt werden.[210]

Seit April 1936 gab die RRAK ein amtliches Presseorgan heraus, die „Mitteilungen der Reichs-Rechtsanwaltskammer. Organ der Reichs-Rechtsanwaltskammer und der Rechtsanwaltskammern", die aus der „Kammer-Zeitung für die Bezirke der Oberlandesgerichte Breslau, Dresden und Naumburg (Saale)" hervorging. Die Zeitschrift sollte das Mitteilungswesen der öffentlich-rechtlichen Vertretung der Anwaltschaft vereinheitlichen; sie veröffentlichte amtliche Anordnungen und ähnliche Bekanntmachungen, griff die „Rechtsprechung in den Bezirken der Oberlandesgerichte" auf und informierte in kleinen Aufsätzen über das anwaltliche Berufsrecht.[211]

Im April 1934 beabsichtigte die RRAK ohne ersichtliche Notwendigkeit, die von den Ehrengerichten gegen Rechtsanwälte verhängten Vertretungsverbote bzw. deren Aufhebung in der „Deutschen Justiz" zu veröffentlichen. Die preußische Justizverwaltung machte dagegen „erhebliche Bedenken" geltend. Zum einen widerspräche die Veröffentlichung einer vorläufigen Maßnahme, wie es die Verhängung eines Vertretungsverbotes sei, dem Grundsatz, möglichst nur rechtskräftige Gerichtsentscheidungen zu veröffentlichen. Außerdem könne die Verwechslungsgefahr nicht ausgeschlossen

---

207 Deutsche Justiz, 18. Juni 1937, S. 928.
208 Diensttagebuch des Reichsjustizministeriums, 13. Juli 1936, in: BA R 22/929.
209 GStA Rep. 84a MF 1211. Richtlinien für die Ausübung des Anwaltsberufs, 2. Juli 1934.
210 BA R 22/263. Präsidium der Reichs-Rechtsanwalts-Kammer an sämtliche Kammervorstände. Betrifft: Maßnahmen zugunsten der kinderreichen Anwälte, 2. Oktober 1934.
211 Mitteilungen der Reichs-Rechtsanwaltskammer, 30. April 1936, S. 45. Seit April 1938 fiel der Aufsatzteil weg. Ebenda, 1. April 1938, S. 59.

II. Revolution, Ausgrenzung und Anpassung

werden und der einem möglicherweise Unschuldigen durch die Publikation entstehende Schaden nur zu einem kleinen Teil wieder gut gemacht werden.[212]

Der Vorgang macht in bemerkenswerter Weise deutlich, wie ideologisch angepaßt sich die RRAK bereits wenige Monate nach ihrer Errichtung präsentierte. Dem Schutz der Rechte des einzelnen Anwalts und der Unschuldsvermutung bis zum gerichtlichen Beweis des Gegenteils maßen ihre Funktionäre keine Bedeutung zu. Die preußische Justizverwaltung, deren Repräsentanten in vielen Fällen keineswegs zimperlich mit persönlichen Rechten umgingen, erwies sich als etwas überlegter.

Eine ähnliche Situation wiederholte sich 1943. Jetzt regte Neubert an, daß Anwälte, die während eines gegen sie schwebenden ehrengerichtlichen Verfahrens freiwillig auf ihre Zulassung verzichteten, in Zukunft grundsätzlich nicht wieder zugelassen werden sollten. Als Begründung führte er an, bei einem Verzicht würde das ehrengerichtliche Verfahren eingestellt, ohne daß der mögliche Verstoß gegen die Standespflichten geklärt sei. Das Justizministerium trat zugunsten der Anwälte auf und lehnte diesen Vorschlag ab. Der spätere Antragsteller müsse zwar den „einwandfreien Nachweis" erbringen, daß die gegen ihn erhobenen Vorwürfe unbegründet waren. Ein generelles Verbot der Wiederzulassung stieß jedoch auf Bedenken.[213]

Im Februar 1937 erließ Neubert als Kammerpräsident eine Anordnung, deren Intention die Vertreibung aller Lehrlinge aus jüdischen Anwaltsbüros war. Lehrlinge, die nach dem 1. April 1937 noch eine Lehre bei einem jüdischen Rechtsanwalt begannen, sollten zukünftig nicht mehr zur Prüfung zugelassen werden. Allen Lehrlingen, die bereits zu einem früheren Zeitpunkt eine Lehre in einem jüdischen Anwaltsbüro aufgenommen hatten, wurde dringend ein Wechsel des Lehrherrn empfohlen.[214]

Das Verhalten der Funktionäre gegenüber den jüdischen Kollegen war indiskutabel. Die Vertreter der Anwaltschaft fanden sich im April 1938 im Reichsjustizministerium zu einer Besprechung über das Ausscheiden der Juden aus der Anwaltschaft ein. Das Protokoll hielt fest, daß die Anwaltschaft die geplanten Maßnahmen begrüßte, „auch deshalb besonders, weil sie daraufhin die Verleihung des Hoheitszeichens für die Amtstracht erwartet".[215] Die zynische Begründung ließ sich kaum überbieten.

Kommentarlos veröffentlichten die jeweiligen Anwaltskammern in den „Mitteilungen der Reichs-Rechtsanwaltskammer" am 1. Dezember 1938 Listen der aufgrund der 5. Verordnung zum Reichsbürgergesetz vom 27. September 1938 ausgeschiedenen jüdischen Rechtsanwälte. Für Berlin füllte die Liste – engbeschrieben – fast fünf Seiten. Die damit verbundenen menschlichen Tragödien rührten die nationalsozialistischen Funktionäre nicht. Die Rechtsanwaltskammer Berlin führte die Liste als Anordnung Nr. 24/38 (Ausscheiden jüdischer Rechtsanwälte) auf; es war die letzte in dieser Nummer der „Mitteilungen der Reichs-Rechtsanwaltskammer" veröffentlichten Anordnungen. Ihr voran gingen die Anordnungen Nr. 20 bis 23 – Arbeitsgemeinschaft der Fachanwälte für Steuerrecht, kein Anspruch der Assessoren auf höhere als die gesetzliche Besoldung, keine Erteilung von Auskunft über Schuldner durch die Arbeitsämter, Vermietung freiwerdender Büroräume an arische Rechtsanwälte. Das Schicksal der ehemaligen Kollegen spielte keine nennenswerte Rolle.[216] In seinen Gruß-

---

212 GStA Rep. 84a MF 1208. Präsidium der Reichs-Rechtsanwalts-Kammer an die Schriftleitung der „Deutschen Justiz", 9. April 1934; Preußisches Justizministerium an Präsidium der Reichs-RAKammer, 17. April 1934.
213 BA R 22/261. Der Präsident der Reichs-Rechtsanwaltskammer an den Herrn Reichsminister der Justiz. Betr. Zulassung von Rechtsanwälten, 5. Januar 1943. Antwortschreiben des Justizministers, 13. Januar 1943.
214 Mitteilungen der Reichs-Rechtsanwaltskammer, 1. März 1937, S. 53.
215 BA R 22/253. Vermerk einer Besprechung vom 5. April 1938 über Fragen des Ausscheidens der Juden aus der Anwaltschaft, der Beratung und Vertretung jüdischer Parteien und der Altersversorgung deutscher Rechtsanwälte unter dem Vorsitz von Herrn StS. Dr. Schlegelberger mit Herren der Anwaltschaft.
216 Mitteilungen der Reichs-Rechtsanwaltskammer, 1. Dezember 1938, S. 218ff.

worten „Zum neuen Jahre!" erwähnte Neubert in der ersten Ausgabe der „Mitteilungen" im Jahr 1939 das Ausscheiden der jüdischen Rechtsanwälte. Dort zog er gleichsam Resümee. Die Anwaltschaft sei nun „endlich von artfremdem Einfluß ganz befreit und damit für die Erfüllung ihrer Aufgaben im nationalsozialistischen Staat bereit gemacht".[217] Folgerichtig blieb in den nächsten Jahren das Thema „jüdische Rechtsanwälte" fast völlig ausgeblendet.

7.2. Die Rechtsanwaltskammer Berlin

Seit Inkrafttreten der Rechtsanwaltsordnung 1879 waren alle in einem Oberlandesgerichtsbezirk zugelassenen Rechtsanwälte in einer Anwaltskammer zusammengeschlossen, deren Rechtsform als eine Körperschaft des öffentlichen Rechts zwar noch nicht ausdrücklich festgeschrieben war, an deren Charakter aber von Beginn an kein Zweifel bestand.[218] Die Kammern waren das Organ der anwaltlichen Selbstverwaltung, die durch ihre Mitwirkung an der ehrengerichtlichen Rechtsprechung, am Zulassungsverfahren und an der inhaltlichen Ausgestaltung des Anwaltsberufs dessen Entwicklung maßgeblich beeinflußten.[219] Die Institution der Rechtsanwaltskammern wurde auch während des Nationalsozialismus nicht beseitigt, ihre Kompetenzen wurden jedoch im Laufe der Jahre immer weiter beschnitten, bis sie als Organ der anwaltlichen Selbstverwaltung praktisch ausgeschlossen waren.

Kammervorstand bis März 1933

In Berlin hatten seit vielen Jahren jüdische Anwälte die Kammerpolitik wesentlich beeinflußt und geprägt. Bei den Vorstandswahlen im Dezember 1928 löste Ernst Wolff Ernst Heinitz als Vorsitzenden ab; darüber hinaus waren die ersten sieben im ersten Wahlgang mit absoluter Mehrheit gewählten Vorstandsmitglieder jüdische Anwälte.[220] 1931 waren 20 der 32 Mitglieder des Kammervorstandes Juden (Hans Fritz Abraham, Kurt Ball, Leo Davidsohn, Julius Fliess, Franz Eugen Fuchs, Moritz Henschel, Julius Hepner, Max Illch, Siegfried Löwenstein, Paul Marcuse, Richard Munk, Felix Pick, Heinrich Riegner, Ferdinand Samoje, Eugen Sander, Manfred Simon, Leo Sternberg, Ernst Wolff, Richard Wrzeszinski und Georg Wunderlich). Auch Georg Hamburger, evangelisch getauft, fiel nach 1933 unter die Kategorie „jüdische Abstammung" und war folglich von den gegen die jüdischen Anwälte gerichteten Maßnahmen betroffen; er starb 1944 in Theresienstadt. Friedrich Rothe, bereits seit 1929 stellvertretender Kammervorsitzender, galt als „Mischling" und durfte nach 1933 weiterhin als Anwalt tätig sein. Die restlichen zehn 1931 neu gewählten Vorstandsmitglieder (Rudolf Dix, Carl Horn, Johannes Johl, Alfred Maass, Werner Pünder, Alfred Richter, Ludwig Ruge, Karl Siebert, Wilhelm Scholz und Kurt Wergin) waren nichtjüdisch.[221]

Von 9. bis 13. Januar 1933 fanden turnusgemäß Kammerwahlen für 16 freiwerdende Vorstandsämter statt.[222] Erstmals spielte die Politik bei einer solchen Wahl eine Rolle, weil die NSDAP mit einer eigenen Liste antrat, auf der Reinhard Neubert und Richard Frost auftauchten. Darüber hinaus stellte

---

217 Ebenda, 1. Januar 1939, S. 1.
218 Ostler, Die deutschen Rechtsanwälte, S. 21.
219 Eva Douma, Deutsche Anwälte zwischen Demokratie und Diktatur. 1930-1955, Frankfurt a.M. 1998, S. 23f.
220 Berliner Anwaltsblatt 1 (1929), S. 1. Die ersten sieben Anwälte waren Ernst Wolff, Siegfried Löwenstein, Max Illch, Felix Pick, Gustav A.G. Goldschmidt, Leo Sternberg und Julius Hepner.
221 GStA Rep. 84a Nr. 20155. Vorstand der Anwaltskammer in Berlin an den Herrn Preußischen Justizminister über die Kammervorstandswahlen im Januar und Februar 1931.
222 Dazu: Krach, Jüdische Rechtsanwälte, S. 81f.

der Berliner Anwaltverein eine Liste auf, der traditionell die meisten Stimmen zufielen; sie empfahl unter anderem die Wiederwahl Ernst Wolffs zum Vorsitzenden. Mit der dritten Liste stellten sich jene Anwälte zur Wahl, die sich für die Abschaffung der strengen Trennung von Landgerichts- und Kammergerichtsanwälten einsetzten.[223] In den letzten Tagen der Weimarer Republik konnte die politische Entwicklung auf die anwaltliche Standesvertretung nur wenig Einfluß nehmen. Die Berliner Anwaltschaft wählte nach juristischen und standespolitischen Gesichtspunkten und lehnte eine Politisierung und damit verbunden einen Rechtsruck ab. 1292 Kammermitglieder gaben ihre Stimme ab; das Votum fiel eindeutig aus. Erstmals seit vielen Jahren war keine Stichwahl erforderlich, da 16 Kandidaten bereits im ersten Wahlgang die absolute Mehrheit erhielten. Über 1000 Stimmen entfielen auf Ernst Wolff und Felix Pick. Beide wurden nicht als Vertreter jüdischer Anwälte gewählt, sondern galten als renommierte Anwälte mit großer Erfahrung in der standespolitischen Arbeit. Neben Wolff und Pick wurden die jüdischen Anwälte Richard Calé, Erich Caro, Gerhard Cohn, Arthur Judesis, Manfred Simon und Georg Wunderlich in die Kammer delegiert. Darüber hinaus wurden Günther Donner, Werner Pünder, Ferdinand Rübell, Wilhelm Scholz, Hans Viereck und Kurt Wergin gewählt.[224]

Weit abgeschlagen mit 324 bzw. 283 Stimmen hatten die beiden nationalsozialistischen Bewerber Neubert und Frost keine Chance. Diese Wahl kurz vor der nationalsozialistischen Machtübernahme zeigt eine Berliner Anwaltschaft, die den Grundsätzen, daß bei der Wahl der Kammervertretung berufspolitische Überlegungen im Vordergrund stehen, weitgehend Folge leistet. Unberücksichtigt bleiben darf jedoch nicht, daß von insgesamt etwa 1300 abgegebenen Stimmen mehr als 300 auf Neubert fielen. Da anzunehmen ist, daß kaum jüdische Rechtsanwälte dem NS-Bewerber zustimmten und gemäß der Zusammensetzung der Berliner Anwaltschaft etwa die Hälfte der Wähler Juden waren, gaben immerhin fast die Hälfte der nichtjüdischen Wähler Neubert bzw. auch Frost ihre Stimme. Offensichtlich war nicht allen aus diesem Kreis klar, für welche Konsequenzen Neubert und Frost standen, denn die hohe Zahl der Stimmen für einige der jüdischen Bewerber zeigt, daß einige Wahlberechtigte sowohl den jüdischen Kandidaten als auch den nationalsozialistischen ihre Stimme gaben. Von offenem Antisemitismus kann in diesen Fällen wohl nicht gesprochen werden; die Rechtsanwälte waren jedoch durchaus für die NS-Ideologie empfänglich.

Noch bei den Nachwahlen für den Kammervorstand am 11. Februar 1933 zeigte sich die Berliner Anwaltschaft auch nach dem Regierungswechsel nicht vom Nationalsozialismus infiziert. Die Rechtsanwälte Willy Reinberger und Heinrich Stern erhielten 313 bzw. 306 Stimmen, während die nationalsozialistischen Bewerber Fritz Ludwig und Wolfgang Zarnack mit 26 bzw. 21 Stimmen eine deutliche Niederlage hinnehmen mußten.[225] Mit Heinrich Stern wurde nochmals einem jüdischen Kollegen das Vertrauen ausgesprochen.

Die Bewertung dieser Wahlen im nachfolgenden Kammerbericht 1933 war dementsprechend negativ: „Der Kammervorstand setzte sich nach dieser Wahl ... aus 33 Mitgliedern zusammen, von denen 20 nichtarisch waren. Als Ergebnis ist demnach festzustellen, daß gelegentlich der Vorstandswahlen vom 13.1. und 7.2.1933 eine angemessene Beteiligung deutschstämmiger Anwälte bei der Besetzung der Vorstandsämter im Wege freiwilliger Selbstbescheidung des nichtarischen Teils der Anwaltschaft nicht erfolgt ist, daß insbesondere die nationalsozialistischen Vorkämpfer in der Berliner Anwaltschaft ausgeschlossen blieben."[226]

---

223 Tempo Nr. 6, 7. Januar 1933, in: GStA Rep. 84a Nr. 20156.
224 Ebenda MF 1252. Bericht des Vorstandes der Anwaltskammer in Berlin über das Jahr 1933, S. 10.
225 Berliner Anwaltsblatt 2 (1933), S. 29.
226 GStA Rep. 84a MF 1252. Bericht des Vorstandes der Anwaltskammer in Berlin über das Jahr 1933, S. 6.

Obwohl er selbst bereits in arge Bedrängnis geraten war, setzte der Kammervorstand am 3. März 1933 ein letztes Zeichen einer pflicht- und seinen Mitgliedern gegenüber verantwortungsbewußten Standesorganisation, indem er, wenn auch vornehm-zurückhaltend, gegen die Festnahme der Rechtsanwälte Apfel, Barbasch und Litten protestierte. Ernst Wolff als Unterzeichner des Briefes an das Preußische Innenministerium betonte, daß ihn keineswegs Sympathie für die Kommunistische Partei zu diesem Schritt veranlaßt habe. „Unsere Anregung beruht lediglich auf dem Wunsch zu verhüten, daß durch die Verhaftung der Anwälte auch ihre Auftraggeber und damit letzten Endes die Interessen der Rechtspflege beeinträchtigt werden; daneben leitet uns die Absicht, falls etwa ein unserer Aufsicht und unserer Fürsorge unterstellter Anwalt irrtümlich in den Verdacht staatsfeindlicher Bestrebungen geraten sein sollte, zu helfen."[227] Ernst Wolff hatte damit bereits deutlich gemacht, was den alten Kammervorstand von dem neuen unterscheiden sollte – eine selbstbewußte, seinen Mitgliedern sich verpflichtet fühlende Standesorganisation wich einer schwachen, der neuen Ideologie zugetanen und untertänig dienenden Interessenvertretung.

Der neue Kammervorstand

Der Gesamtvorstand der Berliner Anwaltskammer beschloß am 28. März 1933, daß „sämtliche Mitglieder ... mit Rücksicht auf die politische Entwicklung ... ihr Amt zur Verfügung" stellen sollten.[228] Der Vorstand war damit der Aufforderung zuvorgekommen, die der preußische Justizkommissar Kerrl in seinem Erlaß vom 31. März 1933 eigenmächtig formulierte, nämlich „den Gesamtrücktritt des Vorstandes der Anwaltskammern ... durch entsprechende Verhandlungen herbeizuführen". Laut Kerrl-Erlaß sollte ein Kommissar mit der „vorläufigen Wahrnehmung der Geschäfte" betraut werden.[229] In dieser Funktion begann am 31. März die Karriere des Berliner Rechtsanwalts Reinhard Neubert, der bis 1945 der Spitzenfunktionär der Anwaltschaft bleiben sollte. Neubert, 1896 in Riga geboren, war seit 1924 als Rechtsanwalt an den Berliner Landgerichten zugelassen. Seit 1927 war er Rechtsberater des Gaues Groß-Berlin der NSDAP sowie des Goebbels-Organs „Angriff" und führte zahlreiche Prozesse für die Reichsleitung der NSDAP, den Gau Berlin, nationalsozialistische Presseorgane und die SA.[230] Bekannt wurde er unter anderem als Verteidiger nationalsozialistischer Angeklagter im „Felseneck-Prozeß". Sein Versuch, die Vorstandswahlen zur Berliner Anwaltskammer im Januar 1933 zu politisieren und als Vertreter einer nationalsozialistischen Liste Einzug in das Gremium zu halten, schlug fehl. Erst als der alte Vorstand am 28. März 1933 zurücktrat, schlug Neuberts Stunde.

Der Kommissar unterstützte von Beginn an die Austreibung der jüdischen Kollegen, die Kerrl in die Wege geleitet hatte. Bereits am 8. April überreichte er dem Preußischen Justizkommissar ein Verzeichnis von 35 Rechtsanwälten „nichtdeutschstämmiger Abstammung", gegen deren Auftreten vor Gericht er keine Bedenken hatte. Allen anderen jüdischen Rechtsanwälten sollte die Zulassung entzogen werden. Den „deutschstämmigen" Anwälten ließ er rote Ausweise zukommen, die sie nach Prüfung ihrer „arischen" Abstammung" – keiner der Großeltern durfte jüdisch sein – zum Betreten der Gerichtsgebäude ermächtigte.[231]

---

227 Ebenda Nr. 20155. Vorstand der Anwaltskammer in Berlin an das Preußische Ministerium des Innern, 3. März 1933.
228 Ebenda. Beschluß des Gesamtvorstandes der Berliner Anwaltskammer vom 28. März 1933.
229 Ebenda MF 1198. Der Preußische Justizminister an sämtliche Oberlandesgerichtspräsidenten, Herren Generalstaatsanwälte bei den Oberlandesgerichten und Herren Präsidenten der Strafvollzugsämter, 31. März 1933. „Kerrl-Erlaß".
230 Führerlexikon, Berlin 1934, S. 328f.
231 GStA Rep. 84a Nr. 20363. Der Kommissar für den Vorstand der Anwaltskammer in Berlin an den Herrn Preußischen Justizminister. Bericht über die Umbildung der Anwaltschaft bei der Anwaltskammer Berlin, 8. April 1933.

II. Revolution, Ausgrenzung und Anpassung

Am 11. April erließ Kerrl eine weitere Rundverfügung, in der die Kommissare angewiesen wurden, für den 22. April, „nachmittags 3 Uhr", eine Versammlung für die Neuwahl der Kammervorstände auszuschreiben. Die Wahlen sollten „ohne Aussprache in einem Wahlgang durch Zuruf mit absoluter Stimmenmehrheit erfolgen". Kerrl erschien es „zweckmäßig, daß die Kommissare ihre Vorschlagsliste im Einvernehmen mit dem Gaurechtsstellenleiter der NSDAP oder dem Vorsitzenden der Gaugruppe des Bundes nationalsozialistischer Juristen aufstellen". Diese Versammlungen sollten „in öffentlicher Sitzung" stattfinden;[232] diese „Öffentlichkeit" stellten dann Mitglieder der SA und der Partei. Neubert kam der Aufforderung nach und berief die Versammlung am 13. April ein.[233] Gegen diese massive Bevormundung durch den Justizkommissar – selbst die Uhrzeit war vorgeschrieben – regte sich in Berlin kein Widerstand.

Roland Freisler, damals Ministerialdirektor im Preußischen Justizministerium, machte unmittelbar vor der „Wahl" in Radio und Presse deutlich, daß die neuen Machthaber der „Wahl" und der damit verbundenen Gleichschaltung der wichtigsten anwaltlichen Standesorganisation durchaus Bedeutung zumaßen. Er ließ allerdings auch keinen Zweifel aufkommen, daß sich die Regierung über mögliche unliebsame Ergebnisse hinwegsetzen würde. Die „Deutsche Allgemeine Zeitung" zitierte ihn: „In den letzten Jahren bot der Anwaltsstand ein getreues Bild des innerlich zerrissenen deutschen Volkes, er bestand in großem Ausmaß aus artfremden Elementen, die durch den nationalen Umschwung beseitigt worden seien und für alle Zeiten ausgeschaltet bleiben müßten. ... Jetzt sei die Stunde gekommen, in der der deutschbewußte Rechtsanwalt sein Schicksal in die eigene Hand nehmen könne. Es stehe ihm frei, dafür zu sorgen, daß der deutsche Anwaltsstand gesäubert werde.... Wenn die morgigen Wahlen eine Enttäuschung bringen sollten, so würden die preußische Regierung und das Volk darüber hinwegschreiten. Die Enttäuschung hätte nur der Anwaltsstand selbst."[234]

Am 22. April fand die „Wahl" des neuen Kammervorstands statt. Reinhard Neubert erschien in kennzeichnender Weise in Parteiuniform und wurde nun offiziell zum Vorsitzenden gekürt. Noch am gleichen Tag berichtete er Freisler den Ablauf der Veranstaltung aus seiner Sicht: „Die Sitzung ist programmgemäß und ohne Zwischenfälle verlaufen. Die Versammlung ist von mehr als 700 Anwälten und etwa 300 Zuhörern besucht worden. Gegen die Öffentlichkeit der Versammlung wurde ein Widerspruch nicht erhoben. Mit allen gegen 7 Stimmen wurde beschlossen, die Neuwahlen ... durch Zuruf ohne Aussprache in einem Wahlgang vorzunehmen. Die gemeinschaftliche Liste wurde mit allen gegen 2 Stimmen gewählt. Hiernach besteht der Vorstand aus 24 Anwälten, die der N.S.D.A.P. angehören oder ihr nahestehen, aus 6 Anwälten, die zum Stahlhelm oder zur D.N.V.P. gehören und aus 3 Mitgliedern, die, ohne daß ihre Parteizugehörigkeit näher feststeht, als allgemein rechtsstehend gelten können. Die Versammlung dauerte eine halbe Stunde."[235] Die „Deutsche Allgemeine Zeitung" interpretierte das Wahlergebnis ein wenig anders. Ihrem Bericht zufolge setzte sich der Vorstand aus elf NSDAP-Mitgliedern, elf Deutschnationalen und elf Parteilosen zusammen.[236] Neubert versuchte also bei Freisler das Bild des Berliner Kammervorstands zu schönen, um ihm die „Enttäuschung" zu ersparen, von der dieser tags zuvor im Radio gesprochen hatte.[237]

---

232 Ebenda Nr. 67. Der Kommissar des Reiches an den Herrn Kammergerichtspräsidenten und sämtliche übrigen Herren Oberlandesgerichtspräsidenten. Betr: Neuwahlen zum Vorstand der Anwaltskammer, 11. April 1933.
233 Ebenda MF 1251. Der Kommissar für den Vorstand der Anwaltskammer in Berlin an den Herrn Preußischen Justizminister. Betrifft Erlaß vom 11. April 1933, 13. April 1933.
234 Zit. nach: Tillmann Krach, Die „Gleichschaltung" der anwaltlichen Standesorganisationen in Preußen und ihre Folgen für die jüdischen Kollegen, in: Anwaltsblatt 6 (1990), S. 296.
235 GStA Rep. 84a Nr. 20155. Vorstand der Anwaltskammer in Berlin an das Preußische Justizministerium z.Hd. des Herrn Ministerialdirektors Dr. Freisler. Betr.: Neuwahl zum Vorstand der Anwaltskammer in Berlin, 22. April 1933.
236 Deutsche Allgemeine Zeitung, 23. April 1933, in: Ebenda Nr. 20156.
237 Krach, Die „Gleichschaltung", S. 296.

Der neue Berliner Kammervorstand setzte sich aus 33 Mitgliedern zusammen: Rudolf Behse, Ernst Dahlmann, Karl Deutschmann, Karl Heinrich Franke, Paul Fritzschen, Willy Hahn, Wilhelm Heltge, Wolfgang Hercher, Walter Hoffmann, Karl Fritz Jonas, Otto Kamecke, Friedrich Koppe, Konrad von Kries, Otto Krüger, Wilhelm Kühne, Johannes Langkau, Reinhard Neubert, Werner Pünder, Werner Ranz, Willy Reinberger, Alfred Richter, Hermann Schild, Wilhelm Schön, Wilhelm Scholz, Heino Stahlenbrecher, Franz Thinius, Hans Viereck, Friedrich Werner, Curt Winkler, Ernst Wollmann, Hans Wöstendiek und Wolfgang Zarnack. Vorsitzender wurde Reinhard Neubert, sein Stellvertreter Wolfgang Hercher.[238] Damit saßen mit Willy Hahn, Werner Pünder, Alfred Richter, Wilhelm Scholz, Hans Viereck und Ernst Wollmann sechs Anwälte im alten und neuen Kammervorstand.[239] Willy Reinberger war bereits am 11. Februar gewählt worden.

Biographien von Vorstandsmitgliedern

Obwohl es teilweise nur lückenhaft möglich ist, sollen die Biographien dieser sieben Berliner Anwälte, die eine Brücke zwischen altem und neuem Kammervorstand bildeten, kurz vorgestellt werden; sie machen die Zeichen des Umbruchs sichtbar. Justizrat Willy Hahn war seit vielen Jahren einer der bekanntesten konservativen Rechtsanwälte Berlins. 1922/23 verteidigte er gemeinsam mit Walter Luetgebrune und Alfons Sack die beiden Hauptangeklagten E.W. und H.G. Techow im Prozeß um die Ermordung von Außenminister Rathenau. Hahn hatte als führender Funktionär des „Reichsbundes Deutschnationaler Rechtsanwälte" enge Kontakte zur DNVP-Führung, der er auch politisch nahestand. Er teilte den latenten Antisemitismus seiner Partei. So plädierte er auf dem DNVP-Parteitag 1922 für die Ausschaltung des prominenten jüdischen Rechtsanwalts Max Alsberg aus Prozessen gegen die „Rechte". Hahn war indes kein Anhänger nationalsozialistischer oder anderer rechtsextremer Kreise, die auf eine revolutionäre Umgestaltung des Staates drängten.[240] Damit kann er durchaus als repräsentativ für einen Teil der konservativ eingestellten nichtjüdischen Berliner Anwälte gelten. Dies spiegelt sich auch in seiner langjährigen Tätigkeit im Berliner Anwaltverein und in der Anwaltskammer wider. Auch nach der Machtübernahme blieb Hahn der Politik der DNVP treu. Er wurde Vorsitzender des am 4. April 1933 in Berlin gegründeten „Reichsbundes deutschnationaler Juristen", der die deutschnationale Partei fördern sollte. Hahn betonte in seiner Antrittsrede, daß es sich bei dem Bund um einen Ausbau der berufsständischen Organisation innerhalb der DNVP handele. Ausdrücklich wies er darauf hin, daß an den Grundsätzen der altpreußischen Staatsverwaltung, nämlich Trennung von Justiz und Verwaltung, festgehalten werden müsse. Auch an der Unabhängigkeit der Richter dürfe nicht gerüttelt werden. Die Rechtsanwaltschaft müsse wieder „zu einem wirklichen Organ der Rechtspflege umgebaut werden, so daß ein harmonisches Zusammenarbeiten zwecks Findung des Rechts stattfinde".[241] Dennoch nahm Neubert den Kollegen Hahn in die am 22. April zur Abstimmung stehende Liste auf. Nach seiner Wahl ließ Hahn sich zeitweise in das System einbinden; er wurde Vorsitzender der Abteilung I des Kammervorstands und Stellvertreter Neuberts sowohl als Vorsitzender der Abteilung I des Ehrengerichts als auch als Berliner Delegierter

---

238 Berliner Anwaltsblatt 4 (1933), S. 73f.; GStA Rep. 84a Nr. 20155. Vorstand der Anwaltskammer in Berlin an den Herrn Preußischen Justizminister. Verzeichnis der in der außerordentlichen Kammerversammlung vom 22. April 1933 gewählten Mitglieder des Vorstandes der Anwaltskammer Berlin, 24. April 1933.
239 GStA Rep. 84a MF 1252. Bericht des Vorstandes der Anwaltskammer in Berlin über das Jahr 1933, S. 10. Nennung des bis 11. Februar 1933 amtierenden Vorstands.
240 Rudolf Heydeloff, Staranwalt der Rechtsextremisten. Walter Luetgebrune in der Weimarer Republik, in: VfZ 3 (1984), S. 382ff.
241 Deutsche Juristen-Zeitung 8 (1933), S. 547f.

II. Revolution, Ausgrenzung und Anpassung

in der Reichs-Rechtsanwaltskammer.[242] Andererseits übernahm er freiwillig die Verteidigung von Pfarrer Martin Niemöller, der am 1. Juli 1937 verhaftet und wegen Kanzelmißbrauchs und Vergehens gegen das Heimtückegesetz angeklagt wurde. Das Berliner Sondergericht verurteilte Niemöller am 2. März 1938 zu sieben Monaten Festungshaft.[243] Vor allem mit dem fanatischen Kammervorstandsmitglied Deutschmann, der ihm sein angebliches Freimaurertum und die Verteidigung von Bekenntnispfarrern und SPD-Führern vorhielt, geriet Hahn immer wieder in Konflikte. 1938 reichte er zermürbt seinen Rücktritt aus dem Kammervorstand ein.[244] Hahn starb am 30. November 1942.[245]

Werner Pünder, 1885 geboren, war ein etablierter Anwalt beim Berliner Kammergericht. Sein Eintreten für die Witwe und den Sohn des ermordeten Leiters der ‚Katholischen Aktion' Klausener, für das ihn die Gestapo 1935 vier Wochen in Schutzhaft nahm, ist an anderer Stelle geschildert worden. Pünder paßte sich nicht an und war damit ein völlig atypischer Vertreter des Kammervorstands. Leider liegen keine Quellen über die Reaktion seiner Vorstandskollegen auf dieses mutige Eintreten für die Freiheit der Advokatur vor.

Wenig ist über Rechtsanwalt Willy Reinberger bekannt, der sich in der Nachwahl zum Kammervorstand am 11. Februar 1933 souverän gegen die NS-Bewerber Neubert und Ludwig durchgesetzt hatte. Er schied bereits im Februar 1934 aus dem Kammervorstand aus.[246] Ob sein Wahlsieg und damit sein möglicherweise gespanntes Verhältnis zu dem mittlerweile einflußreichen Neubert dabei nachgewirkt haben, kann den Quellen nicht entnommen werden. Als Reinberger am 6. Juli 1944 starb, war er Rechtsanwalt beim Reichsgericht und mit der vorläufigen Führung der Geschäfte des Präsidenten der Rechtsanwaltskammer beim Reichsgericht beauftragt.[247]

Alfred Richter, 1878 geboren, war seit 1907 als Rechtsanwalt beim Kammergericht zugelassen; 1919 wurde er zum Notar ernannt. Seit 1919/20 war er Mitglied im Berliner Kammervorstand. Obwohl Richter nicht der NSDAP beigetreten war, wurde er nach dem 22. April 1933 Vorsitzender der Abteilung III des Berliner Ehrengerichts.[248] Im April 1939 wurde er zum Justizrat berufen. Bis zu seiner freiwilligen Löschung als Rechtsanwalt und Notar am 5. Dezember 1944 – vermutlich aus gesundheitlichen Gründen – blieb er Mitglied des Berliner Kammervorstands.[249]

Wilhelm Scholz war ebenfalls 1878 geboren und seit 1907 als Rechtsanwalt in Berlin zugelassen. Seine Ernennung zum Notar erfolgte 1922. In der Begründung des Vorschlags zur Verleihung des Titels Justizrat 1939 wurde seine langjährige Mitarbeit innerhalb der Standesorganisation und das große Ansehen betont, das er bei den Kollegen und in der Richterschaft hatte. Er habe sich „seit dem Umbruch an der Bereinigung und dem Neuaufbau der Berliner Anwaltschaft ganz besondere Verdienste erworben". Scholz leitete die Abteilung II des Berliner Kammervorstands und war stellver-

---

242 GStA Rep. 84a MF 1252. Bericht des Vorstandes der Anwaltskammer in Berlin über das Jahr 1933, S. 11 und 20f.
243 Martin Niemöller, 1892-1984, spielte eine wichtige Rolle in der oppositionellen Bekennenden Kirche. Entgegen des Urteils des Moabiter Sondergerichts wurde Niemöller als „persönlicher Gefangener des Führers" bis Kriegsende in verschiedenen Konzentrationslagern inhaftiert, bis er im Mai 1945 bei Dachau befreit wurde. Hermann Weiß (Hrsg.), Biographisches Lexikon zum Dritten Reich, Frankfurt am Main 1999, S. 336f.
244 Personalakte Deutschmann, in: BA R 22/54106. Der Generalstaatsanwalt bei dem Kammergericht an das Ehrengericht der Rechtsanwaltskammer Berlin. Nachtrags-Anschuldigungsschrift gegen den Rechtsanwalt Dr. Karl Deutschmann, 15. Oktober 1938, S. 18; BA R 22/54108. Dr. Karl Deutschmann an den Ehrengerichtshof der Reichsrechtsanwaltskammer zu Berlin. Betrifft: Ehrengerichtsverfahren der Anwaltskammer Berlin gegen den Rechtsanwalt und Notar Dr. Karl Deutschmann, Berlin, 18. Juni 1939, S. 6f.
245 Mitteilungen der Reichs-Rechtsanwaltskammer, 31. Dezember 1942, S. 69.
246 GStA Rep. 84a Nr. 20155. Vorstand der Anwaltskammer in Berlin an den Herrn Preußischen Justizminister, 8. Juni 1934.
247 Personalakte Willy Reinberger, in: BA R 22. Der Präsident des Reichsgerichts an den Herrn Reichsminister der Justiz. Betrifft: Löschung eines Rechtsanwalts beim Reichsgericht, 14. Juli 1944.
248 GStA Rep. 84a MF 1252. Bericht des Vorstandes der Anwaltskammer in Berlin über das Jahr 1933, S. 21.
249 Personalakte Dr. Alfred Richter, in: BA R 22.

tretender Vorsitzender des Ehrengerichts der gleichen Abteilung. Von der Politik versuchte er sich weitgehend fernzuhalten. In der Weimarer Republik hatte er einige Jahre der DNVP angehört; er trat jedoch auch nach 1933 nicht der NSDAP bei, war allerdings förderndes Mitglied der SS.[250] Wie Hahn geriet auch Scholz in Konflikte mit seinem Vorstandskollegen Deutschmann, dem die konservative, der DNVP nahestehende Haltung der beiden zu wenig radikal war.[251]

Hans Viereck war 1891 in Posen geboren worden. Seit 1921 war er in Berlin Rechtsanwalt, seit 1931 auch Notar. Wie Scholz trat Viereck nicht der Partei bei, war aber auch förderndes Mitglied der SS. 1939 erhielt er die Ernennung zum Justizrat.[252] Viereck war nach dem Krieg in Berlin wieder als Anwalt und Notar tätig.

Erstaunlich ist, daß Ernst Wollmann über den 22. April hinaus im Kammervorstand belassen wurde. Er schied erst im Februar 1934 aus dem Gremium aus.[253] Wollmann, 1891 geboren und seit 1920 als Rechtsanwalt zugelassen, galt nach den nationalsozialistischen Rassegesetzen als „Halbjude", obwohl bereits sein Vater getauft war; dessen Eltern waren Juden gewesen. Möglicherweise wußten Neubert und seine Gesinnungsgenossen im Frühjahr 1933 nichts davon. Da Wollmann mit einer nichtjüdischen Frau verheiratet war, blieb er bis zu ihrem Tod infolge eines Bombenangriffs 1944 vor der Deportation geschützt. Er war weiterhin als Anwalt tätig. Obwohl er 1944 und 1945 mehrfach von der Gestapo vorgeladen wurde, entging er der Verhaftung; seine Kriegsdienst leistenden Sozien hatten sich für die Aufrechterhaltung der Kanzlei ausgesprochen, die nach der Zerstörung durch Bombenangriffe mittlerweile in Wollmanns Wohnung verlegt worden war. Wollmann war nach Kriegsende einer der ersten wiederzugelassenen Anwälte in Berlin. Er starb 1967.[254]

Diese Biographien machen die Dimension des Umbruchs deutlich, der im Berliner Kammervorstand im April 1933 erfolgte. Den wenigen „alten" Mitgliedern war kaum Einfluß und Erfolg im neuen gleichgeschalteten Vorstand beschieden. Die Herren Reinberger und Wollmann schieden bereits im Februar 1934 aus; Hahn tat es ihnen 1938/39, von den Konflikten mit Deutschmann zermürbt, gleich. Pünder stellte durch sein Eintreten für die Angehörigen Klauseners in jeder Hinsicht eine Ausnahme dar. Die erfahrenen, langjährigen Anwälte Hahn, Richter, Scholz und Viereck waren zwar bereit, im Kammervorstand Ämter zu übernehmen, traten aber nicht der NSDAP bei und blieben wohl auch weiterhin ihrem konservativen Weltbild treu. Wie am Beispiel Hahn deutlich zu erkennen, waren sie keineswegs frei von Antisemitismus, lehnten jedoch die primitiven Parolen der Nationalsozialisten ab. Sie engagierten sich für ihre berufliche Standesvertretung, wurden aber nicht parteipolitisch aktiv. Damit können sie durchaus als typische Vertreter der Berliner Anwaltschaft nach 1933 charakterisiert werden.

Daß die Nationalsozialisten auf das DNVP-Potential zurückgreifen konnten, zeigt auch Rechtsanwalt Thinius.[255] 1877 geboren, war Franz Thinius seit 1906 als Rechtsanwalt und seit 1909 als Notar zugelassen. Von 1920 bis zur nationalsozialistischen Machtübernahme war Thinius Mitglied der DNVP und der äußerst rechtsstehenden, die Weimarer Republik ablehnenden Kriegsveteranenorganisation „Stahlhelm".[256] Er trat – wie Hahn – dem am 4. April in Berlin gegründeten

---

250 Personalakte Wilhelm Scholz, in: Ebenda; Berliner Anwaltsblatt 4 (1933), S. 74; Mitteilungen der Reichs-Rechtsanwaltskammer, 1. März 1939, S. 49.
251 Personalakte Karl Deutschmann, in: BA R 22/54108. Dr. Karl Deutschmann an den Ehrengerichtshof der Reichsrechtsanwaltskammer zu Berlin. Betrifft: Ehrengerichtsverfahren der Anwaltskammer Berlin gegen den Rechtsanwalt und Notar Dr. Karl Deutschmann, Berlin, 18. Juni 1939, S. 5.
252 Personalakte Dr. Hans Viereck, in: Ebenda.
253 GStA Rep. 84a Nr. 20155. Vorstand der Anwaltskammer in Berlin an den Herrn Preußischen Justizminister, 8. Juni 1934.
254 Ladwig-Winters, Anwalt ohne Recht, S. 222f.
255 Zur Biographie Thinius s. Personalakte im BA R 22 und bei der Anwaltskammer Berlin.
256 GStA Rep. 84a Nr. 20155. Vorstand der Anwaltskammer in Berlin an das Preußische Justizministerium. Betr.: Neuwahl zum Vorstand der Anwaltskammer in Berlin, 22. April 1933.

„Reichsbund deutschnationaler Juristen" bei.[257] Neubert bestellte ihn am 3. April kommissarisch in den Berliner Kammervorstand.[258] In dieser Funktion wurde er in der „Wahl" vom 22. April 1933 bestätigt; er übernahm das Amt des stellvertretenden Schriftführers im neuen Kammervorstand.[259] Im Juni 1933 erklärte er sich bereit, für die Kommission, die die „Eigenschaft als Frontsoldat bei nichtarischen Rechtsanwälten" prüfen sollte, tätig zu werden.[260] 1935 zog sich Thinius aus dem Vorstand der Anwaltskammer zurück. Seinen Angaben zufolge konnte er sich mit dessen Tätigkeit immer weniger identifizieren. Möglicherweise zeigt sich hier eine Parallele zur Person Hahn, der ebenfalls zermürbt von den Konflikten mit den fanatisch nationalsozialistischen Vorstandsmitgliedern zurücktrat. Am 1. April 1936 trat Thinius jedoch der NSDAP bei,[261] so daß sein Rückzug von der Vorstandsarbeit wohl nicht als grundsätzliche Opposition zu verstehen ist.

Nach Kriegsende beging Franz Thinius einen Fehler; er verschwieg im Fragebogen zur Entnazifizierung seine NSDAP-Mitgliedschaft. Das Landgericht Berlin verurteilte ihn deshalb am 7. April 1948 zu einer Gefängnisstrafe von fünf Monaten; Thinius hatte versucht, sich mit fadenscheinigen Argumenten zu rechtfertigen. Aus formalrechtlichen Gründen sei er nicht Parteimitglied geworden, weil er keinen Antrag gestellt und auch kein Mitgliedsbuch erhalten habe. Das Kammergericht verwarf am 6. Oktober 1948 seinen Revisionsantrag. Die Haftstrafe wurde ihm jedoch aufgrund der Amnestie-Verordnung der britischen Militärregierung vom 11. Oktober 1948 erlassen.[262]

Obwohl der neue Kammervorstand aus weniger NSDAP-Mitgliedern bestand, als Neubert Freisler berichtet hatte, nahm er in der Folgezeit eine Vorreiterrolle bei der Ausschaltung der jüdischen Kollegen ein und brach vollständig mit der liberalen Tradition der Vorgänger. Anstelle der bislang im Kammervorstand aktiven etablierten und angesehenen Anwaltspersönlichkeiten bestand er nun – von wenigen Ausnahmen abgesehen – aus treuen Gefolgsleuten Neuberts. Ihre in den kommenden Monaten vollzogene Anbiederungsstrategie, hinter der möglicherweise die Absicht stand, das schon vor 1933 gespannte Verhältnis zwischen NSDAP und Anwaltschaft zu verbessern und eine vollständige Gleichschaltung zu verhindern, hatte für die jüdischen Rechtsanwälte, aber auch für die Freiheit der Advokatur insgesamt fatale Konsequenzen.

In keinem anderen Oberlandesgerichtsbezirk Deutschlands bewirkte die Kerrlsche Rundverfügung vom 11. April und die daraufhin stattfindende „Wahl" am 22. April einen mit Berlin vergleichbaren personellen Umbruch. Es bleibt die Frage, was diese völlige Umstrukturierung und die widerstandslose Gleichschaltung des Berliner Kammervorstands ermöglichte. Kein Zweifel kann an dem starken Engagement der jüdischen Rechtsanwälte in der Standesorganisation bestehen; sie prägten deren Politik bis 1933 wesentlich. Von nichtjüdischer Seite scheint dagegen kein nennenswerter Widerstand laut geworden zu sein. Im Gegenteil, die Wahlergebnisse waren häufig so eindeutig, daß offensichtlich auch die nichtjüdischen Kammermitglieder den jüdischen Vertretern ihr Vertrauen aussprachen. Politische Anschauungen und Antisemitismus waren bei den Kammerwahlen bis Januar 1933 kein Thema. Dies deutet darauf hin, daß es im beruflichen Alltag – von Ausnahmen abgesehen – keine Berührungsängste zwischen jüdischen und nichtjüdischen Anwälten gab, was in der Praxis wegen des hohen Anteils jüdischer Rechtsanwälte in der Hauptstadt auch Probleme bereitet hätte. Ein ideologischer oder traditionell verbreiteter Antisemitismus kann bei der Gleichschaltung der Kammer

---

257 Deutsche Juristen-Zeitung, 15. April 1933, Sp. 547f.
258 GStA Rep. 84a Nr. 20155. Der Kommissar für den Vorstand der Anwaltskammer in Berlin an den Herrn Preußischen Justizminister, 3. April 1933.
259 Ebenda. Vorstand der Anwaltskammer in Berlin an den Herrn Preußischen Justizminister, 24. April 1933.
260 Ebenda MF 1201. Preußisches Justizministerium Rechtsanwalt Kunisch an Herrn Rechtsanwalt und Notar Dr. Franz Thinius, 6. Juni 1933.
261 Parteistatistische Erhebung 1939, in: BDC.
262 Personalakte Thinius bei der Anwaltskammer Berlin.

folglich kaum das wesentliche Motiv gewesen sein. Die folgende Entwicklung läßt jedoch durchaus den Schluß zu, daß in der Berliner Anwaltschaft ein latenter Antisemitismus vorhanden war, der vor allem durch die schlechte wirtschaftliche Lage genährt wurde, in der sich die Anwaltschaft spätestens seit der Weltwirtschaftskrise – im Prinzip jedoch bereits seit dem Ersten Weltkrieg – befand. Die jüdischen Rechtsanwälte, die oftmals den später viel gerühmten Liberalismus der Berliner Anwaltschaft repräsentierten, waren während der für die Gleichschaltung entscheidenden ersten drei Aprilwochen 1933 im wahrsten Sinne des Wortes „außer Gefecht" gesetzt. Aufgrund des Kerrl-Erlasses vom 31. März und des „Gesetzes über die Zulassung zur Rechtsanwaltschaft" vom 7. April mußten sie um ihre individuelle berufliche Existenz kämpfen, die ernsthaft bedroht war. Die Sorge um die Freiheit der Anwaltskammer konnte dabei nur zweitrangig sein. Dies wäre die Pflicht der nichtjüdischen Anwälte gewesen, die – von wenigen Ausnahmen abgesehen – in dieser Rolle kläglich versagten. Die Gründe dafür waren verschiedener Art. Ein Teil profitierte handfest von der Umstrukturierung, in dem er Mandatsträger wurde oder sein Mandantenkreis zunahm. Einige andere begrüßten sie, weil für sie als Anhänger des Nationalsozialismus auch eine Anpassung der Kammer an den neuen Staat wünschenswert schien. Schwierig auszumachen sind die Beweggründe der zahlreichen Mitläufer, die die Gleichschaltung widerstandslos hinnahmen. Ihre Motive unterschieden sich vermutlich nicht von den Vertretern anderer Berufsgruppen, die der Gleichschaltung ihrer Organisationen ebenfalls taten- und wortlos gegenüberstanden. Angst um die eigene berufliche Existenz, mangelnde Zivilcourage in Anbetracht der von SA und Partei gezeigten Drohgebärden, Hilflosigkeit, möglicherweise auch Desinteresse oder mangelnde Erkenntnis der Konsequenzen mögen dabei eine Rolle gespielt haben. Daß einem möglichen Widerstand gegen die Gleichschaltung der Standesvertretung aus heutiger Sicht wenig Erfolg beschieden gewesen wäre, kann nicht als Rechtfertigung für das völlige Versagen der Kammermitglieder in dieser für ihre Standesvertretung fatalen Situation dienen.

Der Niedergang der Anwaltskultur

Der Niedergang der Berliner Anwaltskultur hatte seinen Lauf genommen. Ein besonders drastisches Beispiel zeigte sich in dem denunziatorischen Verhalten des neuen Kammervorstandes gegenüber den „kommunistischen" Anwälten, denen nach Par. 3 des Anwaltsgesetzes vom 7. April die Zulassung entzogen werden mußte. Mit Max Alsberg, Alfred Apfel, Ludwig Barbasch, Arthur Brandt, Erich Frey, Josef Herzfeld, Hans Litten und Kurt Rosenfeld enthielt die Liste, die die Kammer am 11. Mai an den Preußischen Justizminister schickte, einige der prominentesten Strafverteidiger Berlins. Diese waren – abgesehen von Alsberg, der lediglich im „Weltbühnen-Prozeß" eine politische Verhandlung geführt hatte – oftmals gegen die nun Ton angebenden NS-Anwälte vor Gericht aufgetreten. Viele standen gleichsam symbolhaft für eine liberale Verteidigerkultur in der Weimarer Republik. Nun konnten die NS-Anwälte ihre neue Macht gegenüber den prominenten und oftmals erfolgreicheren Kollegen ausspielen; vermutlich wurden damit zahlreiche alte Niederlagen vor Gericht kompensiert und verletzte Ehrgefühle gerächt.

Am 23. Mai 1933 beschloß der Kammervorstand „Richtlinien des Vorstandes der Anwaltskammer zur Durchführung der Maßnahmen der Reichsregierung zur Bereinigung der Anwaltschaft". Ihnen zufolge war jede „berufliche Verbindung mit einem Rechtskundigen, dessen Zulassung zur Rechtsanwaltschaft versagt oder zurückgenommen ist, oder der von der Rechtsanwaltschaft ausgeschlossen worden ist, oder dessen Zulassung nicht-arische Abstammung oder kommunistische Betätigung entgegensteht", unzulässig. Um alle Zweifel an der Intention dieser Richtlinien auszuräumen und selbst das letzte Fünkchen einer möglichen Solidarität den jüdischen Anwälten gegenüber erst gar

II. Revolution, Ausgrenzung und Anpassung

nicht aufkommen zu lassen, betonte der Kammervorstand, daß „jede Handlung, welche einem Rechtsanwalt, gegen den ein Vertretungsverbot besteht, eine Umgehung dieses Verbots ermöglicht, sowie die Übernahme und Führung von Mandaten unter Beteiligung des mit dem Vertretungsverbot belegten Anwalts" ebenfalls unzulässig sei. Außerdem durften Anwälte „arischer und nicht-arischer Abstammung" keine Sozietät oder Büro-Gemeinschaft mehr gründen. Eine nach dem 14. September 1930 gebildete Sozietät mußte aufgelöst werden.[263] An dem Zustandekommen dieser Richtlinien bleibt vor allem anzumerken, daß dieser unsolidarische Akt ohne jeglichen Druck von seiten des Staates oder der Partei erfolgte.

Diese „Richtlinien" der Anwaltskammer brüskierten die jüdischen Anwälte. Offenbar gaben sie sich jedoch bereits zu diesem Zeitpunkt keinen Illusionen über die Politik ihrer Standesorganisation mehr hin. Sie richteten nämlich ihre Beschwerden nicht an den Kammervorstand, von dem sie wohl keine Unterstützung mehr erwarteten, sondern wandten sich an das Preußische Justizministerium. Obwohl der Leiter Kerrl für seine judenfeindliche Politik bekannt war, zogen die Vertreter der jüdischen Anwälte das Ministerium als Ansprechpartner vor, ein weiteres Zeugnis für das aggressive Vorgehen des Berliner Kammervorstands. Nach Ansicht der jüdischen Anwälte verstieß das Verbot der Sozietät zwischen „Ariern und Nichtariern" gegen die vom Ministerium zugesagte Gleichstellung. Zudem vertraten sie die Ansicht, daß die Beschäftigung eines nicht mehr zugelassenen „nichtarischen" Rechtsanwalts im Büro eines noch zugelassenen „nichtarischen" Anwalts nicht in jedem Fall als Umgehung des Anwaltsgesetzes vom 7. April verstanden werden sollte. Das Ministerium versuchte sich aus der Angelegenheit herauszuhalten und erklärte, keinen Einfluß auf die Richtlinien der Anwaltskammer nehmen zu können, da sie eine „autonome Einrichtung des freien Anwaltsstandes" sei.[264]

Bereits Ende April hatte sich der „Verein der Bürovorsteher der Berliner Rechtsanwälte und Notare" an den Preußischen Justizminister gewandt. Er möge den Kammervorständen mitteilen, „daß in unbedenklichen Fällen sofort, in jedem Falle aber für die Zeit vom 8. Mai 1933 an, der Erteilung von Ausweiskarten für das Verhandeln vor den Gerichten an die am 1. August 1914 bereits zugelassenen nicht arischen Anwälte nichts entgegensteht". Der Verein fürchtete um die Gehälter seiner Mitglieder, falls die jüdischen Rechtsanwälte weiterhin nicht tätig sein konnten. Auffallend war, daß offenbar auch der Verein das Ministerium als gemäßigter ansah als den Kammervorstand.[265]

Auf der Sitzung am 13. Juni 1933 wurde die Anfrage des Preußischen Justizministers beraten, ob den verbliebenen jüdischen Rechtsanwälten Freizügigkeit innerhalb des Reiches gewährleistet oder versagt werden sollte. Die Kammervorstände Breslau, Celle, Düsseldorf, Hamm, Jena, Kassel, Köln, Marienwerder, Potsdam und Stettin, außerhalb Preußens Augsburg, Dresden und Karlsruhe hatten sich gegen eine „Abwanderung jüdischer Rechtsanwälte nach den Gebieten, in denen sie bisher weniger vertreten waren, ausgesprochen". Königsberg, Frankfurt am Main und außerhalb Preußens Oldenburg plädierten für eine Freizügigkeit. Die Meinung im Berliner Kammervorstand war geteilt. Neubert faßte das Ergebnis zusammen: „Einerseits wäre die Entlastung der Berliner Anwaltschaft zu begrüßen. Auf der anderen Seite verhehlt sich der Kammervorstand Berlin nicht, daß die Abwanderung jüdischer Rechtsanwälte in die Provinz der Allgemeinheit Nachteile bringen kann insofern, als dadurch die Provinz in stärkerem Maße jüdischem Einfluß ausgesetzt wird und die Kontrolle über die

---

263 Richtlinien des Vorstandes der Anwaltskammer zur Durchführung der Maßnahmen der Reichsregierung zur Bereinigung der Anwaltschaft vom 23. Mai 1933. Abgedruckt in: Berliner Anwaltsblatt 6 (1933), S. 101f.
264 GStA Rep. 84a MF 1198. Niederschrift über die Besprechung am Freitag, den 7. Juli 1933 im Preuss. Justizministerium betr. jüdische Anwälte.
265 Ebenda MF 1200. Verein der Bürovorsteher der Berliner Rechtsanwälte und Notare an den Preußischen Herrn Justizminister. Betr.: Beendigung der Behinderung nicht arischer Rechtsanwälte und Notare, die am 1. August 1914 zugelassen und im Amte waren, 27. April 1933.

jüdische Anwaltschaft erschwert wird." Gerade aus Teilen des Reiches, die „dem jüdischen Einfluß ganz entzogen sind", könne die „Heilung der stark jüdisch und linkspolitisch beeinflußten Teile der Bevölkerung ihren Ausgang nehmen". Aus „allgemeinen politischen und standespolitischen Erwägungen" stelle die Berliner Anwaltschaft ihre Interessen an der Abwanderung jüdischer Rechtsanwälte in die Provinz in den Hintergrund; sie sprach sich gegen die Freizügigkeit aus.[266]

Gleichfalls am 13. Juni 1933 beschloß der Kammervorstand, von allen Mitgliedern einen „Ariernachweis" zu fordern, soweit nicht einwandfrei feststand, daß sie „nichtarisch" waren.[267] Daß dieser Beschluß in der Praxis auch konsequent durchgeführt wurde, beweist der Fall eines Rechtsanwalts, der bei der Kammer Beschwerde führte. Er sei Arier und habe bereits dem Landgerichtspräsidenten in Berlin ein ausgefülltes Formular eingesandt. Seit 1894 sei er Rechtsanwalt und seit 1910 Notar. Nun bat er um Auskunft, aufgrund welcher gesetzlichen Bestimmungen er nochmals ein Formular ausfüllen und alle Urkunden beschaffen sollte. Der Kammervorstand erwiderte ihm, daß der Nachweis „seiner rassenmäßigen Herkunft" zu den Pflichten des Rechtsanwalts gehöre. Kraft seines Aufsichtsrechtes habe der Kammervorstand eine der Disziplinarbehörde ähnliche Stellung und damit das Recht und die Pflicht zur Aufklärung von Sachverhalten. Der gemaßregelte Rechtsanwalt zog vor das Kammergericht – und unterlag vor dem ersten Ferienzivilsenat, der dem Kammervorstand mit der Begründung Recht zusprach, der Beschluß bewege sich im Rahmen seiner Zuständigkeit.[268]

Nach den Vorschriften der Rechtsanwaltsordnung mußten alle vier Jahre Neuwahlen für den Vorstand der Anwaltskammern stattfinden. Die Hälfte des Vorstandes wurde bereits nach zwei Jahren per Losentscheid ausgetauscht. Um weitere Vorstandswahlen zu verhindern, erließ die Reichsregierung am 6. Januar 1934 das „Gesetz über die Vorstände der Anwaltskammern".[269] Dieses schloß Vorstandswahlen für die Anwaltskammern bis zum 31. März 1935 aus. Die im Amt befindlichen Mitglieder sollten bis zu diesem Zeitpunkt im Amt bleiben, soweit ihre Amtszeit nicht darüber hinaus reichte. Diese Frist wurde durch zwei weitere Gesetze jeweils um ein halbes Jahr verlängert, um Vorstandswahlen durch alle Kammermitglieder zu verhindern.[270]

Durch die Neufassung der Reichs-Rechtsanwaltsordnung von 1936 verloren die Anwaltskammern ihre Rechtsfähigkeit. Der Kammervorsitzende erhielt zwar den wohlklingenden Titel „Präsident", war aber zum Befehlsempfänger der Reichs-Rechtsanwaltskammer, die die Rechtsnachfolge aller Kammern übernahm, degradiert worden. Damit hatte sich das „Führerprinzip" auch bei den Anwaltskammern durchgesetzt. Das System der Kammerwahlen wurde abgeschafft, die Präsidenten vom Reichsjustizminister im Einvernehmen mit dem Reichsführer des BNSDJ und auf Vorschlag des Präsidenten der Reichs-Rechtsanwaltskammer für fünf Jahre berufen.[271] Der Kommentar zur neuen Reichs-Rechtsanwaltsordnung machte die untergeordnete Stellung deutlich, die die Kammerpräsidenten nun einnahmen. „Der Präsident ist nur Organ der RRAK, er hat also im wesentlichen keine selbständigen Befugnisse und Aufgaben, sondern leitet sie als örtliche Unterbehörde von den übergeordneten Organen ab. . . . Die Kammern haben mit den früheren RAK. nichts mehr zu tun, wenn auch die Bezeichnung beibehalten ist. Sie haben Ähnlichkeit mit den früheren Kammervorständen,

---

266 Ebenda MF 1202. Vereinigung der Vorstände der Deutschen Anwaltskammern an den Herrn Preußischen Justizminister. Betrifft: Freizügigkeit der Rechtsanwaltschaft, 19. Juni 1933.
267 Krach, Jüdische Rechtsanwälte, S. 258f.; Göppinger, Juristen jüdischer Abstammung, S. 92.
268 GStA Rep. 84a MF 1252. Bericht des Vorstandes der Anwaltskammer in Berlin über das Jahr 1933, S. 15f.
269 RGBl. I 1934, S. 21.
270 S. dazu: König, Vom Dienst am Recht, S. 39.
   Zweites Gesetz über die Vorstände der Anwaltskammern vom 30. März 1935, in: RGBl. I 1935, S. 469; Drittes Gesetz über die Vorstände der Anwaltskammern vom 28.9.1935, in: Ebenda, S. 1183.
271 Reichs-Rechtsanwaltsordnung in der Fassung vom 21. Februar 1936, Par. 54 und 55.

haben jedoch nach dem Führerprinzip nur noch beratende Funktionen. Sie sind Organe der RRAK und besitzen keine Rechtsfähigkeit."[272]

1937/38 trug die Berliner Rechtsanwaltskammer eine heftige Auseinandersetzung mit dem „Stürmer" aus, die zum einen das negative Bild zeigte, das die fanatischen Nationalsozialisten von dem Beruf des Rechtsanwalts hatten, zum anderen ein letztes Fünkchen Widerstand gegen die totale Unterordnung erkennen ließ. Anlaß für den Streit war ein Schreiben des Berliner Rechtsanwalts Dr. Kikath an den jüdischen Würzburger Weinhändler Obermayer, in dem Kikath es ablehnte, Obermayer in einem Strafverfahren zu vertreten, weil er sich als Zivilanwalt damit überfordert fühlte. Rechtsanwalt Kikath hatte seinen Brief mit „Sehr geehrter Herr Doktor" begonnen und mit „Ihr sehr ergebener Kikath" geschlossen. Der „Stürmer" attestierte Kikath deshalb einen „besondere[n] Geschmack" und wollte derartige „Ergebenheitserklärungen" nicht von einem „deutschen" Anwalt „erwarten".[273]

Das Amtsgericht Berlin beschied Kikath in einem von ihm gegen den „Stürmer" angestrengten Privatklageverfahren ablehnend. Dies griff die SS-Zeitung im November 1937 unter der Schlagzeile „Des Stürmers Kampf" befriedigt auf und lobte in diesem Zusammenhang ihre Verdienste als „antisemitisches Kampfblatt". Zwar sei dem „Stürmer" ein „persönlicher Kampf aus eigennützigen Gründen ... in tiefster Seele zuwider. Unnachsichtlich und mit aller Rücksichtslosigkeit" aber würde er denjenigen verfolgen, „der sich zum Juden schlägt und der sich gegen den deutschen Rassestolz und gegen die deutsche Rasseehre vergeht".[274]

Diese Art Angriff auf einen Berliner Rechtsanwalt wollte Neubert nicht kommentarlos hinnehmen. In den „Mitteilungen der Reichs-Rechtsanwaltskammer" versuchte er, bei den Kollegen den Sachverhalt klarzustellen. Kikath habe zum Zeitpunkt seines Schreibens nicht gewußt, daß Obermayer Jude und „wegen schwerer sittlicher Verfehlungen" verurteilt war. Folglich könne ihm nicht der Vorwurf gemacht werden, er habe seine berufliche Ehre als Rechtsanwalt verletzt.[275] Diese Erklärung veröffentlichte der „Stürmer" im Januar 1938 und kommentierte, daß sich die Berliner Anwaltskammer „hier in eine Angelegenheit gemischt" habe, „die sie nichts angeht". Außerdem stehe außer Frage, daß das Verhalten des Rechtsanwalts Kikath mit der „Ehrauffassung des Nationalsozialisten ... und des rassebewußten Deutschen" nicht in Einklang gebracht werden könnte. Wüste Beschimpfungen auf die Anwaltskammer folgten.[276]

Daraufhin beschäftigte sich der Kammervorstand in seiner Sitzung am 15. Februar 1938 mit der Auseinandersetzung. In wenigen Zeilen teilte der Präsident wiederum in den „Mitteilungen der Reichs-Rechtsanwaltskammer" abschließend mit, daß die Rechtsanwaltskammer die gegen sie erhobenen Angriffe und „den Vorwurf mangelnder nationalsozialistischer Haltung auf das schärfste" zurückwies.[277]

Der Fall Kikath zeigt, daß es eines sehr heftigen Angriffs bedurfte, um die Anwaltskammer aus ihrem angepaßten Dasein zu locken. Immerhin reagierte sie auf das unflätige Gebaren des „Stürmer", dessen Radikalität sicher bei dem größten Teil der Anwaltschaft auf Unverständnis und Ablehnung stieß. Der Protest blieb jedoch verhalten und war nur in einem für die Öffentlichkeit kaum zugänglichen Organ laut geworden.

---

272 Erwin Noack, Kommentar zur Reichs-Rechtsanwaltsordnung in der Fassung vom 21. Februar 1936, Leipzig 1937, S. 175ff. S. dazu auch der ähnliche Kommentar in: Deutsche Justiz, 13. Dezember 1935, S. 1820f.
273 Der Stürmer Nr. 5 (Januar 1937).
274 Der Stürmer Nr. 48 (November 1937).
275 Mitteilungen der Reichs-Rechtsanwaltskammer, 1. Dezember 1937, S. 243.
276 Der Stürmer Nr. 4 (Januar 1938).
277 Mitteilungen der Reichs-Rechtsanwaltskammer, 25. Februar 1938, S. 26.

Die Anwaltsvertreter machten sich keine Illusionen, daß die 1942 einsetzenden Diskussionen um eine Änderung der Rechtsanwaltsordnung nur zu einer weiteren Verschlechterung ihrer Position führen konnten. Heinrich Droege, seit 1936 Reichsgruppenwalter Rechtsanwälte im Nationalsozialistischen Rechtswahrerbund (NSRB), seit 1938 Präsident der Rechtsanwaltskammer Hamburg und seit 1939 ständiger Vertreter des Präsidenten der Reichs-Rechtsanwaltskammer,[278] teilte seine Bedenken im November 1942 dem Reichsjustizministerium mit. Nachdem bereits der Einfluß des NSRB immer weiter zurückgedrängt worden sei, erschien es ihm „umso schwerwiegender, daß nunmehr auch nach dem vorliegenden Entwurf das andere Organ, nämlich das Kammersystem, seiner tatsächlichen Machtmittel entkleidet und weitgehend ausgehöhlt werden soll". Droege fürchtete, „daß die Entmachtung des Kammersystems und die Bevormundung der Ehrengerichtsbarkeit ... bei vielen Anwälten, die ohnehin durch die vielen Angriffe der letzten Zeit geneigt sein mochten, an der Zukunft des Berufes irre zu werden, Gefühle der Bitterkeit und der Deklassierung hoch kommen lassen werden". Er schlug vor, die geplanten Maßnahmen zumindest nur als Kriegsmaßnahme und damit nur für die Dauer des Krieges einzuführen. Dann wäre der Maßnahme „der Stachel genommen".[279]

Die „Verordnung zur Änderung und Ergänzung der Reichs-Rechtsanwaltsordnung" vom 1. März 1943[280] sprach dem jeweiligen OLG-Präsidenten als Vertreter des Reichsjustizministers das Aufsichtsrecht über die Kammerpräsidenten zu. Er war befugt, „bei Gefahr im Verzuge einstweilige Anordnungen zu treffen".

Mit der 2. Kriegsmaßnahmenverordnung vom 27. September 1944 wurden die Anwaltskammern faktisch beseitigt. Die Geschäfte sollten nun vom Präsidenten allein geführt werden. Nur der Stellvertreter des Präsidenten blieb in seiner Funktion; die Aufgabe aller anderen Vorstandsmitglieder war damit beendet.[281]

Mehrere Vorstandsmitglieder hatten bis dahin allerdings glänzende Anwaltskarrieren vorzuweisen. Wilhelm Schön etwa war nach dem Rücktritt des alten Kammervorstands am 31. März 1933 von Neubert kommissarisch in den neuen Vorstand bestellt[282] und bei der „Wahl" vom 22. April bestätigt worden.[283] Schön[284] war am 12. Januar 1882 im schlesischen Neisse geboren und seit 1913 beim Berliner Kammergericht als Rechtsanwalt zugelassen. Im Januar 1921 wurde er zum Notar bestellt. Der NSDAP trat er am 1. Februar 1932 bei. Im April 1939 wurde er zum Justizrat[285] und anschließend zum Gaugruppenwalter Rechtsanwälte des NSRB Gau Berlin ernannt.[286] Von September 1939 bis März 1942 leistete er in der Wehrmacht als Marineoberkriegsgerichtsrat in Wilhelmshaven Dienst. Anschließend fand er sein Auskommen als gesuchter Strafverteidiger vor dem Volksgerichtshof und den Militärgerichten. Vor dem Volksgerichtshof verteidigte er unter anderem den Pädagogen und Widerstandskämpfer Adolf Reichwein, der am 20. Oktober 1944 zum Tode verurteilt und hingerichtet wurde.[287] Seine Mitgliedschaft im Dienststrafsenat des Reichsgerichts zeigt, daß an seiner politischen Treue kein Zweifel bestand.

---

278 Deutsches Recht, Ausgabe A, 2. und 9. Oktober 1943, S. 1017. Droege starb am 13. August 1943 in einem Wiener Lazarett an einer Kriegsverletzung.
279 BA R 22/256. Heinrich Droege an den Staatssekretär im Reichsjustizministerium, Herrn Dr. Rothenberger, 16. November 1942.
280 RGBl. I 1943, S. 123ff.
281 Ostler, Die deutschen Rechtsanwälte, S. 298.
282 GStA Rep. 84a Nr. 20155. Der Kommissar für den Vorstand der Anwaltskammer in Berlin an den Herrn Preußischen Justizminister, 3. April 1933.
283 Ebenda MF 1252. Bericht des Vorstandes der Anwaltskammer in Berlin über das Jahr 1933, S. 11.
284 Zu seiner Biographie vgl. Personalakte, in: BA R 22.
285 Mitteilungen der Reichs-Rechtsanwaltskammer, 5. Mai 1939, S. 97.
286 IfZ Db 34.23. NS.-Rechtswahrerbund Gau Berlin. Tätigkeitsbericht für das Jahr 1939, S. 16.
287 Personalakte Dr. Hellmuth Boden bei der Anwaltskammer Berlin.

7.3. Der Deutsche Anwaltverein

Die letzten freien Vorstandswahlen des 1871 gegründeten Deutschen Anwaltvereins (DAV)[288] fanden im April 1932 in Leipzig, der Heimatstadt des seit 1924 amtierenden Präsidenten Martin Drucker,[289] statt. Aus Protest gegen die mit 79 zu 65 Stimmen beschlossene Sitzverlegung des DAV von Leipzig nach Berlin,[290] von der Drucker eine zu starke Dominanz der Berliner Anwaltschaft befürchtete, stellte er sich nicht wieder zur Wahl. Der Berliner Anwalt Rudolf Dix wurde neuer Präsident, Drucker nach einer Satzungsänderung zum Ehrenpräsidenten ernannt. Von den 25 Vorstandsmitgliedern waren zwölf jüdischer Herkunft, darunter Drucker, die Vizepräsidenten Adolf Heilberg und Max Hachenburg, der Schriftleiter der „Juristischen Wochenschrift" Julius Magnus, der Vorsitzende des Berliner Anwaltvereins Albert Pinner und der Verfasser des Standardkommentars zum Anwaltsrecht Max Friedlaender.

Bereits in seiner Antrittsrede als neuer Präsident gab Dix ein beredtes Zeugnis seines Kurses, mit dem er den DAV auch nach der nationalsozialistischen Machtübernahme führte. Nach außen hin versuchte er jegliche Opposition zu vermeiden, diente sich im Gegenteil den Machthabern an; gleichzeitig wollte er im Kreis der Kollegen seine liberalen Auffassungen einer freien Anwaltschaft betont sehen. Im April 1932 nannte er Selbstverwaltung und individuelle Freiheit als die beiden „Grundpfeiler" einer freien Anwaltschaft, die durch eine falsche Weltanschauung bedroht werden könnte: „Wir sehen es anschaulich-experimentell jenseits der östlichen Grenzen: eine Volksgemeinschaft, die die Berechtigung dieser beiden Gedanken verneint, muß konsequenterweise zu einer Beseitigung der Anwaltschaft, so wie wir sie auffassen, ... führen. ... Wenn wir auch nach unserer großen Tradition gern und liebevoll Kollegen, die dieser Weltanschauung huldigen, voll gleichberechtigt in unserem Kreise aufnehmen und aufnehmen werden, so dürfte es doch vielleicht ein Recht sein und keine politische Entgleisung, wenn ein Stand sich einmal zu besinnen versucht, ob er nicht gezwungen ist, in dieser großen Entscheidungsfrage kollektiv als Stand Stellung zu nehmen."[291]

Auf der 28. Abgeordnetenversammlung im April 1932 hatte das mit vielen Emotionen besetzte Thema einer Verlegung des DAV von Leipzig nach Berlin die langjährige Diskussion um die Einführung eines numerus clausus überdeckt. Unter dem Eindruck der wachsenden Verarmung weiter Teile des Anwaltsstandes forderte die Abgeordnetenversammlung jedoch am 4. Dezember 1932 mit 127 zu 19 Stimmen eine sofortige Zulassungssperre zur Rechtsanwaltschaft für die Dauer von drei Jahren und mit 115 zu 31 Stimmen die Einführung eines numerus clausus.[292] Keine Illusionen über die damit verbundenen fatalen Konsequenzen machte sich der liberale jüdische Berliner Anwalt, Historiker und Journalist Erich Eyck[293]: „Kurz und gut, wir werden eben nach einem Sonderrecht

---

288 Zum folgenden: Krach, Jüdische Rechtsanwälte, S. 46ff., 77f. und 223ff.; Ostler, Die deutschen Rechtsanwälte, S. 86ff., 221ff. und 229ff.; Göppinger, Juristen jüdischer Abstammung, S. 118ff.
Zur Geschichte des DAV: Ostler, Die deutschen Rechtsanwälte, S. 86ff. und 221ff.; Albrecht Schaich, Hundert Jahre Deutscher Anwaltverein, in: Anwaltsblatt 1 (1971), S. 1ff. (Das Jahr 1933 wird allerdings beschönigt dargestellt.); Hubert Lang, Martin Drucker – Das Ideal eines Rechtsanwalts, Leipzig o.J., S. 45ff.
289 Zu Martin Drucker vgl.: Manfred Unger, Martin Drucker. Anwalt des Rechts, in: Anwaltsblatt 1 (1990), S. 3ff.; Fred Grubel, Vortrag zur Gedächtnisfeier für Dr. Martin Drucker am 22. Oktober 1989. Revidierter Text der Einleitung zur Festschrift zu Ehren des 65. Geburtstages von Dr. M. Drucker (6. Oktober 1934), in: ebenda, S. 8ff.; Lang, Martin Drucker.
290 Berliner Anwaltsblatt 4 (1932), S. 77.
291 Zit. nach: Krach, Jüdische Rechtsanwälte, S. 46.
292 Vgl. zu den Argumenten für und wider eines numerus clausus auch: Dr. Levin, Numerus clausus und Rechtspflege, in: Deutsche Juristen-Zeitung, 1. Januar 1933, Sp. 70ff.
293 Erich Eyck, 1878 geboren, war von 1906 bis 1937 Rechtsanwalt in Berlin. Er publizierte im „Berliner Tageblatt" und in der „Vossischen Zeitung". Eyck war Mitglied der DDP und des Hauptvorstandes des CV. 1933 wurde er als Notar entlassen, 1937 emigrierte er nach Italien, später nach London, wo er 1964 starb. In der Emigration veröffentlichte er eine Bismarck-Biographie. Krach, Jüdische Rechtsanwälte, S. 432; Ladwig-Winters, Anwalt ohne Recht, S. 121.

behandelt werden, bei dem die freie Advokatur zum Teufel geht. Bis jetzt haben wir das Problem der Rekrutierung der Anwaltschaft allein zu lösen versucht. In Zukunft gibt es nur zwei Möglichkeiten: entweder, man legt die Sache in die Hände der Verwaltung – das bedeutet den Weg der parteipolitischen Willkür – oder man macht es vom Examensausfall abhängig; d. h. es hat überhaupt nur noch derjenige, der das Examen mit ‚Gut' macht, eine Chance, jemals in den Beruf hineinzukommen, und das bedeutet, daß die Studenten vom ersten Semester ab nur noch an das Examen denken können."[294] Neben Eyck hatten Friedlaender, Hachenburg und Magnus gegen die Zugangsbeschränkungen votiert. Es liegt nahe, daß sie die Befürchtung hegten, dieses Instrumentarium werde sich früher oder später gegen die jüdischen Rechtsanwälte richten. Feststeht, daß der DAV im Dezember 1932 mit der Forderung nach Einführung einer Zulassungsbeschränkung der freien Advokatur schweren Schaden zufügte.

Am 26. März 1933 tagte der DAV-Vorstand letztmals in seiner demokratisch gewählten Besetzung in Berlin. Dort wurde beschlossen, den DAV nicht in den BNSDJ oder den DNVP-nahen „Bund nationaler Rechtsanwälte und Notare" zu überführen; die jüdischen Vorstandsmitglieder hatten sich dabei der Stimme enthalten. Der Beschluß wurde ausdrücklich damit begründet, daß der DAV die antisemitische Haltung beider Organisationen ablehnte. Der Vorstand empfahl die Auflösung der Abgeordnetenversammlung und proklamierte Neuwahlen, um eine dem „gegenwärtigen Willen der Anwaltschaft entsprechende Vertretung"[295] zu gewährleisten.

Bemerkenswert ist die auf dieser Sitzung verabschiedete „Erklärung". In der Diktion folgte sie der Dixschen Antrittsrede vom April 1932, kennzeichnend ist ein vorsichtiges Taktieren und Abtasten nach allen Seiten: „Der Vorstand des Deutschen Anwaltvereins begrüßt die Erstarkung nationalen Denkens und Wollens, die sich im deutschen Volke vollzogen hat. Er wird seine ganze Kraft einsetzen, um der Gesundung von Volk und Reich zu dienen, den Staat in Sicherheit zu gründen und die Verbundenheit des Volkes über Stände und Berufe hinweg herzustellen." Nach dieser Grußadresse an die neuen Machthaber folgte jedoch eine – wenn auch vorsichtig formulierte – unüberhörbare Einschränkung: „In voller Würdigung der Tatsache, daß große Umwälzungen sich im Wege der Machtentfaltung durchzusetzen pflegen, sind wir von der Überzeugung durchdrungen, daß der Wiederaufbau des Staates sich nur vollziehen kann auf der Grundlage des Rechtes und der Gerechtigkeit mit dem Ziel, alle im Volke vorhandenen Kräfte durch gerechte Behandlung für die gemeinsame Sache zu gewinnen." Zweifellos war dies („alle im Volke vorhandenen Kräfte") eine an die ebenfalls an der Sitzung teilnehmenden jüdischen Kollegen gerichtete Loyalitätserklärung. Dix schloß seine Rede mit einem Aufruf an die Geschlossenheit der Anwaltschaft: „Die deutsche Anwaltschaft, der Not des Volkes verbunden, sieht in der Erfüllung ihrer Aufgabe, dem Rechte zu dienen, die Ordnung zu fördern, dem Redlichen sein Recht zu sichern und die Schwachen zu schützen, den Weg, auf dem sie das Ihrige zur Gesundung des Reiches und zur Überwindung aller Zerrissenheit beisteuern kann. In diesem Dienste am nationalen Gedanken einig und geschlossen zu bleiben, dazu rufen wir die deutsche Anwaltschaft auf."[296] Widerstand ließ sich aus dieser Proklamation nicht heraushören. Es fehlte jedoch der an anderer Stelle zu registrierende, widerwärtige vorauseilende Gehorsam. Der Prozeß der Gleichschaltung hatte gleichwohl begonnen, er verlief aber zögerlicher als bei der Berliner Anwaltskammer oder dem Deutschen Richterbund.[297]

Bereits am 7. April – das „Gesetz über die Zulassung zur Rechtsanwaltschaft" war noch nicht veröffentlicht – schlug Dix eine neue Richtung ein; er versuchte, die Selbständigkeit des DAV zu retten, indem er die jüdischen Kollegen opferte. Dix schrieb an alle Vorstandsmitglieder: „Nachdem

---

294 Beilage zum Anwaltsblatt 1933, S. 42. Zit. nach: Krach, Jüdische Rechtsanwälte, S. 48f.
295 Vossische Zeitung, 27. März 1933, in: GStA Rep. 84a Nr. 106.
296 Erklärung des Deutschen Anwaltvereins vom 26. März 1933, in: Juristische Wochenschrift, 8. April 1933, S. 118.
297 Erklärung des Deutschen Richterbundes vom 19. März 1933, in: Deutsche Juristen-Zeitung, 1. April 1933, Sp. 453f.

II. Revolution, Ausgrenzung und Anpassung

nicht nur alle öffentlich-rechtlichen Körperschaften wie die Vorstände der Anwaltskammern usw., sondern auch, soweit mir bekannt ist, fast alle privaten Vereinsorganisationen sich auf Befehl von hoher Hand umgewandelt, zumindest der Strömung der Zeit durch Ausscheiden ihrer jüdischen Mitglieder Rechnung getragen haben, habe ich mich schweren Herzens zu der Überzeugung durchgerungen, daß es im Interesse der Erhaltung der Selbständigkeit des DAV unbedingt notwendig ist, daß die von der Entwicklung betroffenen Mitglieder des Vorstandes unverzüglich, wenn möglich telegrafisch, ihre Ämter niederlegen. Ich darf hierbei bemerken, daß diese Gleichschaltung auch im Berliner Anwaltsverein [sic!] vollzogen ist, in dem vorgestern die betreffenden Mitglieder des Vorstands ausgeschieden sind. Das gleiche höre ich von den verschiedensten örtlichen Vereinen. Ich habe diesen Entschluß allein gefaßt. Ich glaube, daß es richtig ist, wenn ich die Gewissensverantwortung für diesen Brief allein trage. Ich habe die bestimmte Hoffnung, daß Sie, hochverehrte Herren Kollegen, aus meiner Feder die an die betreffenden Kollegen hiermit gerichtete Bitte, ihre Ämter jetzt schon zur Verfügung zu stellen, als das verstehen werden, was sie ist: Ein Opfer meiner ganzen persönlichen Einstellung an die harte Notwendigkeit."[298]

Alle Angesprochenen leisteten dem Aufruf Folge. Dix' Bemühungen war trotzdem kein Erfolg beschieden. Am 25. April gab er nochmals eine Erklärung ab, in der er die Hinzuziehung des Kollegen Hermann Voß, der bis 1933 Abgeordneter der DVP im Preußischen Landtag war,[299] „als nationalsozialistische(n) Vertrauensmann bei dem Deutschen Anwaltverein" bekanntgab. Gleichzeitig richtete er „die dringende Bitte an die Kollegen, den hinter der Regierung stehenden Parteien und Bünden ... beizutreten".[300] Bereits am 3. Mai berichtete Voß an Ministerialdirektor Freisler, daß sich der DAV-Vorstand „mit dem Gedanken vertraut gemacht (habe), daß der Deutsche Anwaltverein sich auflösen und sein Vermögen dem BNSDJ übergeben muß".[301] Zwei Tage später richtete Freisler ein entsprechendes Ultimatum an Dix,[302] und am 7. Mai ernannte Reichsjustizkommissar Hans Frank Voß zum „Beauftragten des Reichsjustizkommissars zur Überführung des Deutschen Anwaltvereins in den BNSDJ".[303]

Auf der Abgeordnetenversammlung am 18. Mai richtete Reichsjustizkommissar Hans Frank das Wort an die Delegierten, um etwaige Bedenken wegen eines Beitritts zum BNSDJ zu zerstreuen. Nachdem er in warmen Worten seinem Vorredner Dix gedankt hatte, legte er zunächst seine Vorstellung von der Zukunft der jüdischen Kollegen dar: „Wir alle sind Anwälte, und wir waren es mit Stolz. Ich kann wohl sagen, daß es gerade diejenigen unter uns, die die Ehre hatten, im Bereich der letztjährigen Bewegungen als Anwälte vor den Gerichten des Systems tätig zu werden, mit Entsetzen erfüllen mußte, wie ein Stand im allgemeinen Ansehen herabkommen kann, wenn minderwertige Exemplare sich anmaßen dürfen, in der Anwaltsrobe aufzutreten..., und man ihnen nicht entgegenstehen kann. – Heute, meine Herren, ist es anders." Die Anwaltschaft müsse aus freier Entschließung bei der Verwirklichung der „Volksgemeinschaft" mitwirken. Darüber hinaus wolle sich der BNSDJ keinesfalls an dem beträchtlichen Vermögen des DAV bereichern. „Glauben Sie mir, meine Herren – es ist mir eigentlich peinlich, über diese Dinge zu sprechen –: ... Es liegt dem Nationalsozialistischen Deutschen Juristenbund nichts ferner, als das von Ihnen und Ihren Vorgängern mühsam aus den Spargroschen der deutschen Anwaltschaft aufgebaute Vereinsvermögen auch nur irgendwie anzutasten oder es irgendwie anderen Zwecken als denen zuzuführen, die von den Spendern oder von denen, die mit dazu beigetragen haben, dieses Vermögen aufzustellen, als Ziel vorgesetzt waren. Das

---

298 Ostler, Die deutschen Rechtsanwälte, S. 230f.
299 Ebenda, S. 468, Anm. 15.
300 Anwaltsblatt 4 (1933), S. 129.
301 GStA Rep. 84a Nr. 106. Dr. Voss an Herrn Ministerialdirektor Dr. Roland Freisler, Preussisches Justizministerium, 3. Mai 1933.
302 Ostler, Die deutschen Rechtsanwälte, S. 231f.
303 GStA Rep. 84a Nr. 106. Abschrift eines Telegramms von Dr. Hans Frank an Herrn Rechtsanwalt Dr. Voss.

Vermögen, Ihr Haus, und was Sie alles besitzen mögen, sei völlig unangetastet. Wir kämpfen nicht um Geld, nicht um Geldeswert; wir kämpfen um die Seele des Menschen." Trotz der freundlichen und beruhigenden Worte ließ Frank keinen Zweifel an seiner Entschlossenheit, den DAV gleichzuschalten, und er fügte drohend hinzu: „Meine Herren, es steht Ihnen vollkommen frei, Ihre Entscheidung zu fällen. Die Entwicklung geht entweder so, wie sie Ihnen heute ermöglicht ist. Wenn Sie nicht so geht, dann würde ich bedauern, die gleiche Methode wie bei den marxistischen Gewerkschaften anwenden zu müssen. ... Ich werde mich freuen, wenn das Ziel so, wie es gesteckt ist, wie es gesteckt werden mußte, glatt, klar, sachlich, einstimmig erreicht wird. Ich würde aber ... auch in keinem Fall zurückschrecken, die Möglichkeiten der weiteren Entwicklung vorzutragen, wie es der revolutionären Notwendigkeit dieser Zeit entspricht. Und glauben Sie mir: das Ziel der Einheit der deutschen Anwaltschaft unter Führung Adolf Hitlers wird erreicht werden. ... Die deutschen Anwälte haben es selbst in der Hand, ob sie Führer, Mitführer in diesem Ringen sein wollen oder ob Sie unter die Räder des revolutionären Geschehens kommen müssen."[304]

Nach dieser Rede beschlossen die Delegierten einen korporativen Beitritt zum BNSDJ. Der DAV sollte jedoch als selbständige Rechtspersönlichkeit erhalten bleiben. Max Hachenburg kommentierte lakonisch: „Möglich ist dies. Aber die Durchführung wird nicht leicht sein."[305] Für die Mitglieder ergab sich aus dem Beitritt „weder die Verpflichtung zum Eintritt noch das Recht auf Aufnahme in die Nationalsozialistische Deutsche Arbeiterpartei".[306] Im neuen Vorstand saßen lediglich drei alte Vorstandsmitglieder,[307] die Mehrheit lag in den Händen von NS-Anwälten.[308]

Auf dem im Rahmen des „Juristentages" am 30. September 1933 abgehaltenen „Anwaltstag" wurde der DAV in „Fachgruppe Rechtsanwälte im BNSDJ" umbenannt. Am 23. Oktober befahl Hans Frank die endgültige Überführung aller juristischen Fachvereinigungen in den BNSDJ; neuer DAV-Präsident wurde der fanatische Hamburger Rechtsanwalt Walter Raeke, der bisher die Leitung der Fachgruppe Rechtsanwälte im BNSDJ innehatte.[309] Er wurde damit auch Herausgeber des Anwaltsblattes, das in „Mitteilungsblatt der Reichsfachgruppe Rechtsanwälte des BNSDJ" umbenannt wurde. Max Hachenburg machte sich keine Illusionen, was dies für den Verein bedeutete: „Der Deutsche Anwaltverein als solcher hört nach einer Tätigkeit von über 60 Jahren auf, zu bestehen. ... Die Generation, die mit ihm herangewachsen ist, wird ihm ein treues Andenken bewahren."[310]

Am 27. Dezember 1933 war die Auflösung des DAV durch Beschluß seiner Mitgliederversammlung auch formaljuristisch vollzogen; der traditionsreiche Verein, der mit etwa 15 000 Mitgliedern die wichtigste juristische Berufsvereinigung darstellte, war gleichgeschaltet. Reichsfachgruppenleiter Raeke zog nüchtern Bilanz: „Am 27. Dezember 1933 hat der Deutsche Anwaltverein E.V., der bereits durch die am 30. September im Rahmen des Juristentages beschlossene Satzungsänderung die Hauptbezeichnung ‚Fachgruppe Rechtsanwälte im Bund Nationalsozialistischer Deutscher Juristen' angenommen und die Mitgliedschaft auf arische Anwälte beschränkt hatte, in seiner letzten Mitgliederversammlung und ohne jeden Widerspruch die Auflösung zwecks Eingliederung in die

---

304 Hans Frank, Die Zukunft der deutschen Anwaltschaft. Ansprache an die Abgeordnetenversammlung des Deutschen Anwaltvereins vom 18. Mai 1933, in: Juristische Wochenschrift, 27. Mai 1933, S. 154ff.
305 Deutsche Juristen-Zeitung, 15. Juni 1933, Sp. 825.
306 Berliner Anwaltsblatt 1933, S. 89. Zit. nach Krach, Jüdische Rechtsanwälte, S. 231.
307 Frhr. v. Hodenberg (Celle), Hahnemann (Leipzig) und Hawlitzky (Forst). Ostler, Die deutschen Rechtsanwälte, S. 233.
308 Vorstandsmitglieder waren: Voß (Berlin), als Präsident, Noack (Halle), Raeke (Hamburg), Hawlitzky (Forst), Mößmer (München), Schroer (Wu.-Elberfeld), Neubert (Berlin), Frerichs (Danzig), Gärtner (Breslau), Kluge (Dresden), Schaper (Magdeburg), Zubke (Köslin), Hommelsheim (Köln), Dormann (Hamburg), Hahnemann (Leipzig), Jessen (Kiel), Schwartz (Prenzlau), Kraemer (Leipzig), Sonnen (Berlin), Frhr. v. Hodenberg (Celle), Stubbe (Stuttgart) und Franke (Quedlinburg). Berliner Anwaltsblatt 5 (1933), S. 90.
309 Juristische Wochenschrift, 28. Oktober 1933, S. 296.
310 Deutsche Juristen-Zeitung, 15. November 1933, Sp. 1484.

II. Revolution, Ausgrenzung und Anpassung

Reichsfachgruppe Rechtsanwälte des Bundes Nationalsozialistischer Deutscher Juristen beschlossen und einstimmig den Reichsfachgruppenleiter mit der Durchführung dieses Auflösungsbeschlusses und der vermögensrechtlichen Abwicklung beauftragt. Dem Führer der Deutschen Rechtsfront, Reichsjustizkommissar Dr. Frank, konnte berichtet werden, daß diese letzte Versammlung des Deutschen Anwaltvereins mit einem begeisterten Treuegelöbnis für den Führer der Bewegung und den Führer der Deutschen Rechtsfront geendet habe." Anfang 1933 hatte der DAV etwa 15 000 Mitglieder; trotz seiner Größe, sei er seiner Aufgabe, eine Standesvertretung aller Rechtsanwälte zu sein und an der Gestaltung des deutschen Rechts mitzuwirken, nicht gewachsen gewesen. Es zeigte sich stets, so Raeke, „das typische Bild eines sehr viel redenden und ‚beschließenden', aber wenig oder gar nicht handelnden Parlaments". Durch das Aufgehen im BNSDJ sei jetzt jedoch gewährleistet, „daß diese neue und durch das große Erleben der nationalen Revolution geläuterte, zum Führerprinzip bekehrte Anwaltschaft bei Anspannung aller Kräfte imstande sein wird, das vom Führer des neuen Deutschlands [sic!] in sie gesetzte Vertrauen zu rechtfertigen und an der Erneuerung des deutschen Rechts, an der Befreiung der deutschen Rechtspflege von allen undeutschen Schlacken und fremdrassigen Einflüssen in hervorragendem Maße mitzuwirken."[311] Die Fachgruppe Rechtsanwälte des BNSDJ übernahm damit alle Aufgabengebiete des DAV: Wahrung und Vertretung der Berufs- und Standesinteressen, Pflege von Wissenschaft und Gemeinsinn und Förderung der Rechtspflege und der Gesetzgebung. Hinzu kam die neue Aufgabe der Verwirklichung des NS-Programms im Rechtsleben.[312] In der Praxis entfaltete der BNSDJ jedoch keine große Wirkung.

Gegensätzliches, widersprüchliches Verhalten macht eine gerechte Beurteilung des ehemaligen DAV-Präsidenten Rudolf Dix schwierig.[313] 1884 in Leipzig geboren, absolvierte er seinen Assessordienst im Kolonialdienst und geriet in Kamerun in Kriegsgefangenschaft. Bevor er sich in Berlin als Anwalt niederließ, war er als Regierungsrat im Demobilmachungsamt beschäftigt. In den zwanziger Jahren wurde Dix zu einem gesuchten Strafverteidiger. Unter anderen verteidigte er mit Max Alsberg 1932 im Aufsehen erregenden „Katzenellenbogen-Prozeß" den wegen Bilanzverschleierung und Untreue angeklagten Generaldirektor der Brauerei Schultheiß Ludwig Katzenellenbogen und im „Caro-Petschek-Prozeß" den wegen versuchten Betrugs, Abgabe falscher eidesstattlicher Versicherungen, Urkundenfälschung und Urkundenvernichtung angeklagten Nikodem Caro.[314]

Dix, seit April 1932 DAV-Präsident, bezog deutlich Position, als sich während einer Debatte im Preußischen Landtag am 22. Juni 1932 der nationalsozialistische Abgeordnete Kube abfällig und antisemitisch über jüdische Rechtsanwälte äußerte. Dix entgegnete ihm in einem offenen Brief: „Gleichgültig, welche Stellung man weltanschaulich, politisch und rassemäßig zur Judenfrage einnimmt, kann man nur die menschliche und politische Kulturlosigkeit bedauern, die in solchen antisemitischen Ausfällen gegen meine jüdischen Kollegen liegt."[315] Dieser Brief läßt zwei Schlüsse zu: Einerseits ist das Eintreten von Dix für die angegriffenen jüdischen Anwälte eine Geste der Solidarität und gleichzeitig des Protestes gegen die Ausfälle des NSDAP-Abgeordneten, andererseits deutet die Erwähnung eines „rassemäßigen" Gesichtspunktes darauf hin, daß Dix selbst nicht ganz frei von Antisemitismus war.

Noch schwieriger zu beurteilen sind seine persönlichen Motive für sein Vorgehen während des Gleichschaltungsprozesses des DAV. Im März 1933 war die Absage an den Anschluß zum BNSDJ

---

311 Walter Raeke, Rückblick und Ausblick. (Zur Auflösung des Deutschen Anwaltvereins.), in: Juristische Wochenschrift, 6. Januar 1934, S. 2.
312 Deutsches Recht, 10. Januar 1934, S. 14.
313 Über das Taktieren von Dix ausführlich: Krach, Jüdische Rechtsanwälte, S. 228ff.
314 Curt Riess, Der Mann in der schwarzen Robe. Das Leben des Strafverteidigers Max Alsberg, Hamburg 1965, S. 278ff. und 297ff.
315 Zit. nach: Krach, Jüdische Rechtsanwälte, S. 80.

noch ausdrücklich mit Rücksichtnahme auf die jüdischen Kollegen erfolgt, nur wenige Tage später hatte Dix sie jedoch zum Rücktritt aufgefordert. Ob hinter dieser Vorgehensweise tatsächlich nur der Wunsch stand, dem Besten des Vereins zu dienen, muß dahingestellt bleiben. Tatsache ist jedoch, daß Dix auch in den folgenden Jahren nicht zu einem Anhänger des Regimes wurde und nach seinem Ausscheiden als DAV-Präsident keine neuen Ämter übernahm. Er blieb während des Nationalsozialismus ein gesuchter politischer Verteidiger[316] – auch vor dem Volksgerichtshof[317] –, ließ sich jedoch nicht vom Staat vereinnahmen. 1946 verteidigte er den ehemaligen Reichsbankpräsidenten Hjalmar Schacht vor dem Internationalen Militärgerichtshof in Nürnberg; dort fungierte er als Sprecher der Verteidiger im Hauptkriegsverbrecherprozeß.[318]

Als Dix 1952 starb, betonte sein ehemaliger Sozius Ferdinand Bartmann, der seit 1931 Geschäftsführer des DAV gewesen war, in einem Nachruf die lauteren Motive, die Dix zu seinem Taktieren im Frühjahr 1933 bewegten. „Als letzter Überlebender der Drei, die alles aus nächster Nähe miterlebt haben, bezeuge ich", so Bartmann: „Seine größte Sorge war, die Anwaltschaft in ihrer Wesensart zu erhalten und darum auch ihren selbständigen Verein. Für dieses Ziel hat er vielleicht ein sacrificium intellectus gebracht, ist aber nie von seiner Überzeugung abgewichen. ... Dieser Haltung entsprach auch sein weiteres Leben: er hat sich von allen Ehrenämtern zurückgezogen und seine ganze Kraft dazu verwendet, um allen Verfolgten des Nazismus ohne Rücksicht auf Rasse, Stand und Glaubensbekenntnis zu helfen."[319]

Dem Wechsel an der Spitze des DAV im Mai 1933 folgte eine radikale Wende im Umgang mit den jüdischen Kollegen. Ende Mai veröffentlichte der neue DAV-Präsident Hermann Voß auf der ersten Seite des Anwaltsblattes den Aufruf: „Ich empfehle allen Mitgliedern, die nicht rein arischer Abstammung sind, sofort aus dem Deutschen Anwaltverein und den ihm angeschlossenen Vereinen (Bezirksgruppen usw.) auszutreten."[320] Kurze Zeit später riet er allen „arischen Kollegen" auf „Schildern, Briefköpfen usw. die Bezeichnung ‚Deutscher Rechtsanwalt und Notar' zu führen". Gleichzeitig warnte er vor einer seit dem 1. Juli 1933 in Berlin erscheinenden Zeitschrift „Der Kurze Kommentar", die ein jüdischer Rechtsanwalt herausgab, der „in rassepolitischer Beziehung" Anlaß zu Kritik bot. Welches Niveau die noch vor wenigen Monaten angesehene Standesvertretung mittlerweile erreicht hatte, demonstrierte eine Eingabe des DAV vom 27. Juli 1933 an den Preußischen Justizminister: „Ich rege an, durch Gesetz die Namensänderungen aufzuheben, die von Juden nach dem 1. August 1914 beantragt worden sind. Rechtsanwalt Schmitthoff soll wieder Schmulewitz und Rechtsanwalt Pindar soll wieder Pincus heißen. Heil Hitler!"[321] Eine Satzungsänderung am 30. September 1933 schloß endgültig alle jüdischen Rechtsanwälte aus dem DAV aus. Davon betroffen waren auch „nichtarische" Rechtsanwälte, denen das Anwaltsgesetz vom 7. April als Kriegsteilnehmer oder „Altanwälte" die Zulassung nicht entzogen hatte.[322]

In die Geschichte des Deutschen Anwaltvereins ging Walter Raeke als sein „Totengräber" ein.[323] Raeke war 1878 in Berlin geboren und 1910 im pommerischen Stepenitz zur Anwaltschaft zugelassen worden. Seit 1919 war er Rechtsanwalt beim Oberlandesgericht in Hamburg. Bereits 1929 trat der schon als Student einer völkisch orientierten Burschenschaft angehörende Raeke der NSDAP bei und übernahm ein Jahr später das Amt des Gauführers des Hanseatischen Gaubezirks des BNSDJ. Zur Zeit

---

316 Ostler, Die deutschen Rechtsanwälte, S. 87.
317 Eidesstattliche Versicherung von Dix am 4. November 1946 in Nürnberg. Nbg. Dok. NG-408.
318 Ostler, Die deutschen Rechtsanwälte, S. 329.
319 Anwaltsblatt 4 (1952), S. 49.
320 Ebenda 5 (1933), S. 137.
321 Zit. nach: Krach, Jüdische Rechtsanwälte, S. 232.
322 Vossische Zeitung, 24. November 1933, in: GStA Rep. 84a Nr. 106.
323 Hartstang, Der deutsche Rechtsanwalt, S. 39.

der Weimarer Republik verteidigte er in zahlreichen Prozessen SS- und SA-Angehörige, und auch Hitler zählte zu seinen Mandanten. 1931 wurde er für die NSDAP in die Hamburger Bürgerschaft gewählt, 1933 in den Reichstag. Nach der nationalsozialistischen Machtübernahme wurde Raeke Mitglied der neugegründeten Akademie für Deutsches Recht und Reichsfachgruppenleiter der Berufsgruppe Rechtsanwälte im BNSDJ. Mit der gleichzeitigen Übernahme des Deutschen Anwaltvereins war damit ein fanatischer Nationalsozialist zum führenden Anwaltsfunktionär geworden.

Für die jüdischen Kollegen hatte Raeke nur Verachtung übrig. Auf einer Tagung des Reichsfachgruppenrats im März 1934 über „Die Zukunft der Deutschen Anwaltschaft" etwa klagte er über die Notlage der Anwälte, die hauptsächlich auf die Überfüllung des Berufsstandes zurückzuführen sei; auch die „Ausmerzung von ein paar hundert Juden" habe daran nichts ändern können.[324] 1934 übernahm er die reichsweite Leitung der NS-Rechtsbetreuung.[325] Im Mai 1935 ernannte ihn Reichsrechtsführer Frank zu seinem ständigen Stellvertreter in der Führung der Deutschen Rechtsfront und des BNSDJ;[326] in dieser Funktion durfte er sich ab Januar 1936 „Reichsinspekteur des BNSDJ und der Deutschen Rechtsfront" nennen.[327] Im Sommer 1937 nahm die steile Karriere des Walter Raeke jedoch ein abruptes Ende. Am 16. Juni 1937 entband ihn der Reichsrechtsführer von allen Ämtern,[328] als bekannt wurde, daß Raeke vor 1933 Mitglied einer Freimaurerloge gewesen war.[329] Der Ehrengerichtshof des NSRB schloß ihn mit Urteil vom 27. Oktober 1937 aus diesem aus. Das ebenfalls eingeleitete Parteigerichtsverfahren wurde aufgrund einer Amnestie am 16. Mai 1939 eingestellt; auch ehrengerichtlich wurde er nicht weiter belangt.[330] Seine Karriere war jedoch unwiderruflich beendet. Nach Kriegsende bemühte er sich vergeblich, in Hamburg wieder als Anwalt zugelassen zu werden.[331]

Das gleiche Schicksal wie der DAV erlitten auch seine publizistischen Organe, das „Anwaltsblatt" und die seit 1872 erscheinende „Juristische Wochenschrift". Ersteres wurde kurzerhand in „Mitteilungsblatt der Reichsfachgruppe Rechtsanwälte des BNSDJ" umbenannt. Die „Juristische Wochenschrift" war seit 1915 im wesentlichen von Julius Magnus geprägt, der sie zur führenden juristischen Fachzeitschrift gemacht hatte. Er und sein Kollege Max Hachenburg wurden mit Heft 18/19 vom 6./13. Mai 1933 von Hermann Voß als neuem Schriftleiter abgelöst. Seit Heft 21 vom 27. Mai fungierte nicht mehr der DAV, sondern Reichsjustizkommissar Staatsminister Hans Frank als Herausgeber der „Juristischen Wochenschrift". Walter Raeke übernahm im Oktober von Voß mit der Präsidentschaft des DAV auch seine Aufgaben bei der „Juristischen Wochenschrift". Im April 1939 – mittlerweile war Raeke von Droege im Januar 1936 als Herausgeber abgelöst worden[332] – fusionierte die „Juristische Wochenschrift" mit der Zeitschrift „Deutsches Recht" des NSRB und hieß nun „Deutsches Recht vereinigt mit Juristische Wochenschrift"; Herausgeber war Hans Frank unter Mitarbeit der acht Reichsgruppenwalter des NSRB. Die Schriftleitung versicherte ihren Lesern, daß die zusammengelegte Zeitschrift mit „der gleichen Gründlichkeit und Zuverlässigkeit wie bisher" in Form von Aufsätzen, kleinen Beiträgen, Schrifttum und einer ausführlichen Rechtsprechungsbeilage über alle aktuellen Entwicklungen berichten würde. Gleichzeitig betonte sie, daß jeder Beitrag „von der politischen Schwungkraft der Bewegung" getragen sein würde und die Zeitschrift „ein Spiege-

---

324 Juristische Wochenschrift, 17. März 1934, S. 668.
325 Führerlexikon, S. 367.
326 Juristische Wochenschrift, 10. August 1935, S. 2253.
327 Ebenda, 25. Januar 1936, S. 245.
328 Ebenda, 28. August 1937, S. 2181; Mitteilungsblatt des NSRB, 15. Juli 1937, S. 73.
329 Krach, Jüdische Rechtsanwälte, S. 236.
330 Heiko Morisse, Rechtsanwälte im Nationalsozialismus. Zur Funktion der Ehrengerichtsbarkeit dargestellt am Beispiel des Oberlandesgerichtsbezirks Hamburg, Hamburg 1995, S. 111.
331 Krach, Jüdische Rechtsanwälte, S. 230, Anm. 1 und S. 233, Anm. 2.
332 Juristische Wochenschrift, 25. Januar 1936, S. 225.

lbild des Rechtslebens im neuen Reich" sein sollte.[333] 1941 verschwand die Bezeichnung „Juristische Wochenschrift" ganz; die Zeitschrift hieß nur noch „Deutsches Recht Ausgabe A, Wochenausgabe".[334]

Damit war der Niedergang der „Juristischen Wochenschrift" endgültig besiegelt. Ihr wissenschaftliches und intellektuelles Niveau war seit Mai 1933 nicht mehr mit dem Anspruch der Zeitschrift vor der nationalsozialistischen Gleichschaltung vergleichbar. Sie wurde immer stärker zu einem propagandistischen Infiltrationsinstrument für eine angepaßte Juristenschaft. Der Leitartikel am 14. April 1934 befaßte sich mit „Weltanschauliche[n] Grundlagen der völkischen Rassenpflege". Die Verabschiedung der neuen Rechtsanwaltsordnung im Dezember 1935 wurde von Raeke pathetisch begrüßt; er sprach dem „Führer und Reichskanzler" seinen „unauslöschliche(n) Dank" dafür aus.[335] Unter der Überschrift „Die nationale Friedenspolitik Adolf Hitlers" kommentierte ein Berliner Rechtsanwalt die Besetzung des Rheinlandes im März 1936: „In allen Gauen des Reiches vernahm man die Kunde vom freien Rhein als eine Botschaft des Friedens.... Die Größe der Stunde zwang jeden in ihren Bann und niemand konnte sich ihrer geschichtlichen Kraft und Bedeutung entziehen."[336] Um auch dem Rechtsanwalt für eine Vertretung vor dem Erbgesundheitsgericht „die Grundgedanken der Vererbungslehre" nahezubringen, veröffentlichte sie im Januar 1937 eine eher an ein Lehrbuch für Biologie erinnernde, mit Graphiken unterlegte Darstellung über „die Gesetze der Vererbung, die Grundlage der deutschen Erb- und Rassenpflege".[337] Die international renommierte Fachzeitschrift war zu einem einfältigen Propagandablatt geworden.

Julius Magnus[338], der 18 Jahre lang die Seele der „Juristischen Wochenschrift" gebildet hatte, emigrierte im August 1939 nach Holland. Mit ihm verlor die Berliner Anwaltschaft eine ihrer herausragenden Persönlichkeiten. Magnus, 1867 geboren, entstammte einer alteingesessenen jüdischen Berliner Familie. Über seine tiefe Verwurzelung in der Stadt gab er selbst einem Freund 1934 während eines Spaziergangs Auskunft: „Nun kucken Sie sich mal die janze Jesellschaft an, die hier 'rumläuft. Ist da ein einziger, der zeigen kann, wo sein Ur-, Ur-, Urgroßvater seinen Laden hier in Berlin zur Zeit vom Großen Kurfürsten gehabt hat? Ich kanns, und die nennen sich Deutsche."[339] 1898 ließ er sich in der Stadt als Anwalt nieder und spezialisierte sich auf die gewerblichen Schutzrechte. 1914 wurde er zum Justizrat ernannt, und als ein Jahr später der Schriftleiter der „Juristischen Wochenschrift", Hugo Neumann, starb, wählte ihn der DAV-Vorstand zu dessen Nachfolger. Er sollte die Zeitschrift gemeinsam mit Geschäftsleiter Heinrich Dittenberger, Eugen Fuchs und Max Hachenburg herausgeben. Tatsächlich wurde die „Juristische Wochenschrift" jedoch „seine" Zeitschrift. Max Hachenburg erinnert sich: „Nun änderte sich die Sachlage von Grund aus.... Wir beiden letzteren waren als Mitglieder des Vorstandes zu dieser Mitwirkung berufen. Man dachte wohl an eine Art Redaktionskommission. Bald stellte sich heraus, daß Magnus und nur er die Leitung der Zeitschrift in Händen hatte. Dittenberger war schon zunächst durch die Einberufung zum Heere, dann später durch seine starke Überlastung mit der hauptamtlichen Arbeit außerstande, sich auch noch um die Redaktionsgeschäfte zu kümmern. Fuchs und ich waren noch weniger dazu in der Lage.... Neben Magnus ist auch für einen zweiten Mann kein Raum. Er ist ein Genie im Gebiete der Zeitschriftenleitung. Man sah mit Staunen, wie sich in kurzer Zeit die JW wandelte. Er steuerte sie durch Krieg und

---

333 Deutsches Recht, Ausgabe B, 15. März 1939, S. 88.
334 Krach, Jüdische Rechtsanwälte, S. 236ff.; Ostler, Die deutschen Rechtsanwälte, S. 236f.
335 Juristische Wochenschrift, 4. Januar 1936, S. 1.
336 Ebenda, 21. März 1936, S. 771.
337 Ebenda, 2./9. Januar 1937, S. 8ff.
338 Zu Julius Magnus: Gerhard Jungfer, Rechtsanwalt Dr. Julius Magnus zum Gedenken, in: NJW 43 (1991), S. 2748ff.; nur geringfügig verändert unter dem Titel: Julius Magnus (1867–1944). Mentor und Mahner der freien Advokatur, auch abgedruckt in: Heinrichs u. a., Deutsche Juristen jüdischer Herkunft, S. 517ff.
339 Zit. nach: Jungfer, Rechtsanwalt Dr. Julius Magnus, S. 2748.

Inflationszeit durch. Die JW trägt den Stempel seiner Persönlichkeit. ... Ohne Ruhe und ohne Rast pflegte Magnus die JW als sein Lieblingskind."[340] Die Auflage der „Juristischen Wochenschrift" stieg von 15 500 Stück im Jahr 1924 auf 25 500 im Februar 1931; gleichzeitig avancierte sie unter seinem Einfluß vom Vereinsorgan des DAV zur angesehensten juristischen Fachzeitschrift in der Weimarer Republik. Magnus war darüber hinaus seit 1915 im Vorstand des Berliner Anwaltvereins, war von 1919 bis 1922 dessen erster Vorsitzender, dann Ehrenmitglied. 1920 wurde er zum Notar ernannt und 1925 in den Vorstand des Deutschen Anwaltvereins berufen. Außerdem war er selbst publizistisch tätig und hatte zahlreiche Ehrenämter inne.

Die Nationalsozialisten nahmen keine Rücksicht auf den Ruf eines der seit Jahrzehnten berühmtesten jüdischen Juristen. Im Mai 1933 wurde Magnus' Name als Schriftleiter der „Juristischen Wochenschrift" sang- und klanglos gestrichen. Schriftleiter durften nur noch „Arier" sein. Infolge des Berufsbeamtengesetzes vom 7. April verlor er im Sommer 1933 sein Notariat. Im August wurde Magnus letztmals als Mitherausgeber des „Archivs für Urheber-, Film- und Theaterrecht" genannt; im September entzog ihm die Berliner Universität den seit 1930 innegehabten Lehrauftrag. 1938 verlor Magnus schließlich auch seine Anwaltszulassung; als „Konsulent" wurde er nicht mehr zugelassen. Im August 1939 floh der fast 72jährige Magnus nach Amsterdam; 1943 deportierten ihn die Nationalsozialisten in das KZ Westerbork, von dort nach Bergen-Belsen und 1944 nach Theresienstadt, wo der fast 76Jährige am 15. Mai 1944 verhungerte.

7.4. Der Berliner Anwaltverein

Der Berliner Anwaltverein bestand seit 1899; seiner Satzung zufolge war er gegründet worden, um „einen wissenschaftlichen und geselligen Vereinigungspunkt der Mitglieder zu bilden, die Standesehre zu wahren, die Standesinteressen und die Kollegialität zu fördern".[341] Seit 1. März 1929 war er eine Bezirksgruppe des Deutschen Anwaltvereins.[342] Ende 1929 waren 2324 der 3096 der Berliner Anwaltskammer angehörenden Rechtsanwälte Mitglieder des Berliner Anwaltvereins,[343] was angesichts des hohen Organisationsgrades von einer breiten Akzeptanz des Vereins zeugt. Der hohe jüdische Anteil der Berliner Anwaltschaft machte sich auch hier in der Zusammensetzung des Vereinsvorstands bemerkbar; von 21 Vorstandsmitgliedern waren 1932 elf jüdischer Herkunft,[344] darunter Max Alsberg, Erich Eyck und der hochangesehene Vorsitzende Albert Pinner[345], der dieses Amt seit 1922 innehatte. Nach dem Tode Pinners am 5. Januar 1933 wurde sein bisheriger Stellvertreter Richard Grasshoff am 25. Januar einstimmig zum neuen Vorsitzenden gewählt; sein Stellvertreter wurde Carl Horn.[346] Über den folgenden Gleichschaltungsprozeß des Berliner Anwaltvereins ist wenig bekannt. Die nach dem Tode Pinners noch verbliebenen zehn jüdischen Vorstandsmitglieder traten am 5. April 1933 zurück mit der Begründung, daß sie glaubten, „dadurch dem Besten des Vereins zu dienen". Vorstandsmitglieder waren nun Friedrich Ballhorn, Richard Grasshoff, Carl Horn, Karl Fritz Jonas, Wilhelm Kunz I, Johannes Langkau, Philipp Möhring, Werner Ranz, Willy Reinberger und Theodor Sonnen.[347] Im Juni 1933 trat Grasshoff auf eigenen Wunsch als Vorsitzender

---

340 Max Hachenburg, Lebenserinnerungen eines Rechtsanwaltes (1927), Neuauflage 1978, dort S. 137ff. Zit. nach: Jungfer, Rechtsanwalt Dr. Julius Magnus, S. 2749.
341 Alterthum, Fünf Jahre, S. 66.
342 Berliner Anwaltsblatt 3 (1929), S. 57.
343 Ebenda 2 (1930), S. 31 und 33.
344 GStA Rep. 84a MF 1252. Bericht des Vorstandes der Anwaltskammer in Berlin über das Jahr 1933, S. 6.
345 Krach, Jüdische Rechtsanwälte, S. 78.
346 Vossische Zeitung, 26. Januar 1933, in: GStA Rep. 84a Nr. 20156.
347 Berliner Anwaltsblatt 4 (1933), S. 75f.

und Vorstandsmitglied zurück; die vorliegenden Quellen geben keine Auskunft über seine Motive oder den Druck, der möglicherweise auf ihn ausgeübt worden war. Sein Nachfolger wurde der fanatische Nationalsozialist Wolfgang Hercher. Neu in den Vorstand aufgenommen wurden darüber hinaus Karl Heinrich Franke, Fritz Ludwig, Graf Westarp und Wolfgang Zarnack.[348] Damit stand einer Überführung des Berliner Anwaltvereins in den BNSDJ nichts mehr im Wege. Am 18. Dezember 1933 erging der Ermächtigungsbeschluß zur Auflösung des Berliner Anwaltvereins.[349] Analog zum Deutschen Anwaltverein, dessen Aufgaben die Reichsfachgruppe Rechtsanwälte des BNSDJ übernahm, traten die Bezirks- und Ortsfachgruppen des BNSDJ anstelle der örtlichen Anwaltsvereine.[350]

---

348 Ebenda 6 (1933), S. 105.
349 GStA Rep. 84a MF 1252. Bericht des Vorstandes der Anwaltskammer in Berlin über das Jahr 1933, S. 7.
350 Juristische Wochenschrift, 13. Januar 1934, S. 9.

III. Die Rechtsanwältinnen

Erst durch das „Gesetz über die Zulassung der Frauen zu den Ämtern und Berufen der Rechtspflege" vom 11. Juli 1922[1] war Frauen der Zugang zur zweiten juristischen Staatsprüfung und damit die Zulassung als Rechtsanwältin ermöglicht worden. Maria Otto hatte als erste Frau im Dezember 1922 ihre Anwaltszulassung in München erhalten.[2] Bis 1. Februar 1933 waren in Preußen 176 Frauen zu Gerichtsassessorinnen ernannt worden, von denen 60 Rechtsanwältinnen geworden waren.[3] Die Volks- und Berufszählung im Juni 1933 konstatierte 252 Rechtsanwältinnen und Notarinnen im Deutschen Reich, was 1,3 Prozent der insgesamt 18 766 Rechtsanwälte und Notare entsprach.[4]

In das nationalsozialistische Bild der Frau als Hausfrau und Mutter paßten keine berufstätigen Frauen. Bei den Juristinnen kam hinzu, daß man auch außerhalb nationalsozialistischer Kreise diesen vermeintlich „logischen" Beruf für unvereinbar mit der angeblich weiblichen Emotionalität hielt. Bei ihrem Vorgehen gegen Rechtsanwältinnen konnten die Nationalsozialisten folglich auf breite Unterstützung zählen.

Ein Landgerichtspräsident aus Hechingen ließ in einem Artikel vom Oktober 1933 in der „Deutschen Juristen-Zeitung", die sich zu dieser Zeit an anderer Stelle noch weit weniger gleichgeschaltet artikulierte als die meisten anderen juristischen Zeitschriften, seinem Unmut über die angestrebte Gleichberechtigung der Geschlechter auf juristischem Gebiet freien Lauf: „Die Hereinnahme der Frauen in die Gerichtsbarkeit bedeutete ein schweres Unrecht gegen den Mann wie gegen die Frau selbst. Das Unrecht wider den Mann gipfelt in dem Einbruch in den altgeheiligten Grundsatz der Männlichkeit des Staates. ... Es war eine bedauerliche Abirrung, die Frauen zur Ausübung eines der wichtigsten Hoheitsrechte, der Gerichtsbarkeit, heranzuziehen. ... Ärger aber war der Nachteil für die Frauen selbst. Von jeher waren sie Hüterinnen der Sitte in Kinderstube, Familie, Haus und Gesellschaft. ... Der Hauptberuf der Frau ist und bleibt die Mütterlichkeit." Zudem fehle den Frauen „Rechtsgefühl und logischer Sinn. ... Das streng folgerichtige Denken ist den meisten Frauen nicht gegeben, gerade weil ihr Geist sprühender, aber darum auch flatterhafter ist als der des Mannes."

Neben dieser pathetischen Argumentation kam ein ganz praktischer Einwand gegen die berufstätige Frau zum Vorschein: Sie nehme „den Männern Amt und Brot ... und das in Zeiten ärgster Bedrängnis". Dieses Motiv wird in dem ausführlichen Artikel nur kurz gestreift, und dennoch liegt hier der wesentliche Beweggrund der Rechtsanwälte für die Ablehnung ihrer Kolleginnen. Sie wollten sich in den schwierigen wirtschaftlichen Zeiten der neuen Konkurrentinnen erwehren. Wenn auch die wenigen Anwältinnen noch keine allzu große Gefahr darstellten, tauchten in dieser Einstellung dennoch Parallelen zu dem Verhalten den jüdischen Kollegen gegenüber auf. In beiden Fällen wurden die Abneigung und Ausgrenzung durch Konkurrenzangst genährt.

„Seit Jahren", so der Hechinger Landgerichtspräsident weiter, „wird von weiten Kreisen gewünscht, daß die Gesetze beseitigt werden möchten, damit der deutschen Frau ihre schönste Tugend, die echte holde Weiblichkeit zurückgegeben wird ... und es steht zu hoffen, daß die nationale Regierung baldigst dem entsprechen wird."[5]

---

1 RGBl. I 1922, S. 573.
2 Douma, Deutsche Anwälte, S. 69.
3 Anne-Gudrun Meier-Scherling, Die Benachteiligung der Juristin zwischen 1933 und 1945, in: Deutsche Richterzeitung 1 (1975), S. 10, Anm. 2.
4 Die bereits entlassenen oder ihrer Zulassung beraubten jüdischen Juristen sind in diesen Zahlen nicht mehr enthalten. Erna Proskauer, Wege und Umwege. Erinnerungen einer Berliner Rechtsanwältin, Frankfurt a.M. 1996, S. 155f. und Anm. 25.
5 Deutsche Juristen-Zeitung, 1. Oktober 1933, Sp. 1255ff.

III. Die Rechtsanwältinnen

Eine gesetzliche Regelung zur allgemeinen Einschränkung der Tätigkeit von Rechtsanwältinnen unterblieb, vermutlich weil der kleine Kreis der Betroffenen kein sofortiges Handeln erforderlich machte. Es behielten alle Frauen, die 1933 zugelassen waren, die Möglichkeit zur Berufsausübung – sofern sie nicht vom Anwaltsgesetz des 7. April 1933 betroffen waren. Vor allem für verheiratete Juristinnen war es jedoch nach 1933 schwierig, eine Neuzulassung zu erhalten. Weder das „Gesetz zur Überleitung der Rechtspflege auf das Reich" vom 16. Februar 1934, das in Artikel 3 geschlechtsunabhängig bestimmte, daß jeder, der die Befähigung zum Richteramt erlangt hatte, nach Maßgabe der gesetzlichen Vorschriften in jedem Lande zur Rechtsanwaltschaft zugelassen werden mußte,[6] noch die neue Reichs-Rechtsanwaltsordnung vom 21. Februar 1936[7] diskriminierten die Rechtsanwältinnen per se. In der neubearbeiteten zweiten Auflage des Kommentars zur RRAO von Erwin Noack aus dem Jahr 1937 war zu Paragraph 1 („Als Rechtsanwalt kann nur zugelassen werden, wer durch Ablegung der großen Staatsprüfung die Fähigkeit zum Richteramt erlangt hat.") zu lesen: „Frauen sind hinsichtlich der Zulassung zur Rechtsanwaltschaft den Männern völlig gleichgestellt."[8]

Und dennoch schuf die neue Rechtsanwaltsordnung die Möglichkeit, Frauen die Zulassung zur Anwaltschaft zu verwehren. Voraussetzung für die Zulassung war inzwischen nämlich die Ableistung eines anwaltlichen Probedienstes, und nach Par. 4 der RRAO entschied darüber der Reichsjustizminister.[9] Da alle Zulassungsgesuche über die am 18. Dezember 1935 noch nicht abschließend entschieden war, nach den neuen Vorschriften behandelt werden sollten,[10] lag seit 1936 die Entscheidung über die Zulassung in seinen Händen. Spätestens mit dem Schreiben von Reichsleiter Martin Bormann an den Reichsminister der Justiz vom 24. August 1936 war der „Führerwille" bekannt und damit die weitere Entwicklung klar vorgegeben. Bormann hatte „dem Führer die Angelegenheit vorgetragen. Er hat entschieden, daß Frauen weder Richter noch Anwalt werden sollen."[11] Das Reichsjustizministerium wandte sich daraufhin an die Obersten Reichs- und Preußischen Behörden und machte klar, daß trotz der schwierigen Situation, die dadurch für die Gerichtsassessorinnen entstand, Frauen in Zukunft weder als Richter angestellt noch als Rechtsanwalt zugelassen wurden.[12]

Die zugelassenen Anwältinnen litten zwar oftmals unter der erschwerten und für sie diskriminierenden Situation, die Zulassung wurde ihnen jedoch während des Nationalsozialismus nicht entzogen. Relativ wenig Aufsehen erregte eine Rechtsanwältin, wenn sie mit Kollegen eine Sozietät einging und ihr Wirken sich mehr auf eine Tätigkeit hinter den Kulissen beschränkte. Einige Betroffene fanden Anstellung in der privaten Wirtschaft oder bei Parteiorganisationen. Die meisten Juristinnen blieben nach 1933 berufstätig, auch wenn sie oftmals keine ihrer Qualifikation angemessene Stelle fanden. Eine Erklärung dafür ist ihre private Situation; viele Rechtsanwältinnen waren ledig geblieben und konnten sich dadurch nicht auf eine finanzielle Absicherung durch den Ehemann verlassen.[13]

Eine nachhaltige Veränderung trat auch während der Kriegsjahre nicht ein. Vielmehr bestätigte im Januar 1942 der Reichsjustizminister nochmals, daß „eine Frau weder als Richter (Staatsanwalt), noch als Rechtsanwalt tätig werden soll".[14] Um die Rechtspflege aufrecht erhalten zu können, wurden

---

6 RGBl. I 1934, S. 91.
7 Reichsrechtsanwaltsordnung in der Fassung vom 21. Februar 1936, S. 1.
8 Noack, Kommentar zur Reichs-Rechtsanwaltsordnung, S. 28.
9 Reichsrechtsanwaltsordnung in der Fassung vom 21. Februar 1936, S. 2 (Par. 4 (1): „Über den Antrag auf Übernahme in den anwaltlichen Probedienst entscheidet der Reichsminister der Justiz.")
10 Reichsrechtsanwaltsordnung in der Fassung vom 21. Februar 1936, S. 27, Par. 110 (1).
11 Abgedruckt in: Deutscher Juristinnenbund (Hrsg.), Juristinnen in Deutschland. Eine Dokumentation (1900-1984), München 1984, Anhang Nr. 26.
12 Ebenda, Anhang Nr. 27. Das Schreiben trägt das Datum des 16. Januar 1936, richtig: 16. Januar 1937.
13 Douma, Deutsche Anwälte, S. 47 und 124ff.
14 Deutscher Juristinnenbund, Anhang Nr. 32.

III. Die Rechtsanwältinnen

die Bestimmungen für Richterinnen dann trotzdem etwas gelockert. Bei den Anwältinnen trat jedoch keine Verbesserung ein. So konnte eine Juristin zwar als amtlich bestellte Vertreterin eines zum Wehrdienst eingezogenen Rechtsanwalts tätig werden. Starb der zu Vertretende, endete die Bestellung. Selbst Ehefrauen wurde die Fortführung der Kanzlei ihres gefallenen Mannes nicht gestattet, was für die Betroffenen eine zusätzliche Härte bedeutete.[15] Noch im August 1944 beschied Martin Bormann Reichsjustizminister Thierack, daß Assessorinnen, deren Ehemänner gefallen waren, nicht zur Rechtsanwaltschaft zugelassen werden durften, „da derartige Maßnahmen sich auch nach dem Kriege auswirken würden". Der Führer habe dies bereits 1942 entschieden, er solle nun nicht abermals mit dieser Frage belastet werden.[16]

Eine der 15 Berliner Rechtsanwältinnen[17] machte während des Nationalsozialismus Karriere; es war Ilse Eben-Servaes. Seit 1934 war sie Mitglied der Akademie für deutsches Recht und wurde von Akademiepräsident Frank in den Ausschuß für Familienrecht, Jugendrecht, Rechtsfragen in der Bevölkerungspolitik, Wohlfahrt- und Fürsorgerecht berufen. Sie arbeitete an der Neugestaltung des deutschen Eherechts und der Stellung des Kindes mit. Obwohl sie eine linientreue Parteigängerin war, was sie durch Veröffentlichungen im Parteiorgan „Deutsches Recht" unter Beweis stellte, artikulierte sie sich deutlich für eine Verbesserung der Rechte der Ehefrau und vor allem der Mutter. Die bisherige Regelung, daß im Falle der Ehescheidung die Schuldfrage für die Zuteilung des Sorgerechts maßgeblich war und abgesehen davon die gesetzliche Vertretung des Kindes in jedem Fall beim Vater verblieb, schien Ilse Eben-Servaes nicht mehr zeitgemäß. Das Wohl des Kindes müsse im Mittelpunkt stehen und deshalb sei lediglich die Frage maßgebend, wer zur Erziehung und Pflege der Kinder geeigneter sei. Außerdem müsse man „gerade heute einer Frau, die durch die Mütterschulung hindurchgegangen ist, deren Verantwortungsbewußtsein gegenüber ihrem Kinde und der Volksgemeinschaft geweckt worden ist, neben der tatsächlichen Sorge auch die gesetzliche Vertretung überlassen", da die Trennung von Sorgerecht und gesetzlicher Vertretung in der Praxis häufig Probleme bereite.[18]

Im NSRB diente Ilse Eben-Servaes als Beauftragte des Reichsrechtsführers für die weiblichen Rechtswahrer. Daneben unterhielt sie eine große, auf Familienrecht spezialisierte Anwaltspraxis. Da sie verheiratet und Mutter eines Kindes war, kam „sie niemals in die Versuchung, in ihrem angeblich so männlichen Beruf zu vermännlichen, sondern sich auch menschlich weiterhin nach der fraulichen Seite hin zu entwickeln".[19] Es muß dahin gestellt bleiben, ob ihr Erfolg mehr ihrer Persönlichkeit zuzusprechen war oder eher ihrem Spezialgebiet Familienrecht, das der NS-Ideologie zufolge möglicherweise dem „weiblichem Wesen" entsprach. So exponiert wie Eben-Servaes trat keine andere Rechtsanwältin während des Nationalsozialismus in Erscheinung. Von allen anderen lassen sich bestenfalls Spuren dokumentieren.[20]

Jüdische Rechtsanwältinnen

Weitaus schwieriger gestaltete sich die Lage für die jüdischen Rechtsanwältinnen. Für sie trafen die Ausnahmebestimmungen des Anwaltsgesetzes vom 7. April 1933 nicht zu, da sie weder „Front-

---

15 Meier-Scherling, Benachteiligung der Juristin, S. 12.
16 Juristinnen in Deutschland, Anhang Nr. 44.
17 Ladwig-Winters, Anwalt ohne Recht, S. 47.
18 Deutsches Recht, 15. März 1938, S. 90ff.
19 Deutsche Zeitung in Kroatien, 14. April 1944, in: BA Personalakten R 22/54749; Juristinnen in Deutschland, Anhang Nr. 31.
20 Etwa von RAin Elsa Brünhild Lohmeyer, die 1941 im Mitgliederverzeichnis der Arbeitsgemeinschaft für Strafrechtspflege des NSRB genannt wird.

kämpfer" noch „Altanwälte" (vor 1914 zugelassen) sein konnten. Die „Kann-Bestimmung" des Gesetzes zur Entziehung der Zulassung wurde bei 19 der 20 jüdischen Rechtsanwältinnen, die Anfang 1933 in Berlin zugelassen waren, umgesetzt.[21]

Margarete Berent war 1925 als erste Anwältin Preußens und zweite Deutschlands zugelassen worden. Nach der Zulassungsrücknahme arbeitete sie von Oktober 1933 bis Ende 1939 als Provinzialfürsorgerin für die Rheinprovinz in der Zentralwohlfahrtsstelle der Juden Deutschlands in Köln. 1939 wanderte sie nach Chile aus und ging von dort 1941 in die USA. Als eine der wenigen Juristenemigrantinnen nahm sie ein Abendstudium an der Law School der New York University auf und wurde 62jährig 1949 in New York als Anwältin zugelassen.[22]

Ella Auerbach, die 1928 als erste Rechtsanwältin am Berliner Kammergericht zugelassen worden war, emigrierte im Januar 1939 mit ihrem Mann Richard, der noch bis 1938 als Anwalt in Berlin tätig gewesen war, nach England und von dort im September 1940 in die USA, wo sie sich als Sozialarbeiterin betätigte.[23]

Die 32jährige Anita Eisner, die seit 1927 als Rechtsanwältin tätig war, verlor ihre Zulassung im Mai 1933. Während der folgenden zehn Jahre fand sie ihr Auskommen durch die Verwaltung jüdischer Grundstücke und Vermögen. Nachdem ihre gesamte Familie deportiert worden war, tauchte Anita Eisner im März 1943 unter und überlebte bis Kriegsende versteckt in Berlin. Nach dem Krieg wurde sie wieder als Rechtsanwältin zugelassen, starb jedoch 49jährig im April 1950, vermutlich an den Folgen der langjährigen Entbehrungen.[24]

Elsa Ostberg arbeitete in der Kanzlei ihres Mannes Ernst mit, der nach dem Berufsverbot 1938 noch als „Konsulent" zugelassen wurde. Gemeinsam wurden sie am 3. Oktober 1942 nach Theresienstadt deportiert, wo sich die Spuren von Ernst Ostberg verlieren. Seine Frau wurde in Auschwitz ermordet.[25]

Die jüngste vom Anwaltsgesetz betroffene Rechtsanwältin war die 1905 geborene Hilde Kirchheimer, Tochter des prominenten Anwalts Kurt Rosenfeld, der als Verteidiger von Rosa Luxemburg und Carl von Ossietzky seit vielen Jahren Ziel nationalsozialistischer Angriffe und Verleumdungen war. Vierfach gefährdet – als Tochter Kurt Rosenfelds, als Jüdin, obwohl sie kein Mitglied der Gemeinde war, als SPD-Mitglied und Anwältin der „Roten Hilfe" – flüchtete sie 1933 nach Frankreich und emigrierte über Moskau nach Mexiko. Als Hilde Neumann kehrte sie 1947 nach Deutschland zurück und arbeitete für die SED. 1949 wurde sie Präsidentin des Landgerichts Berlin, 1950 Magistratsdirektorin für Justiz. Von 1953 bis 1958 war sie Chefredakteurin der Zeitschrift „Neue Justiz" und 1958/59 hauptamtliche Sekretärin der Vereinigung Demokratischer Juristen der DDR.[26]

Als einzige jüdische Berliner Rechtsanwältin blieb Hanna Katz zugelassen. Am 1. Juni 1933 war über sie vorübergehend ein Vertretungsverbot verhängt worden,[27] das jedoch aus außenpolitischen Gründen im Sommer wieder aufgehoben wurde. Katz war nämlich als einzige deutsche Vertreterin Schriftführerin des „Trade Mark Committee" der „International Law Association". Um zu verhindern, daß ein britischer Delegierter, der bereits Interesse signalisiert hatte, dieses Amt übernahm, erhielt Hanna Katz ihre Zulassung wieder. Nach dem allgemeinen Berufsverbot für jüdische Rechts-

---

21 Ladwig-Winters, Anwalt ohne Recht, S. 45ff.
22 Ernst C. Stiefel/Frank Mecklenburg, Deutsche Juristen im amerikanischen Exil (1933-1950), Tübingen 1991, S. 76f.
23 Ebenda, S. 9 und 74.
24 Ladwig-Winters, Anwalt ohne Recht, S. 39 und 119.
25 Ebenda, S. 59 und 185.
26 Ebenda, S. 45 und 182.
27 GStA Rep. 84a Nr. 20363.

anwälte 1938 wurde sie als einzige Frau als „Konsulentin" zugelassen. 1941 gelang es ihr noch, in die USA auszuwandern, wo sie für mehrere jüdische Organisationen tätig war.[28]

Von dem Gesetz vom 7. April 1933 war auch die junge Berliner Rechtsanwältin Hilde Benjamin betroffen, die nach dem Krieg als berüchtigte Justizministerin der DDR bekannt werden sollte.[29] 1902 als Hilde Lange geboren, studierte sie von 1921 bis 1924 Jura in Berlin, Heidelberg und Hamburg und erhielt im April 1929 ihre Zulassung als Rechtsanwältin. Im Februar 1926 hatte sie Georg Benjamin geheiratet, einen kommunistischen Arzt aus großbürgerlich jüdischer Familie. Seit November 1927 war sie Mitglied der Kommunistischen Partei. Hilde Benjamin eröffnete ihre Kanzlei im Bezirk Wedding in der Müllerstraße kurz vor den blutigen ersten Maitagen 1929, als sich Anhänger der konkurrierenden Parteien SPD und KPD Straßenschlachten lieferten, bei denen 33 Menschen ihr Leben ließen, weitere 198 verletzt und 1228 von der Polizei festgenommen wurden. Hilde Benjamin vertrat einige dieser Arbeiter, die wegen Widerstandes gegen die Staatsgewalt oder Landfriedensbruches angeklagt worden waren. Finanziert wurden diese Verteidigungen von der „Roten Hilfe" der KPD.

Ins Rampenlicht der Öffentlichkeit geriet Hilde Benjamin erstmals im September 1930 im Prozeß gegen die Mörder Horst Wessels. Sie verteidigte die Wirtin Wessels, Elisabeth Salm, die sich aus Ärger über ihren Untermieter an ihr bekannte KPD-Mitglieder mit der Bitte um Hilfe gewandt hatte. Wessel hatte sich geweigert, für seine Freundin ebenfalls Miete zu bezahlen. Als die in einem Lokal der KPD Versammelten erfuhren, daß es sich dabei um den verhaßten SA-Sturmführer Horst Wessel handelte, ließen sie sich von Elisabeth Salm zu ihrer Wohnung führen und verletzten Horst Wessel durch einen Schuß so schwer, daß er sechs Wochen später starb. Von den Nationalsozialisten wurde Wessel zum Märtyrer stilisiert. Die KPD distanzierte sich von dem Mörder und stellte die Tat als Eifersuchtsdrama unter Zuhältern dar, was vor Gericht jedoch gründlich mißlang. Hilde Benjamin hingegen wurde von Presse und Kollegen wegen ihrer geschickten Verteidigung von Elisabeth Salm gelobt; sie plädierte auf Freispruch, da Salm das Ausmaß der Tat nicht habe übersehen können. Die Richter verurteilten sie zu 18 Monaten Gefängnis.

Neben politischen Strafsachen, deren Bearbeitung seit 1932 meist ihr Sozius Götz Berger übernahm, lag Benjamins Schwerpunkt in den folgenden Jahren auf dem Arbeitsrecht, wo sie vor allem für die Revolutionäre Gewerkschaftsorganisation (RGO), die Gewerkschaft der KPD, tätig wurde. Aber sie vertrat die Arbeiter auch in anderen Rechtsstreitigkeiten, etwa Scheidungs- und Mietsachen oder Räumungsklagen.

Neben ihrer Tätigkeit als Rechtsanwältin engagierte sich Hilde Benjamin in der KPD. Im Oktober 1929 wurde sie in den Zentralvorstand der „Roten Hilfe" gewählt, und von 1931 bis 1933 lehrte sie an der Marxistischen Arbeiterschule der KPD Berlin.

Nach dem 30. Januar 1933 versuchte Hilde Benjamin zunächst, ihre Tätigkeit fortzuführen. Aber das Anwaltsgesetz vom 7. April 1933 verschonte sie nicht. Personen, die sich „im kommunistischen Sinne betätigt" hatten, war die Zulassung zur Rechtsanwaltschaft zu entziehen. Vorgeworfen wurde ihr die „Verteidigung von Kommunisten und Entgegennahme von Gebühren hierfür seitens der Roten Hilfe" und die „Leistung von Spenden für die Rote Hilfe".[30] Im Mai 1933 verlor sie ihre Zulassung als Rechtsanwältin; sie mußte ihre Kanzlei auflösen.

Georg Benjamin war bereits am 12. April in Schutzhaft genommen, Ende Dezember dann aus dem Konzentrationslager Sonnenburg wieder entlassen worden. Als er 1935 wiederum verhaftet wurde,

---

28 Ladwig-Winters, Anwalt ohne Recht, S. 46f. und 154.
29 Zum folgenden Andrea Feth, Hilde Benjamin – eine Biographie, Berlin 1997, passim.
30 GStA Rep. 84a Nr. 20363.

kehrte Hilde Benjamin mit ihrem Sohn in ihr Elternhaus nach Steglitz zurück. Im September 1942 erhielt sie aus Sachsenhausen Nachricht, daß ihr Mann am 26. August 1942 verstorben sei. Bis Kriegsende kümmerte sie sich hauptsächlich um die Erziehung ihres Sohnes.

Nach der Befreiung wurde Hilde Benjamin zunächst Staatsanwältin in Steglitz. In den folgenden mehr als zwei Jahrzehnten spielte sie eine zentrale Rolle in der Justiz der DDR. Von 1947 bis 1949 leitete sie die Personalabteilung der Deutschen Justizverwaltung, 1948/49 war sie Mitglied des Volksrates, von 1949 bis 1953 Vizepräsidentin des Obersten Gerichtes der DDR und von 1953 bis 1967 schließlich Justizministerin der DDR. Hilde Benjamin starb 87jährig am 18. April 1989.

IV. Die Vorkriegsjahre

1. Der Kampf um die Erweiterung der Betätigungsfelder

Wie vor 1933 kämpfte die Anwaltschaft auch nach der nationalsozialistischen Machtübernahme gegen die Überfüllung ihres Berufsstandes und gleichzeitig um die Erweiterung ihres Betätigungsfeldes, um Einkommensverbesserungen zu erzielen. In der ersten Ausgabe des Jahres 1933 erläuterte die „Deutsche Juristen-Zeitung" ausführlich den Beschluß der Abgeordnetenversammlung des Deutschen Anwaltvereins vom Dezember 1932 zur Einführung des numerus clausus. Der Verfasser diskutierte mehrere Maßnahmen, um die Lage der Anwaltschaft langfristig zu verbessern. Vor allem galt es alle Vorschriften zu beseitigen, die das Arbeitsfeld der Rechtsanwälte einschränkten; im Detail wurde eine Änderung von Par. 11 des Arbeitsgerichtsgesetzes, eine Regelung der Rechtskonsulentenfrage und eine Aufhebung des Verbots der Anwaltshilfe vor den Schiedsgerichten gefordert. Der Verfasser sprach sich außerdem gegen eine Erweiterung der amtsgerichtlichen Zuständigkeit aus. Erforderlich schien ihm ferner eine Beschränkung der Zulassung zum juristischen Vorbereitungsdienst unter Berücksichtigung des Bedarfs der Rechtspflege und der Wirtschaft.[1] Diese Themen blieben auch nach dem politischen Umbruch die zentralen Anliegen der Anwaltschaft.

Die Vertreter des Deutschen Anwaltvereins und der „Vereinigung der Deutschen Anwaltskammervorstände" trugen am 8. Februar 1933, also nur eine Woche nach der Machtübernahme, in einer Besprechung dem Reichsjustizminister die Probleme vor, die die Anwaltschaft schon seit Jahren bewegten.[2] Die Delegation sprach sich für die Einführung einer Praktikantenzeit vor der Zulassung zur Anwaltschaft aus, für Beschränkungen bei der Zulassung aus dem Amte geschiedener Beamter und für die Beseitigung von Einschränkungen bei der Zulassung von Rechtsanwälten bei Gerichten, Verwaltungsgerichten und -behörden und Schiedsgerichten. Ein dringendes Anliegen war auch die Änderung des Par. 11 des Arbeitsgerichtsgesetzes, das Verbot des Rechtskonsulentengewerbes, die Abschaffung der Gewerbesteuer und die Errichtung einer Reichs-Rechtsanwaltskammer. Dem weitreichendsten Vorschlag einer sofort in Kraft tretenden Zulassungssperre und der Einführung eines numerus clausus, um eine weitere Überfüllung des Berufsstandes zu verhindern, kam das Reichsjustizministerium in der Folgezeit zwar nicht nach, weil es den jungen Juristen – so die Argumentation – nicht die Zukunftschancen verbauen wollte. Dahinter stand die Überlegung, daß der neue Staat eher die älteren Anwälte verdrängen wollte, da von ihnen eine stärkere Opposition gegen die Umgestaltung des Rechtssystems erwartet wurde als von den jüngeren, die eher offen für die neue Ideologie schienen. Viele andere von der Anwaltschaft vorgetragenen Wünsche wurden in der Tat in den nächsten Jahren in Gesetze eingebracht.

Die Vor- und Nachteile einer Freizügigkeit der Rechtsanwälte über die Landesgrenzen hinaus wurden schon viele Jahre diskutiert. Ihre Einführung war ein dringendes Anliegen des Deutschen Anwaltvereins, der in einer Eingabe an das Reichsjustizministerium am 3. Juni 1933 diese Position nochmals bekräftigte. In der landesweiten Beschränkung sah er ein „Überbleibsel aus Zeiten eines ... überwundenen Partikularismus". Dem Deutschen Anwaltverein war durchaus bewußt, daß die Einführung der Freizügigkeit eine weitere zahlenmäßige Zunahme von Rechtsanwälten in den attraktiven Großstädten zur Folge haben würde.[3] Das Preußische Justizministerium nahm eine grundsätzlich positive Haltung in dieser Frage ein, befürchtete allerdings eine weitere Verschlechterung der Situa-

---

1 Deutsche Juristen-Zeitung, 1. Januar 1933, Sp. 70ff.
2 GStA Rep. 84a MF 1203. Der Reichsminister der Justiz an die Landesjustizverwaltungen, 23. Februar 1933.
3 Deutsche Juristen-Zeitung, 1. August 1933, Sp. 1021f.

tion in Berlin. So sprach sich das Ministerium im Mai 1933 prinzipiell für die Freizügigkeit aus, erachtete jedoch eine Zulassungsbeschränkung für Berlin als unumgänglich.[4] Auch nach Verabschiedung des „Ersten Gesetzes zur Überleitung der Rechtspflege auf das Reich" vom 16. Februar 1934[5], das in Artikel 3 die Freizügigkeit über die Landesgrenzen hinaus einführte, machte das Preußische Justizministerium weiterhin Bedenken geltend. Es fürchtete eine Proletarisierung der Anwaltschaft in einigen preußischen Großstädten wegen des starken Zuzugs von Anwälten aus den Provinzen und in Oberschlesien wegen der möglichen Übersiedelung jüdischer Anwälte dorthin. Die Justizverwaltung schlug deshalb im März 1934 eine Abänderung des Gesetzes über die Freizügigkeit der Rechtsanwälte vor. Ihr Vorschlag – „bei Gerichten, bei denen nach dem pflichtmäßigen Ermessen der Landesjustizverwaltung eine derartige Überfüllung der Anwaltschaft besteht, daß sie über das durchschnittliche Maß hinausgeht, kann die Zulassung weiterer Rechtsanwälten versagt werden"[6] – fand Eingang in die neue Rechtsanwaltsordnung im Dezember 1935.

Besondere Brisanz hatte die Idee von der Einführung einer Altershöchstgrenze von 65 Jahren für die Ausübung des Anwaltsberufs. Vor allem der Vizepräsident der RRAK Erwin Noack machte sich für diesen Vorschlag zur Linderung des anwaltlichen Notstandes stark. Dies stieß bei den betroffenen älteren Rechtsanwälten auf massiven Widerstand. Der Großteil war keinesfalls bereit, zugunsten des Nachwuchses auf die Berufsausübung zu verzichten, zumal die Altersvorsorge bei vielen kaum für die Sicherung des Existenzminimums ausreiche. Besonders ungerecht schien es ihnen, daß sie nun, nachdem ihre Kanzleien und ihr finanzielles Auskommen durch den Ersten Weltkrieg und die Inflation in den frühen zwanziger Jahren stark gelitten hatten, abermals zurückstehen sollten.[7]

1934 erstellte die Anwaltschaft aufgrund der zunehmenden Verelendung des Berufsstandes ein Selbsthilfeprogramm. Der BNSDJ veröffentlichte die Forderungen im Einvernehmen mit der Reichs-Rechtsanwaltskammer in Form einer Denkschrift der Reichsfachgruppe Rechtsanwälte. Es enthielt folgende Vorschläge: Anwälte sollten kraft Gesetzes grundsätzlich vor allen Gerichten, Behörden und vor allem auch Schiedsgerichten zugelassen werden. Um eine Abwanderung zu den Verkehrsunfall-Schutzverbänden zu verhindern, plante der BNSDJ die Einrichtung eigener anwaltlicher Verkehrsunfall-Schutzstellen. Wirtschaftlich besser situierte Anwälte sollten zugunsten der schwächeren auf Armenmandate verzichten. Weiterhin wurde gefordert, den Zustrom von Anwälten in die Großstädte zu beschränken, eine besondere anwaltliche Ausbildung von mindestens zwei Jahren einzuführen, die Zulassung pensionierter Beamter weiter zu beschränken und das unkontrollierbare Rechtskonsulententum zu beseitigen.

Zu letzterem fand der Reichsfachgruppenleiter der Berufsgruppe Rechtsanwälte im BNSDJ, Walter Raeke, deutliche Worte, die auch mit Kritik an der Regierung nicht sparten: „Während andere Berufsstände in ihren berufsständischen Belangen geschützt und gekräftigt worden sind, ist gegenüber der deutschen Anwaltschaft die Schwarzarbeit unberufener und nicht fachlich vorgebildeter sogenannter Rechtsberater ... nicht nur geduldet, sondern von manchen Stellen der nationalsozialistischen Bewegung geradezu gefördert und in aller Form organisiert worden durch Einrichtung von sogenannten Rechtsstellen oder Rechtsberatungsstellen, die sich der Theorie nach auf einige große Rechtsgebiete, wie z. B. Arbeitsrecht und Bauernrecht, beschränken sollen, in Wirklichkeit aber auf allen Rechtsgebieten Rat, in unzähligen Fällen auch Unrat erteilen."[8]

---

4 GStA Rep. 84a MF 1198. Betrifft Zulassung zur Rechtsanwaltschaft im Sinne der Freizügigkeit der Rechtsanwälte, 4. Mai 1933.
5 RGBl. I 1934, S. 91.
6 GStA Rep. 84a MF 1208. Der Preuss. Justizminister an den Herrn Reichsminister der Justiz. Betr: Freizügigkeit für Rechtsanwälte, 26. März 1934.
7 BA R 22/251. Der Staatssekretär und Chef der Reichskanzlei an Herrn Staatssekretär Professor Dr. Dr. h.c. Schlegelberger, 13. Juni 1935.

IV. Die Vorkriegsjahre

Mit den Forderungen befaßte sich eine Kommission zur Linderung der Standesprobleme, die im Reichsjustizministerium gebildet wurde. Dieser gingen weitere, zum Teil ziemlich befremdliche Vorschläge zu, die die Not des Standes offenbarten. Neben den bekannten Ideen wie das Ausschalten jüdischer Anwälte und der Zulassungssperre von Ruhegehalt beziehenden Beamten tauchten Vorschläge wie das Ausscheiden unverheirateter Rechtsanwälte mit 40 Jahren, Kinderloser, Vermögender (unter Einbeziehung des Vermögens der Ehefrau) oder Nichtfrontkämpfer auf. Neuzugelassene Anwälte sollten erst nach einer Wartezeit mit Armensachen betraut werden, in Städten mit mehr als 25 000 Einwohnern eine Zulassungssperre verhängt und die Ehrengerichtsbarkeit straffer gehandhabt werden.[9]

Die Standesvertreter boten bei den Besprechungen und Verhandlungen mit den zuständigen Stellen ein trauriges, eindeutig von der schlechten ökonomischen Situation bestimmtes Bild, wie ein Artikel in der Zeitschrift des BNSDJ[10], „Deutsches Recht", deutlich macht: „Was wir jetzt ringsum sehen in den Arbeiten, Reden und Beschlüssen der Landesparlamente, Kammervorstände usw., das ist ein ängstliches Ringen mit den Ministerien, öffentlichen Körperschaften und politischen Parlamenten gegen eine weitere Verengerung des Berufsfeldes der Anwaltschaft, gegen die Überfüllung des Berufs und damit die Zerstörung des Existenzminimums für den Großteil der Anwälte. Es ist kein von Selbstbewußtsein und von einer überlegenen Idee getragener Kampf, sondern ein Verteidigungskrieg in einer ganz unzulänglich ausgebauten Stellung. Der Kampf der Anwaltschaft muß für den außenstehenden Volksgenossen als der Kampf eines Interessenhaufens um seine Futterkrippe erscheinen, an dem er nicht das geringste Interesse hat. ... Es ist weder ein überzeugendes, noch eines stolzen Standes würdiges Argument, wenn gesagt wird: Die Anwälte müssen diese oder jene Gebiete des Rechtslebens für sich beanspruchen, weil die Juristen, die gegenwärtig Anwälte sind, leben müssen, weil ihr Existenzminimum gesichert sein muß."[11]

Allerdings konnte die Anwaltschaft in ihrer Notlage an Hitler und die Nationalsozialisten keine allzu großen Erwartungen knüpfen. Eine auf den „Führerwillen" ausgerichtete staatliche Ordnung konnte naturgemäß nur wenig Interesse für das Recht im allgemeinen und die Juristen im besonderen aufbringen. Hitler beanspruchte die Stellung des „Obersten Gerichtsherrn des deutschen Volkes" für sich selbst und hatte bereits vor 1933 aus seiner Verachtung für die Juristen kein Hehl gemacht. Insbesondere der Beruf des Rechtsanwalts, der die Individualinteressen eines Mandanten vertrat, mußte zwangsläufig in Kollision mit dem nationalsozialistischen Ideal der „Volksgemeinschaft", der sich der einzelne unterzuordnen hatte, geraten.[12] Meßlatte für das Recht sollte nicht mehr die Freiheit des Individuums sein, sondern die „Volksgemeinschaft", die auf den „Substanzwerten der Nation ... Staat, Rasse, Boden, Arbeit, Ehre" aufbaute.[13] Selbst Reinhard Neubert, inzwischen Präsident der RRAK, hielt die Frage für gerechtfertigt, „ob für die Einrichtung der Anwaltschaft im Dritten Reich überhaupt noch Raum und Lebensnotwendigkeit besteht". Nach einer historischen Prüfung und der für ihn wesentlichen Feststellung, daß die Anwaltschaft „nicht etwa eine Einrichtung des Li-

---

8 Juristische Wochenschrift, 17. März 1934, S. 668.
9 Noack, Kommentar zur Reichs-Rechtsanwaltsordnung, S. 5ff.
10 Der Bund Nationalsozialistischer Deutscher Juristen (BNSDJ) wurde als erste „Fachorganisation" der NSDAP 1928 gegründet. Bis 1942 leitete Hans Frank die 1936 in NSRB (Nationalsozialistischer Rechtswahrerbund) umbenannte Organisation; ihm folgte der neue Reichsjustizminister Thierack. Der Bund gliederte sich in acht Reichsgruppen: Richter und Staatsanwälte, Rechtsanwälte, Notare, Rechtspfleger, Verwaltungsrechtswahrer, Hochschullehrer, Wirtschaftsrechtswahrer und Junge Rechtswahrer. Das Zentralorgan des Bundes war die Zeitschrift „Deutsches Recht". Sein rechtspolitischer Einfluß war allerdings nicht sehr groß. Vgl. dazu: Michael Sunnus, Der NS-Rechtswahrerbund (1928-1945). Zur Geschichte der nationalsozialistischen Juristenorganisation, Frankfurt a. M. 1990.
11 Deutsches Recht, Juni 1933, S. 7.
12 Benz, Von der Entrechtung, in: Heinrichs u. a., Deutsche Juristen, S. 830.
13 Juristische Wochenschrift, 5. September 1936, S. 2505.

beralismus, dazu bestimmt, rücksichtslos individualistische Interessen zu verfechten" sei, kam Neubert zu einem positiven Befund. Auch der neue Staat bejahe grundsätzlich die Notwendigkeit einer freien Anwaltschaft. Der Schwerpunkt seiner Tätigkeit solle sich jedoch auf die vorprozeßliche Beratung verlagern, der Anwalt zum „Rechtsbetreuer" des Volkes avancieren.[14] Das nationalsozialistische Idealbild vom Rechtsanwalt mutierte den früheren Anwalt einer Partei zu einem Anwalt des Rechts.[15]

Die unmittelbar nach dem Regierungswechsel einsetzende Propaganda, daß dem Beruf des Rechtsanwalts im NS-Staat eine völlig andere Bedeutung zukomme als in der überwundenen „liberalistischen Epoche" mußte zwangsläufig zu einer tiefgehenden Verunsicherung in weiten Kreisen der Anwaltschaft führen. Obwohl sich unter den „alten Kämpfern" der NSDAP einige Rechtsanwälte hervorgetan hatten, konnte sich die Anwaltschaft keine Illusion über ihr sinkendes Ansehen machen.

Spätestens die Morde im Zusammenhang mit der Röhm-Affäre im Sommer 1934 mußten auch allen Gutgläubigen die Augen geöffnet haben, welch geringen Stellenwert Recht und Rechtsanwälte im „Dritten Reich" einnahmen.

Hauptziel der neuen Regierung war zunächst die Ausschaltung jüdischer Rechtsanwälte, ansonsten vollzog sie keine radikale Wende in der Anwaltspolitik. Im Gegenteil: einige der nun verabschiedeten Gesetze griffen auf die bisherigen Diskussionen zurück und erfüllten zum Teil langjährige Forderungen der Anwaltschaft.

2. Die Entwicklung des Standesrechts

Die „Verordnung des Reichspräsidenten über Maßnahmen auf dem Gebiete der Finanzen, der Wirtschaft und der Rechtspflege" vom 18. März 1933[16] brachte die erste Änderung der Rechtsanwaltsordnung von 1879 nach dem Machtwechsel, indem sie die Gründung einer Reichs-Rechtsanwaltskammer als Verbindungsorgan der Kammervorstände vorsah. Um die Effizienz der Standesvertretung zu verstärken, hatte die Anwaltschaft die Gründung einer derartigen reichsweiten Institution schon seit vielen Jahren gefordert; sie wurde denn auch nahezu einhellig begrüßt.

Eine Erweiterung des Betätigungsfeldes der Rechtsanwälte brachten die „Verordnung der Reichsregierung über die Bildung von Sondergerichten" vom 21. März 1933, die in Par. 10 zwingend die Vertretung durch einen Anwalt vorschrieb,[17] die „Erste Durchführungsverordnung zum Reichserbhofgesetz, insbesondere über Einrichtung und Verfahren der Anerbenbehörden" vom 19. Oktober 1933, die in Par. 24 die gerichtliche Anordnung einer Vertretung durch einen Rechtsanwalt regelte[18] und die „Verordnung zur Durchführung der Verordnung über die Devisenbewirtschaftung" vom 9. Mai 1933, die in Par. 24 die mögliche Verteidigung durch Anwälte regelte.[19]

Mit großer Genugtuung nahm die Anwaltschaft sodann die weitgehende Ausschaltung der sogenannten Winkelkonsulenten auf; diese Konkurrenz war von den Anwälten seit Jahren heftig bekämpft

---

14 Neubert, Anwalt in der Politik, S. 233ff.
   Heinrich Droege diskutierte die Frage nach der Rechtfertigung des Anwaltsberufes im NS-Staat, in: Juristische Wochenschrift, 1. Oktober 1938, S. 2505ff.
15 Walter Raeke, Zur Gauführertagung des BNSDJ. am 27. Jan. 1935. Anwalt des Rechts – nicht Anwalt der Partei, in: Juristische Wochenschrift, 26. Januar 1935, S. 241.
16 RGBl. I 1933, S. 119ff.
17 Ebenda, S. 136ff.
18 Ebenda, S. 753.
19 RGBl. I 1933, S. 278ff., hier S. 281.

worden. Die Änderung des Par. 157 der Zivilprozeßordnung am 20. Juli 1933 regelte, daß nur noch Rechtsanwälte als Bevollmächtigte und Beistände in der mündlichen Verhandlung zugelassen waren.[20] Die Begründung des Reichsjustizministeriums für die Änderung war allerdings zynisch: Die Regelung dieser Frage sei jetzt „besonders dringlich geworden" wegen des „zu erwartenden Zuzug(s) in das Rechtskonsulentengewerbe aus den Kreisen der aus der Anwaltschaft ausgeschiedenen nichtarischen Anwälte".[21]

Viel Unzufriedenheit unter den Anwälten rief die Zulassung ehemaliger Beamter, die ein Ruhegehalt bezogen, zur Rechtsanwaltschaft hervor. Von den Anwälten, die um ihr wirtschaftliches Überleben kämpften, wurden diese aus dem Dienst geschiedenen Staatsanwälte und Richter als unliebsame Konkurrenz betrachtet, was wiederum die These von der Einkommensfrage als dem entscheidenden Hebel zur Gleichschaltung der Anwaltschaft stützt.[22] Die Wünsche der Anwaltschaft ließen sich an dieser Stelle mit den Vorstellungen des Staates ideal vereinbaren, wenn auch ursprünglich unterschiedliche Motive hinter der Verabschiedung des „Gesetzes zur Änderung einiger Vorschriften der Rechtsanwaltsordnung, der Zivilprozeßordnung und des Arbeitsgerichtsgesetzes" vom 20. Juli 1933[23] gestanden hatten. Den Anwälten war an der Verhinderung eines weiteren Anwachsens der Anwaltschaft gelegen, während der Staat einer Überalterung des Standes entgegentreten, gleichzeitig aber auch ein Mittel haben wollte, um Beamten, die aufgrund Par. 4 des Berufsbeamtengesetzes vom 7. April 1933[24], also wegen ihrer politischen Betätigung, aus dem Dienst entlassen worden waren, die Zulassung zur Anwaltschaft verwehren zu können.

Die in dem Gesetz vom 20. Juli 1933 erreichten Einschränkungen bei der Zulassung von ehemaligen Beamten empfand die Anwaltschaft jedoch als unzureichend. Vor allem die Zulassung der aufgrund Par. 6 des Berufsbeamtengesetzes zur Vereinfachung der Verwaltung entlassenen Beamten konnte nach der bestehenden Gesetzeslage nicht verhindert werden. Dies betraf zahlreiche höhere Kommunalbeamte, die – so die Kritik der Reichs-Rechtsanwaltskammer – „bereits hohe – das Durchschnittseinkommen des Anwalts übersteigende – Ruhegehälter" bezogen. Um ihr Vorgehen nicht nur als platten Konkurrenzneid verstanden zu wissen, fügte die Reichs-Rechtsanwaltskammer noch an, daß die Umstellung auf den Anwaltsberuf für die Kommunalbeamten wegen ihrer langjährigen anders gelagerten Tätigkeit von großen Schwierigkeiten geprägt sein werde. Sie schlug die Einführung einer Altersgrenze – das 50. Lebensjahr – für die Zulassung ehemaliger Beamter zur Anwaltschaft vor.[25] Zahlreiche andere Schreiben belegen jedoch, daß der finanzielle Konkurrenzaspekt das entscheidende Motiv für das Drängen der Anwaltschaft auf eine weitergehende gesetzliche Lösung des Problems der Zulassung bisheriger Beamter war. Auch die regelmäßig angeführte Forderung, Armenmandate, Offizialverteidigungen, Konkurs- und Nachlaßverwaltungen nicht an Anwälte zu vergeben, die ein Ruhegehalt bezogen, unterstreicht diese Tendenz.[26] Das Preußische Justizministerium unterstützte die Vorschläge der Reichs-Rechtsanwaltskammer nachhaltig. Zumindest die Schaffung einer gesetzlichen Kann-Vorschrift, derzufolge früheren Beamten, die Ruhegehalt bezogen oder aus politischen Gründen entlassen worden waren, die Zulassung versagt werden konnte, hielt es für

---

20 Gesetz zur Änderung einiger Vorschriften der Rechtsanwaltsordnung, der Zivilprozeßordnung und des Arbeitsgerichtsgesetzes vom 20. Juli 1933, in: Ebenda, S. 523.
21 BA R 43 I/1464. Begründung des Entwurfs eines Gesetzes zur Änderung einiger Vorschriften der Rechtsanwaltsordnung, der Zivilprozeßordnung und des Arbeitsgerichtsgesetzes durch das Reichsjustizministerium, 7. Juli 1933, S. 5.
22 S. dazu auch: Udo Reifner, Juristen im Nationalsozialismus. Kritische Anmerkungen zum Stand der Vergangenheitsbewältigung, in: Zeitschrift für Rechtspolitik 1 (1983), S. 19.
23 RGBl. I 1933, S. 522f.
24 Ebenda, S. 175ff.
25 GStA Rep. 84a MF 1212. Präsidium der Reichs-Rechtsanwalts-Kammer an den Herrn Reichsminister der Justiz. Betrifft: Gesetzliche Beschränkung der Zulassung von ehemaligen Beamten zur Rechtsanwaltschaft, 9. Juli 1934.
26 Dazu zahlreiche Schreiben in: BA R 22/251 und GStA Rep. 84a MF 11218.

dringend notwendig. Dabei gab es zu bedenken, daß es weder im Interesse der Anwaltschaft noch des Staates sein könne, wenn aus politischen Gründen entlassene und damit als unzuverlässig geltende Beamte als Anwalt zugelassen würden.[27]

Am 20. Dezember 1934 verabschiedete die Reichsregierung das „Gesetz zur Änderung der Rechtsanwaltsordnung",[28] das einige Forderungen des BNSDJ-Selbsthilfeprogramms aufgriff und wiederum einerseits Zugeständnisse an die Anwaltschaft enthielt, andererseits jedoch Gleichschaltung förderte und ihre Rechte einschränkte.[29] Die Erweiterung des Par. 31 der Rechtsanwaltsordnung erfüllte einen langjährigen Wunsch der Anwälte. Er untersagte den Syndikusanwälten, für ihre Auftraggeber als Prozeßbevollmächtigte in zivilrechtlichen Streitverfahren einschließlich schiedsrichterlicher Verfahren, in Strafsachen und in verwaltunsgerichtlichen Verfahren aufzutreten. Auch die Erweiterung der Voraussetzungen, unter denen die Zulassung zur Rechtsanwaltschaft versagt werden konnte, wurden vom Berufsstand als ein Entgegenkommen der Regierung verstanden. Das Zulassungsgesuch eines Antragstellers konnte in Zukunft zurückgewiesen werden, wenn der Betreffende das 55. Lebensjahr vollendet hatte. Außerdem konnte in Großstädten mit mehr als 150 000 Einwohnern nicht bezirkseingesessenen Antragstellern die Zulassung versagt werden. Daß mit diesen Regelungen auch der Einfluß des Staates auf die Anwaltschaft wuchs, wurde entweder nicht registriert oder als unliebsame Begleiterscheinung, die man angesichts des damit erreichten Fortschritts in Kauf nehmen mußte, akzeptiert.

Die durch das Gesetz vom 20. Dezember 1934 erfolgte Änderung der Rechtsanwaltsordnung war aus anwaltlicher Sicht zwar eine erfreuliche Entwicklung, wurde jedoch als unzulänglich betrachtet, um die Not der Anwaltschaft ernsthaft zu bekämpfen.[30] Verbitterung löste vor allem die Zurückweisung von Anwälten als Parteivertreter vor Spruchstellen, Behörden und Selbstverwaltungskörperschaften mit der Begründung aus, die Hinzuziehung eines Anwalts erschwere die Verständigung.[31] Auch der Ausschluß vor den Parteigerichten stieß auf Unverständnis. Vor allem die Fragen der Einführung eines Anwaltspraktikums, das den Zustrom zur Anwaltschaft zumindest vorübergehend aufhalten würde, des ungehinderten Zugangs vor allen Behörden, des Rechtskonsulententums und der Neufassung des Par. 11 des Arbeitsgerichtsgesetzes bedurften aus Anwaltsperspektive nach wie vor einer gesetzlichen Regelung.[32]

Der staatlichen Willkür Tür und Tor öffnete die in dem Gesetz festgelegte Änderung des Par. 5 der Rechtsanwaltsordnung. „Wenn die Persönlichkeit des Antragstellers nach seinem bisherigen Verhalten keine Gewähr für zuverlässige Berufsausübung und gewissenhafte Erfüllung der anwaltlichen Standespflichten" bot, mußte ihm die Zulassung zur Rechtsanwaltschaft versagt werden. Für den führenden Anwaltsfunktionär Reinhard Neubert stellte diese Bestimmung „das Kernstück der neuen Zulassungsvorschriften" dar. Der Anwaltsberuf sei nun nicht länger „der Sammeltopf, der zum Schaden seines Ansehens alle Juristen aufnehmen muß".[33] Die BNSDJ-Zeitschrift „Deutsches Recht" kommentierte: „Damit ist dem Eindringen asozialer, volks- und staatsfeindlicher Elemente in

---

27 GStA Rep. 84a MF 1212. Der Preußische Justizminister an den Herrn Reichsminister der Justiz. Betr. Gesetzl. Beschränkung der Zulassung von ehemaligen Beamten zur Rechtsanwaltschaft, 1. August 1934.
28 RGBl. I 1934, S. 1258ff.
29 Eine ausführliche Kommentierung des Gesetzes, das allerdings fälschlicherweise auf den 13. Dezember datiert wird, in: Juristische Wochenschrift, 22. und 29. Dezember 1934, S. 3233ff.
30 Dazu auch: Ebenda.
31 Bund National-Sozialistischer Deutscher Juristen an den Herrn Reichsminister der Justiz. Betr.: Erlaß einer gesetzlichen Bestimmung, durch welche die Zurückweisung von Anwälten als Parteivertreter vor allen Spruchstellen, Behörden und Selbstverwaltungskörperschaften untersagt wird, 3. August 1935.
32 BA R 22/251. Vermerk über die Tagung des Reichsfachgruppenrats „Rechtsanwälte" des BNSDJ am 29. und 30. März 1935; Juristische Wochenschrift, 20. und 27. April 1935, S. 1202ff.
33 Neubert, Anwalt in der Politik, S. 241.

IV. Die Vorkriegsjahre

die Anwaltschaft vorgebeugt."[34] Auch die amtliche Erläuterung des Gesetzes in der „Deutschen Justiz" ließ an der Intention des Gesetzgebers keinen Zweifel. „Die neuen Vorschriften", so hieß es, „verfolgen das Ziel, Anwärter, deren Aufnahme in die Anwaltschaft nach ihrer Persönlichkeit oder ihren Verhältnissen im Interesse der Rechtspflege nicht erwünscht ist, wirksamer von ihr fernzuhalten, als es nach den bisher geltenden Vorschriften möglich war."[35]

Weder die Vertreibung der jüdischen Anwälte noch die erwähnten Gesetzesänderungen brachten jedoch einen nennenswerten wirtschaftlichen Aufschwung. Der Hauptgrund dafür war der Rückgang der Prozeßzahlen. Während 1930 noch 102 000 Prozesse vor den Berliner Landgerichten geführt worden waren, war die Zahl 1932 auf 62 600 und 1933 um ein weiteres Viertel auf 45 630 geschrumpft.[36] Die Anwaltschaft fühlte sich vom neuen Staat nach wie vor stiefmütterlich behandelt. Viele Parteistellen würden ihr „mißtrauisch und unfreundlich" gegenübertreten, so Walter Raeke auf einer Tagung des Reichsfachgruppenrats „Rechtsanwälte" des BNSDJ Ende März 1935. Auf Vorbehalte stießen auch die Versuche, staatlicherseits eine stärkere Kontrolle über die einzelnen Anwälte zu erzielen. Eine Allgemeine Verfügung vom 16. Januar 1936 etwa ersuchte alle Geschäftsstellen der Amts-, Land- und Vollstreckungsgerichte und Gerichtsvollzieher, dem jeweiligen Präsidenten der Rechtsanwaltskammer Mitteilung über etwaige Klagen und Vollstreckungsmaßnahmen gegen Rechtsanwälte zu machen.[37]

Die Teilnehmer der Tagung des Reichsfachgruppenrats Rechtsanwälte am 29. und 30. März 1935 beurteilten die Situation so negativ, daß ihre Funktionäre eine Warnung vor der Ergreifung des Rechtsanwaltsberufs veröffentlichten: „Die schwere Not des weit überwiegenden Teiles der Anwaltschaft hat in den letzten Jahren durch steigende Überfüllung bei ständiger Verringerung des Arbeitsgebietes ein Ausmaß angenommen, daß nach einwandfreien statistischen Feststellungen mehr als die Hälfte aller an deutschen Gerichten zugelassenen Rechtsanwälte nicht mehr die Möglichkeit hat, sich durch ihre berufliche Tätigkeit zu ernähren. Auf die Erzielung eines auskömmlichen Berufseinkommens und die Möglichkeit des Aufbaues einer Familie können neue Anwärter auf lange Jahre hinaus keinesfalls rechnen. Hiernach muß im Interesse der Rechtspflege und des Nachwuchses vor dem Eintritt in die freie Anwaltschaft auf das Dringendste gewarnt werden."[38]

Im Sommer 1935 zeichnete ein Bericht „Zur Notlage der Anwaltschaft" ein trübes, aber sehr realistisches Bild: Der Verfasser versuchte zunächst das oftmals als Trostpflaster verwendete Argument zu entkräften, daß ein einsetzender Wirtschaftsaufschwung der Anwaltschaft wiederum ein ausreichendes Betätigungsfeld sichern würde. Die Ursachen für die existentiellen Probleme zahlreicher Anwälte seien nicht konjunktureller Art. „Der Anwaltsberuf, dessen Tätigkeit begrifflich bis zu einem gewissen Grade individualistisch eingestellt sein muß, hat nun einmal in einer nationalsozialistischen Volksgemeinschaft ein weit geringeres Arbeitsfeld als in der verflossenen überspitzt liberalistisch-individualistisch orientierten Periode. Auch eine starke Belebung der Wirtschaft würde sich für die Anwaltschaft nur verhältnismäßig gering auswirken. ... Die gegenwärtige ungeheure Verschärfung der Lage hat ihren Grund in dem unglückseligen zeitlichen Zusammentreffen des enormen Rückgangs der anwaltlichen Betätigung und dem Einbrechen der Flutwelle der jungen Juristen, die ihr Studium gerade in der Zeit der anwaltlichen Hochkonjunktur begonnen hatten." Nach

---

34 Deutsches Recht, 10. Januar 1935, S. 23.
35 Deutsche Justiz, 4. Januar 1935, S. 6.
36 GStA Rep. 84a MF 1252. Bericht des Vorstandes der Anwaltskammer in Berlin über das Jahr 1933, S. 5.
37 Allgemeine Verfügung des Reichsjustizministers vom 16. Januar 1936. Mitteilung von Klagen und Vollstreckungsmaßnahmen gegen Rechtsanwälte an die Präsidenten der Rechtsanwaltskammern, in: Deutsche Justiz, 24. Januar 1936, S. 136. Eine Allgemeine Verfügung vom 1. Oktober 1937 dehnte diese Bestimmung auch auf Notare und Anwalts- und Notariatsassessoren aus. Ebenda, 8. Oktober 1937, S. 1570.
38 Juristische Wochenschrift, 20. und 27. April 1935, S. 1202.

Ansicht des Verfassers konnte weder das diskutierte Ausscheiden der über 65 Jahre alten Anwälte noch die Einführung eines Praktikums eine dauerhafte Verbesserung der Situation bewirken. Sinnvoll schien ihm eine zeitweilige vollständige Sperrung des Rechtsstudiums und eine Abkehrentschädigung für Referendare, um damit einen Anreiz zur freiwilligen Aufgabe des gewählten Berufes zu schaffen. Zahlreiche Assessoren glaubte er darüber hinaus im Reichsnährstand, der Arbeitsfront, der Heeres- und Luftfahrtverwaltung, bei den Entschuldungs- und Grundbuchämtern in Brot setzen zu können.[39]

Die Gesetze vom 13. Dezember 1935

Alle seit 1933 durchgeführten Maßnahmen hatten keine Gesundung des Berufsstandes bewirkt. Um den „jedes Bedürfnis übersteigenden Zustrom zur Anwaltschaft"[40] wirkungsvoll einzudämmen und damit den „vollkommenen Zusammenbruch der deutschen Anwaltschaft zu verhindern",[41] verabschiedete die Reichsregierung am 13. Dezember 1935 das „Zweite Gesetz zur Änderung der Rechtsanwaltsordnung",[42] das als Grundlage der neuen „Reichs-Rechtsanwaltsordnung" vom 21. Februar 1936 diente. Par. 15 und 16 des neu geregelten ersten Abschnitts der Rechtsanwaltsordnung setzten der freien Advokatur ein Ende, indem sie festlegten, daß bei einem Gericht nicht mehr Rechtsanwälte zugelassen werden sollten als für eine geordnete Rechtspflege dienlich schien; nun entschied der Reichsjustizminister im Einvernehmen mit dem Reichsführer des BNSDJ über die Anträge auf Zulassung zur Rechtsanwaltschaft. Die staatlichen Einflußmöglichkeiten nahmen dadurch noch mehr zu.

Den drängenden Wünschen der Anwaltschaft entsprechend wurde ein „Probe- und Anwärterdienst" eingeführt, dem sich jeder Assessor, der seine Zulassung als Rechtsanwalt erhalten wollte, unterziehen mußte. Über den Antrag auf Übernahme in den anwaltlichen Probedienst, der ein Jahr dauern sollte, entschied – widerruflich – ebenfalls der Reichsjustizminister. Die Leitung des Probedienstes hatte der jeweilige Oberlandesgerichtspräsident, der den Assessor auch an einen vom Präsidenten der Rechtsanwaltskammer vorgeschlagenen Rechtsanwalt überwies. Daran schloß sich ein dreijähriger Anwärterdienst, der in den Verantwortungsbereich der Reichs-Rechtsanwaltskammer fiel; der Assessor führte in dieser Zeit die Bezeichnung „Anwaltsassessor". In der Praxis wurden der Probe- und Anwärterdienst allerdings meist auf insgesamt zweieinhalb Jahre verkürzt.[43]

Für Roland Freisler, nunmehr Staatssekretär im Reichsjustizministerium, war es „selbstverständlich", daß die Auswahl der Probeassessoren „nicht schematisch nach den Prüfungsergebnissen erfolgen" sollte. Kriterium müsse neben den fachlichen Leistungen die Verwurzelung des Bewerbers „im Volk und der das Volk tragenden Bewegung, sein Charakter, überhaupt seine ganze Persönlichkeit" sein.[44] Reinhard Neubert kommentierte sichtlich zufrieden mit dem neuen Gesetz, daß diese Spezialausbildung für die künftigen Anwälte und die Anpassung der Zahl der Anwälte an die Bedürfnisse der Rechtspflege „einen Wildstrom in ein geregeltes Bett" leiten würde.[45]

Das ebenfalls am 13. Dezember 1935 verabschiedete „Gesetz zur Verhütung von Mißbräuchen auf dem Gebiete der Rechtsberatung"[46] sollte das außeranwaltliche Beratungswesen zurückdrängen. Nur

---

39 BA R 22/251. Zur Notlage der Anwaltschaft, Juni 1935.
40 So die Präambel des Gesetzestextes, in: RGBl. I 1935, S. 1470.
41 Deutsche Justiz, 22. November 1935, S. 1695.
42 RGBl. I 1935, S. 1470ff.
43 Deutsches Recht, Ausgabe A, 22. Juli 1939, S. 1116.
44 Deutsche Justiz, 13. Dezember 1935, S. 1793.
45 Neubert, Anwalt in der Politik, S. 248.
46 RGBl. I 1935, S. 1478ff.

IV. Die Vorkriegsjahre

Personen, denen die Reichsjustizverwaltung dafür die Erlaubnis gewährte, durften fremde Rechtsangelegenheiten betreuen.

Außerdem wurde durch das „Gesetz über die Zuständigkeit der Amtsgerichte"[47] für vermögensrechtliche Streitigkeiten über 500 RM Anwaltszwang eingeführt; bisher hatte die Grenze bei 1000 RM gelegen. Beide Gesetze bedeuteten eine Ausdehnung der anwaltlichen Tätigkeit.

Reinhard Neubert zufolge schloß das Jahr 1935 für die Anwaltschaft „mit einem Strahl der Hoffnung".[48] Walter Raeke, Herausgeber der „Juristischen Wochenschrift", betonte jedoch, daß die Wünsche der Anwaltschaft mit dem Gesetzgebungswerk vom 13. Dezember 1935 noch keineswegs befriedigend erfüllt worden seien; vor allem das „Judenproblem" gelte es noch zu lösen und der weitere Abbau des Schiedsgerichtswesens müsse in die Wege geleitet werden.[49]

Auf große Erleichterung in Anwaltskreisen stieß dann das neue, am 1. Dezember 1936 verabschiedete Gewerbesteuergesetz.[50] Die freien Berufe waren mit Inkrafttreten des Gesetzes am 1. April 1937 nicht mehr der Gewerbesteuer unterworfen.[51] An ihre Stelle trat auch keine andere Steuer.

Kämpfen mußte die Anwaltschaft um die Zulassung vor den 1933 neu geschaffenen Erbgesundheitsgerichten, die die Sterilisation von an angeborenem Schwachsinn, Schizophrenie, manisch-depressivem „Irresein", erblicher Fallsucht, erblichem Veitstanz, erblicher Blindheit, erblicher Taubheit, schwerer erblicher körperlicher Mißbildung und schwerem Alkoholismus leidenden Personen anordnen konnten. Analog zu den Oberlandesgerichten waren reichsweit 26 Erbgesundheitsobergerichte und 205 Erbgesundheitsgerichte eingerichtet worden; Berlin verfügte über ein Erbgesundheitsobergericht und acht Erbgesundheitsgerichte.[52] Dieses „Gesetz zur Verhütung erbkranken Nachwuchses" vom 14. Juli 1933 erwähnte keine Verfahrensbeteiligung von Rechtsanwälten.[53] Nach Ansicht der Anwaltschaft waren Erbgesundheitsverfahren jedoch kein rein medizinisches, sondern ein Rechtsverfahren. Vor allem bei von den Erbgesundheitsgerichten angeordneten Schwangerschaftsabbrüchen schien ihnen ihre Mitwirkung im Interesse der gesamten Rechtspflege unentbehrlich. Keinesfalls könnten Ärzte die Vertretung der Betroffenen übernehmen. Dies hätte möglicherweise zur Folge, daß auch in anderen Verfahren, in denen besondere Fälle verhandelt wurden, Spezialisten und nicht Rechtsanwälte zur Vertretung der Betroffenen berufen werden könnten.[54]

Die vollständige Wandlung der ehemals angesehenen, unabhängigen „Juristischen Wochenschrift" in ein gleichgeschaltetes Presseorgan verdeutlichte ein ausführlicher Aufsatz im Januar 1937 zum Thema „Die Gesetze der Vererbung, die Grundlage der deutschen Erb- und Rassenpflege". In der Vorbemerkung wurde gefordert, daß jeder Anwalt, der vor einem Erbgesundheitsgericht auftrat, die Grundgedanken der Vererbungslehre kennen müsse. Deshalb sah die „Juristische Wochenschrift" ihre Aufgabe darin, die Grundlagen – graphisch aufbereitet – „in möglichst leicht verständlicher Form" darzustellen.[55]

Kennzeichnend für die meisten seit Januar 1933 erlassenen Gesetze war ihre Doppelwirkung. Zum einen wurden langjährige Anliegen der Anwaltschaft verwirklicht, gleichzeitig jedoch die Weiterentwicklung des Berufsstandes im nationalsozialistischen Sinne forciert. Besonders hervorzuheben

---

47 RGBl. I 1935, S. 1469.
48 Deutsche Justiz, 3. Januar 1936, S. 19.
49 Juristische Wochenschrift, 4. Januar 1936, S. 3.
50 RGBl. I 1936, S. 979ff.; Ostler, Die deutschen Rechtsanwälte, S. 275.
51 Mitteilungen der Reichs-Rechtsanwaltskammer, 1. Januar 1937, S. 1.
52 Juristische Wochenschrift, 9. März 1935, S. 755ff.
53 RGBl. I 1933, S. 529ff.
54 Diensttagebuch des Reichsjustizministeriums, 2. Dezember 1936, in: BA R 22/930; Juristische Wochenschrift, 16. Mai 1936, S. 1348.
55 Juristische Wochenschrift, 2. und 9. Januar 1937, S. 8ff.

ist in diesem Zusammenhang die erste Änderung der Rechtsanwaltsordnung durch die Verordnung des Reichspräsidenten vom 18. März 1933, die zur Gründung der Reichs-Rechtsanwaltskammer führte. Eine derartige Institution war von der Anwaltschaft gefordert worden, um eine gewichtige Interessenvertretung aufzubauen. Im NS-Staat wurde sie jedoch zum klassischen Beispiel für die Durchsetzung des Führerprinzips in berufsständischen Organisationen. An die Stelle eines Transmissionsriemens von unten trat eine Organisation, die den Willen des Staates durchsetzte. Auffallend ist diese doppelte Wirkung auch bei der Änderung der Zivilprozeßordnung durch das Gesetz vom 20. Juli 1933, das nur Rechtsanwälte in der mündlichen Verhandlung zuließ; damit war wiederum ein langjähriges Anliegen der Anwaltschaft Gesetz geworden. Die Begründung des Reichsjustizministeriums aber machte deutlich, daß dieses Gesetz auch die Tätigkeit nicht mehr zugelassener jüdischer Anwälte unterbinden wollte. Besonders ambivalent wirkten sich die Änderungen der Rechtsanwaltsordnung aus, die die Zulassung zur Anwaltschaft betrafen. Damit war einerseits der drängendste Wunsch der Rechtsanwälte nach Zulassungsbeschränkungen erfüllt, gleichzeitig jedoch dem staatlichen Einfluß Tür und Tor geöffnet worden. Von einer freien Advokatur konnte spätestens mit der Verabschiedung des Gesetzeswerkes vom 13. Dezember 1935 keine Rede mehr sein. Die Anwaltschaft war inzwischen bereit, allein für die Hoffnung auf eine Verbesserung der wirtschaftlichen Situation die freiheitlichen Grundpfeiler ihres Berufsrechts zu opfern.

Die Gesetze machten gleichzeitig aber auch die Schwierigkeiten deutlich, denen sich die neuen Machthaber bei der Heranführung der Anwaltschaft an den NS-Staat ausgesetzt sahen. Abgesehen von dem Anwaltsgesetz vom 7. April 1933, das für zahlreiche jüdische Anwälte das berufliche Ende bedeutete, betrafen die Gesetzesänderungen zum Großteil nur jene Juristen, die ihre Zulassung neu beantragten. Die Alltagsarbeit der meisten etablierten Rechtsanwälte wurde davon kaum beeinflußt. Nur sehr vereinzelt wurde die Frage einer allgemeinen Überprüfung aller zugelassenen Rechtsanwälte unter dem Gesichtspunkt ihrer Staatskonformität diskutiert. Als Kriterium sollten dazu etwaige ehrengerichtliche Vorstrafen herangezogen werden.[56] Dieser Vorschlag wurde jedoch nicht weiterverfolgt.

Die NS-Rechtsbetreuungsstellen

Als eine Errungenschaft des Nationalsozialismus wurde die Einrichtung von Rechtsbetreuungsstellen für Minderbemittelte gepriesen. Diese Idee war jedoch bereits in einer Mitgliederversammlung des Berliner Anwaltvereins am 3. März 1930 diskutiert worden. Eine unentgeltliche anwaltliche Rechtsauskunftsstelle für Minderbemittelte sollte es den ärmeren Bürgern ermöglichen, sich vorgerichtlich anwaltlichen Rat einholen zu können. Die Beiordnung eines Armenanwalts fand schließlich erst im Prozeßfall statt. Dies sollte das ratsuchende Publikum vor „Kurpfuschern" schützen und der „Anwaltsfremdheit" zahlreicher Bürger entgegenwirken.[57]

Der Vorschlag wurde in einer Sitzung des Reichsjustizkommissariats vom 3. November 1933 erörtert.[58] BNSDJ-Fachgruppenleiter Walter Raeke griff ihn auf und durchsetzte ihn mit nationalsozialistischen Parolen: Es wird, so Raeke, „eine der Hauptaufgaben der neuen deutschen Anwaltschaft und ihrer Führung sein, den Berufsstand der Rechtsanwälte aus der Entfremdung gegenüber den breiten Massen des deutschen Volkes, die in den letzten Jahren unter dem zunehmenden Einfluß fremdrassiger Elemente immer größer geworden war, durch schonungslose Ausmerzung ... des liberalistischen Krämergeistes herauszuführen" und „die Kluft zwischen dem

---

56 Deutsche Juristen-Zeitung, 15. Mai 1935, Sp. 610f.
57 Berliner Anwaltsblatt 2 (1930), S. 34.
58 Deutsche Juristen-Zeitung, 15. November 1933, Sp. 1484.

IV. Die Vorkriegsjahre

deutschen Anwalt und dem deutschen Volk für immer zu schließen". In diesem Zusammenhang sei es „eine der vornehmsten und edelsten Pflichten der neuen deutschen Anwaltschaft, ... sich ... zur kameradschaftlichen und unentgeltlichen Rechtsbetreuung aller unbemittelten deutschen Volksgenossen mit freudiger Hingabe und Opferwilligkeit zur Verfügung zu stellen".[59]

Im Frühjahr 1934 waren die Vorbereitungen für die Errichtung der Rechtsbetreuungsstellen weitgehend abgeschlossen. Die Berufsgruppe Rechtsanwälte im BNSDJ war sichtlich zufrieden, daß sie diesmal nicht außen vor stand, sondern vom Reichsrechtsamt der NSDAP zur alleinigen Trägerin der nationalsozialistischen parteiamtlichen Rechtsbetreuung berufen wurde.[60] Am 15. April 1934 begann die NS-Rechtsbetreuung reichsweit mit ihrer Arbeit. Jeder unbemittelte deutsche Volksgenosse sollte, falls er seine Bedürftigkeit glaubhaft machen konnte, Anspruch auf unentgeltliche mündliche oder schriftliche Rechtsauskunft und die Anfertigung von Schriftsätzen, Anträgen, Eingaben und sonstigen Schriftstücken haben. Bei vor Gericht ausgetragenen Rechtsstreitigkeiten wurde ihm ein Anwalt zur Seite gestellt. Um den Gang vor Gericht zu vermeiden, sollte ein friedlicher Ausgleich gefördert werden. Durch eine Verfügung des Reichsjustizministers vom 26. Mai 1934 wurden die NS-Rechtsbetreuungsstellen deshalb als Gütestellen im Sinne der Zivilprozeßordnung anerkannt, so daß Vergleiche ohne Gerichtsurteil vollstreckt werden konnten. In jedem Amtsgerichtsbezirk eröffnete zu diesem Zweck eine Rechtsbetreuungsstelle.[61] Im Jahr 1935 taten 1750 dem BNSDJ angehörende Berliner Rechtsanwälte Dienst in den 19 örtlichen Rechtsbetreuungsstellen, die von 73 748 Hilfesuchenden in Anspruch genommen wurden.[62] Im Dezember 1936 zog der Leiter der Zentrale der mittlerweile 20 NS-Rechtsbetreuungsstellen in Groß-Berlin, Rechtsanwalt Kunz, Bilanz. 181 432 Fälle waren bearbeitet worden, von denen 8184 auf das Strafrecht entfielen, 38 366 auf das Ehe- und Familienrecht, 128 325 auf das sonstige Zivilrecht, 97 auf das Gesundheitsrecht, 117 auf das Bauernrecht (Erbhofrecht), 557 auf das Steuerrecht, 4141 auf das Arbeitsrecht und 1645 auf sonstige Rechtsgebiete. 30 404 Fälle wurden zur weiteren Bearbeitung oder zur Vertretung vor Gericht an Rechtsanwälte überwiesen, 850 bzw. 764 Fälle an die Rechtsberatungsstellen der Deutschen Arbeitsfront (DAF) bzw. der Nationalsozialistischen Volkswohlfahrt (NSV) abgegeben. Etwa 1900 Rechtsanwälte versahen ihren Dienst; eine Vertretung durch Referendare oder Assessoren war nicht zulässig.[63]

In zahlreichen NS-Publikationen wurde immer wieder betont, wie freudig sich die Anwaltschaft trotz der großen wirtschaftlichen Notlage der unentgeltlichen Arbeit in den Rechtsbetreuungsstellen annehme und wie wichtig diese Arbeit für die „weltanschauliche Eingliederung des deutschen Rechtsanwalts" sei.[64] Der BNSDJ versuchte dieses Engagement in einen Anspruch der Anwaltschaft auf Hilfe des Staates bei der Erfüllung ihrer Forderungen umzumünzen.[65] Dies schien jedoch in keinem Fall ausschlaggebend für Gesetzesänderungen gewesen zu sein. Dank von seiten des Regimes durfte der Berufsstand nicht erwarten. Wie freiwillig und begeistert die Anwälte sich tatsächlich in den Rechtsbetreuungsstellen engagiert haben, ist schwierig festzustellen. Tatsache ist, daß keine Berichte über oppositionelles Verhalten bekannt sind. Im Gegenteil – der Präsident der Berliner Rechtsanwaltskammer meldete im Sommer 1936, daß alle Berliner Berufsgenossen, die Mitglied des BNSDJ waren, „ausnahmslos Dienst in den Dienststellen der NS.-Rechtsbetreuung" leisteten.[66] Eine

---

59 Juristische Wochenschrift, 6. Januar 1934, S. 2.
60 Ebenda, 17. März 1934, S. 668.
61 GStA Rep. 84a MF 1218. Der Reichsminister des Innern an die Landesregierungen. Betrifft: NS-Rechtsbetreuung, 21. Juli 1934; Juristische Wochenschrift, 12. Januar 1935, S. 81.
62 Juristische Wochenschrift, 1. Mai 1936, S. 1201.
63 Ebenda, 2./9. Januar 1937, S. 20.
64 Ebenda, 9. April 1938, S. 926; Noack, Kommentar zur Reichs-Rechtsanwaltsordnung, S. 4.
65 Etwa: Juristische Wochenschrift, 15. Dezember 1934, S. 3171.
66 Mitteilungen der Reichs-Rechtsanwaltskammer, 1. Juni 1936, S. 70.

Ablehnung wurde allerdings ehrengerichtlich als äußerst schwerer Verstoß gegen die Standespflicht geahndet.[67] Es erscheint zweifelhaft, daß alle Anwälte dieser Pflicht in Anbetracht der teilweise desolaten Bedingungen in ihren Kanzleien freudig nachkamen. Gewinnbringend für die Rechtsanwälte war lediglich die – nur in Ausnahmefällen gestattete – Überweisung von der Rechtsbetreuungsstelle an eine Kanzlei. In komplizierten Fällen, die nicht in absehbarem Zeitraum in der Rechtsbetreuungsstelle bearbeitet werden konnten oder Angelegenheiten, in denen ein Rechtsstreit unvermeidbar schien, konnten Ratsuchende an eine Kanzlei weiterverwiesen werden. Um eine gleichmäßige Verteilung dieser Fälle zu gewährleisten, stellte das Gaurechtsamt eine Liste von Rechtsanwälten auf, die dabei zu berücksichtigen waren. Nun konnte der Rechtsanwalt einen Antrag auf Bewilligung des Armenrechts stellen, den die Rechtsbetreuungsstelle bei dem zuständigen Gericht einreichte.[68] Damit ließ sich zumindest ein wenig Geld verdienen.

Im Mai 1938 wurde die NS-Rechtsbetreuung durch eine Verfügung des Reichsrechtsamts der NSDAP erweitert. Häufig bewilligten die Amtsgerichte das Armenrecht für die Gerichtskosten, lehnten jedoch die Beiordnung eines Armenanwalts mit der Begründung ab, die Sachlage sei so einfach, daß der Betroffene seine Rechte selbst vor Gericht wahrnehmen könne. Nach der Verfügung des Reichsrechtsamts übernahmen nun die bei der NS-Rechtsbetreuung tätigen Rechtsanwälte ehrenamtlich und unentgeltlich die Vertretung derartiger Fälle vor dem Amtsgericht.[69]

Fachanwalt für Steuerrecht

Ein wichtiger Schritt zur Erweiterung des anwaltlichen Arbeitsgebietes war die Einführung eines „Fachanwalts für Steuerrecht" durch einen Erlaß des Reichsfinanz- und des Reichsjustizministers vom 10. November 1937.[70] Nach Vorlage eines Befähigungsnachweises entweder in Form eines Zeugnisses einer Reichsfinanzschule oder aufgrund langjähriger steuerrechtlicher Praxis konnte sich ein Rechtsanwalt in die Liste der „Fachanwälte für Steuerrecht" eintragen lassen, sofern er „arischer Abstammung" war und der zuständige Kreis- oder Gauleiter der NSDAP seine politische Zuverlässigkeit bestätigte. In Berlin begann am 4. Juli 1938 der erste Lehrgang im Anschluß an die Eröffnung der Reichsfinanzschule in der Königsallee im Grunewald.[71] Damit sollte allerdings nicht die mit Beschluß der Reichs-Rechtsanwaltskammer vom 16. Dezember 1933 abgeschaffte Fachanwaltschaft[72] wieder eingeführt werden.[73] Am 1. Juli 1938 richtete die Reichs-Rechtsanwaltskammer eine eigene Steuerstelle ein, die das Steuerrecht bearbeitete und auswertete, die steuerrechtliche Aus- und Fortbildung der Anwaltschaft förderte und Rechtsanwälte in schwierigen Steuerfragen beriet.[74] Seit Oktober 1938 veröffentlichte die Rubrik „Mitteilungen der Steuerstelle der Reichs-Rechtsanwaltskammer" in den „Mitteilungen der Reichs-Rechtsanwaltskammer" die Namen der neu in die Liste der Fachanwälte für Steuerrecht aufgenommenen Rechtsanwälte. Unter den ersten, die sich mit der neuen Qualifikation schmückten, waren der Präsident der RRAK, Reinhard Neubert, und ihr Schatzmeister, Werner Ranz.[75] Im Oktober 1940 gab es bereits 1280 Fachanwälte für

---

67 Noack, Kommentar zur Reichs-Rechtsanwaltsordnung, S. 127; Juristische Wochenschrift, 25. Januar 1936, S. 243.
68 Allgemeine Richtlinien für die NS.-Rechtsbetreuung, in: Juristische Wochenschrift, 25. Januar 1936, S. 243.
69 Mitteilungsblatt des National-Sozialistischen Rechtswahrerbundes, 15. Mai 1938, S. 70.
70 Deutsche Justiz, 12. November 1937, S. 1761f.
71 Ebenda, 8. Juli 1938, S. 1080.
72 GStA Rep. 84a MF 1252. Bericht des Vorstandes der Anwaltskammer in Berlin über das Jahr 1933, S. 15; Deutsche Juristen-Zeitung, 1. März 1934, Sp. 324.
73 Mitteilungen der Reichs-Rechtsanwaltskammer, 1. Dezember 1937, S. 241f.
74 Ebenda, 20. Oktober 1940, S. 111.
75 Ebenda, 10. Oktober 1938, S. 177.

Steuerrecht,[76] was die Bedeutung dieser Erweiterung des anwaltlichen Betätigungsfeldes unterstrich. Durch Anordnung vom 3. Mai 1941 wurde die Bezeichnung „Fachanwalt für Steuerrecht" in „Steuerberater" geändert.[77]

Vertretung von jüdischen Mandanten

Der Partei und der Reichsfachgruppe Rechtsanwälte im BNSDJ war es von Anbeginn ein Dorn im Auge, daß „deutsche Rechtsanwälte" die Interessen jüdischer Mandanten wahrnahmen. Beide verfügten jedoch nicht über Sanktionsmöglichkeiten, um dieses ihrer Meinung nach „würdelose" Verhalten zu unterbinden; diszipliniert werden konnten aber Parteimitglieder. Und davon wurde Gebrauch gemacht.

Eine Anordnung des Stellvertreters des Führers untersagte am 16. August 1934 Rechtsanwälten, die Parteimitglied waren, die Vertretung von Juden, wenn der Prozeßgegner ebenfalls Parteimitglied war.[78] Dem BNSDJ ging diese Regelung nicht weit genug und er versuchte, „arische" Anwälte auch an der Vertretung jüdischer Firmen zu hindern. Damit erklärte sich die Reichs-Rechtsanwaltskammer nicht einverstanden. Den Beweggrund bildete wohl nicht ein ideologischer Gegensatz zum BNSDJ, sondern die Befürchtung, daß damit teilweise lukrative Aufträge nur noch an jüdische Anwälte vergeben worden wären.[79] Ein Jahr später dehnte das Oberste Parteigericht der NSDAP das Verbot aus. Nunmehr durften Parteimitglieder Juden auch dann nicht vertreten, wenn der Prozeßgegner kein Parteimitglied war.[80] Dem standen wiederum die geltende Rechtsanwaltsordnung und die Richtlinien der Reichs-Rechtsanwaltskammer entgegen. Für das Reichsrechtsamt der NSDAP bestand gleichwohl kein Zweifel, daß „diese Bestimmungen inhaltlich ... überholt sind und demgemäß im nationalsozialistischen Staat keine Anwendung finden können". Praktische Schwierigkeiten bereitete der Umstand, daß die Gerichte nicht in jedem Fall bereit waren, sich den Anordnungen der Partei zu fügen.

Auf den Plan rief das Reichsrechtsamt der NSDAP ein Prozeß, bei dem ein der NSDAP angehörender Rechtsanwalt in zwei Instanzen als Pflichtverteidiger einem Juden beigeordnet wurde, der angeblich drei Jugendliche verleitet hatte, „sich mit dem entblößten Gesäß auf sein Gesicht zu setzen, um in beispiellos widerlicher Perversität seinen Geschlechtstrieb zu befriedigen". Beide Gerichte hatten sich geweigert, bei der Auswahl des Anwalts auf dessen Parteizugehörigkeit Rücksicht zu nehmen. In einem Schreiben des Reichsrechtsamts an den Reichsjustizminister hieß es dazu: „Der nationalsozialistische Rechtsanwalt wird also gezwungen, einen Juden zu vertreten, der in einer ekelerregenden Weise deutsche Jungens verleitet und dazu benutzt hat, seinen tierischen Geschlechtstrieb zu befriedigen. Abgesehen davon, daß einem nationalsozialistischen Rechtsanwalt eine derartige Vertretung aus weltanschaulichen Gründen nicht zugemutet werden kann, hat er zu gewärtigen, daß er durch Übernahme dieser Vertretung, die dem Ehrgefühl eines Nationalsozialisten und den Anschauungen der NSDAP zuwider ist, aus der Partei ausgeschlossen wird und dadurch schweren Schaden in Beruf und Ansehen erleidet." Das Reichsrechtsamt regte daher an, daß die Rechtsanwaltsordnung und die Richtlinien der Reichs-Rechtsanwaltskammer mit den geltenden Bestimmungen der NSDAP in Einklang gebracht werden sollten.[81]

---

76 Ebenda, 20. Oktober 1940, S. 111.
77 Deutsches Recht, Ausgabe A, 3. Oktober 1942, S. 1358.
78 Juristische Wochenschrift, 24. November 1934, S. 2961.
79 BA R 22/263. Präsidium der Reichs-Rechtsanwalts-Kammer an den Herrn Reichs- und Preußischen Justizminister. Betrifft: Eingabe des Berliner Bank-Instituts Joseph Goldschmidt & Co., 27. November 1934.
80 Juristische Wochenschrift, 7. September 1935, S. 2544.
81 BA R 22/263. Nationalsozialistische Deutsche Arbeiterpartei. Reichsrechtsamt an den Herrn Reichsminister der Justiz. Betr.: Bestellung von Pg. Rechtsanwälten zu Amtsverteidigern in Strafsachen gegen jüdische Angeklagte, 30. August 1935.

Die Vorkriegsjahre IV.

Am 2. September 1935 erbrachte der Reichsjuristenführer seinen Beitrag zur Ausgrenzung mit der „Juden-Verordnung der Deutschen Rechtsfront". Ihrzufolge war es „allen Amtswaltern des BNSDJ und der Deutschen Rechtsfront sowie denjenigen Mitgliedern der Reichsfachgruppe Rechtsanwälte des BNSDJ, die zu Leitern von NS-Rechtsbetreuungsstellen bestellt sind, auch insoweit, als sie der NSDAP nicht angehören, bei Vermeidung ehrengerichtlicher Bestrafung verboten..., die Vertretung von Juden oder jüdischen Firmen ... gegen einen deutschen Volksgenossen oder eine deutsche Firma zu übernehmen". Um etwaige Zweifel auszuräumen, legte die Verordnung noch fest, daß als Juden „Personen, die weniger als 75% arisches Blut" hatten, zu verstehen waren. Bemerkenswert ist die Begründung, weshalb die Verordnung nicht allen BNSDJ-Mitgliedern die Vertretung von jüdischen Mandanten verbot. Dies würde „den zur Zeit in der deutschen Rechtspflege noch zugelassenen Juden eine überlegene Monopolstellung gegenüber allen deutschen Rechtswahrern verschaffen".[82] Um diese Einschränkung nun wiederum nicht als Freibrief für die Verteidigung von Juden verstanden zu wissen, wiederholte ein Rundschreiben des BNSDJ am 22. November 1935, „daß die Vertretung von Nichtariern stets auf eigene Gefahr geschieht, also vom BNSDJ weder gern gesehen noch etwa gefördert wird, und daß die Reichsführung des BNSDJ es nach wie vor ablehnt, sich bei durch Vertretung von Nichtariern entstandenen Schwierigkeiten schützend vor die betreffenden Bundesmitglieder zu stellen".[83] Die Reichsführung des BNSDJ und der Deutschen Rechtsfront sei „nichts weniger als eine Judenschutztruppe".[84]

Nach Inkrafttreten der 5. Verordnung zum Reichsbürgergesetz im November 1938, die die jüdischen Rechtsanwälte von der Anwaltschaft ausschloß, wurde das Thema der rechtlichen Vertretung von Juden durch nichtjüdische Rechtsanwälte nochmals aktuell. In seiner ersten Anordnung im Jahr 1939 unterstrich der Präsident der Reichs-Rechtsanwaltskammer, Reinhard Neubert, die Segregationsabsichten, die hinter der Einführung der „jüdischen Konsulenten" standen: „Es entspricht dem Willen des Gesetzgebers, daß künftig in gleicher Weise, wie deutsche Volksgenossen nur noch von Rechtsanwälten deutscher Abstammung vertreten werden, Juden grundsätzlich nur noch jüdische Konsulenten in Anspruch nehmen."[85]

Für das Reichsjustizministerium stellte sich die Situation weniger einfach dar. Ihm war daran gelegen, eine gesetzliche Regelung für das Verbot der Vertretung jüdischer Mandanten durch nichtjüdische Anwälte zu finden, das alle Rechtsanwälte unabhängig von ihrer Partei- oder Verbandsmitgliedschaft umfassen sollte. Es habe sich „schon lange", wie es in einem Schnellbrief vom 25. November 1938 hieß, „mehr und mehr die Auffassung durchgesetzt, daß eine rechtliche Betreuung von Juden mit den Pflichten eines deutschen Rechtswahrers nach einem ungeschriebenen Satz des Berufsrechts unvereinbar sei". Die neue Vorschrift sollte einerseits das bereits bestehende Verbot für Parteimitglieder und Angehörige der angeschlossenen Verbände berücksichtigen. Andererseits galt, den Schwierigkeiten gerecht zu werden, die sich in der Praxis ergeben hatten. Da in manchen Landgerichtsbezirken kaum mehr jüdische Rechtsanwälte praktizierten, mußten vor allem in Rechtssachen mit Anwaltszwang nichtjüdische Anwälte jüdische Mandanten vertreten. Durch die Zulassung „jüdischer Konsulenten" „zwar in geringer Zahl ... aber mit einem größeren örtlichen, in ihrer Gesamtheit das ganze Reichsgebiet umfassenden Tätigkeitsbereich" glaubte das Reichsjustizministerium, diese Lücken schließen zu können. Folglich stand einer gesetzlichen Regelung nichts mehr im Wege. „Dann wird es sich aber empfehlen", so der Schnellbrief, „den Grundsatz, daß der deutsche Rechtswahrer Juden

---

82 Abgedruckt in: Noack, Kommentar zur Reichs-Rechtsanwaltsordnung, S. 290f.
83 Kammer-Zeitung. Organ der Rechtsanwaltskammern in Breslau, Dresden und Naumburg (Saale), Januar/Februar 1936, S. 2.
84 Juden-Verordnung der Deutschen Rechtsfront, 2. September 1935, in: Noack, Kommentar zur Reichs-Rechtsanwaltsordnung, S. 291.
85 Mitteilungen der Reichs-Rechtsanwaltskammer, 1. Januar 1939, S. 2.

IV. Die Vorkriegsjahre

nicht vertreten soll, jedenfalls für Rechtsanwälte nunmehr auch ausdrücklich und zweifelsfrei zum Ausdruck zu bringen."

Dem Justizministerium war klar, daß das Verbot nicht ohne Ausnahmeregelungen ausgesprochen werden konnte, da es Fälle gab, „in denen auch bei Juden im öffentlichen Interesse oder im Interesse Dritter die Tätigkeit eines deutschen Rechtswahrers geboten erscheint". An erster Stelle standen hier die Verfahren vor dem Volksgerichtshof. Zu bedenken gab der Reichsjustizminister aber auch die Vertretung ausländischer Juden und die Tatsache, daß bei Konkurs- oder Zwangsverwaltungen häufig zwar ein Jude formeller Auftraggeber war, dabei aber die wirtschaftlichen Interessen der nichtjüdischen Seite im Vordergrund standen. Die zu verabschiedenden Richtlinien sollten deshalb festlegen, „in welchen Fällen ausnahmsweise ein Jude vertreten werden darf und wieweit der deutsche Rechtswahrer hierzu eine besondere Genehmigung einholen muß".[86]

Wie dringlich eine konkrete Regelung war, macht der Fall des Berliner Rechtsanwalts Schlosser deutlich. Anfang 1937 verteidigte Parteimitglied Schlosser in einem bei der Zollfahndungsstelle für Berlin anhängigen Verfahren wegen Devisenvergehen zwei polnische Juden; diese flüchteten, nachdem sie gegen Zahlung einer Kaution aus der Untersuchungshaft entlassen worden waren. Auf den Vorwurf, daß Parteimitglieder keine jüdischen Mandanten vertreten dürften, erwiderte Schlosser, daß dieses Verbot nicht für die Verteidigung ausländischer Juden gelte, und er außerdem als Vertrauensanwalt des polnischen Generalkonsulats in Berlin diesen Auftrag aus politischer Rücksichtnahme nicht habe ablehnen können. Vor allem der Gestapo war dieses Verhalten ein Dorn im Auge. Wie weit sie in die anwaltlichen Rechte und Freiheiten eingriff, machte ihre Nachfrage beim Reichsjustizministerium im Februar 1937 in dieser Sache deutlich: „Wegen der grundsätzlichen Frage, ob Rechtsanwälte, die Parteigenossen sind, (ausländische) Juden in ähnlichen Fällen verteidigen dürfen", bat die Gestapo „um Mitteilung der in dieser Sache zu treffenden Maßnahmen."[87]

Der Stellvertreter des Führers erließ am 19. Dezember 1938 eine Anordnung, nach der Parteigenossen und Angehörigen der Gliederungen und angeschlossenen Verbände die Vertretung und Beratung von Juden in Rechtsangelegenheiten untersagt wurde. Zulässig blieben lediglich Offizialverteidigungen vor dem Volksgerichtshof oder vor den Sondergerichten in Heimtückeverfahren, wenn sie „im Interesse des Reichs" lagen. Weitere Ausnahmen konnten im Einzelfall genehmigt werden, „wenn ein überwiegendes Interesse des deutschen Volkes es erfordert".[88] Damit war Heß den Vorstellungen des Reichsjustizministeriums, was die Ausnahmeregelungen betraf, entgegengekommen. Das Verbot bezog sich aber weiterhin nur auf den genannten Personenkreis. Vermutlich standen einer allgemeiner formulierten Fassung die fehlenden Sanktionsmöglichkeiten im Wege. In der Praxis blieb dies weitgehend ein theoretisches Problem, weil nichtjüdische Anwälte es vermieden, durch die Vertretung jüdischer Mandanten in den Ruf eines „Judenanwalts" zu geraten.

Reichsminister Hans Frank erließ im Namen des Reichsrechtsamtes der NSDAP dazu am 2. Januar 1939 Ausführungsbestimmungen, die die restriktive Gewährung von Ausnahmegenehmigungen deutlich machten.[89] Das Reichsjustizministerium war nicht eingebunden worden und sah sich vor

---

86 BA R 22/1079. Schnellbrief des Reichsministers der Justiz an den Stellvertreter des Führers Herrn Reichsminister Heß, das Auswärtige Amt, den Herrn Reichsminister des Innern, den Herrn Reichsminister der Finanzen, den Herrn Reichswirtschaftsminister, den Herrn Präsidenten der Reichs-Rechtsanwaltskammer, den Herrn Präsidenten der Reichsnotarkammer. Betrifft: Rechtliche Beratung und Vertretung von Juden durch deutsche Rechtswahrer, 25. November 1938.
87 Diensttagebuch des Reichsjustizministeriums, 16. Februar 1937, in: Ebenda/706.
88 Anordnung des Stellvertreters des Führers Nr. 204/38 vom 19. Dezember 1938. Abgedruckt in: Mitteilungen der Reichs-Rechtsanwaltskammer, 1. Januar 1939, S. 2. Auch: BA R 22/1079.
89 Anordnung A XXI – 1/39. Abgedruckt in: Mitteilungen der Reichs-Rechtsanwaltskammer, 1. Januar 1939, S. 2f. Auch: BA R 22/1079.

vollendete Tatsachen gestellt. Seine Kritik richtete sich vor allem gegen die vagen Formulierungen und die unpräzise Regelung der Ausnahmebestimmungen.[90]

Altersversorgung

Am 8. April 1938 besprach Staatssekretär Schlegelberger mit Vertretern der Anwaltschaft auch Fragen der Altersversorgung der Anwälte. 1935 waren 93,3 Prozent aller über 65jährigen Rechtsanwälte noch berufstätig. 1938 war die Zahl zwar auf 86,5 Prozent gesunken,[91] offensichtlich konnte sich aber ein Großteil der älteren Rechtsanwälte aufgrund unzureichender Altersvorsorge nicht zur Ruhe setzen. Abgesehen von sozialen Erwägungen, die den älteren Vertretern einen sorgenfreien, wenn auch bescheidenen Ruhestand ermöglichen sollten, lagen die Vorteile für die Initiatoren auf der Hand. Zum einen konnte durch ein derartiges Versorgungswerk die immer noch hohe Zahl der Rechtsanwälte reduziert und damit der Überfüllung des Berufsstandes entgegengewirkt werden. Für den Staat eröffnete sich außerdem die Möglichkeit, sich der älteren, schwieriger politisch zu indoktrinierenden Anwälte zu entledigen und Platz für junge, im „neuen Geist" ausgebildete Juristen zu schaffen. Die Anwaltsfunktionäre schlugen vor, als Grundstock für die vorgesehene Alters-, Witwen-, Waisen- und Invalidenversorgung die jährlich etwa 20 Millionen RM vom Staat für die Gebührenerstattung bereitgestellten Mittel der Armenanwälte zu verwenden.[92] Die Überlegung wurde jedoch wieder verworfen, weil sie zu einer weiteren Verarmung und Gefährdung der Existenz zahlreicher wirtschaftlich schlecht gestellter Rechtsanwälte geführt hätte; diese waren dringend auf die Einnahmen angewiesen. Im Sommer 1939 waren sich die Beteiligten weitgehend einig, daß eine umfassende Altersvorsorge bei der momentanen Einkommenssituation nicht finanzierbar war. Fortan versuchte man, das Minimalziel einer Alterssicherung zu erreichen, die jedem über 65jährigen Anwalt eine monatliche Rente von 150 RM und eine Witwenrente von monatlich 100 RM garantierte.[93]

Alle Versuche, den Großteil der Anwaltschaft, der nicht als Funktionsträger von der politischen Umgestaltung profitierte, näher an den Staat heranzuführen, scheiterten jedoch – neben den äußeren Bedingungen wie dem Rückgang der Prozeßzahlen – an der Unvereinbarkeit des Berufsbildes der Nationalsozialisten mit dem Wesen des Anwaltsberufes. Die „Synthese zwischen dem Dienst am Volk und der wirksamen Vertretung der Interessen des einzelnen", die Justizminister Gürtner im März 1934 als „die besondere Aufgabe, die dem Rechtsanwalt eindrucksvoller und bedeutungsvoller als früher gestellt ist", charakterisierte,[94] war nicht herzustellen. Selbst Reichsjuristenführer Rechtsanwalt Hans Frank mußte zugestehen, „daß der Anwaltsberuf im heutigen Dritten Reich, welches sich die zunehmende Befriedung aller deutschen Volksgenossen zur Aufgabe gemacht und an die Stelle des Kampfes des Einzelnen gegen den Einzelnen das Prinzip der Schlichtung und des Ausgleichs gesetzt habe, einer gewissen Problematik unterliege". Seine tröstenden Worte, daß die Anwaltschaft „jedoch in der nationalsozialistischen Volksgemeinschaft auf einer ethisch geläuterten Ebene ein viel größeres Aufgabengebiet als früher (habe), da sie in steigendem Maße der soziale Schlichtungsgarant

---

90 BA R 22/1079. Vertretung von Juden durch deutsche Rechtswahrer, o.D. (Aktenzeichen: IV b ^{3} 70/39).
91 Deutsches Recht, Ausgabe A, 17. Juni 1939, S. 834.
92 BA R 22/253. Vermerk über eine Besprechung über Fragen des Ausscheidens der Juden aus der Anwaltschaft, der Beratung und Vertretung jüdischer Parteien und der Altersversorgung deutscher Rechtsanwälte unter dem Vorsitz von Herrn StS. Dr. Schlegelberger mit Herren der Anwaltschaft, 8. April 1938.
93 Deutsches Recht, Ausgabe A, 17. Juni 1939, S. 837f.
94 Richter und Rechtsanwalt im neuen Staat. Rede des Reichsministers der Justiz Dr. Gürtner, gehalten auf der Arbeitstagung der Akademie für Deutsches Recht am 17. März 1934, in: Deutsche Justiz, 23. März 1934, S. 372.

IV. Die Vorkriegsjahre

in den Problemen des täglichen Lebens sein werde",[95] verbesserten die konkrete Situation der um ihr wirtschaftliches Überleben kämpfenden Anwälte nicht. In der Diskussion um eine Neugestaltung des Ehescheidungsrechts wurde etwa als wichtige Pflicht des Anwalts angesehen, den Vorstellungen, daß eine Scheidung in Zukunft leichter möglich sein würde, scharf entgegenzutreten.[96] Diese Beratungsfunktion hatte mit den Aufgaben eines Rechtsanwalts nichts gemeinsam. Auch mit dem ideologischen Konstrukt des idealen NS-Anwalts, dem – nach den Vorstellungen des stellvertretenden Präsidenten der Reichs-Rechtsanwaltskammer Erwin Noack – neben seiner fachlichen Qualifikation „soziale Gesinnung, Charakterfestigkeit, Mannhaftigkeit, Treue, Volksverbundenheit" zu eigen sein mußte,[97] hatte für die Praxis wenig Auswirkung. Bei der Mehrzahl der Anwälte stieß diese Typisierung auf wenig Resonanz. Dies unterstreicht auch die geringe Akzeptanz, die die weltanschauliche Schulungsarbeit des NSRB erfuhr.[98]

Dennoch stellt sich die Lage für die Anwälte, die nicht den „Säuberungsprozessen" zum Opfer gefallen waren, vor Kriegsbeginn 1939 positiver dar als zum Zeitpunkt der nationalsozialistischen Machtübernahme. Die Zahl der Rechtsanwälte war, vor allem durch das Ausscheiden der jüdischen Kollegen, gesunken und die Einkommen gleichzeitig gestiegen; die Jahreseinnahmen beliefen sich 1938 auf durchschnittlich 12 000 RM, 1933 hatten sie bei 6500 RM gelegen. Zudem war die Zahl derer, die jährlich weniger als 3000 RM verdienten zwischen 1934 und 1936 von 30,5 auf 23,3 Prozent gesunken. Von 12 auf 15 Prozent gestiegen war die Zahl der Anwälte, die bis zu 15 000 RM einnahmen. Ebenfalls zugenommen hatten die Besserverdienenden; 5,6 Prozent (4,5) verdienten bis zu 30 000 RM.[99] Eine dauerhafte und durchgreifende Verbesserung blieb jedoch aus, weil sich das Arbeitsfeld durch die zunehmende Rechtsberatung durch die NS-Rechtsbetreuungsstellen und anderer NS-Organisationen weiter verringerte.[100]

3. Die Ausschaltung der jüdischen Rechtsanwälte

Kampf um die berufliche Existenz

Bis zum Ausschluß jüdischer Rechtsanwälte aus der Rechtspflege aufgrund der 5. Verordnung des Reichsbürgergesetzes vom 27. September 1938 vergingen fünf Jahre, in denen die Zulassung der nicht mit Berufsverbot infolge des Gesetzes vom 7. April 1933 belegten jüdischen Rechtsanwälte im Reichsjustizministerium nicht zur Disposition stand. Auch die neue Reichs-Rechtsanwaltsordnung von 1936 ließ ihren Status unberührt. Mit Ausnahme der Erbhofgerichte[101] blieben sie an allen Gerichten zugelassen. Eine sichtbare Diskriminierung erfuhren die jüdischen Rechtsanwälte erst durch eine Allgemeine Verfügung des Reichsjustizministers im November 1937, die Juden die Anwendung des „deutschen Grußes" „im Verkehr mit den Justizbehörden, insbesondere in Gerichtssitzungen" untersagte.[102]

---

95 Deutsches Recht, 10. April 1935, S. 191.
96 Juristische Wochenschrift, 7. August 1937, S. 2009.
97 Ebenda, 7. Oktober 1933, S. 2188.
98 Heinz Boberach (Hrsg.), Meldungen aus dem Reich. Die geheimen Lageberichte des Sicherheitsdienstes der SS, Herrsching 1984, Bd. 2, S. 122.
99 Douma, Deutsche Anwälte, S. 41.
100 Boberach, Meldungen aus dem Reich, Bd. 2, S. 126f.
101 Dazu: Der Rechtsanwalt vor den Anerbenbehörden, in: Juristische Wochenschrift, 24. November 1934, S. 2956.
102 Allgemeine Verfügung vom 4. November 1937, in: Deutsche Justiz 1937, S. 1760.

Die Vorkriegsjahre IV.

Die Durchführungsverordnung zum Anwaltsgesetz vom 1. Oktober 1933 beendete die erste revolutionäre Phase der Ausschaltung der jüdischen Anwälte und setzte der je nach Ländern verschiedenen Ausführungspraxis des Gesetzes vom 7. April ein Ende.

Die Maßnahmen hatten zu tiefgreifenden Ergebnissen geführt. Die Umsätze der meisten jüdischen Kanzleien waren während dieses Zeitraums stark zurückgegangen. Die Ursachen waren vielfältig. Das Verhalten der juristischen Standesorganisationen, vor allem der Anwaltskammer, der Justizverwaltung, der Kollegen, und nicht zuletzt das der den Anwalt wechselnden Mandanten trug neben der allgemeinen politischen Situation dazu bei. Viele jüdische Rechtsanwälte mußten ihre Büroräume aufgeben und ihre Praxis in die Privatwohnung verlegen. Andere ließen sich ganz aus dem Anwaltsverzeichnis streichen, weil der Lebensunterhalt durch die anwaltliche Tätigkeit nicht mehr finanziert werden konnte oder die Frustration über die Zurückstufung auf einen „Anwalt zweiter Klasse" zu groß geworden war. Die Zahl der Auswanderungen sowohl der Klienten wie der Anwälte selbst nahm zu. Der „Zentralausschuß der deutschen Juden für Hilfe und Aufbau" berichtete im Sommer 1934, daß sich viele Rechtsanwälte für ein monatliches Gehalt von etwa 100.- RM in von Familienangehörigen betriebenen Firmen anstellen ließen. Nur wenige jüdische Rechtsanwälte könnten noch vom laufenden Ertrag ihrer Praxis leben. Die meisten müßten auf ihre Ersparnisse oder die Hilfe von Angehörigen zurückgreifen.[103]

Auch die „Zentralstelle für jüdische Wirtschaftshilfe", eine Selbsthilfeorganisation der deutschen Juden, konnte die Not nur wenig lindern. Sie vermittelte neue Büropartner und freie Stellen und bot gleichzeitig Berufsumschichtungs- und Sprachkurse an, die eine eventuelle Auswanderung erleichtern sollten. Schon im Juni 1933 schrieb sie alle Rechtsanwälte an und machte darauf aufmerksam, daß „die Umschichtung für alle Kollegen, die sich innerhalb des juristischen Berufs nicht mehr ernähren können, als alleinige Erwerbsmöglichkeit übrig bleibt".[104]

Das Ergebnis der „Säuberung" ging den Scharfmachern nicht weit genug, da – abgesehen von wenigen prominenten jüdischen Strafverteidigern, denen man aufgrund ihrer „kommunistischen Betätigung" die Zulassung entzogen hatte – nur die jüngeren Rechtsanwälte von dem Gesetz betroffen waren. Ende 1933 waren noch 1178 der 2849 Berliner Anwälte Juden.[105] Da nach dem 30. September 1933 keine Zulassungsrücknahmen mehr möglich waren, versuchten BNSDJ-Funktionäre, die Anwaltskammer, die Justizverwaltung und einige fanatische Kollegen den jüdischen Rechtsanwälten die Berufsausübung schwer, wenn nicht gar unmöglich zu machen.

Ein bezeichnendes Beispiel für das angepaßte Verhalten der Justiz ist ein lapidares Schreiben des Kammergerichtspräsidenten an Rechtsanwalt und Notar Julius Wertheim vom Oktober 1933. Ohne Zwang oder Druck von Staat und Partei bewirkte dieser Aktionismus eine wesentliche Schwächung der Position der jüdischen Rechtsanwälte. Wertheim hatte um die Bestellung eines Vertreters gebeten. Seinem Vorschlag wollte der Kammergerichtspräsident nicht entsprechen, da „gegen die Bestellung eines deutschstämmigen Rechtsanwalts zum Vertreter eines nichtarischen Rechtsanwalts und Notars ... grundsätzliche Bedenken" bestünden. Die Entscheidung lag im Ermessen des Kammergerichtspräsidenten. Für seine Begründung fanden sich im Gesetz keinerlei Grundlagen.[106] Die Erklärung für diesen vorauseilenden Gehorsam lieferte er selbst fünf Wochen später in einem Schreiben an den Preußischen Justizminister über die „Bestellung arischer Gerichtsassessoren zu Vertretern nichtarischer Rechtsanwälte": „Der Vorstand der Anwaltskammer erachtet seit dem Vollzuge der natio-

---

103 Arbeitsbericht des Zentralausschusses der deutschen Juden für Hilfe und Aufbau, 1. Januar-30. Juni 1934, S. 69.
104 GStA Rep. 84a MF 1205. Schreiben der Zentralstelle für jüdische Wirtschaftshilfe, 16. Juni 1933.
105 Juristische Wochenschrift, 24. November 1934, S. 2956.
106 GStA Rep. 84a MF 1206. Der Kammergerichtspräsident an Herrn Rechtsanwalt und Notar Julius Wertheim, 24. Oktober 1933. Dort weitere Schreiben.

nalsozialistischen Revolution die Neubildung von Anwaltsgemeinschaften zwischen arischen und nichtarischen Rechtsanwälten allgemein für standeswidrig und fordert die Auflösung solcher bestehenden Anwaltsgemeinschaften, es sei denn, daß sie bereits vor dem 1. September 1930 gebildet worden waren. Diesen Grundsätzen der anwaltlichen Standesvertretung würde es widersprechen, wenn gleichwohl arische Gerichtsassessoren zu Vertretern nichtarischer Rechtsanwälte bestellt und damit erneut eine enge Verbindung zwischen arischen und jüdischen Juristen geschaffen würde, die mit dem nationalsozialistischen Gedankengute in offensichtlichem Widerspruch steht. ... Ein deutschstämmiger Gerichtsassessor würde sich durch seine Förderung jüdischer Anwaltsinteressen bewußt in Gegensatz zu der heutigen Forderung stellen, daß der jüdische Einfluß im deutschen Volk in jeder Hinsicht zurückgedrängt werden muß." Die Genehmigung derartiger Vertretungen würde zudem die Forderung nach Aufhebung der momentanen Praxis der Nichtbeiordnung jüdischer Anwälte im Armenrecht nach sich ziehen. Dies sei als Versuch der jüdischen Anwälte zu werten, ihren früheren Einfluß zurückzugewinnen.[107] Dieses Schreiben des Kammergerichtspräsidenten unterschied sich in Sprache und Ideologie nicht von entsprechenden BNSDJ-Eingaben, und es hatte zudem im Gegensatz zu dem oftmals nur Propagandaeffekte erheischenden Verhalten des BNSDJ für die Betroffenen direkte Konsequenzen.

In diesem Fall war der Kammergerichtspräsident jedoch zu weit gegangen. Am 13. Dezember teilte ihm der Preußische Justizminister mit, daß die Ablehnung der Bestellung „arischer" Gerichtsassessoren zu Vertretern „nichtarischer" Rechtsanwälte der Verordnung des Reichsjustizministers vom 1. Oktober 1933 widerspräche, da sie „eine Schlechterstellung der noch zugelassenen nichtarischen Rechtsanwälte [enthält], die nach der VO. nicht zulässig ist". Der Justizminister gab dem Kammergerichtspräsidenten allerdings gleichzeitig zu verstehen, daß er seine Ansicht zu diesem Thema durchaus teilte. Er fügte hinzu: „Demgegenüber müssen die an sich sehr beachtenswerten Gesichtspunkte Ihrer Berichte ... zurückgestellt werden." Die gemäßigte Auffassung des Reichsjustizministeriums hatte sich in diesem Fall durchgesetzt. Um jedoch eine Stärkung der Position der weiterhin zugelassenen jüdischen Rechtsanwälte zu verhindern, betonte der Preußische Justizminister in demselben Schreiben, daß die Frage der Beiordnung jüdischer Anwälte als Armenanwälte dadurch nicht berührt werde, „da es sich bei der Bestellung von Anwaltsvertretern um eine Verwaltungsangelegenheit, bei der Beiordnung von Armenanwälten um eine reine Frage des Ermessens des Vorsitzenden des Gerichts handelt".[108] An der Intention des Preußischen Justizministers bestand nach seinem Verhalten seit Frühjahr 1933 kein Zweifel.

Einige infolge des Gesetzes vom 7. April ihrer Zulassung entzogenen Rechtsanwälte versuchten, ihr weiteres Auskommen durch die Einrichtung von Rechtsbüros zu fristen. Falls sie in dieser Funktion als „Rechtsbeistand" vor Gericht auftreten wollten, galt Par. 157 Zivilprozeßordnung, demzufolge ihre Zulassung bzw. Zurückweisung im Ermessen des Gerichts stand. Für das Preußische Justizministerium war dies bereits Garantie für eine Durchsetzung seiner Politik. Ministerialdirektor Nadler, der in diesem Zusammenhang eine Anfrage des Gestapa im Auftrag des Preußischen Justizministers beantwortete, kommentierte: „Daß zum Auftreten vor Gericht irgendwo in Preußen ehemalige jüdische Rechtsanwälte zugelassen worden seien, ist mir bisher nicht bekannt geworden und auch tatsächlich nicht anzunehmen."[109] Durch das „Gesetz zur Änderung einiger Vorschriften der Rechtsanwaltsordnung, der Zivilprozeßordnung und des Arbeitsgerichtsgesetzes" vom 20. Juli

---

107 Ebenda MF 1207. Der Kammergerichtspräsident an den Herrn Preußischen Justizminister. Betrifft: Bestellung arischer Gerichtsassessoren zu Vertretern nichtarischer Rechtsanwälte, 30. November 1933.

108 Ebenda. Der Preußische Justizminister an den Herrn Kammergerichtspräsidenten in Berlin. Betrifft Bestellung arischer Gerichtsassessoren zu Vertretern nichtarischer Rechtsanwälte, 13. Dezember 1933.

109 Ebenda. Der Preußische Justizminister an das Geheime Staatspolizeiamt in Berlin. Betrifft: Eröffnung von Rechtsbüros durch ehemalige jüdische Rechtsanwälte, 16. Dezember 1933.

1933[110] wurde die Zulassung ab 1. April 1934 in die Hände der Landesjustizverwaltung gelegt. Dies bedeutete de facto für die jüdischen Betreiber von Rechtsbüros ein Verbot für das Auftreten vor Gericht.

Im Preußischen Justizministerium forcierte nach dem Ausscheiden Hanns Kerrls, der sein Amt im Zuge der „Verreichlichung" der Justiz verlor, Roland Freisler die Ausschaltung der jüdischen Anwälte. Im November 1934 schrieb er an Staatssekretär Schlegelberger, dem die für die Gesetzgebung zum Anwaltsrecht zuständige Abteilung IV des Reichsjustizministeriums unterstand, daß er sich „kaum jemals außerhalb des Ministeriums bei Parteigenossen, insbesondere aus Anwaltskreisen sehen lassen [könne], ohne ... vorwurfsvollen Fragen nach dem Stande der Änderung" des Anwaltsrechts ausgesetzt zu sein. Es erschien Freisler „unerträglich ..., daß, während die Justiz im vorigen Jahre in der Säuberung des Standes von fremdrassigen Elementen führend war, in dieser Frage nichts mehr geschieht".[111]

Gravierende finanzielle Folgen hatte die 1. Verordnung zum „Reichsbürgergesetz" vom 14. November 1935,[112] derzufolge Juden kein öffentliches Amt mehr bekleiden durften. Damit verloren die jüdischen Rechtsanwälte zum Jahresende ihr Notariat, das aufgrund zahlreicher Grundstücksverkäufe, Vermögensübertragungen, Nachlaßregelungen der jüdischen Berliner und Gütertrennungen zwischen jüdischen und nichtjüdischen Partnern bislang noch ziemlich einträglich gewesen war.[113]

Schwierig zu beurteilen ist das Verhalten, das die Kollegen bei der Zurückdrängung der jüdischen Rechtsanwälte an den Tag legten. Solidaritätsaktionen sind nicht bekannt geworden; gleichzeitig müssen freilich auch die Hetzereien etwa eines Wolfgang Hercher, der die Klienten jüdischer Kollegen schriftlich zur Mandatsaufkündigung aufforderte,[114] oder eines Erwin Noack als Ausnahme betrachtet werden. Noack etwa schrieb am 5. August 1938 an das Reichsjustizministerium: „Zu meinem größten Erstaunen lese ich heute im Reichsgesetzblatt die vierte Verordnung zum Reichsbürgergesetz vom 25. Juli 1938. Danach sind nun also die Ärzte judenrein. Nur bei uns ist natürlich das nun schon solange von mir Angestrebte noch nicht erreicht worden. Ich wäre Ihnen außerordentlich dankbar, wenn Sie mit allem Nachdruck doch dafür sorgen wollten, daß nun endlich auch bei uns entsprechend meinem Vorschlag die Judenbereinigung kommt."[115]

Anzunehmen ist, daß der Großteil der Anwälte zwar das gewalttätige Vorgehen der SA im Frühjahr 1933 mißbilligte, sich aber die Vorteile des Ausschlusses zum Beispiel bei der Armenrechtsvergabe durchaus zunutze machte. Diese Haltung darf weniger als Ausdruck eines verbreiteten Antisemitismus denn als Folge der verheerenden ökonomischen Situation, in der zahlreiche Anwälte um das wirtschaftliche Überleben kämpften, gewertet werden. Nun bot sich eine willkommene Gelegenheit, sich auf Kosten der Diffamierten Vorteile zu verschaffen. Unterstützt wurde diese Haltung durch die Reichs-Rechtsanwaltskammer, die in ihren Standesrichtlinien vom 2. Juli 1934 nochmals das Verbot einer Entgeltnahme für den Praxisverkauf aus standesrechtlichen Gründen bekräftigte.[116] Damit konnten viele Anwälte von einer überaus kostengünstigen Kanzleiübernahme profitieren.[117]

---

110 RGBl. I 1933, S. 522f.
111 BA R 22/4723. Schreiben Freislers an Schlegelberger vom 16. November 1934. Zit. nach: Gruchmann, Justiz im Dritten Reich, S. 174.
112 RGBl. I 1935, S. 1333.
113 Simone Ladwig-Winters, Anwalt ohne Recht, in: Berliner Anwaltsblatt 11 (1998), S. 575.
114 Krach, Jüdische Rechtsanwälte, S. 303.
115 BA R 22/253. Erwin Noack an Herrn Ministerialrat Pohle in Berlin, Reichsjustizministerium, 5. August 1938.
116 GStA Rep. 84a MF 1211. Präsidium der Reichs-Rechtsanwalts-Kammer an den Herrn Preußischen Justizminister, 16. Juli 1934.
117 Udo Reifner, Die Zerstörung der freien Advokatur im Nationalsozialismus, in: Kritische Justiz 17 (1984), S. 388.

IV. Die Vorkriegsjahre

Da der BNSDJ seinen Funktionären und den Leitern der NS-Rechtsbetreuungsstellen die rechtliche Vertretung von Juden vor Gericht verbot und auch die Mitglieder davon abzuhalten trachtete, wurde es für jüdische Rechtsuchende immer schwieriger, einen nichtjüdischen Anwalt zu finden. 1935 waren immerhin 1750 der 1971 nichtjüdischen Berliner Rechtsanwälte Mitglied in der NS-Juristenorganisation.[118] Bereits vor der gesetzlichen Regelung Ende 1938, die dies zwingend vorschrieb, mußten sich immer mehr jüdische Mandanten jüdische Anwälte suchen. Gleichzeitig lösten immer mehr „arische" Mandanten, nicht zuletzt beeinflußt durch die Propaganda der Partei, des BNSDJ und antisemitischer Hetzblätter, die Verbindung zu ihrem jüdischen Anwalt. Viele – auch jüdische – Mandanten befürchteten, daß sie durch die Bestellung eines jüdischen Rechtsanwalts vor Gericht Nachteile erlitten. Die C.V.-Zeitung kommentierte am 21. Juni 1934 bitter: „Man hört es gelegentlich, man will es nicht glauben, und es ist doch wahr: für die jüdische Firma X oder den jüdischen Herrn Y, für die jahre- oder jahrzehntelang der jüdische Rechtsanwalt Z aufgetreten ist, erscheint heute ein anderer Anwalt. ... Die überkluge Firma X und der überängstliche Herr Y versprechen sich mehr von der Vertretung durch einen nichtjüdischen Anwalt."[119]

Rechtsanwalt Bruno Blau berichtete von seinen Erfahrungen: „Erschien ein Klient zum ersten Mal im Office, so war seine Frage zunächst: ‚Sind Sie Jude?' und die weitere typische Erklärung: ‚Ich persönlich habe ja nichts dagegen, im Gegenteil, ich habe immer jüdische Anwälte gehabt und halte sie für besser als die anderen, aber es geht doch leider nicht.'" Blau bilanzierte bitter: „Wenn auch die ... vollständige Entziehung des Berufs vorerst noch nicht gesetzlich sanktioniert war, so hatte man doch ‚auf kaltem Wege' das Ziel beinahe erreicht."[120]

Begonnen hatte diese Entwicklung bereits im Frühjahr 1933, als fast alle Mandanten jüdischer Rechtsanwälte gezwungen waren, für das Auftreten vor Gericht einen anderen Anwalt zu wählen. Den Befürwortern eines Ausscheidens der jüdischen Anwälte war an einer Fortdauer dieses Zustands gelegen. Als problematisch stellte sich lediglich die Finanzierung eines Anwaltwechsels heraus. Das Preußische Justizministerium empfahl den „arischen" Anwälten, ihre Tätigkeit in solchen Fällen zunächst unentgeltlich auszuüben, da sie langfristig Vorteile von dem Mandantenwechsel zu erwarten hätten. Hintergrund dieser Argumentation war aber, daß dem vor Gericht unterlegenen Volksgenossen nur schwerlich das Erfordernis einer zweifachen Anwaltsbezahlung klar gemacht werden konnte. Einen Gebührenverzicht verbot jedoch das geltende Standesrecht.[121] Aber auch in diesem Fall zeigte sich, daß alle Rädchen gut funktionierten. Das Kammergericht beschloß, daß für Fälle des Ausscheidens von Anwälten infolge des Gesetzes vom 7. April „die Auffassung, daß ein ... auch nur teilweiser Verzicht des Anwalts auf ... Gebühren standeswidrig sei ... aufgegeben worden" sei.[122]

Zahlenmäßige Entwicklung

Bei der Anwaltskammer Berlin waren am 1. April 1933 3433 Rechtsanwälte, davon 1835 jüdische, zugelassen; neun Monate später war die Zahl auf 2880 gesunken. Am 31. Dezember 1933 waren 1728 „arische" und 1152 „nichtarische" Rechtsanwälte zugelassen.[123] Am 1. Januar 1935 waren nur noch 1092 der 2931 Berliner Anwälte Juden,[124] ein Jahr später, am 1. Januar 1936, 1036 von 3007. Der

---

118 Dies ergibt sich aus der Information der Juristischen Wochenschrift, daß 1935 etwa 1750 dem BNSDJ angehörige Berliner Rechtsanwälte Dienst in den NS-Rechtsbetreuungsstellen leisteten. Juristische Wochenschrift, 1. Mai 1936, S. 1201.
119 Central-Verein-Zeitung, 21. Juni 1934.
120 Blau, Vierzehn Jahre Not und Schrecken, S. 29f.
121 Krach, Jüdische Rechtsanwälte, S. 287ff.
122 Juristische Wochenschrift, 1933, S. 2778.
123 Ebenda, 1. Mai 1936, S. 1201.
124 Ebenda, 9. März 1935, S. 758.

Anteil war von 54 Prozent auf 34,4 Prozent zurückgegangen.[125] Im ganzen Deutschen Reich gab es zu diesem Zeitpunkt 2552 jüdische Rechtsanwälte (Gesamtzahl: 18 854).[126] Trotz der Zurückhaltung in der antijüdischen Aggression, die sich das Regime wegen der Olympiade 1936 auferlegte, waren am 1. Januar 1937 nur noch 934 der 2858 Berliner Rechtsanwälte Juden; reichsweit waren nur noch 2273 Juden als Rechtsanwälte tätig, was die Ausnahmestellung und Bedeutung Berlins für die jüdische Anwaltschaft zeigt.[127] Es ist anzunehmen, daß vielen der Rechtsanwälte, die 1936 ihre Zulassung löschen ließen, im November 1935 aufgrund der 1. Verordnung zum „Reichsbürgergesetz" ihr Notariat entzogen worden war und ihre Kanzlei deshalb keinen Gewinn mehr abwarf. Am 1. Januar 1938 war die Zahl auf 761 von insgesamt 2718 Berliner Anwälten zurückgegangen.[128] Ganz offensichtlich waren keine gesetzlichen Maßnahmen zur allmählichen Vertreibung der jüdischen Rechtsanwälte erforderlich. Standesvertretung, Justizverwaltung und Parteiorganisationen gelang es, immer mehr jüdische Rechtsanwälte zur Aufgabe zu zwingen.

Entstehung der 5. Verordnung zum Reichsbürgergesetz

Im Jahr 1938 wurde die Verdrängung der deutschen Juden aus dem Wirtschafts- und Berufsleben forciert. Das Justizministerium bemühte sich, einen „legalen" Beitrag zu diesem Verhalten zu leisten. In diesem politischen Kontext besprach Staatssekretär Schlegelberger am 5. April 1938 mit den Anwälten Neubert, Noack und Droege Fragen des Ausscheidens der Juden aus der Anwaltschaft und der Beratung und Vertretung von jüdischen Mandanten. „Einverständnis", so das Protokoll der Besprechung, habe darüber geherrscht, „daß möglichst bald Juden im Sinne der Nürnberger Gesetze ... aus der Anwaltschaft auszuschließen seien". Dafür müsse jedoch die Versorgung der ausscheidenden Rechtsanwälte gewährleistet sein. Verschiedener Ansicht waren die Diskussionsteilnehmer über die rechtliche Beratung und Vertretung jüdischer Parteien. Neubert schlug vor, „deutsche" Rechtsanwälte mit deren Vertretung zu betrauen, Noack wollte „besondere arische Judenvertreter in mehr oder weniger beamtenähnlicher Stellung" damit beauftragen, und Schlegelberger brachte schließlich die Idee vor, eine beschränkte Zahl jüdischer „Rechtsvertreter" zur Vertretung von jüdischen Mandanten zu bestellen. Allen Beteiligten schien letzteres in der Praxis am einfachsten durchsetzbar, da die Vertretung jüdischer Mandanten durch nichtjüdische Rechtsanwälte Behinderungen von seiten der Partei erfuhr. Die „jüdischen Parteivertreter" sollten weiterhin nach der anwaltlichen Gebührenordnung abrechnen, von diesem Betrag jedoch nur einen Teil selbst erhalten. Mit dem Rest sollte den ausgeschiedenen jüdischen Rechtsanwälten eine monatliche Versorgung in Höhe von 300.- RM zur Verfügung gestellt werden.[129]

Nachdem das Reichsjustizministerium das Einverständnis des „Führers" für das Ausscheiden der jüdischen Rechtsanwälte unter diesen Bedingungen eingeholt hatte,[130] begann es mit der Ausgestaltung des Vorhabens. Am 4. Mai einigten sich Ministerium und Anwaltsvertreter auf die Bezeichnung „Konsulenten" für die weiterhin zur Beratung und Vertretung jüdischer Parteien zugelassenen jü-

---

125 Ebenda, 1. Mai 1936, S. 1201; Kammer-Zeitung, März 1936, S. 27.
126 Juristische Wochenschrift, 29. Februar 1936, S. 562.
127 Ebenda, 17. April 1937, S. 984; Mitteilungen der Reichs-Rechtsanwaltskammer, 1. Februar 1937, S. 26; ebenda, 1. April 1937, S. 73.
128 Juristische Wochenschrift, 5. März 1938, S. 574.; Mitteilungen der Reichs-Rechtsanwaltskammer, 25. Februar 1938, S. 25.
129 BA R 22/253. Vermerk über die Besprechung vom 5. April 1938.
130 Ebenda. Vermerk der Reichskanzlei. Gez. Kritzinger, 12. April 1938; ebenda R 43 II/1535. Der Reichsminister und Chef der Reichskanzlei an den Reichsminister der Justiz, 23. April 1938. Dazu auch: Gruchmann, Justiz im Dritten Reich, S. 176f.

dischen Rechtsanwälte.[131] Allein die Wahl dieses despektierlich verwendeten und durch das „Winkelkonsulentenwesen" belasteten Begriffes macht die geringe Wertschätzung, die man ihnen entgegenzubringen bereit war, deutlich.

Am 25. Juni richtete Freisler in Vertretung des Reichsjustizministers einen Eilbrief an die Oberlandesgerichtspräsidenten und den Präsidenten des Reichsgerichts, in dem er sie aufforderte, die Verzeichnisse der jüdischen Rechtsanwälte einer Durchsicht zu unterziehen, um sie gegebenenfalls vervollständigen zu können. „Mit allergrößter Beschleunigung, spätestens jedoch bis zum 1. September 1938" mußten die Angeschriebenen Freisler ein nach Gerichtsorten geordnetes Verzeichnis derjenigen Rechtsanwälte vorlegen, „die nach den gepflogenen Erhebungen als Juden im Sinne des Par. 5 der VO. vom 14. November 1935 ... anzusehen" waren.[132] Damit war der betroffene Personenkreis klar eingegrenzt.

Als das Vorhaben an die Öffentlichkeit drang, wandte sich Rechtsanwalt Fliess, der bereits 1933 als Vertreter der jüdischen Rechtsanwälte bei Verhandlungen mit den Ministerien fungiert hatte, am 30. Juni 1938 an den Minister. Er bat, die durch das Gesetz vom 7. April 1933 geschaffene Rechtslage beizubehalten. Als Begründung führte er an, daß es sich bei den noch tätigen jüdischen Rechtsanwälten größtenteils um Frontkämpfer handelte, die aufgrund ihrer Verdienste für das Vaterland ihre Zulassung behalten hatten können. Diese Position würde mit einer Gesetzesänderung mit fatalen Folgen für die Betroffenen aufgegeben.[133]

Ein zweites Schreiben von Fliess vom 30. August 1938, das er nach einer Unterredung mit einem Sachbearbeiter im Reichsjustizministerium über die geplanten Maßnahmen verfaßte, klang pessimistischer. Obwohl er betonte, daß er die in seinem Brief vom 30. Juni geäußerten Einwände aufrecht erhalten wollte, war Fliess offenbar klar, daß er die im Grundsatz gefallene Entscheidung nicht mehr revidieren konnte. Nun argumentierte er für eine Fristverlängerung. Ein Ausscheiden zum 30. September 1938 würde zu Störungen der Rechtspflege führen, da diese Frist keinesfalls ausreichen könnte, um die bei jüdischen Rechtsanwälten anhängigen Rechtsangelegenheiten in andere Hände zu überführen. Den jüdischen Rechtsanwälten sollte Gelegenheit gegeben werden, ihre Rechtssachen zu Ende zu bringen und das Inkrafttreten der Verordnung deshalb möglichst bis zum 31. März 1939 hinausgeschoben werden. Im übrigen mahnte er zu besonderer Sorgfalt bei der Auswahl der künftigen jüdischen „Rechtskonsulenten".[134]

Die 5. Verordnung zum Reichsbürgergesetz vom 27. September 1938: Inhalt, Reaktionen und Folgen

Ursprünglich war der Termin 30. September 1938 für das Ausscheiden der jüdischen Rechtsanwälte im Altreich vorgesehen.[135] Hitler unterzeichnete die „Fünfte Verordnung zum Reichsbürgergesetz" jedoch erst am 27. September und untersagte gleichzeitig ihre Veröffentlichung wegen der außenpolitischen Spannungen im Zusammenhang mit der Sudetenkrise.[136] Nach Beruhigung der Lage

---

131 Gruchmann, Justiz im Dritten Reich, S. 176.
132 GStA Rep. 84a (2.5.1.). Der Reichsminister der Justiz an den Herrn Präsidenten des Reichsgerichts und die Herren Oberlandesgerichtspräsidenten, 25. Juni 1938. Betrifft die Juden in der Rechtsanwaltschaft. Gez. Freisler.
133 BA R 22/253. Julius Fliess an den Herrn Reichsminister der Justiz, 30. Juni 1938.
134 Ebenda. Julius Fliess an den Herrn Reichsminister der Justiz, 30. August 1938.
135 Ebenda R 43 II/598. Schnellbriefe des Reichsjustizministers vom 27. August 1938 und 16. September 1938.
136 Andreas Rethmeier, „Nürnberger Rassegesetze" und Entrechtung der Juden im Zivilrecht, Frankfurt am Main 1995, S. 313f.

infolge des „Münchener Abkommens" wurde sie schließlich am 14. Oktober 1938 publiziert.[137] Juden war nach Artikel I Par. 1 der Verordnung der Beruf des Rechtsanwalts nun verschlossen. Bis 30. November 1938 sollte die Zulassung aller jüdischen Rechtsanwälte im Altreich zurückgenommen werden. Um keinen Zweifel an der Intention der Verordnung aufkommen zu lassen, untersagte Par. 4 (Art. I) den aus dem Anwaltsberuf ausgeschlossenen Juden gleichzeitig die „Besorgung fremder Rechtsangelegenheiten". Artikel III der Verordnung regelte die rechtliche Beratung und Vertretung von Juden. Zu diesem Zweck ließ die Justizverwaltung „jüdische Konsulenten" zu.[138] Ihre Zulassung erfolgte je nach Bedarf und auf Widerruf; sie sollten dem Kreis der aufgrund der Verordnung ausgeschiedenen jüdischen Rechtsanwälte entnommen werden und möglichst als Frontkämpfer anerkannt sein.

Die Rolle Hindenburgs bei der Entstehung des Anwaltsgesetzes vom 7. April 1933 übernahm diesmal der alte Generalfeldmarschall von Mackensen. Er wertete die „Existenzzerstörung wenn auch jüdischer Frontkämpfer mit als gleichzeitigen Angriff auf das Kriegserlebnis und die Soldatenehre".[139] Der Reichsjustizminister beschied ihn in einem überaus höflichen Schreiben, daß „ehrenhafte und bedürftige jüdische Frontkämpferanwälte" vor wirtschaftlicher Not geschützt würden; im einzelnen seien die Verhandlungen noch nicht abgeschlossen.[140] Der Einfluß von Mackensens war allerdings zum einen deutlich geringer als der des damaligen Reichspräsidenten von Hindenburg; zum anderen war 1938 das Regime gefestigt und mußte auf derartige Interventionen keine Rücksicht mehr nehmen. Der gesellschaftliche Stellenwert von Frontkämpfern war allerdings auch zu diesem Zeitpunkt noch hoch. Der Reichsarbeitsminister und auch Rechtsanwalt Graf von der Goltz setzten sich ebenfalls für die Kriegsteilnehmer ein.[141]

Par. 10 der Verordnung betonte, daß die „jüdischen Konsulenten" lediglich zur Beratung und Vertretung von Juden sowie jüdischen Gewerbebetrieben, Vereinen, Stiftungen, Anstalten und sonstigen jüdischen Unternehmen befugt waren. In dem ihnen von der Justizverwaltung zugewiesenen Bezirk waren sie befugt, vor allen Gerichten aufzutreten. Sie unterstanden der Aufsicht des Landgerichtspräsidenten. Von ihren Mandanten sollten die „jüdischen Konsulenten" Gebühren und Auslagen in der in der Gebührenordnung für Rechtsanwälte festgesetzten Höhe erheben; diese Beträge flossen jedoch einer Ausgleichsstelle bei der Reichs-Rechtsanwaltskammer zu, die damit die ausgeschiedenen Rechtsanwälte bei nachgewiesener Bedürftigkeit finanziell unterstützte. Die „Konsulenten" erhielten lediglich ihre Auslagen und eine Entschädigung für Kanzleiunkosten erstattet. Erzielten sie darüber hinaus Einnahmen, blieb ihnen davon ein genau festgesetzter prozentualer Anteil.[142]

Eine Bekanntmachung des Reichsjustizministers vom 17. Oktober 1938 sah vor, daß 172 „jüdische Konsulenten" im Altreich zugelassen werden sollten, 49 davon im Kammergerichtsbezirk, von denen wiederum 40 Berlin als Niederlassungsort für den Landgerichtsbezirk Berlin zugewiesen wurde. Jeweils zwei „Konsulenten" sollten in Berlin für die Landgerichtsbezirke Berlin und Potsdam, Berlin

---

137 Gruchmann, Justiz im Dritten Reich, S. 178f.; RGBl. I 1938, S. 1403ff.
138 Die „Angelegenheiten der jüdischen Konsulenten" regelte eine Allgemeine Verfügung des Reichsjustizministers vom 17. Oktober 1938. Abgedruckt in: Juristische Wochenschrift, 5. November 1938, S. 2798ff.
139 BA R 22/253. Generalfeldmarschall von Mackensen an den Reichsminister, 30. Juli 1938.
140 Ebenda. Der Reichsminister der Justiz an Herrn Generalfeldmarschall von Mackensen, August 1938.
141 Schreiben in: Ebenda.
142 RGBl. I 1938, S. 1403ff.
   Für Beträge bis zu 300 RM erhielten sie 90 %, von 300–500 RM 70 %, von 500–1000 RM 50 % und für Beträge über 1000 RM 30 %. Allgemeine Verfügung des Reichsjustizministers vom 13. Oktober 1938. Durchführungsbestimmungen zu Par. 5 und 14 der 5. Verordnung zum Reichsbürgergesetz (Ausgleichsstelle; Vergütung der jüdischen Konsulenten; Unterhaltszuschüsse für die aus der Anwaltschaft ausgeschiedenen Juden), in: Juristische Wochenschrift, 5. November 1938, S. 2797ff. und Deutsche Justiz, 21. Oktober 1938, S. 1665f.

IV. Die Vorkriegsjahre

und Neuruppin und Berlin und Prenzlau zuständig sein. Einem „Konsulenten" wurde Cottbus als Niederlassungsort für die Landgerichtsbezirke Cottbus, Guben, Frankfurt und Landsberg zugewiesen, einem weiteren Frankfurt an der Oder für die Landgerichtsbezirke Cottbus, Guben, Frankfurt, Landsberg, Meseritz und schließlich noch einem Landsberg für die Landgerichtsbezirke Cottbus, Guben, Frankfurt, Landsberg, Meseritz und Schneidemühl.[143]

Rechtsanwalt Erwin Noack kommentierte die Verordnung in der „Juristischen Wochenschrift" und ließ dabei seiner antisemitischen Einstellung freien Lauf: „Das Ziel ist erreicht", so Noack, „der letzte Jude wird aus dem deutschen Rechtsleben verschwinden. Wir werden wieder eine wirkliche deutsche Rechtsanwaltschaft haben." Die „ideelle Tragweite" dieser Tatsache sei nicht zu überschätzen. Schließlich seien am 1. Januar 1938 von 17 360 insgesamt zugelassenen Rechtsanwälten noch 1753 Juden gewesen, was Noack „unerträglich" schien. Die Verordnung sei deshalb für das ganze deutsche Volk eine „Erlösung". Keinen Zweifel ließ Noack an dem geringen Ansehen, das man den „jüdischen Konsulenten" entgegenzubringen bereit war. „Der jüdische Konsulent", so Noack, „darf unter gar keinen Umständen als Rechtswahrer oder auch nur als anwaltsähnliche Institution angesprochen werden. Er ist weiter nichts als ein Interessenvertreter für eine jüdische Partei. Recht wahren können nur die Richter und Rechtsanwälte als gerichtliche Organe." Stolz und offenbar befriedigt zog er ideologisch phrasenhaft Bilanz: „Dem deutschen Volksgenossen der deutsche Rechtswahrer! Dem Juden der jüdische Konsulent! Mit Stolz kann der deutsche Anwalt sich wieder Rechtsanwalt nennen!"[144]

Das Anwaltsgesetz vom 7. April 1933, das eine tiefeinschneidende Zäsur für die jüdischen Anwälte gebracht hatte, hatte heftige Diskussionen hervorgerufen. Die Reaktionen auf die 5. Verordnung zum Reichsbürgergesetz fielen eher verhalten aus. Noacks gehässiger Kommentar blieb die Ausnahme, obwohl er an exponierter Stelle – in der „Juristischen Wochenschrift" – erschien und deshalb große Verbreitung erfuhr. Die Nichtreaktion des Großteils der Anwaltschaft ist auffällig und bezeichnend. Man hatte sich an die schleichende Ausschaltung der jüdischen Rechtsanwälte gewöhnt und befand den Abschluß des Prozesses keiner großen Diskussion mehr wert. Der Erlaß der Verordnung wurde wohl von den Anwälten als eine Maßnahme der Entrechtung unter vielen bewertet. Solidaritätsgesten oder -bekundungen den Ausgeschiedenen gegenüber sind nicht bekannt, obwohl es sich bei dem betroffenen Personenkreis meist um angesehene ältere und seit vielen Jahren tätige Anwälte handelte – die jüngeren waren aufgrund des Gesetzes vom 7. April 1933 ja bereits ausgeschieden. Die Distanz und Gleichgültigkeit, mit der etwa das publizistische Organ der Reichs-Rechtsanwaltskammer den endgültigen Ausschluß der jüdischen Kollegen behandelte, macht deutlich, daß der Stellenwert der jüdischen Anwälte innerhalb weniger Jahre nahezu auf den Nullpunkt gesunken war. In Berlin waren 671 Rechtsanwälte (25,4 Prozent aller Anwälte) von der Verordnung betroffen, im Gesamtreich 1612.[145] Sie mußten binnen weniger Wochen ihre Kanzleien räumen und standen vor dem Nichts. Den Präsidenten der Reichs-Rechtsanwaltskammer Neubert veranlaßte der Abschluß des Ausgrenzungsprozesses, der innerhalb von fünf Jahren immerhin die Hälfte der Berliner Anwaltschaft vertrieben hatte, lediglich in seinem Grußwort „Zum neuen Jahre!" zu dem Kommentar: „Durch das Ausscheiden der jüdischen Rechtsanwälte ... ist die Anwaltschaft endlich von artfremdem Einfluß ganz befreit und damit für die Erfüllung ihrer Aufgaben im nationalsozialistischen Staat bereit gemacht."[146]

---

143 Niederlassungsorte der jüdischen Konsulenten. Bekanntmachung des Reichsjustizministers vom 17. Oktober 1938, in: Juristische Wochenschrift, 5. November 1938, S. 2802f. und Deutsche Justiz, 21. Oktober 1938, S. 1670f.
144 Juristische Wochenschrift, 5. November 1938, S. 2796.
145 Die Zahl der Rechtsanwälte sank in Berlin von 2718 am 1. Januar 1938 auf 1971 am 1. Januar 1939, reichsweit von 17 182 auf 14 969. Mitteilungen der Reichs-Rechtsanwaltskammer, 1. Februar 1939, S. 31.
146 Ebenda, 1. Januar 1939, S. 1.

Die Verhaftungen im Gefolge der „Reichskristallnacht" am 9./10. November 1938 verhinderten zunächst die reibungslose Einführung der „Konsulenten". In verschiedenen Bezirken ergaben sich Schwierigkeiten, weil die als „jüdische Konsulenten" vorgeschlagenen Rechtsanwälte in Konzentrationslagern inhaftiert waren. Das Reichsjustizministerium empfahl deshalb den Oberlandesgerichtspräsidenten, mit den örtlichen Staatspolizeileitstellen wegen deren Freilassung Kontakt aufzunehmen. Ob die vom Ministerium vorgeschlagene Begründung, daß andernfalls weniger geeignete Personen als „jüdische Konsulenten" zugelassen werden müßten, bei der Staatspolizei Wirkung zeigte, mag dahin gestellt bleiben.[147] Klage über die Verhaftung jüdischer Rechtsanwälte erhob auch der Präsident der Reichs-Rechtsanwaltskammer. Motiv seines Schreibens an den Reichsjustizminister war allerdings nicht die Sorge um die verhafteten Kollegen, sondern die Empörung, von der Geheimen Staatspolizei nicht über die Vorgänge informiert worden zu sein. Er bat den Justizminister, „das Geheime Staatspolizeiamt zu veranlassen, ein genaues Verzeichnis der verhafteten jüdischen Rechtsanwälte den Oberlandesgerichtspräsidenten und den Präsidenten der Rechtsanwaltskammern zu übermitteln". Durch die Verhaftungen sei die „reibungslose Durchführung" der Verordnung ernsthaft gefährdet; möglicherweise müsse sogar „ein anderer Weg zur Lösung der Judenfrage im Sektor der Rechtspflege" gesucht werden.[148] In Berlin war etwa Rechtsanwalt Kurt Levy betroffen, der nach seiner Entlassung aus dem Konzentrationslager Sachsenhausen als „Konsulent" zugelassen wurde. Bis zu seiner Deportation nach Theresienstadt am 17. Juni 1943 war Levy gleichzeitig der letzte Vorsitzende der „Reichsvereinigung der Juden in Deutschland". Von Theresienstadt wurde er nach Auschwitz weiterdeportiert, wo er am 30. Oktober 1944 ermordet wurde.[149]

Der Alltag der „jüdischen Konsulenten" war mehr als beschwerlich.[150] Einerseits wurden sie von den Schikanen der Justizverwaltung geplagt: Am 9. Dezember 1938 etwa erließ der Reichsjustizminister eine Allgemeine Verfügung „Berufsbezeichnung und Schild der jüdischen Konsulenten", die darauf hinwies, daß der „Konsulent" auf „Schildern, Briefbogen, Geschäftskarten und bei ähnlichen Ankündigungen ... in deutlich erkennbarer Schrift" hinzufügen hatte: „Zugelassen nur zur rechtlichen Beratung und Vertretung von Juden". An der Tür der Geschäftsräume mußte seit dem 1. Februar 1939 ein „Schild aus Leichtmetall oder Holz bis zur Größe von 25 x 29,7 cm" angebracht sein, das den vollen Vor- und Zunamen, die Berufsbezeichnung „Konsulent" und die Kennzeichnung „Zugelassen nur zur rechtlichen Beratung und Vertretung von Juden" zu enthalten hatte. Letzteres mußte in derselben Schriftgröße wie die übrigen Teile der Aufschrift lesbar sein.[151] Andererseits waren die „Konsulenten" sichtbar den allgemeinen Entwürdigungen ausgesetzt. Dazu gehörte der Zwangsvorname Israel, den alle Juden seit dem 1. Januar 1939 zu tragen gezwungen waren und seit September 1941 die Kennzeichnung mit dem Judenstern. In späteren Jahren kam die Furcht vor der drohenden Deportation hinzu. Gleichzeitig wurden sie tagtäglich mit dem Leid und den die Existenz gefährdenden Problemen ihrer Mandanten konfrontiert.

Anders als bei der Wiederzulassungsprozedur im Frühjahr 1933 wollten nicht alle der zum 30. November 1938 mit Berufsverbot belegten Rechtsanwälte als „Konsulenten" tätig werden. Nicht zuletzt der Novemberpogrom hatte vielen die Ziele und die Brutalität, mit der die Nationalsozialisten vorzugehen bereit waren, unübersehbar offenbart und sie aus der Illusion eines möglichen Arrange-

---

147 GStA Rep. 84a (2.5.1.). Der Reichsminister der Justiz. Schnellbrief, 21. November 1938. Betr. die rechtliche Beratung und Vertretung von Juden.
148 BA R 22/254. Der Präsident der Reichs-Rechtsanwaltskammer an den Herrn Reichsminister der Justiz. Betrifft: Verhaftung jüdischer Rechtsanwälte, 25. November 1938.
149 Göppinger, Juristen jüdischer Abstammung, S. 98, Anm. 203 und S. 252; Ladwig-Winters, Anwalt ohne Recht, S. 165.
150 Vgl. dazu: Versehrt, verfolgt, versöhnt: Horst Berkowitz. Ein jüdisches Anwaltsleben. Aufgezeichnet von Ulrich Beer, Essen 1979. Horst Berkowitz war als „Konsulent" in Hannover zugelassen.
151 Berufsbezeichnung und Schild der jüdischen Konsulenten. Allgemeine Verfügung des Reichsjustizministers vom 9. Dezember 1938, in: Juristische Wochenschrift, 7. Januar 1939, S. 24.

IV. Die Vorkriegsjahre

ments mit den Machthabern gerissen. Einige wollten ihre ganze Kraft auf die Suche nach einem rettenden Auswanderungsland konzentrieren, andere sich nicht als „Schutzjuden" vor Gericht verhöhnen lassen, wie ein Betroffener es formulierte.[152]

Dramatischer und bedrängender noch war die Situation für diejenigen, denen die Zulassung als „Konsulent" verweigert wurde und die damit tatsächlich vor dem Nichts standen. Justizrat Felix Pick, 67 Jahre alt und bis März 1933 eines der angesehensten Mitglieder des Berliner Kammervorstandes, wurde im November 1938 nicht als „Konsulent" zugelassen. Noch Ende des Jahres emigrierte er in die Schweiz.[153] Einige wenige konnten den als „Konsulenten" zugelassenen Kollegen zuarbeiten, wie etwa Bruno Marwitz, Verfasser eines Kommentars zum Urheberrecht, der 68jährig nun im Büro des „Konsulenten" Schönberg tätig wurde, bevor er im Dezember 1940 „an gebrochenem Herzen" starb.[154]

Die antisemitischen Hetzer gaben sich auch mit dieser ministeriellen „Lösung" des Ausschlusses der jüdischen Anwälte nicht zufrieden. Ihnen ging selbst die Tätigkeit der „Konsulenten" zu weit. Auf Kritik stieß die uneingeschränkte Zulassung der „jüdischen Konsulenten" vor allen Gerichten in dem ihnen zugewiesenen Bezirk. Damit bestand keine Möglichkeit, einen „jüdischen Konsulenten" vom Verfahren auszuschließen. Staatssekretär Freisler war vor allem das Auftreten der „Konsulenten" in Hoch- und Landesverratssachen sowie in Strafverfahren nach Par. 139 und 143a StGB ein Dorn im Auge.[155] Als treibende Kräfte erwiesen sich wieder einmal Reinhard Neubert und Kammergerichtspräsident Hölscher. Ersterer wandte sich im März 1939 an den Justizminister und verlieh seiner Meinung Ausdruck, daß die Verteidigung von jüdischen Angeklagten durch „jüdische Konsulenten" vor den Berliner Strafgerichten „häufig den Interessen des Staates und der Rechtspflege und dem nationalsozialistischen Empfinden" widerspräche. Im Detail führte er aus: „In Verfahren wegen Rassenschande ist es in der Regel nicht erträglich, wenn der jüdische Konsulent die arische Zeugin befragt und ihr Unglaubwürdigkeit nachzuweisen bemüht ist. – In Devisen- und Steuerangelegenheiten ist es untunlich und bedenklich, daß einem Konsulenten Gelegenheit gegeben wird, das Verfahren und die technischen Hilfsmittel der deutschen Behörden bei der Aufdeckung der strafbaren Handlungen kennen zu lernen. – Darüber hinaus ist die Beteiligung eines jüdischen Konsulenten bei allen Geheimsachen und bei Verfahren auf Grund des Heimtückegesetzes unerwünscht." Neubert schlug deshalb den Erlaß einer Verordnung vor, derzufolge das Gericht einen „Konsulenten" in Verfahren wegen „Rassenschande", in Steuer- und Devisenstrafverfahren, in Verfahren aufgrund des Heimtückegesetzes und in allen Geheimsachen als Verteidiger zurückweisen konnte.[156]

Auch Kammergerichtspräsident Hölscher strebte eine Änderung der Verordnung an. Er kritisierte gleichfalls im März 1939 unter anderem die seiner Meinung nach aufdringlichen Befragungen von „jüdischen Konsulenten" in Verfahren wegen „Rassenschande" und deren Auftreten in Geheimsachen, insbesondere Devisenangelegenheiten. Er störte sich darüber hinaus an Äußerlichkeiten; das Fehlen der Robe und die Ausschließung vom „deutschen Gruß" sei „dem würdigen und angemessenen Ablauf der Verhandlung abträglich".[157] Ende November 1939 ergriff Hölscher erneut die Initiative und machte erstmals deutlich, daß ihm an einem vollständigen Ausschluß der „jüdischen

---

152 So der Frankfurter Rechtsanwalt Julius Meyer. Zit. nach: Harald Focke/Uwe Reimer, Alltag der Entrechteten. Wie die Nazis mit ihren Gegnern umgingen, Bd. 2, Reinbek bei Hamburg 1980, S. 112.
153 Krach, Jüdische Rechtsanwälte, S. 81 und 435; Ladwig-Winters, Anwalt ohne Recht, S. 186.
154 Göppinger, Juristen jüdischer Abstammung, S. 226.
155 BA R 22/1079. Vermerk über Besprechung, 16. Januar 1939.
156 Ebenda. Der Präsident der Rechtsanwaltskammer in Berlin an den Herrn Reichsminister der Justiz. Betr.: Auftreten der jüdischen Konsulenten vor den Strafgerichten, 24. März 1939.
157 Ebenda. Der Kammergerichtspräsident an den Herrn Reichsminister der Justiz. Betrifft: Auftreten jüdischer Konsulenten als Verteidiger in Strafsachen, 27. März 1939.

Konsulenten" von der Strafrechtspflege gelegen war. Sie seien nicht in der Lage, „tatkräftig an der Findung des wahren Rechtes mitzuwirken", weil sie meist sehr zurückhaltend aufträten und deshalb nicht „mit der Offenheit und Festigkeit an der Klärung eines Sachverhalts mitarbeiten, die nach der heutigen Auffassung von der Mitarbeit des Verteidigers in Strafsachen erwartet wird". Als Ursache dafür meinte Hölscher die Angst der „Konsulenten" vor persönlichen Nachteilen ausgemacht zu haben. Darüber hinaus trug er wiederum seine bereits im März geäußerten Bedenken vor. Den Einwand, daß bei Zurückweisung der „jüdischen Konsulenten" wiederum „arische" Rechtsanwälte Juden verteidigen müßten, ließ Hölscher nicht gelten. „Nach der Regelung der Strafprozeßordnung und der Rechtsanwaltsordnung muß ein Rechtsanwalt auch die Verteidigung eines verabscheuungswürdigen Verbrechers übernehmen, wenn er zum Verteidiger bestellt wird. Ein Ablehnungsrecht ist ihm nicht gegeben. Ebenso dient er der Strafrechtspflege, wenn ihm die Verteidigung eines Juden übertragen wird."[158]

Am 12. Juni 1940 hatten die Fanatiker schließlich ihr Ziel erreicht. Der Reichsjustizminister erließ eine Durchführungsverordnung zur 5. Verordnung zum Reichsbürgergesetz, derzufolge „Konsulenten" als Verteidiger in Strafsachen vom Gerichtsvorsitzenden zurückgewiesen werden konnten, „wenn dies aus besonderen Gründen, insbesondere mit Rücksicht auf den Gegenstand des Verfahrens, geboten" schien.[159] Dies war bei Verfahren wegen „Rassenschande", Hochverrat, Vergehen gegen das Heimtückegesetz, bei Straftaten gemäß Par. 2 des Gesetzes gegen die Neubildung von Parteien und bei Steuer- und Devisenstrafverfahren der Fall.[160] Die 13. Verordnung zum Reichsbürgergesetz vom 1. Juli 1943[161] verfügte schließlich, daß strafbare Handlungen von Juden nicht mehr von den Gerichten, sondern von der Polizei zu ahnden waren. Damit war die Tätigkeit der „Konsulenten" in Strafverfahren de facto beendet.

Der Antisemitismus der Berliner Anwaltschaft

Der jüdische Rechtsanwalt diente den Nationalsozialisten geradezu als ideale Verkörperung zahlreicher Feindbilder, etwa des Pazifisten, des Demokraten, des Sozialisten und natürlich des Juden schlechthin.[162] Zudem machten sie für die verzerrte Berufsstruktur der jüdischen Juristen nicht die historischen Ursachen, sondern eine angeblich spezifisch jüdische Mentalität verantwortlich. Die Propagierung dieses Feindbildes wurde in seiner Radikalität sicher von vielen Anwälten als primitiv abgelehnt, die dauernde Indoktrinierung[163] bereitete und nährte aber unzweifelhaft den Boden für eine zunehmende Akzeptanz der Vorurteile. Unterstützt wurde dies dadurch, daß nicht nur große Teile der Richter- und Staatsanwaltschaft, sondern auch viele Rechtsanwälte noch einem allseits in der Gesellschaft zu beobachtenden obrigkeitsstaatlichen Denken verhaftet waren, das keinerlei Wider-

---

158 Ebenda. Der Kammergerichtspräsident an den Herrn Reichsminister der Justiz. Betrifft: Verteidigung von Juden in Strafsachen, 30. November 1939.
159 Verordnung zur Durchführung der Fünften Verordnung zum Reichsbürgergesetz vom 12. Juni 1940, in: RGBl. I 1940, S. 872.
160 BA R 22/1079. Der Reichsminister der Justiz. Betrifft: Zurückweisung von Konsulenten als Verteidiger in Strafsachen, August 1940; Gundula Knobloch, Deutsch das Recht und deutsch auch die Juristen. Zur Ausschaltung der jüdischen Rechtsanwälte aus der Anwaltschaft 1933-1939, in: Anwaltsblatt 10 (1990), S. 490.
161 RGBl. I 1943, S. 372.
162 Müller, Furchtbare Juristen, S. 68.
163 „Ein Stürmerbuch für Jung u. Alt" mit dem Titel „Der Giftpilz" aus dem Jahr 1938 enthielt z. B. eine Geschichte „Wie zwei Frauen von Judenrechtsanwälten betrogen wurden", das mit dem Vers: „Es läßt den Judenrechtsanwalt/Das Rechtsempfinden völlig kalt./Er geht nur deshalb vor Gericht,/Weil er sich dort viel Geld verspricht./Ob nun die Braven und die Guten/Sich selbst zerfleischen und verbluten,/Das läßt den Juden völlig kalt./Geh nie zum Judenrechtsanwalt!" endet.

IV. Die Vorkriegsjahre

stand gegen den Staat zuließ. Den tatsächlichen Wert eines freien Rechtssystems mit garantierten Grundrechten und die Folgen seiner Zerstörung konnten nur wenige abschätzen.

Das Gros der Anwaltschaft lehnte vor und nach 1933 den radikalen Radau-Antisemitismus ab.[164] Nicht zuletzt die Zusammensetzung der berufsständischen Organisationen bestätigte eine langjährige sachliche Zusammenarbeit von jüdischen und nichtjüdischen Rechtsanwälten in der Hauptstadt. Dies bedeutet jedoch nicht, daß die Anwaltschaft frei von antisemitischen Einstellungen gewesen ist. Gerade durch den alltäglichen Umgang miteinander entstand nicht selten ein Konkurrenzneid.[165] Max Hachenburg, einer der bekanntesten und angesehensten Anwälte Deutschlands, lehnte zum Beispiel die ihm angetragene Übernahme der Präsidentschaft des Deutschen Anwaltvereins im Jahr 1924 aufgrund seiner jüdischen Abstammung ab. Er wollte, seiner eigenen Aussage zufolge, vermeiden, „als Jude ... an der Spitze der Anwaltschaft zu stehen", weil er „glaubte, daß dies im Interesse der Gesamtheit besser sei".[166]

Auch die Tatsache, daß sich die Berliner Kammermitglieder bei der Nachwahl zum Vorstand im Februar 1933 sehr deutlich gegen die nationalsozialistischen Bewerber aussprachen, kann kaum als Beweis für nicht vorhandenen Antisemitismus dienen. Vielmehr scheinen die beiden Bewerber Neubert und Frost der Mehrzahl der Berliner Anwälte schlichtweg in ihren Ansichten zu radikal gewesen zu sein. Der im folgenden nahezu widerstandslos akzeptierte Ausschluß der jüdischen Kollegen zeigte, daß ein latenter Antisemitismus durchaus vorhanden war.

Das entscheidende Moment für die stillschweigende Akzeptanz des Ausscheidens der jüdischen Rechtsanwälte war die wirtschaftliche Notlage, in der sich der Großteil der Anwälte befand. Die Grundlage für diesen tiefen Einschnitt in die freie Advokatur hatte die Abgeordnetenversammlung des Deutschen Anwaltvereins im Dezember 1932 mit der propagierten Einführung eines numerus clausus selbst gelegt. Die Hoffnung, durch eine Reduzierung der Anwälte die eigenen Erwerbsmöglichkeiten verbessern zu können, verhinderte – von wenigen Ausnahmen abgesehen – den Protest gegen den Ausschluß der jüdischen Kollegen. Schließlich profitierten viele als stille Nutznießer von dieser Entwicklung, die zudem nachhaltig von den Anwaltsvertretern gefördert wurde.

Deutlich mehr Widerstand als beim Ausschluß der jüdischen Anwälte regte sich bei der Beschneidung der anwaltlichen Rechte. Dies gilt vor allem für die Strafverteidiger. Diese waren in einen zunehmend unüberbrückbar werdenden Konflikt zwischen den individuellen Interessen ihrer Mandanten und dem Staat geraten; sie stießen auf staatlicher Seite immer wieder auf Unmut. Es wäre falsch, diesen Konflikt als grundsätzliche Opposition gegen den Nationalsozialismus zu definieren. Die Anwälte wehrten sich lediglich gegen ihre berufliche Einengung, die ihre Tätigkeit in manchen Fällen geradezu ad absurdum führte. Manche von ihnen setzten sich mutig für ihre Mandanten ein und waren keineswegs bereit, sich völlig anzupassen.

Aufgrund der individuellen Persönlichkeiten und der mannigfaltigen Betätigungsfelder der Berliner Rechtsanwälte verbietet sich ein pauschales Urteil über „die" Berliner Anwaltschaft, ihren Antisemitismus oder ihre Involvierung in das nationalsozialistische System. Wie die Einschätzung, daß eine „fast einmütige Abwehr oder zumindest passive Haltung gegenüber den Nazis" unter der Berliner Anwaltschaft auszumachen gewesen sei,[167] nicht der Wahrheit entspricht, so wenig trifft eine Pauschalverurteilung den historischen Tatbestand.

---

164 Tillmann Krach zeigt eine Kontinuität des Antisemitismus seit dem Inkrafttreten der Rechtsanwaltsordnung 1879 auf. (Jüdische Rechtsanwälte, passim.)
165 Ebenda, S. 160.
166 Hachenburg, Lebenserinnerungen, S. 94. Zit. nach: Jungfer, Die Vertreibung, S. 10.
167 Heinz Brangsch, Hauptgeschäftsführer des Deutschen Anwaltvereins in seiner Rezension zu Dietrich Güstrow, Tödlicher Alltag. Strafverteidiger im Dritten Reich, in: NJW 1981, S. 2176.

V. Die Ehrengerichtsbarkeit

Mit Inkrafttreten der Rechtsanwaltsordnung am 1. Oktober 1879 unterwarfen sich die Rechtsanwälte einer eigenen berufsständischen Disziplinargewalt. Bei Verletzung der Standespflichten drohte dem Anwalt ein ehrengerichtliches Verfahren (Par. 62, 63 RAO), das als Sanktionsmöglichkeiten eine Warnung, einen Verweis, eine Geldstrafe und schlimmstenfalls die Ausschließung aus der Rechtsanwaltschaft vorsah. Diese Ehrengerichtsbarkeit gestaltete sich zu einer der tragenden Säulen der freien Advokatur. Par. 28 RAO normierte in einer Generalklausel die Verpflichtung des Rechtsanwaltes, „seine Berufstätigkeit gewissenhaft auszuüben und durch sein Verhalten in Ausübung des Berufs sowie außerhalb desselben sich der Achtung würdig zu zeigen, die sein Beruf erfordert".

Das Ehrengericht setzte sich aus fünf aus dem Vorstand der Anwaltskammer gewählten Mitgliedern zusammen. Ein Verfahren konnte nur durch Klageerhebung seitens der Staatsanwaltschaft bei dem Oberlandesgericht eingeleitet werden. Über die Eröffnung des Hauptverfahrens entschied das Ehrengericht. Berufungsinstanz gegen Urteile der Ehrengerichte war der beim Reichsgericht in Leipzig angesiedelte Ehrengerichtshof. Zunächst gab es dort nur einen Senat, in dem der Reichsgerichtspräsident den Vorsitz innehatte; ihm standen drei Richter und drei Anwälte des Reichsgerichts zur Seite. 1910 wurde ein zweiter Senat gebildet, dem ein Senatspräsident vorstand.[1]

Die Generalklausel des Par. 28 RAO ermöglichte eine weitgehende Interpretation der Standespflichten. Da das Wissen um die anwaltlichen Pflichten für den Anwalt von elementarer Bedeutung war – ein Vergehen konnte immerhin zum Berufsausschluß führen – veröffentlichte der Deutsche Anwaltverein seit 1885 Entscheidungssammlungen des Ehrengerichtshofs. Von 1934 bis 1940 fungierte die Reichs-Rechtsanwaltskammer als Herausgeberin. Die Urteile wurden vernünftigerweise ohne Namens- und Ortsangaben publiziert, was allerdings ihre heutige Auswertung unter spezifisch lokalen Gesichtspunkten erschwert.[2] Besonders häufig mußten sich die Ehrengerichte mit der Vernachlässigung der Berufsausübung, mit unzulässiger Werbung, mit zu sehr auf ökonomische Gesichtspunkte ausgerichtetem Streben, mit Beleidigung von Richtern, Staatsanwälten und Kollegen und mit der Syndikusfrage befassen. Immer wieder kam es auch zu Verhandlungen, in denen über das private Verhalten von Anwälten geurteilt wurde.[3]

Mit der „Verordnung des Reichspräsidenten über Maßnahmen auf dem Gebiete der Finanzen, der Wirtschaft und der Rechtspflege" vom 18. März 1933[4] erfuhr die Rechtsanwaltsordnung erstmals nach der Machtübernahme durch die Nationalsozialisten eine Änderung. Par. 91 RAO wurde erweitert: Durch Beschluß des Ehrengerichts konnte nun gegen einen Rechtsanwalt ein sofortiges Vertretungsverbot verhängt werden, wenn zu erwarten war, daß in dem gegen ihn anhängigen ehrengerichtlichen Verfahren auf Ausschließung aus der Rechtsanwaltschaft erkannt werden würde. Außerdem wurde der Höchstbetrag einer ehrengerichtlichen Geldstrafe von 1000 auf 5000 Reichsmark festgesetzt.[5] Um einer unrichtigen Interpretation vorzubeugen, muß angeführt werden, daß diese Änderungen der RAO bereits in den Jahren der Weimarer Republik diskutiert und ausgearbeitet worden waren.[6]

---

1 Morisse, Rechtsanwälte im Nationalsozialismus, S. 15ff.; Ostler, Die deutschen Rechtsanwälte, S. 22.
2 Douma, Deutsche Anwälte, S. 14 und 168.
3 Ostler, Die deutschen Rechtsanwälte, S. 55f.; Douma, Deutsche Anwälte, S. 15ff.
4 RGBl. I 1933, S. 109ff.
5 Ebenda, S. 120f.
6 Morisse, Rechtsanwälte im Nationalsozialismus, S. 30; Ostler, Die deutschen Rechtsanwälte, S. 250f.

V. Die Ehrengerichtsbarkeit

Der Preußische Justizminister münzte die neue Vorschrift in ein Instrument für seine Politik um und konnte so ein weiteres Mal seinem Ruf als Scharfmacher gerecht werden. Am 18. Mai 1933 ersuchte er in einem Schreiben an die Generalstaatsanwälte mit Bezug auf die Verordnung des Reichspräsidenten, „in allen Fällen ehrengerichtlicher Verfahren gegen Rechtsanwälte zu prüfen, ob es nach Lage der Sache angebracht erscheint, beim Ehrengericht die Verhängung eines Vertretungsverbots zu beantragen. Im Interesse einer tunlichst beschleunigten Säuberung des Anwaltsstandes und zum Schutze des rechtsuchenden Publikums wird die Stellung eines solchen Antrags grundsätzlich stets erforderlich sein, wenn die gesetzlichen Voraussetzungen für die Zulässigkeit eines Vertretungsverbots gegeben sind."[7]

Der „Bericht des Vorstandes der Anwaltskammer in Berlin über das Jahr 1933"[8] umfaßte unter anderem auch die Tätigkeit des Ehrengerichts. Nach der Auflistung der Mitglieder, die – von wenigen Ausnahmen abgesehen – ein who's who der NS-Anwälte Berlins darstellt, erschien zunächst ein statistischer Vergleich mit dem Vorjahr. Lapidar wurde dazu über die dramatischen Ereignisse im Frühjahr 1933 bemerkt, daß die Ehrengerichte „ihre Tätigkeit nach einer kurzen Unterbrechung von Mitte März bis Mitte Mai in vollem Umfange" wiederaufnahmen. Der Generalstaatsanwalt erhob 1933 gegen 70 Rechtsanwälte 126 ehrengerichtliche Anklagen (1932: 220 Anklagen gegen 81 Rechtsanwälte). In zehn Fällen wurde die Anklage wegen Löschung der Zulassung zurückgenommen. Außerdem hatten acht (2) Antragsteller vor dem Ehrengericht wegen Versagung der Zulassung geklagt. Während des Berichtsjahres fällte das Ehrengericht Urteile gegen 49 Personen in 44 Sachen (1932: 51 Urteile gegen 58 Personen). Es erkannte neun (8) mal auf Freisprechung, zwölf (19) mal auf Warnung, sieben (5) mal auf Verweis, elf (12) mal auf Verweis und Geldstrafe, ein (6) mal auf Geldstrafe, sechs (7) mal auf Ausschließung, ein (1) mal auf Versagung der Zulassung nicht gerechtfertigt und zwei (-) mal auf Versagung der Zulassung. In 30 Fällen wurde das Urteil rechtskräftig, in 19 Fällen wurde Berufung eingelegt. Von letzteren schwebte in neun Fällen die Berufung, in zwei wurde die Berufung zurückgenommen, in vier die Berufung verworfen, und in weiteren vier wurde das Verfahren infolge Löschung des Anwalts auf Grund des Gesetzes vom 7. April 1933 eingestellt.[9]

Sowohl die Statistik als auch der nachfolgende Bericht über die Tätigkeit der Ehrengerichte zeugten eher von einer Kontinuität der Berliner Standesgerichtsbarkeit als von einer revolutionären Umgestaltung. Schwerpunkte der Untersuchungen waren die als standeswidrig angesehene Verbindung mit Schleppern, d. h. mit Personen, die Rechtsuchende in den Gerichtsgebäuden direkt ansprachen, und mit Unfallschutzunternehmungen, mangelnde Sorgfalt bei der Erfüllung von Wechselverbindlichkeiten, die Nichterteilung vom Kammervorstand verlangter Auskünfte gemäß Par. 58 RAO, Verstöße gegen das Lokalisierungsprinzip und die Unzulässigkeit der Führung standesfremder Titel wie etwa „Diplom-Kaufmann".[10] Die Berliner Ehrengerichtsbarkeit beschäftigte sich also weiterhin mit Fragen der Standespflichten und des Anwaltsrechts. Lediglich in einem Fall war die Abgabe einer unrichtigen Versicherung über die „arische" Abstammung eines Rechtsanwalts anläßlich der Ausstellung der Ausweise zum Betreten der Gerichte Gegenstand des Verfahrens. Das Ehrengericht erkannte dabei auf Warnung und führte zur Begründung an: „Bei dieser Sachlage war dem Angeklagten nicht nachzuweisen, daß er die Erklärung über seine arische Abstammung am 1. April 1933 wissentlich falsch abgegeben hat. Das Ehrengericht ist aber andererseits zu der Überzeugung gelangt, daß der Angeklagte zum mindesten grob fahrlässig diese Erklärung abgegeben hat. Wenn der Angeklagte hervorhebt, daß er damals gerade im Umzuge und deswegen in besonderer Eile gewesen sei, so

---

7 GStA Rep. 84a (2.5.1.) Nr. 67. Der Preußische Justizminister an sämtliche Herren Generalstaatsanwälte. Betr. Verhängung von Vertretungsverboten gegen Rechtsanwälte im ehrengerichtlichen Verfahren, 18. Mai 1933.
8 Ebenda MF 1252.
9 Ebenda. Bericht des Vorstandes der Anwaltskammer in Berlin über das Jahr 1933, S. 21.
10 Ebenda, S. 21ff.

mag dies sowie die Tatsache ihm zugute gehalten werden, daß eine gewisse Eile auch sonst geboten war, so daß ihm deswegen vielleicht die Tragweite der Angelegenheit nicht ganz zum Bewußtsein gekommen ist. Andererseits ist zu berücksichtigen, daß Umstände vorhanden waren, die ihn zu besonderer Sorgfalt hätten veranlassen müssen."[11]

Einen wesentlichen Einschnitt in die seit 1879 praktizierte Regelung brachte das „Gesetz zur Änderung der Vorschriften über die Ehrengerichtsbarkeit der Rechtsanwaltschaft" vom 28. März 1934.[12] Darin wurde festgelegt, daß der bisher beim Reichsgericht angesiedelte Ehrengerichtshof ab dem 1. Mai 1934 bei der Reichs-Rechtsanwaltskammer gebildet werden sollte. Auch mit diesem Gesetz hatte die neue Regierung einen alten Wunsch der Rechtsanwälte nach der anwaltlichen Dominanz beim Ehrengerichtshof erfüllt.[13] Erwin Noack unterstrich dies später in seinem Kommentar zur RRAO von 1936. Die Anwaltschaft habe die alte Regelung „als ein Mißtrauen des Staates gegenüber der Pflichtauffassung anwaltlicher Ehrenrichter und damit als ein Mißtrauen gegenüber dem ganzen Anwaltsstand aufgefaßt". Sie habe deshalb immer wieder „versucht, auch die zweitinstanzliche Ehrengerichtsbarkeit selbstbeherrschend in die Hand zu bekommen".[14] Gleichzeitig hatte die Staatsführung damit einen weiteren wichtigen Schritt für den Gleichschaltungsprozeß der Anwaltschaft getan, da die anwaltlichen Mitglieder des Ehrengerichtshofs vom regimetreuen Präsidium der Reichs-Rechtsanwaltskammer bestimmt wurden.

Jeder Senat entschied nun in der Besetzung von vier anwaltlichen und drei richterlichen Mitgliedern. Den Vorsitz in den Senaten führten der Präsident der RRAK und die vom Präsidium der RRAK zu Vorsitzenden bestellten anwaltlichen Mitglieder. Die bei dem bisherigen Ehrengerichtshof beim Reichsgericht in Leipzig am 1. Mai 1934 anhängigen Berufungen wurden noch von diesem bearbeitet, falls bereits ein Termin zur Hauptverhandlung festgelegt war. Alle anderen Verfahren wurden an den neuen Ehrengerichtshof abgegeben.[15]

Der neue Ehrengerichtshof begann seine Tätigkeit mit drei Senaten[16] unter dem Vorsitz des Präsidenten der RRAK Reinhard Neubert, des stellvertretenden Präsidenten der RRAK Erwin Noack und des Schriftführers der RRAK Werner Ranz. Neben Neubert und Ranz waren aus der Berliner Anwaltschaft im ersten Senat Wilhelm Heltge und im zweiten Wilhelm Scholz vertreten.[17] Die Sitzungs- und Geschäftsräume befanden sich im Hause des Vorstandes der Berliner Anwaltskammer am Großadmiral-von-Köster-Ufer 67.[18]

Die RRAK wußte ihre erweiterte Kompetenz zu würdigen, indem sie im Juli 1934 „das Standesrecht der deutschen Anwaltschaft mit den Anschauungen des Dritten Reiches in Einklang" brachte und neue „Richtlinien für die Ausübung des Anwaltsberufs" verabschiedete.[19] Welche zentrale Bedeu-

---

11 Ebenda, S. 23.
12 RGBl. I 1934, S. 252f.
13 Die amtliche Begründung in der „Deutschen Justiz" lautete: „Die Wünsche der Anwaltschaft nach Umgestaltung des Ehrengerichtshofs sind alt. Der Wunsch, auch die Ehrengerichtsbarkeit zweiter Instanz in die Hand eines anwaltlichen Organs zu legen, ließ sich jetzt verwirklichen, nachdem die Anwaltschaft durch die Reichspräsidentenverordnung vom 18. März 1933 ... in der Reichs-Rechtsanwaltskammer eine amtliche oberste Standesvertretung erhalten hat. Ebenso erschien der Wunsch berechtigt, daß der Vorsitzende und die Mehrheit des erkennenden Kollegiums der Anwaltschaft angehören. Endlich konnte dem Wunsche der Anwaltschaft auch darin unbedenklich entsprochen werden, daß die anwaltlichen Mitglieder des Ehrengerichtshofs nicht nur den beim Reichsgericht zugelassenen Anwälten entnommen werden." Deutsche Justiz, 6. April 1934, S. 437.
14 Noack, Kommentar zur Reichs-Rechtsanwaltsordnung, S. 205.
15 RGBl. I 1934, S. 252f.
16 Bestimmt durch die Anordnung des RJM vom 18. April 1934 zur Ehrengerichtsbarkeit der Rechtsanwälte. Deutsche Justiz, 27. April 1934, S. 530.
17 Zur personellen Zusammensetzung der drei Senate s. ebenda, 1. Juni 1934, S. 694.
18 Noack, Kommentar zur Reichs-Rechtsanwaltsordnung, S. 268.
19 GStA Rep. 84a MF 1211. Präsidium der Reichs-Rechtsanwaltskammer an den Preußischen Justizminister, 16. Juli 1934.

V. Die Ehrengerichtsbarkeit

tung die dafür verantwortlich zeichnenden Anwaltsfunktionäre der Veränderung der Standesgerichtsbarkeit beimaßen, wird bereits bei der Lektüre der ersten Zeilen der Richtlinien deutlich. Dort hieß es: „Mit dem 1. Mai 1934 ist die Standesehrengerichtsbarkeit im zweiten Rechtszuge auf den Ehrengerichtshof bei der Reichs-Rechtsanwaltskammer übergegangen. Damit übernimmt die Anwaltschaft in erhöhtem Maße die Verantwortung und Verpflichtung vor der deutschen Volksgemeinschaft, für Rechtlichkeit und Lauterkeit in den eigenen Reihen einzustehen und sich als verantwortungsbewußten Träger des Rechtsgedankens zu erweisen und zu erhalten."[20]

Das Ehrengericht war nicht das geeignete Mittel, um über den Einzelfall hinaus gegen die vermeintlichen Gegner und die unliebsame Konkurrenz vorzugehen. Zur Ausschaltung der jüdischen Rechtsanwälte bediente man sich auch in den folgenden Jahren – von Einzelfällen abgesehen – anderer Methoden. Die Ehrengerichtsbarkeit sollte zur Disziplinierung der „arischen" Anwälte dienen, die allerdings bei unerwünschtem Umgang mit Juden oder jüdischen Anwälten durchaus mit ehrengerichtlicher Ahndung zu rechnen hatten. Insofern ist der Ehrengerichtsbarkeit durchaus eine Rolle bei der Ausschaltung der jüdischen Kollegen zuzuweisen, obwohl sie selten direkt für den Ausschluß eines jüdischen Anwalts verantwortlich zeichnete. Heiko Morisse, der die ehrengerichtliche Rechtsprechung untersucht hat, konstatierte eine deutlich spürbare Veränderung in der Diktion der Urteile, nachdem der Ehrengerichtshof auf die Reichs-Rechtsanwaltskammer übergegangen war. Systemkritische Äußerungen und mangelndes Gespür für die „Belange der Volksgemeinschaft", etwa durch den privaten oder beruflichen Kontakt zu Juden, wurden als standeswidrig eingestuft.[21]

Die wohl gravierendste Zäsur erfuhr das Berufsrecht der Anwaltschaft durch das „Zweite Gesetz zur Änderung der Rechtsanwaltsordnung" vom 13. Dezember 1935[22], das am 21. Februar 1936 als neue Reichsrechtsanwaltsordnung im Reichsgesetzblatt bekannt gemacht wurde.[23] Die Politik bemächtigte sich des Kerns eines liberalen Standesrechts. Sie hob den Anspruch auf Zulassung zur Anwaltschaft auf, indem sie die Entscheidung darüber in die Hände des Reichsministers der Justiz legte.[24] Damit verbunden war eine Beschneidung der Kompetenz der Ehrengerichte, die bis dahin von einem abgelehnten Antragsteller angerufen werden konnten.[25] Par. 28 der alten RAO, der als Grundlage für die ehrengerichtliche Rechtsprechung die Pflichten der Rechtsanwälte in einer Generalklausel formuliert hatte, entfiel zugunsten des neuen Par. 31. Dieser nahm Bezug auf Par. 19, demzufolge für neu zugelassene Rechtsanwälte ein Treueid auf den „Führer des Deutschen Reiches und Volkes Adolf Hitler" eingeführt wurde.[26] Par. 31 formulierte: 1. „Der Rechtsanwalt hat seinen Beruf getreu seinem Eide gewissenhaft auszuüben" und 2. „Er hat sich auch außerhalb seiner Berufstätigkeit des Vertrauens und der Achtung würdig zu erweisen, die sein Beruf als Diener am Recht erfordert."[27] Damit war die staatsnahe Rechtsprechung der Ehrengerichte gesetzlich sanktio-

---

20 Ebenda MF 1212. Richtlinien für die Ausübung des Anwaltsberufs. Aufgestellt von der Reichs-Rechtsanwaltskammer, 2. Juli 1934. S. dazu auch Neubert, Anwalt in der Politik, S. 226ff.
21 Morisse, Rechtsanwälte im Nationalsozialismus, S. 153. Stefan König (Vom Dienst am Recht, S. 59) kam zu einem ähnlichen Ergebnis. Von einigen Details abgesehen, blieb die Kontinuität der Spruchpraxis erhalten.
22 RGBl. I 1935, S. 1470ff.
23 Ebenda I 1936, S. 107ff.
24 Ebenda, S. 108 (Par. 16).
25 Anordnung Nr. 1 des Präsidenten der Reichs-Rechtsanwaltskammer vom 23. Dezember 1935. Durchführung des Gesetzes vom 13. Dezember 1935. „Nach dem Gesetz vom 13. Dezember 1935 findet eine ehrengerichtliche Nachprüfung in Zulassungsfällen nur noch bei der Zurücknahme der Zulassung, nicht aber bei der Versagung einer Zulassung statt. Über Zulassungsgesuche entscheidet jetzt der Reichsminister der Justiz im Einvernehmen mit dem Reichsführer des BNSDJ endgültig." Deutsche Justiz, 3. Januar 1936, S. 25.
26 RGBl. I 1936, S. 109.
27 Ebenda, S. 110.

niert.[28] Und dies blieb nicht graue Theorie. Allein die personelle Zusammensetzung stand für ein angepaßtes, systemkonformes Verhalten.

Die angemaßte disziplinarische Erzieherrolle hinsichtlich der politischen Einstellung der Rechtsanwälte zeigte ein Urteil vom 29. Januar 1936. Der 1. Senat des EGH verurteilte einen Anwalt zur Ausschließung, weil er bei der Reichstagswahl im März 1936 die Stimmabgabe verweigert hatte; das Ehrengericht hatte in erster Instanz auf einen Verweis und 1000 RM Geldstrafe erkannt. Zur Begründung seiner Entscheidung führte der Ehrengerichtshof folgendes an: „Der Angeklagte hat sich von der Reichstagswahl am 29. März 1936 bewußt und gewollt ferngehalten, weil er dadurch unangenehm berührt war, daß sich die politische Polizei nach ihm erkundigt hatte. ... Der Angeklagte erklärte darauf kurz vor der Wahl auch seinen Austritt aus dem NSRB." Die Wahl sei jedoch mit früheren Abstimmungen nicht vergleichbar. Vielmehr sei sie „Ausdruck des Dankes" und „sollte auch dem Auslande zeigen, daß das deutsche Volk geschlossen hinter dem Führer und zu den vom Führer zwecks Wiedererlangung der Souveränität und vollen Wehrhoheit getroffenen Maßnahmen steht. ... An dieser Wahl durfte kein Deutscher gleichgültig vorübergehen, ungeachtet der an sich bestehenden Wahlfreiheit. ... Für den Angeklagten als deutschen Rechtsanwalt galten besondere Pflichten. Der Rechtsanwalt hat nach Par. 31 RRAO. nicht nur seinen Beruf getreu seinem Eide gewissenhaft auszuüben, er hat sich auch außerhalb seiner Berufstätigkeit des Vertrauens und der Achtung würdig zu erweisen, die sein Beruf als Diener am Recht erfordert. Als Richtschnur für die vom Rechtsanwalt zu erfüllenden Pflichten dient der Par. 19 RRAO., der den von dem Rechtsanwalt zu leistenden Eid enthält. Der Eid verpflichtet den Rechtsanwalt nicht nur, die Pflichten eines deutschen Rechtsanwalts gewissenhaft zu erfüllen, sondern auch, dem Führer des Deutschen Reiches und Volkes Adolf Hitler die Treue zu halten. Dadurch ist im Gegensatz zu früher ein besonderes und unmittelbares Treueverhältnis des deutschen Rechtsanwalts zum Staatsoberhaupt hergestellt, das den Rechtsanwalt auch in staatsrechtlicher Hinsicht verpflichtet. ... Diese Treuepflicht hat der Angeklagte dadurch verletzt, daß er ... der Wahl ferngeblieben ist. Der Angeklagte hat damit in schwerster Weise gegen die Standespflichten verstoßen und außer seinem Ansehen dem Ansehen des Anwaltsstandes schweren Schaden zugefügt. Durch sein Fernbleiben von der Wahl gab er anderen Volksgenossen nicht nur den Mangel seiner eigenen Gefolgschaftstreue zu erkennen, vielmehr war dieses Verhalten des Angeklagten auch geeignet, Zweifel an der Geschlossenheit der deutschen Anwaltschaft und ihrem Einsatzwillen für Führer und Staat entstehen zu lassen. ... Das Ehrengericht hat als Strafe für diese schwere Standesverfehlung den Ausschluß in Erwägung gezogen, hat aber geglaubt, von der schwersten Strafe absehen zu sollen, weil der Angeklagte sich in seiner Einstellung und Auffassung verrannt und festgelegt hatte und weil er vom Amtsgericht im übrigen eine günstige Beurteilung erfahren hat. Der Ehrengerichtshof sieht die Verfehlung jedoch als so schwer an, daß der Angeklagte nicht mehr Rechtsanwalt sein kann."[29]

Infolge der Anpassung der Reichsrechtsanwaltsordnung verloren die örtlichen Anwaltskammern ihre Rechtsfähigkeit. Als Körperschaft des öffentlichen Rechts blieb nur die Reichs-Rechtsanwaltskammer, bei der alle bei den Gerichten des Deutschen Reiches zugelassenen Rechtsanwälte zusammengeschlossen waren. Es gab zwar weiterhin für jeden Oberlandesgerichtsbezirk eine Anwaltskammer, die jedoch zum Erfüllungsgehilfen der Reichs-Rechtsanwaltskammer degradiert worden war. Die Präsidenten der Kammern wurden vom Reichsjustizminister auf Vorschlag des Präsidenten der Reichs-Rechtsanwaltskammer berufen.[30] Die Ehrengerichte der Kammern bestanden aus fünf Mitgliedern unter dem Vorsitz des jeweiligen Präsidenten. Er sollte zu Jahresbeginn die Mitglieder

---

28 Morisse, Rechtsanwälte im Nationalsozialismus, S. 62.
29 Ilse Staff (Hrsg.), Justiz im Dritten Reich. Eine Dokumentation, Frankfurt a.M. 1978, S. 126ff.
30 RGBl. I 1936, S. 112f. (Par. 46ff.).

V. Die Ehrengerichtsbarkeit

des Ehrengerichts und deren Vertreter bestimmen.[31] Damit geriet auch die erste Instanz der Ehrengerichtsbarkeit unter den Einfluß der RRAK; das „Führerprinzip" war durchgesetzt.

Die Allgemeine Verfügung, die der Reichsjustizminister am 29. Januar 1936 erließ, unterstrich nochmals, daß mit der Veränderung der ehrengerichtlichen Rechtsprechung ein staatskonformes Verhalten der Rechtsanwälte erzwungen und mißliebiges Auftreten mit der Drohung der Verhängung eines Vertretungsverbotes verhindert werden sollte. Bei den Verfahren sollte auf die „Beschleunigung besonders Bedacht" genommen werden. „In allen ehrengerichtlichen Verfahren gegen Rechtsanwälte haben die Generalstaatsanwälte und der Oberreichsanwalt zu prüfen, ob es nach Lage der Sache angezeigt ist, beim Ehrengericht die Verhängung eines Vertretungsverbots zu beantragen." Und weiter: „Beantragt der Generalstaatsanwalt im Verfahren vor dem Ehrengericht, auf Ausschließung von der Rechtsanwaltschaft zu erkennen, so ist regelmäßig zugleich die Verhängung des Vertretungsverbots nach Par. 95 Absatz 6 RAO. zu beantragen. Dies gilt sinngemäß, wenn das Ehrengericht auf Ausschließung erkennt, ohne daß die Staatsanwaltschaft es beantragt hat."[32]

Bereits seit Inkrafttreten des „Erlasses des Führers und Reichskanzlers über die Ausübung des Gnadenrechts in Ehrengerichtssachen der Rechtsanwälte" vom 27. Februar 1935 konnte der „Führer" ehrengerichtliche Verfahren niederschlagen und den ehrengerichtlich verfügten Ausschluß aus der Rechtsanwaltschaft gnadenweise aufheben.[33]

Ehrengerichtsbarkeit nach Kriegsbeginn

Die nach Kriegsbeginn einsetzende umfangreiche Kriegsgesetzgebung ließ auch das Anwaltsrecht nicht unverschont. Ziele waren eine Freisetzung von personellen Kapazitäten und eine weitere Heranführung der Anwaltschaft an die Staatsdoktrin. Zunächst reduzierte der „Gnadenerlaß des Führers für Rechtsanwälte und Notare" vom 30. November 1939[34] die Zahl der ehrengerichtlichen Verfahren. Falls Generalstaatsanwalt bzw. Oberreichsanwalt in zweiter Instanz und Präsident der Reichs-Rechtsanwaltskammer der Auffassung waren, daß ein ehrengerichtliches Verfahren für den Angeklagten nicht mit der Ausschließung aus der Rechtsanwaltschaft oder vom Anwärterdienst enden würde, sollte es eingestellt werden. Dementsprechend konnte sich der Ehrengerichtshof 1940 mit noch einem Senat begnügen.[35]

Durch Par. 5 der „Verordnung zur Ergänzung der Reichs-Rechtsanwaltsordnung und der Reichsnotarordnung" vom 22. Januar 1940[36] wurde die Zahl der Ehrengerichtsmitglieder reduziert: Die Ehrengerichte bei den Rechtsanwaltskammern bestanden nun aus drei statt bisher fünf und der Ehrengerichtshof aus fünf statt bisher sieben Mitgliedern. Sie wurden nun nicht mehr vom Präsidium der Reichs-Rechtsanwaltskammer bestimmt, sondern vom Reichsminister der Justiz.

Die „Verordnung zur weiteren Ergänzung der Reichs-Rechtsanwaltsordnung" vom 24. Juni 1941[37] schränkte die Rechte der Ehrengerichte ein. Nach Par. 4 konnte einem Rechtsanwalt, der „staatswichtige Belange" gefährdete, vom Reichsjustizminister die Ausübung seines Berufes untersagt werden. Bis dahin war ausschließlich das Ehrengericht für die Verhängung eines derartigen Vertre-

---

31 Ebenda, S. 114 (Par. 71).
32 AV des RJM vom 29. Januar 1936 (Zulassung als Rechtsanwalt und sonstige Angelegenheiten der Rechtsanwälte). Abgedruckt in: Reichs-Rechtsanwaltsordnung in der Fassung vom 21. Februar 1936, S. 30ff., hier S. 44f.
33 Deutsche Justiz, 8. März 1935, S. 356. S. dazu auch die AV des RJM vom 23. März 1935, in: Ebenda, 29. März 1935, S. 480.
34 RGBl. I 1939, S. 2342f.
35 Mitteilungen der Reichs-Rechtsanwaltskammer 1940, S. 33.
36 RGBl. I 1940, S. 223.
37 Ebenda I 1941, S. 333ff.

tungsverbotes zuständig gewesen (Par. 95 RRAO). Par. 5 der Verordnung ermöglichte es dem Präsidenten der Rechtsanwaltskammer, die ehrengerichtlichen Strafen Warnung, Verweis und Geldstrafe bis zu 500 Reichsmark auf Antrag der Staatsanwaltschaft ohne Verfahren zu verhängen. Von einer autonomen Standesgerichtsbarkeit konnte folglich keine Rede mehr sein.

Obwohl die meisten ehrengerichtlichen Verfahren die Berufsausübung des Anwalts zum Thema hatten – Verbot der Werbung, grobe Unsachlichkeiten und Beleidigungen in Schriftsätzen, Untreue, Parteiverrat, Verstöße gegen die Anstaltsordnung von Gefängnissen oder Begünstigung von Strafgefangenen und Untersuchungshäftlingen – bilanzierte ein Aufsatz im Parteiorgan „Deutsches Recht" im März 1941, daß seit der Machtübernahme auch „das politische Verhalten des Anwalts, seine Stellung zu Volk und Reich wiederholt Gegenstand ehrengerichtlicher Nachprüfung" war. So wurde beispielsweise ein Angeklagter aufgrund seiner Homosexualität aus der Anwaltschaft ausgeschlossen. Dazu genügte, daß er „Briefe homosexuellen Inhalts gewechselt hat, ohne daß ein körperlicher homosexueller Verkehr feststellbar war". Damit genügte er nicht mehr den „sittlichen Anforderungen, die der Stand an ihn stellen muß". Auch der Ehebruch eines verheirateten Anwalts wurde als schwere Standesverfehlung betrachtet. Selbstverständlich wurde auch der Umgang mit Jüdinnen bestraft. Zurückhaltung war aber auch im Falle einer genehmigten Vertretung von Juden in Rechtsangelegenheiten geboten, anderenfalls drohte eine ehrengerichtliche Ahndung.[38]

Seit 1939 verstärkten Partei und Staat ihre Angriffe auf die Anwaltschaft. Vor allem die SS-Zeitschrift „Das Schwarze Korps" betrieb eine massive Kampagne gegen Rechtsanwälte, die das Interesse ihrer Mandanten höher einschätzten als das von Partei und Staat. Besonders die Strafverteidiger gerieten immer stärker in die Schußlinie.[39] Seit 1942 mehrten sich auch die Beschwerden des Reichsjustizministeriums über die Haltung der Rechtsanwälte. Durch eine Verschärfung der ehrengerichtlichen Rechtsprechung versprach es sich eine Disziplinierung des Standes. Eine vertrauliche Rundverfügung des Ministers vom 19. Januar 1943 machte dessen Ziele deutlich: „Die Anklagebehörden werden bei der ehrengerichtlichen Verfolgung von Pflichtverletzungen der Rechtsanwälte in Zukunft mehr als bisher zu berücksichtigen haben, daß ein ehrengerichtliches Verfahren nicht nur die Sühne begangener Verfehlungen bezweckt, sondern insbesondere die Reinhaltung der Anwaltschaft gewährleisten soll. Hiernach ist, auch wenn die Pflichtverletzung, vorwiegend unter dem Sühnegedanken betrachtet, noch eine geringere Strafe vertretbar erscheinen ließe, doch eine Ausschließung des Anwalts geboten, wenn seine Berufsausübung eine mit seiner Stellung unvereinbare Grundauffassung erkennen läßt und seine Belassung in der Anwaltschaft eine untragbare Belastung des Berufsstandes bedeutet. Im übrigen ist allgemein eine erhebliche Verschärfung der ehrengerichtlichen Strafen geboten."[40]

Dienststrafrecht statt eigenständigem Standesrecht

Den Angriffen folgte die gesetzgeberische Maßregelung. Die „Verordnung zur Änderung und Ergänzung der Reichs-Rechtsanwaltsordnung" vom 1. März 1943[41] brachte das Ende jeglicher anwaltlicher Ehrengerichtsbarkeit, indem sie die Ehrengerichtsbarkeit „für die Dauer des Krieges von den Dienststrafgerichten" ausüben ließ. In erster Instanz waren die Dienststrafkammern bei den Oberlandesgerichten, in zweiter Instanz der Dienststrafsenat beim Reichsgericht zuständig. Die das

---

38 Dr. Staege, Anwaltliche Ehrengerichtsbarkeit, in: Deutsches Recht Ausgabe B, 15. März 1941, S. 69ff.
39 Vgl. z. B. Meldung aus dem Reich Nr. 108 vom 25. Juli 1940, in: BA R 58/152.
40 Ebenda R 22/1079. Der Reichsminister der Justiz an die höheren Reichsjustizbehörden. Betrifft: die Neuordnung der Rechtsanwaltschaft, 19. Januar 1943, S. 3.
41 RGBl. I 1943, S. 123ff.

V. Die Ehrengerichtsbarkeit

ehrengerichtliche Verfahren betreffenden Artikel der Reichsrechtsanwaltsordnung waren „bis auf weiteres nicht anzuwenden". Maßgeblich waren nun die „für richterliche Beamte der Reichsjustizverwaltung geltenden Vorschriften der Reichsdienststrafordnung". Die Strafverfügungsgewalt der Präsidenten der Rechtsanwaltskammern blieb in Kraft.

Der zuständige Referent im Reichsjustizministerium, Kammergerichtsrat Hornig, versuchte in seiner Begründung der neuen Verordnung darzulegen, daß sie lediglich aus „Vereinfachungsgründen" erlassen worden und ausdrücklich „auf die Dauer des Krieges" beschränkt sei. Er hob hervor, daß „sich die anwaltlichen Ehrengerichte ihrer ... Aufgabe mit Nachdruck und Verantwortungsbewußtsein gewidmet" hätten. „Während des Krieges sind aber zahlreiche ordentliche Mitglieder der Rechtsanwaltskammern einberufen, und die Zunahme der Einberufungen macht bei der Besetzung der Ehrengerichte mehr und mehr Schwierigkeiten. Es lag daher nahe, die vorhandenen Dienststrafgerichte, die die Disziplinargerichtsbarkeit gegen Richter und Notare ausüben, auch mit der einstweiligen Fortführung des ehrengerichtlichen Verfahrens gegen Rechtsanwälte zu betrauen und die Verantwortung damit auf den Staat zu übernehmen." Hornig war sich aber durchaus bewußt, daß die neue Verordnung bei den Betroffenen Ängste hinsichtlich einer geplanten Verbeamtung des Berufes des Rechtsanwaltes wecken würde. „Solche Befürchtungen sind unbegründet. Die neuen Maßnahmen dienen im Gegenteil dazu, durch Stärkung des Ansehens und der Leistungsfähigkeit der Rechtsanwaltschaft ihren freiberuflichen Charakter zu erhalten. Es kann keinem Zweifel unterliegen, daß nur ein freiberuflicher Rechtsanwalt die ihm gestellte Aufgabe der Beratung und Beistandsleistung in allen Rechtsangelegenheiten mit Erfolg lösen kann. ... Also keinesfalls eine Verbeamtung!"

Nur wenige Zeilen später schränkte Hornig sein Plädoyer für eine freie Anwaltschaft wieder ein: „Andererseits muß aber Klarheit darüber herrschen, daß der Rechtsanwalt im nationalsozialistischen Staat eine wesentlich andere Aufgabe und Stellung hat als in der liberalistischen Epoche und daß dies auch auf sein Verhältnis zum Staat nicht ohne Einfluß bleiben kann. ... Im nationalsozialistischen Staat ist ... der Beruf des Rechtsanwalts weit mehr dem eines öffentlichen Amtes angeglichen und daher eine engere Verbindung des Anwalts mit dem Staate notwendig. Der Rechtsanwalt dient nicht dem individuellen Parteiinteresse, sondern leistet ‚Dienst am Recht'. Er vertritt zwar die Partei, aber nicht als ihr Werkzeug, sondern als Organ der Rechtspflege und Gehilfe des Richters." Das Ziel war klar formuliert: „Die Umformung des Berufsstandes auf diesen neuen Typus eines nationalsozialistischen Rechtswahrers ist letzten Endes das Ziel aller gesetzgeberischen und sonstigen Maßnahmen auf dem Gebiet des Anwaltsrechts."[42]

Der Präsident der Reichs-Rechtsanwaltskammer Neubert kommentierte „die neuen Maßnahmen auf dem Gebiete des Anwaltsrechts", und er konnte, wenn auch vorsichtig und parteinah formuliert, seine Bestürzung über die Entwicklung kaum verbergen: „Am stärksten bekümmert", so Neubert am 29. Mai 1943 im Zentralorgan des NS-Rechtswahrerbundes „Deutsches Recht", „hat die Anwaltschaft die Bestimmung des Par. 7 I VO. v. 1. März 1943, nach der die förmliche Ehrengerichtsbarkeit über Anwälte und Anwaltsassessoren für die Dauer des Krieges von den Dienststrafgerichten ausgeübt wird. Die eigenständische Ehrengerichtsbarkeit ist von jeher der besondere Stolz der Anwaltschaft gewesen, die die Übertragung auch der Aufgaben des zweiten Rechtszuges auf den Ehrengerichtshof der RRAK. durch das Gesetz v. 28. März 1934 als Krönung einer Entwicklung betrachtet und gerade durch diese Ehrengerichtsbarkeit das Vorbild für die Einrichtung von Ehrengerichten in allen anderen Berufszweigen gegeben hat. Für diese Maßnahme werden staatspolitische Gründe ins Feld geführt. Es ist zu hoffen, daß nach Eintritt geregelter Friedensverhältnisse die bewährte anwaltliche Ehrengerichtsbarkeit wieder in Gang gesetzt wird."[43]

---

42 Deutsche Justiz, 14. Mai 1943, S. 261 ff.
43 Dr. Neubert, Die neuen Maßnahmen auf dem Gebiete des Anwaltsrechts, in: Deutsches Recht, 29. Mai 1943, S. 593 f.

Rechtsanwalt Heinrich Droege, Herausgeber der „Juristischen Wochenschrift", Reichsgruppenwalter Rechtsanwälte und seit 1938 Präsident der Hamburger Rechtsanwaltskammer, also ein fest ins System eingebundener Funktionär, beschwerte sich über die geplanten Änderungen der RRAO bereits im November 1942 bei dem ihm seit langem aus Hamburger Zeiten bekannten Staatssekretär im Reichsjustizministerium Rothenberger. Mit Bitterkeit und deutlichen Worten äußerte er seinen Unmut über „diese capitis diminutio der deutschen Anwaltschaft jetzt mitten im Kriege". Er gab zu überlegen, „ob es denn nicht noch andere Wege gibt, die Anwaltschaft näher an den Staat heranzubringen (unter diesem Motto stehen ja wohl die geplanten Maßnahmen). ... Wenn wirklich, sei es zu recht oder sei es zu unrecht, der Eindruck entstanden sein sollte, daß die Führung der Anwaltschaft seit 1933 versagt hat, dann müßte es doch möglich sein, durch Wechsel in den Persönlichkeiten das erstrebte Ziel zu erreichen, anstatt daß die gerade erst unter dem Nationalsozialismus konsequent zu Ende geführte berufsständische Selbstverwaltung der Anwälte so weitgehend eingeschränkt wird. Man kann doch wohl nicht im Ernst behaupten", fuhr Droege fort, „daß es nicht möglich sein sollte, unter ungefähr 18 000 Anwälten, welche sämtlich die Befähigung zum Richteramt haben, die kleine Zahl voll geeigneter Persönlichkeiten herauszufinden, welche erforderlich ist, um die Ämter der Vorsitzenden des Senats des Ehrengerichtshofs und der Ehrengerichte der Rechtsanwaltskammern zu besetzen und welche darüber hinaus in ihrer Person die Gewähr bieten, daß sie die Strafbescheide sowie die gesamte Berufsaufsicht so handhaben, daß ihre ständige Bevormundung durch den Oberlandesgerichtspräsidenten nicht erforderlich ist." Droege hatte als Grundlage für seine Beschwerde im November 1942 noch der Entwurf des Reichsjustizministeriums über Änderungen der RRAO vorgelegen, in dem die Neuerungen nicht als auf die Dauer des Krieges beschränkte Maßnahmen gekennzeichnet waren. Dies erklärte sicherlich seine deutlichen Worte; er schlug Rothenberger denn auch vor, die Veränderung, „wenn es schon unumgänglich ist", als „Kriegsmaßnahme" zu deklarieren. Und dennoch stand seine Beschwerde exemplarisch für den Mißmut, der sich bei vielen Rechtsanwälten durch die immer wieder geäußerten Zweifel an ihrer Zuverlässigkeit angestaut hatte.[44]

In seiner Rundverfügung vom 1. April 1943 ließ der Reichsjustizminister allerdings keinen Zweifel an den Motiven, indem er nochmals betonte, daß der Übergang der Ehrengerichtsbarkeit auf die Dienststrafgerichte für den Staat das wirksamste Mittel für die Disziplinierung der Anwaltschaft darstelle. Alle ehrengerichtlich zu ahndenden Vergehen von Rechtsanwälten sollten „mit der gebotenen Strenge" bestraft werden, „wobei das Einzelschicksal des Beschuldigten hinter den Belangen des gefährdeten Anwaltstandes zurücktreten" mußte. „Unberechtigtes Gewinnstreben, starre Rechtsanwendung, gemeinschaftsfremde Berufsausübung und Mißachtung konkreter Ziele der Staatsführung" waren mit „besonderem Nachdruck" zu ahnden. „Bis die große Linie in der anwaltlichen Ehrengerichtsbarkeit gewonnen" war, bat er die Oberlandesgerichtspräsidenten den Vorsitz in den Dienststrafkammern und den Reichsgerichtspräsidenten den Vorsitz im Dienststrafsenat selbst zu übernehmen, ebenso sollten der Oberreichsanwalt und die Generalstaatsanwälte ihre Pflichten persönlich wahrnehmen.[45] Da nur wenige Entscheidungen der Dienststrafgerichte noch veröffentlicht wurden, lassen sich kaum Aussagen über die Auswirkungen der Übertragung der Ehrengerichtsbarkeit treffen.[46]

---

[44] BA R 22/256. Dr. H. Droege an den Staatssekretär im Reichsjustizministerium, Herrn Dr. Rothenberger, 16. November 1942.

[45] Ebenda/4700. Der Reichsminister der Justiz an den Herrn Präsidenten des Reichsgerichts, den Herrn Oberreichsanwalt beim Reichsgericht, die Herren Oberlandesgerichtspräsidenten und die Herren Generalstaatsanwälte. Betrifft: Anwaltliche Ehrengerichtsbarkeit, 1. April 1943.

[46] Dazu König, Vom Dienst am Recht, S. 224f.

V. Die Ehrengerichtsbarkeit

Das Verfahren gegen Rechtsanwalt Karl Deutschmann

Einen Einblick in die ehrengerichtliche Praxis gibt ein interessantes, wenn auch nicht typisches Verfahren, das 1939 bei der Rechtsanwaltskammer in Berlin gegen Karl Deutschmann anhängig war.[47] Deutschmann wurde 1897 in Berlin geboren und besuchte bis Kriegsausbruch das Schiller-Gymnasium in Berlin-Lichterfelde. 1914 meldete er sich als Kriegsfreiwilliger und wurde im Dezember 1918 als Leutnant d.R. entlassen. 1916 hatte er die Notreifeprüfung abgelegt, so daß er nach Kriegsende das Jurastudium aufnehmen konnte. 1922 promovierte er in Breslau und wurde 1924 nach der zweiten Staatsprüfung als Rechtsanwalt in Berlin zugelassen. 1931 erfolgte seine Ernennung zum Notar. Am 1. Mai 1932 trat Deutschmann der NSDAP und dem BNSDJ bei, im November 1932 auch der SA, von der er im Sommer 1933 zur SS übernommen wurde. Diese beförderte ihn 1937 „in Anbetracht seiner ausgezeichneten Leistungen für den SD" zum SS-Hauptsturmführer. Der damalige kommissarische Vorsitzende der Berliner Anwaltskammer Neubert berief den überzeugten Nationalsozialisten Deutschmann am 3. April 1933 in den kommissarischen Kammervorstand;[48] die außerordentliche Kammerversammlung am 22. April bestätigte ihn.[49] Gleichzeitig wurde er stellvertretendes Mitglied des Berliner Ehrengerichts.[50]

Nach dem Machtantritt der Nationalsozialisten übernahm Deutschmann eine Vorreiterrolle bei der Ausschaltung der jüdischen Kollegen. Neubert berief ihn zum Vorsitzenden einer Kommission der Anwaltskammer, die nach dem Kerrl-Erlaß vom 31. März entscheiden sollte, welchen jüdischen Rechtsanwälten das Auftreten vor Gericht weiterhin gestattet sein sollte.[51] In dieser Kommission, der nach Verabschiedung des Gesetzes vom 7. April die Aufgabe übertragen wurde, die „Frontkämpfereigenschaften" der in Frage kommenden Bewerber um Wiederzulassung zu prüfen, vertrat Deutschmann eine extrem antisemitische Position. Im „Völkischen Beobachter" vom 25. April 1933 machte er klar, was die jüdischen Rechtsanwälte, denen als Frontkämpfer per Gesetz ihre Wiederzulassung zustand, zu erwarten hatten: „Auf einmal sind fast alle Juden ‚Frontkämpfer'. Wir alten Kriegsteilnehmer wissen, daß die Juden selbst in der Kompanie meistens noch Druckposten hatten.... Auch in diesen Posten, und soweit sie das Pech hatten, vorübergehend auch wirklich an die Front zu kommen, hielten sie sich meist nicht lange auf, sondern waren über kurz oder lang weiter hinten und in der Heimat. ... Damals hatten die Juden nicht nur alle Rechte deutscher Staatsbürger, sondern verschafften sich darüber hinaus große Vorrechte. Ihr herrliches Leben in Deutschland zu verteidigen, wäre ihre naheliegende Aufgabe schon vom materiellen Standpunkt aus gewesen. Wenn ich einen Gast im Hause habe und das Haus brennt, ist es schließlich nur recht und billig, wenn der Gast das Dach löschen hilft, unter dem er sitzt. ... Jetzt sind sie alle Frontkämpfer, jetzt holen sie das E.K. hervor, das sie sich erschoben haben. Jetzt rühmen sie sich ihrer Verwundungen und Gefallenen, um daraus Kapital zu schlagen. Es ist unmöglich zu entscheiden, welches die wenigen Juden sind, die infolge arischer Blutbeimischung wirkliche Frontkämpfer waren. Die paar Gerechten müssen mit den Ungerechten leiden."

Neben dem traditionellen antisemitischen Vorurteil des jüdischen „Drückebergers" bediente sich Deutschmann aber auch einer „rassischen" Argumentation: „Wir müssen uns einmal darüber klar sein, daß es kein Zufall, sondern rassisch bedingt ist, wenn bei Juden gemeine, verbrecherische,

---

47 Soweit nicht anders vermerkt, basieren die folgenden Ausführungen auf der umfangreichen Personalakte Deutschmanns, die im Bundesarchiv, Außenstelle Dahlwitz-Hoppegarten, einsehbar ist und den Unterlagen im Berlin Document Center.
48 GStA Rep. 84a Nr. 20155. Der Kommissar für den Vorstand der Anwaltskammer in Berlin an den Herrn Preußischen Justizminister, 3. April 1933.
49 Ebenda MF 1252. Bericht des Vorstandes der Anwaltskammer in Berlin über das Jahr 1933, S. 11.
50 Ebenda, S. 21.
51 Krach, Jüdische Rechtsanwälte, S. 191.

hinterhältige und genußsüchtige Gesichtsausdrücke vorherrschen, gute und edle Gesichtszüge äußerst selten sind. ... Darum kein falsches Mitleid, keine Ausnahmen mit den Juden!"[52]

Wie dem Preußischen Justizminister Kerrl und einigen anderen antisemitischen Rechtsanwälten ging auch Deutschmann das Gesetz vom 7. April 1933 mit seinen Ausnahmeregelungen bezüglich der „Altanwälte" und der Frontkämpfer nicht weit genug. Selbst die Versuche Neuberts, die Zahl der weiterhin zugelassenen jüdischen Anwälte entsprechend dem Prozentsatz der Juden an der Gesamtbevölkerung festzulegen, schien ihm nicht ausreichend. Bereits im Frühjahr 1933 forderte er den völligen Ausschluß aller jüdischen Rechtsanwälte. Er war der Ansicht, „daß auch eine prozentuale Beteiligung der Juden an öffentlichen Ämtern und öffentlichen Berufen, zu denen auch die Pflege der Volksgesundheit und des Rechts im Volke durch Ärzte und Rechtsanwälte zu gehören hat, nicht tragbar ist, weil die Juden vermöge ihrer eigenartigen ‚geistigen Waffen' des Betruges, der Überredungskunst usw. auch bei prozentualer Beteiligung alsbald wieder einen weit höheren als den prozentualen Einfluß sich verschaffen und auch zahlreiche Wege zur Umgehung des Prozentualprinzips durch Benutzung der Prozentjuden als Strohmänner usw. finden werden."[53]

Eine besonders unrühmliche Rolle spielte Deutschmann im Zusammenhang mit der 1. Verordnung zum Reichsbürgergesetz vom 14. November 1935[54], aufgrund derer die jüdischen Notare ihr Amt zum Jahresende verloren. Wie der Generalstaatsanwalt beim Landgericht Berlin mitteilte, stellte Deutschmann „im Januar 1936 teils selbst, teils durch von ihm beauftragte Personen fest, ob alle diejenigen jüdischen Notare, denen die Ausübung des Notariats auf Grund der Vorschriften des Reichsbürgergesetzes untersagt worden war, nach dem 1. Januar 1936 auch die am Hauseingang oder an ihrem Büro angebrachten Schilder mit der Bezeichnung Notar entfernt hätten". Soweit dies nicht der Fall war, erstattete Deutschmann Anzeige mit der Bitte, den Schuldigen zu inhaftieren oder mit einer Geldstrafe in Höhe von mindestens 5000 RM zu belegen. Die Staatsanwaltschaft leitete auf diese Anzeigen hin Ermittlungen ein, stellte die Verfahren jedoch auf Grund des Straffreiheitsgesetzes vom 23. April 1936 ein. Zu welch ekelhaftem Denunzianten Rechtsanwalt Deutschmann geworden war, zeigt sein empörtes Schreiben, das er daraufhin an den Generalstaatsanwalt beim Kammergericht richtete: „Nachdem die jüdischen Notare auf Grund der Nürnberger Gesetze ihres Amtes enthoben waren, wurde festgestellt, daß sie zum größten Teil trotzdem hartnäckig die Bezeichnung als ‚Notar' weiter führten und die Amtsschilder mit Hakenkreuz-Adler als Aushängeschilder, offenbar zum betrügerischen Anlocken von arischen Mandanten duch Vorspiegelung arischer Abstammung, neben ihren Anwaltsschildern weiter führten." Deutschmann hielt die Anwendung der Amnestie „für ganz unmöglich", zum einen wegen der seiner Meinung nach zu erwartenden Strafhöhe, aber auch weil „die Juden doch nicht ohne Grund die Schilder draußen gelassen haben, sondern sowohl aus hartnäckigem Widerstand gegen die nationalsozialistische Gesetzgebung und die Maßnahmen der Justizbehörden, wie auch in erster Linie aus dem wirtschaftlichen Motiv, daß jeder auf diese Weise gewonnene arische Mandant ein Geldgewinn für sie ist."

Auf dieses Schreiben hin wurde offenbar der Generalstaatsanwalt beim Landgericht aufgefordert, die Vorwürfe zu untersuchen. Dessen sachlich gehaltener Bericht an den Generalstaatsanwalt beim Kammergericht über seine Ermittlungen legte minutiös die einzelnen Fälle dar, machte jedoch kein Hehl daraus, daß er jedes weitere Vorgehen für überflüssig hielt, da fast alle Betroffenen nur wenige Tage nach Inkrafttreten der Verordnung ihre Notariatsschilder überkleben oder entfernen hatten lassen. Der Generalstaatsanwalt konnte „in keinem Falle ein[en] offensichtlich böswillige[n] Verstoß gegen das Gesetz" feststellen.

---

52 Zit. nach: Das Schwarzbuch, S. 166ff.
53 Völkischer Beobachter, 25. April 1933. Zit. nach: Schwarzbuch, S. 169.
54 RGBl. I 1935, S. 1333f.

V. Die Ehrengerichtsbarkeit

Dieser aggressive Antisemitismus Deutschmanns erstaunt vor dem Hintergrund, daß er – wie Nachforschungen des Generalstaatsanwalts beim Kammergericht im Zusammenhang mit seinem ehrengerichtlichen Verfahren ergaben – von 1928 bis 1932 eine Bürogemeinschaft mit dem jüdischen Rechtsanwalt Ehrlich unterhielt, mit dem ihn auch eine enge private Freundschaft verband. Bis Oktober 1934 unterhielt er zudem geschäftliche Beziehungen zu seinem jüdischen Freund Löwenstein, der Vorstand der Metallisator Berlin AG war.

Wenig Zurückhaltung schien sich Deutschmann auch im Umgang mit Kollegen und Vertretern der Justiz auferlegt zu haben. Obwohl er diesbezüglich bis 1938 weder straf- noch ehrengerichtlich verfolgt wurde, wurde sein Verhalten mehrfach dienstaufsichtlich von der Kammer, der er ja seit April 1933 selbst angehörte, erörtert.[55] Am 16. Juni 1934 etwa erteilte die Anwaltskammer Deutschmann einen Hinweis mit folgendem Wortlaut: „Es dürfte angebracht sein, gegenüber Kollegen auch bei der Notwendigkeit eines entschiedenen Vorgehens auf maßvolle Formen Bedacht zu nehmen." Dem folgten zahlreiche Nichtbilligungen, Hinweise und Eröffnungen. Seine fünfbändige Personalakte besteht großteils aus Beschwerden gegen ihn und seine Erwiderungen.

Nachdem 1937 der Kammergerichtspräsident beim Generalstaatsanwalt ein ehrengerichtliches Ermittlungsverfahren gegen Deutschmann angeregt hatte, überspannte er den Bogen 1938 endgültig. Wie der Generalstaatsanwalt in seiner Anschuldigungsschrift vom 26. April 1938 an das Ehrengericht der Rechtsanwaltskammer schrieb, „billigt sich der Angeschuldigte Kontroll- und Erziehungsrechte über die Justizbehörden und ihre Beamten zu, die er im Wege auffallend zahlreicher Dienstaufsichtsbeschwerden ausüben zu dürfen glaubt". Ärgernis erregten bei Kollegen und Betroffenen hierbei vor allem seine selbstsüchtigen Motive. Er erhob Anschuldigungen nämlich fast immer in Fällen, in denen das Verfahren nicht in die von ihm gewünschte Richtung lief. Der Anklageschrift zufolge stellte das Verhalten „eine umso schwerere Standesverletzung dar, als es nicht nur die dem Angeschuldigten als Rechtsanwalt obliegende Pflicht zur Disziplin fortgesetzt verletzt, sondern die ihm als Mitglied des Vorstandes der Anwaltskammer in erhöhtem Maße obliegende Verpflichtung zur Maßhaltung bei seinen Angriffen auf Behörden und Beamte gröblich außer acht läßt."

Der Generalstaatsanwalt beschuldigte ihn, 1934 bis 1937 „die ihm als Rechtsanwalt obliegenden Pflichten verletzt zu haben, indem er a) in Dienstaufsichtsbeschwerden und in sonstigen Eingaben unbegründete und ehrverletzende Vorwürfe und Verdächtigungen gegen die angegriffenen Beamten aussprach und in der Regel diese Eingaben in ungehörigem und disziplinlosem Ton abfaßte, wobei er wiederholt irreführende Darstellungen über die der Beschwerde zu Grunde liegenden Tatsachen gab, b) bei seinem Auftreten vor Gericht wiederholt ein Verhalten an den Tag legte, das die Achtung vor der Justiz in der Öffentlichkeit schwer beeinträchtigte und eine geordnete Rechtspflege in Frage stellte, wobei er auch des öfteren unternahm, die Autorität der NSDAP und ihrer Gliederungen dem Gericht gegenüber in ungerechtfertigter Weise für sich auszunutzen, c) es unternommen hat ... einen unzulässigen Druck auf die Entschließungsfreiheit der Richter auszuüben, d) unrichtige Presseveröffentlichungen durch schuldhaft unwahre Information über einen schwebenden Prozeß verursacht hat, e) in Berichten an Partei- und SS-Dienststellen unberechtigte Angriffe in gröblich ehrverletzender Form gegen die Berliner Justizbehörden im allgemeinen und einzelne Beamte im besonderen unternahm; mithin seinen Beruf nicht getreu seinem Eide gewissenhaft ausgeübt zu haben."

Da die Darstellung aller Deutschmann vorgeworfenen Vergehen den Rahmen dieser Arbeit sprengen würde, soll ein Beispiel aus der Nachtrags-Anschuldigungsschrift des Generalstaatsanwalts vom 15. Oktober 1938 als Demonstration für sein Verhalten dienen. Das Landgericht Würzburg verurteilte in erster Instanz 1936 einen Dr. Obermayer wegen widernatürlicher Unzucht mit Knaben und jungen Männern zu zehn Jahren Zuchthaus und Sicherheitsverwahrung. Der Berliner Rechtsanwalt Karl

---

55 S. dazu auch: Diensttagebuch des Reichsjustizministeriums. Eintrag vom 11.5.1936, in: BA R 22/929.

Kikath – seit 1908 als Rechtsanwalt zugelassen und seit 1935 im Vorstand der Rechtsanwaltskammer Berlin – kannte Obermayer von früheren Geschäftsbeziehungen und wurde von diesem am 21. Dezember 1936 gebeten, ihn im Revisionsverfahren zu vertreten. Kikath lehnte ab mit der Begründung, daß er und sein Sozius Erich Schulz grundsätzlich keine Vertretungen in Strafsachen übernähmen; er wußte weder Haftgrund und -dauer noch, daß Obermayer Jude war. Das Schreiben Kikaths an Obermayer begann mit der Anrede „Sehr geehrter Herr Doktor" und endete mit „Ihr sehr ergebener Dr. Kikath, Rechtsanwalt". Daraufhin erhob „Der Stürmer" in seiner Ausgabe Nr. 5/1937 schwerste Angriffe gegen Kikath, der kein NSDAP-Mitglied war.[56] Dieser forderte von dem verantwortlichen Schriftleiter Holz die Zurücknahme der ehrverletzenden Vorwürfe. Da Holz auf Kikaths Schreiben nicht reagierte, erhob dieser Privatklage, die das Amtsgericht Berlin jedoch abwies. Daraufhin erschien im „Stürmer" abermals ein verunglimpfender Artikel, dessen Rücknahme Kikath von Holz erfolglos verlangte. Kikath reichte daraufhin eine zweite Privatklage beim Amtsgericht Berlin und eine Widerrufsklage beim Landgericht Berlin ein, bei der Schriftleiter Holz von Rechtsanwalt Deutschmann vertreten wurde. Auf die sachlich gehaltene Klageschrift Kikaths reagierte Deutschmann in der häufig bei ihm anzutreffenden belehrenden Art, die durch Drohungen ihre Wirkung entfalten sollte: „Der Kläger sollte lieber schleunigst die Klage zurücknehmen und sich und anderen nützlichere Arbeiten überlassen als die Sache noch fortgesetzt zu verschlimmern. Aus einer reuigen Einsicht wird ihm, dank der Großzügigkeit des Nationalsozialismus, auch selbst gegenüber später Erkenntnis nach Gegnerschaft, niemand einen dauernden schweren Vorwurf machen. Aber aus hartnäckiger Verschlimmerung und Ablehnung jeder Einsicht müssen zwangsläufig Folgen entstehen, welche der Kläger letzten Endes am meisten zu bedauern haben wird." Die Folgen traten tatsächlich ein; das Amtsgericht Berlin wies am 18. Oktober 1937 auch die zweite Privatklage zurück und im „Stürmer" erschien im November 1937 wiederum ein ehrverletzender Artikel. Zudem wurde der Beschluß des Amtsgerichts in großen gelben Plakaten an Litfaßsäulen in Berlin ausgehängt. Kikath bemerkte dazu: „Von diesem Kampf um seine Rehabilitierung wird sich der Kläger auch nicht durch die Drohungen ‚mit zwangsläufigen Folgen' abhalten lassen." Deutschmanns Erwiderung vom 21. Januar 1937 lautete: „Der Kläger meinte, ihm sei im diesseitigen Schriftsatz vom 19. Oktober 1937 noch schwer gedroht worden. Auch damit will er offenbar Stimmung machen. Der Kläger sieht immer die Dinge zu klein. Was ihm im diesseitigen Schriftsatz vom 19.10.1937 wohlmeinend vorausgesagt wurde, nämlich daß die Art, wie er sich in seinen Streit verrannt hat, zwangsläufig die Sache nur noch schlimmer machen werde, ist bereits eingetreten ..."

Der Deutschmann anklagende Generalstaatsanwalt wertete sein Vorgehen im Fall Kikath als „Nötigungsversuch" und „schwere Standesverfehlung ..., die umso schwerer wiegt, als der Angeschuldigte in überheblicher Weise die versuchte Nötigung in seinem Schriftsatz vom 21.1.1937 als wohlmeinende Voraussage bezeichnet und den Eindruck erweckt, daß er an der Unterdrucksetzung des Dr. Kikath durch weitere Veröffentlichungen in irgendeiner Form beteiligt war oder sie jedenfalls als Mittel zur Beendigung des Prozesses billigte."

Der Prozeß Kikath gegen Schriftleiter Holz endete am 5. Februar 1938 mit einem Vergleich. Kikath nahm den Vorwurf gegen Holz zurück. Er hatte Holz unterstellt, die Behauptung, er habe die jüdische Abstammung Obermayers und dessen Verurteilung wegen Sittlichkeitsverbrechen gekannt, in bewußt unwahrer, verleumderischer Weise aufgestellt zu haben. Außerdem erklärte er ehrenwörtlich, nicht gewußt zu haben, daß Obermayer Jude sei und wegen Sittlichkeitsverbrechen verurteilt worden war. Im Gegenzug erklärte Holz, daß er die Kritik an Kikath nicht weiter aufrecht erhalten wollte. Das Prozeßergebnis sollte im „Stürmer" veröffentlicht werden.

---

56 Personalakte Kikath, in: Ebenda/63161.

V. Die Ehrengerichtsbarkeit

Für das Ehrengericht Berlin gab das Verhalten Deutschmanns im Prozeß Kikath/Holz „zu erheblichen Beanstandungen Anlaß". Deutschmann könne zwar nicht vorgeworfen werden, daß er die im „Stürmer" erschienenen Artikel verfaßt oder initiiert habe. Aber „die Schriftsätze des Beklagten", so das Urteil vom Januar 1939, „insbesondere sein Schriftsatz vom 19.10.1937, sind von einer über das erlaubte Maß weit hinausgehenden Angriffsschärfe. Insbesondere sind die Angriffe gegen die Glaubwürdigkeit Kikaths zu rügen. Dem Angeklagten war Dr. Kikath näher bekannt, namentlich aus ihrer gemeinsamen Tätigkeit im Vorstand der Anwaltskammer.... Darüber hinaus ist sein Schriftsatz vom 19.10.37 noch aus dem weiteren Grunde zu rügen, weil er einen unzulässigen Versuch enthält, Dr. Kikath durch Androhung nachteiliger Folgen in seiner Prozeßführung zu beeinflussen und einzuschüchtern." Angelastet wurde Deutschmann auch, daß er ohne gründliche Nachprüfung des Sachverhalts die „angebliche Judenfreundlichkeit des Dr. Kikath" nachzuweisen versuchte, indem er einen Prozeß, den Kikath für die Allianz geführt hatte, zu seinen Lasten auslegen wollte. Im Fall Kikath hatte sich Deutschmann dem Ehrengericht zufolge „in verschiedenen Richtungen gegenüber einem Berufsgenossen in leichtfertiger Weise schwere [sic!] Verstöße gegen die Standessitten und Standespflichten schuldig gemacht".

Im Zusammenhang mit dem Fall Kikath war in den „Mitteilungen der Reichs-Rechtsanwaltskammer" vom 1. Dezember 1937 ein Artikel erschienen, der bestätigte, daß Nachprüfungen zufolge Kikath keine Vorwürfe gemacht werden könnten. Daraufhin veröffentlichte der „Stürmer" (4/1938) schwere Anschuldigungen gegen die Rechtsanwaltskammer Berlin. Der Präsident der Rechtsanwaltskammer, Reinhard Neubert, wandte sich daraufhin an Deutschmann mit der Aufforderung, ihm binnen drei Tagen mitzuteilen, ob er dem „Stürmer" Informationen habe zukommen lassen. Am 8. Februar 1938 richtete Deutschmann ein langes Schreiben an Neubert, indem er ihm zunächst mitteilte, daß er als Vertreter des „Stürmer" im Fall Kikath schwerste Bedenken habe, Neubert Informationen in dessen „persönlichem Streit" mit dem „Stürmer" zukommen zu lassen. Selbstverständlich habe er dem „Stürmer" keine Unterlagen zur Verfügung gestellt, schließlich sei durch den Artikel „die Ehre sämtlicher Kammermitglieder", also auch seine, berührt. Daran schlossen sich heftige Vorwürfe gegen Neubert an, daß er die Umgestaltung der Berliner Anwaltskammer im nationalsozialistischen Sinne viel zu wenig forciert habe. „Ich muß deshalb größten Wert darauf legen", so Deutschmann, „daß Sie, sehr geehrter Herr Kollege Dr. Neubert, in der schon im Falle Kikath geübten Form bekanntgeben, daß Sie allein die Verantwortung für die im ‚Stürmer'-Artikel geschilderten Zustände, die ja tatsächlich im wesentlichen auch zutreffend sind, tragen.... Bitte hören Sie einmal auf die Stimmung in der Berliner Anwaltschaft. Sie haben leider, das muß ich Ihnen als Pg. sagen, die Fühlung mit dem Volke verloren. Als Symbol dafür hat mir die Tatsache gedient, daß Sie sich in der roten Robe, nicht im braunen Hemd, malen ließen.... Nach dem ‚Stürmer'-Artikel gibt es – und der Ansicht bin ich allein – wohl nur 2 Möglichkeiten: 1.) entweder nunmehr Abhilfe zu schaffen, 2.) oder zurückzutreten."

Für das Ehrengericht bestand kein Zweifel, daß wegen dieses Briefes eine „ehrengerichtliche Ahndung erfolgen" mußte. Der Anwalt schulde „dem Präsidenten als der Spitze und dem Vertreter der Standesorganisation innere Disziplin und eine Achtung, die auch bei dienstlichen Eingaben entsprechenden Ausdruck finden muß. Hiergegen hat der Angeklagte zunächst insofern verstoßen, als er in dem Schreiben eine allein Dr. Neubert angehende Privatangelegenheit, die Art der Ausführung seines Ölbildes, in den Kreis der Erörterung hineinzieht und daraus Schlüsse auf die innere Einstellung Dr. Neuberts zieht. Daß hierin mindestens eine starke Geschmacklosigkeit liegt, braucht nicht weiter erörtert zu werden. Zu rügen sind ferner die Vorwürfe, die er gegen die Amtsführung des Präsidenten erhebt, und der damit verbundene weitere Vorwurf, daß Dr. Neubert die Fühlung mit dem Volke verloren habe und die Stimmung der Anwaltschaft gegen ihn sei. Die Vorwürfe gipfeln in der Aufforderung, daß der Präsident Dr. Neubert nunmehr entweder Abhilfe der nach Meinung des Angeklagten vorhandenen Mißstände schaffen oder von seinem Posten zurücktreten müsse. Der ganze Ton des Schreibens und die darin enthaltenen Vorwürfe, namentlich die dadurch bedingt enthaltene Aufforderung zum Rücktritt, stellen einen schweren Verstoß des Angeklagten gegen seine Standespflicht, nämlich gegen die ihm gegenüber dem Präsidenten seiner Anwaltskammer schuldige Achtung dar."

Am 16. Januar 1939 sprach das Ehrengericht der Rechtsanwaltskammer Berlin unter dem Vorsitz von Rechtsanwalt Hercher das Urteil: Karl Deutschmann wurde mit dem Ausschluß aus der Rechtsanwaltschaft bestraft. Der Vorsitzende, Freund und nationalsozialistischer Gesinnungsgenosse Deutschmanns, trug die Urteilsbegründung „mit sichtlicher Ergriffenheit" vor. Für ihn erhielt der Fall „eine besondere Tragik", weil das Ehrengericht „durch das Verhalten des Angeklagten gezwungen worden sei, einen Vorkämpfer für die Entjudung der Anwaltschaft" auszuschließen. Auch Hercher konnte seinen Freund Deutschmann nicht retten; er hatte zu häufig und zu massiv gegen Standessitten und Standesehre verstoßen. Das Ehrengericht lehnte allerdings den Antrag des Sitzungsvertreters des Generalstaatsanwalts nach Verhängung eines Vertretungsverbotes nach Par. 95 RRAO ab.

Der Sicherheitsdienst des Reichsführers SS SD-Ost hatte einen Prozeßbeobachter abgesandt, dessen Bericht über das ehrengerichtliche Verfahren deutlich den prinzipiellen Konflikt zwischen Justiz und Staat aufzeigt. Obgleich die Zusammensetzung des Gerichts unter dem fanatischen Nationalsozialisten Wolfgang Hercher ein „genehmes" Urteil erwarten ließ, kam der Prozeßbeobachter zu einer völlig anderen Bewertung. Das Urteil des Ehrengerichts gebe „nicht nur zu schweren Bedenken auf tatsächlichem und rechtlichem Gebiet Anlaß", sondern fordere „im Hinblick auf seinen politischen und weltanschaulichen Ausgangspunkt, Aufbau und Schlußfolgerungen zu schärfstem Widerspruch heraus". Es lasse sich „unschwer erkennen, daß das Ehrengerichtsverfahren gegen Dr. D. von der Spitze der Rechtsanwaltskammer her inspiriert von vorn herein mit dem Ziele aufgezogen worden ist, einen politisch lästigen und persönlich unbequemen Gegner aus den eigenen Reihen zu entfernen – Dr. D. war der einzige SS-Führer der Rechtsanwaltskammer Berlin und ist wohl auch heute noch der einzige im SD-RF SS[57] als SS-Führer tätige Berliner Rechtsanwalt." Richter, Staatsanwälte und Rechtsanwälte hätten sich zusammengeschlossen, um „einen Gegner zu erledigen". Der Fall Deutschmann sei „unleugbar ... ein politisches Kesseltreiben, dem nicht nur mit Rechtsmitteln, sondern mit einem entsprechenden politischen Gegendruck begegnet werden" müsse. Sein Ausschluß aus der Anwaltschaft sei „Wasser auf die Mühlen der schwärzesten Justizreaktion".

Deutschmann legte gegen das Urteil des Ehrengerichts Berlin Berufung ein. In der in bekannt forschem Ton formulierten Begründung versuchte er, seine Verfehlungen mit dem erforderlichen energischen „Eintreten im Interesse der Bewegung" zu entschuldigen. Das Verfahren zog sich in die Länge. Im Juli 1940 wandte sich das Reichsjustizministerium an den Oberreichsanwalt, um einer möglichen Einstellung des gegen Deutschmann anhängigen Ehrengerichtsverfahrens auf Grund des „Gnadenerlasses des Führers für Rechtsanwälte und Notare" vom 30. November 1939[58] entgegenzuwirken, da Deutschmann erneut durch „unbegründete und ehrverletzende Vorwürfe und Verdächtigungen gegen einen Richter" gegen die ihm als Rechtsanwalt obliegenden Pflichten „aufs schwerste" verstoßen habe.

Am 29. August 1940 wurde Deutschmann dann aufgrund eines Haftbefehls des Amtsgerichts Berlin festgenommen; vorgeworfen wurde ihm die Vertretung der Herzogin Dorothea Marie zu Schleswig-Holstein in der „Schiedskommission" zur Beilegung des „Coburger Erbstreits" im Jahr 1938, bei der der Gegner, Prinz Philipp-Josias von Coburg und Gotha, offenbar stark unter Druck gesetzt worden war. Das Kammergericht sprach der Schiedskommission zudem jegliche Rechtsgrundlage ab und beschuldigte Deutschmann in diesem Zusammenhang der Vortäuschung eines ordnungsgemäßen,

---

57 Sicherheitsdienst-Reichsführer SS.
58 RGBl. I 1939, S. 2342f.

V. Die Ehrengerichtsbarkeit

von einer rechtmäßigen Kommission betriebenen Verfahrens. Deutschmann hatte von der Herzogin ein Honorar von 100 000.- RM erhalten. Für die SS war die Verhaftung eines ihrer Führer ein brisantes Thema, das dem Reichsführer SS persönlich vorgelegt wurde, zumal Deutschmann in einem Gaugerichtsverfahren im Mai/Juni 1940 bereits von jedem strafrechtlichen Vorwurf im gleichen Zusammenhang freigesprochen worden war. Sie äußerte die Befürchtung, daß sich die Justiz bemühe, den Fall gegen die SS „auszuschlachten", wollte sich jedoch nicht zu offensichtlich für Deutschmann einsetzen, weil auch bei der SS Zweifel an der Person Deutschmann aufgetaucht waren. Selbst Deutschmanns Verteidiger, Justizrat Staege, mutmaßte, daß die Justiz an seinem Mandanten, der wegen „seines Eintretens für das nationalsozialistische Recht als S. D.-Mann und Vertrauensanwalt des Schwarzen Korps, zum Teil wenig beliebt" war, ein Exempel statuieren wollte.

Am 25. Januar 1941 wurde Deutschmann aus der Untersuchungshaft entlassen. Der Aussage des Inspekteurs der Sicherheitspolizei und des SD zufolge hatte der Reichsführer SS den Reichsjustizminister unter Druck gesetzt, er solle bis Ende Januar entweder die Anklageschrift fertigstellen lassen oder den SS-Führer entlassen. Zwei Tage später nahm sich Deutschmann das Leben. Der Reichsführer SS Himmler bestimmte persönlich, daß ihm daraufhin kein ehrenvolles Begräbnis als SS-Führer zustehe. Über die Gründe für den Freitod Deutschmanns kann nur gemutmaßt werden. Möglicherweise spielte für den ehrgeizigen Deutschmann das bevorstehende Ende seiner Karriere eine Rolle. Noch während der Untersuchungshaft hatte der Oberreichsanwalt Deutschmanns Verteidigern mitgeteilt, daß unabhängig vom Ausgang des Strafverfahrens Deutschmann in jedem Falle aus dem Anwaltsberuf ausscheiden müßte, weil er für die Justiz untragbar geworden war.

VI. Die Strafverteidiger

Obwohl der Großteil der Berliner Anwaltschaft nicht als Strafverteidiger tätig war, wurde diesen als exponierteste Vertreter des Berufsstandes besondere Aufmerksamkeit zuteil.[1] Dies war keineswegs eine neue Entwicklung. Bereits in der Weimarer Republik erregten vor allem die in „Sensationsprozessen" auftretenden „Starverteidiger" breites öffentliches Interesse. Neu war jedoch, daß ihre berufliche Tätigkeit die Aufmerksamkeit der Gestapo fand.

Viele herausragende Berliner Strafverteidiger waren Juden und als solche nach dem Machtantritt der Nationalsozialisten besonders gefährdet. Die prominentesten, oftmals auch in politischen Prozessen tätig gewordenen, mußten fliehen, anderenfalls drohte ihnen – wie etwa im Fall Hans Litten – die Verhaftung. Als die willkürlichen Ausschreitungen in den ersten Monaten des Jahres 1933 von den gesetzlichen Ausgrenzungsmaßnahmen abgelöst wurden, durften zwar viele jüdische Strafverteidiger ihre anwaltliche Tätigkeit wieder aufnehmen; nur sehr wenige hatten jedoch daran Interesse, durch ein öffentlichkeitswirksames Auftreten in politischen Prozessen bei der Gestapo aufzufallen. Eine Ausnahme stellte Ernst Fraenkel dar, der weiterhin angeklagte Sozialdemokraten verteidigte, was ihm zwar die Eintragung in die Kartei der Gestapo einbrachte, seine Anwaltszulassung bis 1938 aber nicht gefährdete.[2]

Jüdische Strafverteidiger blieben ein angreifbares Ziel antisemitischer Propaganda. Auf einer Tagung der BNSDJ Reichsgruppe Hochschullehrer zum Thema „Das Judentum in der Rechtswissenschaft" im Oktober 1936 etwa setzte sich der Göttinger Professor für Strafrecht, Karl Siegert, mit dem Wirken des in der Weimarer Republik bekanntesten Strafverteidigers, Max Alsberg, auseinander. Alsberg hatte sich im September 1933 in der Schweiz das Leben genommen, zerbrochen an der gewalttätigen Zurückweisung seiner Person und seines Wirkens für die deutsche Strafrechtspflege. Dies hinderte Siegert nicht, eine antisemitische Rede mit Angriffen gegen Alsberg zu halten: „Fast unverhüllt tritt uns in den letzten Jahren vor 1933 das jüdische Wesen im Strafverfahrensrecht entgegen. Am stärksten und verhängnisvollsten konnte als Einzelperson Max Alsberg wirken. ... Einmal war er der ‚große' Strafverteidiger, den nicht zuletzt die Lobpreisungen seiner Rassegenossen berühmt machten. ... Eine Reihe von Schriften und Aufsätzen machte ihn schließlich zu einer der bekanntesten Erscheinungen der strafprozessualen Literatur. Auf vielen Kongressen und Tagungen nahm er das Wort und wußte in glänzend formulierter dialektischer Rede die Hörer in seinen Bann zu ziehen. ... Welcher leitende Gedanke steht hinter diesen tönenden Reden? – Jüdischer Geist. Wir sehen förmlich den Juden sich einschleichen in die Seele des Beschuldigten und dann als den großen Schauspieler vor Gericht auftreten. Das nennt Alsberg Weltanschauung. Hier zeigt sich mit aller Deutlichkeit der krasse Gegensatz zwischen deutschem und jüdischem Rechtsdenken. Nicht die Spur eines Verständnisses für die Bedürfnisse der Gemeinschaft finden wir hier, sondern nur Zersetzung, nicht deutsche, sondern vorderasiatisch-jüdische Weltanschauung. ... Alsberg, der von der damaligen Reichsregierung anerkannte Jurist, hat somit eine rein jüdische ‚Philosophie der Verteidigung' entwickelt. Die zwei Seiten des wurzellosen Judentums werden hier offen enthüllt. ... Starres Gesetzesdenken auf der einen, Zersetzung auf der anderen Seite empfiehlt er für den jüdischen Verteidiger, je nach den wechselnden Möglichkeiten zur Erreichung des gleichbleibenden Zieles: Bekämpfung der deutschen Volksgemeinschaft und Förderung des Judentums."[3]

---

1 Vgl. dazu ausführlich die umfangreiche Studie von König, Vom Dienst am Recht.
2 Krach, Jüdische Rechtsanwälte, S. 352f.
3 Karl Siegert, Das Judentum im Strafverfahrensrecht, in: Das Judentum in der Rechtswissenschaft, Bd. 4 (Judentum und Strafrecht), Berlin 1937, S. 32ff. Zit. nach: Krach, Jüdische Rechtsanwälte in Preußen, S. 104.

VI. Die Strafverteidiger

Aber auch für die nichtjüdischen Strafverteidiger änderte sich mit der nationalsozialistischen Machtübernahme mehr als für alle auf anderen Gebieten tätigen Rechtsanwälte. Zwar mußten sie bei der Übernahme eines politischen Mandates nicht um ihr eigenes Leben fürchten, die ständige Kontrolle durch Gestapo und Partei beeinträchtigte ihre Arbeit jedoch in zunehmendem Maße. Hinzu kamen zahlreiche Veränderungen des Strafverfahrensrechts, die die Verteidigungsmöglichkeiten einschränkten. Nur zwei Tage nach der Machtübernahme etwa beriet die neue Regierung die am 4. Februar 1933 in Kraft tretende „Verordnung des Reichspräsidenten zum Schutze des deutschen Volkes"[4], die Schnellverfahren zur Verfolgung politischer Delikte zuließ. In solchen Fällen erhielt der Verteidiger erst Akteneinsicht, wenn der Staatsanwalt die Anberaumung der Hauptverhandlung beantragte, was eine gründliche Prozeßvorbereitung unmöglich machte.[5]

Längerfristig betrachtet entwickelte sich die nationalsozialistische Theorie von dem in erster Linie der „Volksgemeinschaft" und nicht dem Mandanten verpflichteten Strafverteidiger, die die neuen Machthaber in die Realität umzusetzen bemüht waren, zu einer großen Hürde; der Widerspruch zwischen Theorie und Praxis der Strafverteidigung war kaum überbrückbar. Rechtsanwalt Graf von der Goltz, der als erfolgreicher NS-Anwalt und Vertreter der Partei in der amtlichen Strafprozeßkommission des Reichsjustizministeriums[6] beide Seiten kannte, behandelte dieses Grundproblem 1934 in der „Deutschen Juristen-Zeitung": „Das Interesse des Staates an der Stellung eines Verteidigers liegt allein darin, daß Unrecht durch Einseitigkeiten, Irrtümer oder unvollständige Angaben des Angekl. verhütet wird. Alles, was rechtlich oder tatsächlich zur Richtigstellung oder Ergänzung dient, alles, was menschlich zur Würdigung der dem Angekl. vorgeworfenen Taten dienen kann, hat der Verteidiger vorzutragen. Darüber hinaus Recht aus unbezweifelbarem Unrecht zu machen, oder gar zu solchem Zwecke bewußt unlautere Mittel oder Unwahrheiten anzuwenden, wird bei solcher Auffassung von der Stellung des Verteidigers als unerlaubt und als schwere Standesverletzung zu werten sein. Diese klaren Grundsätze führen in der Praxis freilich zu Schwierigkeiten. ... Das Wesentliche ist wohl folgendes: Der Verteidiger kann nur helfen, wenn er die volle Wahrheit kennt. Der Angeklagte sagt ihm die Wahrheit nur, wenn er Vertrauen und gesetzliche Gewähr dafür hat, daß solches Wissen, soweit ihm nachteilig, zum mindesten nicht gegen seinen Willen verwendet wird und darüber hinaus nicht zu irgendeinem ihn schädigenden Verhalten des Anwalts führt. Der Anwalt aber, der die Wahrheit und ihre im Einzelfall für den Angekl. nachteilige Bedeutung kennt, soll das Recht fördern und gleichzeitig dem Angeklagten nicht schaden! Dieser Konflikt der Pflichten und Interessen trifft das Kernproblem der Stellung des Verteidigers im nationalsozialistischen Staate."[7]

Unter dem Titel „Totaler Staat und freie Advokatur. Eine Betrachtung und Mahnung" machte auch Rudolf Dix, letzter frei gewählter Präsident des Deutschen Anwaltvereins und gesuchter Strafverteidiger, im Februar 1934 auf dieses grundsätzliche Problem aufmerksam: „Die Lebensfrage für die Rechtsanwaltschaft liegt vielmehr in ihrer Fähigkeit, die mit dem Inhalt ihres Berufes zwangsläufig verbundene Freiheit, diejenige Freiheit, welche die unbedingte Voraussetzung ihres Berufes ist, zu verbinden und zu versöhnen mit demjenigen Gesetz, welches ehern an die Pforten des Dritten Reiches geschlagen ist: ‚Über aller individuellen Freiheit steht der Staat und die in ihm verkörperte Volksgemeinschaft.' ... Die Gefahr liegt in dem Schnittpunkt, wo der Kampf für den Rechtsbrecher zum Kampf gegen den Staat und damit die Volksgemeinschaft zu werden droht. Die gefährliche Stelle des Anwaltsberufs, die Achillesferse seiner Zukunft, liegt also vornehmlich in der strafgerichtlichen

---

4 RGBl. I 1933, S. 35ff.
5 Gruchmann, Justiz im Dritten Reich, S. 1050. Gruchmann schildert ausführlich die zahlreichen Veränderungen im Strafverfahrensrecht.
6 Dazu ausführlich: Ebenda, S. 754, 769, 772f., 1015 und 1045f.
7 Deutsche Juristen-Zeitung, 1. Februar 1934, Sp. 181f.

Verteidigung ... und insbes. die politische Verteidigung. Wenn hier die Anwaltschaft nicht versteht, daß der Begriff der Freiheit ein anderer geworden ist ..., wird das Schicksal der Rechtsanwaltschaft als freier Beruf besiegelt sein."[8]

Viele Strafverteidiger gaben sich der Illusion hin, daß dieser Widerspruch, den das Idealbild des ausschließlich am Wohl der „Volksgemeinschaft" interessierten Rechtsanwalts in sich barg, überwunden werden könnte. Hintergedanke dieser Wunschvorstellungen war, daß gerade ein autoritärer Staat starke Verteidiger benötige, um Fehlurteile, die möglicherweise für den Angeklagten wegen der strengeren Gesetze mit drakonischen Strafen verbunden waren, zu vermeiden. Durch die Abänderung des klassischen Strafrechtsgrundsatzes „nulla poena sine lege" in „nullum crimen sine poena" erhielt der Richter gleichsam gesetzgeberische Funktionen, welche seine Stellung im Strafprozeß deutlich stärkten. Künftig sollte jedes Vergehen bestraft werden, auch wenn die Strafgesetze nur sinngemäß darauf angewendet werden konnten; der bisherige strafrechtliche Grundsatz des Verbotes der Analogie wurde damit aufgehoben. Als Gegengewicht zum starken Richter war als ein „Organ der Selbstkontrolle" ein starker Verteidiger erforderlich. Zudem, so die Argumentation, trete der Verteidiger auch für das Recht als solches ein, das nicht nur durch die Straftat eines einzelnen, sondern auch durch ein ungerechtes Urteil Schaden nehmen könne.[9] Ein bekannter Vertreter dieser Theorie des notwendigen „starken Verteidigers" war Rechtsanwalt Alfons Sack, der 1933 im Reichstagsbrand-Prozeß auftrat.

1. RA Alfons Sack und der Reichstagsbrand

Am Abend des 27. Februar 1933 brannte der Deutsche Reichstag. Trotz der rasch einsetzenden Löscharbeiten wurden Teile des Gebäudes, darunter auch der Plenarsaal, schwer beschädigt. Am Tatort verhaftete die Polizei den 24jährigen Holländer Marinus van der Lubbe, der durch die Brandstiftung – ihr waren bereits drei erfolglose Versuche im Neuköllner Wohlfahrtsamt, im Roten Rathaus und im Berliner Schloß vorausgegangen – ein Zeichen des Protestes für die soziale Lage der Arbeiter und besonders der Arbeitslosen hatte setzen wollen. Van der Lubbe widersetzte sich weder seiner Festnahme noch bestritt er die Brandlegung. Die ermittelnden Kriminalbeamten waren von seiner Alleintäterschaft überzeugt.[10]

Noch in der Brandnacht tauchten die ersten Gerüchte auf, daß hinter van der Lubbe kommunistische Auftraggeber stünden. Genährt wurde dieser Verdacht durch die Tatsache, daß der Vorsitzende der KPD-Fraktion im Reichstag, Ernst Torgler, und der kommunistische Abgeordnete Wilhelm Koenen[11] den Reichstag am Abend des 27. Februar erst spät verlassen hatten. Die nationalsozialistische Führung griff diese Vermutungen sofort propagandistisch auf und wertete den Reichstagsbrand als Signal für einen bevorstehenden kommunistischen Aufstandsversuch, der mit aller Macht unterbunden

---

8 Ebenda, 15. Februar 1934, Sp. 243ff.
9 Richter und Verteidiger im künftigen Strafrecht, in: Deutsche Justiz, 14. Januar 1938, S. 74ff.; Die Aufgaben des Strafverteidigers, in: Deutsches Recht, Ausgabe A, 22. Juli 1939, S. 1118ff.; Vortrag des Rechtsanwalts van der Moolen vor der Arbeitsgemeinschaft für Strafrechtspflege des NSRB Gau Berlin, 9. Juli 1941.
10 S. dazu: Hans Mommsen, Van der Lubbes Weg in den Reichstag – der Ablauf der Ereignisse, in: Uwe Backes u. a., Reichstagsbrand – Aufklärung einer historischen Legende, München 1986, S. 33-57.
11 Wilhelm Koenen, 1886 geboren, gehörte von 1919 bis Juli 1932 als KPD-Spitzenfunktionär der Nationalversammlung bzw. dem Reichstag an; seit April 1932 war er Mitglied des Preußischen Landtags. Nach dem Reichstagsbrand emigrierte er nach Frankreich, 1935 in die Tschechoslowakei und 1938 nach Großbritannien. Im Dezember 1945 kehrte er nach Deutschland zurück und leitete bis 1949 die sächsische Landesorganisation der SED. Von 1946 bis zu seinem Tod im Oktober 1963 gehörte er dem Parteivorstand bzw. dem Zentralkomitee der SED an. Wolfgang Benz/Hermann Graml (Hrsg.), Biographisches Lexikon zur Weimarer Republik, München 1988, S. 188.

VI. Die Strafverteidiger

werden sollte. In der ohnehin durch die für den 5. März anberaumten Reichstagswahlen aufgeheizten innenpolitischen Situation wurden zahlreiche exponierte Kommunisten und Sozialdemokraten noch in der gleichen Nacht verhaftet.

Überaus folgenschwer war die am nächsten Tag auf der Grundlage des Artikels 48 der Weimarer Verfassung unter dem Vorwand der notwendigen „Abwehr kommunistischer staatsgefährdender Gewalttakte" erfolgte Verabschiedung der „Verordnung des Reichspräsidenten zum Schutz von Volk und Staat", kurz Reichstagsbrandverordnung genannt. Damit wurden die wichtigsten Grundrechte der Weimarer Verfassung wie das Recht auf persönliche Freiheit, Meinungs-, Presse-, Vereins- und Versammlungsfreiheit und die Unverletzlichkeit der Wohnung „bis auf weiteres" außer Kraft gesetzt. Zudem schuf die Verordnung eine Rechtsgrundlage für die Verhängung von Schutzhaft gegen NS-Gegner.[12] Ian Kershaw nannte diese Notverordnung den „Freibrief des Dritten Reiches".[13]

Die Kommunisten ihrerseits wehrten sich gegen die von den Nationalsozialisten erhobene Verdächtigung einer Beteiligung am Reichstagsbrand mit Gegenangriffen und setzten das Gerücht einer nationalsozialistischen Urheberschaft des Brandes in die Welt. Noch heute gibt es Anhänger dieser beiden Theorien, und sie werden mit wechselndem Erfolg diskutiert.[14] Vielleicht ist die – wahrscheinliche – Alleintäterschaft van der Lubbes zu lapidar, um dieses aufsehenerregende, folgenreiche Ereignis zu erklären.

Für diese Untersuchung ist jedoch die Frage nach der Urheberschaft des Brandes lediglich von sekundärer Bedeutung. Im Mittelpunkt steht hier die Anklage gegen den der Brandstiftung verdächtigten kommunistischen Fraktionsvorsizenden Ernst Torgler, der in dem von dem Reichsgericht geführten Reichstagsbrand-Prozeß von Rechtsanwalt Alfons Sack verteidigt wurde.[15]

Ernst Torgler[16] wurde im April 1893 in Berlin geboren und durch seine Mutter früh mit sozialistischen Gedanken vertraut gemacht. Sein Berufswunsch – Volksschullehrer – konnte aufgrund der schlechten finanziellen Verhältnisse im Elternhaus nicht erfüllt werden; so wurde er kaufmännischer Angestellter in der Herrenkonfektion. 1910 trat er der SPD bei, wechselte 1917 zur USPD und 1920 schließlich zur KPD, die er seit 1924 im Reichstag vertrat; von 1929 bis 1933 war er Fraktionsvorsitzender der KPD. Torgler führte ein mehr oder weniger „bürgerliches" Leben und wollte Veränderungen für die sozial Benachteiligten nicht durch revolutionäre Aktionen auf der Straße durchsetzen, sondern auf politischer Ebene aktiv werden. Seine Tätigkeit in zahlreichen Parlamentsausschüssen zeigt ihn als in das System eingebundenen, arbeitsamen Abgeordneten.

Ernst Torgler geriet in den Verdacht der Mittäterschaft am Reichstagsbrand, weil er das Gebäude gemeinsam mit dem Abgeordneten Koenen und der Sekretärin der kommunistischen Fraktion erst spät abends verlassen hatte. Die Nachricht vom Brand erreichte Torgler in einem Restaurant, das er gemeinsam mit Koenen besuchte. Da ihm die Gefahr, in die er und seine Partei durch den Reichstagsbrand geraten waren, durchaus bewußt war, beschloß er, die Nacht nicht in seiner Wohnung in Karlshorst zu verbringen, sondern bei dem kommunistischen Parteisekretär Otto Kühne in Pankow.

---

12 RGBl. I 1933, S. 83.
  Ausführlich zur Reichstagsbrandverordnung: Gruchmann, Justiz im Dritten Reich, S. 535ff.
13 Ian Kershaw, Hitler. 1889-1936, Stuttgart 1998, S. 582.
14 Fritz Tobias (Der Reichstagsbrand. Legende und Wirklichkeit, Rastatt 1962) vertritt die These von der Alleintäterschaft van der Lubbes. Die Publikation von Walther Hofer u. a. (Hrsg.), Der Reichstagsbrand. Eine wissenschaftliche Dokumentation (Bd. I, Berlin 1972, Bd. II, München 1978) bestreitet diese Theorie und wird wiederum kritisiert von Uwe Backes u. a., Reichstagsbrand.
15 Als Grundlage für die folgende Darstellung dient die Schrift von Alfons Sack (Der Reichstagsbrand-Prozeß, Berlin 1934), die zwar wegen der NS-freundlichen Haltung des Verfassers kritisch betrachtet werden muß, aber dennoch für das Nachvollziehen der Verteidigungslinie des Rechtsanwalts eine überaus wichtige Quelle darstellt.
16 Munzinger-Archiv; Sack, Reichstagsbrand-Prozeß, S. 125f.

Die Strafverteidiger VI.

Kühne wurde am nächsten Morgen im Zuge der Verhaftungswelle von kommunistischen Funktionären in seiner Wohnung festgenommen; der noch anwesende Torgler blieb nur deshalb auf freiem Fuß, weil ihn die Beamten nicht erkannten. Zum gleichen Zeitpunkt fahndete die Polizei in seiner Wohnung in Karlshorst nach ihm, traf dort jedoch nur auf seine Ehefrau. Von seiner Unschuld überzeugt, stellte sich Torgler in Begleitung seines Anwalts Kurt Rosenfeld und dessen Tochter, Rechtsanwältin Kirchheimer, selbst der Polizei; er wurde sofort inhaftiert.

Den Prozeß gegen Marinus van der Lubbe, Ernst Torgler und drei ebenfalls tatverdächtige Mitglieder der kommunistischen Partei Bulgariens, dem Schriftsteller Georgi Dimitroff, dem Studenten Blagoj Popoff und dem Schuhmacher Wassil Taneff, führte das Reichsgericht in Leipzig. Senatspräsident Dr. Wilhelm Bünger leitete die Verhandlungen des für Hoch- und Landesverrat zuständigen IV. Senats; Oberreichsanwalt Dr. Werner vertrat die Anklage. Am 7. März wurde die Voruntersuchung eröffnet, am 24. Juli Anklage erhoben, vom 21. September bis 16. Dezember die Hauptverhandlung durchgeführt und schließlich am 23. Dezember das Urteil verkündet. Die lange Dauer und das nach Beachtung aller Vorschriften der Strafprozeßordnung geführte Verfahren mit einer umfassenden und abwägenden Beweisaufnahme entsprach allerdings nicht den Vorstellungen der neuen Machthaber, die sich einen „kurzen Prozeß" gegen die Angeklagten vorgestellt hatten.[17]

Am 9. August 1933 beauftragte Ernst Torgler den Berliner Rechtsanwalt Alfons Sack mit seiner Verteidigung, nachdem seine Ehefrau vergeblich mehrere Anwälte um die Vertretung gebeten hatte. Teils hatten sie wohl aus politischen Gründen abgelehnt, teils exorbitante Honorarforderungen erhoben. Der vom Reichsgericht eingesetzte Offizialverteidiger Huber hatte seine Entpflichtung beantragt.[18] Die Annahme des Mandats stieß allgemein auf Verwunderung, galt Alfons Sack doch seit vielen Jahren als deutschnationaler, den Nationalsozialisten nahestehender Rechtsanwalt. Seit 1. Mai 1932 war er Parteimitglied.[19] In der Weimarer Republik war er vor allem als Verteidiger der Mörder von Außenminister Walther Rathenau, durch den sogenannten Ulmer Reichswehrprozeß vor dem Reichsgericht 1930[20] und zahlreiche Fememordprozesse bekannt geworden.

Nach Bekanntwerden der Übernahme der Verteidigung von Ernst Torgler sah sich Sack Angriffen von allen Seiten ausgesetzt. Der am häufigsten geäußerte Vorwurf aus linken Kreisen lautete, er würde ein Doppelspiel betreiben.[21] So forderte die KPD Torgler am 20. September auf, sich „im ersten günstigen Moment in voller Gerichtsöffentlichkeit mit entsprechender Erklärung von ihm zu trennen", da er ein „Schurke und Agent Hitlers" sei.[22]

Über die Beweggründe, die Sack zur Übernahme des Mandats bewogen haben, kann – abgesehen von seinen eigenen Äußerungen – nur spekuliert werden. Sicherlich versprach er sich durch den Prozeß eine Mehrung seines Bekanntheitsgrades, und die Vorstellung, über mehrere Wochen hinweg im Rampenlicht der nationalen und internationalen Presse zu stehen, war für den eitlen, auf Ruhm und Inszenierung bedachten Anwalt sicher reizvoll. Er selbst gab dazu in seiner Dokumentation über den Prozeß folgende pathetische Erklärung ab: „Als ich meine Anwaltstätigkeit begann, stand für mich fest, daß ein Mitarbeiter am deutschen Rechtsleben zu allererst Verpflichtungen dem Vaterland gegenüber hat und daß nur unter diesem großen Gesichtspunkt jede anwaltliche Tätigkeit ihren wahren Sinn erhält."[23] Seinen Kritikern hielt er entgegen: „Hätte man nur den geringsten guten Willen gehabt, so wäre es nicht schwierig gewesen, das ‚Rätsel' zu lösen, wie ich zu der Verteidigung

---

17 Gruchmann, Justiz im Dritten Reich, S. 958; eine ausführliche Schilderung bei Sack, Reichstagsbrand-Prozeß, passim.
18 König, Vom Dienst am Recht, S. 75.
19 Mitgliedskartei im Berlin Document Center.
20 Dazu auch: Berlin Document Center O.N.-12. Sonderordner Akte: Scheringer, Ludin, Wendt. Ulmer-Prozeß.
21 Sack, Reichstagsbrand-Prozeß, S. 86ff.
22 Zit. nach König, Vom Dienst am Recht, S. 75.
23 Sack, Reichstagsbrand-Prozeß, S. 88.

VI. Die Strafverteidiger

Torglers kam. Man hätte dann auch die Gründe erkannt, weshalb die Übernahme der Verteidigung Torglers nicht im Widerspruch zu meiner bisherigen Auffassung von den Aufgaben des Verteidigers stand, auch keine Änderung meiner politischen Gesinnung bedeutete und noch viel weniger Anlaß zu politischen Kombinationen hätte geben dürfen."[24] Selbstverständlich könne er als „Nationalsozialist nur ihn (Torgler) als Menschen, niemals aber die Kommunistische Partei, verteidigen."[25]

„Gewiß, ich fühlte, als mir Torglers Karte überbracht wurde, in der er mir Vollmacht erteilte ..., daß mich diese Verteidigung vor eine ganz besonders schwierige Aufgabe stellen würde. Ich überlegte mir: Ist es gerade für dich tragbar, einen Kommunisten zu verteidigen? Würde dies nicht eine völlige Abkehr von der bisherigen Linie bedeuten? Ein politischer Fall blieb diese Brandstiftung im Haus der Volksvertretung immer. Zum mindesten war es unmöglich, dem Führer der kommunistischen Reichstagsfraktion, wollte man seine Beteiligung an der Tat annehmen, andere als politische Motive zu unterstellen. Es ist müßig, zu fragen, ob ich Torglers Bitte abgeschlagen hätte, wenn die Rechtsanwaltschaft damals nicht schon von allen national unzuverlässigen Elementen gereinigt gewesen wäre. In diesem Falle wäre ich in einen Gewissenskonflikt gar nicht gekommen, da Torgler dann bestimmt nicht mich, den Nationalsozialisten, sondern einen seiner Gesinnungsgenossen mit der Verteidigung beauftragt hätte. Nach der Neuordnung der Anwaltschaft hatte Torgler aber nur die Möglichkeit, sich an einen nationalen Anwalt zu wenden, und allein der Offizialverteidiger blieb vor dem Zwang bewahrt, sich zu entscheiden, ob er guten Gewissens die Verteidigung eines der Gesinnung nach zu den Staatsfeinden zählenden Angeklagten übernehmen konnte. Nachdem ich mir diese Lage des Angeklagten vergegenwärtigt hatte, gab es für mich nur die Frage: Ist der Angeklagte Torgler schuldig oder unschuldig? Von der Beantwortung dieser Frage hing alles andere ab. War der Angeklagte unschuldig, dann konnte und wollte ich es als deutscher Anwalt nicht verantworten, die Übernahme der Verteidigung abzulehnen und den Angeklagten der Gefahr einer unzureichenden Verteidigung in einem solchen politischen Prozeß auszusetzen. Denn nur dadurch, daß ich den Angeklagten nach besten Kräften vertrat und ihm alle Rechtswohltaten, die das deutsche Straf- und Strafprozeßrecht vorsah, verschaffte, konnte ich auch dem Staat als solchem, der Rechtsstaatsidee dienen, was ich stets als meine vornehmste Anwaltspflicht aufgefaßt habe."[26]

Sack schickte zuerst seinen Sozius, Rechtsanwalt Pelckmann, zu Ernst Torgler, um sich ein Bild von der Persönlichkeit und der Rolle des Angeklagten beim Reichstagsbrand zu verschaffen. Sacks Fazit aus diesem und seinem daraufhin stattfindenden Gespräch mit Torgler lautete: „Dies Gefühl von der Nichtschuld des Angeklagten Torgler, verbunden mit der Hoffnung, daß ich in diesem Prozeß ganz besonders Gelegenheit haben würde, für den neuen Staat, für die neue Rechtsauffassung einzutreten und meine Anschauung von den Pflichten und Aufgaben des deutschen Anwalts vor aller Öffentlichkeit klarzulegen, veranlaßten mich, Torglers Bitte nachzukommen."[27]

Sack bereitete seine Verteidigung gründlich vor. Es galt, umfangreiche Akten zu studieren und Entlastungsmaterial zu sammeln. Zu diesem Zweck machte er gar Reisen nach Paris und London, wo sich eine Kommission zur Klärung des Reichstagsbrandes gebildet hatte.

Am 13./14. Dezember 1933 hielt Oberreichsanwalt Dr. Werner sein Plädoyer und kam „zu dem Ergebnis, daß der Angeklagte Torgler an dem Reichstagsbrand als Täter in irgendeiner Form beteiligt ist". Vor allem die Zeugen Karwahne, Frey und Kroyer, erstere NSDAP-Reichstagsabgeordnete, letzterer ein österreichischer Nationalsozialist, die Torgler am Nachmittag des 27. Februar mit van der Lubbe und Popoff im Reichstag gesehen haben wollten, belasteten Torgler. Obwohl die Hauptver-

---

24 Ebenda.
25 Ebenda, S. 96.
26 Ebenda, S. 95f.
27 Ebenda, S. 96f.

Die Strafverteidiger VI.

handlung nichts über die mögliche Form einer Tatbeteiligung Torglers zu Tage gefördert hatte, bestand für den Oberreichsanwalt „kein Zweifel ..., daß der Angeklagte Torgler beteiligt ist und daß er diese Tat begangen hat zu dem Zweck und in der Absicht, dadurch eine Anreizung der Mitglieder der Kommunistischen Partei herbeizuführen, nun endlich loszuschlagen. Daß es sich hierbei um ein Losschlagen gehandelt hat, das unmittelbar zur Machtergreifung führen sollte, das kann nicht zweifelhaft sein. Es handelt sich nicht nur um eine vollendete Brandstiftung, und zwar eine Brandstiftung nach Par. 306 Abs. 3 [StGB], also an einem Gebäude, das zeitweise zum Aufenthalt von Menschen dient. Es kommt außerdem Par. 307 Nr. 2 [StGB] in Frage, da diese Brandstiftung erfolgt ist, um unter Begünstigung dieser Brandstiftung einen Aufruhr herbeizuführen, und es kommt außerdem in Tateinheit damit hinzu, daß ein hochverräterisches Unternehmen begangen worden ist, das dieses Unternehmen unmittelbar zur Durchführung bringen sollte."[28] Der Oberreichsanwalt beantragte daraufhin, „den Angeklagten Torgler schuldig zu sprechen eines fortgesetzten Verbrechens des Hochverrats nach den Paragraphen 81 Nr. 2 und 82 des Strafgesetzbuches in Tateinheit mit einem Verbrechen der schweren Brandstiftung nach Paragraphen 306 Nr. 3, 307 Nr. 2 des Strafgesetzbuches und ihn deshalb in Anwendung der Verordnung des Reichspräsidenten zum Schutz von Volk und Staat vom 28. Februar 1933 in Verbindung mit dem Gesetz über Verhängung und Vollziehung der Todesstrafe vom 29. März 1933 zum Tode zu verurteilen." Für den Angeklagten van der Lubbe hatte er ebenfalls die Todesstrafe beantragt, Dimitroff, Popoff und Taneff sollten jedoch „mangels ausreichenden Beweises" freigesprochen werden.[29]

Am 15. und 16. Dezember plädierten schließlich die Verteidiger, zunächst RA Teichert als Offizialverteidiger der drei bulgarischen Angeklagten. Da der Oberreichsanwalt für seine Mandanten Freispruch beantragt hatte, faßte er sich kurz, zumal die Anklage, wie er argumentierte, „ja in der größten Sorgfalt und Ausführlichkeit während der vergangenen drei Monate verhandelt worden ist".[30] Er schloß sich dem Antrag des Oberreichsanwalts an und machte nochmals deutlich, daß seiner Meinung nach die Bulgaren nicht im Reichstag gewesen waren und es keine Beweise für eine Teilnahme der drei Angeklagten gebe.[31]

Anschließend plädierte RA Dr. Seuffert als Pflichtverteidiger von Marinus van der Lubbe. Seuffert hatte von Beginn an eine schwierige Aufgabe, da sein Mandant sich alles andere als kooperativ verhielt und jede Zusammenarbeit mit seinem Anwalt verweigerte. Ihm blieb lediglich darzulegen, daß die von van der Lubbe gestandene Tat kein Signal für einen kommunistischen Aufstand, sondern nur ein Zeichen des Protestes hatte sein sollen. Folglich beantragte er, seinen Mandanten wegen der vier Brandstiftungen, allenfalls in Verbindung mit der Vorbereitung des Hochverrats zu einer „erheblich(en) zeitlich(en) Zuchthausstrafe" zu verurteilen. Vom Vorwurf des Verbrechens des Hochverrats und der aufrührerischen Brandstiftung sollten die Richter absehen.[32]

Zuletzt hielt der einzige Wahlverteidiger im Prozeß, Alfons Sack, ein äußerst geschicktes Plädoyer für Ernst Torgler. Er ließ keinen Zweifel, daß dieser Prozeß ein Stück Rechtsgeschichte, ja sogar ein Stück Weltgeschichte war, da er aller Welt bewies, daß die Richter auch im neuen Deutschland ihre Unabhängigkeit bewahren konnten. Damit schmeichelte er den beteiligten Richtern, brachte sie jedoch gleichzeitig in Zugzwang. „Hatte ich es doch erleben müssen", empörte er sich eindrucksvoll, „daß frühere deutsche Volksgenossen, die nicht etwa ausgebürgert waren, sondern die in demselben Atemzug mir sagten, sie möchten nach Deutschland zurück, erklärten, das Reichsgericht als unabhängiger Hort der Rechtspflege wäre nicht mehr da; Sie, meine hohen Herren Richter, könnten doch

---

28 Ebenda, S. 191.
29 Ebenda, S. 210 f.
30 Ebenda, S. 212.
31 Ebenda, S. 247.
32 Ebenda, S. 273.

VI. Die Strafverteidiger

nicht frei und unabhängig entscheiden. Ich würde meine Standesbeziehungen zu Ihnen schlecht vertreten haben, wenn ich nicht dagegen mit aller Entschiedenheit angegangen wäre."[33] Sein Plädoyer behandelte Richter und Oberreichsanwalt mit der ihnen angemessenen Würde, zuweilen auch Unterwürfigkeit, gleichzeitig trat Sack aber selbstbewußt und von der Unschuld seines Mandanten überzeugt auf. „Ich fasse meine Aufgabe als Verteidiger nicht allein so auf, daß ich lediglich gewissermaßen das Sprachrohr meines Klienten bin; ich fasse meine Aufgabe als Verteidiger vielmehr so auf, daß ich Ihnen gleichgesetzt bin, um mit Ihnen gemeinsam den Sachstand kritisch zu untersuchen und mit Ihnen gemeinsam das Urteil zu finden, welches das gerechte ist."[34] Deshalb nahm er auch für sich das Recht in Anspruch, „einige rechtliche Bedenken" zu den Verordnungen vom 28. Februar und 29. März 1933 zu erheben.[35] Da ja kein Zweifel bestand, daß diese auf Initiative der höchsten Stellen des Staates entstanden waren, muß dies als mutiger Schritt gewertet werden. Sack fühlte sich zu dieser Kritik und seinem selbstsicheren Auftreten berechtigt, weil er „seit 1919 seine klare politische Linie gewahrt und 12 Jahre lang gar keinen Hehl daraus gemacht hat, daß er radikal ablehnend gegen das damalige politische System stand".[36] Sein Ruf als nationalsozialistischer Anwalt war unbescholten, und sollten dem Gericht Zweifel gekommen sein, machte Sack nochmals ganz deutlich, daß er nur den Menschen Torgler, jedoch niemals die Kommunistische Partei vertreten würde.

Nachdem Sack also dem Gericht die Bedeutung dieses Prozesses und der Unabhängigkeit der Richter, aber auch seine Distanz zu dem Brand und der Ideologie der KPD in souveräner Weise deutlich gemacht hatte, konnte er sich den Anschuldigungen des Oberreichsanwalts im Detail zuwenden. Dessen Formulierung von der angeblichen Mittäterschaft Torglers „in irgendeiner Form" war nun wahrlich kein zureichendes Argument für eine Verurteilung Torglers zum Tode. Sack wendete in diesem Punkt und bei der folgenden Entkräftung der meisten Zeugenaussagen fast immer das gleiche Schema an, indem er an die Souveränität des Reichsgerichts appellierte und dabei die Richter für seine Position einzunehmen versuchte: „Meine hohen Herren Richter! Soll ich wirklich vor Ihnen die Rechtsprechung des Reichsgerichts über den Begriff der Mittäterschaft erörtern? ... Der Herr Oberreichsanwalt ... hat aber diese seine Ausführungen nicht mit Beweisen belegt. Seine Argumentation in diesem Punkt schwebt, wie wir Juristen sagen, unsubstantiiert im juristischen Raum. Sofort werfe ich mit ihm die Frage auf: Reicht das aus zum Schuldigspruch? Und da werden Sie mir sagen müssen: Schon in dieser Form allein, wie der Herr Oberreichsanwalt es ausgesprochen hat, reicht es nach der Rechtsprechung des Reichsgerichts über den Begriff der Mittäterschaft n i c h t aus."[37]

Anschließend unterzog Sack alle Torgler belastenden, zum Teil widersprüchlichen Zeugenaussagen einer kritischen Prüfung, die keinen Zweifel an der Unschuld seines Mandanten übrig ließ. Das Plädoyer endete pathetisch: „Meine hohen Herren Richter, überdenken Sie eins: Hart betroffen hat uns dieser Reichstagsbrand, aber aus dem Unheil wird ein Heil. Unser Führer hat gesagt: Möge Gott uns davor bewahren, daß ein Deutscher an diesem Verbrechen beteiligt ist. Nicht mit diesem Wunsche werde ich schließen, sondern ich kann sagen: An der Hand dieser bis ins kleinste gewissenhaft durchgeführten Beweisaufnahme ist Gott sei Dank eins für mich erwiesen, daß dieser Deutsche Torgler am Reichstagsbrand nicht beteiligt ist. Diese meine innere Überzeugung gibt mir die Berechtigung – ich tue es verantwortungsbewußt – Ihnen zuzurufen: Sprechen Sie den Angeklagten Torgler frei!"[38]

---

33 Ebenda, S. 278.
34 Ebenda, S. 283.
35 Ebenda, S. 282ff.
36 Ebenda, S. 276.
37 Ebenda, S. 295f.
38 Ebenda, S. 423.

Die Strafverteidiger VI.

Am 23. Dezember 1933 verkündete das Reichsgericht sein Urteil:[39] Der Angeklagte van der Lubbe wurde wegen Hochverrats in Tateinheit mit aufrührerischer Brandstiftung und versuchter einfacher Brandstiftung zum Tode verurteilt.[40] Torgler, Dimitroff, Popoff und Taneff hingegen wurden freigesprochen. Mit diesem Urteil war das Reichsgericht den neuen Machthabern zweifellos weit entgegengekommen, da es die Reichstagsbrandverordnung vom 28. Februar in Verbindung mit dem „Gesetz über Verhängung und Vollzug der Todesstrafe" vom 29. März 1933 rückwirkend angewendet hatte. Gleichzeitig war trotz der unsicheren Beweislage mit dem Urteil höchstrichterlich bestätigt, „daß die Mittäter und Auftraggeber van der Lubbes im Lager der Kommunisten stehen, daß die Reichstagsbrandstiftung ein Werk der Kommunisten und der ihnen nahestehenden und gleichzusetzenden Organisationen zur Verwirklichung des Bürgerkriegsziels dieser Partei gewesen sind".[41] Nur die „noch in der Brandnacht einsetzenden Maßnahmen der Regierung, insbesondere die Verhaftung aller führenden kommunistischen Funktionäre" hätten „die geplante Aktion zum Scheitern gebracht".[42] Trotz dieses Kniefalls vor der politischen Macht, hatten sich die Richter nicht völlig vereinnahmen lassen und Sacks Mandanten freigesprochen, weil sie „die gegen Torgler geltend gemachten oder sonst aufgekommenen Verdachtsgründe für nicht bewiesen oder für nicht durchschlagend"[43] hielten.

Der politischen Führung hatte bereits die Art der Prozeßführung mißfallen, keinesfalls war sie jedoch bereit, diesen Freispruch zu akzeptieren, zumal hohe NS-Funktionäre als Zeugen vor Gericht die Angeklagten schwer belastet hatten. Für die Partei war der aus „formaljuristischen Gründen" erfolgte Freispruch „nach dem Rechtsempfinden des Volkes ein glattes Fehlurteil", das es zu berichtigen galt. Torgler, Dimitroff, Popoff und Taneff wurden in Schutzhaft genommen und die drei letztgenannten im Februar 1934 in die Sowjetunion abgeschoben.[44]

Ernst Torgler blieb bis August 1935 in Schutzhaft,[45] dort soll er sich unter dem Einfluß der ehemaligen KPD-Reichstagsabgeordneten Maria Reese vom Kommunismus abgewandt haben. Beide schrieben 1935 ein Buch gegen den Kommunismus, dessen Erscheinen die Nationalsozialisten jedoch verhinderten.[46] Die Exil-KPD schloß Torgler im gleichen Jahr aus ihren Reihen aus. Nach Kriegsende mußte er sich gegen Vorwürfe wehren, er habe mit der Gestapo zusammengearbeitet. Er wurde Mitglied der SPD und trat in die Dienste des Deutschen Gewerkschaftsbundes. Torgler starb 1963 in Hannover.[47]

Obwohl Sacks 1934 publiziertes Werk über den Reichstagsbrand-Prozeß vor allem durch den immer wieder angeführten „Beweis" der Beibehaltung des Rechtsstaates eine propagandistische Unterstützung des NS-Staates darstellt, verbot das Propagandaministerium den Vertrieb des Buches. Wie suspekt Sacks Engagement für Torgler auf die Machthaber wirkte, zeigt auch die Tatsache, daß die Gestapo ihn durch einen als Referendar getarnten V-Mann überwachen ließ.[48] Im Zusammenhang mit der „Röhm-Aktion"[49] wurde Sack Ende Juni 1934 kurzfristig in Haft genommen. Daraufhin machten

---

39 Das Urteil des Reichsgerichts ist im Archiv des IfZ, Signatur Fa 100/19, einsehbar.
40 Marinus van der Lubbe wurde am 10. Januar 1934 enthauptet. Gruchmann, Justiz im Dritten Reich, S. 830.
41 Sack, Reichstagsbrand-Prozeß, S. 326.
42 Ebenda, S. 338.
43 Ebenda, S. 328.
44 Gruchmann, Justiz im Dritten Reich, S. 957f.
45 Tagebücher von Joseph Goebbels. Sämtliche Fragmente, hrsg. von Elke Fröhlich, Teil I, Bd. 2, München u. a. 1987. Eintrag vom 23. August 1935, S. 506.
46 Ebenda. Eintrag vom 21. August 1935, S. 505f. und 2. Dezember 1936, S. 742.
47 Munzinger-Archiv.
48 König, Vom Dienst am Recht, S. 77.
49 Vgl. dazu: Peter Longerich, Die braunen Bataillone. Geschichte der SA, München 1989; Immo von Fallois, Kalkül und Illusionen. Der Machtkampf zwischen Reichswehr und SA während der Röhm-Krise 1934, Berlin 1994.

VI. Die Strafverteidiger

Gerüchte die Runde, seine Festnahme sei eine späte Reaktion auf die Verteidigung des Kommunisten Torgler. Tatsächlich wurde Sack wegen seiner Beziehung zu SA-Gruppenführer Karl Ernst[50] verhaftet.[51] Sack hatte für die von Ernst geleitete SA-Gruppe als Justitiar gearbeitet, zudem verdächtigte ihn die Gestapo, einige luxuriöse Gegenstände, wie etwa die von ihm verwendete Limousine, zu verwahren.[52] Die Vorwürfe erwiesen sich als haltlos.

Alfons Sack paßte sich auch nach dem Reichstagsbrand-Prozeß nicht widerstandslos an die vorgegebenen Richtlinien und Leitbilder des nationalsozialistischen Rechtsanwalts an. Immer wieder schwamm er gegen den Strom, zum Beispiel als er sich Irmgard Litten gegenüber ohne langes Zögern bereit erklärte, ihren inhaftierten Sohn Hans zu verteidigen, falls dieser wegen einer möglichen Beteiligung am Reichstagsbrand angeklagt würde.[53] Dieses Verhalten rührte nicht aus einer oppositionellen Haltung gegenüber dem neuen Staat. Bereits 1924 hatte er eine Konzeption des „nationalen Verteidigers" entwickelt, den der Staat fördern müsse und dessen Rechte keinesfalls eingeschränkt werden dürften. „Denn das ist klar", schrieb er, „die großen und schweren Aufgaben der Mitarbeit an der Reinerhaltung der Volksgemeinschaft und der Wahrung der Gerechtigkeit kann der Verteidiger selbstverständlich nur lösen, wenn er nicht nur Pflichten, sondern auch – und zwar erhebliche – Rechte erhält."[54]

Seine 1935 erschienene Schrift „Der Strafverteidiger und der neue Staat" machte seine Haltung deutlich.[55] Darin begrüßte er die Neugestaltung der Rechtsordnung und damit verbundene Abkehr vom Zeitalter des Liberalismus lebhaft. Auch die Änderung des für eine freiheitliche Rechtsordnung elementaren Grundsatzes „nulla poena sine lege" in „nullum crimen sine poena" (kein Verbrechen ohne Strafe) wurde von Sack befürwortet, obwohl ihm selbstverständlich klar war, daß diese Umwandlung weit mehr bedeutete als die „bloße Reform eines einzelnen Gesetzes. ... Es handelt sich hier um den Anbruch einer neuen Zeit im Rechtsleben unseres gesamten Volkes, die Jahrhunderte überdauern soll, die unsere Zeit für immer unvergessen machen wird."[56] Dieser neue Grundsatz erforderte einen starken Verteidiger, weil dadurch auch die „Möglichkeit ungerechter Strafverfolgung" bestand.[57]

Obwohl die Schrift alles andere als frei von NS-Ideologie war,[58] blieb Sacks Gedankenwelt eher deutschnational verhaftet, die „Besinnung auf den nationalen Gedanken" und die „Werte unserer Nation"[59] standen im Mittelpunkt seiner Überlegungen. Auch berief er sich immer wieder auf das alte germanische Recht. Der „starke Verteidiger des ursprünglichen germanischen Rechts, der mit Leib und Leben, der mit seiner ganzen Person für das Recht des ihm blutsverwandten Volksgenossen eintrat, der nicht um das Recht bettelte, sondern es forderte und dafür kämpfte" war sein Idealbild.[60]

---

50 Der am 1.9.1904 geborene Karl Ernst trat 1923 in NSDAP und SA ein, und durch seine Beziehung zu Ernst Röhm gelang ihm ein rascher Aufstieg in der SA. 1932 wurde er Reichstagsabgeordneter für die NSDAP, im März 1933 Führer der SA-Gruppe Berlin-Brandenburg. Im März 1934 avancierte er zum SA-Obergruppenführer. Im Zuge des „Röhm-Putsches" wurde er von der SS in Bremen verhaftet, nach Berlin überstellt und als einer der angeblichen Hauptputschisten am 30. Juni 1934 in Lichterfelde erschossen. Hermann Weiß (Hrsg.), Biographisches Lexikon zum Dritten Reich, Frankfurt a.M. 1998, S. 112f.
51 Vgl. auch Litten, Eine Mutter kämpft, S. 114f.
52 König, Vom Dienst am Recht, S. 77.
53 Litten, Eine Mutter kämpft, S. 51.
54 Alfons Sack, Der Strafverteidiger und der neue Staat, Berlin 1935, S. 105. Ich danke RA Gerhard Jungfer für die Überlassung dieser Schrift.
55 Ebenda.
56 Ebenda, S. 14.
57 Ebenda, S. 77.
58 Etwa: „Zu seinem Führer, der die Einigung des Volkes erreicht hat, blickt das Volk voll Dankbarkeit empor. Begeistert will es ihm folgen und mithelfen an dem großen, schweren Aufbauwerk unseres neuen Reiches." Ebenda, S. 62.
59 Ebenda, S. 6 und 9.

VI. Die Strafverteidiger

Der Antisemitismus, den sich die meisten NS-Anwälte zu eigen machten und auf abstoßende Weise ungeniert demonstrierten, war bei Sack kein Gegenstand der Auseinandersetzung. Zeugenaussagen zufolge verhielt er sich jüdischen Anwälten gegenüber überaus fair.[61]

Tatsächlich stärkte die Sinnänderung des Strafrechts vor allem Richter und Staatsanwalt, was für Sack konsequenterweise einen starken Verteidiger notwendig machte. Allerdings sollte auch bei Sack – den NS-Vorstellungen folgend – der Verteidiger „nicht Interessenvertreter des einzelnen, sondern Sachwalter der Gemeinschaft" sein, nicht die Verteidigung der „Partei", sondern nur die Verteidigung des „Rechts" zählte.[62] Sehr viel praxisorientierter als von NS-Juristen propagiert, erscheint seine Bewertung des Verhältnisses von Angeklagtem, Richter und Verteidiger. Da zwischen ersteren zwangsläufig ein Spannungsverhältnis bestand, fiel dem Verteidiger als „Vertrauensmann des Angeklagten" eine zentrale Rolle zu. Nach Sack hatte er „die Pflicht, seine Mehrkenntnisse im Prozeß, in der Hauptverhandlung und im Plaidoyer [sic!] auch gegenüber dem Gericht und der Staatsanwaltschaft mutig vorzutragen und auszuwerten. Gerade die letzte Zeit hat gezeigt, daß die Verteidiger hier oftmals eine falsche Zurückhaltung gegenüber dem Gericht üben, indem sie in Verkennung des Autoritätsgedankens überhaupt nicht wagen, ihre eigene Ansicht in den Vordergrund zu stellen, und – wenn es sein muß, – auch dem Gericht oder der Staatsanwaltschaft zu widersprechen. Ein Verteidiger, der so handelt, verkennt seine hohe Aufgabe, die ihm die Rechtsordnung auferlegt hat. Diese falsche Bescheidenheit nützt nicht dem Recht und der Volksgemeinschaft, sondern schadet."[63]

Obwohl Sack selbst betonte, daß ihm in seiner Publikation „die Verfechtung standesrechtlicher Interessen" kein Anliegen war und er sich auch nicht „zum Verteidiger der Verteidiger bestellen" wollte,[64] scheint dieses Motiv als Grund für die Entstehung der Schrift nicht von der Hand zu weisen. Sack zeigte sich zwar immer wieder als enthusiastischer Befürworter der neuen Ideologie, kann aber, wie etwa sein fehlender Antisemitismus oder Zeugenaussagen, denen zufolge er letztlich ein unpolitischer Mensch blieb, beweisen, nicht als repräsentativer Vertreter derselben betrachtet werden. Der Verdacht liegt nahe, daß er durchaus befürchtete, durch die Einschränkung der Rechte des Verteidigers eine persönliche Zurücksetzung zu erleiden. Eine Rezension in der Zeitschrift „Deutsche Justiz" kritisierte denn auch die „außerordentlich hohe Auffassung des Verfassers vom Verteidigeramt", die „gewiß würdig und ernst zu nehmen" sei; Zweifel an diesem idealistischen Bild der gemeinsamen Aufgabe von Richter, Staatsanwalt und Verteidiger an der Findung der Wahrheit und des Rechts" konnten beim Rezensenten jedoch nicht ausgeräumt werden."[65]

Alfons Sack blieb auch in den kommenden Jahren seiner idealistischen Vorstellung vom starken Verteidiger treu. Am 6. November 1942 hielt er einen Vortrag vor der von ihm ins Leben gerufenen „Arbeitsgemeinschaft für Strafrechtspflege", in dem er teilweise wörtlich aus seiner Schrift von 1935 zitierte.[66] Sack erschien zu diesem Zeitpunkt als ein in das System eingebundener Rechtsanwalt, der allerdings die hohe Auffassung von seinem Beruf vehement, teilweise pathetisch verteidigte.

Im Mai 1941 gründete Sack die „Arbeitsgemeinschaft für Strafrechtspflege" im Rahmen der Gau-Gruppe Rechtsanwälte des Gaus Berlin des NSRB und folgte dabei einer Anregung des Gauführers Georg Staege und des Gruppenwalters Wilhelm Schön. Die Mitglieder der Arbeitsgemeinschaft trafen sich ungefähr einmal im Monat zu einem oder mehreren Vorträgen, die ihnen einige Wochen

---

60 Ebenda, S. 49.
61 Vgl. dazu König, Vom Dienst am Recht, S. 77 und 93, Anm. 35.
62 Sack, Der Strafverteidiger, S. 54.
63 Ebenda, S. 67.
64 Ebenda, S. 23.
65 Deutsche Justiz, 31. Januar 1936, S. 195.
66 An dieser Stelle danke ich RA Gerhard Jungfer für die Überlassung der Protokolle der Arbeitsgemeinschaft für Strafrechtspflege.

VI. Die Strafverteidiger

später mit der neuesten Literatur und Judikatur versehen zugestellt wurden. Durchschnittlich nahmen etwa 65 bis 70 Zuhörer teil. Im Februar 1942 hatte die Arbeitsgemeinschaft 87 Mitglieder, und Alfons Sack war besonders stolz, daß darunter auch der Präsident der Reichs-Rechtsanwaltskammer Reinhard Neubert, der stellvertretende Vorsitzende der Berliner Anwaltskammer Wolfgang Hercher, Gauführer Georg Staege, Gruppenwalter Wilhelm Schön und der stellvertretende Gruppenwalter Karl Dittmar waren.[67]

Obwohl Alfons Sack die Arbeitsgemeinschaft für Strafrechtspflege leitete, hatte er keine Rolle als Funktionär im NSRB oder einer Anwaltsorganisation übernommen. Leider ist über seine Tätigkeit als Anwalt nach dem Reichstagsbrand-Prozeß wenig bekannt. Die Anerkennung, die ihm seine Kollegen in der Arbeitsgemeinschaft zollten, zeugt davon, daß er ein angesehener Strafverteidiger war. Alfons Sack starb 1944 bei einem Bombenangriff in Brandenburg.[68]

2. Verteidigung nach Kriegsbeginn

Tief in das Strafverfahrensrecht eingreifende Veränderungen nach Kriegsbeginn schränkten die am Mandanteninteresse ausgerichtete Verteidigung weiter ein. Vor allem die „Verordnung über Maßnahmen auf dem Gebiet der Gerichtsverfassung und der Rechtspflege" vom 1. September 1939, die sogenannte Vereinfachungsverordnung,[69] und deren erste Durchführungsverordnung vom 8. September 1939[70] schwächten die Stellung des Verteidigers unter dem Vorwand der kriegsnotwendigen Einsparung von Arbeitskräften. Eine Verteidigung war nunmehr nur noch notwendig, wenn die Hauptverhandlung vor dem Oberlandesgericht im ersten Rechtszug oder vor der Strafkammer beziehungsweise dem Sondergericht, falls dieses an Stelle des Schwurgerichts entschied, stattfand, wenn der Beschuldigte taub oder stumm war oder zu erwarten war, daß das Gericht Sicherungsverwahrung, Unterbringung in einer Heil- oder Pflegeanstalt oder Entmannung anordnete (Par. 20). In allen anderen Fällen mußte ein Verteidiger nur bestellt werden, wenn seine Mitarbeit wegen der Schwere der Tat oder der schwierigen Sach- oder Rechtslage erforderlich schien (Par. 21). Darüber hatte der Gerichtsvorsitzende zu entscheiden (Par. 4 der DVO).

Die Einführung von ausschließlich der Staatsanwaltschaft zustehenden außerordentlichen Rechtsbehelfen schränkte die Erfolgsaussichten der Verteidiger weiter ein. Das „Gesetz zur Änderung von Vorschriften des allgemeinen Strafverfahrens, des Wehrmachtstrafverfahrens und des Strafgesetzbuchs" vom 16. September 1939 führte den „außerordentlichen Einspruch" gegen rechtskräftige Urteile ein. Er konnte binnen Jahresfrist vom Oberreichsanwalt beim Reichsgericht und beim Volksgerichtshof eingelegt werden, falls dieser schwerwiegende Bedenken hinsichtlich der Richtigkeit eines Urteils hatte.[71]

Die „Verordnung über die Zuständigkeit der Strafgerichte, die Sondergerichte und sonstige strafverfahrensrechtliche Vorschriften" vom 21. Februar 1940[72] hatte nochmals die „notwendige Verteidigung" zum Thema, beinhaltete jedoch nur geringfügige Änderungen gegenüber der vorangegangenen Vereinfachungsverordnung. Allerdings ermächtigte sie den Oberreichsanwalt, gegen rechtskräftige Urteile des Amtsrichters, der Strafkammer und des Sondergerichts „Nichtigkeits-

---

67 Arbeitsgemeinschaft für Strafrechtspflege, VIII. Tagung, 11. Februar 1942.
68 König, Vom Dienst am Recht, S. 77.
69 RGBl. I 1939, S. 1658ff.
70 Ebenda, S. 1703f.
71 Ebenda, S. 1842.
72 Ebenda 1940 I, S. 405ff.

beschwerde" einzulegen, „wenn das Urteil wegen eines Fehlers bei der Anwendung des Rechts auf die festgestellten Tatsachen ungerecht ist".[73] Die Kluft zwischen dem nationalsozialistischen Idealbild des vorwiegend an der „Volksgemeinschaft" interessierten Verteidigers und den Hilferufen, die der einzelne Angeklagte wegen der Kriegsgesetzgebung und ihren Folgen (drakonische Strafen) an seinen Anwalt richtete, wurde folglich immer größer.

Die gesetzgeberischen Eingriffe führten zur Verunsicherung der Anwälte. Ungewißheit herrschte bereits in der Frage, welche Mandanten vertreten werden durften, ohne mit disziplinarischen Maßnahmen von seiten der Partei oder des NSRB rechnen zu müssen. Juden, „Zigeuner" und Polen durften ohnehin nur in Ausnahmefällen und mit besonderer Genehmigung vertreten werden. Aufgrund dieser Verbote tauchten Bedenken auf, ob die Vertretung von sogenannten Volksschädlingen oder Staatsfeinden ebenfalls einer staatlichen Genehmigung bedurfte. Obwohl keine allgemein verbindliche Einschränkung existierte, sollte der Anwalt in jedem Fall prüfen, ob „sein Tätigwerden der Erforschung und Feststellung der Wahrheit dient oder ob sein Mitwirken lediglich zur Erreichung persönlicher Vorteile des Beschuldigten mißbraucht werden soll". Wie der NSRB feststellte, stieß meist nicht die Übernahme eines derartigen Mandats, sondern die Art, in der die Verteidigung geführt wurde, auf Mißmut. Die dafür gelieferte Begründung machte deutlich, auf welch schmalem Grat sich die Verteidiger in solchen Fällen bewegten: „Rechtsanwälte, die aus einer falschen Berufseinstellung heraus oder gar wegen eines guten Honorars sich unter Außerachtlassung ihrer Pflichten als nationalsozialistische Rechtswahrer bemühen, unter allen Umständen etwas für den Mandanten zu erreichen, den Tatbestand drehen und wenden und durch Schönfärberei die Schuld des Angeklagten zu mildern versuchen, begehen Handlungen, die eines deutschen Rechtswahrers unwürdig sind." Im Falle einer NSRB-Mitgliedschaft müßten sich die Rechtsanwälte vor den Ehrengerichten des NSRB, als Parteigenossen vor den Parteigerichten verantworten.[74]

Dementsprechend vorsichtig fragte Rechtsanwalt und Notar Rudolf Behse, seit 22. April 1933 Vorstandsmitglied der Berliner Anwaltskammer, im Dezember 1940 beim Präsidenten der Reichs-Rechtsanwaltskammer an, ob er Tschechen und Polen, die vor dem Volksgerichtshof oder dem Reichskriegsgericht wegen Hoch- oder Landesverrats angeklagt waren, als Wahlverteidiger vertreten durfte. „Es versteht sich von selbst", so Behse, „daß derartige Aufträge mit noch größerer Vorsicht und Delikatesse zu behandeln sind, als Wahlverteidigungen in Hoch- und Landesverratssachen ohnehin." Um nicht als Polen- oder Tschechenfreund in ein falsches Licht gerückt zu werden, fügte er hinzu: „Darüber hinaus ist es mir aber kaum möglich, z. B. die Hemmungen zu überwinden, welcher [sic!] der Übernahme der Wahlverteidigung eines Polen nach den Ereignissen im September v.J. sich zwangsläufig entgegenstellen. Anderseits habe ich mir aber überlegt, daß das Großdeutsche Reich nicht befugt sein wird, den in Zukunft in seinen Grenzen wohnenden zahlreichen Volksfremden dergestalt den Rechtsschutz zu versagen, daß man sie ausschließlich auf Pflichtverteidiger verweist."[75] Der Präsident der Reichs-Rechtsanwaltskammer beschied ihn daraufhin, daß nur Polen, die ihren Wohnsitz im Altreich hatten, verteidigt werden dürften.[76]

Der politische Druck führte zunächst zum gewünschten Erfolg. Einer Meldung des SD zufolge führte der Großteil der Anwälte die Strafverteidigungen zum Wohlgefallen der Machthaber. 1942 häuften sich jedoch die Klagen über unzuverlässig agierende Strafverteidiger. „Es werden", so ein SD-Bericht vom Juli 1942, „eine nicht unerhebliche Anzahl von Einzelfällen gemeldet, die zeigen, daß Anwälte ihre Berufsausübung noch nicht nach den Kriegsnotwendigkeiten ausgerichtet haben und bei der Verteidigung von Kriegsverbrechern, Staatsfeinden usw. eine Einstellung erkennen lassen, die

---

73 Ebenda, S. 410.
74 Deutsches Recht, Ausgabe A, 6./13. Mai 1944, S. 327.
75 BA R 22/267. Dr. Rudolf Behse an den Herrn Präsidenten der Reichs-Rechtsanwaltskammer, 9. Dezember 1940.
76 Ebenda. Der Präsident der Reichs-Rechtsanwaltskammer an Herrn Rechtsanwalt Dr. Rudolf Behse, 23. Dezember 1940.

VI. Die Strafverteidiger

nicht nur dem Ansehen ihres Berufsstandes abträglich ist, sondern auch die Belange der Volksgemeinschaft stark beeinträchtigt." Der Bericht kritisierte vor allem, daß die Plädoyers dieser Strafverteidiger „ausgesprochen ungünstige stimmungsmäßige Auswirkungen in der Bevölkerung" hätten und das Bemühen der Richter und Staatsanwälte, gegen die „Kriegsschädlinge rücksichtslos durchzugreifen", dadurch behindert würde. Besonderes Mißfallen erregten die Strafverfahren gegen „Kriegswirtschaftsverbrecher", in denen die Verteidiger die staatlichen Rationierungsmaßnahmen bagatellisierten und die Übertretung der Bestimmungen mit der augenblicklichen schlechten Versorgungslage zu entschuldigen versuchten. Weiter würden manche Rechtsanwälte bei der Verteidigung von „Staatsfeinden", Juden, Fremdvölkischen und Kriegsgefangenen die „erforderliche Zurückhaltung vermissen lassen". In Nürnberg etwa hatte ein Angeklagter „in heimtückischer Weise" zu erkennen gegeben, daß er nicht an einen Sieg im Weltkrieg glaubte. Sein Verteidiger hatte dazu vor Gericht erklärt, er könne darin keine Heimtücke erkennen: „Ob wir diesen Krieg gewinnen oder verlieren, ist keine Frage der Mathematik, sondern nur ein patriotischer Glaube. Der eine glaubts, der andere nicht." Mißfallen erregte auch das Auftreten von Verteidigern in Wehrmachtsuniform, zumal wenn sie als Vertreter von „Kriegswirtschaftsverbrechern, Volksschädlingen, Staatsfeinden usw." vor Gericht plädierten.[77] Die genannten „Verfehlungen" von Strafverteidigern, die alle unter die Kategorie „harmlos" eingeordnet werden können, zeigen, wie angepaßt sich die Anwaltschaft verhielt; von einer grundsätzlichen oppositionellen Haltung war nichts zu spüren.

Der mit fortschreitender Kriegsdauer einsetzende Rückzug der Anwälte und vor allem der Strafverteidiger vom Staat muß daher als Folge der massiven Gängelung gesehen werden, die vornehmlich dem Verteidiger immer weniger Raum ließ. Deutlich wird dies etwa am Beispiel des Berliner Rechtsanwalts und Notars Hans Wöstendiek.[78] 1892 geboren, nahm Wöstendiek von 1914 bis 1916 am Weltkrieg teil und erhielt 1919 seine Anwaltszulassung. 1928 wurde er zum Notar ernannt. 1931 trat er der NSDAP bei und wurde am 22. April 1933 in den Vorstand der Berliner Anwaltskammer „gewählt". Im NSRB bekleidete er das Amt des Gaugruppenwalters der Notare im Gau Berlin, und seit 1938 war er Präsident der Berliner Notarkammer. 1939 wurde ihm der Titel „Justizrat" verliehen. Der Kammergerichtspräsident bescheinigte ihm besondere Verdienste bei der Schaffung eines neuen Notariatsrechts und hob seinen starken persönlichen Einsatz als Präsident der Berliner Notarkammer hervor. Ausdrücklich betonte er die „unbedingte politische Zuverlässigkeit" Wöstendieks. Und dennoch geriet dieser in das System fest eingebundene Rechtsanwalt, der aus Sicht der Machthaber zu keinerlei politischer Beanstandung Anlaß gab, in seiner Funktion als Strafverteidiger in die Schußlinie der Kritik.

Wöstendiek verteidigte am 15. September 1943 vor dem Sondergericht in Rostock in einer Strafsache gegen sechs Gefolgschaftsmitglieder der Ernst-Heinkel-Flugzeugwerke, die wegen Veruntreuung von Leder angeklagt waren, den Prokuristen und Leiter des Materiallagers der Firma, Kindler. Dieser wurde wegen fortgesetzter Untreue zum Teil in Tateinheit mit einem Kriegswirtschaftsverbrechen zu einem Jahr und drei Monaten Zuchthaus und 1500 RM Geldstrafe verurteilt. Vor Beginn der Hauptverhandlung hatte Wöstendiek angeregt, die Öffentlichkeit wegen Gefährdung der Staatssicherheit auszuschließen, da er interne Angelegenheiten der Flugzeugwerke zur Sprache bringen wollte. Der Gerichtsvorsitzende lehnte den Ausschluß der Öffentlichkeit jedoch ab. Wöstendiek nannte in seinem Plädoyer dennoch Zahlen über den Materialbestand des Flugzeugwerks und wurde daraufhin augenblicklich vom Vorsitzenden mit dem Hinweis unterbrochen, daß es „unangebracht" sei, diese Zahlen in einer öffentlichen Verhandlung zu nennen. Dieses „Vergehen" des Verteidigers reichte aus, um den Generalstaatsanwalt beim Kammergericht aktiv werden zu lassen, der wiederum vom Reichssicherheitshauptamt auf das Verhalten Wöstendieks aufmerksam gemacht worden war. Der Generalstaats-

---

77 Boberach, Meldungen aus dem Reich. Bd. 11. Meldung Nr. 302 vom 23. Juli 1942, S. 3997ff.
78 Personalakte Hans Wöstendiek in: BA R 22.

anwalt leitete sofort ehrengerichtliche Vorermittlungen ein und vernahm den Beschuldigten persönlich. Wöstendiek verteidigte sich damit, daß er die Zahlen vorgetragen habe, um die Leistungen und Verdienste Kindlers für die Rüstungsindustrie besonders hervorzuheben. Es hätten sich daraus keine Rückschlüsse auf den Umfang der Produktion des Flugzeugwerkes ziehen lassen. Der Generalstaatsanwalt sah dies anders. Er schrieb im Januar 1944 an den Reichsjustizminister: „Diese Einlassung dürfte kaum geeignet sein, den Beschuldigten zu entlasten. Genaue Zahlen lassen immer für den Fachmann Rückschlüsse zu. Auch läßt das Urteil nicht erkennen, daß die Nennung der Zahlen für die Verteidigung Kindlers überhaupt notwendig war. ... Der Beschuldigte als erfahrener Strafverteidiger" hätte „übersehen müssen, daß es nicht erforderlich war, Einzelheiten über Rohmaterialbestände, Verbrauch und Tageseingang des Werkes ... bekanntzugeben." Zudem hatte Wöstendiek nach der Verurteilung seines Mandanten den Reichsjustizminister gebeten, den Oberreichsanwalt zu einem „außerordentlichen Einspruch" oder einer „Nichtigkeitsbeschwerde" gegen das Urteil zu bewegen. Nach Ansicht des Generalstaatsanwalts gefährdete dies das Vertrauen in die Rechtsprechung und stellte zudem eine Beeinflußung des Oberreichsanwalts dar. Wöstendiek konnte die gegen ihn gerichteten Vorwürfe entkräften, nachdem das Reichsjustizministerium den Sachverhalt klar gestellt hatte. Schließlich, so das Ministerium, hatte Wöstendiek den Ausschluß der Öffentlichkeit beantragt, was vom Gerichtsvorsitzenden abgelehnt worden war. Die Folgen dem Rechtsanwalt aufzubürden sah das Ministerium als „unzulässige Beeinträchtigung der Verteidigung" an. Zudem sei Wöstendiek schon nach Nennung der zweiten Zahl vom Vorsitzenden unterbrochen worden, so daß staatliche Belange tatsächlich nicht gefährdet worden waren. Das Ministerium führte als Argument schließlich auch die Persönlichkeit des „bewährten Rechtsanwalts" an. Es müsse „für ausgeschlossen angesehen werden, daß er den von ihm nach gewissenhafter Prüfung für sachdienlich erachteten Vortrag auch dann gehalten hätte, wenn er nur im entferntesten mit der Möglichkeit einer – tatsächlich auch nicht eingetretenen – Gefährdung staatlicher Interessen gerechnet haben würde". Das Verfahren wurde im April 1944 eingestellt. Der Vorgang illustriert augenscheinlich die Verengung des Spielraums, der selbst erfahrene und systemkonforme Strafverteidiger unterworfen waren.

Die Folge dieser Beschränkungen und Überwachungen war der weitere Rückzug der Strafverteidiger. Selbst der prominente, aus Essen stammende Rechtsanwalt Friedrich Grimm, der tief in deutschnationalem Gedankengut verwurzelt war und schon vor 1933 zahlreiche Nationalsozialisten vor Gericht verteidigt hatte, äußerte sich bereits im September 1941 kritisch über die Entwicklung in der Justiz. Grimm war seit 1937 am Berliner Kammergericht zugelassen.[79] Er formulierte in einem Vortrag vor der „Arbeitsgemeinschaft für Strafrechtspflege" des NSRB seine Bedenken sehr zurückhaltend: „Es läßt sich ... nicht leugnen, daß wir nationalsozialistischen Rechtswahrer uns gerade in der jetzigen Kriegszeit ... gewisse Sorgen machen. Wir erleben, daß sehr oft die Stärke des autoritären Staates und der berechtigte Grundsatz, daß die Verbrecher mit aller Schärfe getroffen werden, zu einer zu großen Stärkung unterer Staatsorgane bei der Polizei, bei gewissen Reichskommissariaten, Sonderbehörden, Revisoren usw. führen."[80] Bei der Suche nach den Gründen für die offensichtlichen Probleme, mit denen die Strafverteidiger zu kämpfen hatten, scheute Grimm sich nicht, primitivste antisemitische Parolen anzuführen: „Wir deutschen Strafverteidiger ... durchleben heute eine Krise. Wir leiden unter der Vorstellung, die sich weite Kreise in Partei und Bevölkerung vom Strafverteidiger machen. Der jüdische Verteidiger, der der Meister der Rabulistik und der Kunst des Verdrehens war, der sich bemühte, aus schwarz weiß zu machen, hat dem Anwaltsstande schwer geschadet. Wir verstehen das vollkommen. Wir haben ja diesen Verteidigertyp auch in Deutschland erlebt, den Reklameanwalt, der in Sensationsprozessen nur eine Gelegenheit für seine Reklame sah,

---

79 Mitteilungen der Reichs-Rechtsanwaltskammer, 15. Juli 1937, S. 146.
80 Vortrag vor der Arbeitsgemeinschaft für Strafrechtspflege am 17. September 1941.

VI. Die Strafverteidiger

ganz gleich, was mit dem Klienten geschah. Wir haben eine Reform auf diesem Gebiete dringend nötig."[81]

Den Generalstaatsanwalt beim Jenaer Oberlandesgericht beunruhigte die Entwicklung, die dazu führte, daß „gerade die tüchtigsten und zuverlässigsten Rechtsanwälte" immer häufiger die Übernahme von Verteidigungen ablehnten. Er beauftragte die Oberstaatsanwälte und den Präsidenten der Rechtsanwaltskammer, den Ursachen dieses Problems nachzugehen. Im Januar 1944 berichtete er dem Reichsjustizminister das Ergebnis dieser Recherchen und vermittelte dabei ein treffendes Bild von der schwierigen Situation, in der sich die Strafverteidiger in den letzten Jahren des NS-Regimes befanden.

Als Gründe für die Ablehnung von Strafmandaten führten einige Rechtsanwälte den damit verbundenen Kräfteverschleiß und die große seelische Belastung an, derer sie aufgrund ihres Alters oder ihres mangelhaften Gesundheitszustands nicht mehr gewachsen seien. Andere rechtfertigten sich mit Überlastung wegen der zahlreichen Kriegsvertretungen in ihrer Zivilrechtspraxis und der geringen gesetzlichen Verteidigergebühr. Viele Rechtsanwälte fühlten sich zurückgesetzt, weil sie kein Hoheitszeichen an der Robe tragen durften. Andere bemängelten, es würden ihnen die Richterbriefe nicht zugängig gemacht. Einzelne beklagten sich über die eingetretene Entfremdung zwischen Richter, Staatsanwalt und Rechtsanwalt; erstere würden den Rechtsanwalt herablassend behandeln. Mißmut erregte die Kontrolle, die mit der Bitte an die Gerichte, geeignetes Material für die Rechtsanwaltsbriefe bereitzustellen, verbunden war. Andere äußerten schwere Bedenken hinsichtlich der Objektivität der Ermittlungsbeamten und fürchteten, daß deren Berichte zur Urteilsgrundlage gemacht würden. Schwierigkeiten bereitete die Praxis vieler Gerichte, lediglich dem Angeklagten und nicht ebenfalls dem Verteidiger die Anklageschrift zuzustellen. Einige kritisierten den Ablauf der Besuche bei verhafteten Mandanten. Neben der langen Wartezeit auf die Besuchserlaubnis fühlten sie sich bei den Gesprächen zu stark überwacht. Die Hauptbeschwerde der Strafverteidiger war die verspätete und zu kurze Akteneinsicht und eine zu kurzfristige Anberaumung der Termine, die eine gründliche Vorbereitung der Verteidigung unmöglich machte. Andere Rechtsanwälte fühlten sich in der Hauptverhandlung durch den Vorsitzenden oder den Staatsanwalt bei der Behandlung ihrer Beweisanträge oder der Fragestellung an Zeugen oder Sachverständige zurückgesetzt. Auch werde ihren Schlußplädoyers oftmals kaum Aufmerksamkeit geschenkt. Dabei erregte die Praxis mancher Richter, sofort nach dem letzten Wort des Angeklagten das Urteil zu verkünden, besonderes Mißfallen. Große Bedenken äußerten viele Rechtsanwälte zudem gegen die Lenkung der Strafrechtspflege, die alle Bemühungen des Verteidigers zwecklos erscheinen ließ; besonders die Absprachen zwischen Staatsanwalt und Richter vor Stellung des Strafantrags wiesen den Anwälten, auch in den Augen ihrer Mandanten, nur mehr eine Statistenrolle zu.[82] Eine wichtige Rolle bei der Ablehnung von Verteidigungen spielten befürchtete politische Schwierigkeiten. Obwohl sich die befragten Rechtsanwälte in diesem Punkt sehr bedeckt hielten, standen die Interventionen von Partei oder Staatspolizei, denen manche Verteidiger schlichtweg nicht genehm waren, einer unbefangenen Mandatsübernahme im Wege.[83]

Die Strafverteidiger wurden zunehmend in die Rolle des einflußlosen Statisten gedrängt. Niemand hatte Interesse, ihre Position zu stärken, und das Schicksal des einzelnen Angeklagten, der einen

---

81 Ebenda.
82 Rechtsanwalt Arno Weimann etwa mußte sich schon 1941 von seinem Mandanten nach einem derartigen Verfahrensablauf die abfällige Bemerkung anhören: „Sagen Sie mal, warum gehen Sie denn nicht auch hinein? Haben Sie überhaupt hier noch etwas zu sagen?" Diskussionsbeitrag von Rechtsanwalt Weimann während der Tagung der Arbeitsgemeinschaft für Strafrechtspflege am 9. Juli 1941.
83 BA R 22/4700. Der Generalstaatsanwalt bei dem Oberlandesgericht (Jena) an den Herrn Reichsminister der Justiz. Betr. Rechtsanwaltschaft und Strafrechtspflege, 25. Januar 1944.

wirkungsvollen rechtlichen Beistand benötigte, mußte immer weiter hinter den – nationalsozialistisch definierten – Interessen der „Volksgemeinschaft" zurücktreten. Auch von seiten des Reichsjustizministers konnte die Anwaltschaft keine Unterstützung für die Gewährung eines Freiraums der Verteidiger mehr erwarten. Im März 1944 kritisierte dieser gar die letzte Möglichkeit der Verteidiger, sich für ihre verurteilten Mandanten einzusetzen – das Einreichen von Gnadengesuchen. Thierack bat die Präsidenten der Rechtsanwaltskammern auf die Rechtsanwälte einzuwirken, daß sie bei der Einreichung von solchen Gesuchen die „gebotene Zurückhaltung" übten. Zur Begründung führte er an: „Nicht selten reichen Rechtsanwälte Gnadengesuche ein, die völlig aussichtslos sind, weil die Persönlichkeit des Verurteilten, die Art der Straftat oder die Höhe der Strafe oder des Strafrestes einen Gnadenerweis von vornherein ausschließen. Unvertretbare Gnadengesuche ... mindern bei der Bevölkerung den Eindruck der Straftat und der erkannten Strafe und dadurch das Ansehen der Rechtspflege."[84]

Im Mai 1944 nahm Thierack Anstoß an der „Art, in der sich Strafverteidiger mit widerrufenen polizeilichen Geständnissen auseinandersetzen". Manche Strafverteidiger würden den Widerruf dieser – meist unter Anwendung brutaler Gewalt erzwungenen – Geständnisse zu „verallgemeinernden Angriffen gegen Polizeibeamte und ihre Vernehmungsmethoden" verwenden. Besonders zynisch wirkt Thieracks Erklärung, daß „bloße Widersprüche in der Niederschrift" nicht zwangsläufig Anlaß für eine Beanstandung böten. Die Einlassung von Beschuldigten enthalte „häufig Widersprüche, die sich nicht klären lassen".[85]

Im Oktober 1944 formulierte Thierack in einem „Aufruf an alle Rechtsanwälte" nochmals seine Vorstellung vom Strafverteidiger: „Der Rechtsanwalt ist als Strafverteidiger näher an den Staat und die Gemeinschaft herangerückt. Er ist eingegliedert in die Gemeinschaft der Rechtswahrer und hat seine frühere Stellung als einseitiger Interessenvertreter des Angeklagten verloren. Wer sich nicht klar und bedingungslos innerlich dazu bekennen kann und ständig danach zu handeln bereit und imstande ist, sollte die Robe eines deutschen Rechtsanwalts nicht anlegen und eine Verteidigerbank nicht betreten."[86]

Der oberste Standesvertreter in Berlin wollte dem Minister nicht nachstehen in dem Bemühen, die Freiräume der Anwaltschaft zu beschneiden. Gemeinsam mit dem Generalstaatsanwalt beim Kammergericht veröffentlichte der Präsident der Berliner Anwaltskammer im März 1944 das „Berliner Merkblatt für den Verkehr der Verteidiger mit Untersuchungsgefangenen",[87] nachdem seit 1941 immer wieder Klagen über Verstöße von Rechtsanwälten gegen ihre Pflichten im beruflichen Verkehr mit Untersuchungs- und Strafgefangenen laut geworden waren.[88] Der kleingeistige Versuch einer Bevormundung mutete in Anbetracht der Kriegssituation und den Problemen, die damit auch für die Justiz verbunden waren, geradezu lächerlich an. Kammerpräsident und Generalstaatsanwalt bestimmten in diesem Blatt etwa, daß „das Zurücklassen von Zigaretten oder Frühstücksbroten in dem Sprechraum zur Mitnahme durch den Gefangenen verboten" sei oder der Verteidiger von dem Gefangenen „ohne vorherige Erlaubnis keine Gegenstände (z. B. Wäsche, Schlüssel, Schmuckstücke

---

84 Ebenda R 3016/86. Der Reichsminister der Justiz an den Herrn Präsidenten der Reichs-Rechtsanwaltskammer. Betrifft: Gnadenverfahren, 31. März 1944.
85 Ebenda R 22/262. Der Reichsminister der Justiz an die höheren Reichsjustizbehörden und den Herrn Präsidenten der Reichs-Rechtsanwaltskammer. Betr.: Strafverteidigung nach Widerruf von polizeilichen Geständnissen, Mai 1944.
86 Heinz Boberach (Hrsg.), Richterbriefe. Dokumente zur Beeinflussung der deutschen Rechtsprechung 1942-1944, Boppard am Rhein 1975, S. 408
87 BA R 3016/86 und R 22/258.
88 Ebenda R 22/259. Der Reichsminister der Justiz an die Herren Generalstaatsanwälte. Betr. Ahndung von Berufspflichtverletzungen der RAe im Verkehr mit Untersuchungs- und Strafgefangenen, 22. April 1942; Anordnung des Präsidenten der Reichs-Rechtsanwaltskammer Nr. 33/42. Verkehr mit Untersuchungs- und Strafgefangenen, in: Mitteilungen der Reichs-Rechtsanwaltskammer, 15. Juni 1942, S. 39.

VI. Die Strafverteidiger

usw.) entgegennehmen" dürfe.[89] Für Assessor Hans von Godin hatte ein derartiges „Vergehen" ein Nachspiel vor der Staatsanwaltschaft des Berliner Kammergerichts. Er hatte einer jungen, schwangeren Mandantin, die wegen der Verbreitung eines politischen Witzes in Untersuchungshaft saß, während eines Gefängnisbesuches sein Mittagsbrot überlassen. Die Frau wurde auf dem Rückweg in ihre Zelle von einer Aufseherin mit dem Brot ertappt, was von Godin, da nur er als Delinquent in Frage kam, ein Dienststrafverfahren einbrachte. Der Staatsanwalt stellte das Verfahren nach einigen Wochen ein.[90]

Deutlich wurde die Intention der Verfasser des „Merkblattes", den Strafverteidigern auch den letzten Freiraum zu nehmen, durch die abschließende Bemerkung: Behielt der Strafverteidiger „nach eingehender Prüfung auch nur die geringsten Zweifel zurück, so muß er diese, bevor er handelt, in vertrauensvoller Zusammenarbeit mit Gericht, Staatsanwaltschaft und Anstalt durch Rücksprache klären".

Einigen Verteidigern gelang es, das Konkurrenzverhältnis von Justiz und Gestapo, das trotz der weitreichenden Anpassung der Justiz weiterhin bestand, für ihre Mandanten auszunützen und sich dabei auch unorthodoxer Methoden zu bedienen. In manchen Fällen etwa war klar, daß ein gerichtlicher Freispruch des Mandanten dessen Verhaftung durch die Gestapo zur Folge haben würde. Diese Urteilskorrektur durch die Gestapo war den Richtern ein Dorn im Auge, weil sie ihre Autorität untergraben sahen. In solchen Situationen war es günstiger, sich mit dem Richter über die Verhängung einer Freiheitsstrafe zu einigen, als einen Freispruch zu erwirken, der von der Gestapo ad absurdum geführt wurde und mit der Einweisung des Mandanten in ein Konzentrationslager endete.[91] Manche Richter lehnten etwa die Methoden der Gestapo zur Erzwingung von „Geständnissen" ab, so daß sich, je nach Einstellung des Gerichtsvorsitzenden, Möglichkeiten für den Verteidiger ergeben konnten.[92]

In anderen Fällen waren die Rechtsanwälte die Leidtragenden dieses Konkurrenzverhältnisses. So weigerten sich die Polizeibehörden mit Unterstützung ihres obersten Chefs, Reichsführer SS und Chef der Deutschen Polizei Heinrich Himmler, Rechtsanwälten Einsicht in polizeiliche Akten zu gewähren. Die Justiz hatte keine Möglichkeit, diese für die Verteidigung in vielen Fällen notwendige Einsichtnahme zu erzwingen. Selbst das Einschalten des Reichsjustizministers bewirkte keine Änderung dieser Praxis.[93]

Die „Verordnung zur weiteren Anpassung der Strafrechtspflege an die Erfordernisse des totalen Krieges (4. Verordnung zur Vereinfachung der Strafrechtspflege)" vom 13. Dezember 1944[94] hob die Vorschriften über die notwendige Verteidigung auf. Die Bestellung eines Verteidigers stand nun im Ermessen des Gerichtsvorsitzenden; bei schwierigen Sach- oder Rechtslagen und in Fällen, in denen sich der Beschuldigte aufgrund seiner Persönlichkeit nicht selbst verteidigen konnte, zog er einen Strafverteidiger hinzu.

Der Rückzug vieler Strafverteidiger infolge der fortschreitenden Beschneidung der anwaltlichen Rechte und der damit verbundenen Einengung des Betätigungsfeldes wurde nach 1945 oftmals als Akt des Widerstands interpretiert. Den Rechtsanwälten, so die Argumentation, hätte bei der Verteidigung von politisch Mißliebigen Verhaftung oder gar Deportation, mindestens jedoch Verleumdung im „Stürmer" oder im „Schwarzen Korps" gedroht.[95] Tatsache ist, daß die Gefahr für Leib und

---

89 BA R 22/259. Der Reichsminister der Justiz an die Herren Generalstaatsanwälte. Betr. Ahndung von Berufspflichtverletzungen der RAe im Verkehr mit Untersuchungs- und Strafgefangenen, Abs. III, 10 und 13.
90 Hans von Godin, Strafjustiz in rechtloser Zeit. Mein Ringen um Menschenleben in Berlin 1943-45, Berlin 1990, S. 51ff.
91 Fritz Ostler, Rechtsanwälte in der NS-Zeit. Fakten und Erinnerungen, in: Anwaltsblatt 2 (1983), S. 57.
92 König, Vom Dienst am Recht, S. 88f.
93 Vorgang in: BA R 22/261, Mai 1942 bis Januar 1943.
94 RGBl. I 1944, S. 339ff.
95 Vgl. etwa: Karl S. Bader, Strafverteidigung vor deutschen Gerichten im Dritten Reich, in: Juristenzeitung 27 (1972), S. 7.

Leben des Strafverteidigers äußerst gering war und die Angriffe der genannten Presseorgane meist auf die Anwaltschaft im allgemeinen und nur in wenigen Ausnahmefällen gegen einen bestimmten Anwalt gerichtet waren. Eine greifbare Gefährdung bestand nur für die Mandanten. Allerdings war der Spielraum der Strafverteidiger vor Gericht immer stärker eingegrenzt worden. Ihre Distanzierung vom Staat ist in den meisten Fällen darauf zurückzuführen und nicht auf eine grundsätzliche oppositionelle Haltung dem Nationalsozialismus gegenüber. Deshalb muß ein Urteil über die Strafverteidiger im Nationalsozialismus ambivalent ausfallen. Keine andere anwaltliche Gruppe wurde derartigen Beschränkungen unterworfen und von den Exekutivorganen des Staates in solchem Maße kontrolliert. Eine ausschließlich am Wohl des Mandanten ausgerichtete Verteidigung war zweifelsohne schwierig und oftmals mit Unannehmlichkeiten verbunden. Prinzipiell war sie mit der NS-Ideologie der „Volksgemeinschaft" schwer vereinbar. Folglich war der Grat des anwaltlichen Wirkens schmal. Andererseits bewirkte der frustrationsbedingte Rückzug engagierter Strafverteidiger für den Angeklagten nichts, im Gegenteil, er mußte befürchten, anstelle seines Wahlverteidigers einen lediglich die prozessualen Rechte garantierenden Offizialverteidiger zugeteilt zu bekommen. Der Erfolg des Verteidigers hing oftmals vom Zufall ab, etwa von der politischen Einstellung des Gerichts und den Spielräumen, die das Konkurrenzverhältnis zwischen Justiz und Gestapo zuließ. Problematisch war die Verteidigung in allen vom Regime als „politisch" eingestuften Fällen. Viele Strafverteidiger scheuten die damit verbundenen Unannehmlichkeiten und zogen es vor, sich auf unpolitische Prozesse zurückzuziehen. Bessere Möglichkeiten besaßen die Strafverteidiger, die offensichtliche Anhänger des Regimes waren und dadurch vor den Angriffen der Gestapo, aber auch vor den Disziplinierungsmaßnahmen der Ehrengerichte, eher geschützt waren.[96]

Verteidigung vor den Kriegsgerichten

Rechtsgrundlagen für das Verfahren vor dem Kriegsgericht bildeten neben den allgemeinen Strafgesetzen die Militärstrafgerichtsordnung und die „Verordnung über das militärische Strafverfahren im Kriege und bei besonderem Einsatz", kurz Kriegsstrafverfahrensordnung (KStVO) vom 17. August 1938,[97] die am 26. August 1939 in Kraft trat.[98] Das Militärstrafrecht hatte nach nationalsozialistischen Vorstellungen vor allem der Erhaltung der Schlagkraft der Wehrmacht zu dienen.

Diese spezielle Gerichtsbarkeit der Wehrmacht brachte für den Verteidiger eine Ausnahmesituation. Die Verteidigung vor den Kriegsgerichten stellte besondere ideologische Anforderungen. Der ideale Verteidiger sollte selbst Soldat sein, weil er unter diesen Umständen die Bedeutung des jeweiligen Falls für Wehrmacht und Volk angeblich besser beurteilen konnte. Die Verteidiger sollten bei Zeugenbefragungen und im Plädoyer unbedingt die Autorität der Vorgesetzten wahren und in jedem Verfahrensabschnitt knappste militärische Kürze an den Tag legen. Rechtsausführungen waren im Idealfall zu vermeiden, auf jeden Fall mußten sie kurz und dem Laien verständlich formuliert sein.[99]

Der Berliner Anwalt Noisten, der im August 1941 vor der „Arbeitsgemeinschaft für Strafrechtspflege" des NSRB einen Vortrag über das Kriegsstrafverfahrensrecht hielt, hatte – in seinen Augen – positive Erfahrungen in vielen Kriegs- und Feldgerichtsverhandlungen gemacht. Er ver-

---

96 König, Vom Dienst am Recht, S. 91.
97 RGBl. I 1939, S. 1457ff.
98 Durch die „Verordnung über das Inkrafttreten der Verordnung über das Sonderstrafrecht im Kriege und bei besonderem Einsatz und der Verordnung über das militärische Strafverfahren im Kriege und bei besonderem Einsatz" vom 26. August 1939, in: RGBl. I 1939, S. 1482.
99 Die Aufgaben des Verteidigers vor den Kriegsgerichten, in: Deutsches Recht, Ausgabe A, 8./15. April 1939, S. 226f.; Rechtsanwalt Sack vor der Arbeitsgemeinschaft für Strafrechtspflege am 11. August 1941.

mittelte jedoch, möglicherweise unbewußt, einen Einblick in die Beschränkungen, denen der Verteidiger in solchen Verfahren unterworfen war. Noisten berichtete, daß „der Ton und die Art der Verhandlung stets von einem kameradschaftlichen und doch militärischem [sic!] Geist beherrscht war und daß der Verteidiger in diese Atmosphäre durchaus mitaufgenommen wurde, wobei man naturgemäß gern Verteidiger sieht, die entweder im früheren oder im jetzigen Kriege Soldat waren oder sonst sich schon militärisch betätigt haben. Auch der Verteidiger wird in der ganzen Art seines Auftretens und in der Würdigung des Delikts seines Mandanten nie übersehen dürfen, was das betreffende Vergehen für die Truppe bedeutet, welches böse Beispiel die Tat etwa gegeben hat oder ob man mit Rücksicht auf die sonstigen militärischen und menschlichen Qualitäten des Angeklagten über eine Entgleisung hinwegsehen kann. Hat sich z. B. der Verteidiger mit der Handlungsweise eines Vorgesetzten des Angeklagten zu befassen, so wird er bei diesbezüglicher Kritik auch auf die militärische Disziplin ebenfalls stark Rücksicht zu nehmen haben."[100]

3. Verteidigung vor den Sondergerichten

Gleichzeitig mit der „Verordnung des Reichspräsidenten zur Abwehr heimtückischer Angriffe gegen die Regierung der nationalen Erhebung"[101] verabschiedete das Reichskabinett am 21. März 1933 die „Verordnung der Reichsregierung über die Bildung von Sondergerichten".[102] Es berief sich dabei auf eine Verordnung des Reichspräsidenten Hindenburg vom 6. Oktober 1931, die die Reichsregierung befugte, Sondergerichte einzurichten. Zunächst waren diese Gerichte als vorübergehende Einrichtungen konzipiert, die für die Verfolgung von Verbrechen und Vergehen zuständig sein sollten, die in der „Verordnung des Reichspräsidenten zum Schutz von Volk und Staat" vom 28. Februar 1933 und der Heimtückeverordnung aufgeführt waren. Die Zuständigkeit des Reichsgerichts und der Oberlandesgerichte blieb dabei unberührt. Vor den Sondergerichten sollte also verhandelt werden über Fälle von Mißbrauch von NS-Uniformen, politische Gewaltakte wie etwa Anschläge gegen Eisenbahnanlagen, und die Verbreitung unwahrer oder gröblich entstellter Behauptungen, die geeignet waren, das Wohl des Reiches, eines Landes, das Ansehen der Reichsregierung, einer Landesregierung oder der dahinter stehenden Parteien zu schädigen. Die sogenannten Heimtückefälle – am 20. Dezember 1934 hatte das „Gesetz gegen heimtückische Angriffe auf Staat und Partei und zum Schutz der Parteiuniformen"[103] die „Verordnung des Reichspräsidenten zur Abwehr heimtückischer Angriffe gegen die Regierung der nationalen Erhebung" vom 21. März 1933 abgelöst – waren bis 1939 das Hauptbetätigungsfeld der Berliner Sondergerichte. Abgeurteilt wurden politische Witze und spöttische Bemerkungen über den „Führer".[104]

In jedem der 26 Oberlandesgerichtsbezirke wurde an einem Landgericht ein Sondergericht gebildet, das in der Besetzung von drei Berufsrichtern entschied, die das Präsidium des Landgerichts auswählte, in dessen Bezirk das Sondergericht seinen Sitz hatte. Anklagebehörde war die Staatsanwaltschaft des entsprechenden Landgerichts. Für Berlin wurden zwei Sondergerichte beim Landgericht Berlin eingerichtet, die im Kriminalgericht Moabit tagten.[105] Eine gerichtliche Voruntersuchung und der Eröffnungsbeschluß über die Hauptverhandlung, in dem das Gericht über die Berechtigung

---

100 Vortrag von Rechtsanwalt Noisten auf der Tagung der Arbeitsgemeinschaft für Strafrechtspflege vom 11. August 1941.
101 RGBl. I 1933, S. 135.
102 Ebenda, S. 136ff. Zum folgenden ausführlich: Gruchmann, Justiz im Dritten Reich, S. 946ff. und Bernd Schimmler, Recht ohne Gerechtigkeit. Zur Tätigkeit der Berliner Sondergerichte im Nationalsozialismus, Berlin 1984.
103 RGBl. I 1934, S. 1269ff.
104 Schimmler, Recht ohne Gerechtigkeit, S. 59.
105 Ebenda, S. 12.

der Anklage entscheidet, entfielen. Die Ladungsfrist betrug drei Tage, konnte jedoch auf 24 Stunden herabgesetzt werden. Das Sondergericht konnte eine Beweiserhebung ablehnen, wenn es davon überzeugt war, daß diese „für die Aufklärung der Sache nicht erforderlich" war. Diese Rechts-„verkürzungen" führten naturgemäß zu einer erheblichen Vereinfachung und folglich Straffung des Verfahrens. Die Entscheidungen der Sondergerichte waren unanfechtbar und mit der Verkündung rechtskräftig und sofort vollstreckbar, Rechtsmittel wie Berufung oder Revision also nicht zugelassen. Möglich war lediglich, ein Wiederaufnahmeverfahren anzustreben, das aber ohnehin schon mit erheblichen Schwierigkeiten verbunden war. Wesentliches Ziel der Beschneidung der rechtlichen Garantien war die Beschleunigung des Verfahrens.

Par. 10 der Verordnung zur Einrichtung der Sondergerichte regelte die Verteidigung der Angeklagten. Zwar war eine Verteidigung zwingend vorgeschrieben – falls der Angeklagte keinen Verteidiger benannt hatte, wurde von Amts wegen einer bestellt –, ihre Möglichkeiten wurden freilich schon dadurch wesentlich beschränkt, daß ihr die Anklage nicht zwingend zugestellt werden mußte. Die Ausführungsbestimmungen empfahlen [!] lediglich, daß der Angeschuldigte die Anklageschrift rechtzeitig erhalten sollte, um Gelegenheit „zur Anbringung von Beweisanträgen vor dem Beginn der Hauptverhandlung oder zur unmittelbaren Ladung oder Gestellung von Zeugen und Sachverständigen" zu haben.[106]

In den folgenden Monaten wurden die Kompetenzen der Sondergerichte einerseits erweitert,[107] andererseits wurde die Staatsanwaltschaft ermächtigt, eine an sich in die Zuständigkeit dieser Gerichte fallende Sache im ordentlichen Gerichtsverfahren zu behandeln, falls „die alsbaldige Aburteilung der Tat für die Aufrechterhaltung der öffentlichen Ordnung oder für die Staatssicherheit von minderer Bedeutung" oder der Täter ein Jugendlicher war.[108] Wichtig für das Justizministerium war dabei, daß die Sondergerichte wegen der vereinfachten Verfahrensvorschriften mit dem Charakter von „Blitzgerichten" das Ziel der Abschreckung potentieller Täter erfüllten.

Mit der „Verordnung zur Erweiterung der Zuständigkeit der Sondergerichte" vom 20. November 1938[109] setzte eine neue Entwicklung ein. Die Sondergerichte sollten nun nicht mehr nur zur Ahndung politischer Straftaten, sondern auch zur Verbrechensbekämpfung eingesetzt werden. Damit begann ihre funktionale Eingliederung in die ordentliche Strafgerichtsbarkeit.[110] Die Staatsanwaltschaft wurde ermächtigt, bei Verbrechen, die zur Zuständigkeit des Schwurgerichts, der Strafkammer, des Schöffengerichts oder des Amtsrichters gehörten, Anklage vor dem Sondergericht zu erheben, falls ihr „mit Rücksicht auf die Schwere oder die Verwerflichkeit der Tat oder die in der Öffentlichkeit hervorgerufene Erregung die sofortige Aburteilung durch das Sondergericht geboten" schien. Die Ladungsfrist wurde zudem generell auf 24 Stunden verkürzt. In den Ausführungsbestimmungen zu der Verordnung legte Reichsjustizminister Gürtner fest, daß dem Verteidiger „ausreichend Gelegenheit" zur Vorbereitung der Verteidigung gegeben werden mußte; dementsprechend sollte auch die Bestellung eines Pflichtverteidigers rechtzeitig erfolgen. Andererseits betonte Gürtner auch, daß die Vorbereitung der Verteidigung „nicht zu einer Verzögerung der Aburteilung" führen durfte.[111]

---

106 Allgemeine Verfügung vom 9. Dezember 1935. Zit. nach: Gruchmann, Justiz im Dritten Reich, S. 949.
107 Vgl. dazu: Schimmler, Recht ohne Gerechtigkeit, S. 9f.
108 Verordnung der Reichsregierung über die Zuständigkeit der Sondergerichte vom 6. Mai 1933, in: RGBl. I 1933, S. 259. Diese VO fügte einen entsprechenden Par. 3a in die Sondergerichtsverordnung vom 21. März 1933 ein.
109 Ebenda 1938 I, S. 1632.
110 König, Vom Dienst am Recht, S. 134.
111 GStA Rep. 84a (2.5.1.) Nr. 73. Der Reichsminister der Justiz. Betrifft: VO. über die Erweiterung der Zuständigkeit der Sondergerichte vom 20. November 1938, 23. November 1938.

VI. Die Strafverteidiger

Mit Kriegsbeginn setzte sich die Verschiebung der Strafjustiz weg von den ordentlichen Gerichten hin zu den Sondergerichten fort. Die „Verordnung über Maßnahmen auf dem Gebiet der Gerichtsverfassung und der Rechtspflege" vom 1. September 1939[112], die sogenannte Vereinfachungsverordnung, bestimmte, daß die Staatsanwaltschaft nicht nur Verbrechen, sondern auch Vergehen, für die die ordentlichen Gerichte zuständig waren, vor den Sondergerichten anklagen konnte, wenn sie der Auffassung war, „daß durch die Tat die öffentliche Ordnung und Sicherheit besonders schwer gefährdet" war.[113] Damit stand dem Staatsanwalt ein großer Ermessensspielraum über die Verteidigungsmöglichkeiten des Angeklagten zu, da die Wahl des Gerichtes über die Rechtsmittel des Angeklagten entschied.

Die „Verordnung über die Zuständigkeit der Strafgerichte, die Sondergerichte und sonstige strafverfahrensrechtliche Vorschriften" vom 21. Februar 1940[114] erweiterte die Zuständigkeit der Sondergerichte theoretisch auf alle Verbrechen oder Vergehen. Nun konnte fast jede Straftat vor dem Sondergericht verhandelt werden, soweit nicht die Zuständigkeit des Volksgerichtshofs oder der Oberlandesgerichte gegeben war. Das dahinter stehende politische Ziel war die Ausrichtung der Sondergerichte als „Standgerichte der inneren Front", wie Freisler es formulierte.[115] Von zentraler Bedeutung war folglich neben der Härte der Urteile die Schnelligkeit der Sondergerichtsverfahren. Diese gewährleistete Par. 5 der „Volksschädlingsverordnung" vom 5. September 1939. Demnach mußte die „Aburteilung sofort ohne Einhaltung von Fristen erfolgen, wenn der Täter auf frischer Tat betroffen [sic!] ist oder sonst seine Schuld offen zutage liegt".[116]

Durch die ständige Kompetenzerweiterung wie die ausschließliche Zuständigkeit für Straftaten nach der „Verordnung über außerordentliche Rundfunkmaßnahmen" vom 1. September 1939 und vor allem nach der „Verordnung gegen Volksschädlinge" vom 5. September 1939, die für das Sondergerichtswesen eine zentrale Bedeutung hat, bedurfte es einer höheren Zahl von Sondergerichten. Bis Kriegsbeginn tagten in Berlin zwei Sondergerichte, die in den folgenden Jahren auf neun erweitert wurden. Der damit verbundene wachsende Personalbedarf machte es erforderlich, daß auch weniger „scharfe" Richter eingesetzt werden mußten, was Auswirkungen auf die Urteile hatte. Auch die Lenkungsmaßnahmen des Reichsjustizministeriums konnten dies nicht verhindern. Justizminister Thierack beklagte sich im Sommer 1943, daß den Urteilen der Sondergerichte „die ursprüngliche abschreckende Wirkung nicht mehr in dem Maße zu(komme) wie früher".[117]

Die Berliner Sondergerichte galten bereits seit 1933 als „milde", im Gegensatz etwa zu den als „blutrünstig" bekannten Sondergerichten in Nürnberg und Stuttgart unter den Vorsitzenden Rothaug und Cuhorst.[118] Dies hatte zur Folge, daß die Staatsanwaltschaft viele politische Delikte von Sozialdemokraten oder Kommunisten vor das Kammergericht oder den Volksgerichtshof brachte und die Sondergerichte außen vor ließ.[119] Einer Untersuchung zufolge lag die durchschnittliche Strafhöhe für Vergehen nach dem Heimtückegesetz bei einer Gefängnisstrafe zwischen sechs und zwölf Monaten. Der Autor der Studie, Bernd Schimmler, folgert daraus, daß die Wirkung der Berliner Sonder-

---

112 RGBl. I 1939, S. 1658ff.
113 Par. 19 der Vereinfachungsverordnung.
114 RGBl. I 1940, S. 405ff.
115 Roland Freisler, in: Die Arbeit der Sondergerichte in der Kriegszeit, Berlin 1939. Zit. nach: Gruchmann, Justiz im Dritten Reich, S. 956.
116 RGBl. I 1939, S. 1679.
117 Rundverfügung Thieracks an die Oberlandesgerichtspräsidenten und Generalstaatsanwälte vom 5. Juli 1943. Zit. nach: Gruchmann, Justiz im Dritten Reich, S. 954.
118 König, Vom Dienst am Recht, S. 136.
119 Schimmler, Recht ohne Gerechtigkeit, S. 8.

gerichte weniger in der Abschreckung durch willkürlich gefällte Todesurteile als in der Aburteilung alltäglichen oppositionellen Verhaltens lag.[120]

Obwohl vor den Sondergerichten – wie vor dem Volksgerichtshof – zwingend eine Verteidigung vorgeschrieben war, war die Rolle der Anwälte schwierig. Da die meisten – zumindest vom Regime – als politisch eingestuften Fälle vor den Sondergerichten verhandelt wurden, nahmen sie im Bewußtsein der Bevölkerung eine zentrale Position ein und unterlagen deshalb einer besonders kritischen Kontrolle sowohl von seiten der Gestapo als auch seitens der Justizverwaltung, denen an einer regimehörigen Rechtsprechung als Disziplinierungsinstrument viel lag. Folglich gerieten auch die Verteidiger vor den Sondergerichten in eine exponierte Stellung, die eine lediglich auf das Mandanteninteresse gerichtete Verteidigung schwierig machte. Allerdings liegen keine aussagekräftigen Untersuchungen oder andere Quellen zum Verhalten einzelner Verteidiger vor. Selbst die Untersuchung von Bernd Schimmler über die Sondergerichte in Berlin thematisiert diesen Aspekt nicht. Da die Zahl der Fälle, die vor den Sondergerichten verhandelt wurden, stetig wuchs, hatten sie für die Strafverteidiger in jeder Hinsicht eine wichtige Bedeutung. Die Probleme, die sich dabei ergaben, unterschieden sich wohl kaum von denen anderer Strafverteidiger.

Im Februar 1940 meldete der SD eine Zunahme von Klagen über die Verteidiger vor den Sondergerichten. Ihre „Entgleisungen" seien vor allem wegen der großen Zuhörerschaft und der Bedeutung der Sondergerichtsverhandlungen „peinlich". So hatte etwa ein Verteidiger für seinen Mandanten, der aufgrund der „Volksschädlingsverordnung" verurteilt werden sollte, weil er Deutschland die Schuld am Krieg zugesprochen hatte, als Argument ins Feld geführt, daß dies „dem Angeklagten nicht besonders schwer anzurechnen" sei, „weil sich ja über die Frage der Kriegsschuld streiten ließe". In einem anderen Fall hatte ein Verteidiger erklärt, ein Todesurteil sei „leicht" gefällt. Das Gericht bedeutete ihm daraufhin, daß ein Todesurteil keineswegs leichtfertig, sondern nur nach reiflicher Überlegung gefällt würde. Auf Unmut stieß auch das Verhalten eines Verteidigers in einem Strafverfahren wegen Abhörens ausländischer Rundfunksender. Er hatte geäußert, daß in Verfahren dieser Art bislang meist Gefängnisstrafen verhängt worden seien. Der SD konstatierte daraufhin „eine auffallende Unkenntnis der Rechtsprechung", und der Gerichtsvorsitzende belehrte den Verteidiger, daß das Abhören ausländischer Sender grundsätzlich Zuchthausstrafen nach sich zöge.

Der SD regte an, in Zukunft nur noch „fachlich und vor allem weltanschaulich vollkommen gefestigte Rechtswahrer" als Verteidiger vor den Sondergerichten zuzulassen. Idealerweise sollte die Befugnis zur Verteidigung in Strafsachen vor dem Sondergericht an eine besondere Zulassung durch den Oberlandesgerichtspräsidenten geknüpft werden, der wiederum die Parteidienststellen und die Gestapo konsultieren sollte.[121] Dazu kam es jedoch nicht. Vermutlich stellten die genannten „Entgleisungen" von Verteidigern Ausnahmen dar.

Trotz aller restriktiven Maßnahmen wollte das Regime einen rechtsstaatlichen Schein wahren, zu dem eine anwaltliche Verteidigung vor den Sondergerichten gehörte. Im März 1944 wandte sich Justizminister Thierack an den Präsidenten der Reichs-Rechtsanwaltskammer mit der Bitte, dafür zu sorgen, daß auch nach den Luftangriffen auf deutsche Städte genügend Pflichtverteidiger für die Sondergerichte zur Verfügung stünden. Andernfalls könnte, so Thierack, die „Schlagkraft der Justiz" beeinträchtigt werden, „auf die es in den ersten Tagen nach solchen Angriffen besonders ankommt". Er empfahl einen Bereitschaftsdienst für Verteidiger einzurichten, die sich „dem Dienst am Recht auch bei eigener totaler oder sonstiger schwerer Beschädigung" zu widmen hatten.[122]

---

120 Ebenda, S. 24.
121 Boberach, Meldungen aus dem Reich. Bd. 3, 12. Februar 1940, S. 751f.
122 BA R 22/262. Der Reichsminister der Justiz an den Herrn Präsidenten der Reichsrechtsanwaltskammer. Betr. Bereitschaftsdienst der Rechtsanwälte für die Sondergerichte, 11. März 1944.

VI. Die Strafverteidiger

4. Verteidigung vor dem Volksgerichtshof

Von der Institution „Volksgerichtshof" (VGH) blieben bis zum heutigen Tag die in der Art von Schauprozessen abgewickelten Verfahren gegen die Widerstandskämpfer des 20. Juli 1944 und die demagogischen Auftritte seines vorletzten Präsidenten Roland Freisler in Erinnerung. Dies stellt jedoch nur ein – wenn auch besonders grausames – Bruchstück aus der elfjährigen Geschichte des Volksgerichtshofes dar.[123] Kaum erwähnt wird in den Darstellungen über den VGH die Rolle der Rechtsanwälte; immerhin war bis Dezember 1944 für alle Verhandlungen vor dem VGH eine Verteidigung zwingend vorgeschrieben.[124] Die Einflußmöglichkeit der Verteidiger auf die Verfahren wird unterschiedlich bewertet und reicht von der Einschätzung des Anwalts als bloße Marionette des Systems bis zu einer Verteidigertätigkeit, die sich kaum von der vor anderen Gerichten unterschied. Ihre Position hing wesentlich vom Zeitpunkt des Verfahrens und dem Vorsitzenden des zuständigen Senats ab. Einer Gratwanderung zwischen einer Vereinnahmung durch den Staat und dem Einsatz für die Mandanten glich ihr Auftreten jedoch in den meisten Fällen.

Errichtung

Die Gründung des Volksgerichtshofes[125] hatten Hitler, Röhm, Göring, Gürtner, Frick, von Blomberg und Staatssekretär Pfundtner im Anschluß an eine Kabinettssitzung am 23. März 1934 beschlossen.[126] Mit dem „Gesetz zur Änderung von Vorschriften des Strafrechts und des Strafverfahrens" vom 24. April 1934[127] wurde „zur Aburteilung von Hochverrats- und Landesverratssachen", die bisher in den Zuständigkeitsbereich des Reichsgerichts gefallen war, der Volksgerichtshof gebildet. Wie beim Reichsgericht saßen der Hauptverhandlung des Volksgerichtshofes fünf Mitglieder vor,[128] allerdings mußten lediglich der Vorsitzende und ein weiteres Mitglied die Befähigung zum Richteramt nachweisen.[129] Die Auswahl der drei „Laienrichter" gewährleistete eine weitgehend staatskonforme Rechtsprechung, da es sich um Personen handeln sollte, die „über

---

123 Tatsächlich hatten nur knapp ein Viertel aller vor dem Volksgerichtshof verhandelten Fälle, die zu einer Verurteilung deutscher Angeklagter führten, die Aktivitäten des national-bürgerlichen Widerstands einschließlich des Widerstands vom 20. Juli 1944 und „Wehrkraftzersetzung" zum Thema. Die große Mehrzahl der Prozesse wurde gegen Angehörige des linken Widerstands und wegen Spionageaktivitäten geführt. Zieht man die nichtdeutschen Angeklagten in die Betrachtung mit ein, wird die Bekämpfung des Widerstands in den annektierten Gebieten, die sogenannten Annexionsverfahren, zur wichtigsten Aufgabe des Volksgerichtshofes. Ausführlich dazu: Klaus Marxen, Das Volk und sein Gerichtshof. Eine Studie zum nationalsozialistischen Volksgerichtshof, Frankfurt a. M. 1994, S. 40ff.
124 Dies wurde durch Par. 12 der Verordnung zur weiteren Anpassung der Strafrechtspflege an die Erfordernisse des totalen Krieges (Vierte Verordnung zur Vereinfachung der Strafrechtspflege) vom 13. Dezember 1944 (RGBl. I 1944, S. 341) abgeschafft.
125 Vgl. zum VGH: Bernhard Jahntz/Volker Kähne, Der Volksgerichtshof. Darstellung der Ermittlungen der Staatsanwaltschaft bei dem Landgericht Berlin gegen ehemalige Richter und Staatsanwälte am Volksgerichtshof, Berlin 1987²; Walter Wagner, Der Volksgerichtshof im nationalsozialistischen Staat, Stuttgart 1974; Gruchmann, Justiz im Dritten Reich, S. 956ff.
126 Vgl. zur Diskussion über die Motive zur Errichtung des VGH, insbesondere zur Negierung der weitverbreiteten These, die Gründung des VGH sei auf den Reichstagsbrand-Prozeß zurückzuführen: Gruchmann, Justiz im Dritten Reich 1933-1940, S. 956ff.
127 RGBl. I 1934, S. 341ff.
128 Außerhalb der Hauptverhandlung entschied er lediglich in der Besetzung von drei Mitgliedern.
129 Mit der „Verordnung zur weiteren Anpassung der Strafrechtspflege an die Erfordernisse des totalen Krieges" vom 13. Dezember 1944 konnten die Berufsrichter wieder die Mehrheit in der Hauptverhandlung stellen. Falls Vorsitzer und Oberreichsanwalt die volle Besetzung eines Senats nicht für erforderlich hielten, konnte er in der Besetzung von zwei hauptamtlichen Richtern und einem oder zwei ehrenamtlichen Richtern entscheiden. Den Vorsitz führte einer der hauptamtlichen Richter. RGBl. I 1944, S. 339.

besondere Erfahrung tatsächlicher Art auf dem Gebiete der Abwehr staatsfeindlicher Angriffe" verfügten. Sie wurden auf Vorschlag des Reichsjustizministers vom Reichskanzler aus den Reihen der Wehrmacht, der Polizei und der NSDAP und deren Gliederungen ernannt.[130] Die Bildung mehrerer Senate war möglich. Anklagebehörde war der bisher dem Reichsgericht zugeordnete Oberreichsanwalt. Die Ernennung der Mitglieder fiel Hitler selbst zu; er bestellte sie auf Vorschlag des Reichsjustizministers für die Dauer von fünf Jahren.

In die Kompetenz des neuen Gerichts fielen Fälle des Hochverrats nach Par. 80 bis 84 StGB,[131] des Landesverrats nach Par. 89 bis 92 StGB, des Angriffs gegen den Reichspräsidenten nach Par. 94 StGB und von Verbrechen nach Par. 5 Abs. 2 Nr. 1 der „Verordnung des Reichspräsidenten zum Schutz von Volk und Staat" vom 28. Februar 1933[132], also die Tötung eines Regierungsmitglieds.

Gegen Entscheidungen des Volksgerichtshofes war kein Rechtsmittel gegeben. Falls die Anklagebehörde eine Voruntersuchung zur Vorbereitung der Hauptverhandlung nicht für notwendig hielt, konnte diese entfallen. Auch bedurfte es keines Beschlusses über die Eröffnung des Hauptverfahrens.

Art. IV Par. 3 des Gesetzes vom 24. April 1934 klärte die Rolle des Verteidigers. Demnach bedurfte seine Wahl der Genehmigung des Gerichtsvorsitzenden, die jederzeit zurückgenommen werden konnte. Diese „Drohung" brachte den Verteidiger in eine Abhängigkeit vom Vorsitzenden, die seine Tätigkeit zwangsweise nicht mehr mit den Grundsätzen einer freien Advokatur in Einklang bringen konnte.

Die „Verordnung über den Volksgerichtshof" vom 12. Juni 1934[133] bestimmte Berlin zum Sitz des Gerichts und legte den 2. Juli 1934 als ersten Sitzungstag fest. Aufgrund von Auseinandersetzungen zwischen Reichsjustizministerium und Partei über die personelle Besetzung des VGH konnte dieser Termin jedoch nicht eingehalten werden.[134] Er tagte erstmals am 1. August 1934 im Preußischen Landtag (Prinz-Albrecht-Straße) unter Leitung des zum Präsidenten ernannten Fritz Rehn, der bisher Senatspräsident beim Kammergericht gewesen war. Als dieser am 18. September 1934 starb, übernahm Senatspräsident Wilhelm Bruner, der kein Parteimitglied war, kommissarisch die Amtsgeschäfte. Im Mai 1935 verlegte der Volksgerichtshof seinen Sitz von der Prinz-Albrecht-Straße in die Bellevuestraße 15.[135]

Der VGH wird ein „ordentliches" Gericht

Durch das „Gesetz über den Volksgerichtshof und über die fünfundzwanzigste Änderung des Besoldungsgesetzes" vom 18. April 1936[136] wurde der Volksgerichtshof zu einem ordentlichen Gericht im Sinne des Gerichtsverfassungsgesetzes. Damit erhielt er eigene Planstellen für seine hauptamtlichen Mitglieder. Der Präsident, die Senatspräsidenten und die Räte wurden nunmehr auf Lebenszeit ernannt. Die Staatsanwaltschaft beim Volksgerichtshof war nicht länger Teil der reichsgerichtlichen Staatsanwaltschaft, sondern wurde eine eigene Behörde. Dies hatte jedoch keine personelle Veränderung zur Folge; Reichsanwalt Jorns behielt seine Funktion. Zwei Monate, nachdem der Volks-

---

130 Der Volksgerichtshof für das Deutsche Reich, in: Juristische Wochenschrift, 6. und 13. Juni 1936, S. 1569f.
131 Die entsprechenden Paragraphen des StGB sind ebenfalls in dem Gesetz vom 24. April 1934 nachzulesen.
132 RGBl. I 1933, S. 83.
133 Ebenda I 1934, S. 492.
134 Gruchmann, Justiz im Dritten Reich, S. 961ff.
135 Wagner, Der Volksgerichtshof, S. 21.
136 RGBl. I 1936, S. 369f. und die dazugehörige „Verordnung zur Durchführung des Gesetzes über den Volksgerichtshof und über die fünfundzwanzigste Änderung des Besoldungsgesetzes" vom 18. April 1936 (Ebenda, S. 398f.).

VI. Die Strafverteidiger

gerichtshof ein „ordentliches Gericht" geworden war, verlieh ein Führererlaß am 19. Juni 1936 den Richtern die rote Robe der Mitglieder des Reichsgerichts.[137]

Bis dahin führte der Volksgerichtshof noch keineswegs die später berüchtigt gewordenen Schauprozesse, in denen das Urteil bereits vor Verhandlungsaufnahme feststand. Das zeigt der Vergleich der frühen Urteilssprüche gegenüber jenen ab 1937; die Zahl der Todesurteile stieg stetig an. Der VGH fällte 1934 vier Todesurteile, 1935 neun und 1936 zehn. 1937 sprach das Gericht 32 Todesurteile aus, 1938 17, 1939 36, 1940 53 und 1941 102.[138]

Nach der Erhebung zu einem ordentlichen Gericht übernahm mit Georg Thierack am 1. Mai 1936 ein langjähriges Parteimitglied die Präsidentschaft des VGH; der hohe SA-Funktionär war von 1933 bis 1935 Justizminister in Sachsen und anschließend Vizepräsident des Reichsgerichts gewesen. Sein Amtsantritt und die gleichzeitige Berufung des fanatischen Nationalsozialisten Karl Engert zum Senatspräsidenten hatte eine Verschärfung der Rechtsprechung zur Folge.

Erweiterung der Zuständigkeit

1939 war die Zuständigkeit des Volksgerichtshofes erweitert worden: Schwere Fälle der Wehrmittelbeschädigung und die Gefährdung der Wehrmacht befreundeter Staaten[139] wurden ebenso wie die Nichtanzeige eines geplanten Hoch- oder Landesverrats bzw. der schweren Wehrmittelbeschädigung nun vor dem Volksgerichtshof verhandelt.[140] Seit Dezember 1941 war er auch zuständig für Spionagefälle nach Par. 2 der Kriegssonderstrafrechtsverordnung (KSSVO) vom 17. August 1938[141], „wenn das Oberkommando der Wehrmacht oder der Gerichtsherr erklärt, daß die militärischen Belange die Aburteilung durch ein Wehrmachtgericht [sic!] nicht erfordern".[142] Fatale Konsequenzen hatte die „Verordnung zur Ergänzung und Änderung der Zuständigkeitsverordnung" vom 29. Januar 1943;[143] nun verfolgte der Volksgerichtshof auch Fälle der öffentlichen Zersetzung der Wehrkraft und der „vorsätzlichen Wehrdienstentziehung" nach Par. 5 Abs. 1 Nr. 1 und 3 und Abs. 2 der KSSVO.[144] Ein Führererlaß vom 20. September 1944 hob die Trennung in militärische und allgemeine Strafgerichte zur Aburteilung von politischen Straftaten auf. Politische Straftaten aller Deutschen einschließlich der Wehrmachtsangehörigen sowie der SS- und Polizeigerichtsbarkeit unterstehenden Personen, die sich gegen das Vertrauen in die politische oder militärische Führung richteten, wurden vom Volksgerichtshof und den Sondergerichten abgeurteilt. Nach der Entscheidung des Reichsjustizministers, ob die Tat von Volksgerichtshof oder Sondergericht zu verfolgen war, wurde der Angeklagte durch Führerentscheid aus der Wehrmacht, der Waffen-SS oder der Polizei entlassen und gegebenenfalls aus der Partei oder ihrer Gliederung entfernt und anschließend der allgemeinen Gerichtsbarkeit unterstellt.[145] Durch die 4. Verordnung zur Vereinfachung der Rechtspflege vom 13. Dezember 1944 wurde die Zulassung mehrerer Wahlverteidiger und die Pflichtverteidigung vor dem Volksgerichtshof abgeschafft. Nur wenn die schwierige Sach- oder Rechtslage die Mitwirkung eines Verteidigers er-

---

137 Ebenda, S. 503.
138 Gruchmann, Justiz im Dritten Reich, S. 965.
139 RGBl. I 1939, S. 2319.
140 Zur Zuständigkeit des VGH vgl. „Verordnung über die Zuständigkeit der Strafgerichte, die Sondergerichte und sonstige strafverfahrensrechtliche Vorschriften" vom 21. Februar 1940, in: Ebenda I 1940, S. 405ff.
141 Ebenda I 1939, S. 1455.
142 Ebenda I 1941, S. 776; Begründung für die Gesetzesänderung in: Deutsche Justiz, 3. Januar 1942, S. 10f.
143 RGBl. I 1943, S. 76.
144 Ebenda I 1939, S. 1456. Ausführlich dazu: Wagner, Der Volksgerichtshof, S. 277ff.
145 Erlaß des Führers über die Verfolgung politischer Straftaten von Angehörigen der Wehrmacht, Waffen-SS und Polizei vom 20. September 1944, abgedruckt in: Nbg. Dok. NG-646.

forderlich machte oder sich der Angeklagte nicht selbst verteidigen konnte, ordnete das Gericht einen Verteidiger bei.[146]

Verschärfung der Strafen

Ab 1942 stieg die Zahl der Todesurteile sprunghaft an; 1942 wurden 1192 Angeklagte zum Tode verurteilt, 1943 1662 und 1944 2097.[147] Gleichzeitig war auch die Anzahl der Senate erhöht worden. Bei seiner Gründung hatte der Volksgerichtshof drei Senate, bereits 1935 war wegen der zunehmenden Verfahren ein vierter Senat gebildet worden, 1941 schließlich ein fünfter und 1942 ein sechster. Meist wird die Radikalisierung der Rechtsprechung des Volksgerichtshofes mit der Übernahme des Präsidentenamtes durch Roland Freisler am 20. August 1942 erklärt. Eine Untersuchung zeigt jedoch, daß der Anteil an Urteilen mit Todesstrafe bereits seit Frühjahr 1942 deutlich anstieg.[148] Die drakonische Verschärfung der Strafen kann folglich nicht ausschließlich mit der Person Freislers erklärt werden, sondern ist auch auf eine bei anderen Gerichten zu beobachtende drastische Verschärfung der Rechtsprechung zurückzuführen, die sich den politischen Erwartungen mehr und mehr anpaßte.[149]

Das Ende

Freisler starb am 3. Februar 1945 bei einem Bombenangriff. Sein Nachfolger als letzter Präsident des Volksgerichtshofes wurde am 12. März 1945 der ehemalige Generalstaatsanwalt beim Oberlandesgericht in Kattowitz Haffner, der sich am 24. April 1945 aus Berlin absetzte, womit das Kapitel Volksgerichtshof sein praktisches Ende fand. Die gesetzliche Auflösung erfolgte durch die Proklamation Nr. 3 des Alliierten Kontrollrats in Deutschland vom 20. Oktober 1945. Bei den Luftangriffen auf Berlin war der Sitz des Volksgerichtshofes in der Bellevuestraße zerstört worden; er wurde deshalb nach Potsdam verlegt. Zeitweilig hatte das Gericht auch in dem ehemaligen Mosse-Haus am Leipziger Platz getagt. Im April 1945 sollte der Volksgerichtshof nach Bayern verlegt werden; dazu kam es jedoch nicht mehr.[150]

In seiner elfjährigen Tätigkeit wurden vor dem Volksgerichtshof 16342 Personen angeklagt. Das Gericht sprach 7010 Urteile; in 5243 Fällen erkannte es auf Todesstrafe, in 7768 auf Freiheitsstrafe und in 1089 auf Freispruch.[151]

Stellung der Verteidiger

Der Einfluß, den die Verteidiger auf die Verfahren hatten, war unterschiedlich. Durch die bereits im Gründungsgesetz enthaltene Vorschrift, daß der Verteidiger, der im übrigen kein in Berlin zugelassener Rechtsanwalt sein mußte,[152] der Zustimmung des Gerichtsvorsitzenden bedurfte und seine

---

146 RGBl. I 1944, S. 341.
147 Gruchmann, Justiz im Dritten Reich, S. 964f.
148 Marxen, Das Volk und sein Gerichtshof, S. 88.
149 Vgl. dazu: Müller, Furchtbare Juristen, S. 157f.
150 Wagner, Der Volksgerichtshof, S. 21 und 29.
151 Im Namen des Deutschen Volkes, S. 211.
152 Deutsche Justiz, 15. März 1940, S. 317.

VI. Die Strafverteidiger

Genehmigung jederzeit widerrufen werden konnte, war der Spielraum eingeschränkt. Die amtliche Gesetzesbegründung lautete allerdings, daß sich „an den Grundsätzen des Prozeßrechts über die unabhängige und ungehinderte Tätigkeit des Verteidigers" nichts geändert hätte. Es sei weiterhin „unbedingt erwünscht und geboten, daß der Verteidiger vor dem Volksgerichtshof – selbstverständlich in den Grenzen, die durch die heutige Auffassung seiner verantwortungsvollen Stellung grundsätzlich gezogen sind – seiner Auffassung von der Persönlichkeit des Täters und der tatsächlichen und rechtlichen Beurteilung der Tat überzeugenden und klaren Ausdruck gibt und so dem Richter seine schwierige Aufgabe erleichtert."[153]

Die Entscheidung, ob ein Rechtsanwalt als Wahlverteidiger vor dem Volksgerichtshof zugelassen wurde, fiel nach einer Anfrage an die Rechtsanwaltskammer, in der Angaben über die Persönlichkeit, Berufsauffassung und politische Einstellung des Bewerbers angefordert wurden.[154] Grundsätzlich keine Wahlverteidiger wurden in den „Nacht- und Nebel"-Verfahren (gegen Personen aus den besetzten Gebieten, die des Widerstands gegen die Besatzer verdächtigt wurden) und in den Verfahren gegen die Widerstandskämpfer um den 20. Juli 1944 zugelassen.

Auswahlliste der Verteidiger

Für die Offizialverteidigung führte der Volksgerichtshof eine Liste von Rechtsanwälten, die von den Anwaltskammern empfohlen wurden. Mitgliedschaft in der NSDAP war keine Bedingung für die Aufnahme. Selbst als 1937 die „nichtarische" Abstammung eines Pflichtverteidigers bekannt wurde, genehmigte Thierack seine Beibehaltung auf der Liste.[155] Das Verzeichnis[156] gliederte sich in drei Teile; Liste A umfaßte den Großteil der als Offizialverteidiger vorgesehenen Rechtsanwälte, Liste B war zweigeteilt: Die erste Gruppe, unter der sich auch der Präsident der Reichs-Rechtsanwaltskammer Neubert befand, enthielt fünf „Rechtsanwälte, welche sich nur für diese Sonderfälle zur Übernahme von Verteidigungen bereit erklärt haben, denen im übrigen die Übertragung von Offizialverteidigungen vor dem VGH nicht erwünscht ist. Sie sind daher auf der allgemeinen Liste A nicht verzeichnet." In der zweiten Gruppe der Liste B waren fünf Rechtsanwälte genannt, die auch auf Liste A verzeichnet waren und „für besonders vertrauliche Fälle" in Betracht kamen. Darunter befand sich der fanatische Nationalsozialist Wolfgang Hercher, der im Frühjahr 1934 durch seinen antisemitischen Anschlag im Berliner Anwaltszimmer aufgefallen war, in dem er um Mitteilung gebeten hatte, falls „nichtarische" Rechtsanwälte weiterhin „arischen" Parteien beigeordnet würden. Ausländische Anwälte waren nicht erwünscht. Der Präsident des Volksgerichtshofes Thierack betonte 1940 nochmals, daß alle Pflichtverteidiger nur aus dieser Liste bestellt würden.

Mit den hohen Anforderungen, die der Staat an die vor dem Volksgerichtshof auftretenden Rechtsanwalt stellte, war es – laut Thierack – unvereinbar, neben den gesetzlichen Gebühren ein Honorar von den Mandanten anzunehmen. Zur Begründung führte er an: „An die vor dem Volksgerichtshof als Pflichtverteidiger auftretenden Rechtsanwälte sind besonders hohe Anforderungen in Bezug auf

---

153 Die Rechtsstellung des Volksgerichtshofs in der deutschen Rechtspflege, in: Juristische Wochenschrift, 8. Oktober 1938, S. 2572.
154 Dazu König, Vom Dienst am Recht, S. 137ff.
155 Otto Koffka, 1905 geboren, seit 1931 Rechtsanwalt in Berlin, war „Mischling zweiten Grades". Er mußte deshalb aus der SA ausscheiden, wurde jedoch durch Entscheidung des Stabschefs der SA wieder aufgenommen. Der Präsident des Volksgerichtshofs, Thierack, verfügte deshalb am 9. Juni 1937, „daß Rechtsanwalt Koffka nicht aus der Liste der Pflichtverteidiger beim Volksgerichtshof gestrichen wird". Koffka wurde Ende August 1939 zum Heeresdienst einberufen und fiel am 27. August 1941. Personalakte Otto Koffka, in: BA R 22 Nr. 64137.
156 Stefan König lag ein Exemplar dieser Liste vor, auf der 89 Anwälte verzeichnet waren. König, Vom Dienst am Recht, S. 143, Anm. 104.

Zuverlässigkeit und Sauberkeit in der Erfüllung ihrer Berufspflichten zu stellen. Unbeschadet ihres Rechts auf die ihnen gesetzlich zustehenden Gebühren haben sie in ihrem Auftreten vor dem höchsten politischen Gerichtshof eine besonders ehrenvolle Ausübung ihres ‚Berufs als Diener am Recht' zu sehen und müssen deshalb auch den Schein vermeiden, als ob sie darin eine Quelle möglichst hoher geldlicher Einnahmen erblicken. ... Ich werde daher in Zukunft jeden in der Liste der Pflichtverteidiger eingetragenen Rechtsanwalt aus der Liste streichen, der als Pflichtverteidiger vor dem Volksgerichtshof ein Honorar auch statt der ihm zustehenden Gebühr erstrebt oder annimmt."[157]

Eine Möglichkeit der Verteidiger, das Los ihrer Mandanten zu verbessern, war in Art. III Par. 4 des Gründungsgesetzes des Volksgerichtshofes festgeschrieben, demzufolge der Oberreichsanwalt Strafsachen wegen „Vorbereitung zum Hochverrat" und wegen „landesverräterischer Vergehen" an die Oberlandesgerichte abgeben konnte.[158] Einige Anwälte versuchten im Vorfeld der Gerichtsverhandlung eine Abgabe an das Oberlandesgericht zu erwirken, wo der Angeklagte in der Regel ein faireres Verfahren und einen milderen Urteilsspruch zu erwarten hatte.[159] Wahlverteidiger Kurt Behling wies darauf in seiner Aussage bei den Nürnberger Prozessen 1947 hin: „In einer großen Anzahl von Fällen gelang es mir schon vorher, Sachen, die beim Oberreichsanwalt anhängig waren, durch Beibringung von Entlastungsmaterial bereits im Vorverfahren so zu erschüttern, daß die Abgabe an ein untergeordnetes Gericht (Kammergericht oder örtlich zuständiges Oberlandesgericht) als sogenannter ‚minderschwerer Fall' erfolgte. Damit war das Leben des Angeklagten im allgemeinen gerettet, da jedenfalls in meiner Praxis bei ca. 100 abgegebenen Fällen kein einziges Todesurteil von diesen Gerichten ausgesprochen ist [sic!]."[160]

Merkblatt für den Verteidiger

Da der Verteidiger nach der nationalsozialistischen Vorstellung weniger dem Angeklagten als dem Staat verpflichtet war, erließ Thierack als Präsident des Volksgerichtshofes 1938 ein Merkblatt „für Verteidiger, die vor dem Volksgerichtshof in Sachen auftreten, die vertraulich zu behandeln sind". Demnach durften keinesfalls Abschriften von der Anklageschrift gefertigt werden; diese mußte nach Beendigung der Hauptverhandlung unaufgefordert zurückgegeben werden. Bis dahin war sie unter Verschluß aufzubewahren. Falls der Verteidiger es „ausnahmsweise" für geboten hielt, mit anderen Personen als dem Angeklagten wegen des Falls in Verbindung zu treten, durfte dies nur mit Zustimmung des Gerichtsvorsitzenden oder des Sachbearbeiters der Reichsanwaltschaft geschehen. Der bestellte oder genehmigte Verteidiger durfte die Anwaltsgeschäfte nur selbst wahrnehmen, weder ein anderer Anwalt aus seiner Sozietät noch ein amtlich bestellter Vertreter durften in der Sache tätig werden.[161] 1944 veröffentlichte Freisler nochmals zwei Merkblätter für Verteidiger, die sich jedoch kaum von dem ersten unterschieden.[162] 1943 hatte Freisler bereits einen Versuch unternommen, um die Anwälte noch stärker zu disziplinieren. Er schlug dem Reichsjustizminister vor, die Pflichtverteidiger vor dem Volksgerichtshof der Dienstaufsicht des Präsidenten des Volksgerichtshofes zu unterstellen, „soweit Verfehlungen bei Ausübung volksgerichtlicher Verteidigeraufgaben in Frage stehen". Andernfalls könne der Verteidiger nur vorläufig von weiteren Pflichtverteidigungen ausgeschlossen werden, bis das ehrengerichtliche Verfahren abgeschlossen war. Freisler schien es „nicht

---

157 BA R 22/258. Der Präsident des Volksgerichtshofs an Herrn Rechtsanwalt, 19. März 1940.
158 RGBl. I 1934, S. 346.
159 Ostler spricht gar davon, daß die „Ungleichheit bei Verurteilungen durch den Volksgerichtshof einerseits und die OLGe andererseits ... alle Vorstellungen" übertroffen habe. Ostler, Die deutschen Rechtsanwälte, S. 289.
160 Nbg. Dok. NG-1007.
161 Abdruck des Merkblattes I vom 24. Mai 1938 in: Im Namen des Deutschen Volkes, S. 156.
162 Abdruck in: Nbg. Dok. NG-1007.

VI. Die Strafverteidiger

sachdienlich", daß der Präsident des Volksgerichtshofes an diese Entscheidung gebunden war.[163] Freislers Vorstoß blieb ergebnislos.

Verteidiger Fritz Ludwig

Eine interessante Figur war Fritz Ludwig. 1899 in Braunschweig geboren, war er seit 1925 in Berlin als Rechtsanwalt, seit 1934 auch als Notar zugelassen. Seit 1932 lag sein Arbeitsschwerpunkt in der rechtlichen Betreuung der tschechischen BATA A.-G. Zlin und ihrer Tochtergesellschaften, deren Aufsichtsrat er angehörte. Daneben unterhielt er eine umfangreiche Prozeß-, Straf- und Notariatspraxis. Sein jährliches Einkommen stieg bis 1945 auf etwa 120.000.- RM, womit er zu den Spitzenverdienern unter der Berliner Anwaltschaft gehörte.[164]

Ludwig trat am 1. Oktober 1930 der NSDAP bei und gab nach dem Krieg als Begründung dafür seine „von jeher sozialistische Grundeinstellung" an.[165] Bei den Ergänzungswahlen für den Berliner Kammervorstand am 11. Februar 1933, die noch ohne Druck von seiten des Staates und der Partei abgehalten wurden, hatte er als nationalsozialistischer Bewerber keinerlei Chancen. Er erhielt lediglich 26 Stimmen.

Am 23. März 1933 gründete sich in Berlin der „Bund nationaler Rechtsanwälte und Notare", dessen Vorsitzender Fritz Ludwig wurde. Ludwig zufolge traten sogleich 800 Anwälte bei. Diese „Zusammenfassung aller nationalgesinnten Rechtsanwälte und Notare deutscher Abstammung und christlichen Bekenntnisses" hielt „einschneidende Maßnahmen ... auf dem Gebiete der Rechtspflege" für notwendig. Der Bund hatte zwar noch keine konkreten Vorstellungen von diesen „Maßnahmen", leistete dem Zeitgeist und den neuen Machthabern jedoch folgsam Tribut, indem er die „Ausschaltung aller derjenigen Rechtsanwälte und Notare, die nicht deutschen Blutes und christlichen Glaubens" waren, zur Hauptforderung erhob. Ausgenommen werden sollten nur die jüdischen Frontsoldaten. Dem Bund war wegen des Gleichschaltungsprozesses kein langes Leben beschieden, seine Gründungsversammlung blieb die einzige Veranstaltung.[166]

Im Frühjahr 1933 übernahm Ludwig die Verteidigung des KPD-Vorsitzenden Ernst Thälmann, der am 3. März 1933 im Zuge der Verhaftungswelle nach dem Reichstagsbrand festgenommen wurde.[167] Die Anklagebehörde des Volksgerichtshofes ermittelte gegen ihn wegen des Verdachts der Aufforderung zur Ausführung eines hochverräterischen Unternehmens und der Vorbereitung eines solchen Unternehmens; die KPD habe gemeinsam mit SPD und Gewerkschaften im Februar 1933 durch einen Generalstreik den Sturz der Regierung herbeiführen wollen. Das Verfahren, bei dem es nicht bis zur Hauptverhandlung kam, erregte weltweites Aufsehen. Nachdem die von Thälmann benannten Anwälte Ernst Hegewisch (Hamburg) und Kurt Rosenfeld durch das Anwaltsgesetz vom 7. April 1933 ihre Zulassung verloren hatten, richtete Thälmanns Frau Rosa an fast 200 Anwälte die erfolglose Anfrage, ob sie bereit wären, ihren Mann zu verteidigen. In dem Entnazifizierungsverfahren gegen Fritz Ludwig schilderte sie 1947 den Hergang: „Nach seiner (Thälmanns) Verhaftung hatte sich in Paris zu seiner Rettung das ,Thälmann-Komitee' gebildet, das mich bei der Verteidigerwahl beriet und mir auch die für die Verteidigung notwendigen Mittel zur Verfügung stellte. Das Thälmann-Komitee hatte die Verteidigung zunächst dem jüdischen Rechtsanwalt Roetter angetragen, der aber die beim

---

163 BA R 22/261. Der Präsident des Volksgerichtshofs an den Herrn Reichsminister der Justiz, 3. April 1943.
164 Personalakte Fritz Ludwig (Anwaltskammer Berlin).
165 Schreiben vom 26. Februar 1946, in: Personalakte Ludwig.
166 Krach, Jüdische Rechtsanwälte, S. 178f.; König, Vom Dienst am Recht, S. 36; Vossische Zeitung vom 24. März 1933, zit. nach: Schwarzbuch, S. 116.
167 Zum folgenden ausführlich: König, Vom Dienst am Recht, S. 79ff.; Wagner, Der Volksgerichtshof, S. 116.

Volksgerichtshof erforderliche Zulassung nicht erhielt und überdies im Zusammenhang mit der Verteidigungsübernahme verhaftet wurde. Rechtsanwalt Roetter empfahl dann, Rechtsanwalt Ludwig mit der Verteidigung meines Mannes zu beauftragen. Rechtsanwalt Ludwig war zwar Mitglied der NSDAP, stand aber auf Grund seiner Verteidigung zahlreicher politisch Verfolgter in dem Ruf, sich selbstlos und aufopferungsvoll für seine Mandanten einzusetzen und bei dem Kampfe um ihr Recht auch seine eigene politische Gefährdung in Kauf zu nehmen. Diesen Ruf hat Ludwig auch bei der Verteidigung meines Mannes in jeder Weise gerechtfertigt. Als ich ihn bat, die Verteidigung zu übernehmen, erklärte er sich ohne Zögern dazu bereit. Das hat mich deswegen besonders angenehm berührt, weil ich vorher ganze Stöße von Absagebriefen von anderen Anwälten erhalten hatte, die ich um die Übernahme der Verteidigung gebeten hatte. Keiner wollte sich durch die Verteidigung meines Mannes exponieren und politisch gefährden. Sogleich bei der Übernahme der Verteidigung lehnte Ludwig mit dem Bemerken, die Verteidigung sei für ihn keine Geldsache, sondern eine Herzenssache, das ihm angebotene hohe Honorar ab und empfahl, ihn zum Offizialverteidiger bestellen zu lassen, als der er bei dem Volksgerichtshof eine bedeutend stärkere Stellung habe als ein bezahlter Wahlverteidiger. Nachdem er auf meinen Antrag neben dem Hamburger Rechtsanwalt Wandschneider zum Offizialverteidiger bestellt war, setzte er sich ganz für die Vorbereitung der Verteidigung ein. Er fertigte Abschriften der aus vielen Bänden bestehenden Gerichtsakten, besuchte meinen Mann mehrmals wöchentlich im Untersuchungsgefängnis zur Informationsaufnahme, versuchte in zahlreichen Eingaben, ihm Hafterleichterungen zu verschaffen und tat alles für ihn, was in seinen Kräften stand. Dabei hielt er sich keineswegs an die Grenzen dessen, was ihm als Verteidiger erlaubt war. Obwohl die Strafsache meines Mannes bei Gericht als ‚Geheime Reichssache' geführt wurde, überließ er dem Rechtsanwalt Roetter, der aus Deutschland floh, die Anklageschrift, die Urteile aus dem Reichstagsbrand-Prozeß und aus zahlreichen anderen Vorprozessen gegen kommunistische Funktionäre sowie das sonstige Material zur Abschriftentnahme, um dadurch die Zusammenarbeit mit dem Thälmann-Komitee zu ermöglichen, und konferierte häufig mit ausländischen Juristen und Gesinnungsfreunden meines Mannes über den Prozeß. Den größten Dienst aber hat er meinem Manne und mir dadurch erwiesen, daß er kurz vor der Überführung meines Mannes von der Untersuchungshaft in die Schutzhaft die gesamten persönlichen Aufzeichnungen, die mein Mann in seiner langjährigen Untersuchungshaft gemacht hatte, aus dem Gefängnis herausbrachte und vor der Gestapo bis zum Zusammenbruch des Nazisystems versteckt hielt. Zu meinem Mann stand Ludwig in einem absoluten Vertrauensverhältnis. Mein Mann hat sich ihm in jeder Weise politisch und menschlich offenbaren können, ohne jemals in seinem Vertrauen enttäuscht zu werden. Besonders dankbar hat es mein Mann empfunden, daß Ludwig ihn nicht nur zum Zwecke der Vorbereitung der Verteidigung, sondern auch später, als es bereits feststand, daß die Sache nicht zur Hauptverhandlung kommen würde, weiterhin regelmäßig besucht und ihm dadurch die Haft wesentlich erleichtert hat. Seine herzliche Einstellung bewies Ludwig auch dadurch, daß er meinem Mann zusätzliche Nahrungsmittel, Rauchwaren, Pfeifen, Bücher und dergl. auf eigene Kosten verbotswidrig in das Untersuchungsgefängnis brachte."[168]

Im November 1935 übergab die Justiz nach der Veröffentlichung der Anklageschrift in Paris Thälmann an die Gestapo. Der zweite Senat des Volksgerichtshofes stellte das Verfahren gegen Thälmann zwar nicht ein, gewährte ihm jedoch Haftverschonung. Als Schutzhäftling der Gestapo unterstellt, blieb er aber in Moabit inhaftiert. Weitere Stationen seines Leidensweges waren das Untersuchungsgefängnis in Hannover und Bautzen, bevor er am 18. August 1944 in Buchenwald ermordet wurde.[169]

---

168 Zit. nach König, Vom Dienst am Recht, S. 83.
169 David A. Hackett (Hrsg.), Der Buchenwald-Report. Bericht über das Konzentrationslager Buchenwald bei Weimar, München 1996, S. 435.

VI. Die Strafverteidiger

1937 führte Ludwig seinen letzten Prozeß vor dem Volksgerichtshof. Er verteidigte einen jüdischen Funktionär der KPD aus Hamburg. Senatspräsident Engert wies ihn mehrmals zurecht, als er Nachfragen zur Anklageschrift stellen wollte. „Als es mir dann nicht einmal möglich war", so Ludwig in seiner eidesstattlichen Aussage in Nürnberg 1947, „ein bei der Verhandlung aufgetretenes offenbares Mißverständnis in der Rekapitulation der Aussage meines Mandanten durch Engert richtigzustellen, habe ich in der Verhandlung die schriftliche Bitte ausgesprochen, mich von der weiteren Offizialverteidigung zu entbinden und diese Bitte damit begründet, ich sei nicht in der Lage, bei einem Prozesse dieser politischen Bedeutung als Marionette mitzuwirken."[170] Ludwig bat den Präsidenten des Volksgerichtshofes, ihn aus der Liste der Offizialverteidiger zu streichen. Von diesem Zeitpunkt an verteidigte nur noch sein Sozius, Hans Surholt, vor dem Volksgerichtshof.

In seinem Antrag auf Wiederzulassung als Rechtsanwalt und Notar im Februar 1946 zeigte sich der ehemals überzeugte Nationalsozialist Ludwig einsichtig: „Schon unmittelbar nach der Machtergreifung durch die NSDAP im Jahre 1933 habe ich meinen Irrtum eingesehen. Die angewandten Terrormaßnahmen, die Judenverfolgungen, die Beseitigung des Rechtsstaates und die umsichgreifende Korruption der Parteiführer haben mich von vornherein so angewidert, daß ich mich seit dem von der Partei nicht nur abgekehrt, sondern sie, ihre Führer und Einrichtungen, wo ich nur konnte, mit den mir zu Gebote stehenden Mitteln bekämpft und ihre Gegner unterstützt habe."[171] Obwohl bei der Beurteilung einer möglichen Wandlung der politischen Einstellung Ludwigs Vorsicht geboten ist, da an seinem Ruf als NS-Anwalt und seinen guten Beziehungen zu hohen Partei- und Staatsstellen keine Zweifel bestanden, fiel er seit Sommer 1933 nicht mehr als Vorreiter einer Umgestaltung der Anwaltschaft im nationalsozialistischen Sinne auf. Mehrere eidesstattliche Versicherungen[172] bezeugten sein Engagement für jüdische Anwälte und seine jüdischen Büroangestellten. Auch verteidigte er zahlreiche Oppositionelle und setzte sich erfolgreich gegen die Überführung des tschechischen BATA-Konzerns in deutsche Hände ein. Fast alle zu seiner Entlastung eingereichten Schreiben bestätigten, daß er den Parteiaustritt nur nicht vollzogen hatte, um sich nicht der Möglichkeit zu berauben, für Verfolgte einzutreten. Abgesehen davon, daß diese „Persilscheine" mit Vorbehalt bewertet werden müssen, bleibt die Frage, ob die Verteidigung Oppositioneller auf eine Gegnerschaft zum Nationalsozialismus schließen läßt. Immerhin hatte Ludwig den Mut, sich deutlich vor dem Volksgerichtshof gegen eine Vereinnahmung des Verteidigers zu wehren und beließ es nicht lediglich bei einem Protest, sondern zog sich tatsächlich zurück. Wie bei vielen Rechtsanwälten scheint dies jedoch weniger auf eine grundsätzliche oppositionelle Haltung dem Nationalsozialismus gegenüber zurückzuführen sein, sondern mehr auf die Einschränkung in der freien Berufsausübung, die den erfolgreichen Rechtsanwalt zu einem Statisten im System machte und ihn immer weiter einengte.

Das Präsidium der Berliner Anwaltskammer beurteilte Ludwig 1946 „als einen ritterlichen und vornehmen, aufrechten Charakter", obwohl er als „Parteigenosse und Anhänger des Nationalsozialismus bekannt" gewesen sei. „Im Verlaufe des Nazi-Regimes hat er sich auch innerlich vom Nationalsozialismus völlig gelöst."[173] Trotzdem wurde Ludwigs Zulassungsgesuch wegen seiner NSDAP-Mitgliedschaft abschlägig beschieden; er bemühte sich deshalb um eine Zulassung als Rechtsanwalt in Bochum, die ihm durch Erlaß des nordrhein-westfälischen Justizministers drei Jahre später, am 14. März 1949, erteilt wurde. Weiterhin betrieb er seine Wiederzulassung in Berlin, die er dann im Oktober des gleichen Jahres erhielt. Bis zu seinem Tod am 5. Dezember 1973 war Fritz Ludwig als Rechtsanwalt und Notar in Berlin tätig.[174]

---

170 Nbg. Dok. NG-2335.
171 Schreiben vom 26. Februar 1946, in: Personalakte Ludwig.
172 Alle Schreiben in Personalakte Ludwig.
173 Schreiben vom 22. Mai 1946 in: Ebenda.
174 Personalakte Ludwig.

Die Strafverteidiger VI.

Spielraum der Verteidiger

Der Erfolg der Verteidigung hing vom Zeitpunkt des Verfahrens und von der Person des Senatspräsidenten ab. Darüber besteht kein Zweifel. So war in den ersten Jahren des Volksgerichtshofes eine sachliche Verteidigung durchaus möglich. Dr. Bruno Grünwald, seit 1908 Rechtsanwalt in Berlin, verteidigte von 1934 bis 1945 zahlreiche Angeklagte vor dem Volksgerichtshof und konstatierte eine entscheidende Schlechterstellung des Rechtsanwalts mit dem Amtsantritt Freislers im August 1942. Bis dahin habe er unbefangen und sachlich vor Gericht auftreten können. Vor allem die Senatspräsidenten Springmann und Köhler hätten den Angeklagten und Verteidigern gegenüber eine unvoreingenommene Haltung besessen. Bis 1943 hätten die Verteidiger zudem ausreichend Gelegenheit gehabt, mit den Angeklagten in Verbindung zu treten. Problematisch sei in den letzten Jahren vor allem die späte Zustellung der Anklageschrift gewesen, die eine ausreichende Vorbereitung verhinderte.[175]

In den Verfahren zum Widerstand des 20. Juli 1944 bekam Grünwald den Stellenwert, den die Verteidiger in Freislers Machtbereich besaßen, deutlich zu spüren. Im Oktober 1944 eröffnete ein Senatspräsident die Hauptverhandlung gegen Major Adolf Friedrich Graf von Schack und Oberstleutnant Wilhelm Kuebart, die beide beschuldigt wurden, am Umsturzversuch in Berlin beteiligt gewesen zu sein. Die Reichsanwaltschaft beantragte Freispruch für Graf von Schack und Vertagung im Fall Kuebart. Am folgenden Verhandlungstag, den Freisler nur als Beobachter verfolgte, ließ der Vertreter der Reichsanwaltschaft den Antrag auf Freispruch fallen und beantragte Vertagung für beide Angeklagte. Bei der Fortsetzung der Verhandlung übernahm Freisler selbst den Vorsitz. Zuerst wurde die Anklage auf die Generalstabsoffiziere Oberst Alexis Freiherr von Roenne und Oberstleutnant Karl-Heinz Engelhorn erweitert. Bruno Grünwald verteidigte Freiherr von Roenne, der Abteilungsleiter in der Abwehr und als Freund Stauffenbergs in die Attentatspläne eingeweiht gewesen war. Unter Freisler wurde Kuebart zu fünf Jahren Zuchthaus, die drei anderen Angeklagten zum Tode verurteilt und hingerichtet.[176]

Auf die Kriterien Zeitpunkt des Verfahrens und Person des Senatsvorsitzenden wies auch Rechtsanwalt Hans Astfalck in seiner Aussage in Nürnberg 1947 hin. Astfalck, 1879 geboren, verteidigte als Wahl- und Pflichtverteidiger häufig vor dem Volksgerichtshof und zwar überwiegend tschechische Staatsangehörige. Für ihn war das Attentat gegen Reinhard Heydrich im Mai 1942 der entscheidende Wendepunkt, insbesondere in Verfahren gegen Tschechen. Vor dem Attentat kamen Todesurteile „so gut wie gar nicht vor, und selbst wenn ein solches ergangen war, konnte man den Angehörigen mitteilen, daß sie mit einer Vollstreckung nicht zu rechnen brauchten. ... Nach dem Attentat änderte sich aber dann die Rechtsprechung grundsätzlich. Es kam nur selten vor, daß ein Tscheche nicht zum Tode verurteilt wurde, auch die Gnadengesuche, die in Todesfällen von mir eingereicht wurden, hatten öfters keinen Erfolg." Den Freispruch von fünf Angeklagten der tschechoslowakischen sozialdemokratischen Partei führte Astfalck darauf zurück, daß nicht Freisler, wie eigentlich beabsichtigt, sondern Laemmle den Vorsitz führte.[177]

Negativ beurteilten fast alle Verteidiger ihre Position, falls Freisler oder Engert den Vorsitz führten. Auffallend ist, daß die Offizialverteidiger ihre Rolle weitaus positiver bewerteten als die Rechtsanwälte, die nur als Wahlverteidiger vor dem Volksgerichtshof auftraten. Ein entsprechend negatives Bild zeichnete Kurt Behling, der in den letzten Jahren als Wahlverteidiger tätig war: „Man konnte sich des Eindrucks nicht erwehren, daß in vielen Fällen, die zur Aburteilung vor den Volksgerichtshof kamen, das Urteil weitgehend durch die Gestapo bestimmt wurde, noch bevor die Sache überhaupt

---

175 Nbg. Dok. NG-535.
176 Wagner, Der Volksgerichtshof, S. 707f.; Nbg. Dok. NG-535.
177 Nbg. Dok. NG-954.

VI. Die Strafverteidiger

verhandelt war. Vor allem entfernte sich nach der berüchtigten Reichstagsrede Hitlers vom April 1942[178] und nach der Berufung Thieracks zum Reichsjustizminister und Freisler [sic!] zum Präsidenten des Volksgerichtshofes der Volksgerichtshof von der eigentlichen Justiz mehr und mehr und wurde zum willenlosen Sprachrohr des Reichssicherheitshauptamtes, wenn auch formell eine Änderung der Zuständigkeit nicht eintrat. Dieses trat besonders deutlich in den Verfahren zu tage [sic!], die als ausgesprochene politischen [sic!] Kampfmittel zur Vernichtung mißliebiger Gegner durchgeführt wurden. ... Im einzelnen muß der erheblichste Vorwurf gegen den Oberreichsanwalt selbst erhoben werden, der es in jeder Weise versäumte, Entlastungsmaterial heranzuziehen. Er sorgte vielmehr dafür, daß die Verteidigung nach Möglichkeit keinerlei Einsicht in die Akten erhielt und ließ meistenteils so spät Sprecherlaubnis durch den zuständigen Senat erteilen, daß eine erfolgversprechende Rücksprache mit den inhaftierten Betroffenen und den vielfach auswärts wohnenden Angehörigen kaum möglich war. Während der Voruntersuchung kämpfte man daher als Verteidiger praktisch mit ‚geschlossenem Visier'. ... Grundsätzlich wurden Anträge der Verteidigung auf Ladung von Entlastungs- und vor allem von Leumundszeugen abgelehnt und im allgemeinen nur die Belastungszeugen gehört. ... Die Mißachtung der Verteidigung ging teilweise so weit, daß Wahlverteidiger einfach zu den Hauptverhandlungen nicht geladen wurden. ... In der Strafsache gegen den bekannten Nachwuchspianisten Hansrobert Kreiten[179] wurde ich nicht von der Hauptverhandlung unterrichtet. Erst zwei Tage später erfuhr ich durch die Zeitung, daß Kreiten im Wege der sogenannten Blitzvollstreckung sein Leben lassen mußte. ... Der 1. Senat und der Besondere Senat, der für die Rechtsprechung des Volksgerichtshofes maßgebend war, schalteten im Laufe der Zeit immer mehr durch das Gesetz aufgestellte Schuld- und Strafausschließungsgründe aus."[180]

Behling, 1906 geboren, war erst seit Oktober 1940 Rechtsanwalt in Berlin;[181] 1942 bis 1944 war er Justitiar der Stahlring-Export GmbH, konzentrierte sich jedoch gleichzeitig auf die politische Strafverteidigung. Trotz Behlings SA- und NSDAP-Mitgliedschaft setzte sich das Präsidium der Rechtsanwaltskammer Berlin seit 1946 für seine Wiederzulassung als Anwalt ein, da er sich „in außergewöhnlichem Maße vor dem Volksgerichtshof und den Sondergerichten für die Opfer der nazistischen Justiz eingesetzt" habe.[182] Der Vizepräsident des Kammergerichts lehnte Behlings Antrag im August 1946 dennoch ab. Seit Frühjahr 1947 war Behling in Nürnberg als Verteidiger vor den Militär-Tribunalen, unter anderem für den ehemaligen Staatssekretär im Justizministerium Schlegelberger, tätig. Im August 1949 erhielt er schließlich seine Zulassung bei den Berliner Gerichten.[183]

Kurt Wergin, der ebenfalls nur als Wahlverteidiger vor dem Volksgerichtshof auftrat, überlieferte ein ähnliches Bild. Die Zustellung der Anklageschrift, so seine eidesstattliche Versicherung in Nürnberg 1946, sei so spät erfolgt, daß eine ausreichende Vorbereitung unmöglich gemacht wurde. Beweisanträge oder eine Darlegung von Motiven, die zum Verhalten des Angeklagten geführt hatten, wurden kaum zugelassen.[184]

---

178 Am 26. April 1942 hielt Hitler eine ausführliche, mit antisemitischen Tiraden geschmückte Rede vor dem Reichstag. Die Sitzung endete mit der einstimmigen Annahme eines Vollmachtsgesetzes, demzufolge Hitler „nicht an bestehende Rechtsvorschriften gebunden" sein sollte und u. a. jeden Richter bei Verletzung seiner Pflichten aus seinem Amt entfernen lassen konnte. Max Domarus, Hitler – Reden und Proklamationen, Bd. II, Würzburg 1963, S. 1865ff.
179 Vgl. zum Fall Kreiten: Wagner, Der Volksgerichtshof, S. 291.
180 Nbg. Dok. NG-1007.
181 Mitteilungen der Reichs-Rechtsanwaltskammer, 20. Oktober 1940, S. 109.
182 Schreiben vom 5. Juni 1946, in: Personalakte Behling (Rechtsanwaltskammer Berlin).
183 Personalakte Behling.
184 Nbg. Dok. NG-403.

VI. Die Strafverteidiger

Rechtsanwalt Hellmuth Boden, der – ohne Parteimitglied zu sein – häufig vor dem Volksgerichtshof sowohl als Wahl- als auch als Pflichtverteidiger auftrat,[185] kam zu einer insgesamt positiveren Einschätzung. Im Oktober 1946 machte er in Nürnberg folgende Aussage: „Grundsätzlich waren wir unbeschränkt. Theoretisch wie auch praktisch. Wir bekamen nur für den 20. Juli gewisse Einschränkungen. Diese bezogen sich nicht auf das, was wir vor Gericht sagen sollten, wohl aber war uns nicht erlaubt, mit den Angehörigen der Angeklagten über das Urteil zu sprechen, bevor sie nicht vom Reichsanwalt über den Ausfall des Termins unterrichtet waren. Wir durften die Angeklagten erst sprechen, nachdem wir die Anklageschrift bekommen hatten. Diese Beschränkungen waren rein formeller Art.... Ganz allgemein aber kann ich nicht sagen, daß ein kurzer Zeitraum zwischen der Überreichung der Anklageschrift und der Hauptverhandlung war. Dies ergab sich nur beim 20. Juli." Immerhin stellte auch er fest, daß der eine oder andere Vorsitzende von vornherein gegen den Angeklagten eingenommen war. „Aber die Möglichkeit, durch gut fundierte Beweisanträge die Einstellung des Gerichts zu erschüttern, war gegeben."[186]

Übereinstimmend äußerten die Rechtsanwälte die Ansicht, daß eine sachliche Verteidigung von politischen Fällen nicht auf die Motive der Angeklagten, die die Tat hätten rechtfertigen können, eingehen durfte, da dies Konsequenzen für den Angeklagten und den Verteidiger hätte nach sich ziehen können. Der Präsident des 4. Senats, Günther Nebelung, sagte bei seiner Vernehmung in Nürnberg 1946 aus, daß der Verteidiger „die Angelegenheit seines Klienten" nicht „in einer zu aggressiven Art vertreten [konnte], ohne dabei Schwierigkeiten mit der Gestapo und dem Rechtswahrerbund zu riskieren".[187]

Die Rechtsanwälte setzten sich jedoch durch ihre Tätigkeit vor dem Volksgerichtshof keiner außergewöhnlichen Gefahr aus. Rechtsanwalt Wergin meinte, daß eine Verteidigung des Angeklagten „in nicht unbeträchtlichem Maße möglich war, ohne daß es etwa zur sofortigen Verhaftung des Verteidigers geführt hätte".[188] So sind auch keine Fälle bekannt, in denen ein Rechtsanwalt wegen einer Verteidigung vor dem Volksgerichtshof Nachteile erlitt.[189]

Im Februar 1944 legte Freisler dem Reichsjustizminister einen Bericht über „Entgleisungen von Verteidigern" vor. Zu Beginn betonte er, daß es sich bei den „Entgleisungen und sonstige[n] peinliche[n] Fehler[n]" um Einzelfälle handelte, die er auch nicht als „Ausdruck einer bewußt antinationalsozialistischen Gesinnung" bewerten wollte. Seiner Meinung nach rührten sie aus der Problematik, daß „der Verteidiger ein öffentliches Amt wahrnehmen soll, aber privat bezahlt wird". Im einzelnen kritisierte Freisler die daraus resultierende „innere Abhängigkeit" gegenüber dem Angeklagten, das „Hineinspielen des Werbegedankens für sich gegenüber dem Angeklagten wie überhaupt gegenüber der Öffentlichkeit" und den „Wunsch, selbst wenn nichts rechtes mehr geschehen kann, doch etwas zu tun, ut aliquid fieri videatur". Die „innere Abhängigkeit" führe gelegentlich zu einem Schriftsatz von ganz „abnorme[r] Breite", der „kaum der Gedanke eines deutschen Rechtsanwalts sein kann" oder zur Übergabe von Lebensmitteln während der Untersuchungshaft. „Besonders peinlich" schien Freisler die Beantragung einer Untersuchung hinsichtlich des Geisteszustandes des Angeklagten, zumal wenn es sich um Personen handelte, „die bis zur Verhaftung sehr verantwortliche und hochdotierte Stellungen inne hatten". Interessanterweise kritisierte Freisler jedoch auch das Verhalten der zu angepaßt auftretenden Rechtsanwälte, „daß nämlich der Verteidiger, wenn wirklich vom Standpunkt der Verteidigung aus nichts zu sagen ist, meint, er müsse nun staatsanwaltschaftlicher als der Staatsanwalt sein; er müsse nachholen, als habe der Staatsanwalt selbst noch

---

185 Ebenda. NG-400.
186 Ebenda. NG-400.
187 Ebenda. NG-333.
188 Ebenda. NG-403.
189 König, Vom Dienst am Recht, S. 248ff.

VI. Die Strafverteidiger

nicht genug gesagt. Solche Fälle sind nicht ganz selten vor dem Volksgerichtshof. Ein Fall ist sogar vorgekommen, in dem ein bekannter Verteidiger, der eine Wahlverteidigung in einem Fall übernommen hatte, in dem auch nicht viel zu verteidigen war, zum Schluß – man hatte den Eindruck, um die Übernahme der Verteidigung zu entschuldigen – sagte, der Zweck seiner Verteidigung sei damit erreicht, daß er den Angeklagten veranlaßt habe, ihm einen Hintermann zu nennen."

Kritik übte Freisler sodann an der „Saloppheit der Form", worunter er weniger die äußere Form des Auftretens als die Schriftsätze und die Gerichtsrede im Auge hatte. So war es „vorgekommen, daß ein Verteidiger, wenn er von unserem Führer sprechen wollte, nicht ‚der Führer', sondern ‚Adolf Hitler' gesagt hat, und zwar erst ganz vor kurzem!! Es ist vorgekommen, daß ein Verteidiger, wenn er vom Reichsführer SS und Chef der Deutschen Polizei sprach, von ‚SS-Führer Himmler' gesprochen hat."[190]

Fünf Tage nach Einreichung des Berichts fügte Freisler in einem Schreiben an den Reichsjustizminister noch einige Kritikpunkte hinzu. Gelegentlich mache der Verteidiger Ausführungen, die dem Volksgenossen unverständlich seien. Anstößig sei auch, daß Verteidiger, die an der Verurteilung ihres Mandanten keinen Zweifel hätten, Ausführungen bezüglich des späteren Gnadenverfahrens machten. Dadurch entstehe bei den Volksgenossen der Eindruck, das Urteil des Volksgerichtshofes sei „nichts Endgültiges"; daraus resultiere ein Verlust der Autorität des Gerichtsurteils.[191]

Die Prozesse gegen die Widerstandskämpfer des 20. Juli 1944

Ein verheerendes Bild boten die Verteidiger in den Prozessen gegen die Widerstandskämpfer des 20. Juli 1944. Der Berliner Rechtsanwalt Wilhelm Kunz war als Offizialverteidiger des Stadtkommandanten von Berlin, Generaloberst Paul von Hase, bestellt worden. Kunz,[192] 1887 geboren, war seit 1919 in Berlin als Rechtsanwalt zugelassen und 1926 zum Notar bestellt worden. Von 1919 bis Januar 1933 hatte er der DVP angehört, am 1. Mai 1933 trat er der NSDAP bei. Seit Mai 1929 war Kunz Mitglied des Berliner Kammervorstands,[193] bei der Vorstandswahl im Januar 1931 wurde er nicht wiedergewählt.[194] Im Juni 1934 bot sich ihm eine zweite Chance; er wurde abermals Vorstandsmitglied der Berliner Anwaltskammer.[195] Bereits im Mai 1933 hatte er das Amt des Schriftführers und Schatzmeisters des Berliner Anwaltvereins und des Berliner Notarvereins übernommen.[196] Neben seiner Funktion als Mitglied bei der Dienststrafkammer beim Kammergericht wurde ihm die Leitung der Zentrale der NS-Rechtsbetreuungsstellen Groß-Berlins übertragen.[197] Er kann folglich ohne Einschränkung als linientreuer NS-Anwalt betrachtet werden. Zwar hatte er sich 1941 noch über die Behandlung der Pflichtverteidiger durch den Senatspräsidenten Engert beschwert,[198] in dem Verfahren gegen General von Hase erfüllte er jedoch die ihm vom Regime zugedachte Aufgabe und machte als Verteidiger eine miserable Figur.

Gegen von Hase wurde am 7. und 8. August 1944 unter dem Vorsitz von Roland Freisler im Großen Saal des Kammergerichtsgebäudes in der Elsholzstraße in einem Schauprozeß gemeinsam mit Ge-

---

190 BA R 22/4700. Roland Freisler an den Reichsjustizminister, 3. Februar 1944.
191 Ebenda. Roland Freisler an den Reichsjustizminister, 8. Februar 1944.
192 Zur Biographie s. Personalakte, in: BA R 22/65356.
193 GStA Rep. 84a Nr. 20155. Schreiben des Vorstands der Anwaltskammer in Berlin an den preußischen Justizminister, 18. Mai 1929.
194 Ebenda. Schreiben des Vorstands der Anwaltskammer in Berlin an den preußischen Justizminister, 9. März 1931.
195 Ebenda. Schreiben des Vorstands der Anwaltskammer in Berlin an den preußischen Justizminister, 8. Juni 1934.
196 Berliner Anwaltsblatt, April 1933, S. 76; ebenda, Mai 1933, S. 90; B.Z. am Mittag vom 3. Mai 1933.
197 Juristische Wochenschrift, 2./9. Januar 1937, S. 20.
198 Vorgang in: BA R 22/1079.

Die Strafverteidiger VI.

neralfeldmarschall Erwin von Witzleben, Generaloberst Erich Hoepner, Generalmajor Helmuth Stieff, Oberstleutnant i.G. Robert Bernardis, Hauptmann Friedrich Karl Klausing und die Oberleutnants d.Res. Albrecht von Hagen und Peter Graf Yorck von Wartenburg verhandelt.[199] Obwohl Generaloberst Paul von Hase erst kurz vor dem Attentat des 20. Juli in die Pläne des militärischen Widerstands eingeweiht worden war und allenfalls eine Nebenrolle in dem Geschehen gespielt hatte,[200] klang das Plädoyer seines Verteidigers eher wie die Anklagerede des Staatsanwalts. Kunz führte aus: „Eine größere Schmach, eine größere Schande ist vor dem Volksgerichtshof noch nicht verhandelt worden. Ich habe dem Angeklagten von Hase klar und deutlich auseinandergesetzt, daß meine Aufgabe nicht darin bestehen kann, irgendwelche Paragraphen zu finden oder subjektiv irgendeinen Tatbestand herauszusuchen, sondern darauf hinzuweisen, daß überall, in allen Ländern und bei allen Stämmen bis zu dem entferntesten Stamm der Kaffern in Afrika eine Grundregel besteht, nämlich die, daß wer sich an dem Staatsoberhaupt vergreift, des Todes ist."[201]

Freisler dominierte den Schauprozeß, und die Ausnahmesituation war bedrückend spürbar. Der Spielraum für die Verteidiger blieb infolgedessen beträchtlich eingeengt. Auch war die Atmosphäre im Gerichtssaal sicherlich einer engagierten, mutigen Verteidigung abträglich. Die Verteidiger hatten sich kaum auf den Prozeß vorbereiten können, da sowohl die Zustellung der Anklageschrift als auch ein Gespräch mit den Angeklagten erst kurz vor Beginn der Hauptverhandlung erfolgt war. Gerade im Fall des Generals von Hase wäre trotzdem zumindest die Andeutung des Verteidigers, seine Beteiligung am Widerstand des 20. Juli könnte als „Beihilfe" betrachtet werden, juristisch denkbar gewesen. Daß ein Plädoyer in dieser Richtung keine Änderung des Urteilsspruchs bewirkt hätte – von Hase wurde zum Tode verurteilt und noch am 8. August in Plötzensee gehängt –, kann nicht als Rechtfertigung für das Verhalten des Verteidigers dienen.

Bereits im Dezember 1943 hatte Wilhelm Kunz als Wahlverteidiger des Pharmakologen Robert Havemann, Mitbegründer der oppositionellen „Europäischen Union", in seinem Plädoyer ausgeführt, die Verfehlung seines Mandanten rechtfertige die schwerste Strafe. Havemann war wegen der Gründung und Arbeit für die „Europäische Union", Unterstützung von verfolgten Juden und Abhörens des Londoner Senders, wodurch der Volksgerichtshof den Tatbestand der Vorbereitung des Hochverrats, der Wehrkraftzersetzung und der Feindbegünstigung erfüllt sah, zum Tode verurteilt worden. Das Urteil wurde nicht vollstreckt.[202]

Im September 1944 wurde Wilhelm Kunz zum Offizialverteidiger von Franz Jacob bestellt, der als führender Berliner Funktionär der kommunistischen Widerstandsgruppe „Nationalkomitee Freies Deutschland" vor dem Volksgerichtshof zum Tode verurteilt wurde. Wiederum agierte Kunz eher in der Rolle des Staatsanwalts als der des Verteidigers, indem er erklärte, der Angeklagte habe nichts Besseres als die Todesstrafe verdient.[203]

Obwohl kein Parteimitglied, wurde Rechtsanwalt Hellmuth Boden ebenfalls als Offizialverteidiger mehrerer Widerstandskämpfer bestellt. Boden war 1901 geboren worden und seit 1929 als Rechtsanwalt, seit 1939 auch als Notar in Berlin zugelassen und verteidigte häufig vor dem Volksgerichtshof.[204] Am 20. Oktober 1944 verhandelte Freisler gegen vier sozialistische Mitglieder der Widerstandsbewegung, gegen die früheren Reichstagsabgeordneten Gustav Dahrendorf und Julius Leber,

---

199 S. dazu Wagner, Der Volksgerichtshof, S. 670ff.
200 Von Hase beauftragte das Berliner Wachbataillon unter Major Remer mit der Absperrung des Regierungsviertels; darüber hinaus sollte die ihm unterstehende Heeres-Waffenmeister-Schule und die um Berlin liegenden Landesschützen-Bataillone die zentralen Institutionen des Regimes besetzen und seine wichtigsten Funktionäre in Berlin verhaften.
201 Zit. nach König, Vom Dienst am Recht, S. 242.
202 Wagner, Der Volksgerichtshof, S. 160ff.
203 Ebenda, S. 179f.; Nbg. Dok. NG-536.
204 Zum folgenden Personalakte Hellmuth Boden (Rechtsanwaltskammer Berlin).

VI. Die Strafverteidiger

den Pädagogen Adolf Reichwein und den ehemaligen Gewerkschaftssekretär Hermann Maaß. Boden hatte die Offizialverteidigung von Leber übernommen, der eine der wichtigsten Persönlichkeiten der Widerstandsbewegung war und in einer künftigen Reichsregierung als Innenminister vorgesehen war. Leber wurde am 5. Juli 1944, also schon vor dem Attentat, aufgrund eines Verrats verhaftet. Seine Beteiligung an den Widerstandsvorbereitungen des 20. Juli wurde erst später bekannt. Am 19. September 1944 war Anklage gegen die vier Widerstandskämpfer erhoben worden, die Angeklagten erhielten die Anklageschriften jedoch erst am Abend vor der Hauptverhandlung am 20. Oktober.[205] Der im Prozeß zu sieben Jahren Zuchthaus verurteilte Dahrendorf belastete Rechtsanwalt Boden nach dem Krieg schwer. Er habe während der mehrstündigen Verhandlung nicht einmal die Andeutung eines Versuchs der Verteidigung gemacht. Sein Plädoyer habe aus einem einzigen Satz bestanden, der seiner Erinnerung nach lautete: „Mein Mandant ist sich über die Schwere seines Verbrechens im klaren; ich bitte um ein entsprechendes Urteil." Leber wurde zur Todesstrafe und dauerndem Ehrverlust verurteilt und am 5. Januar 1945 in Plötzensee gehängt.

In der Auseinandersetzung um seine Wiederzulassung nach Kriegsende nahm Boden zu den von Dahrendorf geäußerten Vorwürfen Stellung: „Dr. Leber habe ihm von Anfang an erklärt, seine Angaben der Gestapo gegenüber hinsichtlich der von ihm ausgeübten Tätigkeit seien richtig gewesen. ... Dr. Leber sei sich von Anfang an darüber klar gewesen, daß er bestraft werden müsse und wie er bestraft werden würde. ... Die Erklärungen des Dr. Leber im Hauptverhandlungstermin bezüglich seiner Schuld seien völlig klar gewesen. An der Schuld des Dr. Leber im Sinne der Anklage habe kein Zweifel bestanden." Boden gab zu, „daß sein Plädoyer [sic!] kurz gewesen ist. ... Auf Grund des Geständnisses des Dr. Leber sei es zweckmäßig gewesen nichts weiter zu sagen, das Plädoyer habe nur kurz sein können, ein längeres Plädoyer hätte das Gericht nur noch verärgert."[206]

Bodens eigenen Angaben zufolge hatte er sich als Offizialverteidiger von Generalleutnant Karl Freiherr von Thüngen stärker engagiert. Von Thüngen, Inspekteur des Wehrersatzwesens in Berlin, sollte am Nachmittag des 20. Juli 1944 die Führung des Wehrkreiskommandos in Berlin übernehmen, war allerdings nicht näher in die Attentatspläne eingeweiht gewesen. Die Sache war also „zweifelhaft", wie Boden meinte und erforderte deshalb „ein längeres Plädoyer". Er habe dreimal plädiert, was mehrere Stunden in Anspruch genommen hätte. „Ich bin während des Plädoyers von Freisler unterbrochen worden. Ich hatte Zusammenstöße mit ihm, ich habe aber durchaus vorbringen können, was ich vorbringen wollte."[207] Von Thüngen wurde dennoch zum Tode und zu dauerndem Ehrverlust verurteilt. Boden beantragte daraufhin die Wiederaufnahme des Verfahrens, konnte aber nur erreichen, daß von Thüngen am 24. Oktober 1944 erschossen und nicht gehängt wurde.[208]

Eine ebenso unrühmliche Rolle spielte – zumindest teilweise – Rechtsanwalt Arno Weimann. Bevor er sich, 1899 in Berlin geboren, 1924 als Anwalt niederließ, arbeitete er einige Jahre bei Starverteidiger Max Alsberg. Wie sein Lehrer spezialisierte er sich auf die Strafverteidigung. Im Mai 1933 trat Weimann der NSDAP bei und war von 1934 an als Verteidiger vor dem Volksgerichtshof tätig. 1939 bis 1941 vertrat er zahlreiche tschechische Angeklagte. Seinen Angaben zufolge verteidigte er allein im Jahr 1944 etwa 170 Personen vor dem Volksgerichtshof.[209] Durch seine umfangreiche Tätigkeit konnte er sein Einkommen von 30.000.- RM im Jahr 1933 auf etwa 50.000.- RM im Jahr 1944 steigern.[210]

---

205 Wagner, Der Volksgerichtshof, S. 731ff.
206 Schreiben in Personalakte Hellmuth Boden.
207 Nbg. Dok. NG-400.
208 Wagner, Der Volksgerichtshof, S. 706f.; Nbg. Dok. NG-400.
209 Nbg. Dok. NG-792.
210 Fragebogen in Personalakte Arno Weimann.

VI. Die Strafverteidiger

Weimanns Verteidigertätigkeit vor dem Volksgerichtshof wird unterschiedlich beurteilt. Ein Mandant, dem staatsfeindliche Äußerungen zur Last gelegt wurden, bestätigte eine „einwandfreie" Verteidigung durch seinen Anwalt und rühmte dessen Einsatz; ein anderer, der sich wegen der Unterstützung eines kommunistischen Funktionärs vor Gericht zu verantworten hatte, führte die „Vermeidung der Todesstrafe ... unzweifelhaft auf den Einsatz von Herrn Dr. Weimann" zurück. Hermann Lindemann wurde als Fluchthelfer seines Vetters – des Generals Fritz Lindemann, der zu dem engeren Kreis des militärischen Widerstands gehört hatte – vor dem Volksgerichtshof angeklagt.[211] Er habe seine Verurteilung zu je zehn Jahren Zuchthaus und Ehrverlust, trotz Antrages des Oberreichsanwalts auf Todesstrafe, dem „ganz vorzügliche[n] Plädoyer" Weimanns zu verdanken. In einer für Weimann im November 1945 abgegebenen Erklärung schrieb er: „Ich weiß, daß meine Lage fast hoffnungslos war, als der Oberreichsanwalt die Todesstrafe beantragte. Ich hatte dann während Ihrer Rede den Eindruck, daß das Gericht von Ihren Argumenten beeinflußt wurde. Ich hätte nur gewünscht, daß meine Freunde Marks und Sierks [beide wurden zum Tode verurteilt] durch Sie vertreten worden wären; dann wäre vielleicht das Urteil anders ausgefallen."[212]

Ein völlig anderes Bild des Arno Weimann zeichnete der spätere Oberbürgermeister der Stadt Brandenburg/Havel, Fritz Lange, der sich im Sommer 1943 wegen angeblicher Vorbereitung zum Hochverrat und Feindbegünstigung vor dem Volksgerichtshof zu verantworten hatte. Weimann war ihm als Offizialverteidiger zugeteilt worden. Lange schilderte seine Begegnung mit Weimann in einem Schreiben an den Schriftführer der Berliner Anwaltskammer Fritz Hummel 1947: „Dr. Weimann suchte mich im Untersuchungsgefängnis, Lehrterstraße, auf, um mir in wenigen Minuten auf eine reichlich brutale Art klar zu machen, daß meine Sache rettungslos verloren sei. Das Gespräch nahm ungefähr folgenden Verlauf: ‚Sie sind der Untersuchungsgefangene Fritz Lange? Sie haben ja wohl Ihre Anklageschrift erhalten und gelesen. Über die Tragweite der Anklage dürften Sie sich ja wohl im Klaren sein. Haben Sie Familie? Wie ich aus den Akten ersehe, sind Sie auch noch Halbjude. Sie müssen ja wissen, in welche Lage Sie sich selbst gebracht haben.' Auf meine Einwendung, daß die Anklageschrift in ihrem entscheidenden Teil kompletten Unsinn enthält und selbst die Gestapo für die in der Anklageschrift behaupteten Dinge nicht einmal den Beweis erbringen konnte, zuckte er nur mit den Achseln und antwortete: ‚Sie müssen schon mit Ihrem Kopf rechnen, Sie sind ja ein Mann und werden Ihr Schicksal mit Würde zu tragen wissen. Eine weitere Unterhaltung schnitt Dr. Weimann kurzerhand ab mit der Bemerkung, daß er keine Zeit habe. ... Ich war über die kaltschnäuzige und leichtfertige Art und Weise dieses ‚Verteidigers' derart entrüstet, daß ich ihm mitteilte, auf seine Verteidigung verzichten zu wollen und mir selbst einen Wahlverteidiger zu suchen, da mir der Volksgerichtshof die Zulassung eines Wahlverteidigers genehmigt hatte. Ich bestellte damals den Rechtsanwalt und Notar Masius zum Verteidiger mit dem Erfolg, daß ich trotz 5 tödlicher Anklagepunkte und trotz meines ‚Makels' in der Abstammung, mit 5 Jahren Zuchthaus davonkam. ... Ich bin der Meinung, daß solche Pgs, wie Dr. Weimann, unwürdig sind, in der heutigen Zeit wieder als Rechtsanwälte zu fungieren. Nach meiner Auffassung haben diese Art Rechtsanwälte ihre Zulassung beim Volksgerichtshof lediglich benutzt, um einmal gute Geschäfte zu machen und zum anderen dem Volksgerichtshof Hilfestellung zu leisten, um das juristische Dekorum nach außen hin zu wahren. Es ist mir bekannt, daß es Rechtsanwälte gegeben hat, die wirklich ehrlich bemüht waren, vor dem Volksgerichtshof herauszuholen, was unter den gegebenen Umständen für politische Gefangene herauszuholen war. Dr. Weimann gehört aber, auf Grund meiner Erfahrung mit ihm, ... nicht zu diesen Leuten."[213]

---

211 Zu dem Verfahren: Wagner, Der Volksgerichtshof, S. 702ff.
212 Personalakte Weimann.
213 Schreiben in: Ebenda.

VI. Die Strafverteidiger

Die Witwe des Architekten Herbert Richter, der sich gemeinsam mit Robert Havemann als Gründer der oppositionellen „Europäischen Union" am 15. Dezember 1943 zu verantworten hatte, beklagte sich 1947 gleichfalls über das völlig unzureichende Engagement Weimanns als Verteidiger ihres Mannes. „Als ich am 15. Dezember", so erinnert sie sich, „zur Hauptverhandlung und gleichzeitigen Urteilsverkündung nach Berlin fuhr, hatte ich Gelegenheit, mit meinem Mann zu sprechen. Er sagte mir, daß Herr Dr. W. sich keine Mühe gegeben hatte, ihn zu verteidigen. Er hatte nicht Einsicht in die Akten genommen und war unvorbereitet. ... Nach dem verkündeten Todesurteil begab ich mich erneut zu Dr. Weimann und ersuchte ihn um die Anfertigung eines Begnadigungsgesuches. Herr Dr. Weimann erwiderte mir, die Sache sei ihm sehr unangenehm, ‚wenn ich es mache, dann nur Ihnen zuliebe'. In dem Begnadigungsgesuch brachte Herr Dr. W. zum Ausdruck, daß das ausgesprochene Todesurteil absolut gerechtfertigt wäre, daß lediglich die menschlichen Qualitäten des Verurteilten Anlaß zur Begnadigung geben könnten. Während der weiteren 6 Monate Haft verlangte mein Mann seinen Verteidiger zu sprechen. Ich unterrichtete Dr. Weimann davon, jedoch ohne Erfolg."[214] Herbert Richter wurde hingerichtet.[215]

Ein ebenso negatives Licht auf Weimann warf ein Verfahren, welches keinen Abschluß fand, das dennoch seine Erklärungs- und Rechtfertigungsversuche nach dem Krieg zumindest zwielichtig erscheinen ließ, wenn nicht ad absurdum führte. Ende 1941 hatten Propaganda-, Außen- und Justizministerium mit den Vorbereitungen für einen Schauprozeß gegen Herschel Grynszpan begonnen, der durch sein Attentat vom 7. November 1938 auf Ernst vom Rath, den deutschen Gesandten in Paris, den Nationalsozialisten den Anlaß für die Inszenierung der „Reichskristallnacht" geliefert hatte. Die Verhandlung sollte den Nachweis erbringen, daß durch dieses Attentat das „internationale Judentum" die Welt in einen Krieg mit Deutschland treiben wollte. Der Beginn des bis ins Detail vorbereiteten Prozesses war auf den 11. Mai 1942 unter dem Vorsitz des Senatspräsidenten Engert im Großen Saal des Volksgerichtshofes in der Bellevuestraße terminiert und auf sieben Tage anberaumt. Der Verteidiger Grynszpans – Arno Weimann – wurde vom Präsidenten des Volksgerichtshofs Thierack in den Ablauf des Verfahrens eingeweiht und sollte „über seine Pflichten während des Prozesses ... in zweckentsprechender Form verständigt" werden. Das Verfahren wurde kurz vor Beginn abgebrochen, weil die Initiatoren befürchteten, Grynszpan werde seine Tat nicht mit rassischen oder politischen Motiven zu erklären versuchen, sondern die „angeblichen homosexuellen Beziehungen von Gesandtschaftsrat vom Rath" anführen. Das Verfahren wurde nicht wieder aufgenommen und Grynszpan überlebte den Krieg in deutscher Haft; anschließend kehrte er nach Paris zurück. Arno Weimann wäre niemals die Offizialverteidigung in diesem eindeutig als Schauprozeß ausgerichteten Verfahren übertragen worden, wenn er nicht als „sicherer Exponent des NS-Regimes" bekannt gewesen wäre.[216]

Seine Staatsnähe stellte Weimann in den Prozessen gegen die Attentäter des 20. Juli augenscheinlich unter Beweis. Die Bestellung zum Offizialverteidiger von Generalfeldmarschall Erwin von Witzleben und Carl Goerdeler bedarf keiner Kommentierung. Von Witzleben war der ranghöchste militärische Angeklagte in dem Prozeß am 7. und 8. August 1944 und seit vielen Jahren führende Persönlichkeit des militärischen Widerstands gegen Hitler. Im Falle des Umsturzes hätte er den Oberbefehl über die Wehrmacht übernehmen sollen. Sein Offizialverteidiger Weimann hielt ein Plädoyer, das mehr der Freislerschen Demagogie entsprach als der Verteidigung seines Mandanten diente: „Herr Vorsitzender! Das Urteil über diese Angeklagten wurde durch die Ereignisse und durch das lebendige Leben bereits am 20. Juli 1944 gefällt. Das Urteil sprach das göttliche Schicksal in der Form des

---

214 Schreiben in: Ebenda.
215 S. dazu: Wagner, Der Volksgerichtshof, S. 160ff.
216 Ebenda, S. 195f.; Raul Hilberg, Die Vernichtung der europäischen Juden, Frankfurt a.M. 1990, S. 1089; König, Vom Dienst am Recht, S. 242; Nbg. Dok. NG-971 und NG-973.

VI. Die Strafverteidiger

Wunders der Errettung, als es dem deutschen Volk den Führer vor der Vernichtung bewahrte. ... Keinerlei Sympathien wurden jemals im ganzen deutschen Volk für einen dieser Angeklagten oder auch nur für einen der Beteiligten laut. Kann es ein besseres Urteil geben? ... Der Volksgerichtshof hat infolgedessen nur die Aufgabe, nach dem Buchstaben des Gesetzes das Urteil zu bestätigen und zu vollziehen. Sie werden fragen: Wozu noch eine Verteidigung? Diese Verteidigung ist nach dem Gesetz notwendig und die Verteidigung hat in der heutigen Zeit nach unserer Anschauung die Aufgabe, dem Gericht bei der Urteilsfindung zu helfen. Es werden sich in einzelnen Prozessen Situationen ergeben können, wo es auch dem besten Verteidiger nicht möglich ist, irgend etwas zugunsten des von ihm vertretenen Angeklagten zu sagen. ... Es gibt in diesem Fall nichts zu rechtfertigen, es gibt nichts zu mildern. Die Tat des Angeklagten steht und der schuldige Täter fällt mit ihr. Das weiß der Angeklagte von Witzleben auch genau, er weiß, welches Urteil ihn erwartet. ... Eines steht fest, dieser Attentatsversuch und dieser Attentatsplan war in der Person des Führers nicht nur gegen diesen, sondern gegen das ganze deutsche Volk gerichtet, gegen uns alle, gegen die Soldaten, die an der Front kämpfen, gegen unsere Frauen und gegen unsere Kinder, gegen alle die 85 Millionen anständiger Deutscher, die seit fünf Jahren im Lebenskampf um ihres Volkes Zukunft stehen. ... Ich glaube nicht, daß man der Meinung sein muß, daß dieser Mann tatsächlich die volle Tragweite seiner Handlungsweise erkannt hat. Schon die Art, wie er in dieses Attentatskomplott eingefügt wurde und wie man ihn nur bereithielt, um ihn gewissermaßen als Marionette an die Spitze einer Wehrmacht zu setzen, die dann noch weiter aktiv sein sollte, zeigt, daß man auch in ihm nicht etwa das Haupt des ganzen Komplotts sah, sondern nur eine Person, die man nach außen vorschieben wollte. Der Mann, 63 Jahre alt, ist körperlich ausgebrannt. ... Vielleicht wäre damit meine Aufgabe als Verteidiger dieses Angeklagten bereits abgeschlossen. Es ist doch aber vom Standpunkt der Verteidigung aus gesehen auch wertvoll, einmal die Frage zu erörtern und zu klären, wie es überhaupt möglich war, daß sich deutsche Menschen im fünften Kriegsjahr, in einem Zeitpunkt, an dem das deutsche Volk auf dem Höhepunkt seines Lebenskampfes stand, bereitfinden wollten, das Oberhaupt des Staates und damit die Führung zu beseitigen, ein Gedanke, der einen ja zunächst fast fremd anmutet, der von dem einfachen Volksgenossen gar nicht verstanden werden würde, der fassungslos solchem Geschehen gegenüberstehen würde? ... Ich sage das nicht etwa, um den Angeklagten zu belasten oder zu seinen Ungunsten etwas zu sagen, sondern ich mache nur den Versuch, etwas zu erklären. ... Hören Sie einmal – es ist sehr interessant – was ein Mann, wie der Angeklagte von Witzleben über seine militärischen Pläne sagt! ... Er sagt: ‚Militärisch hätten wir irgendwo die Fronten stabilisiert und hätten dann die Feinde dagegen anlaufen lassen bis ihnen die Puste ausgegangen wäre' – das sind seine Worte – ‚zu einer Gegenoffensive lag für uns keine Veranlassung vor!' ... Das sind eigentlich alle Ausführungen, die ich zu dem Fall des Angeklagten von Witzleben zu machen habe. Es ist bedauerlich, aber er wird selbst wissen, daß zu seinen Gunsten nichts anderes vorzubringen ist."[217]

Am folgenden Tag rechtfertigte Weimann sein Plädoyer, das die Erwartungen der Reichsanwaltschaft weit übertraf, wenn er behauptete, er habe damit nicht seinen Mandanten belasten, sondern die für das Urteil notwendige Grundlage geben wollen.[218] Er bemühte sich, die Vollstreckung der Todesstrafe durch den Strang zu verhindern, was ihm jedoch nicht gelang. Generalfeldmarschall Erwin von Witzleben wurde gemeinsam mit sieben Mitangeklagten[219] zwei Stunden nach der Urteilsverkündung am 8. August 1944 in Berlin-Plötzensee gehängt.

---

217 Zit. nach: Die Neue Zeitung. Eine amerikanische Zeitung für die deutsche Bevölkerung vom 1. März 1946, in: Personalakte Weimann.
218 Wagner, Der Volksgerichtshof, S. 677.
219 Mitangeklagt waren Generaloberst Erich Hoepner, Generalleutnant Paul von Hase, Generalmajor Helmuth Stieff, Oberstleutnant i.G. Robert Bernardis, Hauptmann Friedrich Karl Klausing und die Oberleutnants d.Res. Albrecht von Hagen und Peter Graf Yorck von Wartenburg.

VI. Die Strafverteidiger

Bei der Begründung seines Antrages auf Zulassung zur Rechtsanwaltschaft äußerte sich Weimann Anfang 1949 zum Fall Witzleben. Da er wegen einer Herzkrankheit ein gutes Argument für die Ablehnung der ihm angetragenen Offizialverteidigung besessen hätte, hatte er sich zunächst für die Übernahme zu rechtfertigen. Er „mußte" die Verteidigung übernehmen, wenn er nicht seine „bis dahin erworbene Stellung zu Ungunsten" seiner Mandanten „gefährden" und sich „selbst in persönliche Gefahr bringen wollte". Weimann weiter: „Bei Herrn v. Witzleben, der als Hauptbeteiligter Nr. 1 vor den Volksgerichtshof gestellt wurde, war die Situation völlig klar." Es mußte bei den ihm zur Last gelegten Tatbeständen „absolut mit einem Todesurteil gerechnet werden.... Eine Verteidigungsbasis war damit nicht gegeben. Andererseits hatte ich durch eine Indiskretion ... die Information erhalten, daß die Urteilsvollstreckung durch Erhängen ausgeführt werden sollte. Wenn ich auch sonst meine innere Einstellung zu dem Geschehen um den ‚20. Juli' niemals dartun durfte, so widersprach diese Möglichkeit derart meinem Gefühl, daß ich krampfhaft nach einem Auswege suchte, um den [sic!] Beteiligten diese Schmach zu ersparen. Ich ... verfiel schließlich auf den einzig möglichen Ausweg, der schon des öfteren in abgewandelter Form zum Erfolg geführt hatte, scheinbar auf die Linie des Senats einzugehen, um auf diese Weise ein Nachgeben in einem anderen Punkte zu erreichen. Ich akzeptierte deshalb scheinbar die Thesen, wie sie von der Reichsanwaltschaft vertreten wurden, um auf der anderen Seite die Rolle des Herrn v. Witzleben und seine Persönlichkeit zu bagatellisieren, sie minderbedeutungsvoll hinzustellen und dadurch die erhoffte Milderung zu erzielen. ... Ich glaube, daß ich wahrscheinlich bei einer Wiederholung des Prozesses unter gleichen Bedingungen und Verhältnissen wie damals das Plaidoyer [sic!] in völlig gleicher Weise halten würde und müßte." Im folgenden schilderte Weimann die einer wirkungsvollen Verteidigung abträgliche Atmosphäre mit Freisler als Vorsitzendem und einem staatstreuen Publikum.[220] Dieses Argument muß Weimann wohl tatsächlich zugute gehalten werden.

Das Beispiel des Rechtsanwalt Gustav Schwarz verdient, besonders hervorgehoben zu werden. Er besaß die Zivilcourage, ein redliches Plädoyer vorzutragen. Schwarz war als Offizialverteidiger des mit Witzleben angeklagten Oberleutnants d.Res. Albrecht von Hagen bestellt worden, der mit der Beschaffung und dem Vergraben von Sprengstoff beauftragt gewesen war. Er bemühte sich darzulegen, daß sein Mandant nicht zum eigentlichen Verschwörerkreis gehört, sondern lediglich von der Verschwörung Kenntnis gehabt hatte. Deshalb bestünden hinsichtlich der Tatbeteiligung der einzelnen Angeklagten doch erhebliche Unterschiede. Zudem sei der von Hagen beschaffte Sprengstoff für das Attentat nicht verwendet worden; deshalb käme er auch nicht als Mittäter in Betracht. Er sei nur wegen Nichterfüllung seiner Anzeigepflicht strafbar, da er gewußt habe, daß Graf von Stauffenberg einen Anschlag vorbereitete. Schwarz' Plädoyer stieß bei Freisler auf Mißbilligung, aus der er kein Hehl machte. Von Hagen wurde wie die sieben anderen Angeklagten zum Tode verurteilt und gehängt. Schwarz hatte als einziger Verteidiger den Mut besessen, sich in der aufgeladenen Atmosphäre für seinen Mandanten zu verwenden und nicht nur als Schachfigur im Schauprozeß gewirkt.[221]

Weimanns Verhalten im Prozeß gegen von Witzleben fand bei den Machthabern Gefallen. So verwundert es nicht, wenn er in dem Verfahren gegen Carl Goerdeler, einem der bedeutendsten Repräsentanten der Widerstandsbewegung, erneut mit der „Verteidigung" beauftragt wurde. Die Verhandlung gegen Goerdeler und vier Mitangeklagte[222] fand am 7. und 8. September 1944 statt, einen Monat nach dem Prozeß gegen die militärischen Widerstandskämpfer. Die äußeren Bedingungen für die Verteidigung waren ungünstig; Weimann hatte seinen Mandanten nur kurz sprechen können und auch die Anklageschrift erst unmittelbar vor Verhandlungsbeginn erhalten. Freisler führte zudem

---

220 Schreiben vom 10. Januar 1949, in: Personalakte Weimann.
221 Wagner, Der Volksgerichtshof, S. 670ff.
222 Mit Goerdeler angeklagt waren der frühere hessische Innenminister Wilhelm Leuschner, der Berliner Rechtsanwalt Josef Wirmer, der frühere Botschafter Ulrich von Hassell und der Syndikus Dr. Paul Lejeune-Jung aus Berlin.

Die Strafverteidiger VI.

abermals den Vorsitz und war nicht gewillt, Raum für ein ordnungsgemäßes Verfahren zu schaffen. Weimann verwies ähnlich wie im Witzleben-Plädoyer auf die göttliche Fügung, die dem deutschen Volk den Führer bewahrt habe. Goerdeler treffe ein entsetzliches Schicksal, da ihn der Feind, auf den er seinen ganzen Umsturzplan gestützt habe, heute mit Ohrfeigen und Fußtritten verhöhne und er wie ein Parricida in den Wäldern seiner Heimat habe umherirren müssen. Damit spielte Weimann auf die Tatsache an, daß Goerdeler in den Wäldern zwischen Marienburg und seiner Heimatstadt Marienwerder, wo er das Grab seiner Eltern besucht hatte, am 12. August verhaftet worden war. Weiterhin meinte Weimann, der Verteidiger sei nicht dazu da, aus schwarz weiß zu machen und den schuldigen Angeklagten dem gerechten Richter zu entziehen. Goerdeler wurde zum Tode, dauerndem Ehrverlust und Vermögenseinziehung verurteilt und am 2. Februar 1945 in Berlin-Plötzensee hingerichtet.[223]

Es stellt sich die Frage, was einen erfolgreichen Verteidiger bewegte, eine Rolle in diesem Schauspiel zu übernehmen. Über die Motive läßt sich nur spekulieren; die vorliegenden Quellen zeigen einen in zahlreichen Fällen durchaus für seine Mandanten engagierten Anwalt, einen prominenten Strafverteidiger, der sich im Lichte seiner Erfolge sonnte. Bei vielen Vertretungen entstand der Eindruck, daß er sich trotz der oppositionellen Haltung der Klienten stark für sie einsetzte. Daraus den Schluß zu ziehen, Weimann hätte selbst in Ablehnung zum NS-System gestanden, wie er in seiner Rechtfertigung des Witzleben-Plädoyers 1949 vorgab, wäre jedoch falsch. Vielmehr scheint er sich diese Fälle zur Mehrung seines Ruhms nutzbar gemacht zu haben. Sein Engagement für die Klienten endete an der Stelle, an der er für seine fest im System verankerte Stellung als Rechtsanwalt Gefahr zu erkennen glaubte. Weimann kann allerdings nicht zu den führenden Berliner NS-Anwälten wie etwa Deutschmann oder Hercher gerechnet werden, die entweder durch aggressiven Antisemitismus oder Propagierung von NS-Parolen auffielen. Im Vordergrund seiner Tätigkeit stand nie die Politik, sondern seine Tätigkeit als Strafverteidiger. Um diese erfolgreich ausführen zu können, ließ er sich in das System einbinden.

Da er als ehemaliges NSDAP-Mitglied nach dem Krieg seine Anwaltszulassung nicht wieder erhielt, war Weimann zunächst als Wirtschaftsberater tätig.[224] Im Oktober 1945 bescheinigte ihm der Magistrat der Stadt Berlin, daß er sich als „Pflicht- und Wahlverteidiger in Prozessen gegen Antifaschisten zu Gunsten der Angeklagten eingesetzt hat und durch seine Arbeit auch Erfolge hatte" und stellte ihn deshalb von den Sondermaßnahmen gegen ehemalige NSDAP-Mitglieder bei der Zuteilung von Lebensmittelkarten, dem Einsatz zur Pflichtarbeit und der Vermögensbeschlagnahme frei. Das Präsidium der Berliner Rechtsanwaltskammer und der Vizepräsident des Kammergerichts kamen 1946 zu einer anderen Einschätzung, als sie Weimanns Gesuch um Zulassung zur Rechtsanwaltschaft ablehnten. Er selbst erklärte 1947 die Zunahme von politischen Mandaten im Laufe der Jahre folgendermaßen: „Im Jahre 1934 wurde ich unerwartet und ohne mein Zutun in einer Strafsache als Pflichtverteidiger vom Volksgerichtshof beigeordnet.... Vom Jahre 1934 bis zum Beginn des Krieges wurde ich nur von dem 3. Senat des Volksgerichtshofes, der Landesverratssachen bearbeitete, in Anspruch genommen. Es war dies etwa 1 bis 2 mal im Jahre, wobei ich bemerken möchte, daß ich etwa 2 Jahre lang überhaupt nicht tätig wurde. Bei den von mir vertretenen Landesverratssachen handelte es sich lediglich um Spionagefälle.... Aktive Antifaschisten oder solche Personen, welche sich nach dem sogenannten Heimtückegesetz schuldig gemacht haben sollten, sind von mir in den Jahren 1933 bis 1939 nur vor den Sondergerichten oder vor dem Kammergericht als Wahlverteidiger vertreten worden.... Schon damals war es mir aus der Vielzahl der Verteidigungen und aus den Informationen der Klienten möglich, ein Bild über den Abwehrkampf der Antifaschisten zu gewinnen. Da andererseits die Linie der sogenannten Rechtsprechung gegen diesen Antifaschismus für mich immer klarer erkennbar war, faßte ich den Entschluß, mich in Zukunft immer mehr der Verteidigung dieser

---

223 Wagner, Der Volksgerichtshof, S. 715ff.; König, Vom Dienst am Recht, S. 242.
224 Zum folgenden: Personalakte Weimann.

VI. Die Strafverteidiger

Menschen zuzuwenden. In diesem Bestreben wurde ich umsomehr bestärkt, als in den Kreisen meiner Berufskollegen sich eine immer stärker werdende Tendenz bemerkbar machte, derartige Verteidigungen nicht zu übernehmen, sei es, daß sie sich den besonderen Anforderungen einer solchen Verteidigertätigkeit auf Grund mangelnder Spezialkenntnisse und -erfahrungen nicht gewachsen fühlten und deshalb die Verteidigung pflichtgemäß lieber den Spezialisten überließen oder, weil ihnen die Verteidigung von politischen Angeklagten zu gefährlich war und immer mehr wurde. Ich bin im Laufe der Jahre häufig von Kollegen oder anderen Personen gefragt worden, weshalb ich diese Art von Verteidigungen übernehme, da ich doch eine recht gute und wohlfundierte sonstige Strafpraxis hätte und ich mich dadurch zu sehr exponiere. Diesen Vorhaltungen habe ich stets entgegengehalten, daß es eigentlich gerade die Pflicht der Könner und Spezialisten auf dem Gebiete des Verteidigens sei, diesen politischen Gefangenen, welche keine Verbrechen begangen hatten und trotzdem wie Verbrecher oder manchmal noch schlimmer als solche behandelt wurden, mit allen Kräften und Mitteln beizustehen. Genauso wie ein Seelsorger oder ein Arzt nicht sich irgendeinem Menschen oder einer bestimmten Kategorie von Personen versagen darf, wenn er nicht gegen die Ethik seines Berufes verstoßen will, so habe ich es jedenfalls als meine Pflicht als Strafverteidiger und auch als Mensch angesehen, den politischen Angeklagten, die um ihr Leben, ihre Freiheit und ihre Existenz und diejenige ihrer Angehörigen kämpften, zu helfen und den Versuch zu unternehmen, zu retten, was noch zu retten war. Dies war der Beweggrund, daß ich mit Beginn des Krieges in immer steigendem Umfang mich der Verteidigung politisch Verfolgter zuwandte."[225]

Auch nach seiner Entnazifizierung und der Bestätigung der Rehabilitierung durch die britische Militärregierung am 20. Juli 1948 bestanden vor allem wegen der Weimann belastenden Aussagen von Fritz Lange und Maria Richter, aber auch wegen des Plädoyers im Fall Witzleben noch Bedenken gegen seine Zulassung. Am 13. Juni 1949 richtete Weimann deshalb wiederum ein Gesuch an den Vorstand der Berliner Anwaltskammer, in dem er betonte, daß selbst gegen Personen, deren Entnazifizierung abgelehnt wurde, nur ein maximales Berufsverbot von drei Jahren verhängt werden konnte und „zwar vom Tage der Einreichung des Entnazifizierungsantrages gerechnet. Meinen Antrag habe ich erstmalig am 12. April 1946 gestellt; die Karenzzeit dürfte also am 12. April 1949 abgelaufen sein." Um weiteren Bedenken vorzubeugen, betonte er: „Wenn weiterhin vielleicht die Ansicht vertreten werden sollte, daß ich zur sogenannten ‚Prominenz' der Anwaltschaft gehört hätte, so darf ich in aller Bescheidenheit darauf verweisen, daß eine solche Stellung meinerseits, wenn sie vorhanden gewesen sein sollte, nicht auf eine parteipolitische Bindung, sondern allein auf meine Fähigkeiten und meinen Arbeitseinsatz zurückzuführen ist."[226] Nach eingehender Prüfung befürwortete die Anwaltskammer im September 1949 schließlich Weimanns Gesuch, woraufhin er im Oktober 1949 seine Zulassung zur Rechtsanwaltschaft in Berlin erhielt. Bis zu seinem Tod im April 1964 war Arno Weimann einer der gesuchtesten Strafverteidiger der Stadt. „Wenn Schauspieler ein Vorbild für die Rolle eines Strafverteidigers suchen, dann denken sie an Dr. Arno Weimann. Er ist ein Vertrauter der Mörder", titelte „Bild" am 28. Juni 1954, als Weimann wiederum einen aufsehenerregenden Prozeß führte.

Rechtsanwälte als Angeklagte

Die Spannbreite der politischen Einstellung der Berliner Anwaltschaft zeigte sich in dem Prozeß gegen Rechtsanwalt Joseph Wirmer. Er stand am 7. und 8. September 1944 mit Carl Goerdeler und drei weiteren Angeklagten vor dem Volksgerichtshof. Geboren 1901, gehörte Wirmer vor 1933 der

---

225 Schreiben vom 11. Januar 1947, in: Ebenda.
226 Schreiben vom 13. Juni 1949, in: Ebenda.

Zentrumspartei an und war Vorstandsmitglied der „Vereinigung der Rechtsanwälte und Notare der Zentrumspartei" im Berliner Kammergerichtsbezirk[227] und Syndikus eines katholischen Akademikerverbandes. Wegen der Vertretung jüdischer Mandanten wurde er 1942 aus dem NSRB ausgeschlossen.[228] Im September 1943 legte ihm der Präsident der Berliner Rechtsanwaltskammer eine Geldstrafe in Höhe von 300 RM auf, „weil er seinen Beruf nicht getreu seinem Eide gewissenhaft ausgeübt und die ihm als Rechtsanwalt obliegenden Pflichten verletzt hat". Wirmer hatte seinen jüdischen Mandanten Edgar von Bleichroeder ohne Genehmigung des Gaurechtsamtes vertreten. Er legte gegen die Strafverfügung Beschwerde ein, die jedoch am 12. Juli 1944 zurückgewiesen wurde.[229]

Seit 1942 hatte Wirmer enge Kontakte zu Goerdeler und wurde aktives Mitglied der Widerstandsbewegung. Nach dem Gelingen des Attentats sollte er das Amt des Reichsjustizministers übernehmen. In den ersten Augusttagen 1944 wurde Wirmer verhaftet und im September vor Gericht gestellt, wo er sich selbst mutiger verteidigte als sein bestellter Verteidiger. Wirmer rief Freisler zu: „Wenn ich hänge, habe nicht ich die Angst, sondern Sie", und als Freisler erwiderte, er werde bald zur Hölle fahren, entgegnete er: „Es wird mir ein Vergnügen sein, wenn Sie bald nachkommen, Herr Präsident!" Wirmers Pflichtverteidiger machte sich seine Aufgabe leicht. Zuerst versuchte er, seine „geringe Aktivität in diesem Falle" zu entschuldigen, über die sich ein forensisch erfahrener Zuhörer vielleicht wundere. Angesichts der Eindeutigkeit der Schuld seines Mandanten wäre ein anderes Verhalten aber eine nicht zu rechtfertigende und würdelose Schönfärberei. Nicht zuletzt würde dies auch der Pflicht und dem Amt des Anwalts widersprechen, der dieses von der Volksgemeinschaft erhalten habe. Nach Überprüfung sämtlicher juristischer Möglichkeiten käme für seinen Mandanten nur die Todesstrafe in Betracht, die dieser auch erwarte. Lediglich im Motiv des Angeklagten könne ein mildernder Umstand liegen, doch das Motiv sei unerheblich. Rechtsanwalt Joseph Wirmer wurde – wie Goerdeler – zum Tode, dauerndem Ehrverlust und Vermögenseinziehung verurteilt; er wurde noch am Tag der Urteilsverkündung, dem 8. September 1944, gehängt.[230] Vom Amtsgerichtspräsidenten erhielt der Reichsjustizminister am 13. September 1944 die lapidare Mitteilung: „Der Rechtsanwalt Joseph Wirmer in Berlin W 8, Wilhelmstraße 56, ist am 6. September 1944 in der Liste der bei dem Amtsgericht Berlin zugelassenen Rechtsanwälte gelöscht worden. Die Löschung erfolgte, weil er durch Befehl des Führers wegen Beteiligung an den Vorgängen vom 20. Juli 1944 aus der Rechtsanwaltschaft ausgestoßen ist."[231]

Goerdeler hatte bis 1943 beabsichtigt, den Berliner Rechtsanwalt Dr. Carl Langbehn zum künftigen Reichsjustizminister zu ernennen. Dieser wurde jedoch im September 1943 verhaftet, kurze Zeit nachdem er eine Unterredung zwischen Himmler, der über ihn heimliche Kontakte ins Ausland herzustellen versuchte, und dem für den konservativen Widerstand tätigen ehemaligen preußischen Finanzminister Johannes Popitz vermittelt hatte. Popitz wurde am 21. Juli 1944 ebenfalls festgenommen; der Volksgerichtshof verurteilte beide Angeklagte am 3. Oktober zum Tode. Rechtsanwalt Langbehn wurde am 12. Oktober 1944 hingerichtet.[232]

In den Reihen der Widerstandskämpfer stand auch der Berliner Anwaltsassessor und Oberleutnant d.Res. Fabian von Schlabrendorff, der als Vertrauter Generals von Tresckow in alle Umsturz- und Attentatspläne eingeweiht war. Er wurde am 17. August 1944 an der Front verhaftet und nach endlosen Quälereien und Mißhandlungen vor den Volksgerichtshof gestellt. Sowohl am 21. Dezember

---

227 GStA Rep. 84a Nr. 20155. Schreiben von Alfred Etscheit an den preuß. Justizminister, 13. April 1933.
228 Wagner, Der Volksgerichtshof, S. 722f.
229 Vorgang in: Personalakte Josef Wirmer (BA R 22).
230 Wagner, Der Volksgerichtshof, S. 726f.; König, Vom Dienst am Recht, S. 243.
231 Schreiben in: Personalakte Wirmer (BA R 22).
232 Wagner, Der Volksgerichtshof, S. 764f.

VI. Die Strafverteidiger

1944 als auch am 3. Februar 1945 (dem Todestag Freislers) wurde die Verhandlung vertagt. Bei der Sitzung am 16. März 1945 ließ die Reichsanwaltschaft dann die Anklage fallen und von Schlabrendorff wurde freigesprochen. Trotzdem wurde er in ein Konzentrationslager verbracht und erst am 4. Mai 1945 befreit.[233]

Einer der führenden Köpfe der Widerstandsbewegung war Rechtsanwalt Helmuth James Graf von Moltke, der 1935 eine auf Völkerrecht und internationales Privatrecht spezialisierte Kanzlei in Berlin eröffnet hatte. Moltke war bereits am 19. Januar 1944 verhaftet und nach Ravensbrück gebracht worden, weil er einen Freund vor der Telefonüberwachung gewarnt hatte. Nach dem Attentat wurde seine zentrale Rolle in der Widerstandsbewegung rasch bekannt, und der Volksgerichtshof verurteilte ihn am 11. Januar 1945 zum Tode und zur Aberkennung der Ehrenrechte. Moltke wurde am 23. Januar 1945 hingerichtet.[234]

Am 19. Januar 1945 mußten sich die beiden Berliner Rechtsanwälte Otto Lenz und Martin Korsch vor dem Volksgerichtshof verantworten. Sie wurden beschuldigt, von Goerdeler von den Umsturzabsichten erfahren, diese jedoch nicht angezeigt zu haben. Lenz war bis 1938 Pressereferent im Justizministerium gewesen und hatte sich dann als Anwalt niedergelassen. Sein Kontakt zu Goerdeler war durch seinen engen Freund, Rechtsanwalt Josef Wirmer, hergestellt worden. Goerdeler bot ihm den Posten des Staatssekretärs in der Reichskanzlei oder den des Reichsverkehrsministers an; Lenz lehnte beide Angebote ab. Rechtsanwalt und Notar Korsch war wegen seiner früheren Zugehörigkeit zu einer Freimaurerloge in keine NS-Organisation aufgenommen worden. Er war ein Schulfreund Goerdelers, der ihm gegenüber in einem Gespräch 1942 geäußert hatte, daß er die Kriegslage als aussichtslos einschätze und die NSDAP auf schwachen Füßen stehe.

Lenz erwiderte auf die Anklage, er habe die Umsturzpläne nicht angezeigt, weil er damals schwer herzkrank gewesen und sein Büro durch einen Luftangriff zerstört worden war. Korsch führte seine Logenmitgliedschaft auf eine Familientradition zurück; im übrigen habe er im Gespräch mit Goerdeler diesem heftig widersprochen und den Kontakt eingestellt. Korsch wurde freigesprochen, Lenz zu vier Jahren Zuchthaus und Ehrverlust verurteilt. In dem für den Leiter der Parteikanzlei, Martin Bormann, verfaßten Prozeßbericht hieß es über Lenz: „Lenz machte den Eindruck eines gewandten skrupellosen Rechtsanwalts. Er behielt während der ganzen, für ihn doch sehr ernsten Verhandlung ein öliges Lächeln bei. Auch nach der Verkündung des Urteils über 4 Jahre Zuchthaus verlor sich dies nicht aus seinem Gesicht. Ich hatte den Eindruck, daß er auch heute noch defaitistisch-goerdelischer Art ist und dieses Urteil für den von ihm erwarteten oder erhofften Zusammenbruch Deutschlands nicht ungern sieht."[235]

Auch das letzte Urteil Freislers, bevor er am 3. Februar 1945 bei einem Luftangriff ums Leben kam, richtete sich gegen vier Juristen. Hans John, Rüdiger Schleicher, Klaus Bonhoeffer und Friedrich Justus Perels wurden am 2. Februar 1945 zum Tode und zu dauerndem Ehrverlust verurteilt. Klaus Bonhoeffer, ein Neffe des ebenfalls vom Volksgerichtshof zum Tode verurteilten Berliner Stadtkommandanten Paul von Hase, war Rechtsanwalt und seit 1936 Syndikus der Lufthansa. Er stand dem Nationalsozialismus seit Jahren ablehnend gegenüber und hatte Kontakt zu vielen Widerstandskämpfern; in die Attentatspläne war er eingeweiht. Durch seinen Bruder Dietrich hatte er Kontakt zu Perels,[236] der als „Mischling zweiten Grades" galt und deshalb 1933 als Referendar weder in den Justizdienst übernommen noch als Rechtsanwalt zugelassen wurde. Perels half als Justitiar der

---

233 Ebenda, S. 714f.; Fabian von Schlabrendorff, Offiziere gegen Hitler, Zürich 1951.
234 Wagner, Der Volksgerichtshof, S. 770ff.
235 Ebenda, S. 741f.
236 Zu Perels s.: Mathias Schreiber, Friedrich Justus Perels (1910-1945). Rechtsberater der Bekennenden Kirche, in: Kritische Justiz, Streitbare Juristen, S. 355ff.

Bekennenden Kirche, der auch Dietrich Bonhoeffer angehörte, und kam durch seinen rastlosen Einsatz für Verfolgte mit Widerstandskreisen zusammen. Er wußte von den Attentatsplänen, war jedoch nicht direkt an den Vorbereitungen beteiligt. Am 5. Oktober 1944 wurde er mit der Begründung verhaftet, er habe das Vorhaben der Attentäter nicht zur Anzeige gebracht. Die vier zum Tode verurteilten Angeklagten wurden am 23. April 1945 von einem Rollkommando der SS aus dem Gefängnis Lehrter Straße abgeholt und rücklings erschossen.[237]

---

237 Wagner, Der Volksgerichtshof, S. 756ff.

VII. Die Kriegsjahre

1. Disziplinierung und Entfremdung

Die kriegsbedingte Gesetzgebung und in deren Folge zahlreiche Vereinfachungsverordnungen gestalteten die Rechtspflege gravierend um. Als Teil derselben waren die Rechtsanwälte davon unmittelbar betroffen. Während der zweiten Kriegshälfte mußte sich die Anwaltschaft zudem gegen staatliche Versuche der Verbeamtung wehren. Davon abgesehen waren zahlreiche Anwälte als Kriegsteilnehmer unmittelbar vom Krieg betroffen.

1940 waren etwa 8000 Rechtsanwälte, also die Hälfte aller zugelassenen Anwälte, einberufen.[1] Ihnen und ihren Familien galt zunächst die Sorge des NSRB und der Reichs-Rechtsanwaltskammer. Die eingezogenen Kollegen mußten beruflich und ihre Angehörigen sozial betreut werden; hinter dieser Aufgabe hatten alle anderen Vorhaben zurückzutreten. Der Gau Berlin des NSRB richtete eine „Beratungsstelle für Familienfürsorge" ein, die allen Angehörigen der Einberufenen für diesbezügliche Fragen kostenlos zur Verfügung stand.[2] Grundsätzlich hatten die Angehörigen der einberufenen Rechtsanwälte, unabhängig von der öffentlichen Fürsorge, auf der Grundlage des Familienunterstützungsgesetzes vom 30. März 1936[3] Anspruch auf staatliche finanzielle Zuwendungen zur Deckung des Lebensunterhaltes. Der Verordnung zur Ergänzung des Gesetzes vom 11. Juli 1939[4] zufolge sollten die gewährten Leistungen den notwendigen Lebensbedarf unter Rücksichtnahme auf die bisherigen Lebensverhältnisse sichern. Dennoch setzten bereits unmittelbar nach Kriegsbeginn Klagen ein, daß diese Beihilfen zu gering bemessen seien. Vor allem der Vergleich mit den einberufenen Beamten, die weiterhin ihr Gehalt erhielten, erregte unter den Wehrdienst leistenden Rechtsanwälten Unmut.[5]

Für den Fortbestand der Kanzleien war die Vertretungsregelung der Kriegsdienst leistenden Rechtsanwälte wichtig. Nach der „Verordnung über die Vertretung von Rechtsanwälten" vom 18. September 1939[6], die bereits im Juli 1939 vorbereitet worden war,[7] fiel diese Aufgabe in den Verantwortungsbereich des Präsidenten der Reichs-Rechtsanwaltskammer.[8] Rechtsanwälte und Assessoren im anwaltlichen Probe- und Anwärterdienst waren verpflichtet, die Vertretung zu übernehmen. Allerdings klagten viele Anwälte über die gesetzliche Verpflichtung, die Vertretung grundsätzlich unentgeltlich wahrnehmen zu müssen.[9] Nachteilig für die Wehrdienst leistenden Rechtsanwälte und Notare wirkte

---

1 Konrad H. Jarausch, The Perils of Professionalism: Lawyers, Teachers, and Engineers in Nazi Germany, in: German Studies Review 9 (1986), S. 127.
2 IfZ Db 34.23. NS.-Rechtswahrerbund Gau Berlin, Tätigkeitsbericht für das Jahr 1939, S. 5.
3 Gesetz über die Unterstützung der Angehörigen der einberufenen Wehrpflichtigen und Arbeitsdienstpflichtigen (Familienunterstützungsgesetz) vom 30. März 1936, in: RGBl. I 1936, S. 327f.
4 Verordnung zur Ergänzung und Durchführung des Familienunterstützungsgesetzes (Familienunterstützungs-Durchführungsverordnung) vom 11. Juli 1939, in: Ebenda 1939 I, S. 1225ff.
5 BA R 22/266. Der Präsident der Reichs-Rechtsanwaltskammer an den Herrn Reichsminister der Justiz, 15. September 1939; Der Präsident der Reichs-Rechtsanwaltskammer an den Herrn Reichsminister der Justiz. Betrifft: Bereitstellung von Mitteln zur Sicherung des Unterhalts der zum Wehrdienst einberufenen Rechtsanwälte, 13. September 1939; Niederschrift über die Sitzung des erweiterten Beirats der Reichs-Rechtsanwaltskammer in Berlin am 14. Oktober 1939, S. 6ff.
6 RGBl. I 1939, S. 1847f.
7 BA R 22/255. Der Präsident der Reichs-Rechtsanwaltskammer an den Herrn Reichsminister der Justiz. Streng vertraulich! Betrifft: Vorkehrungen für den Fall einer Mobilmachung, 26. Juli 1939.
8 Um diese Genehmigung mußte der Präsident der RRAK kämpfen, da das Justizministerium die Bestellung eines Vertreters in den Händen der Oberlandesgerichtspräsidenten belassen wollte. Ebenda. Der Präsident der Reichs-Rechtsanwaltskammer an den Herrn Reichsminister der Justiz. Betrifft: Vorkehrungen für den Fall einer Mobilmachung, 23. August 1939.
9 Boberach, Meldungen aus dem Reich. Bd. 4, 25. Juli 1940, S. 1421.

sich die Praxis der Gerichte aus, diese von der Bestellung zu Masseverwaltern, also als Pfleger, Vormund, Konkurs-, Zwangs- oder Nachlaßverwalter, auszuschließen. Hinsichtlich dieser Verwalter- oder Pflegetätigkeit war eine Vertretung nicht zulässig. Der Reichsjustizminister erließ deshalb am 12. Juni 1940 eine Allgemeine Verfügung, die dieses Verbot aufhob und die Vertretung einberufener Rechtsanwälte und Notare als Masseverwalter gestattete, soweit die Belange der Beteiligten ausreichend gewahrt blieben und der zum Vertreter bestellte Rechtsanwalt oder Notar die persönliche und sachliche Eignung zur Übernahme dieser Aufgabe besaß. Die gesetzlich festgelegte Vergütung mußte der Vertreter an den einberufenen Rechtsanwalt oder Notar abführen. Beide waren gehalten, selbst die Höhe der Entschädigung für den Vertreter zu vereinbaren.[10]

Die Kriegsgesetzgebung[11] bewirkte einen Rückgang der Arbeitsmöglichkeiten der Anwaltschaft. Die „Verordnung über Maßnahmen auf dem Gebiete des bürgerlichen Streitverfahrens, der Zwangsvollstreckung, des Konkurses und des bürgerlichen Rechts" vom 1. September 1939 sah die Unterbrechung oder Aussetzung eines Prozesses in bürgerlichen Rechtsstreitigkeiten vor, falls eine Partei durch die Kriegsverhältnisse an der Teilnahme gehindert war. Zudem sollten vorübergehend keine Versäumnisurteile ausgesprochen werden, und die Möglichkeiten einer Verfahrensaussetzung durch den Richter wurden erweitert; Anträge hierfür unterlagen nicht dem Anwaltszwang. Zudem wurden Zwangsvollstreckungsmaßnahmen ausgesetzt.[12]

Ebenfalls vom 1. September 1939 datiert die „Verordnung über Maßnahmen auf dem Gebiet der Gerichtsverfassung und der Rechtspflege", die sogenannte erste Vereinfachungsverordnung. Die amtsgerichtliche Zuständigkeitsgrenze wurde auf 1500 RM und die Berufungsmindestsumme auf 500 RM erhöht.[13] Davon waren die Amtsgerichtsanwälte empfindlich getroffen.

Im Frühjahr 1940 waren zahlreiche Praxen durch die Kriegsfolgen so weit zurückgegangen, daß ihre Betreiber nur durch Nebentätigkeiten ihren Lebensunterhalt sichern konnten.[14] Im Sommer 1940 zeichnete ein SD-Bericht ein dramatisches Szenario: „Die Lage der Anwaltschaft war schon vor dem Kriege ungünstig. ... Dieser Zustand hat sich durch den Krieg sehr verschärft. Der Krieg verursachte ein weiteres ruckartiges Zurückgehen der anwaltlichen Tätigkeit: auf dem Gebiet des Zivilrechts hat die Rationierung, die allgemeine Warenknappheit, die Einziehung vieler Geschäftsleute, die Schließung und Umstellung von Betrieben und das allgemeine Bestreben, Streitigkeiten gütlich zu regeln, den Arbeitsbereich des Anwalts auf ein Mindestmaß beschränkt. Auf dem Gebiet des Strafrechts ist durch die Amnestie, den fast völligen Wegfall von Verkehrsstrafsachen, durch den allgemeinen Rückgang der Kriminalität und die Einziehung vieler Betroffener die Arbeit der Anwälte gleichfalls verringert. Auf dem Gebiete der freiwilligen Gerichtsbarkeit hat das Verbot privater Bautätigkeit den Grundstücksverkehr stark eingeschränkt. Dadurch ist vor allem auch die Tätigkeit der Notare verhindert. Hierzu treten die kriegsbedingten gesetzlichen Maßnahmen: die Aussetzung der Prozesse, wenn eine Partei durch die Kriegsverhältnisse betroffen ist; die Heraufsetzung der Amtsgerichtsgrenze auf 1500 RM; die Übertragung der Berufungen gegen amtsgerichtliche Urteile an das Oberlandesgericht, die Heraufsetzung der Berufungsgrenze auf 500 RM; die Einschränkung der Pflichtverteidigungen. Vor allem beseitigt die Abänderung der amtsgerichtlichen Zuständigkeit den Anwaltszwang für die häufigsten Streitobjekte zwischen 500 und 1500 RM und gibt den Parteien die Möglichkeit, sich selbst zu vertreten; die Einschränkung der Berufungen läßt eine Fülle von Rechtsstreiten überhaupt wegfallen. ... Die Auswirkung dieses Rückgangs der Beschäftigung ist eine

---

10 Berücksichtigung einberufener Rechtsanwälte oder Notare bei der Bestellung von Masseverwaltern, Vormündern, Pflegern u.ä. Allgemeine Verfügung des Reichsjustizministers vom 12. Juni 1940, in: Deutsche Justiz, 21. Juni 1940, S. 702f.
11 Vgl. zur Kriegsgesetzgebung ausführlich: Ostler, Die deutschen Rechtsanwälte, S. 280ff.
12 RGBl. I 1939, S. 1656ff.
13 Ebenda, S. 1658ff; Boberach, Meldungen aus dem Reich. Bd. 3, 17. Januar 1948, S. 663.
14 Boberach, Meldungen aus dem Reich. Bd. 4, 10. April 1940, S. 981.

VII. Die Kriegsjahre

gleichmäßig aus dem ganzen Reichsgebiet gemeldete ungünstige und sich stets noch verschlechternde Lage der Rechtsanwälte. ... Die Einziehung von Anwälten hat keine wesentliche Entlastung gebracht, da die Verminderung der Zahl der Anwälte mit dem Geschäftsschwund nicht Schritt hält. Im übrigen ist erst in letzter Zeit ein größerer Prozentsatz der Anwälte eingezogen worden, da erst jetzt die älteren Jahrgänge erfaßt werden. Der Versuch, Anwälte in größerer Zahl in andere Berufe für die Kriegszeit oder für dauernd zu überführen, ist noch kaum gelungen. Die Hoffnungen, daß in den Ostgebieten und im Generalgouvernement Richterstellen und Möglichkeiten zur Niederlassung als Anwalt frei würden, haben sich nicht erfüllt. ... Ebenso ist ... eine Übernahme in die Wirtschaft oder die Verwaltung in größerem Umfang nicht geschehen. ... Die Lage der Anwaltschaft ist, vom Einsatz der Kräfte im Volksganzen aus gesehen, unbefriedigend."[15]

Kriegsausgleichsstock

Auf Befremden stieß bei den meisten Anwälten die Einführung eines sogenannten Kriegsausgleichsstocks für Kriegsdienst leistende Rechtsanwälte durch die Reichs-Rechtsanwaltskammer. Aus diesem Kriegsausgleichsstock sollten die vom Wehrdienst zurückkehrenden Rechtsanwälte Übergangsgelder bis zum Wiederaufbau ihrer Praxis erhalten.[16] Betroffen war zunächst nur ein geringer Teil der Anwälte, die abzüglich von Freibeträgen für Ehefrau und Kinder ein Netto-Einkommen von mehr als 20 000 RM im Jahr hatten. Kritisiert wurde an dieser Maßnahme vor allem die Regelung, daß nur Mehreinnahmen im Vergleich zu 1936, 1937 und 1938 zu 75 Prozent abgegeben werden mußten, die Großverdiener unter den Anwälten – wenn sie seit Kriegsbeginn keine Einkommenssteigerung hatten – also nicht einbezogen wurden. Die Reichs-Rechtsanwaltskammer hingegen argumentierte, daß eine Praxisausdehnung während des Krieges auf Kosten der eingezogenen Rechtsanwälte ginge und die Gewinne deshalb nicht dem einzelnen Rechtsanwalt, sondern dem gesamten Stand gebührten. Auch unter den Wehrdienst leistenden Anwälten stieß die als „Fürsorge für die Großverdiener" geltende Maßnahme auf wenig Gegenliebe.[17]

Rechtsanwälte als Richter und Staatsanwälte[18]

Schon bald nach Kriegsbeginn hatte die Justiz mit akuten Personalproblemen zu kämpfen. Vor allem die Lücken der einberufenen Richter und Staatsanwälte galt es zu schließen, um einen reibungslosen Fortgang des Gerichtsbetriebs zu gewährleisten. Seit der Verabschiedung der „Laufbahnverordnung für Richter und Staatsanwälte" am 16. Mai 1939 konnten Rechtsanwälte im Justizdienst als Richter oder Staatsanwalt eingesetzt werden. Sie mußten sich dafür freiwillig beim Reichsjustizminister melden und ein positives Gutachten des zuständigen Oberlandesgerichtspräsidenten vorlegen. 1939 wurden die Bewerber noch einer eingehenden Prüfung unterzogen. Kriterien waren neben der fachlichen Eignung auch die politische Zuverlässigkeit und charakterliche Eigenschaften; Bewerber, deren Verhalten ehrengerichtlich beanstandet worden war, wurden grundsätzlich abgewiesen. Zu

---

15 Ebenda, 25. Juli 1940, S. 1420f.
16 BA R 22/266. Der Präsident der Reichs-Rechtsanwaltskammer. Entwurf einer Anordnung über die Abgabe der im Kriege erzielten Mehrgewinne, 17. Juni 1940.
17 Boberach, Meldungen aus dem Reich. Bd. 10, 9. Juli 1942, S. 3929f.
18 Dieses Kapitel basiert auf einem Aufsatz von Eva Douma (Rechtsanwälte als Staatsdiener. Der „Einsatz" der Rechtsanwälte in der Justiz während des Zweiten Weltkrieges, in: Juristische Zeitgeschichte, Bd. 1: Justiz und Nationalsozialismus, S. 103-130), indem sie exemplarisch für die Oberlandesgerichtsbezirke Hamm und Düsseldorf den Einsatz von Rechtsanwälten im Staatsdienst untersucht.

dieser Zeit bewarben sich in der Regel die weniger erfolgreichen Anwälte; für die anderen besaß der Dienst in einem Beamtenverhältnis auf Widerruf wenig Attraktivität.[19] Eine Verbeamtung sollte während des Krieges nicht eingeleitet werden.[20] Die Zahl der Bewerbungen stieg erst, als die Tätigkeit als Richter oder Staatsanwalt eine Möglichkeit bot, der Einberufung zur Wehrmacht zu entgehen. Dies war allerdings nur bei einem Einsatz in den Ostgebieten der Fall;[21] Rechtsanwälte, die im Altreich im Justizdienst eingesetzt waren, konnten jederzeit eingezogen werden.

Im Frühjahr 1941 wuchs die Personalnot der Justiz durch die zunehmenden Einberufungen an. Um dem Bedarf gerecht zu werden, mußten mehr Rechtsanwälte für den Justizdienst „rekrutiert" werden. Damit sanken die Anforderungen an die Bewerber. Bei Abstammung und politischer Einstellung wurde zwar kein Kompromiß gemacht, insgesamt sollte nun jedoch „kein besonders strenger Maßstab angelegt werden", wie der Reichsjustizminister an den Präsidenten der Reichs-Rechtsanwaltskammer im März 1941 schrieb. Er empfahl auch die Übernahme solcher Rechtsanwälte, „die den Anforderungen eines Durchschnittsrichters beziehungsweise -staatsanwaltes" genügten. Die bislang abgelehnten Bewerber sollten unter „Anlegung eines weniger strengen Maßstabes" erneut geprüft werden.[22] Die Gewinnung von Rechtsanwälten blieb trotzdem schwierig. Zum einen waren die Reihen der Rechtsanwälte durch die Einberufungen zur Wehrmacht ebenfalls gelichtet, zum anderen fehlte es dem Justizdienst nach wie vor an Attraktivität.

Die „Verordnung über die Meldung von Männern und Frauen für Aufgaben der Reichsverteidigung" vom 27. Januar 1943[23] veränderte den Einsatz der Rechtsanwälte als Richter oder Staatsanwälte grundlegend. Nun konnten Anwälte, deren Tätigkeit nicht als „kriegswichtig" eingestuft wurde, zwangsweise für den Justizdienst verpflichtet werden; bisher war dies nur auf freiwilliger Basis geschehen. Die Betroffenen versuchten, sich dem Einsatz zu entziehen oder ihn zumindest zu verzögern. Offenbar waren viele damit erfolgreich, zumal sich die Situation im Laufe des Jahres 1944 wegen des starken Rückgangs der Gerichtstätigkeit deutlich entspannte. Mitte 1943 waren lediglich 16 Berliner Rechtsanwälte zum Einsatz als Richter oder Staatsanwalt benannt, im Einsatz befanden sich gar nur zehn.[24] Die tatsächlich im Justizdienst eingesetzten Rechtsanwälte scheinen die in sie gesetzten Erwartungen erfüllt zu haben; Klagen der Justizverwaltung sind nicht aktenkundig.

Arbeitseinsatz

Die vom 27. Januar 1943 datierende „Verordnung über die Meldung von Männern und Frauen für Aufgaben der Reichsverteidigung"[25] verpflichtete zunächst auch Rechtsanwälte zur Meldung beim Arbeitsamt, soweit sie nicht älter als 65 Jahre waren und mehr als fünf Angestellte beschäftigten. Der Reichsjustizminister und der Generalbevollmächtigte für den Arbeitseinsatz einigten sich noch im März 1943 darauf, Rechtsanwälte und Notare von der Meldepflicht zu befreien und die Durchführung

---

19 BA R 22/261. Schreiben vom 27. November 1942.
20 Ebenda/259. Der Präsident des Reichs-Rechtsanwaltskammer an die Herren Präsidenten der Rechtsanwaltskammern. Betr.: Übernahme in den Justizdienst, 30. Juni 1942.
21 Eine Liste von Rechtsanwälten, die sich für die Verwendung in Justiz und Wirtschaft in den Ostgebieten zur Verfügung stellten, sandte der Präsident der Reichs-Rechtsanwaltskammer im Oktober 1941 an den Wirtschaftsstab Ost. Ebenda. Der Präsident der Reichs-Rechtsanwaltskammer an den Wirtschaftsstab Ost. Betrifft: Personaleinsatz im Osten, 27. Oktober 1941.
22 Der Reichsminister der Justiz an den Präsidenten der Reichsrechtsanwaltskammer, 28. März 1941. Zit. nach: Douma, Rechtsanwälte als Staatsdiener, S. 110.
23 RGBl. I 1943, S. 67f.
24 BA R 22/271. Bezirksweise Übersicht über den Einsatz der Rechtsanwälte für Aufgaben der Reichsverteidigung.
25 RGBl. I 1943, S. 67f.

des Arbeitseinsatzes den Oberlandesgerichtspräsidenten zu übertragen,[26] um alle Rechtsanwälte und Notare einer „überwiegend kriegswichtigen Tätigkeit" zuzuführen.

Nach einem Erlaß des Reichsjustizministers übten Rechtsanwälte und Notare eine „überwiegend kriegswichtige Tätigkeit" aus, die zur Aufrechterhaltung der Rechtspflege unentbehrlich schien. Es sollten also Strafverteidiger, Steuerberater, Berater von Rüstungswerken, Prozeßanwälte für Verfahren mit Anwaltszwang und Notare in ausreichender Zahl zur Verfügung stehen.[27] Im Hintergrund stand dabei allerdings das Ziel, mit dieser Maßnahme „politisch unzuverlässige" und in Mißkredit geratene Anwälte aus ihrem Beruf zu drängen. Vornehmlich sollten dem Arbeitsamt „Mischlinge, jüdisch versippte Anwälte, Rechtsanwälte, die politisch unzuverlässig sind oder die in ihrer Berufsausübung mehrfach zu Beanstandungen Anlaß gegeben haben" zur Verfügung gestellt und dann in der kriegswichtigen Industrie eingesetzt werden. Unter diesem Gesichtspunkt mußte der Arbeitseinsatz der Rechtsanwälte schon bald als gescheitert betrachtet werden. Ein SD-Bericht vom 15. Juli 1943 gibt Aufschluß: „Das an sich erwünschte Ziel einer Berufsbereinigung lasse sich jedenfalls im Kriege mit Hilfe einer solchen Maßnahme nicht verwirklichen. Jede Berufsbereinigung müsse z.Z. unvollkommen bleiben; denn sie erfasse weder den Rechtsanwalt, der zur Wehrmacht eingerückt sei, noch die in manchen Bezirken große Zahl von Anwälten, die bereits in den vergangenen Kriegsjahren eine kriegswichtige Tätigkeit bei Behörden, Verbänden oder in der Rüstungswirtschaft übernommen hätten. Auch unter diesen Anwälten befänden sich unerwünschte Elemente, deren endgültige Ausscheidung aus der Anwaltschaft erwünscht, z.Z. indessen nicht möglich sei." Problematisch sei außerdem, daß ein Arbeitseinsatz in einer etwa gleichwertigen Stellung erfolgen sollte. Da es sich hierbei meist um Tätigkeiten bei Behörden oder in der Rüstungsindustrie handelte, bestehe die Gefahr, „daß die Arbeitsämter die angebotenen Anwälte überhaupt nicht unterbringen könnten oder daß politisch oder charakterlich unzuverlässige Anwälte im Rahmen des Kriegseinsatzes an politisch oder wirtschaftlich bedeutsame Stellen kämen, wo sich ihr Einfluß wesentlich ungünstiger auswirken könne als in ihrer bisherigen Tätigkeit als Anwalt". Zudem schufen die Arbeitseinsatzmaßnahmen keine rechtliche Grundlage für die Schließung einer Anwaltskanzlei. Der Anwalt konnte, soweit zeitlich möglich, weiterhin seine Kanzlei betreiben.[28] Es bestand allerdings die Möglichkeit, den Arbeitseinsatz zeitlich so zu gestalten, daß der Anwalt nicht mehr in der Lage war, nebenberuflich seine Kanzlei aufrechtzuerhalten.

Abgesehen von der mißlungenen „Säuberung" des Standes war der Arbeitseinsatz der Rechtsanwälte und Notare wenig erfolgreich. Ende Juni 1943 waren dem Arbeitsamt 145 Berliner Rechtsanwälte gemeldet; lediglich 44 wurden eingesetzt.[29]

Der Rechtsanwaltsbrief

Der Reichsjustizminister verfolgte sein Anpassungsziel beharrlich weiter. Nur wenige Wochen nach Erlaß der Verordnung vom 1. März 1943[30] zur Ergänzung der RRAO gab er seine Absicht bekannt, in Zukunft analog zu den „Richterbriefen", die seit Oktober 1942 regelmäßig allen Richtern zugängig gemacht wurden,[31] „Rechtsanwaltsbriefe" zu publizieren, um den Rechtsanwälten behilflich zu sein,

---

26 Deutsches Recht, Ausgabe A, 29. Mai 1943, S. 594; BA R 22/268. Schnellbrief des Reichsministers. Betrifft: Einsatz von Rechtsanwälten (Notaren) und ihren Kanzleiangestellten für Aufgaben der Reichsverteidigung, 18. März 1943.
27 BA R 22/268. Schnellbrief des Reichsministers der Justiz. Betrifft: Einsatz der Rechtsanwälte und Notare für Aufgaben der Reichsverteidigung, 19. März 1943.
28 SD-Bericht zu Inlandsfragen vom 15. Juli 1943, in: Boberach, Meldungen aus dem Reich, Bd. 14, S. 5490ff.
29 BA R 22/271. Bezirksweise Übersicht über den Einsatz der Rechtsanwälte für Aufgaben der Reichsverteidigung.
30 Verordnung zur Änderung und Ergänzung der Reichs-Rechtsanwaltsordnung, in: RGBl. I 1943, S. 123ff.
31 Boberach, Richterbriefe.

„im Widerstreit zwischen Gemeinwohl und Parteiinteresse den richtigen Weg einzuschlagen". In einer Rundverfügung bat er die höheren Reichsjustizbehörden, geeignetes Material aus Eingaben, Plädoyers und Schriftsätzen von Rechtsanwälten zur Verfügung zu stellen. Die Anwälte rief er auf, Anregungen und Fragen, deren Erörterung zweckmäßig schien, einzureichen.[32] Auch die „Rechtsanwaltsbriefe" sollten zweifelsohne ein Instrument für die Überwindung der Kluft zwischen Anwaltschaft und Staat sein. Die Angesprochenen lieferten jedoch nur sehr zögerlich Material. Möglicherweise war dies ein Grund, weshalb von der ersten Absichtsäußerung des Reichsjustizministers bis zur Publikation des einzigen „Rechtsanwaltsbriefes" 18 Monate verstrichen. Er wurde am 1. Oktober 1944 veröffentlicht, obwohl der Präsident der Reichs-Rechtsanwaltskammer bereits im September 1943 das Erscheinen angemahnt hatte, weil er aus Anwaltskreisen, vor allem von Wehrdienstleistenden, mehrfach Anfragen erhalten hatte.[33]

Die „Rechtsanwaltsbriefe" verfolgten, wie im einzig erschienenen Exemplar nachzulesen, ein doppeltes Ziel: „Sie wollen einmal den Rechtsanwälten anhand von Urteilen der Gerichte auf den verschiedenen kriegswichtigen Rechtsgebieten die Ziele der Justizführung bekanntgeben und die Linie der Gerichte aufzeigen, um ihnen unnötige Arbeit bei Gegenvorstellungen, Beschwerden oder Rechtsbehelfen sonstiger Art zu ersparen, für die heute kein Raum mehr ist. Sie wollen andererseits das allgemeine Verhalten und Auftreten der Rechtsanwälte im Beruf untereinander und gegenüber den Richtern und Staatsanwälten so ausrichten, daß eine geschlossene Arbeitskameradschaft aller Rechtswahrer entsteht." Nachfolgend wurden 14 Gerichtsverfahren erörtert, in denen das Verhalten der beteiligten Strafverteidiger nicht mit den Vorstellungen des Reichsjustizministeriums in Einklang stand.[34] Die Beschränkung auf die Strafverteidiger unterstrich, daß diese besonders in Mißkredit geraten waren. Ob die ideologischen Erläuterungen die Angesprochenen erreichten, muß bezweifelt werden.

Im letzten Kriegsjahr konnte von einer geordneten Rechtspflege keine Rede mehr sein. Zahlreiche Gerichtsgebäude und Haftanstalten waren durch Bombenabwürfe stark zerstört. Von den Luftangriffen waren auch Rechtsanwälte in erheblichem Maße betroffen. Viele Kanzleien waren ausgebombt, was sehr häufig den Verlust von Handakten zur Folge hatte. Prozesse mußten wegen des Fehlens von Parteien, Zeugen und Rechtsanwälten verschoben werden.[35]

Konflikte mit Staat und Partei

Die Zielsetzungen der Partei und weitgehend auch des Staatsapparates blieben eindeutig. Die mißliebigen Anwälte sollten ausgeschaltet, die weiterhin tätigen enger an den Staat gebunden werden. Dem Plan dienten viele, auch von den Anwälten selbst geforderte Gesetzesänderungen. Letztlich war dem Vorhaben kein allzu großer Erfolg beschieden. Immerhin waren 1937[36] der 2089[37] Berliner Rechtsanwälte und Notare Ende 1939 Mitglied des der NSDAP angeschlossenen NS-Rechtswahrerbundes. Abgesehen davon, daß damit jeder fünfte Rechtsanwalt nicht beigetreten war, identifizierten sich auch viele der Mitglieder nicht mit den weltanschaulichen Zielen des NSRB. Sie hatten

---

32 Vorgang in: BA R 22/4275 Betr.: Richterbriefe, Rechtsanwaltsbriefe, 26. März 1943; Mitteilungen der Reichs-Rechtsanwaltskammer, 31. März 1943, S. 1f.
33 BA R 22/4701. Der Präsident der RRAK an den Herrn Reichsminister der Justiz. Betr.: Anwaltsbriefe, 21. September 1943.
34 Rechtsanwaltsbrief in: Ebenda R 54 II/1536c.
35 SD-Bericht zu Inlandsfragen vom 21. Februar 1944, in: Boberach, Meldungen aus dem Reich, Bd. 16, S. 6353ff.
36 IfZ Db 34.23. NSRB-Tätigkeitsbericht 1939, S. 8.
37 Mitteilungen der Reichs-Rechtsanwaltskammer, 10. Februar 1940, S. 18.

VII. Die Kriegsjahre

sich zur Teilnahme entschlossen, um keine beruflichen Nachteile zu riskieren oder als Abweichler und damit als unzuverlässig zu gelten.

Die Nationalsozialisten hatten die Vorstellung von einer unter staatlicher Kontrolle stehenden Justiz. Dem entsprachen ihre Pläne einer immer weitergehenden Beschneidung der anwaltlichen Rechte. Dazu im Gegensatz standen die Gedanken und Prinzipien der Anwälte von einem freien, unabhängigen Beruf. Von einem grundsätzlich oppositionellen Geist war wenig auszumachen. Die staatlichen Maßnahmen ließen unter den Anwälten die Befürchtung einer bevorstehenden Verbeamtung entstehen. Die massive Gängelung und Einflußnahme, verbunden mit einer fortschreitenden Einschränkung der anwaltlichen Rechte führten zu einer Entfremdung vieler Rechtsanwälte gegenüber dem Staat. Damit wurde eine Spirale der Auseinandersetzung zwischen Staat und Anwaltschaft in Gang gesetzt, die erst die deutsche Niederlage 1945 beendete. Jeder Vereinnahmungsversuch wurde von der Anwaltschaft mit einer weiteren Distanzierung beantwortet, was für den Staat wiederum Anlaß war, Klage über den Berufsstand zu führen und die Rechte weiter zu beschneiden.

Ein Blick auf das Geschehen zeigt, daß vor keinem Mittel zurückgeschreckt wurde, von der Empfehlung bis zur Drohung. Der Tenor schon läßt erkennen, daß damit die weiterhin im Interesse ihrer Mandanten tätigen Anwälte nicht erreicht wurden. Im Januar 1942 etwa griff das Organ des NSRB, „Deutsches Recht", das Stichwort der rechtlichen Vertretung von Juden auf, da dieses Thema „dem Anwalt, der mit den Problemen nicht voll vertraut ist, häufig Schwierigkeiten" bereite. Der Empfehlung, bereits bei der Übernahme einer Vertretung jüdischer Mandanten „besondere Sorgfalt" walten zu lassen, folgten einige Beispiele, die abschreckend wirken sollten. Das erste Beispiel zeigte die direkte Gängelung, die die Anwälte von seiten des NSRB über sich ergehen lassen mußten: „Manche Jüdin und auch manche deutsche Frau, die mit einem Juden verheiratet war, entdeckte in diesen Jahren plötzlich den dunklen Punkt in ihrem Leben. Was sie in früheren Jahrzehnten mit dem Brustton der Überzeugung als Verleumdung einer anständigen Frau weit von sich gewiesen hätte, trägt sie nun offen und ohne Scham vor Gerichten und Behörden zur Schau; was mit allen Mitteln verdeckt und verheimlicht wurde, soll nun mit den minutiösesten Beweismitteln klar erwiesen werden: ihre eheliche Untreue. ... Nicht etwa um der Wahrheit zu dienen, werden hier Vorgänge ans Licht der Öffentlichkeit geholt, die besser verborgen blieben, sondern aus einem sehr realen Grunde: Das Kind, das diesem angeblichen Seitensprung sein Dasein verdankt, soll in seinem wirtschaftlichen Fortkommen in Deutschland gefördert, es soll ihm der Makel jüdischer Abkunft genommen werden. Es mag Fälle geben, die einer Klärung und Richtigstellung bedurften. ... Aber diese Fälle sind längst entschieden. Wer heute erst mit seinen Entdeckungen hervortritt, steht von vornherein im dringendsten Verdacht, einen Zweckschwindel zu begehen. ... Mit größter Vorsicht wird ... der Anwalt alle Angaben selbst sorgfältig wieder und wieder prüfen, ehe er eine solche Vertretung übernimmt. Grundsätzlich hat die Volksgemeinschaft kein Interesse mehr daran, um Mitglieder aus der bisherigen Judenschaft bereichert zu werden, die ihre arische Abkunft oder ihre Mischlingseigenschaft den zweifelhaftesten Ammenmärchen verdanken. Es ist deshalb des nationalsozialistischen Rechtswahrers unwürdig, sich, wenn auch unbewußt, zum Diener der Lügengespinste von Juden und Judengenossen zu machen. Ihm wird, selbst bei sorgsamster Prüfung, kaum die Entscheidung möglich sein, ob er hier selbst als Opfer eines Zweckschwindels mißbraucht werden soll. Läßt er sich aber selbst betrügen, so setzt er sich der Gefahr aus, daß diese Vertretung zum dunklen Punkt seiner Praxis wird und daß er darüber hinaus den Stand der Gefahr von Vorwürfen und Mißverständnissen aussetzt. Die ‚Arisierung' mit den Mitteln zweifelhafter Abstammungsnachweise kommt daher für die deutschbewußte Anwaltschaft nicht in Betracht."[38]

---

38 Deutsches Recht, Ausgabe A, 3./10. Januar 1942, S. 30.

Die Kritik der Zeitschrift beschränkte sich nicht auf das berufliche Verhalten, auch das Privatleben wurde unter dem Gesichtspunkt des Interesses der „Volksgemeinschaft" einer Prüfung unterzogen. Die Zeitschrift „Wirtschaft und Statistik" hatte 1941 eine Übersicht veröffentlicht, derzufolge jeder Rechtsanwalt 1938 im Durchschnitt 0,87 Kinder, jeder Arzt 1,1 Kinder und jeder Wirtschaftsprüfer 0,95 Kinder hatte. Dies war Anlaß für das NSRB-Organ, im Januar 1942 einen vom Berliner Rechtsanwalt Schmidt-Klevenow verfaßten Artikel über „Die Kinderzahl bei den Rechtsanwälten, Ärzten und Wirtschaftsprüfern" zu publizieren, der sich mit dieser Statistik auseinandersetzte: „Dieses Ergebnis ist einfach erschütternd, besonders erschütternd, nachdem der nationalsozialistische Staat seit 1933 in bevölkerungspolitischer Beziehung so Grundsätzliches und so viel getan hat. Jeder von uns hat dem Führer alles, was er ist, was er tut und was er hat, zu verdanken. In 8 Jahren nationalsozialistischen Aufbaus war für jeden Gelegenheit genug, dem Führer den Dank abzustatten und ihm und dem deutschen Volk Kinder zu schenken. ... Es müßte eigentlich jedem Deutschen klar geworden sein, daß das deutsche Reich Kinder braucht, um alle die neuen Aufgaben bewältigen zu können.... Die vorstehenden Zahlen sind eine ungeheure Anklage, sie zeugen zugleich von einer ziemlichen Verantwortungslosigkeit gegenüber unserem Volke. ... Eine vernünftige Erklärung für dieses erschreckende Ergebnis gibt es m.E. nicht."[39]

Am 16./17. April 1941 erschien im „Schwarzen Korps", dem Organ der SS, ein Artikel über einen Rechtsanwalt aus dem mecklenburgischen Güstrow, der Kirchensekretär in Groß-Methling war. Angeblich hatte der Rechtsanwalt im Auftrage der Kirche einem lokalen Waffen-SS-Mitglied, das an der Front stand, eine Klage zugestellt, die ihn aufforderte, aufgrund einer alten Observanz bestimmte dingliche Naturallasten zu leisten. Für „Das Schwarze Korps" bot diese Klage einen willkommenen Anlaß, um einen besonders primitiven Angriff auf die Anwaltschaft zu initiieren. In dem Artikel hieß es: „Da sehen wir aber auch einen deutschen ‚Rechtswahrer' in einer mehr als seltsamen Rolle. Er ist nebenbei zu seinem Privatvergnügen auch ‚Kirchensekretär', so wie er Kassenwart eines Gesangvereins sein könnte. Aber er mißbraucht in dieser Eigenschaft seine Stellung als Rechtswahrer, um Volksgenossen, die ihm und seiner Kirche nichts schulden, die seiner Kirche gar nicht angehören, in den Fallstricken mittelalterlicher Rechtsbegriffe einzufangen. Wer die Rechtsbegriffe des mittelalterlichen Feudalwesens und der Leibeigenschaft in der heutigen Zeit als Recht ausgibt und damit gegen den Nationalsozialismus und das gesunde Volksempfinden zu Felde zieht, ist kein Rechtswahrer, sondern ein Rechtsverdreher und Rechtsbeuger. ... Der Rechtswahrer ... darf nicht als Recht wahren, was offenkundig schreiendes Unrecht ist. Oder er sollte, wenn er das nicht begreift, seinen Rechtswahrerberuf aufgeben und sich mit seinem Amt als ‚Kirchensekretär' begnügen, das ihm niemand streitig macht."

Der Präsident der Reichs-Rechtsanwaltskammer protestierte verhalten und bemühte sich, die Vorwürfe in sachlichem Stil inhaltlich zu widerlegen, war aber gegen die Polemik des Artikels völlig machtlos. Neubert legte dar, daß in einigen deutschen Landesteilen Kirchengemeinden das Recht hatten, bestimmte Naturalabgaben zu fordern. Er befürwortete ebenfalls eine Abschaffung dieses alten Gesetzes. Da sich das Reichsministerium für die kirchlichen Angelegenheiten jedoch nicht zu einer Änderung hatte entschließen können, hatten die Oberlandesgerichte Rostock und Celle und das Reichsgericht diese Ansprüche bejaht. „Solange die Ansprüche von der Rechtsprechung anerkannt werden und der Gesetzgeber in Kenntnis dieser Tatsache keine Änderung herbeiführt", so Neubert, „ist es die Pflicht des Anwalts, die Rechtsuchenden ... über die bestehende Rechtslage und die danach gegebenen Aussichten für die Durchführung eines Rechtsstreits aufzuklären. Eine Änderung des bestehenden Rechtszustandes herbeizuführen, liegt nicht in der Hand des Anwalts als eines Organs der Rechtspflege, sondern ist Aufgabe der zur Rechtsschöpfung berufenen Instanzen." Die Klage war

---

39 Ebenda, 17. Januar 1942, S. 77f.

VII. Die Kriegsjahre

im übrigen bereits am 20. März 1939, also ein halbes Jahr vor Kriegsbeginn, zugestellt worden. Zuletzt stellte Neubert klar, daß ein „Kirchensekretär" keinesfalls mit dem Kassenwart eines Gesangvereins verglichen werden konnte, sondern in Mecklenburg die offizielle Bezeichnung für den Berater der Kirchengemeinden in Rechtsangelegenheiten war.[40]

Anfang 1943 bezog Neubert in der Auseinandersetzung mit der SS-Zeitschrift sehr viel deutlicher Position und geriet dadurch in Konflikt mit Reichsjustizminister Thierack. Neubert hatte an alle Kammerpräsidenten ein Rundschreiben gerichtet, in dem er betonte, daß er bei verschiedenen höchsten Reichsbehörden und bei Dienststellen der Partei gegen die unbegründeten Angriffe des „Schwarzen Korps" Einspruch erhoben hatte; diese hätten dort „schärfste Mißbilligung" gefunden. Reichsjustizminister Thierack habe ihm erklärt, „daß die Schriftleitung des ‚Schwarzen Korps' Anweisung erhalten hat, sich in Zukunft jeglicher Angriffe gegen Rechtsanwälte, sei es einzelner Anwälte oder des ganzen Standes, zu enthalten".[41] Die Parteikanzlei beschwerte sich daraufhin bei Thierack,[42] der die Form des Rundschreibens Neuberts in einem Antwortbrief bedauerte: „Es entsprach durchaus nicht dem, was ich Dr. Neubert mitgeteilt habe. Im Gegenteil, es sind mir soviel Fälle bekanntgeworden, wo Rechtsanwälte entgegen nationalsozialistischer Auffassung sich in ihrem Beruf gezeigt haben, daß ich hierauf meine besondere Aufmerksamkeit richten mußte und auch gewisse Maßnahmen ergriffen habe." Thierack zitierte Neubert zu sich und glaubte nach diesem Gespräch „mit Bestimmtheit sagen zu können, daß eine neuerliche Äußerung Dr. Neuberts in gleicher oder ähnlicher Form nicht mehr zu erwarten ist".[43]

Das „Schwarze Korps" griff am 18. Juni 1942 in seinem Leitartikel „Das muß aufhören!" erneut die Anwaltschaft in verleumderischer Weise an. Darin hieß es: „Und ein breiter Raum gehört den Rechtsanwälten. Ob es um eine morsche Leiter geht oder um ein vergessenes Nachthemd, es findet sich immer einer, der bereit ist, daraus einen ‚Fall' zu machen, ein Häuflein Dreck mit Rechtsgrundsätzen aufzublasen, bis ein Elefant daraus geworden ist, Richter und Gerichte zu beschäftigen, als ginge es um Tod und Leben, das Feuer zu schüren, damit kein Ende wird. Man hat ihnen oft ins Gewissen geredet, es hat nichts genutzt. Erst wenn man sie einfängt und bei nützlicher Beschäftigung darüber belehrt, was Zeit und Arbeit gilt und was dem deutschen Volk frommt, werden sie – vielleicht – Vernunft annehmen." Die Verleumdung gipfelte in der Aussage: „Und man sollte nicht nur die Querulanten erfassen, die bis zu den Gerichten vordringen, sondern die ganze Gilde der kleinen Dreckaufwirbler und Kloakentiere, die zwar die Sorgen der Gemeinschaft nicht teilen, die Gemeinschaft aber in den Schlamm ihrer Sorgen hinabzerren möchten."[44]

Das Reichsjustizministerium gestand in seinem Protestschreiben an den Leiter der Partei-Kanzlei zwar zu, daß die beanstandete Art der Berufsausübung nicht gebilligt werden konnte. Die Ausführungen stellten nach Ansicht des Ministeriums jedoch „eine in ihrer Allgemeinheit unberechtigte und in ihrer Form verächtlich wirkende Kritik an einem gesamten Berufsstand dar, die unerwünschte Auswirkungen auf die Volksgemeinschaft" befürchten ließ.[45]

---

40 Mitteilungen der Reichs-Rechtsanwaltskammer, 20. Mai 1941, S. 50f.
41 BA R 22/260. Rundschreiben des Präsidenten der Reichsrechtsanwaltskammer an die Präsidenten der örtlichen Anwaltskammern.
42 Ebenda. Nationalsozialistische Deutsche Arbeiterpartei. Parteikanzlei an Herrn Reichsminister der Justiz Dr. Thierack. Betrifft: Verhalten des Präsidenten der Reichsrechtsanwaltskammer, 15. Januar 1943.
43 Ebenda. Der Reichsminister der Justiz an die Partei-Kanzlei der NSDAP. Zum dortigen Schreiben vom 15. Januar 1943, 4. Februar 1943.
44 Das Schwarze Korps, 18. Juni 1942.
45 BA R 22/260. Der Reichsminister der Justiz an den Leiter der Partei-Kanzlei Bormann. Betr.: Angriffe des „Schwarzen Korps" gegen die Rechtsanwaltschaft, 27. Juni 1942.

Staatliche Versuche zur Disziplinierung der Anwaltschaft

Die Angriffe des SS-Organs wurden zwar als lästig empfunden, blieben jedoch ohne gravierende Folgen. Das Reichsjustizministerium hingegen besaß ganz andere Möglichkeiten für eine Disziplinierung der Anwaltschaft. Staatssekretär Schlegelberger unternahm im März 1940 erstmals einen Vorstoß zur Änderung der Reichs-Rechtsanwaltsordnung, um die Möglichkeit zu schaffen, politisch unliebsamen Rechtsanwälten die Zulassung zu entziehen. Bis dahin war dies nur über die anwaltliche Ehrengerichtsbarkeit möglich, auf die der Staat keinen direkten Einfluß ausüben konnte. Schlegelberger schlug vor, den „Führer und Reichskanzler" zu ermächtigen, einem Rechtsanwalt die Zulassung zu entziehen, falls er nicht mehr die Gewähr dafür bot, jederzeit für den nationalsozialistischen Staat einzutreten.[46] Die Reichskanzlei lehnte dies jedoch ab, weil Minister Lammers den „Führer" nicht mit derartigen Bagatellangelegenheiten belästigen wollte.[47] Daraufhin entstand ein neuer Entwurf, in dem statt des „Führers" der Reichsjustizminister ermächtigt werden sollte. Es dauerte dann bis zum 24. Juni 1941, bis dieser Vorschlag Eingang in die „Verordnung zur weiteren Ergänzung der Reichs-Rechtsanwaltsordnung" fand. Par. 4 dieser Vorschrift besagte: „Gefährdet ein Rechtsanwalt durch Verletzung der ihm obliegenden Pflichten staatswichtige Belange, so kann ihm – unbeschadet der Möglichkeit weitergehender Maßnahmen – durch den Reichsminister der Justiz zeitweilig oder dauernd die Ausübung seines Berufs untersagt werden."[48] Damit stand dem Reichsjustizministerium ein schlagkräftiges Disziplinierungsinstrument zur Verfügung, das seine Wirkung als Drohung zur Existenzvernichtung entfaltete; in der Anwendung der Bestimmung blieb man zurückhaltend.[49]

Auch die geplante Heraugabe von Soldatenbriefen zur beruflichen Förderung der eingezogenen Juristen muß in diesem Zusammenhang gesehen werden. Das Reichsjustizministerium erließ am 7. Juli 1942 eine Allgemeine Verfügung, in der bekannt gegeben wurde, daß das Oberkommando der Wehrmacht in der Reihe seiner Schriften „Soldatenbriefe zur Berufsförderung" in Verbindung mit dem Reichsjustizministerium, dem NS-Rechtswahrerbund und der Reichs-Rechtsanwaltskammer Sammelbände „Der Rechtswahrer" herausgeben wollte. Die Bände sollten allen eingezogenen Juristen unentgeltlich und ohne Antrag zugesandt werden.[50] Obwohl als berufsfördernde Maßnahme kaschiert, kann kein Zweifel bestehen, daß eine ideologische Indoktrination beabsichtigt war. Ob diese Bände tatsächlich erschienen und flächendeckend verteilt wurden, konnte nicht festgestellt werden.

In die Schußlinie von Partei und Reichsjustizministerium gerieten vor allem die Strafverteidiger, die in ihren Plädoyers durch das Vorbringen von Rechtfertigungs- oder Milderungsgründen das Los ihrer Mandanten zu erleichtern suchten. Mißbilligt wurden auch Verstöße der Strafverteidiger im Umgang mit Untersuchungs- und Strafgefangenen. Am 22. April 1942 erließ das Reichsjustizministerium sogar eine Rundverfügung, die bei Verfehlungen dieser Art die Einleitung eines förmlichen Ehrengerichtsverfahrens verlangte. Als Strafe sah die Verfügung grundsätzlich den Ausschluß aus der Rechtsanwaltschaft vor, besonders schwere Fälle sollten mit der sofortigen Verhängung des Berufsverbotes aufgrund Par. 4 der Verordnung vom 24. Juni 1941 geahndet werden.[51]

Die verschiedenen Maßnahmen führten aus Sicht des Reichsjustizministeriums zu keiner Besserung. Am 10. Juli 1942 wurde daher die Reichs-Rechtsanwaltskammer in einer vertraulichen Rundverfügung ermahnt, daß in der Haltung von Teilen der Anwaltschaft eine „gründliche Wandlung"

---

46 König, Vom Dienst am Recht, S. 205.
47 BA R 22/256. Reichsminister und Chef der Reichskanzlei an den Herrn Reichsminister der Justiz. Betrifft: Ergänzung der Reichsrechtsanwaltsordnung, 9. April 1940.
48 RGBl. I 1941, S. 334.
49 König, Vom Dienst am Recht, S. 210ff.
50 Deutsche Justiz, 10. Juli 1942, S. 454.
51 Morisse, Rechtsanwälte im Nationalsozialismus, S. 118f.

VII. Die Kriegsjahre

vonnöten sei. Die ehrengerichtliche Rechtsprechung müsse verschärft und die Anpassung der Anwaltschaft an den Staat vorangetrieben werden.[52] Der Präsident der Reichs-Rechtsanwaltskammer Neubert sah sich daraufhin veranlaßt, „ein ernstes Wort" an seine Berufskollegen zu richten, in dem er sich zwar gegen die „üblen Schimpfereien" aussprach, mit denen Kritik an der Anwaltschaft ausgesprochen wurde, gleichzeitig jedoch zu strenger Disziplin und Zurückhaltung aufforderte: „Ich erwarte von allen Berufskameraden, daß sie sich rückhaltlos hinter das Werk unseres Führers stellen und alles tun, um dem deutschen Volke in seinem Schicksalskampfe zum Siege zu verhelfen." Ausdrücklich betonte er, daß „bei der Fassung von Schreiben und Schriftsätzen auf die Zeitverhältnisse auch im Tone Rücksicht genommen" werden sollte und die Verteidiger „eng und vertrauensvoll" mit Gericht und Staatsanwaltschaft zusammenarbeiten sollten. Die Vorschriften über den Verkehr mit Untersuchungsgefangenen seien dabei „peinlichst" zu beachten.[53] Neubert behielt damit seine langjährige Anpassungsstrategie bei und hoffte durch demonstrative Staatstreue die für die Anwaltschaft negative Entwicklung aufhalten zu können – mit wenig Erfolg.

Bereits im Oktober 1942 begann das Reichsjustizministerium mit den Vorbereitungen für eine weitere Änderung der Reichs-Rechtsanwaltsordnung. Staatssekretär Rothenberger hatte auf einer Tagung der Oberlandesgerichtspräsidenten und Generalstaatsanwälte Ende September exemplarisch Einblick in die skeptische Haltung des Justizministeriums gegeben. „Ein gewisser Prozentsatz" der Anwaltschaft böte „berechtigte Angriffsflächen". Es müsse deshalb „angestrebt werden, die Rechtsanwaltschaft ... in irgendeiner Form näher als bisher an den Staat heranzuführen".[54] Im Ministerium waren nunmehr gravierende Einschnitte in die berufsständische Selbstverwaltung vorgesehen: die Ehrengerichtsbarkeit sollte auf die richterlichen Dienststrafgerichte übertragen und den Oberlandesgerichtspräsidenten ein Aufsichtsrecht über die Präsidenten der Rechtsanwaltskammern zugesprochen werden. Beabsichtigt war zudem, eine Altersgrenze für Anwälte einzuführen. Vordergründig schien dies als eine beschäftigungspolitische Maßnahme ein Entgegenkommen an die Anwaltschaft darzustellen. Tatsächlich verbarg sich dahinter ein weiteres Instrument zur Disziplinierung, wie aus der Begründung des Entwurfs deutlich wird: Das Ausscheiden älterer Rechtsanwälte sei erforderlich, da diese „nicht mehr die zu einer geordneten und volksnahen Ausübung des Berufes erforderliche körperliche und geistige Elastizität besitzen und auch weltanschaulich den Anforderungen der Gegenwart nicht voll entsprechen".[55]

Wenig Illusionen machte sich der Berliner Rechtsanwalt Helmut Seydel, der im November 1942 einen Aufsatz „Zur Lage der Anwaltschaft" veröffentlichte. Die Krise der Anwaltschaft rühre aus dem „Umwandlungsprozeß grundlegender Art", dem der Berufsstand unterworfen sei. „Die überkommenen Formen der Ausübung des Anwaltsberufs, wie sie vor dem ersten Weltkrieg und noch bis 1933 üblich und angemessen waren, erwiesen sich immer mehr als brüchig und unbrauchbar. Gegenstand und Art der Tätigkeit wandelten sich. Die Prozeßtätigkeit ging zurück; einzelne Gebiete wurden dem Anwalt gänzlich verschlossen, andere, neue Arbeitsgebiete traten hinzu. Wirtschaftliche Krisen und Umschichtungen als Folgen dieser Entwicklung blieben nicht aus. Fehlgriffe einzelner Berufsangehöriger forderten die öffentliche Kritik heraus, die daran ging, Bedeutung und Aufgabe des ganzen Berufsstandes in Zweifel zu ziehen. Einer oberflächlichen Betrachtung mochte es scheinen, als träten diese Fragen und Schwierigkeiten jetzt neu an uns heran und würden in ruhigeren Zeiten verschwinden, wie sie gekommen waren. Das aber ist ein grundlegender Irrtum. Die Probleme bestehen schon seit Jahren. Sie haben ihre Wurzeln in der weltanschaulichen Umwälzung, die der

---

52 BA R 3016/86. Der Reichsminister der Justiz an den Herrn Präsidenten der Reichsrechtsanwaltskammer, 10. Juli 1942.
53 Deutsches Recht, Ausgabe A, 1. August 1942, S. 1090f.
54 Deutsche Justiz 1942, S. 662f.
55 Zit. nach: König, Vom Dienst am Recht, S. 219.

Nationalsozialismus heraufgeführt hat. Sie liegen im Beruf des Anwalts und in der Grundhaltung unserer Zeit."[56]

Im August 1942 hatte Otto Thierack sein Amt als neuer Reichsjustizminister angetreten. Er machte kein Hehl aus dem geringen Stellenwert, den er der Anwaltschaft beimaß. Im November 1942 sah er nur in seltenen Fällen einen Rechtsanwalt befähigt, sich zur „Höhe der Auffassung durchzuringen, die ihn als Gehilfen bei der Suche nach dem wahren Recht in Erscheinung treten lassen soll". Durch eine Neuordnung der Justiz werde die Tätigkeit des Rechtsanwalts zwar nicht überflüssig, sie könne jedoch „weitgehend eingeschränkt werden ... , ohne daß das Leben und die Gerechtigkeit Schaden erleiden".[57]

Am 19. Januar 1943 erließ er eine vertrauliche Rundverfügung, die die mittlerweile unüberbrückbare Distanz zwischen Anwaltschaft und Ministerium, die großteils aus der ideologischen Unvereinbarkeit herrührte, deutlich demonstriert. Thierack meinte feststellen zu müssen, „daß Verstöße von Rechtsanwälten gegen oberste Grundsätze der nationalsozialistischen Weltanschauung zahlenmäßig noch zugenommen haben und bei ihrer Häufigkeit nicht mehr als gelegentliche Entgleisungen einzelner Rechtsanwälte angesehen werden können. Insbesondere in der Strafrechtspflege tritt in besorgniserregendem Umfang das durch keine Rücksichtnahme auf die Interessen des Volksganzen gehemmte und häufig der eigenen Überzeugung nicht entsprechende Bestreben gewisser Anwälte hervor, ihren Auftraggebern unter allen Umständen wenn nicht zu einem Freispruch, so doch zu einer milden Strafe zu verhelfen, auch wenn sie dem Verschulden des Angeklagten und den Folgen seiner Tat in keiner Weise entspricht. Anstatt als Organ der Rechtspflege an der Wahrheitsermittlung und Urteilsfindung verantwortungsbewußt mitzuwirken, beziehen diese Verteidiger die Stellung eines Gehilfen des Rechtsbrechers. ... Infolgedessen fügen diese Rechtsanwälte dem Ansehen ihres Berufsstandes schweren Schaden in einem Zeitpunkt zu, in dem die Anwaltschaft um die Festigung ihrer Stellung in der Gemeinschaft ringt. Besonders diese Verfehlungen auf politisch-weltanschaulichem Gebiet machen eine grundlegende Änderung der Gesamthaltung der Anwaltschaft erforderlich." Daraus versuchte Thierack die Notwendigkeit staatlichen Eingreifens herzuleiten: „Aufgabe der Staatsführung ist es daher, die Anwaltschaft in ihrer weltanschaulichen und fachlichen Haltung zu lenken und zu fördern und auf ein Ausscheiden derjenigen Berufsangehörigen hinzuwirken, die unter Verkennung ihrer sozialen Funktion im Rechtsleben des Volkes ihre Stellung mißbrauchen."[58]

Im Januar 1943 hielt Thierack eine Rede in Breslau, die für große Aufregung sorgte. Mehrere Zeitungen hatten aus der Rede den Satz zitiert: „Immer aber erscheine der Rechtsanwalt als Vertreter der Interessen eines Mandanten. In der kommenden nationalsozialistischen Rechtsprechung werde es deshalb eine Vertretung persönlicher Interessen gegen Bezahlung nicht geben." Thierack behauptete zwar, daß dieser Satz so nicht gefallen sei und er ein Gegner einer verbeamteten Anwaltschaft sei, die Saat war jedoch gelegt.[59]

Die folgende „Verordnung zur Änderung und Ergänzung der Reichs-Rechtsanwaltsordnung" vom 1. März 1943[60] schuf gravierende Veränderungen und löste unter der Anwaltschaft ernste Besorgnis aus, da das staatliche Ziel einer Verbeamtung näher gerückt schien. Die ehrengerichtliche Rechtsprechung wurde für die Dauer des Krieges durch die Dienststrafgerichte ausgeübt. Par. 3 der Verordnung führte eine Altersgrenze ein. Er lautete: „Der Reichsminister der Justiz kann Rechtsanwälte, die das 65. Lebensjahr vollendet haben, in den Ruhestand versetzen, sofern nicht die Bedürf-

---

56 Deutsches Recht, Ausgabe A, 28. November 1942, S. 1572ff.
57 Thierack an Lammers am 17. November 1942. Zit. nach: König, Vom Dienst am Recht, S. 219.
58 BA R 3016/86. Der Reichsminister der Justiz an die höheren Reichsjustizbehörden. Betrifft: die Neuordnung der Rechtsanwaltschaft, 19. Januar 1943.
59 Ebenda R 22/4700. Zur Breslauer Rede des Reichsministers der Justiz.
60 RGBL. I 1943, S. 123ff.

VII. Die Kriegsjahre

nisse der Rechtspflege ein Verbleiben des Rechtsanwalts im Beruf erfordern. Er kann die Reichs-Rechtsanwaltskammer verpflichten, den in den Ruhestand versetzten Rechtsanwälten und ihren Hinterbliebenen unter Berücksichtigung ihrer wirtschaftlichen Lage eine Versorgung zu gewähren."[61] Da die finanziellen Mittel aus dem Beitragsaufkommen der Reichs-Rechtsanwaltskammer gespeist werden sollten, die bereits durch die Beihilfen für Anwälte und Anwaltshinterbliebene reduziert waren, kommentierte Reinhard Neubert, daß von dieser Möglichkeit einer Versetzung in den Ruhestand während des Krieges nur vereinzelt Gebrauch gemacht werden könnte.[62] Dennoch beschwerte sich der Reichsleiter der „Deutschen Arbeitsfront", Robert Ley, bei Justizminister Thierack, daß sich aus dieser Regelung eine besondere Standesversorgung der Rechtsanwälte ergebe, die seinem Auftrag des Entwurfes eines Versorgungswerkes des deutschen Volkes, der nur wegen des Krieges vorübergehend auf Eis gelegt sei, entgegenstehe.[63] Thierack beschied Ley, daß diese Maßnahme lediglich dazu diene, „den Rechtsanwaltsberuf von überalterten und daher unfähigen Berufsangehörigen zu entlasten". Da in solchen Fällen keine Gründe zu einer „entschädigungslosen Entfernung aus dem Beruf" vorlägen und kein Anspruch auf Beamtenversorgung bestehe, mußte die Möglichkeit einer Unterstützungszahlung geschaffen werden. Hierbei handele es sich „um eine bloße Billigkeitsmaßnahme und nicht um eine Versorgungsregelung"; deshalb stehe sie nicht im Gegensatz zu Leys Plänen.[64]

Die Absicht, die hinter der Einführung einer Altersgrenze stand, wird am Fall des Berliner Rechtsanwalts und Notars Franz Kremer deutlich. Kremer war 1868 in Elsaß-Lothringen geboren und galt – wie seiner Personalakte zu entnehmen ist – aus mehreren Gründen als „eine nicht ganz einwandfreie Persönlichkeit". Zum einen war er seit 1932 Mitglied der katholischen Zentrumspartei gewesen. Der Sohn bekannte sich zum Kommunismus, was im Frühjahr 1933 zur Verhängung eines Vertretungsverbotes gegen den Vater geführt hatte. Nachdem Franz Kremer den Vorwurf der „kommunistischen Betätigung" in einem langen Schreiben entrüstet zurückgewiesen hatte, wurde das Vertretungsverbot wieder aufgehoben. 1937 wurde Kremer verdächtigt, unzulässigerweise mit einem jüdischen Rechtsanwalt zusammengearbeitet zu haben. 1939 fanden seine Umgangsformen mit einer jüdischen Grundstückseigentümerin in einer Grundbuchangelegenheit Anstoß. Kremer hatte an die Mandantin ein Schreiben gerichtet mit der Anrede „sehr geehrte gnädige Frau" und den Brief mit „hochachtungsvoll und ergebenst" geschlossen, ein nach damaligen Gepflogenheiten eindeutiger Regelverstoß. Ausschlaggebend für den im August 1943 geäußerten Vorschlag des Präsidenten der Berliner Rechtsanwaltskammer, Kremer in den Ruhestand zu versetzen, war aber sicherlich seine Ehe mit einer „Volljüdin". Sein Verbleiben in der Anwaltschaft schien „aus diesem Grunde wie auch wegen seines Gesamtverhaltens untragbar". Neubert unterstützte zwar eine finanzielle Versorgung nach der Versetzung in den Ruhestand, sprach sich aber „mit Rücksicht auf dessen jüdische Versippung gegen die Übermittelung der Anerkennung und des Dankes der Reichsjustizverwaltung an ihn anläßlich seiner Zurruhesetzung aus". Kremer war immerhin seit 1900 in Berlin als Rechtsanwalt und seit 1920 als Notar zugelassen. Reichsjustizminister Thierack schloß sich der Meinung des Berliner Kammerpräsidenten an und versetzte Franz Kremer mit Wirkung vom 1. August 1944 in den Ruhestand, da er aufgrund seiner Ehe mit einer „Volljüdin" eine „schwere Belastung für die Rechtspflege" darstelle. Er sprach ihm Versorgungsbezüge aus den Mitteln der Reichs-Rechtsanwaltskammer in Höhe von 300.- RM monatlich zu.[65]

---

61 Ebenda, S. 123.
62 Deutsches Recht, Ausgabe A, 29. Mai 1943, S. 593.
63 BA R 22/256. Deutsche Arbeitsfront. Der Reichsleiter an Herrn Reichsjustizminister Dr. Thierack, 21. April 1943.
64 Ebenda. Der Reichsminister der Justiz an Herrn Reichsleiter Dr. Ley, 4. Mai 1943.
65 Personalakte in: Ebenda/64679.

Rechtsanwalt und Notar Walter Döhring war ein weiteres Opfer der Altersregelung. Er wurde bestraft für das Eintreten für die Interessen seiner Mandanten. Döhring war 1943 mit dem der Vermögensverwertungsstelle vorstehenden Oberfinanzpräsidenten in Konflikt geraten, weil dieser sich scheute, ein Grundstücksgeschäft, das der Testamentsvollstrecker einer jüdischen Mandantin Döhrings getätigt hatte, zu bestätigen. Juristisch schien die Angelegenheit eindeutig zu sein; Döhring warf der Finanzbehörde vor, daß sie sich weigere, „diese ganz selbstverständliche Rechtsausführung" zu verstehen, „weil von oben her Anweisungen vorliegen, durch die sie sich gebunden fühlt". In einem Schreiben an den Oberfinanzpräsidenten äußerte Döhring heftige Kritik an dem Verhalten der Behörde: „Die Erscheinung, daß Reichs- und Staatsbehörden sich über klare Rechtsgrundsätze zumal in einem sehr falsch verstandenen fiskalischen Interesse einfach hinwegzusetzen suchen und an ihre eigne [sic!] Handlung gänzlich andere Maßstäbe anzulegen versuchen, als diejenigen, an die der Privatmann gebunden ist, nimmt, wie allerorten zu hören ist, eine derartige Häufigkeit an, daß Skandale zu entstehen drohen." Auch die Staatsverwaltung, so Döhring, sei schließlich an das Recht gebunden. Dem Rechtsanwalt war durchaus bewußt, in welche Gefahr er sich damit begab. Für ihn stand jedoch „eines der höchsten und schwer erarbeiteten Güter unseres preußischen Staatswesens, der Rechtsstaat, auf dem Spiele". Dies rechtfertige die ungewöhnliche Klarheit seiner Zeilen, obwohl ihm klar war, „daß man eine derartige Deutlichkeit gerade im heutigen Staat durchaus nicht liebt".

Die Gauleitung Berlin der NSDAP war empört über dieses anmaßende anwaltliche Verhalten und schrieb an den Generalstaatsanwalt beim Kammergericht, daß dies „einen Angriff auf unseren Staat und auf die Sicherheit der Rechtspflege, der nicht ungeahndet bleiben kann", bedeute. Rechtsanwalt Döhring habe dadurch „gezeigt, daß ihm unser heutiger Staatsaufbau fremd ist, daß er nicht berufen sein kann, als Rechtsanwalt und Notar die rechtlichen Belange des Staates und Volkes zu vertreten".

Der Generalstaatsanwalt leitete ein ehrengerichtliches Ermittlungsverfahren gegen Döhring ein, lehnte es jedoch ab, ihm aufgrund der allgemein geltenden Vorschriften die Zulassung zu entziehen. Im Mai 1944 machte der Kammergerichtspräsident den Vorschlag, im Fall Döhring Par. 3 der Verordnung vom 1. März 1943 anzuwenden, da Döhring bereits im 66. Lebensjahr stand. Für ihn bestand kein Zweifel, daß „die politische und weltanschauliche Haltung Döhrings ... seine Entfernung aus der Anwaltschaft geboten erscheinen lasse". Ihm schien die neue Verordnung zielgerichtet anwendbar zu sein. Ein ehrengerichtliches Verfahren bot schließlich im Gegensatz zu einer zwangsweisen Zurruhesetzung keine sichere Gewähr für den Ausschluß Döhrings aus der Rechtsanwaltschaft.

Der ideologische Druck auf die Anwaltschaft ging nicht nur vom Staat aus, die Funktionäre trugen einen erheblichen Teil bei. Das Verhalten der Verantwortlichen im Fall Döhring beweist dies eindeutig. Die Präsidenten der Rechtsanwaltskammer und der Notarkammer Berlin schlossen sich der Meinung von Kammergerichtspräsident, Landgerichtspräsident und Generalstaatsanwalt an: Rechtsanwalt und Notar Döhring sollte wegen des mutigen Einsatzes für die Rechte seiner Mandanten in den Ruhestand versetzt werden. Dies geschah mit Wirkung vom 1. November 1944.[66]

2. Das Schicksal der jüdischen Rechtsanwälte

Simone Ladwig-Winters gelang es, die Lebensläufe von 1227 Berliner jüdischen Rechtsanwälten nachzuzeichnen.[67] Ihrzufolge wanderten 635 Anwälte aus; davon suchten 209 Zuflucht in Europa, der

---

66 Personalakte in: Ebenda/54338.
67 Ladwig-Winters, Anwalt ohne Recht.

VII. Die Kriegsjahre

Großteil davon in Großbritannien, 138 in den USA, 80 in Palästina, 34 in Südamerika, Südafrika oder Shanghai. Das Schicksal der Auswanderer gestaltete sich unterschiedlich.

Einer der wenigen, unmittelbar nach dem Machtantritt Hitlers emigrierten Anwälte war der auf Urheber- und Theaterrecht spezialisierte Rechtsanwalt Wenzel Goldbaum. 1881 in Lodz geboren, war Goldbaum seit 1909 Anwalt in Berlin; er wäre folglich unter die Ausnahmeregelung des Anwaltsgesetzes vom 7. April 1933 gefallen. Er emigrierte im Frühjahr 1933 nach Paris, zog 1936 weiter nach Ekuador und schließlich nach Peru. Noch in Ekuador gründete er eine Zeitschrift für Urheberrecht, von der immerhin sechs Ausgaben erschienen. Seit 1939 arbeitete er an der Schweizer Zeitschrift „Le droit d'Auteur" mit. 1946 vertrat Goldbaum Ekuador auf der internationalen Copyright Convention in Washington. Er starb 1960 in der peruanischen Hauptstadt Lima.[68]

Ebenfalls 1933 kehrte Franz Leopold Neumann Deutschland den Rücken. 1900 in Kattowitz geboren, war er seit 1927 in Berlin als Anwalt zugelassen; er assoziierte sich mit Ernst Fraenkel. Geprägt durch seinen Lehrer Hugo Sinzheimer spezialisierte sich Neumann auf das Arbeitsrecht und wurde Syndikus des Deutschen Baugewerksbundes. Neben seiner Anwaltstätigkeit lehrte er von 1928 bis 1933 Arbeitsrecht an der Hochschule für Politik. Im Sommer 1932 berief ihn der SPD-Vorstand zum Syndikus der Gesamtpartei. Im Mai 1933 vertrieb ihn die SA buchstäblich aus dieser Position. Neumann ging nach England. Dort studierte er an der London School of Economics Politische Wissenschaften und promovierte 1936. Anschließend wanderte er in die USA aus und arbeitete an seinem 1942 erschienenen Hauptwerk „Behemoth. The Structure and Practice of National Socialism". Nach Abschluß des „Behemoth" war er in der Mitteleuropa-Abteilung der Research & Analysis Section des Office of Strategic Services in Washington tätig. Nach zahlreichen Beratertätigkeiten wurde er schließlich zum Leiter der Deutschland-Abteilung des Office of Research and Intelligence im amerikanischen Außenministerium berufen. Seit 1947 lehrte er überaus wirkungsreich im Political Science Department der New Yorker Columbia-Universität. Sein Einsatz galt auch der Gründung der Freien Universität Berlin, an der er mehrere Gastprofessuren übernahm. Neumann starb 1954.[69]

Der Großteil der nach dem Gesetz vom 7. April 1933 nicht wieder zugelassenen Anwälte versuchte zunächst, durch andere Tätigkeiten wirtschaftlich zu überleben. Gerade für die Juristen war die Emigration eine schwierige Entscheidung, bedeutete sie doch die Aufgabe jeglichen beruflichen Status und aller Erfolge. Die juristische Ausbildung war im Ausland nahezu wertlos. Eine Wende setzte nach dem Novemberpogrom und dem Entzug der Anwaltszulassung durch die 5. Verordnung zum Reichsbürgergesetz ein.[70]

Die meisten Rechtsanwälte emigrierten zunächst in ein europäisches Land, 1938/39 versuchten viele, von Europa aus in die USA zu gelangen. Dort wechselte der Großteil in verwandte Berufe wie das Buchhaltungswesen, Wirtschafts- und Finanzprüfung, Steuerberatung, aber auch Immobilienhandel, Bank- und Finanzwesen und Versicherungsgewerbe. Auch Richard Joseph Auerbach ging diesen Weg. 1892 geboren, war dem jüdischen Weltkriegsteilnehmer 1935 das Notariat und 1938 auch die Anwaltszulassung entzogen worden. Im Januar 1939 flüchtete er daraufhin nach Großbritannien, wo er nach Kriegsausbruch vier Monate auf der Isle of Man interniert wurde. Im September 1940 erreichte er New York, wo er 1945 ein Studium als Wirtschaftsprüfer abschloß. Später arbeitete er außerdem als Rechtsberater in Wiedergutmachungsfragen. Auerbach starb 1980.[71]

---

68 Göppinger, Juristen jüdischer Abstammung, S. 282; Ladwig-Winters, Anwalt ohne Recht, S. 131; Rudolf und Ika Olden, „In tiefem Dunkel liegt Deutschland", S. 110 und 182.
69 Stiefel/Mecklenburg, Deutsche Juristen im amerikanischen Exil, S. 107ff. und S. 157 (dort auch zahlreiche Literaturangaben zu Neumann).
70 Ebenda, S. 2.
71 Ebenda, S. 9; Ladwig-Winters, Anwalt ohne Recht, S. 96f.

Die Kriegsjahre VII.

Das Ende der Flucht von Bruno Weil, einem der bedeutendsten deutschen Juristen, waren die USA. 1883 in Saarlouis geboren, arbeitete er von 1910 bis 1919 als Rechtsanwalt in Straßburg, anschließend in Berlin. Nach dem Ersten Weltkrieg hatte er die englische und die französische Botschaft in Berlin und die französische Regierung bei den Versailler Verhandlungen rechtlich beraten und war damit in das Zielfeuer deutschnationaler Agitation geraten. Weil war neben seiner anwaltlichen Tätigkeit lange Jahre Geschäftsführer des „Centralvereins deutscher Staatsbürger jüdischen Glaubens" und trat auch schriftstellerisch in Erscheinung. Nach der Machtübernahme ging er kaum noch der Anwaltstätigkeit nach, sondern hielt Vorträge in ganz Deutschland, um die jüdischen Gemeinden in ihrem Abwehrkampf zu stärken. 1935 belegten ihn die Nationalsozialisten schließlich mit einem Rede- und Schreibverbot. Daraufhin nahm Weil den Weg nach Südamerika und wurde argentinischer Staatsbürger. Unermüdlich machte er in seinen Vorträgen auf die verbrecherischen Ziele der Nationalsozialisten aufmerksam. Auf einer Reise von New York nach Paris wurde er bei Kriegsausbruch 1939 in Frankreich interniert, konnte jedoch 1940 in die USA entkommen. Dort war er in zahlreichen Hilfsorganisationen für Opfer des NS-Regimes tätig und wurde Vizepräsident der „American Association of Former European Jurists" in New York, wo er 1961 starb.[72]

Ihre juristische Tätigkeit im Ausland wieder aufnehmen konnten nur jüngere oder international bekannte Juristen. Selbst Wilhelm Dickmann, Sozius in der berühmten Anwaltskanzlei Bruno Weil, verdiente sich seinen Lebensunterhalt nach seiner Emigration zunächst als Türsteher in einem billigen Restaurant, bevor er ein Stipendium für das Jurastudium erhielt. Dickmann war nach 1945 in der Rechtsabteilung im Stabe des amerikanischen Generalgouverneurs General Clay tätig und dort wesentlich an der Entstehung des Gesetzes über die Auflösung Preußens beteiligt.[73]

Ein auch durch seine Veröffentlichungen weithin bekannter Anwalt war Ernst Fraenkel; er emigrierte in die USA. Nach seiner Auswanderung 1938 studierte er amerikanisches Recht an der Law School in Chicago, arbeitete von 1945 bis 1950 für die US-Regierung in Südkorea und kehrte 1951 nach Berlin zurück. Dort übernahm er eine Professur an der Deutschen Hochschule für Politik, dem späteren Otto-Suhr-Institut der Freien Universität.[74]

Eine herausragende Stellung unter den emigrierten jüdischen Berliner Rechtsanwälten nahm auch Fritz Ernst Oppenheimer ein. 1898 geboren, nahm er im Alter von 17 Jahren freiwillig am Weltkrieg teil und wurde dabei schwer verwundet. Nach Abschluß seines Jurastudiums trat er 1925 in die Kanzlei seines Vaters in Berlin ein und knüpfte als Anwalt für internationales Recht zahlreiche Verbindungen ins Ausland. Seit Ende der zwanziger Jahre besuchte Oppenheimer regelmäßig die USA, wo er unter anderem Vorlesungen an der Harvard University hielt. Aufgrund seiner Weltkriegsteilnahme durfte er auch nach dem Gesetz vom 7. April 1933 weiterhin praktizieren, emigrierte jedoch 1937 nach London. Dort erhielt er 1939 seine Zulassung zur Anwaltschaft und diente unter anderem als Berater des englischen Kronanwalts und des britischen Finanzministeriums. 1940 zog Oppenheimer in die USA; 1943 meldete er sich zur amerikanischen Armee und wurde ein Jahr später Offizier in der Rechtsabteilung des Obersten Kommandos der US-Streitkräfte. Nach der Befreiung Deutschlands wirkte er als persönlicher Rechtsberater von General Clay und gestaltete das Verfahren der Entnazifizierung maßgeblich mit; er wurde bekannt als „Vater des Entnazifizierungsbogens". Zahlreiche andere wichtige Gesetze und völkerrechtliche Dokumente trugen seine Handschrift. An den alliierten Außenministerkonferenzen in Moskau, London und Paris nahm Oppenheimer als Sonderberater des amerikanischen Außenministeriums teil. In den fünfziger Jahren beschäftigte er sich als Mitarbeiter der New Yorker Anwaltskanzlei Cadwalader, Wickersham & Taft mit dem

---

72 Stiefel/Mecklenburg, Deutsche Juristen, S. 117f.
73 Ebenda, S. 4; Ladwig-Winters, Anwalt ohne Recht, S. 117.
74 Göppinger, Juristen jüdischer Abstammung, S. 335f.

VII. Die Kriegsjahre

deutsch-amerikanischen Schuldenproblem und war Teilnehmer an der Londoner Schuldenkonferenz von 1950. Ende der fünfziger Jahre zwangen ihn gesundheitliche Probleme zur Reduzierung seines beruflichen Engagements. 1968 verunglückte Oppenheimer auf einer Reise in Nairobi.[75]

Die 80 Berliner Anwälte, die nach Palästina auswanderten, hatten mit anderen Schwierigkeiten zu kämpfen. Die wenigsten waren aufgrund ihrer politischen Überzeugung ins Land gekommen; der Zionismus war unter der Berliner Anwaltschaft kaum auf Resonanz gestoßen. Neben den politischen Problemen waren vor allem das Klima und die primitiven Lebensumstände gewöhnungsbedürftig. Dennoch gelang es vielen, wenn gleich auf sehr unterschiedliche Weise und oftmals nach langen Durst- und Hungerjahren, ihren Lebensunterhalt zu sichern. Einige, wie etwa Rechtsanwalt Felix Rosenblüth, der bereits 1931 nach Palästina emigriert war, unterstützten den Aufbau des jüdischen Staates. Rosenblüth wurde Israels erster Justizminister. Rechtsanwalt Kurt Ball – später Kurt-Jacob Ball-Kaduri – war maßgeblich an der Errichtung der Jerusalemer Gedenkstätte Yad Vashem beteiligt. Andere waren weniger erfolgreich. Gottfried Samter etwa fuhr jahrelang Taxi in Jerusalem. Er kehrte 1954 nach Berlin zurück und nahm seine Anwaltstätigkeit wieder auf.[76]

Der bekannteste Anwalt, der sich noch 1942 vor der drohenden Deportation retten konnte, war Julius Fliess.[77] Fliess wurde am 18. Oktober 1876 in Bernau bei Berlin geboren und war von 1903 bis 1938 in Berlin als Rechtsanwalt, von 1919 bis 1935 auch als Notar tätig. Im Ersten Weltkrieg verlor er durch einen Kopfschuß das Sehvermögen des linken Auges; trotz dieser schweren Verletzung meldete er sich nochmals freiwillig zum Kriegsdienst und wurde bei Riga wiederum schwer verwundet. 1915 war er zum Leutnant befördert und während des Krieges mit zahlreichen Orden dekoriert worden, darunter mit dem EK I und II. Von 1927 bis Ende März 1933 war Fliess Mitglied des Berliner Kammervorstands. Seit Frühjahr 1933 fungierte er als Verhandlungsführer der jüdischen Rechtsanwälte mit dem Reichsjustizministerium. In diesem Zusammenhang machte er die Bekanntschaft von Hans von Dohnanyi[78], die sich später als lebensrettend herausstellen sollte. An Auswanderung dachte Fliess nicht. Seine Tochter erinnerte sich, daß er, darauf angesprochen, stets antwortete, daß ein nicht mehr junger deutscher Jurist im Ausland nur die Möglichkeit habe zu verhungern. Eine Auswanderung hätte er gewissermaßen als Pflichtverletzung verstanden. Seit dem 1. Dezember 1938 war er als „Konsulent" in Berlin tätig, nachdem er in mehreren Schreiben an das Justizministerium die Einführung des „Konsulentenwesens" zu verhindern versucht hatte.

Die Erinnerungen seiner Tochter geben einen treffenden Einblick in die Lebenswelt des Juristen und die Flucht aus NS-Deutschland: „Noch in den ersten Monaten des Jahres 1941 – er war zu diesem Zeitpunkt fast 65 Jahre alt – war er der Überzeugung, daß ihm und meiner Mutter in Deutschland niemand etwas zuleide tun würde. Seine Erfahrungen als Jurist schienen ihm recht zu geben. Er genoß als Anwalt einen großen Ruf und wurde von vielen Kollegen und Richtern am Berliner Kammergericht mit Respekt und Hochachtung behandelt. ... In den ersten Wochen des Jahres 1942 erhielten wir die schriftliche Mitteilung, daß wir zur ‚Evakuierung' aus Berlin vorgesehen seien und uns mit je

---

75 Stiefel/Mecklenburg, Deutsche Juristen, S. 10, 129ff. und 206ff.
76 Ladwig-Winters, Anwalt ohne Recht, S. 75ff.
77 Zur Biographie von Fliess: Göppinger, Juristen jüdischer Abstammung, S. 103 und 335; Dorothee Fliess, Geschichte einer Rettung, in: Rüdiger von Voss/Günther Neske (Hrsg.), Der 20. Juli 1944. Annäherung an den geschichtlichen Augenblick, Pfullingen 1984, S. 69-87; Winfried Meyer, Unternehmen Sieben. Eine Rettungsaktion für vom Holocaust Bedrohte aus dem Amt Ausland/Abwehr im Oberkommando der Wehrmacht, Frankfurt am Main 1993, passim.
78 Der Jurist Hans von Dohnanyi war bis 1938 persönlicher Referent im Reichsjustizministerium unter Gürtner. Auf Veranlassung Freislers wurde er dann an das Reichsgericht in Leipzig versetzt. Generalmajor Oster, einer der führenden Köpfe des militärischen Widerstands gegen Hitler, holte ihn bei Kriegsbeginn in die Zentrale des Amtes Ausland/Abwehr des Oberkommandos der Wehrmacht. Von Dohnanyi wurde am 5. April 1943 verhaftet und schließlich, nachdem die Gestapo nach dem gescheiterten Attentat vom 20. Juli 1944 weiteres ihn belastendes Material gefunden hatte, am 9. April 1945 nach einem Standgerichtsverfahren in Sachsenhausen gehängt. Weiß, Biographisches Lexikon, S. 95.

einem Stück Handgepäck bereit halten sollten. Mein Vater war zu diesem Zeitpunkt immer noch ‚Rechtskonsulent' und wurde öfters ins Justizministerium beordert, wo er mit dem damaligen Justizminister über Neuzulassungen seit 1938 mit Berufsverbot belegter jüdischer Anwälte verhandelte. Dies geschah immer dann, wenn sich die für Berlin festgelegte Zahl von ... jüdischen ‚Konsulenten' durch Tod oder Auswanderung verringert hatte. Der Justizminister ließ sich von meinem Vater die Namen nennen, die für eine Neuzulassung in Frage kamen. ... Am Tag nach Erhalt der Evakuierungs-Ankündigung begab sich mein Vater aufs Kammergericht und erklärte den wenigen Kollegen und Richtern, an die er überhaupt noch das Wort richtete, daß er in Zukunft keine Klienten mehr vertreten könne und seine Angestellten und Akten in seinem Büro zurücklassen müsse. Ich glaube, daß noch am selben Tag Herr von Dohnanyi bei ihm anrief und ihn bat, in der Praxis seines Schwiegervaters, Professor Bonhoeffer, mit ihm zusammenzutreffen. ... Herr Reichsgerichtsrat Hans von Dohnanyi erklärte bei dieser Zusammenkunft, am Kammergericht von der drohenden Evakuierung meines Vaters und seiner Familie gehört zu haben. Er und Rechtsanwalt Helmuth von Moltke[79] wären entschlossen, das zu verhindern. Einige Tage darauf erhielten wir ein Schriftstück, in dem wir angewiesen wurden, bei etwaigem Erscheinen von Beamten zwecks Abholung ins Sammellager eine bestimmte Telefonnummer anzurufen. Wir seien von der Evakuierung ausgenommen. ... Unsere Abreise aus Berlin konnte nicht so rasch bewerkstelligt werden, wie die Freunde meines Vaters es wünschten. Zunächst mußte ein Land gefunden werden, das uns aufnehmen wollte. ... Tatsächlich war im Sommer 1942 die Schweiz das einzige Land, das als Ziel in Frage kam. ... Einer der Herren der Gruppe um Herrn von Dohnanyi fuhr nach Basel und erreichte dort durch Vermittlung des Basler Kirchenpräsidenten Alphons Koechlin, daß alle 14 Personen die Einreiserlaubnis in die Schweiz erhielten. ... Die Bedingung der Schweizer Behörden war, daß wir eigene finanzielle Mittel mitbrachten und keiner schweizerischen Hilfsorganisation zur Last fallen würden. ... Das Vermögen meines Vaters wurde ... kurz vor unserer Abreise durch Herrn von Dohnanyi und seine Freunde nach Basel überwiesen. Wir erfuhren nie, wie er die beträchtlichen Schwierigkeiten, die dieser Transfer bereitet haben muß, bewältigt hat. ... Wie war dies alles möglich geworden? Wie man uns berichtete, war Himmler ... der Vorschlag unterbreitet worden, eine Gruppe von Personen als Juden getarnt – also mit Pässen, die ein J trugen – ins Ausland zu schleusen, wo sie dann als eine Art Spitzel für Deutschland tätig sein sollten. ... Schließlich wurde unsere Abreise auf den 23. September 1942 festgesetzt. ... Nach Erhalt der Pässe galt es, das Gepäck vorzubereiten. Es wurde uns gestattet, sämtliche Kleider, Schuhe, Bett- und Tischwäsche mitzunehmen. Bücher jedoch waren nicht gestattet, ebensowenig Möbel. Der Verlust seiner etwa 3000 Bände umfassenden Bibliothek machte meinem Vater bis zu seinem Tode zu schaffen."[80] Es gelang der Familie dank der Unterstützung von Dohnanyis und seiner Helfer tatsächlich, mit dem Zug unbehelligt nach Basel auszureisen. Der Historiker Winfried Meyer stellte minutiös die fast unüberwindbaren Hürden dar, die die Retter dabei zu nehmen hatten.[81] Die Tochter Fliess studierte in Basel, ihre Eltern kehrten im Juni 1947 nach Berlin zurück, wo Julius Fliess seine Anwaltstätigkeit wieder aufnahm. Er starb am 2. März 1955.

48 der emigrierten Berliner Rechtsanwälte kehrten nach Kriegsende nach Deutschland zurück. 104 der 1227 jüdischen Berliner Anwälte, deren Biographie bekannt ist, überlebten entweder „untergetaucht" oder im Lager, darunter auch der Ehemann der Schauspielerin Camilla Spira, Hermann Eisner, der aus dem holländischen KZ Westerbork zurückkehrte. 189 starben eines natürlichen Todes, 23 begingen Selbstmord, fünf fielen den Kriegsereignissen zum Opfer und 271 wurden ermordet.

---

79 Rechtsanwalt Helmuth James von Moltke war seit Kriegsbeginn als Kriegsverwaltungsrat in der Abteilung Ausland des Amtes Ausland/Abwehr im Oberkommando der Wehrmacht, also in der Zentrale des militärischen Nachrichtendienstes, beschäftigt. Meyer, Unternehmen Sieben, S. 1.
80 Fliess, Geschichte einer Rettung, S. 72ff.
81 Meyer, Unternehmen Sieben.

VII. Die Kriegsjahre

Bereits unter den ersten im Oktober 1941 nach Litzmannstadt/Lodz deportierten Berliner Juden befanden sich zwei Rechtsanwälte, die am Zielort ermordet wurden. Die deportierten Anwälte hatten wenig Überlebenschance; sowohl vom Alter, ihrer bisherigen Tätigkeit als auch von ihrem Gesundheitszustand her – viele waren kriegsversehrt – waren sie den Schikanen, dem Hunger, den Krankheiten und der erbarmungslosen Zwangsarbeit in den Konzentrationslagern hilflos ausgeliefert. Für die 271 Ermordeten seien hier beispielhaft Jacques Abraham, Franz Eugen Fuchs und Julius Magnus genannt. Abraham, ein bekannter Rechtsanwalt und Notar, war bis 1933 Schriftleiter der „Zeitschrift für das Beamtenrecht" gewesen. Bis zum Berufsverbot 1938 noch als Anwalt tätig, bemühte er sich danach erfolglos um eine Auswanderungsmöglichkeit. Am 19. Oktober 1942 wurde er nach Riga deportiert, wo sich seine Spuren verlieren. Sein Todesdatum wurde offiziell auf den 31. Dezember 1942 festgelegt. Abraham war 62 Jahre alt geworden.

Franz Eugen Fuchs, 1899 geboren, war bis zum 31. März 1933 Mitglied des Vorstandes der Berliner Anwaltskammer.[82] Im April 1933 wurde gegen ihn ein Vertretungsverbot verhängt, das aber kurze Zeit später wieder aufgehoben wurde. Nach Inkrafttreten der 5. Verordnung zum „Reichsbürgergesetz" wurde er als „Konsulent" zugelassen. Fuchs, der schon vor 1933 dem Vorstand des „Centralvereins deutscher Staatsbürger jüdischen Glaubens" (C.V.) angehört hatte, engagierte sich seit 1939 in der „Reichsvereinigung der Juden in Deutschland". Im Juni 1942 wurde er „in den Osten" deportiert; er gilt als „verschollen".

Das Ansehen von Justizrat Magnus begründete sich vor allem auf seine herausragende Arbeit als Schriftleiter und Herausgeber der „Juristischen Wochenschrift". Der 1867 geborene Magnus floh im August 1939 in die Niederlande, wo er schließlich inhaftiert und in das KZ Westerbork verschleppt wurde. 1944 verhungerte der angesehene Jurist in Theresienstadt.[83]

Das Schicksal der „Konsulenten" unterschied sich nicht von dem der anderen jüdischen Rechtsanwälte. Seit Oktober 1941 waren sie – wie alle anderen Berliner Juden – von der Deportation bedroht.[84] Vorübergehend wurden sie zwar „zurückgestellt",[85] seit 1942 jedoch auch deportiert. Simone Ladwig-Winters gelang es, das Schicksal von 83 in Berlin als „Konsulenten" tätigen jüdischen Rechtsanwälten nachzuzeichnen.[86] Ihrzufolge sind 30 der 83 ermordet worden. Viele waren unmittelbar bis zu ihrer „Abholung" für ihre Mandanten im Einsatz. Vier „Konsulenten" kamen der drohenden Deportation durch Selbstmord zuvor, darunter Moritz Galliner, der der Repräsentantenversammlung der jüdischen Reformgemeinde angehört hatte. Seit 1. Dezember 1938 war er in Berlin als „Konsulent" tätig gewesen und schließlich 1941 zur Zwangsarbeit bei Siemens verpflichtet worden. Das Visum für Kuba, das er für sich und seine Frau organisiert hatte, erwies sich als ungültig, der Sohn konnte noch in das rettende England gelangen. Am 28. Dezember 1942, einen Tag vor der Deportation, beging Galliner gemeinsam mit seiner Frau Selbstmord.[87] Keinen Ausweg sah auch der 68jährige Richard Kann. Er konnte auf eine erfolgreiche Anwaltskarriere zurückblicken und zählte aufgrund seiner Neuherausgabe der dritten Auflage des Kommentars zur Zivilprozeßordnung zwischen 1913 und 1926 und als Schriftleiter des angesehenen Fachorgans „Zeitschrift für Deutschen Zivilprozeß"[88] zu den großen Prozessualisten. Bis 1933 war er Mitglied im Berliner Kammervorstand und bis 1938 als Rechtsanwalt beim Kammergericht und seit 1. Dezember 1938 als „Konsulent" zuge-

---

82 GStA Rep. 84a MF 1252. Bericht des Vorstandes der Anwaltskammer in Berlin über das Jahr 1933, S. 10.
83 Ladwig-Winters, Anwalt ohne Recht, S. 66ff.
84 Vgl. dazu Arndt/Boberach, Deutsches Reich, in: Benz, Dimension des Völkermords, S. 23-65.
85 Krach, Jüdische Rechtsanwälte, S. 401.
86 Ladwig-Winters, Anwalt ohne Recht.
87 Ebenda, S. 129.
88 Landau, Juristen jüdischer Herkunft, in: Heinrichs u. a., Deutsche Juristen jüdischer Herkunft, S. 208.

lassen gewesen. Am 6. Dezember 1942 nahm er sich gemeinsam mit seiner Ehefrau das Leben, um der drohenden Deportation zu entgehen.[89]

Zwei der 83 „Konsulenten" starben eines natürlichen Todes. 14 überlebten in Deutschland, teils in Lagern, teils „untergetaucht" oder geschützt durch eine nichtjüdische Ehefrau. Dieser Schutz endete jedoch mit dem Tod der „arischen" Partnerin, wie im Falle des „Konsulenten" Berl (Alexander) Coper. Seine Frau kam bei einem Bombenangriff auf Berlin am 21. Juni 1944 ums Leben, woraufhin Coper, der im Ersten Weltkrieg ein Bein verloren hatte, mit dem 112. Alterstransport am 27. Oktober 1944 nach Theresienstadt deportiert wurde. Er überlebte das Martyrium und eröffnete noch 1945 in Berlin wieder eine Anwaltskanzlei.[90] 33 „Konsulenten" konnten emigrieren; fünf davon kehrten nach 1945 nach Deutschland zurück.[91]

Leben und Werk des jüdischen Anwalts Ludwig Bendix sollen hier ausführlicher dargestellt werden, stellvertretend für das Schicksal der Berliner Rechtsanwälte, die sich zwar durch Emigration vor der physischen Vernichtung retten konnten, deren Existenz aber dennoch zerstört war.[92] Ludwig (Louis) Bendix wurde am 28. Juni 1877 im westfälischen Dorstfeld als Sohn eines Hebräischlehrers geboren. Bis zum Umzug der Familie im Jahr 1892 nach Berlin, wo sein Vater als Versicherungsmakler zu Geld kam, wuchs er in bescheidenen Verhältnissen auf. Gegen den Willen, aber schließlich doch mit – vor allem finanzieller – Unterstützung des Vaters, begann er dort sein Jurastudium. Wie viele assimilierte junge deutsche Juden brach er 1897 mit seiner Religion. Zwar konvertierte er weder noch bestritt er jemals seine jüdische Herkunft, aber er weigerte sich in der Folgezeit, jüdischen Gesetzen zu folgen. Nach seinem juristischen Staatsexamen promovierte er 1902 an der Universität Göttingen mit dem Thema „Die rechtliche Natur der sogenannten Oberhoheit in den deutschen Schutzgebieten". 1907 eröffnete er in Berlin seine eigene Anwaltskanzlei und wurde zum öffentlichen Notar bestellt; im gleichen Jahr änderte Bendix seinen Taufnamen Louis in Ludwig um. Neben seiner Tätigkeit als Anwalt und Notar wurde er durch zahlreiche Aufsätze und Bücher als ein Kritiker des deutschen Rechtssystems bekannt. Motiviert war er für diesen lebenslangen Kampf durch einen unerschütterlichen Glauben an die Gerechtigkeit und den notwendigen rechtlichen Schutz des Individuums; viele Kollegen hielten ihn deshalb für „unbequem". Den Schritt zu einem politisch aktiven Menschen, um seine Ideen auch durchsetzen zu können, lehnte er bewußt ab. Als ihn die Herausgeber einer Zeitung[93] als „bürgerlichen Politiker" vorstellten, wehrte er sich vehement: „Ich gehöre keiner Partei an, kann keiner angehören. Ich fühle mich beengt und in meinem intellektuellen Gewissen beeinträchtigt, wenn ich denke, ich sollte mich zu einem bestimmten Programm mit bestimmten, notwendig einseitigen Sätzen bekennen."[94] In den zwanziger Jahren scheint Bendix seine Meinung geändert zu haben, denn er trat der SPD bei, allerdings ohne sich um ein politisches Amt zu bemühen.

Während des Ersten Weltkrieges war Ludwig Bendix als Soldat in der Heimwehr im Juliusturm der Spandauer Zitadelle stationiert. Seine Kanzlei scheint darunter nicht allzusehr gelitten zu haben. Wegen seiner Kurzsichtigkeit und seiner unzureichenden körperlichen Betätigungen hielt er sich selbst als Soldat für völlig untauglich, ohne daß es ihm und seiner Frau zumindest in den ersten Kriegsjahren an Patriotismus für das deutsche Vaterland als Zeichen ihrer Assimilation gefehlt hätte. Selbstverständlich erhielten die beiden 1913 und 1916 geborenen Kinder „deutsch klingende"

---

89 Göppinger, Juristen jüdischer Abstammung, S. 233.
90 Ladwig-Winters, Anwalt ohne Recht, S. 60ff. und 115.
91 Ebenda, S. 58ff.
92 Das Folgende beruht, soweit nicht anders angegeben, auf der Autobiographie seines Sohnes: Reinhard Bendix, Von Berlin nach Berkeley. Deutsch-jüdische Identitäten, Frankfurt a.M. 1985, die sich schwerpunktmäßig mit seinem Vater beschäftigt. Er stützt sich dabei wesentlich auf die etwa tausendseitigen Memoiren seines Vaters.
93 Es handelt sich um den „Arbeiter-Rat", ein Organ der Berliner Räte-Bewegung, die ihn um einen Beitrag zur Reform des Wahlrechts gebeten hatte.
94 Zit. nach: Bendix, Von Berlin nach Berkeley, S. 140.

VII. Die Kriegsjahre

Namen (Dorothea Elisabeth Charlotte und Reinhard Maximilian Johannes), und die deutschen Klassiker Lessing, Schiller, Goethe, Hölderlin und Kleist nahmen einen bevorzugten Platz in der häuslichen Bibliothek ein.

Am 25. Januar 1919 traten Ludwig Bendix und seine Frau aus der Jüdischen Gemeinde von Berlin aus. Ihr Sohn wertete diesen Schritt als Widerspiegelung des Selbstverständnisses seiner Eltern, sich als Deutsche zu fühlen, die zufällig jüdische Vorfahren hatten. Ludwig Bendix selbst unterstrich diese Annahme: „Aber eigentlich kann ich gar nicht von Assimilationsbemühungen sprechen und ... im Grunde nicht einmal von Assimilation. Wir lebten, das ist das Merkwürdigste, durchaus nicht als Fremde, die Einheimische werden wollten, sondern als Einheimische, die es nicht verstanden und es sich verbaten, als Fremde angesehen und behandelt zu werden. Wir fühlten uns keineswegs als assimilierte Juden, sondern als Deutsche, wie die anderen Deutschen, und hatten unser Judentum abgeschrieben; es glich einem Erinnerungsposten, der mit 1 RM in unserer Lebensbilanz zu Buche stand. Und vielleicht auch das nicht einmal! Alle unsere Aktiven, um in diesem Bilde zu bleiben, waren Deutsch! Wir lebten in der deutschen Wissenschaft und Kunst als der unsrigen; die deutsche Politik war und bestimmte unser Schicksal. Unser ganzes Leben war tief im deutschen Leben verwurzelt und hatte keinen anderen Wurzelboden wie den deutschen."[95]

Vor allem anderen beschäftigte Ludwig Bendix das Problem der Rechtssicherheit, die er durch den subjektiven richterlichen Entscheidungsprozeß immer wieder für gefährdet hielt. Seine Überlegungen mündeten in einer Theorie von der „Mehrdeutigkeit von Tatsachen und Rechtsnormen", die die positivistische Idee, daß innerhalb des geltenden Rechtssystems jeder Rechtsstreit gerecht und eindeutig entschieden werden konnte, ablösen sollte. Die verborgenen Motive und Einstellungen der Richter mußten seiner Meinung nach offengelegt werden. Seine deutliche Kritik an der oftmals monarchistischen Gesinnung der Richterschaft und seine Unkonventionalität ließen ihn innerhalb des Standes zu einem Außenseiter werden. Dazu trug er bei: Sein offizielles Kanzleipapier etwa enthielt den Vermerk „Ich bitte alle Höflichkeitsformeln zu unterlassen, wie ich selbst es tue".

Während der Weimarer Zeit wandte sich Ludwig Bendix seinen juristischen Überzeugungen treubleibend vornehmlich in der Zeitschrift des Republikanischen Richterbundes, „Die Justiz", gegen die Praxis, daß die meisten Beamten aus der Kaiserzeit im Amt blieben. Der Grundsatz der Volkssouveränität schien ihm dadurch verletzt, da seiner Überzeugung nach alle Gesetze bei ihrer Anwendung interpretiert werden mußten und jeder Richter oder andere Beamte dabei die eigene politische Einstellung nicht außen vor lassen konnten. Er vermochte sich kein Gelingen der neuen Staatsordnung vorzustellen ohne neue Beamte – und vor allem Richter –, die der Demokratie verpflichtet waren. Die monarchistischen und republikfeindlichen Richter fällten seiner Meinung nach, oftmals vielleicht sogar unbewußt, Urteile, die nicht dem Geist der neuen Verfassung entsprachen. 1925 trat Bendix dann dem liberalen Republikanischen Richterbund bei.

Den Schwerpunkt der anwaltlichen Arbeit von Ludwig Bendix bildete das Arbeitsrecht. So war seine Ernennung zum nebenamtlichen Vorsitzenden beim Arbeitsgericht Berlin im Juli 1927 ein Höhepunkt seiner juristischen Karriere. Hier glaubte er, seine Vorstellungen eines idealen Richters, der zwischen den Parteien vermittelt und den Streit zu schlichten versucht, verwirklichen zu können. Das Arbeitsgerichtsgesetz verpflichtete den Richter, den Streitfall mit den Konfliktparteien zu erörtern, wodurch nach Möglichkeit eine gütliche Einigung erreicht werden sollte. Dem Richter fiel nach Ludwig Bendix' Vorstellungen vordringlich die Rolle eines Vermittlers zu, und darin scheint er viel Geschick besessen zu haben. Seine neue Aufgabe nahm ihn so in Anspruch, daß er darüber sogar seine Kanzlei vernachlässigte.

---

95 Zit. nach: Ebenda, S. 145f.

Die Kriegsjahre VII.

Am 14. März 1932 fällte das Reichsgericht eine Entscheidung, durch die sich Ludwig Bendix in seinem Kampf gegen die monarchistischen Richter bestätigt fühlte. Das Gericht konstatierte die relative Wahrheit eines Urteils, die aus den persönlichen Einstellungen des Richters herrühre. Daß dadurch nicht die demokratischen Ideen der Weimarer Verfassung, sondern zunehmend antidemokratische Vorstellungen Einzug in die Gerichtssäle hielten und durch das Reichsgericht schon damals legitimiert wurden, erkannte Bendix nicht.

Im Frühjahr 1933 wurde die Existenz des Anwalts Ludwig Bendix zerstört. Das Anwaltsgesetz vom 7. April 1933 schien ihn als „Altanwalt" nicht zu betreffen. Zum Verhängnis wurde ihm der Paragraph 3 des Gesetzes, die Vorschrift über die Betätigung „in kommunistischem Sinne".[96] Ende Mai 1933 wurde Ludwig Bendix aus der Berliner Anwaltskammer ausgeschlossen, weil er Jahre zuvor ein Mitglied der KPD verteidigt hatte. Aber damit nicht genug – am 2. Juni 1933 wurde er ohne jegliche Vorwarnung verhaftet und in das Gefängnis Spandau gebracht. Zum Zeitpunkt seiner Inschutzhaftnahme war Bendix 56 Jahre alt und blickte auf ein reiches, der Jurisprudenz gewidmetes Leben zurück. Wie traumatisch die Erfahrung seiner Haft und vor allem das Fehlen jeglichen rechtsstaatlichen Verfahrens für ihn gewesen sein muß, läßt sich nicht nachvollziehen. Die Situation verschlechterte sich noch, als er von Spandau in das KZ Brandenburg verbracht wurde, wo die Häftlinge Zwangsarbeit in der Landwirtschaft leisten mußten, was ihn körperlich völlig überforderte. Sein Wille und Kampfgeist waren jedoch ungebrochen, als er Anfang Oktober 1933 wieder entlassen wurde. Vor der Freilassung mußten alle Häftlinge eine Erklärung unterschreiben, mit der sie auf Entschädigungsansprüche verzichteten und für die Zukunft Wohlverhalten zusicherten. Juristisch kam die Unterzeichnung dem Eingeständnis eines Fehlverhaltens gleich; doch Ludwig Bendix, der sich keiner Schuld bewußt war, wollte sich nicht auf diese Weise erpressen lassen. Er fragte bei der Entlassungsprozedur, was geschehe, wenn er die Unterschrift verweigere. „Dann führen wir Sie wieder in den Saal zurück", antwortete der Beamte. „Darauf unterschrieb ich in der Rechtsüberzeugung, daß nunmehr eine klare Rechtslage geschaffen sei, weil ich meine Unterschrift unter dem Zwange der angedrohten weiteren Freiheitsentziehung leistete."[97]

Der Gedanke einer Auswanderung lag Ludwig Bendix nach seiner Entlassung fern. Man könnte seine Haltung mit einem trotzigen Jetzt-erst-recht-Verhalten beschreiben. Er betrachtete Deutschland und die deutsche Kultur als seine Heimat, die zu verlassen Verrat wäre. In seinen Erinnerungen brachte er dies sehr deutlich zum Ausdruck: „Trotz aller Mißerfolge und Verschüchterungen ließ ich mich nicht unterkriegen. Ich weiß sehr wohl, daß manche meiner Freunde und Kollegen mein ... Verhalten als unwürdig mißbilligen, und vielleicht etwas freundlicher als einen rührenden Beweis meines Wolkenkuckucksheimertums ansehen. Wer so urteilt, hat bereits dem Gegner den Platz geräumt und seine alte Heimat aufgegeben. Man mag es noch so töricht nennen, ich stand auf einem anderen Standpunkt. Ich kämpfte um jeden Zoll Bodens und hielt mit allen Fasern meines Wesens an ihm fest. Ich wollte mich nicht entwurzeln lassen. ... Zur Aufrechterhaltung der Würde meiner Persönlichkeit hielt ich es geradezu für meine Pflicht gegen mich selbst, die durch die geltenden Gesetze gegebenen Möglichkeiten bis zum Letzten in Anspruch zu nehmen. ... Der Gedanke schien mir unerträglich, daß gesagt werden könnte: ‚Warum hast Du den Kampf vor der Zeit aufgegeben? Die letzte und höchste Stelle hätte zu Deinen Gunsten entscheiden können.' "[98]

Seinen Überzeugungen folgend betätigte er sich unmittelbar nach seiner Freilassung als „Rechtsberater". Er entwarf ein Rundschreiben, in dem er auf seine Spezialgebiete verwies und seine Tätigkeit als Rechtsberater „besonders auf den Gebieten Arbeits-, Straf-, Disziplinar-, Versiche-

---

96 Sein Sohn stellt den Zusammenhang zwischen der Zulassungsrücknahme und dem Paragraphen 3 des Gesetzes vom 7. April nicht her. Alle Anzeichen sprechen jedoch dafür. Ebenda, S. 186.
97 Zit. nach: Ebenda, S. 191.
98 Zit. nach: Ebenda, S. 193f.

VII. Die Kriegsjahre

rungsvertrags-, Grundbesitz-, Hauszinssteuer- und Öffentliches (Beamten-) Recht" anbot. Er verfaßte weiterhin Aufsätze und kämpfte sogar um Honorare von Zeitschriften, die seine Aufsätze angenommen hatten, diese aufgrund der veränderten politischen Lage aber nicht mehr drucken wollten. Förmlich protestierte er gegen die Beschlagnahmung seiner Bücher durch die Polizei im Magazin seines Verlegers. Er fühlte sich „im Recht" und machte auch jedem klar, daß er stets den Kommunismus bekämpft habe und seine Inschutzhaftnahme deshalb völlig unberechtigt gewesen sei.

Die Funktionäre der Berliner Anwaltskammer fanden an seiner Tätigkeit als „Rechtsberater" keinen Gefallen. 1935 reichten sie gegen ihn eine Klage wegen unlauteren Wettbewerbs beim Kriminalgericht Berlin ein. Dieses Vorgehen gegen den langjährigen Kollegen demonstrierte ein weiteres Mal die unrühmliche Rolle, die Vertreter der Anwaltschaft bei der Ausschaltung von jüdischen oder anderweitig mißliebigen Rechtsanwälten spielten, ohne daß sie dazu von seiten des Staates gezwungen gewesen wären. Ludwig Bendix selbst konnte kaum glauben, daß die früheren Kollegen, mit denen ihn vor 1933 teilweise freundschaftliche Beziehungen verbunden hatten, seine Existenz zerstören wollten. Er nahm Kontakt zu Vertretern der Anwaltskammer auf, um den Prozeß, den er als „persönliche Schande" wertete, abzuwenden; keiner war jedoch bereit, sich für ihn einzusetzen. Bendix erfaßte zu diesem Zeitpunkt zwar die möglichen Konsequenzen des Prozesses, der seine Tätigkeit als Rechtsberater beenden und damit seine Existenz vernichten konnte, der Ernst der politischen Lage war ihm aber noch nicht klar. Das abstoßende Verhalten seiner ehemaligen Kollegen versuchte er immer noch zu rechtfertigen; seiner Meinung nach hatte man sie so unter Druck gesetzt, daß sie sich nicht mehr für einen Juden einsetzen konnten, selbst wenn sie glaubten, daß er im Recht war. Wenn nun die Klage der Berliner Anwaltskammer nicht zurückgezogen wurde, wollte Bendix alles unternehmen, um den Prozeß zu gewinnen. Aber allein die Suche nach einem Anwalt, der ihn vor Gericht vertreten sollte, geriet zum Spießrutenlauf, da weder die jüdischen noch die „arischen" Anwälte gewillt waren, in einem Prozeß gegen die Anwaltskammer aufzutreten. Erst zwei Tage vor dem Gerichtstermin begegnete er Justizrat Georg Aronsohn[99], der sofort bereit war, ihn zu verteidigen. Ludwig Bendix sah wieder Licht am Horizont: „Mit tiefem Dankgefühl ging ich nach Hause, ganz besonders beeindruckt durch das anwaltliche Pflichtgefühl der alten Schule, nach dem es geradezu ein Berufsverbrechen ist, – ähnlich wie beim Arzt – dem in Not Befindlichen den Beistand zu versagen."[100]

Während der Verhandlung wurde Bendix' Rundschreiben, mit dem er seine Dienste als Rechtsberater angeboten hatte, einer peniblen juristischen Prüfung unterzogen. Dem Gericht gelang es jedoch nicht, darin eine unrichtige Aussage zu finden, was Vorbedingung für ein strafbares Vergehen des „unlauteren Wettbewerbs" gewesen wäre. Da ihm offensichtlich keine falsche Aussage nachgewiesen werden konnte, mußte das Gericht ihn freisprechen. Er konnte nach dem Freispruch seine Tätigkeit als Rechtsberater wieder aufnehmen, der Stachel, daß ehemalige Kollegen ihn auf diese Weise ruinieren wollten, saß aber tief. Auch jetzt war Ludwig Bendix noch nicht bereit, den Gedanken an Auswanderung zuzulassen. Gerade in schlechten Zeiten, so argumentierte er, müßten die Juden ihre Treue zu Deutschland beweisen. Erst viele Jahre später konnte er eingestehen, daß er die Zerstörungswut der Nationalsozialisten weit unterschätzt hatte.

Für die zunehmende Einschränkung der Lebensmöglichkeiten der jüdischen Deutschen machte Bendix allein die Partei verantwortlich. Er gab sich der Illusion hin, daß die Mehrheit der Bevölkerung und auch die staatlichen Institutionen einschließlich der Polizei dieses Vorgehen mißbilligten. Als eines Tages ein antisemitischer Aufkleber mit einer Judenfratze und der Aufschrift „Wer vom Juden

---

99 Georg Aronsohn, 1867 geboren, war bis November 1938 als Rechtsanwalt, dann als „Konsulent" zugelassen. Am 3. Oktober 1942 wurde er nach Theresienstadt deportiert, wo er am 18. Januar 1943 einem Schlaganfall erlag. Ladwig-Winters, Anwalt ohne Recht, S. 95.
100 Zit. nach: Bendix, Von Berlin nach Berkeley, S. 201.

kauft, ist ein Volksverräter" an seiner Tür angebracht worden war, rief er beim zuständigen Polizeirevier an und bat, daß ein Polizist den Aufkleber entfernen sollte. Nach einigen Diskussionen erklärte der Reviervorsteher, er werde jemanden schicken, in dessen Anwesenheit Bendix den Aufkleber selbst entfernen könnte. Es kam tatsächlich ein Polizist, und Bendix bat einen zufällig anwesenden Klienten, den Aufkleber im Beisein des Beamten zu entfernen. Aber damit nicht genug. Er gab dem Polizisten ein Schreiben an den Vorsteher des Polizeireviers mit, indem er sich für die polizeiliche Unterstützung bedankte und gleichzeitig darauf aufmerksam machte, daß sich „an Ihrem alten Dienstgebäude, dem jetzigen Parteilokal, ... ein großer weißer Tuchstreifen über die ganze Front des Hauses mit der Aufschrift ‚Wir wollen die Juden nicht mehr' " befindet. Der Streifen und der danebenstehende Stürmerkasten bedeute „eine Provokation für jeden einzelnen Juden, wie viel mehr für solche Juden, die wie wir seit Generationen in Deutschland leben, für Deutschland geblutet haben und es als ihre Heimat lieben".[101]

Der Brief wurde an die Gestapo weitergeleitet, und am 30. Juli 1935 wurde Ludwig Bendix erneut verhaftet. Die folgenden 18 Monate verbrachte er im KZ Lichtenburg, dann wurde er nach Dachau verlegt, wo er vor allem unter der schweren körperlichen Arbeit litt. Obwohl er sich bemühte, im Konzentrationslager mit jüdischen und nichtjüdischen Häftlingen in Kontakt zu kommen, fühlte er sich in der Umgebung von Juden geborgener. Nachdem er fast 40 Jahre alles Jüdische abgelehnt und sich völlig assimiliert hatte, erfolgte in der Haft eine Rückbesinnung auf ein jüdisches Zusammengehörigkeitsgefühl, ohne daß damit eine Wiederaufnahme von jüdischen Gebräuchen verbunden gewesen wäre.

Die Familie versuchte alles, um den Vater frei zu bekommen. Der Tochter gelang es schließlich über einen ihrer früheren Lehrer, eine Einwanderungserlaubnis für Palästina zu erhalten. Am 22. Mai 1937 wurde Bendix aus Dachau entlassen mit der Auflage, binnen zwei Wochen ins nichteuropäische Ausland zu emigrieren. Obwohl er von der KZ-Haft schwer gezeichnet war, war er bereits eine Woche später damit beschäftigt, einen juristischen Schriftsatz gegen den Lagerkommandanten von Dachau zu verfassen, weil dieser einen herzkranken jüdischen Häftling zu Turnübungen gezwungen hatte, bis dieser tot zusammenbrach. Nur mit Mühe konnten ihn seine Kinder davon abhalten, den Brief abzusenden.

Anfang Juni 1937 fuhren Else und Ludwig Bendix über die Schweiz nach Palästina. Auswanderung kann man dies wohl kaum nennen. Die beiden mittlerweile erwachsenen Kinder blieben in Berlin, um den Haushalt aufzulösen und wanderten später in die USA aus. In Haifa angekommen, begann Ludwig Bendix seine traumatischen Erfahrungen niederzuschreiben, um sein inneres Gleichgewicht wiederzugewinnen.[102] Dem 60jährigen gelang es besser als seiner 54jährigen Ehefrau, sich in Palästina anzupassen. Else Bendix vermißte ihren Berliner Haushalt und korrespondierte häufig mit den Kindern, die ihr dieses und jenes alte Stück nachsenden sollten. Ihr Sohn erinnert sich: „Man wußte manchmal nicht, ob man lachen oder weinen sollte. Meine Mutter konnte für alles eine Begründung finden. So sollten wir ihr ihr Abendkleid und den Smoking meines Vaters schicken; zwar trug man diese Kleidungsstücke normalerweise selten, aber es bestand doch die entfernte Möglichkeit, daß meine Eltern dem britischen Hochkommissar für Palästina vorgestellt wurden! Auch Gartenwerkzeug aus unserem Häuschen auf dem Lande sollten wir ihr schicken, denn es wäre doch eine Schande, sie neu kaufen zu müssen, falls meine Eltern zufällig eine Wohnung im Erdgeschoß mit einem dazugehörigen kleinen Garten fänden!"[103]

---

101 Zit. nach: Ebenda, S. 254.
102 Dieses unveröffentlichte Manuskript „Konzentrationslager Deutschland und andere Schutzhafterinnerungen 1933-1937" liegt im Leo-Baeck-Institut in New York und diente Reinhard Bendix als Grundlage für seine Autobiographie.
103 Bendix, Von Berlin nach Berkeley, S. 372.

VII. Die Kriegsjahre

Ludwig Bendix stürzte sich sofort wieder in die Arbeit. Da er mit seiner deutschen juristischen Ausbildung nicht als Rechtsanwalt arbeiten konnte, blieb ihm nur das Schreiben. Während seines zehnjährigen Aufenthalts in Palästina veröffentlichte er 30 Aufsätze. Da er für seine juristischen Abhandlungen nicht genug Publikationsmöglichkeiten fand – zudem mußte alles übersetzt werden –, begann er Sketche, Filmdrehbücher, Glossen und sogar Gedichte zu verfassen, um seinen Kindern finanziell nicht allzusehr zur Last zu fallen. Seine Situation bezeichnete er als das „Phänomen Bendix", weil er darin die typische Not älterer Menschen sah, die in dem Palästina der dreißiger und vierziger Jahre keine idealen Lebensbedingungen fanden.

1947 entschloß er sich deshalb im Alter von 70 Jahren gemeinsam mit seiner 64jährigen Frau zu einer zweiten Emigration in die USA, wo die Kinder inzwischen lebten. Sie verbrachten einige Monate bei der Tochter an der Ostküste und zogen dann zu ihrem Sohn, der mittlerweile verheiratet und als Soziologieprofessor tätig war, nach Colorado und kurz darauf nach Berkeley an die Westküste. Die erste Wiedersehensfreude nach zehnjähriger Trennung überdeckte die Probleme, die das alte Ehepaar in den USA hatte. Es gelang ihnen nicht mehr, in den USA heimisch zu werden. Die Unabhängigkeit des Sohnes und seiner Frau, die eine Töpferwerkstatt leitete, empfanden die Eltern als Zurückweisung. Ludwig Bendix litt unter dem Gefühl, nicht nur in Palästina, sondern auch in Deutschland gescheitert zu sein, und alle Argumente seiner Familie konnten ihn davon nicht abbringen. Hinzu kam die finanzielle Abhängigkeit von seinem Sohn, die ihm schwer zu schaffen machte. Deshalb bemühte er sich auch in den USA vehement um Veröffentlichungsmöglichkeiten für seine juristischen Schriften. Dies verstärkte jedoch die Konflikte mit seinem Sohn, der sich in den Augen des Vaters zuwenig Zeit für die Übersetzung seiner Aufsätze nahm und sich auch nicht ausreichend um Publikationsmöglichkeiten bemühte. Die Wiedergutmachungszahlungen aus Deutschland im Jahr 1953 brachten zumindest eine Erleichterung der finanziellen Lage, den erlittenen Statusverlust konnten sie nicht aufwiegen. Auch die Einbürgerung 1952 machte die Vereinigten Staaten nicht zu einer neuen Heimat. Ludwig Bendix starb am 3. Januar 1954 in Kalifornien, ohne die deutsche Heimat wiedergesehen zu haben.

VIII. Biographien von Berliner Rechtsanwälten

Einige Biographien sollen die Spannbreite der Berliner Anwaltschaft deutlich machen. Berücksichtigt werden muß dabei, daß der Großteil der „normalen" Berliner Rechtsanwälte – der Mitläufer – kaum Spuren hinterließ. Nur wer in irgendeiner Weise auffällig wurde, als Autor, als Funktionär, wer Eingaben an staatliche Stellen richtete oder – wie die Widerstandskämpfer – selbst vor Gericht stand, dessen Biographie ist heute noch nachzuzeichnen.

Rüdiger Graf von der Goltz[1] gehörte zu den prominentesten Berliner Rechtsanwälten. 1894 in Berlin geboren, war er zunächst von 1924 bis 1934 Rechtsanwalt in Stettin; im April 1934 wurde er in Berlin zugelassen. Der NSDAP trat er am 1. April 1932 bei. In der Weimarer Republik war von der Goltz durch zahlreiche Prozesse als „deutschnationaler Verteidiger" bekannt geworden. Er galt bald als ein wirkungsvoller Verteidiger nationalsozialistischer Angeklagter, weil er vor Gericht nicht rechtes Gedankengut propagierte, sondern sich als ein hervorragender Jurist auszeichnete. Das Vertrauen der NSDAP gewann er als Verteidiger von Joseph Goebbels und in zahlreichen Fememordprozessen.[2]

Nach der Machtübernahme ließ von der Goltz sich in zahlreiche Organisationen einbinden – er war Mitglied der „Akademie für Deutsches Recht",[3] stellvertretender Schriftführer der Reichs-Rechtsanwaltskammer[4], 1940 Vorsitzender der zweiten Kammer des Berliner Ehrengerichts[5] und seit 1941 Mitglied der „Arbeitsgemeinschaft für Strafrechtspflege"[6]. Auf einer großen „Kundgebung für deutsches Recht und deutsche Rechtspflege", zu der sich die Justizprominenz am 12. Mai 1933 im Preußischen Landtag versammelte, erklärte von der Goltz die Bereitwilligkeit der deutschen Anwaltschaft an der Mitarbeit bei der Umgestaltung des Rechts.[7] Von 1935 bis 1939 arbeitete von der Goltz als Vertreter der Partei in der von Reichsjustizminister Gürtner eingesetzten amtlichen Strafrechts- und Strafprozeßkommission mit.[8]

1938 vertrat er Generaloberst Werner Freiherr von Fritsch in dem gegen diesen aus politischen Gründen eröffneten kriegsgerichtlichen Verfahren, in dem ihm homosexuelle Verfehlungen vorgeworfen wurden; von der Goltz erreichte dabei einen Freispruch des Generalobersten.[9]

Daß er trotz seiner Involvierung in das System nicht zu den blinden Fanatikern gehörte, machte seine Eingabe zugunsten schwerkriegsverletzter jüdischer Rechtsanwälte im Reichsjustizministerium im August 1938 deutlich. Vielleicht zeigte sich an dieser Stelle auch der Einfluß seines Vaters, des Generals Rüdiger Graf von der Goltz. Er plädierte nachhaltig für eine faire Regelung bei der materiellen Versorgung der vor der Entlassung stehenden schwerkriegsverletzten jüdischen Rechtsanwälte. Er hielt dies für eine „Ehrenpflicht der Anwaltschaft, ... die ja letzten Endes auch finanzielle Vorteile durch das Ausscheiden mutmaßlich haben wird".[10] Prinzipiell akzeptierte von der Goltz damit jedoch das Ausscheiden der jüdischen Rechtsanwälte. Seiner Karriere schadete weder die

---

1 Personalakte Graf Rüdiger von der Goltz beim Oberlandesgericht Düsseldorf. Freundlicherweise zur Verfügung gestellt vom Leiter der Justizakademie des Landes NRW, Herrn OStA Schreiber, dem ich an dieser Stelle herzlich danke.
2 Gruchmann, Justiz im Dritten Reich, S. 769; Krach, Jüdische Rechtsanwälte in Preußen, S. 93.
3 Jahrbuch der Akademie für Deutsches Recht 1 (1933/34), S. 254.
4 GStA Rep. 84a MF 1212. Richtlinien für die Ausübung des Anwaltsberufs. Aufgestellt von der Reichs-Rechtsanwaltskammer, Berlin 1934, S. 15.
5 Mitteilungen der Reichs-Rechtsanwaltskammer, 15. März 1940, S. 36.
6 Mitgliederverzeichnis der Arbeitsgemeinschaft für Strafrechtspflege. Bibliothek Gerhard Jungfer.
7 Deutsche Juristen-Zeitung, 1. Juni 1933, Sp. 761ff.
8 Dazu ausführlich: Gruchmann, Justiz im Dritten Reich, passim.
9 Ebenda, S. 76.
10 BA R 22/253. Graf von der Goltz an Herrn Reichsjustizminister Gürtner, 23. August 1938.

VIII. Biographien von Berliner Rechtsanwälten

Vertretung von Fritsch noch sein Einsatz für die schwerkriegsverletzten jüdischen Anwälte; im Januar 1939 wurde ihm der Titel Justizrat verliehen.[11]

Anfang 1945 flüchtete Graf von der Goltz aus Berlin auf den Hof der Familie im bayerischen Kinsegg. Die Spruchkammer Schongau stufte ihn 1948 im Entnazifizierungsverfahren in die Gruppe 5 der „Entlasteten" ein – ein wahrlich mildes Urteil allein in Anbetracht seiner im Auftrag der NSDAP erfolgten Mitarbeit an der Strafrechts- und Strafprozeßkommission. Er hatte sich dort zwar nicht als reiner Willensübermittler der NSDAP betätigt, an seiner Parteikonformität tauchten jedoch zu keinem Zeitpunkt Zweifel auf. Seinen frühen Parteieintritt entschuldigten die Richter mit „gutem Glauben"; von der Goltz habe „niemals die immer mehr sich herausschälenden Methoden des Nationalsozialismus gebilligt oder gar selbst sich an ihnen beteiligt". Ausdrücklich hielten ihm seine Richter die Verteidigung des Generals von Fritsch zugute; sie sei als „aktive Durchkreuzung von Hitlers Willen" zu werten. Auch sei von der Goltz an den Umsturzvorbereitungen des 20. Juli 1944 beteiligt gewesen. Möglicherweise kam ihm hierbei seine Verbindung zu Generaloberst Beck, dem er 1917/1918 als Ordonnanzoffizier zugeordnet war und seine Verwandtschaft mit der Familie Bonhoeffer und mit General von Hase zugute. Im März 1949 beantragte Graf von der Goltz seine Anwaltszulassung in Düsseldorf, die er drei Monate später auch erhielt. Bis zu seinem Tod im April 1976 war er als Rechtsanwalt in Düsseldorf tätig.

Einem der prominentesten NS-Anwälte bereits in der Weimarer Republik begegnen wir in Walter Luetgebrune.[12] 1879 im lippischen Ehrentrup geboren, promovierte er 1903 in Freiburg zum Dr. jur. und beantragte 1909 seine Anwaltszulassung. Die Grundlagen für seine Anwaltskarriere erwarb er sich bei Max Alsberg, mit dem er beruflich, aber auch privat freundschaftlich verbunden war. Er assistierte ihm bei zahlreichen großen Prozessen. Die deutsche Niederlage 1918 bewirkte bei Luetgebrune einen radikalen Meinungsumschwung und führte zum Bruch mit seinem Mentor Alsberg. Nachdem er Erich Ludendorff erfolgreich wegen dessen Beteiligung am Hitler-Putsch vom 9. November 1923 verteidigt hatte – Ludendorff wurde freigesprochen –, avancierte er zum prominentesten Anwalt der Rechten. 1932 wurde Luetgebrune auf Betreiben von Ernst Röhm „Oberster Rechtsberater" von SA und SS; zu diesem Zweck verlieh ihm die SA den Rang eines Gruppenführers. Nach der Machtübernahme war Luetgebrune kurzzeitig als Reichsjustizminister im Gespräch. In der neugegründeten „Akademie für Deutsches Recht" wurde er stellvertretender Vorsitzender des Ausschusses für Straf- und Strafprozeßrecht.[13] Kritik zog Luetgebrune 1933 auf sich, als er neben seiner Tätigkeit für die SA jüdische Unternehmer in „Arisierungsfragen" beriet und dafür überhöhte Honorare abrechnete. Am 21. November 1933 teilte ihm Ernst Röhm mit, daß er sein Amt als „Oberster Rechtsberater" verlieren und zur SA-Reserve versetzt würde. Dennoch wurde er am 3. Juli 1934 im Zusammenhang mit dem „Röhm-Putsch" vorübergehend in Haft genommen. Weihnachten 1934 erhielt er die Nachricht von seinem Ausschluß aus der NSDAP. Luetgebrune kämpfte in den folgenden Jahren verzweifelt um seine Rehabilitierung, seine steile Karriere hatte jedoch ein jähes Ende genommen. „Im Gnadenweg" gestattete ihm Hans Frank, Mitglied im NSRB zu bleiben, Parteimitglied durfte er bis Kriegsende nicht mehr werden. Er blieb als Rechtsberater einiger Unternehmen weiterhin tätig. Wegen standeswidrigen Verhaltens in Gebührenangelegenheiten und übermäßiger Honorare wurde er mehrfach ehrengerichtlich bestraft.[14] Nach dem Krieg verhafteten ihn die Alliierten und brachten ihn in das Interniertenlager in Ludwigsburg.[15] 1948 wurde er beim Obersten

---

11 Mitteilungen der Reichs-Rechtsanwaltskammer, 1. März 1939, S. 49.
12 Dazu ausführlich: Heydeloff, Staranwalt.
13 Deutsche Juristen-Zeitung, 1. Juli 1934, Sp. 843.
14 Mitteilungen der Reichs-Rechtsanwaltskammer, 1. Dezember 1936, S. 215.
15 Personalakte bei der Anwaltskammer Berlin.

Landgericht in München wieder als Anwalt zugelassen. Er starb 1949 an einer Lebensmittelvergiftung.

Typisch für einen aktiven Mitläufer und Profiteur scheint der Lebenslauf des jungen Rechtsanwalts Erich Deus[16] gewesen zu sein. 1899 in Berlin geboren, nahm er seit Frühjahr 1917 am Weltkrieg teil und geriet 1918 in französische Kriegsgefangenschaft. Nach seiner Entlassung im Februar 1920 nahm er ein juristisches und ein volkswirtschaftliches Studium auf und wurde 1930 als Rechtsanwalt bei den Berliner Landgerichten zugelassen. Reinhard Neubert in seiner Funktion als „Kommissar" des Berliner Kammervorstands bestellte ihn am 3. April 1933 als Mitarbeiter in den Vorstand der Anwaltskammer.[17] Bei der „Wahl" am 22. April 1933 fiel Deus durch.[18] Am 1. Mai 1933 trat er der NSDAP bei und wurde Leiter der NS-Rechtsbetreuungsstelle in Charlottenburg. Als Mitglied der als NSDAP-nah bekannten Anwaltssozietät Ludwig profitierte Deus von der politischen Wende. Sein Einkommen stieg zwischen 1934 und 1938 kontinuierlich von 1005.- RM auf 14483.- RM. Im Frühjahr 1939 wurde Deus schließlich doch noch Mitglied des Berliner Kammervorstands. Am 26. August 1939 wurde er allerdings eingezogen und nahm am Feldzug in Polen, Frankreich und Rußland teil. Am 2. Mai 1945 geriet er in russische Kriegsgefangenschaft, aus der er am 10. September 1946 heimkehrte. Drei Jahre später erhielt er wiederum seine Anwaltszulassung in Berlin. Er starb im März 1977. Mit Ausnahme seiner Bestellung in den Berliner Kammervorstand kann Deus als Beispiel des vom politischen Umsturz profitierenden Mitläufers gelten. Offensichtlich wurde er im Mai 1933 Parteimitglied, um sein berufliches Fortkommen zu sichern; ein stärkeres Engagement in der Partei oder anderen Organisationen ist nicht bekannt. In der Anwaltskanzlei Ludwig gehörte er zu den „kleinen Fischen"; sein Einkommen erreichte nur einen Bruchteil des Verdienstes der erfolgreichen NS-Anwälte. Seine Position war außerdem zu schwach, um seine frühe Einberufung und den langen Kriegseinsatz zu verhindern.

Zweifelsohne übte der Nationalsozialismus auf einen Teil der jüngeren Anwälte eine gewisse Faszination aus. Er bot ihnen eine Betätigungsmöglichkeit in einer Zeit, die für junge Juristen äußerst schwierig war. Der 1903 geborene Rolf Rienhardt etwa fühlte sich von Hitler in den Bann gezogen. Er trat 1924 als Redner der NSDAP in Bayern in den Landtags- und Reichstagswahlkämpfen auf und war seit 1928 als rechtlicher Berater und Vertreter des Zentralverlags der NSDAP, Franz Eher Nachf., tätig. Nach der Machtübernahme diente er dem „Verein Deutscher Zeitungsverleger" als Justitiar und wurde Vorsitzender des Fachausschusses für Presserecht in der „Akademie für Deutsches Recht".[19]

Als Nutznießer der Verdrängung jüdischer Kollegen wollte Rechtsanwalt Oskar Scheer bis dahin für ihn unerreichbare Mandate übertragen bekommen. Bereits am 1. April 1933 biederte er sich Staatssekretär Lammers in der Reichskanzlei an. Da nun „nichtjüdische Rechtsanwälte mit der Vertretung des Staates betraut werden sollen", erklärte er sich gern bereit, „die Interessen des Reiches und Preußens als Rechtsanwalt zu vertreten".[20] Die erwünschte Karriere als nationalsozialistischer Rechtsanwalt blieb Oskar Scheer verwehrt. Schon im Sommer 1933 taten sich ihm Probleme auf, beim neu gebildeten Landgericht Berlin zugelassen zu werden, obwohl er seit 1920 seine Anwaltszulassung in Berlin besaß und seit 1. Mai 1933 Parteimitglied war. Zwischen 1927 und 1932 war er dreimal vom Ehrengericht der Berliner Anwaltskammer wegen schwerer Pflichtverletzung – Ursache

---

16 Zum folgenden: Personalakte Erich Deus (Anwaltskammer Berlin).
17 GStA Rep. 84a Nr. 20155. Der Kommissar für den Vorstand der Anwaltskammer in Berlin an den Herrn Preußischen Justizminister, 3. April 1933.
18 Ebenda. Vorstand der Anwaltskammer in Berlin an den Herrn Preußischen Justizminister, 24. April 1933. Verzeichnis der in der außerordentlichen Kammerversammlung vom 22. April 1933 gewählten Mitglieder des Vorstandes der Anwaltskammer Berlin.
19 Führerlexikon, S. 386f.
20 BA R 43 II/1534. Oskar Scheer an Herrn Dr. Lammers, 1. April 1933.

waren meist überhöhte Honorarforderungen und deren rücksichtsloses Eintreiben – verurteilt worden. 1935 und 1937 mahnte ihn der Kammervorstand bzw. der Kammerpräsident wiederum wegen geldlicher Angelegenheiten. Der Kammergerichtspräsident lehnte deshalb Scheers Teilnahme an einem Lehrgang der Reichsfinanzschule im Oktober 1938 ab. Auch seinem Gesuch um Bestellung zum Notar wurde nicht entsprochen. 1944 hatte Scheer den Bogen endgültig überspannt. Die Dienststrafkammer des Kammergerichts schloß ihn wegen erneuter Verfehlungen aus der Anwaltschaft aus. Der Dienststrafsenat des Reichsgerichts wies die Berufung mit Urteil vom 29. August 1944 zurück und bestätigte die Entscheidung der Vorinstanz. Scheers Anwaltskarriere war damit beendet.[21]

Der erfolgreiche Wirtschaftsanwalt und Notar Georg Eschstruth[22] verdiente als Beurkunder der „Arisierung" großer jüdischer Betriebe viel Geld; er engagierte sich für den neuen Staat. 1889 geboren, war Eschstruth am 1. August 1930 der NSDAP und im Juli 1931 der SA beigetreten, in der er es bis zum Standartenführer brachte. Als er 1938 einen Personalfragebogen für den Aufstieg zum SA-Führer ausfüllte, gab er unter der Rubrik „Strafen" an, er sei im April 1916 vom Kriegsgericht der 22. Infanterie Division zu 14 Tagen „Stubenarrest wegen Mißhandlung eines jüdischen Unteroffiziers, der aus Feigheit den Gehorsam verweigerte," verurteilt worden. Vehementer noch brachte er seine antisemitische Gesinnung in einer Rede zum Ausdruck, die er vor der SA-Standarte 7 am 30. Mai 1943 hielt: „Wenn er [der Krieg] mit unverminderter Wucht weitergeht und seine Beendigung in weiter Ferne zu liegen scheint, so liegt das nicht an den Völkern, die es zunächst angeht, sondern an dem Weltjudentum, das an einer Konsolidierung der Welt auf völkischer Grundlage kein Interesse hat. Der Jude kann als Schmarotzer nur existieren, wenn völkische Zerrissenheit oder mangelnde Geschlossenheit ihm den Einbruch in das kulturelle und wirtschaftliche Leben der Völker ermöglichen. Unser Kampf gegen Bolschewismus und Plutokratie ist letzten Endes nichts anderes als eine Auseinandersetzung mit den Juden. Deshalb bekenne ich mich aus Überzeugung zu der Auffassung, daß dieser Krieg auch ein Kampf der völkisch bewußten Völker gegen das Weltjudentum ist." Im folgenden beklagte er sich über die „Aschenbrödelrolle", die der SA seit dem Röhm-Putsch 1934 zugemutet werde und äußerte Zweifel an dem Willen und den Fähigkeiten der Obersten SA-Führung, positive Änderungen herbeizuführen und die SA wieder zu einer wirklich mächtigen Organisation zu führen. Diese öffentlich geäußerte Kritik brachte ihm im Juni 1944 einen „strengen Verweis" des Stabschefs der SA ein.[23]

Als überzeugter Anhänger des Regimes zeigte sich Rechtsanwalt Rudolf Hensen. Sein flammender, Hitler huldigender Leitartikel anläßlich der Rheinlandbesetzung im Frühjahr 1936 („Das Recht ist bei Deutschland") in der „Juristischen Wochenschrift", bei der er als Hauptschriftleiter tätig war, demonstrierte gleichzeitig das Niveau, auf das die einstmals angesehene juristische Zeitschrift unter nationalsozialistischem Einfluß gesunken war.[24] Rechtsanwalt Reuß, Dozent der Verwaltungsakademie Berlin, stilisierte die immerhin gegen das Völkerrecht verstoßende Rheinlandbesetzung an gleicher Stelle als „nationale Friedenspolitik Adolf Hitlers".[25]

Die stumpfsinnigen antisemitischen Parolen und Verschwörungstheorien des Schriftleiters des publizistischen Organs des BNSDJ, „Deutsches Recht", Rechtsanwalt Helmut Seydel, stießen sicherlich nur bei einem Teil der Anwaltschaft auf Zustimmung. Im August 1943 beschwor er zum Beispiel in einem Artikel über „Gerechtigkeit im Kriege" die alte Dolchstoßlegende: „In den Kriegsgesellschaften des ersten Weltkrieges", so Seydel, „saßen die Juden, und während andere darbten und starben, lebten sie im Überfluß: während andere sparten und arbeiteten, schoben sie sich Vermögen

---

21 Personalakte Oskar Scheer, in: BA R 22.
22 Personalakte Georg Eschstruth, in: Ebenda Nr. 55.377 und Berlin Document Center.
23 Vorgang im Berlin Document Center.
24 Juristische Wochenschrift, 21. März 1936, S. 769f.
25 Ebenda, S. 771f.

zusammen und brachten Geld, Gut und Grund des deutschen Volkes an sich. Die Ungerechtigkeit war es, die im ersten Weltkrieg die innere Front zermürbte, ihren Zerfall vorbereitete. ... In diesem Kriege haben wir die Waffen, die wir brauchen, um die innere Front sauber zu halten. ... Wir wissen, daß Zustände wie damals nicht wiederkehren. Der Jude, der geborene Zerstörer der inneren Front, ist aus dem Volkskörper ausgeschaltet."[26]

In eine ähnliche Richtung tönte Erich Ristow, 1907 geboren. Den Recherchen Horst Göppingers zufolge, veröffentlichte er im Sommer 1936 anonym ein 53seitiges „Verzeichnis jüdischer Verfasser juristischer Schriften". Ab 1937 lebte er seinen Antisemitismus offen aus; er wurde Herausgeber der Zeitschrift „Rasse und Recht".[27] Erich Ristow kam am 15. Februar 1944 bei einem Luftangriff auf Berlin ums Leben.[28]

Die üble Rolle eines Profiteurs von der politischen Veränderung kam Rechtsanwalt und Notar Wolfgang Hercher zu. Bis Januar 1933 ohne Amt und Würden, aber Mitglied der NSDAP,[29] bestellte ihn der oberste nationalsozialistische Funktionär Neubert am 3. April 1933 in den kommissarischen Vorstand der Berliner Anwaltskammer.[30] In dieser Position wurde er in der „Wahl" zum Kammervorstand am 22. April 1933 bestätigt; sein Aufstieg begann. Zunächst wurde er stellvertretender Vorsitzender des Gesamtvorstands[31] und Vorsitzender der Abteilung II des Ehrengerichts.[32] In dieser Funktion wurde er in die neu gegründete Reichs-Rechtsanwaltskammer delegiert.[33] Im Juni 1933 übernahm er den Vorsitz des Berliner Anwaltvereins, nachdem dessen Vorsitzender Richard Grasshoff, der erst im Januar 1933 die Nachfolge von Alfred Pinner angetreten hatte, auf eigenen Wunsch hin ausgeschieden war.[34] Auch im BNSDJ bzw. in der Nachfolgeorganisation NSRB wurde Hercher aktiv; er begann als Gaufachberater Rechtsanwälte des Gaues Kammergerichtsbezirk Berlin des BNSDJ[35] und übernahm 1936 das Amt des stellvertretenden Reichsgruppenwalters Rechtsanwälte des NSRB.[36] Bei der Zuteilung von Armenrechtsmandaten an jüdische Rechtsanwälte zeigte sich Wolfgang Hercher als aggressiver Vorreiter des idealtypischen „deutschen" Rechtsanwalts. Seine plakatierten Denunziations-Aufrufe verlangten nach Mitteilung, falls „nichtarische Anwälte arischen Parteien" beigeordnet würden; in ihrer frechen Direktheit blieben sie selbst unter Teilen der antisemitischen Berliner Anwaltschaft eine Ausnahme. Hercher bezeichnete sein Vorgehen als „praktischen Nationalsozialismus".[37] Im Januar 1939 wurde ihm der Titel Justizrat verliehen.[38] 1940 war er Vorsitzender der 1. Kammer des Berliner Ehrengerichts.[39] Bis Ende 1942 ist seine Tätigkeit im

---

26 Deutsches Recht, Ausgabe A, 21./28. August 1943, S. 880f.
27 Göppinger, Juristen jüdischer Abstammung, S. 149ff.
28 Personalakte Erich Ristow, in: BA R 22.
29 GStA Rep. 84a Nr. 20155. Vorstand der Anwaltskammer in Berlin an das Preußische Justizministerium z. Hd. des Herrn Ministerialdirektors Dr. Freisler. Betr.: Neuwahl zum Vorstand der Anwaltskammer in Berlin, 22. April 1933.
30 Ebenda. Der Kommissar für den Vorstand der Anwaltskammer in Berlin an den Herrn Preußischen Justizminister, 3. April 1933.
31 Ebenda MF 1252. Bericht des Vorstandes der Anwaltskammer in Berlin über das Jahr 1933, S. 11.
32 Ebenda. Bericht des Vorstandes der Anwaltskammer in Berlin über das Jahr 1933, S. 21; ebenda Nr. 20155. Vorstand der Anwaltskammer in Berlin an den Herrn Preußischen Justizminister, 24. April 1933.
33 Ebenda MF 1252. Bericht des Vorstandes der Anwaltskammer in Berlin über das Jahr 1933, S. 20; ebenda MF 1212. Richtlinien für die Ausübung des Anwaltsberufs. Aufgestellt von der Reichs-Rechtsanwaltskammer, S. 15.
34 Berliner Anwaltsblatt 6 (1933), S. 105.
35 GStA Rep. 84a MF 1218. Einladung zur Eröffnung der 19 N.S.-Rechtsbetreuungsstellen von Groß-Berlin, 25. Juni 1934; BA R 22/263. Reichsrechtsamt des NSDAP an das Reichsjustizministerium. Betr.: Beiordnung jüdischer Armenanwälte für arische Prozessparteien, 28. März 1935.
36 Juristische Wochenschrift, 2./9. Januar 1937, S. 20.
37 So Herchers Kollege Fritz Hummel in seinem Gespräch mit Tillmann Krach am 16. September 1988. Krach, Jüdische Rechtsanwälte in Preußen, S. 303.
38 Mitteilungen der Reichs-Rechtsanwaltskammer, 1. März 1939, S. 49.
39 Ebenda, 15. März 1940, S. 36.

VIII. Biographien von Berliner Rechtsanwälten

Berliner Kammervorstand nachzuweisen.[40] 1944 wurde ihm als Offizialverteidiger vor dem Volksgerichtshof die Vertretung des kommunistischen Widerstandskämpfers Anton Saefkow übertragen; die Witwe Saefkows beklagte sich in ihrer Zeugenaussage vor dem Nürnberger Tribunal 1946 bitter über das mangelnde Engagement Herchers.[41] Nach dem Krieg verlieren sich seine Spuren.

Erfolgreicher Anwalt und zugleich antisemitischer Scharfmacher war Georg Staege.[42] 1895 geboren, war er seit 1924 am Kammergericht als Anwalt zugelassen, seit Februar 1932 auch zum Notar bestellt. Seine NSDAP-Beitrittserklärung trägt das Datum 1. Januar 1931. Dem NSRB diente er in der Funktion des Gaugruppenwalters Rechtsanwälte des Gaues Berlin, und im Juni 1937 wurde er Nachfolger des wegen seiner verschwiegenen Zugehörigkeit zu einer Freimaurerloge abgesetzten Walter Raeke als Gauführer des NSRB Berlin.[43] 1939 wurde ihm der Titel Justizrat verliehen.[44] Staeges Antisemitismus zeigte sich etwa am Beispiel der 5. Verordnung zum Reichsbürgergesetz, die ihm nicht weit genug ging. Er wollte den Ausschluß jüdischer Rechtsanwälte auch auf mit Jüdinnen verheiratete Anwälte ausdehnen und wandte sich deshalb am 26. November 1938 an den Reichsgruppenwalter Rechtsanwälte des NSRB: „Insbesondere wurde mit Recht darauf verwiesen, daß es nicht nur notwendig ist, den jüdischen Anwalt zu beseitigen, sondern, daß man nicht darum herumkommt, auch diejenigen Anwälte abzulehnen, die mit Jüdinnen verheiratet sind, denn die enge Fühlungnahme mit einem Juden, hervorgerufen durch die Hausgemeinschaft usw., führt auch zu einer charakterlichen und rassefeindlichen Beeinflussung des arischen Anwaltes. Zudem darf nicht verkannt werden, daß die arischen Anwälte, die mit Jüdinnen verheiratet sind, die Zeichen der Zeit nicht verstanden und eine auffallende rassische Instinktlosigkeit an den Tag gelegt haben, wenn sie nicht einmal seit dem Jahre 1933 sich dazu haben entschließen können, die Ehe mit den Jüdinnen anzufechten. Die Gaugruppe Rechtsanwälte erachtet es als eine dringliche Forderung, daß die 5. Verordnung zum Reichsbürgergesetz eine entsprechende Ergänzung findet, wonach auch die Zulassung von mit Jüdinnen verheirateten Rechtsanwälten zurückgezogen wird."[45]

Seit 1943 schien Staege in der Bedeutungslosigkeit verschwunden zu sein. Er selbst gab in seinen Entnazifizierungsunterlagen an, daß er seinen Funktionärsposten beim NSRB im Mai 1943 „wegen antifaschistischen Verhaltens" verloren habe und durch einstweilige Verfügung aus der Partei ausgeschlossen worden sei. Hauptgrund sei seine „gegnerische Haltung in der Judenfrage und Zusammenstöße mit der Geheimen Staatspolizei" gewesen. 1944 sei er ehrengerichtlich wegen „gesellschaftlichen Verkehrs mit Nichtarierin und Unterstützung ihres Verlobten" mit einem Verweis bestraft worden. Staeges Aussagen sind nach der Quellenlage nicht nachprüfbar, Tatsache ist jedoch, daß er bei seinem Ringen um Wiederzulassung als Rechtsanwalt und Notar einige Widerstände überwinden mußte. Zeugenaussagen charakterisierten ihn als üblen Denunzianten, der sich nicht scheute, massiven Druck auf seine Kollegen auszuüben, um diese auf die „richtige" politische Linie zu zwingen. Seine hohe Stellung im NSRB habe er zu diesem Zweck ausgenutzt. Das Präsidium der Berliner Anwaltskammer sprach sich am 4. August 1950 folglich gegen seine Zulassung aus; der Kammergerichtspräsident schloß sich dem an. Staege strebte daraufhin ein ehrengerichtliches Wiederzulassungsverfahren an, das die Entscheidung vom August 1950 aufhob. Im November 1951 wurde er wiederum als Anwalt zugelassen. Staege starb im Januar 1965.

---

40 Vgl. seinen Auftritt vor der Arbeitsgemeinschaft für Strafrechtspflege des NSRB Gau Berlin. XIII. Tagung am 6. November 1942.
41 Nbg. Dok. NG-536.
42 Zur Biographie s. Unterlagen im BDC; Personalakte bei der Anwaltskammer Berlin.
43 Mitteilungsblatt des National-Sozialistischen Rechtswahrerbundes, 15. Juli 1937, S. 73; Juristische Wochenschrift, 28. August 1937, S. 2181.
44 Mitteilungen der Reichs-Rechtsanwaltskammer, 1. März 1939, S. 49.
45 BA R 22/254. NSRB Gau Berlin. Dr. Georg Staege an den Reichsgruppenwalter Rechtsanwälte des NSRB, 26. November 1938.

Biographien von Berliner Rechtsanwälten VIII.

Massiv von nationalsozialistischer Seite kritisiert wurden nichtjüdische Rechtsanwälte, die mit jüdischen Partnern soziiert waren. Sie wurden von der Anwaltskammer und den juristischen Organisationen der Partei massiv zur Trennung gedrängt. In vielen Fällen gab der nichtjüdische Teil diesem Drängen nach und paßte sich den neuen Gegebenheiten an. Die Sozietät Alsberg ist allerdings – jedenfalls für drei der vier Sozien – ein Gegenbeispiel. Alsbergs Sozien Kurt Gollnick, Lothar Welt und Max Schmidt unternahmen keinerlei Versuche, aus der Sozietät auszusteigen. Anders der vierte Sozius Kurt Peschke, der nach Darstellung des Alsberg Biographen Curt Riess Ende März 1933 seine Loyalität aufkündigte. Riess berichtet: „Genau zwei Wochen nach der ‚Konflikt'-Premiere[46] wurde Alsberg gebeten, in sein Büro zu kommen. Sein Sozius Kurt Peschke wolle ihn sprechen. Über Telephon sei das nicht zu erledigen. Alsberg fuhr also zum Nollendorfplatz. Dort teilte ihm Peschke mit, er beabsichtige, die Sozietät mit Alsberg aufzulösen. Zwar sei er kein Antisemit, natürlich nicht, aber die Zeiten hätten sich geändert. Er, Peschke, habe Familie, habe Verpflichtungen. Nun wandte sich Alsberg an seine anderen Sozien. Aber sie wollten sich nicht von Alsberg trennen. Alsberg war von dem Entschluß Peschkes, den er für einen Freund gehalten hatte, mehr erschüttert, als er zugeben wollte. Diejenigen, die um ihn waren, fanden, daß er sich in wenigen Tagen völlig veränderte. Er, der Nimmermüde, wirkte müde, zerfahren. Er aß kaum. Er stellte die Arbeit an dem Buch ein. Er ging kaum noch ins Büro."[47] Kurt Peschke charakterisierte sein Verhältnis zu Alsberg und die Auflösung der Sozietät in seinem Lebenslauf, den er im Mai 1946 bei der Entnazifizierungskommission einreichte, ganz anders: „Im Mai 1918 trat ich bei Rechtsanwalt Dr. Max Alsberg als Sozius ein, der mich schon vorher ... zur Unterstützung in seiner strafrechtlichen Praxis hinzugezogen hatte. Nach dem Ausscheiden eines älteren Sozius, Dr. Katzenstein, blieb ich bis 1933 neben verschiedenen später hinzutretenden Sozien erster und engster Mitarbeiter des Herrn Dr. Alsberg. ... Ich wurde von ihm zu allen größeren Prozessen, teils zur Unterstützung teils als Mitverteidiger, hinzugezogen, vor allem aber zu seinen wissenschaftlichen Veröffentlichungen. ... Mein Sozius Dr. Alsberg und ich hatten über politische und allgemein staatliche Angelegenheiten ... ungefähr gleiche liberale Ansichten. ... Ich teilte ... durchaus seine empörte Ablehnung der 1933 beginnenden Regierungsweise, die ihn im September 1933 in der Schweiz zu seinem freiwilligen Ende trieb. Auf Wunsch von Dr. Alsberg war ich wegen des Rückganges der Einnahmen mit dem Ersten Juni 1933 aus der Sozietät ausgeschieden und begann Nollendorfplatz 7 eine selbständige eigene Praxis, zu deren Errichtung mir Dr. Alsberg noch wertvolle Erinnerungsstücke schenkte. Meine Praxis entwickelte sich so, wie es meiner bisherigen Tätigkeit und meinem Rufe, den ich allmählich erlangt hatte, entsprach. Ich wurde, aus der Schule Dr. Alsberg hervorgegangen, als ein Verteidiger angesehen, der gerade gegen die tendenziösen Strafverfolgungen der Juden und politisch Mißliebigen den Kampf aufnahm."[48]

Das Präsidium der Rechtsanwaltskammer Berlin bestätigte im Mai 1946, daß Peschke „einer der angesehensten Rechtsanwälte und Strafverteidiger Berlins gewesen" sei. „Menschlich und beruflich" stünde er „in höchstem Ansehen, insbesondere auch in der Kollegenschaft". Als Hemmschuh bei seiner Wiederzulassung erwies sich allerdings, daß er 1940 der NSDAP beigetreten war, angeblich um als Wahlverteidiger vor dem Volksgerichtshof tätig werden zu können. 1947 trat er in Nürnberg im Krupp-Prozeß als Verteidiger auf, und im September 1949 erhielt er schließlich in Berlin seine Anwaltszulassung. Kurt Peschke starb am 5. Oktober 1952.[49]

Rechtsanwalt Max Schmidt, 1904 geboren, war von Dezember 1931 bis Dezember 1932 im Büro Alsberg als Assessor beschäftigt. Am 21. Januar 1933 erhielt er seine Zulassung zur Anwaltschaft und

---

46 Ein von Alsberg verfaßtes Theaterstück, das am 3. März 1933 in Bremen uraufgeführt wurde und in Berlin am 9. März Premiere hatte. Krach, Jüdische Rechtsanwälte, S. 168.
47 Riess, Der Mann in der schwarzen Robe, S. 324.
48 Personalakte Dr. Kurt Peschke bei der Anwaltskammer Berlin.
49 Personalakte Peschke.

trat als Sozius in die Kanzlei Alsberg ein. Nach Alsbergs Emigration in die Schweiz hielt er Kontakt zu ihm und besuchte ihn auch in Zürich. Am 15. Dezember 1938 verunglimpfte ihn die Zeitschrift „Das Schwarze Korps" wegen seiner früheren Sozietät mit Alsberg unter Angabe seiner Adresse und eines Photos.[50] Kurzzeitig war Schmidt auch in Gestapohaft. Von März 1942 bis Mai 1945 diente er in der Wehrmacht. Bereits im Mai 1946 befürwortete das Präsidium der Berliner Anwaltskammer die Wiederzulassung Schmidts als Anwalt und seine Ernennung zum Notar. Beidem wurde im Juli 1947 stattgegeben. Seit 1963 war Max Schmidt Vorstandsmitglied der Berliner Anwaltskammer. Er starb 1974.[51]

Wie bereits der Fall Walter Raeke zeigte, der nach Bekanntwerden seiner Freimaurerzugehörigkeit seine Ämter verlor, wurde gerade von den Anwaltsfunktionären ein der NS-Ideologie angepaßtes Verhalten erwartet. Mit keiner Gnade rechnen durfte daher der erfolgreiche Rechtsanwalt und Notar Otto Kamecke, dessen Anwaltskarriere infolge des Bekanntwerdens seiner Homosexualität endete. Kamecke,[52] 1893 geboren und seit 1924 als Rechtsanwalt und seit 1929 als Notar zugelassen, gehörte von 1919 bis etwa 1931 der DNVP, seit 1. September 1932 der NSDAP an. Schon in den Jahren vor 1933 fiel er als Verteidiger im Ulmer Reichswehrprozeß vor dem Reichsgericht in Leipzig im Herbst 1930[53] und von SA-Leuten im „Röntgenstraßenprozeß" 1932 auf.[54] Reinhard Neubert bestellte ihn im April 1933 kommissarisch in den Berliner Kammervorstand;[55] bei der „Wahl" am 22. April 1933 wurde er als Vorstandsmitglied bestätigt.[56] Noch im April 1938 bezeugte der Berliner Landgerichtspräsident, daß Kamecke „als besonders anständiger, durchaus national eingestellter und tüchtiger Verteidiger bekannt" sei. Allgemein gelte er „als ein Mann, der fest und treu hinter den Bestrebungen des Dritten Reiches und den weltanschaulichen Zielen der Bewegung steht".[57] Am 27. Mai 1938 wurde er jedoch in Schutzhaft und am 14. Juni 1938 aufgrund eines Haftbefehls des Amtsgerichts Berlin in Untersuchungshaft genommen.[58] Zum Vorwurf gemacht wurden ihm „bündisch-homosexuelle Umtriebe" mit Jugendlichen. Am 2. September 1938 enthob die Dienststrafkammer beim Kammergericht ihn deshalb vorläufig seines Amtes als Notar und leitete ein förmliches Dienststrafverfahren ein. Vor dem Landgericht Berlin begann ein umfangreicher Prozeß[59] gegen den Rechtsanwalt, der die ihm zur Last gelegten Vorwürfe entschieden bestritt, sie jedoch nicht widerlegen konnte. Die Hauptverhandlung ergab, daß sich der Angeklagte „in den Jahren 1932 bis 1938 an mehreren jungen Menschen in gleichgeschlechtlicher Weise vergangen" hatte. Auch zahlreiche prominente, von dem Angeklagten benannte Leumundszeugen konnten nicht verhindern, daß Kamecke am 20. Oktober 1938 nach Par. 175 StGB zu drei Jahren Gefängnis verurteilt wurde. Das Gericht kam zu dem Ergebnis, daß „die Aussagen der von dem Angeklagten benannten Leumundszeugen ... nicht den Beweis dafür erbringen [konnten], daß sich der Angeklagte ... nicht gleichgeschlechtlich betätigt haben kann. Seine Hilfsbereitschaft, seine Zuverlässigkeit in seinen Berufsgeschäften, sein Eintreten für die Pfadfinderbewegung und für die NSDAP in der Kampfzeit, der Umstand, daß die Zeugen aus seinem Benehmen geschlossen haben, er sei ein lauterer und anständiger Charakter, alles dieses ist mit der Annahme einer geschickt verheimlichten gleichgeschlechtlichen Betätigung des Angeklagten nicht unvereinbar."

---

50 Das Schwarze Korps, 15. Dezember 1938.
51 Personalakte bei der Rechtsanwaltskammer Berlin.
52 Zu Kamecke s. Personalakte, in: BA R 22/62504 und Unterlagen im BDC.
53 BDC O.N.-12. Sonderordner Akte: Scheringer, Ludwin, Wendt. Ulmer-Prozeß.
54 Von Brück, Ein Mann, S. 71.
55 GStA Rep. 84a Nr. 20155. Der Kommissar für den Vorstand der Anwaltskammer in Berlin an den Herrn Preußischen Justizminister, 3. April 1933.
56 Ebenda MF 1252. Bericht des Vorstandes der Anwaltskammer in Berlin über das Jahr 1933, S. 11.
57 Personalakte, in: BA R 22/62504.
58 Diensttagebuch des Reichsjustizministeriums, in: BA R 22/947. Eintragung vom 25. Juli 1938.
59 Zum Prozeß: Personalakte, in: BA R 22/62504.

Bereits am 5. August 1938 war Kamecke aus der Partei ausgeschlossen worden. Auf eigenen Antrag wurde er am 27. Dezember 1938 aus der Rechtsanwaltsliste des Landgerichts Berlin gelöscht; damit schied er auch aus seinem Amt als Notar. Gegen das Urteil des Landgerichts legte Kamecke Teilrevision vor dem Reichsgericht ein, der am 26. Januar 1939 auch stattgegeben wurde. Die dritte große Strafkammer des Landgerichts Berlin, an die das Reichsgericht die Sache zurückverwiesen hatte, verkürzte seine Gefängnisstrafe auf zwei Jahre und neun Monate. Der frühere Rechtsanwalt und Notar saß seine Strafe im Gefangenenlager Rodgau in Hessen ab. Am 29. April 1941 wurde die Reststrafe unter einer Bewährungsfrist von drei Jahren ausgesetzt.

Noch ein weiteres Mitglied des Berliner Kammervorstandes wurde Opfer seiner vermeintlichen sexuellen Neigungen. Der Generalstaatsanwalt beim Landgericht Berlin klagte Friedrich Koppe, seit der „Wahl" vom 22. April 1933 Kammervorstandsmitglied und geschätzter Anwalt und Notar, im Oktober 1937 an, „mit einem anderen Manne ... Unzucht getrieben zu haben" und sich folglich des Verbrechens und Vergehens gegen Par. 175, 175a Ziffer 4, 73, 74 StGB schuldig gemacht zu haben.[60] Das Schöffengericht Berlin verurteilte ihn am 18. Dezember 1937 zu einem Jahr Gefängnis unter Anrechnung der siebenwöchigen Untersuchungshaft und führte zur Begründung aus: „Bei dem Angeklagten Koppe kam bei der Strafzumessung mildernd in Betracht, daß er Frontoffizier war, das E.K. I besitzt, Kriegsbeschädigter ist, sich in Oberschlesien und im Baltikum ebenfalls als Frontkämpfer betätigte und daß er sich in seiner Tätigkeit als Anwalt und Notar in jeder Hinsicht einwandfrei führte, auch bei seinen Kollegen in geachteter Position war. Straferschwerend war dagegen in Rechnung zu stellen, daß der Angeklagte Koppe trotz seiner Vorbildung und als Vorstandsmitglied der Anwaltskammer, in Kenntnis der Vorgänge anläßlich der Röhmaffäre und der heutigen erschwerten Strafbestimmungen, sich nicht scheute, mit dem erst 24jährigen Angeklagten W. ... in homosexuellen Verkehr zu treten. Straferschwerend war ferner, daß er als Jurist und früherer Frontoffizier dem Gericht zu erklären wagte, der Austausch seiner Liebesbezeugungen mit W. sei keiner sexuellen Absicht entsprungen." Koppe ließ sich nach diesem Urteil am 27. Dezember 1937 in der Rechtsanwaltsliste des Landgerichts Berlin löschen und schied auch aus seinem Amt als Notar.

Tief in die Verbrechen der Nationalsozialisten verstrickte sich Rechtsanwalt Gerhard Bohne nach der Rückgabe seiner Anwaltszulassung. Bereits als junger Anwalt – er war 1902 in Braunschweig geboren und 1930 in Berlin zugelassen worden – verdingte er sich für die Nationalsozialisten. Er lieferte 1931 als Verteidiger von SA-Angehörigen denunziatorische Prozeßberichte über Richter und Staatsanwälte an den Oberführer des Gausturmes Berlin.[61] Der Partei und der SA war er am 1. August 1930 beigetreten. Der SA-Brigade 32 diente er als Rechtsberater. Diese „Verdienste" schienen ihm im Frühjahr 1933 zugute zu kommen. Reinhard Neubert ernannte Bohne am 3. April zum „Mitarbeiter für die Geschäfte, die bisher dem Vorstand der Anwaltskammer oblagen".[62] Bei der „Wahl" des Kammervorstandes am 22. April 1933 fiel Bohne jedoch durch; dem neuen Vorstand gehörte er nicht an.[63] Im folgenden war er als Leiter der Berufsgruppe Rechtsanwälte des BNSDJ zuständig für die Aufnahme „deutschstämmiger" Berliner Rechtsanwälte in die Organisation.[64]

1936 gab Bohne seine Anwaltszulassung zurück und wurde im Reichsnährstand Sonderreferent für Gesuche und Beschwerden. In dieser Funktion machte er die Bekanntschaft von Viktor Brack,

---

60 Personalakte Koppe, in: BA R 22/64291.
61 Krach, Jüdische Rechtsanwälte, S. 148f.; Douma, Deutsche Anwälte, S. 90.
62 GStA Rep. 84a Nr. 20155. Der Kommissar für den Vorstand der Anwaltskammer in Berlin an den Herrn Preußischen Justizminister, 3. April 1933.
63 Ebenda. Vorstand der Anwaltskammer in Berlin an den Herrn Preußischen Justizminister, 24. April 1933. Verzeichnis der in der außerordentlichen Kammerversammlung vom 22. April 1933 gewählten Mitglieder des Vorstandes der Anwaltskammer Berlin.
64 Völkischer Beobacher, 24. Mai 1933, in: GStA Rep. 84a Nr. 20156.

Amtsleiter in der Führerkanzlei, der für den administrativen und technischen Ablauf der „Euthanasie"-Aktionen und die Auswahl des Personals in den entsprechenden Anstalten zuständig war. Im September 1939 gewann Brack Bohne zur Mitarbeit am „Euthanasieprogramm", dem Massenmord an Geisteskranken und Behinderten.

Bohne schien für diese Aufgabe wie geschaffen, wie ein späterer Dienstvorgesetzter noch 1955 bestätigte. Neben seinen juristischen Fähigkeiten sei sein Interesse und Verständnis für alle medizinischen Fragen und die Probleme des öffentlichen Gesundheitsdienstes bemerkenswert gewesen. Auch habe er viel organisatorisches Talent besessen.[65]

Von September 1939 bis Juni 1940 wirkte Bohne an den Vorbereitungen zur „Aktion T 4" (Tiergartenstraße 4), der Tarnbezeichnung für die Massenmorde, mit. Er leitete die „Reichsarbeitsgemeinschaft Heil- und Pflegeanstalten" und die „Gemeinnützige Stiftung für Anstaltspflege" und damit die zentrale Büroabteilung in Berlin. Konkret ließ er eine Krankenkartei und Krankenkarten für jeden Patienten anlegen, leitete diese an drei „Gutachter" weiter, anhand derer schließlich Transportlisten in die Tötungsanstalten erstellt wurden. An der Auswahl des baden-württembergischen Grafeneck als erster Tötungsanstalt war er maßgeblich beteiligt. Dort wurde eine Gaskammer eingerichtet, in der im Jahr 1940 mindestens 10 500 Menschen ermordet wurden.[66] Bohne wies das Personal, für dessen Auswahl er mitverantwortlich war, in Grafeneck ein und kontrollierte den bürokratischen Ablauf bei der ersten Massentötung persönlich. Er hatte sich mit standesamtsrechtlichen Fragen, erb- und versorgungsrechtlichen Auswirkungen und der Regelung von Nachlaßfragen zu beschäftigen. Ende 1939 forcierte er die Inbetriebnahme einer weiteren Tötungsanstalt in Brandenburg. Die Einrichtung von Sonderstandesämtern zur Beurkundung der zahlreichen Todesfälle ging wesentlich auf Bohnes Initiative zurück. Offenbar reichte dies jedoch nicht als Tarnmaßnahme aus. Einer der beiden Grafenecker Sonder-Standesbeamten schilderte Bohnes Ideenreichtum bei der Verschleierung der Morde: „Anfänglich wurde das Sterbebuch mit fortlaufender Nummer geführt. Einem auswärtigen Standesbeamten fiel dann die hohe lfd. Nummer des Sterbebuchs von Grafeneck auf, da Grafeneck im Ortsbuch als Weiler eingetragen war. Auf Anordnung von Oberreg. Rat Bohne, der gerade anwesend war, wurde von da an das Sterbebuch nicht fortlaufend numeriert, sondern von Zeit zu Zeit abgeschlossen und ein neues Sterbebuch begonnen, aber nicht mit der lfd. Nummer 1, sondern verschieden je nach dem Monat mit der lfd. Nr. vielleicht 20 oder 50, je nach Fortschreiten des Jahres, sonst wäre es aufgefallen, daß Mitte oder Ende des Jahres mit der Nr. 1 begonnen worden wäre."[67]

Weshalb Bohne im Juni 1940 seine Tätigkeit aufgab, ist nicht eindeutig zu klären. Offiziell wurde die Lesart ausgegeben, daß ein Arzt als Leiter der Tarnorganisation besser geeignet sei als ein Jurist. Tatsächlich scheinen die Differenzen zwischen Brack und Bohne ein wesentliches Motiv für sein Ausscheiden gewesen zu sein. Bohne arbeitete von nun an als Justitiar für die Volksgesundheitsabteilung im Innenministerium, wo er 1942 zum Oberregierungsrat befördert wurde.

1942 wandte sich Bohne in einem Schreiben an den SD, in dem er Angehörige der „Aktion T 4" und der Führerkanzlei des Kraftwagenmißbrauchs, der Lebensmittelschiebungen und alkoholischer und sexueller Ausschweifungen bezichtigte. Daraufhin wurde gegen ihn ein Parteiausschlußverfahren eingeleitet, das am 10. August 1943 mit seinem Ausschluß aus der NSDAP endete; der Leiter der Parteikanzlei, Martin Bormann, bestätigte im September 1943 dieses Urteil. Darauf basierend ordnete Heinrich Himmler im Dezember 1943 die strafweise Entlassung Bohnes aus der SS an, der er seit 1938, zuletzt im Range eines Obersturmführers, angehört hatte. „Die Art und Weise seines Vorgehens

---

65 Zeugnis von Dr. Fritz Cropp, 24. Januar 1955, in: Personalakte Bohne.
66 Wolfgang Benz/Hermann Graml/Hermann Weiß (Hrsg.), Enzyplopädie des Nationalsozialismus, Stuttgart 1997, S. 493.
67 Ernst Klee, „Euthanasie" im NS-Staat. Die „Vernichtung lebensunwerten Lebens", Frankfurt a. M. 1985, S. 155.

bei der Materialbeschaffung sowie bei der späteren Berichterstattung über die Vorgänge", so der Chef des SS-Gerichts, ließen „ganz erhebliche Charaktermängel erkennen".[68] 1943 wurde Bohne zur Wehrmacht einberufen und an die Ostfront versetzt. Bei Kriegsende geriet er in amerikanische Gefangenschaft.

Das Amtsgericht Münsingen erließ am 29. September 1947 einen Haftbefehl, in dem Bohne „eines Verbrechens des vielfachen Mordes ... im Zuge der Durchführung des sog. Euthanasieprogramms bei der Einrichtung von Grafeneck Krs. Münsingen" beschuldigt wurde.[69] Bohne war zu diesem Zeitpunkt bereits aus der amerikanischen Gefangenschaft geflüchtet und konnte sich in Österreich und Italien dem Haftbefehl entziehen. 1949 setzte er sich für sechs Jahre nach Argentinien ab. Im Februar 1956 beantragte er in Köln die Zulassung als Rechtsanwalt. Seine im Zulassungsantrag angeführten Erläuterungen, daß ihm durch „Denazifizierung, Demilitarisierung, Kategorisierung oder dergleichen ... keinerlei Strafen, Berufsbeschränkungen oder sonstige Maßnahmen auferlegt worden" seien, er – im Gegenteil – im August 1943 „aus politischen Gründen" aus der NSDAP ausgeschlossen worden sei, reichten sowohl dem Oberlandesgerichtspräsidenten als auch dem Vorstand der Kölner Anwaltskammer aus; Bohne wurde im Juli 1956 beim Amts- und Landgericht Köln als Rechtsanwalt wiederzugelassen. Ende des Jahres beantragte er seine Zulassung in Düsseldorf, die ihm ebenfalls anstandslos gewährt wurde.

Im September 1959 vollstreckte jedoch das Amtsgericht Düsseldorf den 1947 vom Amtsgericht Münsingen ausgestellten Haftbefehl. Rechtsanwalt Bohne mußte sich nun seiner Vergangenheit stellen. In zahlreichen Vernehmungen leugnete er grundsätzlich nicht seine Beteiligung an der Euthanasie. Schuldhaftes Verhalten wollte er daraus jedoch nicht ableiten. Ihm kam es, so Bohne in seiner Vernehmung am 10. September 1959, als Leiter der Büroabteilung vor allem darauf an, daß „peinlich genaue Ordnung herrschte und allen gesetzlichen Verwaltungsvorschriften Genüge geleistet wurde". Von Anfang an legte er deshalb Wert auf eine exakte Beurkundung der Todesfälle. Bei der Einrichtung der Sonderstandesämter, die unzweifelhaft lediglich der Verschleierung der Massenmorde dienten, machte sich Bohne nicht etwa Gedanken über den Sinn derartiger Institutionen; er gab an dieser Stelle zu bedenken, daß die Genehmigung des Innenministers von Württemberg erforderlich gewesen sei. An vielen Stellen der Vernehmungsprotokolle zeichnete Bohne ein Selbstbild des peniblen Juristen, der sich offenbar über die Folgen seines Tuns wenig Gedanken machte. Gerhard Bohne war der klassische „Schreibtischtäter", der auch Ende der fünfziger Jahre nicht bereit war, in seinen Taten eine schuldhafte Verstrickung in die „T 4 Aktionen" zu erblicken. Mehr als zynisch etwa mutet seine Erläuterung über seine Büroaktivitäten in Berlin an: „Es oblag mir zu veranlassen, daß Karteien für die einzelnen mit Fragebogen erfaßten Kranken angelegt wurden. Für jeden Kranken mußte eine Akte angelegt werden, in welche die gutachterlichen Stellungnahmen der Ärzte getrennt abgeheftet wurden. Es sollte verhindert werden, daß jeder Irrtum bei der Auswahl der Kranken unter allen Umständen vermieden wurde. Ich arbeitete ferner Anweisungen aus, wie die einzelnen Kranken zu kennzeichnen seien, damit keine Verwechslungen auf dem Transport vorkommen konnten und jederzeit bis zur etwaigen Einäscherung die Identität der Person festgestellt werden konnte. Weiterhin habe ich Anweisungen ausgearbeitet, damit die Einäscherungen gemäß den Vorschriften des Gesetzes über die Feuerbestattung erfolgten. Bei Eintreffen des ersten Transportes in Grafeneck bin ich selbst nach dort gereist. Ich wollte mich vergewissern, ob auch nach den von mir ausgearbeiteten Anweisungen und den allgemeinen gültigen Vorschriften verfahren wurde. Das alles

---

68 Personalakte Gerhard Bohne, in: BA R 22.
69 Die nach dem Krieg angelegte Personalakte von Gerhard Bohne wurde mir freundlicherweise von der Justizakademie des Landes NRW zur Verfügung gestellt. Dem Leiter der Akademie, Herrn OStA Schreiber, sei an dieser Stelle für seine Hilfsbereitschaft herzlich gedankt.
Der Haftbefehl liegt der Personalakte Bohnes bei.

natürlich in büromäßiger Hinsicht, da ich ja mit der medizinischen Sache nichts zu tun hatte."[70] Daraus folgerte Bohne, daß er sich keinesfalls im Sinne des Haftbefehls des Amtsgerichts Münsingen schuldig gemacht hätte. Er führte am 11. September 1959 aus: „Ich bin an der Tötung der in der Anstalt Grafeneck oder in einer anderen Anstalt getöteten Geisteskranken in keiner Weise beteiligt gewesen. Ich habe keinerlei Einfluß darauf gehabt oder genommen, welche Personen der Anstalt zur Tötung zugeführt wurden. Diese Aufgabe oblag den Ärzten der Anstalt. Ich habe auch in keinem Falle Tötungen in der Anstalt beigewohnt. Ich hatte nur die juristischen, verwaltungsrechtlichen und bürotechnischen Fragen zu erledigen, bzw. zu organisieren, die im Anschluß an den Tod der Insassen der Anstalt zu treffen waren."[71] Zudem gab er sich noch 1959 als Verfechter der „Euthanasie" zu verstehen, da er „von jeher der Überzeugung war, daß es für die bedauernswerten Geisteskranken das beste wäre, wenn sie von diesem furchtbaren Dasein in normaler Weise erlöst würden".[72]

Aus der Sicht Bohnes war seine Mitwirkung an der „Euthanasie", aufgrund derer ihn der Frankfurter Generalstaatsanwalt im Mai 1962 anklagte, „heimtückisch, grausam und mit Überlegung mindestens 15 000 Menschen getötet zu haben",[73] viel banaler: „Ich bin nur unter der Drohung Bracks, mich ins KZ. sperren zu lassen, wenn ich nicht mitarbeitete, in der ‚Gemeinnützigen Stiftung' rein büromäßig tätig geworden, habe mich sobald als möglich mit großem Geschick im Frühjahr 1940 aus ihr zurückgezogen, habe trotz der Gefährlichkeit der Lage planmäßig Material gegen die Aktion gesammelt und habe versucht mit einer entsprechenden Denkschrift Bouhler und Brack mit samt dem Amt II zu Fall zu bringen und so die Aktion zu stoppen."[74]

Im Januar 1963 wurde schließlich das Hauptverfahren vor dem Schwurgericht des Landgerichts Limburg/Lahn eröffnet. Im März des Jahres entließ man ihn wegen Haftunfähigkeit aus der Untersuchungshaft, mit der Auflage, einer täglichen Meldepflicht nachzukommen. Bohne flüchtete jedoch wiederum nach Argentinien, wo er im Februar 1964 verhaftet und zwei Jahre später in die Bundesrepublik ausgeliefert wurde. Das Strafverfahren wurde schließlich wegen Verhandlungsunfähigkeit eingestellt.[75]

Bezeichnend für den Umgang der Justiz mit ihrer Vergangenheit ist das Verhalten der Anwaltskammer Düsseldorf und des Oberlandesgerichtspräsidenten. Während der Innenminister des Landes Nordrhein-Westfalen immerhin im November 1960 – 14 Monate nach der Verhaftung Bohnes – seine Versorgung nach dem Gesetz 131 einstellte,[76] dauerte es bis Dezember 1965, bis Gerhard Bohne seine Anwaltszulassung endgültig entzogen wurde. Beide argumentierten unter anderem damit, daß Bohne aufgrund der gegen ihn verhängten Untersuchungshaft in der Praxis sowieso nicht in der Lage sei, den Beruf des Rechtsanwalts auszuüben und folglich keinen Schaden anrichten könnte. Ein Aufschrei der Empörung über die verbrecherischen Machenschaften und deren Verschweigen zur gesetzeswidrigen Erlangung der Zulassung eines Standesmitgliedes war nirgendwo zu vernehmen.

Einer der fanatischsten nationalsozialistischen Anwälte in Berlin war Wolfgang Zarnack.[77] 1902 geboren, trat er bereits am 11. Mai 1923 in Erlangen in die NSDAP und die SA ein. Nach dem Wiederaufbau der Partei, der der Entlassung Hitlers aus seiner Haft in Landsberg folgte, schloß er sich im August 1927 in Berlin abermals der NSDAP und SA an. Als SA-Sturmführer Charlottenburg nahm er an Straßenkämpfen und Überfällen teil. Seit Ende 1928 diente er Joseph Goebbels, Gauleiter von

---

70 Vernehmung in Düsseldorf am 10. September 1959, in: Ebenda.
71 Vernehmung in Düsseldorf am 11. September 1959, in: Ebenda.
72 Vernehmung in Tübingen am 7. Oktober 1959, in: Ebenda.
73 Anklageschrift vom 22. Mai 1962, in: Ebenda.
74 Vernehmung in Tübingen am 14. Oktober 1959, in: Ebenda.
75 Douma, Deutsche Anwälte, S. 91.
76 Schreiben des Innenministers vom 11. November 1960, in: Nachkriegs-Personalakte.
77 Zum folgenden: Personalakte Wolfgang Zarnack bei der Justizakademie des Landes NRW.

Berlin, als Rechtsberater. 1930, dem Jahr seiner Anwaltszulassung in Berlin, wurde er in den Stab des Obersten SA-Führers Ost als SA-Führer und Rechtsberater der Gruppe Ost berufen. Als junger Anwalt verteidigte er zahlreiche Nationalsozialisten, trat unter anderem auch im Edenpalastprozeß auf. Seit 1930 war Zarnack zugleich Gauobmann Groß-Berlin des BNSDJ.[78]

Noch bei den Nachwahlen zum Berliner Kammervorstand am 11. Februar 1933 war Zarnack mit lediglich 21 Stimmen kläglich gescheitert; den Berliner Rechtsanwälten schien der radikale Neuling als Standesvertreter ungeeignet. Seine Stunde schlug jedoch im April 1933, als Neubert ihn erst kommissarisch, dann auch durch „Wahl" bestätigt, in den Kammervorstand berief. Seine führende Rolle bei der Ausschaltung der jüdischen und vermeintlich kommunistischen Kollegen ist an anderer Stelle beschrieben.

Im September 1945 wurde Zarnack in Internierungshaft genommen und erst im April 1948 entlassen. Die Spruchkammer Fulda stufte ihn am 26. November 1948 in die Gruppe 4 der Mitläufer ein. Sein Auskommen versuchte er als Hilfsarbeiter zu finden. 1949 bemühte sich Zarnack in Hessen um seine Wiederzulassung als Rechtsanwalt. Die Schönfärberei seiner politischen Einstellung vor 1945 mutet geradezu grotesk an. In einer seiner Rechtfertigungsschriften behauptete er etwa, niemals jemanden denunziert zu haben. Wie anders kann man seine Liste von „Nichtariern" und „Ariern", die ihm „aus ihrer kommunistischen Tätigkeit persönlich bekannt" waren, die er im Mai 1933 im Preußischen Justizministerium einreichte,[79] charakterisieren, wenn nicht als klassischen Fall von Denunziation? Er dürfe für sich in Anspruch nehmen, seinen Beruf als Anwalt „so ausgeübt zu haben, wie es das zeitlose Berufsethos verlangt", so ein Schreiben Zarnacks vom 6. Oktober 1949 an den hessischen Justizminister. Als Zarnack einen ablehnenden Bescheid auf sein Gesuch um Wiederzulassung erhielt, versuchte er diese auf ehrengerichtlichem Weg durchzusetzen. Die Entscheidung verzögerte sich jedoch, weil der Westberliner Generalstaatsanwalt Zarnack wegen Verbrechens gegen die Menschlichkeit anzuklagen beabsichtigte. Mittlerweile hatte auch der Spruchausschuß Spandau mit Urteil vom 3. Juli 1950 die Anerkennung des Urteils der Spruchkammer Fulda für die Westsektoren Berlins abgelehnt und Zarnack zu einer Geldstrafe verurteilt. Im Mai 1954 kam es nach zahllosen Eingaben Zarnacks zur Hauptverhandlung im ehrengerichtlichen Zulassungsverfahren. Das Gericht ließ sich von Zarnacks beschönigenden Darstellungen nicht täuschen und hielt ihn wegen seines Verhaltens während der NS-Zeit, das im übrigen mit großen materiellen Gewinnen verbunden gewesen war, nicht für würdig, zur Anwaltschaft wieder zugelassen zu werden. Ausdrücklich betonte das Gericht, daß Zarnack „das Ungesetzliche seiner eigenen früheren Handlungsweise" nicht erkennen wolle. Deshalb böte er keine Gewähr, daß er „den Anwaltsberuf in vollem Einklang mit den Forderungen einer demokratischen Rechtspflege ausüben werde". Zarnack legte dagegen Berufung ein und hatte Erfolg. Der Ehrengerichtshof für Rechtsanwälte in Hessen hob das Urteil des Ehrengerichts der Rechtsanwaltskammer Frankfurt (Main) am 23. April 1954 auf, betonte allerdings, daß die Meinungen darüber geteilt gewesen wären und dem Gericht das Urteil nicht leicht gefallen sei. Im Juni 1955 wurde Wolfgang Zarnack schließlich in Frankfurt am Main als Rechtsanwalt wiederzugelassen. Seit Sommer 1960 verteidigte Zarnack seinen ehemaligen Berliner Kollegen Gerhard Bohne[80] und 1963 bis 1965 Arthur Breitwieser im Frankfurter Auschwitz-Prozeß.[81] Wolfgang Zarnack starb am 5. Juni 1980.

Dem Denunzianten sei das Beispiel des aufrechten Berliner Anwalts gegenüber gestellt. Ludwig Ruge, bis Februar 1933 Mitglied im Kammervorstand,[82] protestierte in zwei Schreiben an den

---

78 Führerlexikon, S. 540f.
79 GStA Rep. 84a Nr. 20363. Wolfgang Zarnack an den Herrn Preußischen Justizminister, 13. Mai 1933.
80 Dazu Personalakte Gerhard Bohne bei der Justizakademie des Landes NRW, passim.
81 Hermann Langbein, Der Auschwitz-Prozeß. Eine Dokumentation, 2 Bände, Frankfurt a. M. 1995.
82 GStA Rep. 84a MF 1252. Bericht des Vorstandes der Anwaltskammer in Berlin über das Jahr 1933, S. 10.

VIII. Biographien von Berliner Rechtsanwälten

Präsidenten der Berliner Anwaltskammer gegen das am 19. Dezember 1938 durch eine Anordnung des „Stellvertreters des Führers" für alle Parteimitglieder und Angehörige der Gliederungen und angeschlossenen Verbände ergangene Verbot der Beratung und Vertretung von jüdischen Klienten. Ruge argumentierte, er könne sich aus anwaltlichem Pflichtbewußtsein und christlichem Verantwortungsgefühl dieser Anordnung nicht beugen. Er wurde deshalb in einem ehrengerichtlichen Verfahren zu einer Geldstrafe von 2000 RM verurteilt.[83]

Rechtsanwalt Werner Wille[84] war bis zu dessen Auflösung am 14. März 1933 Mitglied des liberalen „Republikanischen Richterbundes". Als Verteidiger von verfolgten Sozialdemokraten erregte er nach dem 30. Januar 1933 immer wieder die Aufmerksamkeit der Gestapo. Im Reichstagsbrand-Prozeß entschied sich der Angeklagte Dimitroff für Wille als Wahlverteidiger; er konnte das Mandat allerdings nur von April bis Juli 1933 wahrnehmen.[85] Noch 1936 hielt Wille Verbindung zur SOPADE in Prag, die ihn als wichtigen Kontaktmann für eine Neuorganisation der Partei in Berlin einstufte.[86] 1937 leitete die Gestapo eine geheime Untersuchung ein, die zur Folge hatte, daß Wille seit November 1938 nicht mehr vor den politischen Strafsenaten des Kammergerichts und dem Volksgerichtshof auftreten durfte. Das Ehrengericht der Berliner Anwaltskammer verwarnte ihn. Ende November 1938 konnte er einer Verhaftung durch die Gestapo nur durch rechtzeitige Flucht entkommen, die nach einem vorangegangenen Treffen Willes mit Vertretern des Prager Exil-Vorstands in Treplitz eine Gelegenheit gekommen sah, den unbequemen Rechtsanwalt auszuschalten. Statt seiner wurde sein Bruder Gerhard verhaftet und nach wenigen Wochen wieder freigelassen. Am 24. Juli 1939 wurde Werner Wille auf eigenen Antrag aus der Liste der beim Amtsgericht Berlin zugelassenen Rechtsanwälte gestrichen. Ob der Druck auf den Rechtsanwalt zu stark geworden war oder andere Gründe ihn zu diesem Schritt veranlaßten, läßt sich aus den Quellen nicht erschließen. Sein weiteres Schicksal ist unbekannt.

Auch Kurt Wergin[87] war nicht bereit, seine Überzeugungen und Ideale für eine Karriere als nationalsozialistischer Anwaltsfunktionär auf den Opferaltar zu legen. Wergin, 1900 geboren und seit 1926 als Anwalt zugelassen, war seit 1929 Mitglied im Vorstand der Berliner Anwaltskammer. Dem seit April 1933 amtierenden Vorstand gehörte er nicht mehr an. Weil er sich weigerte, der NSDAP beizutreten, verlor Wergin seine einträgliche Stellung als Justitiar der städtischen Berliner Verkehrs-Betriebe. Als Zeichen der Solidarität mit seinem Freund, dem jüdischen Rechtsanwalt Julius Fliess, besuchte Wergin diesen am Boykott-Tag des 1. April 1933 mit mehreren Flaschen Burgunder. Als Familie Fliess 1942 in buchstäblich letzter Minute Deutschland verlassen konnte, geleitete Wergin seinen Freund zum Anhalter Bahnhof und rief ihm, vor aller Öffentlichkeit, zu: „Auf Wiedersehen hier in Berlin!"[88] Wergin führte seine Kanzlei wie sein Notariat in Berlin weiter. Unter anderem verteidigte er Bonhoeffer vor dem Reichskriegsgericht, leistete Kriegsgefangenen rechtlichen Beistand und verteidigte auch vor dem Volksgerichtshof.

Bereits am 3. Juli 1945 wurde Wergin beim Stadtgericht als Rechtsanwalt und Notar wiederzugelassen, Mitte Juli 1945 bestellte ihn die Militärregierung zum Präsidenten der Gerichte des Britischen Sektors und im September 1945 die Alliierte Kommandantur für wenige Monate zum Vizepräsidenten des Kammergerichts. Von Januar 1946 bis zum Jahr 1971 übte Wergin das Amt des Präsidenten des neu bestellten Berliner Kammervorstands aus. Anläßlich seines 70. Geburtstages verlieh ihm Bundespräsident Gustav Heinemann für seine Verdienste um die Rechtspflege den Stern zum Großen

---

83 Göppinger, Juristen jüdischer Abstammung, S. 95f.
84 Personalakte Werner Wille, in: BA R 22; König, Vom Dienst am Recht, S. 86.
85 König, Vom Dienst am Recht, S. 86.
86 BA R 58/711. Aktennotiz. Betrifft: Verbindung Berliner Rechtsanwälte zur Sopade, Prag, 4. Juli 1936.
87 Personalakte bei der Anwaltskammer Berlin.
88 Fliess, Geschichte einer Rettung, S. 70 und 84.

Bundesverdienstkreuz.[89] Hochgeachtet wegen seines aufrechten Charakters und seiner diplomatischen Fähigkeiten starb er am 17. Januar 1973.

Die Berliner Rechtsanwälte Klaus Bonhoeffer, Martin Korsch, Carl Langbehn, Otto Lenz, Helmuth James Graf von Moltke, Josef Wirmer sowie die Referendare Friedrich Justus Perels und Fabian von Schlabrendorff mußten sich wegen ihrer Beteiligung am Widerstand vor dem Volksgerichtshof verantworten. Mit Bonhoeffer, Langbehn, von Moltke, Perels und Wirmer starben fünf Berliner Juristen wegen ihres Einsatzes für ein freies Deutschland.

---

89 Anwaltsblatt 11 (1970), S. 305.

IX. Die Nachkriegszeit

Nach der deutschen Kapitulation erlosch aufgrund eines Beschlusses der Alliierten Kommandantur die Zulassung aller Berliner Rechtsanwälte; die Rechtsanwaltskammer galt als aufgelöst. Am 9. Januar 1946 verfügte die Alliierte Kommandantur die Neugründung einer Anwaltskammer auf der rechtlichen Grundlage der Rechtsanwaltsordnung von 1879 in der Fassung vom 30. Januar 1933. Die von den Nationalsozialisten in Kraft gesetzte Rechtsanwaltsordnung von 1936 mit ihren Bestimmungen über den Anwärterdienst und die Verhängung von Vertretungsverboten besaß damit keine Gültigkeit mehr. Bereits am 15. Januar 1946 trat der erste Vorstand der Rechtsanwaltskammer wieder zusammen; zu seinem ersten Präsidenten wählte er Kurt Wergin. Zugelassen waren zu dieser Zeit in Berlin 609 Rechtsanwälte, 1948 nur noch 543, und 1949 stieg die Zahl auf 914.[1]

Anwälte und Notare, die der NSDAP angehört hatten, wurden in den ersten Nachkriegsjahren nicht wieder zugelassen. Bis Ende 1948 war in Berlin kein früheres Mitglied der NSDAP trotz erfolgter Entnazifizierung wieder zur Anwaltschaft gehörig.[2] Erst 1949/50 wurde die Meßlatte niedriger gehängt, und nach Abschluß der Entnazifizierung oblag die Entscheidung über die Zulassungsanträge den anwaltlichen Ehrengerichten.

Zur Illustration seien zwei Beispiele dargestellt. Otto Wilde, 1901 geboren, war von 1929 bis zu seiner Einberufung am 4. Februar 1941 als Anwalt, seit 1939 auch als Notar in Berlin tätig. Nach seiner Rückkehr aus der Kriegsgefangenschaft im Herbst 1945 arbeitete er zunächst als Transportbegleiter und Transportführer für Butter bei der Stadt Berlin. Von März 1946 bis Oktober 1949 fristete er sein Auskommen als Bauarbeiter. Gleichzeitig betrieb er seine Entnazifizierung. Noch 1949 wurde sein Antrag auf Zulassung zur Rechtsanwaltschaft zurückgewiesen, mit der Begründung, er sei seit 1932 NSDAP-Mitglied und SA-Sturmführer gewesen. Erst im April 1952 wurde Wilde wieder in die Liste der Anwälte eingetragen.[3]

Eine erstaunliche Kontinuität wies die Anwaltskarriere von Werner Ranz auf.[4] 1893 geboren, war er seit 1922 Rechtsanwalt, seit 1928 auch Notar in Berlin. Der NSDAP trat Ranz am 1. Mai 1933 bei. Sein Aufstieg zum führenden Anwaltsfunktionär begann im April 1933, als er von Reinhard Neubert zum kommissarischen Schriftführer des Berliner Kammervorstands bestellt wurde.[5] Die „Wahl" vom 22. April bestätigte ihn in dieser Funktion.[6] Auch im Berliner Anwaltverein und im Berliner Notarverein rückte Werner Ranz in den Vorstand.[7] Nach Gründung der Reichs-Rechtsanwaltskammer übernahm er das Amt des Schriftführers und des Schatzmeisters; außerdem saß er dem dritten Senat des Ehrengerichtshofs der Reichs-Rechtsanwaltskammer vor. Seit 1. April 1938 war Ranz Präsident der Rechtsanwaltskammer in Potsdam.[8] Im Januar 1939 wurde ihm der Ehrentitel Justizrat verliehen.[9]

---

1 Clemens Scholle, Die Berliner Rechtsanwaltschaft, in: Anwaltsblatt 3 (1950), S. 50f.; 50 Jahre Anwaltskammer Berlin, in: Berliner Anwaltsblatt 1/2 (1996), S. 18.
2 Personalakte Fritz Ludwig (Anwaltskammer Berlin). Schreiben an den Herrn Präsidenten der Rechtsanwaltskammer, 19. November 1948.
3 Personalakte bei der Anwaltskammer Berlin.
4 Unterlagen im Berlin Document Center.
5 GStA Rep. 84a Nr. 20155. Der Kommissar für den Vorstand der Anwaltskammer in Berlin an den Herrn Preußischen Justizminister, 3. April 1933.
6 Ebenda MF 1252. Bericht des Vorstandes der Anwaltskammer in Berlin über das Jahr 1933, S. 11.
7 Berliner Anwaltsblatt 4 (1933), S. 76 und ebenda 5 (1933), S. 90.
8 GStA Rep. 84a (2.5.1.) Nr. 73. Der Reichsminister der Justiz. Betrifft: die Präsidenten der Rechtsanwaltskammern, 14. März 1938.
9 Mitteilungen der Reichs-Rechtsanwaltskammer, 1. März 1939, S. 49.

Die Nachkriegszeit IX.

Neben den Standesorganisationen war Ranz aber auch in zahlreichen der NSDAP angeschlossenen Verbänden, Gliederungen und Vereinen aktiv, so in der NS-Volkswohlfahrt, dem Reichsnährstand, dem Reichsluftschutzbund, dem NS-Altherrenbund der Deutschen Studenten, dem Kolonialbund, dem NS-Reichskriegerbund und der SS. Seinem Antrag auf Aufnahme in die SS vom 21. Januar 1938 fügte Ranz seine „Beweggründe" für diesen Schritt bei: „Im Mai 1922 wurde ich Anwalt in Berlin. Hier sah ich mit Bestürzung, welche Vorherrschaft das Judentum im deutschen Wirtschaftsleben, insbesondere auch in der Anwaltschaft gerade in den ersten Nachkriegsjahren gewonnen hatte. Fast alle Ämter waren von Juden besetzt oder standen unter jüdischem Einfluß. Ich habe mir sehr bald die Aufgabe gestellt, das Judentum in der Anwaltschaft zu bekämpfen. Bereits im Jahre 1925 habe ich mit einer zahlenmäßig ganz kleinen Gruppe den ersten Vorstoß unternommen und dabei mich mit Erfolg bemüht, die Juden in den Ämtern der Standesorganisationen zurückzudrängen. Dieser Vorstoß hat mir den Haß der fremden Rasse eingetragen. ... Ich ... habe im Jahre 1933 bei der Bereinigung der Anwaltschaft dieser, wie ich glaube, wertvolle Dienste leisten können. ... Die Erfahrungen in der Rechtspflege und in meinen Berufskreisen haben mich gelehrt, daß der Kampf gegen das Judentum nur völlig kompromißlos durchgeführt werden kann, wenn er auf die Dauer erfolgreich sein soll. Diese Überzeugung hat mich schon in frühester Zeit den Zielen und Gedanken der Schutzstaffel nahegebracht. Mit der nationalsozialistischen Weltanschauung war ich ebenfalls seit langem vertraut. Vor allem durch meinen Corpsbruder Horst Wessel, der mir persönlich nahe stand. ... Ich habe ... einen tiefen Eindruck von dem Geist und der Kameradschaft der Schutzstaffel gewonnen. Daher bitte ich, um Aufnahme in die Schutzstaffel." Am 11. September 1938 wurde Ranz in die SS aufgenommen, am 1. März 1944 zum SS-Obersturmbannführer befördert.[10]

Ein besonderes Anliegen war Werner Ranz die karitative „Hülfskasse deutscher Rechtsanwälte", für die er sich seit 1928 engagierte. Nach Kriegsende siedelte Ranz von Berlin nach Hamburg über und widmete sich dem Wiederaufbau dieser Hülfskasse, was ihm bis Januar 1948 für die britische Besatzungszone auch gelang.[11] In dieser Zeit bewegte Ranz besonders das Schicksal der heimatvertriebenen Rechtsanwälte. Bis zu seinem Tod am 13. Februar 1970 gehörte er über 40 Jahre lang dem Vorstand der „Hülfskasse" an. Kurz vor seinem Tod gründete er die Werner-Ranz-Stiftung zur Unterstützung bedürftiger Anwaltswaisen.

Ein Kollege charakterisierte ihn in einem Nachruf als „konservativ" und „überlieferungstreu". Ein „überzeugter Soldat" sei er gewesen, eine „kantige, aber für die, die ihn näher kannten, liebenswerte Persönlichkeit".[12] Daß er eine maßgebliche Rolle als nationalsozialistischer Anwaltsfunktionär gespielt hatte, wurde schlichtweg ausgeblendet.

Die Anwaltschaft insgesamt wollte nahtlos an die Zeit vor 1933 anknüpfen. So gut es ging blendete man die Jahre von 1933 bis 1945 aus. Bezeichnend etwa ist das Geleitwort zum Erscheinen des ersten Anwaltsblattes nach dem Krieg im Juli 1950. Der Deutsche Anwaltverein setzte damit „eine bewährte Überlieferung des alten Deutschen Anwaltvereins fort".

Noch 1971 bezeichnete ein Rezensent des Buches von Fritz Ostler „Die deutschen Rechtsanwälte 1871-1971" das Kapitel über die Anwaltschaft in der DDR – und nicht etwa die NS-Zeit – als „düsterste[s]".[13] Der Unterschied zwischen der selbstredend auch in der DDR zu kritisierenden Beschneidung der anwaltlichen Rechte und der physischen Vernichtung eines Teils der Kollegen-

---

10 Berlin Document Center.
11 Anwaltsblatt 2 (1963), S. 46.
12 Ebenda 4 (1970), S. 94.
13 Albrecht Schaich, Von den Schwierigkeiten hundert Jahre alt zu werden zugleich ein Versuch einer Besprechung von Ostler, Die deutschen Rechtsanwälte 1871-1971, in: Anwaltsblatt 7 (1971), S. 191f.

IX. Die Nachkriegszeit

schaft in der NS-Zeit war noch nicht in das Bewußtsein der Juristen gedrungen, wollte vielleicht auch noch nicht benannt werden.

Wie in der Zeit vor 1933 war die Situation der Anwaltschaft von einer wirtschaftlichen Notlage gekennzeichnet. Die Rechtsanwälte bewegten nahezu die gleichen Probleme. Es wurde wieder debattiert und gekämpft um eine ausreichende Alters- und Hinterbliebenenversorgung, die Einführung eines numerus clausus, die Ausschaltung sogenannter Winkelkonsulenten und die Verhinderung einer Einengung des anwaltlichen Betätigungsfelds.[14]

Im Januar 1956 rief der Deutsche Anwaltverein zur „Heimkehrerhilfe" für aus der russischen Gefangenschaft zurückkehrende Kollegen auf. Ihnen sollte Gelegenheit gegeben werden, als Hospitant oder juristischer Hilfsarbeiter in Anwaltskanzleien für sechs bis zwölf Monate Einblick in das veränderte juristische Geschäft zu gewinnen. Der DAV unterstützte nötigenfalls die Honorierung. Zudem stellten die Verleger juristischer Fachbücher zahlreiche Freiexemplare und kostenlose Jahresabos von Fachzeitschriften zur Verfügung.[15] Auf eine solche Hilfsbereitschaft konnten die vertriebenen jüdischen Rechtsanwälte bei ihrer Rückkehr nicht zählen.

Die Berliner Anwaltschaft wurde durch die NS-Rassenpolitik quantitativ dezimiert und qualitativ schwer beeinträchtigt. Eine beträchtliche Zahl jüdischer Kollegen war der Vertreibung und dem Morden zum Opfer gefallen. Bedeutende Anwaltspersönlichkeiten und herausragende wissenschaftliche Kapazitäten waren ausgelöscht worden. Einige der Emigrierten kehrten in ihre Heimat zurück, um am demokratischen Neuaufbau der Justiz mitzuwirken. Von ihnen muß an erster Stelle Ernst Wolff[16] genannt werden. 1877 in Berlin in einer berühmten Juristenfamilie geboren – sein Großvater Eduard von Simson war Präsident der Ersten Deutschen Nationalversammlung in der Paulskirche, später Präsident des Reichstages und schließlich erster Präsident des Reichsgerichts – war Wolff seit 1904 in Berlin Rechtsanwalt. Bereits bei seinem Eintritt zählte die von seinem Onkel gegründete und auf Zivilrecht spezialisierte Kanzlei am Pariser Platz direkt am Brandenburger Tor zu den ersten deutschen Anwaltsadressen. Wolff, der einer der führenden Anwälte in Wirtschaftsfragen wurde, trug vor allem in den zwanziger Jahre entscheidend zur Erhaltung dieses Rufes bei. Auch als Standesvertreter trat Wolff in die Fußspuren seines Onkels August von Simson. Am 25. Januar 1919 wurde er erstmals in den Vorstand der Berliner Anwaltskammer gewählt,[17] 1925 übernahm er das Amt des stellvertretenden Vorsitzenden, 1929 das des Vorsitzenden. Letzteres behielt er bis zum Rücktritt des Kammervorstands am 31. März 1933. Im Jahr 1935 verlor er, obwohl evangelisch getauft, wegen seiner jüdischen Abstammung das Notariat, zum 1. Dezember 1938 infolge der 5. Verordnung zum Reichsbürgergesetz auch seine Zulassung als Rechtsanwalt. Daraufhin wanderte er im Februar 1939 nach London aus, wo er sich als „Consultant on German and International Law" niederließ. Im Herbst 1947 kehrte Ernst Wolff nach Deutschland zurück, weil er „nach besten Kräften am Wiederaufbau, besonders an dem der deutschen Justiz" mitwirken wollte. 70jährig wurde er am 1. Dezember 1947 Vizepräsident und am 1. März 1949 Präsident des Obersten Gerichtshofs der britischen Zone. Diese Tätigkeit endete mit der Errichtung des Bundesgerichtshofs im Jahre 1950. Im selben Jahr ernannte ihn die Universität Köln zum Honorarprofessor. Soweit es seine Gesundheit erlaubte, wirkte er ehrenamtlich in zahlreichen Juristenorganisationen an führender Stelle. 1958 wählte ihn die Mitgliederversammlung des Deutschen Anwaltvereins wegen seiner Verdienste um Anwaltschaft und Rechtspflege zu ihrem Ehrenmitglied.[18] Ernst Wolff starb am 11. Januar 1959.

---

14 Anwaltsblatt 1 (1950), S. 1ff.
15 Ebenda 1 (1956), S. 1.
16 Zu Ernst Wolff s. ausführlich: Georg Maier-Reimer, Ernst Wolff (1877-1959). Führender Anwalt und Oberster Richter, in: Heinrichs u. a., Deutsche Juristen jüdischer Herkunft, S. 643-654.
17 Alterthum, Fünf Jahre Berliner Rechtsanwaltschaft, S. 70.
18 Anwaltsblatt 6/7 (1958), S. 106.

Die Nachkriegszeit IX.

Ein im Anwaltsblatt veröffentlichter Nachruf auf den prominenten Juristen illustriert das Schweigen, mit dem die NS-Zeit damals belegt wurde. Ein Leben sei zu Ende gegangen, so der Text, „das ausgefüllt war durch den Beruf des Anwaltes, wie er reicher und schöner nicht gedacht und ausgelegt werden kann, ein Leben der Pflicht dem Rechtsuchenden gegenüber und gegenüber dem Berufsstande und der gesamten Rechtspflege". Der Verfasser, dem keine unlautere Absicht unterstellt werden soll, erwähnte immerhin im Laufe des Artikels, daß Wolff 1939 nach England gehen mußte. Kein Wort, daß der damalige Kammervorsitzende 1933 aus seinem Amt vertrieben wurde, sich einer entwürdigenden Wiederzulassungsprozedur nach dem Anwaltsgesetz vom April 1933 unterwerfen mußte, als Notar und schließlich auch als einer der bekanntesten deutschen Anwälte seine Zulassung verlor und um das nackte Leben zu retten schließlich nach Großbritannien floh.[19] Wolff hatte es den Kollegen leichtgemacht, seinen Schmerz und seine Verbitterung hatte er nicht öffentlich preisgegeben.

Das anwaltliche Wirken des in der NS-Zeit verfolgten Kurt Werthauer war von Erfolg gekrönt. Als mehrfach dekorierter Frontkämpfer fiel er unter die Ausnahmebestimmungen des Anwaltsgesetzes vom 7. April 1933 und wurde auch nach dem 30. November 1938 als „Konsulent" zugelassen. Werthauer überlebte mit Hilfe seiner „arischen" Ehefrau und wurde nach Kriegsende wieder als Anwalt und Notar in Berlin zugelassen. Er war im Vorstand der Berliner Anwaltskammer tätig, bis er eine Zulassung als Anwalt beim Bundesgerichtshof erhielt. Auch dort wählten ihn die Kollegen in den Kammervorstand. Für seine Verdienste wurde Werthauer mit dem Großen Bundesverdienstkreuz ausgezeichnet. Er starb 1965.[20]

Einige emigrierte Berliner Rechtsanwälte wurden nach Kriegsende wieder in Deutschland tätig, indem sie bei den Kriegsverbrecherprozessen in Nürnberg mitwirkten. Wilhelm Dickmann wurde von General Clay beauftragt, nach unbelasteten deutschen Anwälten als Verteidiger für die Angeklagten zu recherchieren. Franz Leopold Neumann wurde Sonderbeauftragter und Leiter des Forschungsstabes für Kriegsverbrechen des amerikanischen Office of Strategic Services. Robert M.W. Kempner erlangte als stellvertretender US-Hauptankläger Berühmtheit.[21]

Wie schwierig ein Neubeginn für zurückgekehrte jüdische Rechtsanwälte sein konnte, zeigte das Beispiel Botho Laserstein. Der 1901 geborene Laserstein war von 1928 bis zum 6. Juni 1933 als Rechtsanwalt in Berlin zugelassen und emigrierte dann nach Frankreich, wo er dem Postministerium von 1936 bis 1940 als Übersetzer diente. 1940 bis 1951 unterrichtete er Englisch und Deutsch an einem französischen Gymnasium. Seine gesamte Familie wurde 1943 aus Frankreich deportiert und ermordet. Er kehrte 1951 nach Deutschland zurück, wurde zunächst Staatsanwalt, dann Richter in Düsseldorf. Sein öffentliches Eintreten gegen die Einführung der Todesstrafe und eine gegen ihn initiierte Verleumdungskampagne, die ihn in ein homosexuelles Umfeld rückte, führte zu seiner Versetzung als Hilfsrichter nach Essen und schließlich zu seiner Dienstsuspendierung, ohne daß ihm sein angebliches Fehlverhalten nachgewiesen werden konnte. Laserstein nahm sich am 9. März 1955 das Leben.[22]

In den achtziger Jahre setzte ein Bewußtseinswandel im Umgang mit der nationalsozialistischen Vergangenheit ein. Erstmals begann der Präsident des Deutschen Anwaltvereins, Hans-Jürgen Rabe, seine Ansprache zum 42. Deutschen Anwaltstag 1983 in Essen mit der Bezugnahme auf das vor 50 Jahren verabschiedete „Gesetz über die Zulassung zur Rechtsanwaltschaft" und die Gleichschaltung des Deutschen Anwaltvereins. Er konstatierte zum ersten Mal an exponierter öffentlicher Stelle „ein breites Versagen – auch der Anwaltschaft. Ein Versagen vieler Kollegen aus unterschiedlichen

---

19 Ebenda 4 (1959), S. 79f.
20 Ladwig-Winters, Anwalt ohne Recht, S. 219.
21 Stiefel/Mecklenburg, Deutsche Juristen im amerikanischen Exil, S. 181ff.
22 Ladwig-Winters, Anwalt ohne Recht, S. 87f. und 162f.; Göppinger, Juristen jüdischer Abstammung, S. 345f.

IX. Die Nachkriegszeit

Motiven, bei denen Opportunismus und Konkurrenzneid gegenüber den jüdischen Kollegen an der Spitze gestanden haben mögen. Ein Versagen aber auch der anwaltlichen Organisationen, die zurückgewichen sind vor Pressionen, hilflos waren gegenüber Unterwanderungen und einen bedrükkenden Mangel an Solidarität mit jüdischen Kollegen zeigten, auch und gerade mit solchen Kollegen, denen die Anwaltschaft und vor allem der Deutsche Anwaltverein so viel verdankten."[23]

Zum Gedenken an die Vertreibung der jüdischen Juristen fand in Berlin im November 1988 eine Veranstaltung statt, die sich regen Zuspruchs erfreute.[24] Seit diesem Zeitpunkt findet sich in den anwaltlichen Presseorganen eine wahre Flut von Publikationen über die NS-Zeit. Auch die Frage, warum sich die Anwaltschaft erst jetzt mit diesem Thema intensiver beschäftigte, wurde nun diskutiert. Die meisten Rechtsanwälte hätten sich in irgendeiner Weise mit dem Nationalsozialismus arrangiert und deshalb eine Auseinandersetzung mit dem eigenen Verhalten nach dem Krieg abgelehnt. „Schlafende Hunde" sollten schließlich nicht geweckt werden, war die harmlosere Warnung an die, die bereits früher eine Auseinandersetzung angemahnt hatten. Andere waren als „Nestbeschmutzer" angegriffen worden. Einige hätten auch aus Scham über ihr eigenes Versagen nicht darüber sprechen wollen.[25] Dieses Versagen kann nicht allein der Berliner Anwaltschaft zum Vorwurf gemacht werden. Nicht zuletzt die Vergabe des Forschungsauftrags für die vorliegende Arbeit durch den Berliner Anwaltverein zeigt, daß sich die heutigen Standesvertreter ihrer Verantwortung bewußt sind.

---

23 Anwaltsblatt 8/9 (1983), S. 338.
24 Ebenda 1 (1989), S. 7ff.
25 Ebenda 2 (1993), S. 76.

Dokumente

Zusammengestellt mit freundlicher Unterstützung
des Bundesarchivs,
des Bundesverwaltungsgerichtes,
des Geheimen Staatsarchivs Preußischer Kulturbesitz
und der Technischen Universität Berlin

Inhaltsverzeichnis

Zum neuen Jahre, in: Deutsche Juristen-Zeitung Heft 1, 1933 235

Aufstellung über die Anwälte Preußens vom Januar 1933 236

Verordnung des Reichspräsidenten zum Schutz von Volk und Staat vom 28. 2. 1933 237

Der Oberlandesgerichtspräsident an sämtliche an den Breslauer Gerichten zugelassenen Rechtsanwälte vom 16. 3. 1933 238

Verordnung des Reichspräsidenten über Maßnahmen auf dem Gebiet der Finanzen, der Wirtschaft und der Rechtspflege vom 18. 3. 1933 240

Der Preußische Justizminister an sämtliche Herren Oberlandespräsidenten (sog. Kerrl-Erlass) vom 31. 3. 1933 244

Betrifft Kündigung von Angestellten bei jüdischen Rechtsanwälten und Notaren vom 6. 4. 1933 246

Verzeichnis der von dritter Seite eingereichten Eingaben über Rechtsanwälte nicht arischer Abstammung vom April 1933 248

Gesetz über die Zulassung zur Rechtsanwaltschaft vom 7. 4. 1933 249

Erklärung des Deutschen Anwaltvereines, in: JW vom 8. 4. 1933 250

Betrifft Neuwahl zum Vorstand der Anwaltskammer in Berlin vom 22. 4. 1933 251

Die Zukunft der deutschen Anwaltschaft, in: JW vom 27. 5. 1933 253

Betrifft Zuteilung von Armensachen, Pflichtverteidigungen und dergl. an Rechtsanwälte nichtarischer Abstammung vom 31. 5. 1933 256

Betrifft Entlassung des Testamentsvollstreckers vom Juli 1933 257

Verordnung zur Durchführung der Gesetze über die Zulassung zur Rechtsanwaltschaft und zur Patentanwaltschaft vom Juli 1933 259

Zur Auflösung des Deutschen Anwaltvereins, in: JW vom 6. 1. 1934 261

Erstes Gesetz zur Überleitung der Rechtspflege auf das Recht vom 16. 2. 1934 262

Gesetz zur Änderung der Vorschriften über die Ehrengerichtsbarkeit der Rechtsanwaltschaft vom 28. 3. 1934 263

Richtlinien für die Ausübung des Anwaltsberufs vom 1. 5. 1934 265

Gesetz gegen heimtückische Angriffe auf Staat und Partei vom 20. 12. 1934 273

Zur Frage der Beiordnung nichtarischer Anwälte als Armenanwälte vom 4. 4. 1935 276

Betrifft Beiordnung jüdischer Armenanwälte für arische Prozeßparteien vom 10. 4. 1935 280

Das Reichsbürgergesetz und das Gesetz zum Schutz des deutschen Blutes und der deutschen Ehre vom 15. 9. 1935 281

Zweites Gesetz zur Änderung der Rechtsanwaltsordnung vom 13. 12. 1935 293

Bekanntmachung der neuen Fassung der Rechtsanwaltsordnung vom 21. 2. 1936 306

Das Recht ist bei Deutschland, in: JW vom 21. 3. 1934 318

Vom Juristenbund zum Nationalsozialistischen Rechtswahrerbund vom Juni 1936	320
Die Gesetze der Vererbung, die Grundlage der deutschen Erb- und Rassenpflege, in: JW vom 2./9. 1. 1937	321
Betrifft Vertretung von Schutzhäftlingen durch Rechtsanwälte vom 31. 1. 1938	327
Vermerk über Entfernung der bisher in ihren Stellungen belassenen jüdischen Anwälte vom 12. 4. 1938	328
Vermerk über Fragen des Ausscheiden der Juden aus der Anwaltschaft vom 26. 4. 1938	329
Schreiben der in Deutschland zugelassenen jüdischen Anwälte an den Reichsminister der Justiz vom 30. 6. 1938	332
Schreiben des Rechtsanwaltes Noack an Ministerialrat Pohle über die Frage der Judenbereinigung vom 5. 10. 1938	335
Fünfte Verordnung zum Reichsbürgergesetz vom 27. 9. 1938	336
Die Rechtfertigung des Anwaltsberufes im nationalsozialistischen Volksstaat, in: JW vom 1. 10. 1938	344
Schreiben des Nationalsozialistischen Rechtswahrerbundes zur 5. Verordnung zum Rechtsbürgergesetz vom 26. 11. 1938	347
Die Entjudung der deutschen Anwaltschaft, in: JW vom 5. 11. 1938	348
Grundsätzliches Verbot der Vertretung von Juden in Rechtsangelegenheiten, in: JW vom 14. 1. 1939	350
Die Aufgaben des Verteidigers vor den Kriegsgerichten, in: Deutsches Recht Heft 8/9, 1939	353
Rechtspolitik und Praxis betreffend Rechtswerke jüdischer Autoren, in: Deutsches Recht Heft 1/2, 1942	355
Schreiben über den Sinn des Anwaltsberufes vom 17. 11. 1942	357
Zur Lage der Anwaltschaft, in: Deutsches Recht Heft 48, 1942	361
Verordnung zur Änderung und Ergänzung der Reichs-Rechtsanwaltsordnung vom 1. 3. 1943	365
Meldungen zum Arbeitseinsatz der Rechtsanwälte vom 15. 7. 1943	368
Rechtsanwaltsbriefe Nummer 1 vom 1. 10. 1944	373
Verordnung zur weiteren Anpassung der Strafrechtspflege an die Erfordernisse des totalen Krieges vom 13. 12. 1944	381

Deutsche Juristen-Zeitung.

Heft 1.   Berlin, den 1. Januar 1933.   38. Jahrgang.

BEGRÜNDET AM 1. JANUAR 1896 VON LABAND — STENGLEIN — STAUB — LIEBMANN.

Unter Mitwirkung von

DR. L. EBERMAYER, Oberreichsanwalt a. D., Professor,
DR. F. ENGEL, Handelsgerichtspräsident a. D. u. Mitgl. des österreich. Verfassungsgerichtshofes,
DR. FR. GRIMM, Rechtsanwalt, Professor,
DR. DR. MAX HACHENBURG, Rechtsanwalt, Mitglied des Reichswirtschaftsrats,
DR. DR. ERNST HEYMANN, Geh. Justizrat, Professor,
DR. H. LINDENAU, Vizepräsident des Oberverwaltungsgerichts,
DR. E. MAMROTH, Rechtsanwalt, Justizrat,
DR. K. MEYER, bayer. Staatsrat, Oberlandesgerichtspräsident a. D.,
DR. J. POPITZ, Reichsminister, Professor,
DR. E. SCHIFFER, Reichsjustizminister a. D., Wirkl. Geh. Rat,
DR. DR. RICH. SCHMIDT, Geh. Hofrat, Professor,
D. DR. R. SCHWANDER, Oberpräsident a. D., Wirkl. Geh. Rat,
DR. A. VON STAFF, Wirkl. Geh. Oberjustizrat, Kammergerichtspräsident a. D.,
DR. H. TRIEPEL, Geh. Justizrat, Professor,
DR. G. WILDHAGEN, Geh. Justizrat, Rechtsanwalt beim Reichsgericht,

herausgegeben von
DR. DR. OTTO LIEBMANN, Berlin.

Verlag von Otto Liebmann, Verlag des Deutschen Wohnungs-Archivs, Berlin W 57.

Bankkonto: Deutsche Bank u. Disconto-Ges., Kasse P, Berlin.   Postscheckkonto: Nr. 45561 Postscheckamt Berlin NW 7.

Die „Deutsche Juristen-Zeitung" erscheint am 1. und 15. jeden Monats. Ueber die Bezugspreise für Abonnements und einzelne Hefte vgl. die Angaben auf der 2. Umschlagseite. Bestellungen werden durch den Buchhandel sowie direkt die Geschäftsstelle Berlin W 57, Potsdamer Str. 96, entgegengenommen.

Alle Sendungen sind nur nach Berlin W 57, Potsdamer Str. 96, zu richten. Jeder Einsendung ist Rückporto beizufügen. Anzeigenannahme: Anzeigenverwaltung der DJZ., Berlin W 57, Potsdamer Str. 96, u. bei allen Annoncenexpeditionen. Anzeigen: die 6 gespaltene Nonpareillezeile 40 Pf. mit 15 % Notrabatt. Fernspr. B 7 Pallas 2403 u. 2564.

(Nur auszugsweiser Nachdruck und nur mit genauer, unverkürzter Quellenangabe wird gestattet.)

Zum neuen Jahre.

Wiederum liegt ein Jahr hinter uns, ein Jahr des Kampfes nach innen und nach außen, ein Jahr voller Sorgen und Arbeit, ein Jahr voller Enttäuschungen und Entbehrungen. Neben dem Wirtschaftsleben hat kein Berufsstand im letzten Jahre so schwer gelitten wie gerade der deutsche Juristenstand. Alles ist im Kampf, alles im Fluß. Das Recht wird heute vielfach mißachtet, vielfach haben die Juristen und Beamten schwere Sorgen für ihren Stand, ihren Beruf, ihre Arbeit, ihr Dasein. Unübersehbar ist die Fülle der Gesetzgebung, von Schrifttum und Rechtsprechung. Kaum einer in Wissenschaft und Praxis vermag sich aus diesem Labyrinth herauszufinden. Aber arbeiten und nicht verzweifeln! Niemand darf die Hoffnung aufgeben, daß es auch wieder aufwärts- und vorwärtsgeht. Der deutsche Jurist möge vor allem bedenken, daß er ein Deutscher ist. Das deutsche Volk aber geht nicht unter, auch nicht der Juristenstand, trotz aller Entbehrungen, aller Entsagungen, trotz immer kärglicher werdender Einkünfte, trotz des Kampfes um das Dasein, um das Recht. Gerade in solcher Zeit bedarf der deutsche Juristenstand der Unterstützung. An seinen schweren Aufgaben aufklärend und belehrend mitzuwirken, hat die DJZ. auch im verflossenen Jahre es nicht fehlen lassen. Wie leicht war doch die Redaktion vor 38 Jahren, als ich die DJZ. mit Laband, Stenglein und Staub begründete. Wie schwierig ist dies aber heute! Nicht darin wurde ihr Ziel gesehen, die Fülle der Präjudiziensammlungen zu vermehren — schlechthin alle Probleme wollte sie erörtern, die für den Juristen von Wichtigkeit und Interesse sind. Heute aber muß sie, der Zeit entsprechend, noch mehr: Recht, Politik und Wirtschaft sind heute fast nicht mehr voneinander zu trennen, das eine ist auf das andere angewiesen. Und wenn Laband schon im Jahre 1896 gesagt hat, daß die DJZ. zum Unterschiede von den Tageszeitungen eine Fachzeitschrift, zum Unterschiede von den Fachzeitschriften eine Zeitung sein wolle, so ist heute ein solches Organ wie die DJZ. gewiß erst recht nötig. Ihr Ziel aber konnte nur erreicht werden dank der Unterstützung durch einen bewährten, hilfsbereiten Mitarbeiterstab, und es wird weiter erreicht werden in der zuversichtlichen Hoffnung, daß die Freunde der DJZ. ihr die Treue bewahren werden.

Schon immer erblickte ich meine Aufgabe darin, die ersten Hefte jedes neuen Jahrganges programmatisch und vorausschauend zu gestalten. Auch jetzt, zum 38. Jahrgang, soll wiederum vorahnend ein Bild von den Geschicken der Gesetzgebung, von den Fortschritten der Wissenschaft und Praxis des Rechts zu geben versucht werden. Aller Voraussicht nach werden in diesem Jahre die Pläne für eine Reform der Reichsverfassung reifen; das deutsche Volk, an der Spitze der deutsche Juristenstand, wird sich mit diesem schwierigsten und wichtigsten aller Probleme befassen müssen. Ohne die anderen großen Fragen der Zeit deshalb irgendwie zu vernachlässigen, will die DJZ. schon jetzt Bausteine zum ersten Neubau dieses Gesetzeswerkes beitragen. In stark vermehrtem Umfange zeigt bereits das vorliegende Heft einen Teil dieses Programms. Wann gesetzgeberisch die Reform verwirklicht werden wird, weiß niemand. Aber wie auch immer die Entwicklung der Dinge sein und kommen möge, in einem Punkte vereinigen sich gewiß alle deutschen Juristen: daß mit einer glücklicheren Zukunft für Reich und Volk auch eine glücklichere und bessere Zeit für das Recht, eine weniger sorgenvolle für die Diener des Rechts anbrechen möge!

Der Herausgeber der DJZ.: Dr. Otto Liebmann.

Aufstellung über die Anwälte Preußens.

OLGBezirk	Anwälte insgesamt	Arier	Juden	davon Anträge	Altanwälte	Neuanwälte	davon Front bezw. EK.	Erlassene Vertretungsverbote Juden	Erlassene Vertretungsverbote Kommunisten	Es bleibt Zulassung von Alt+Front Anwält. Sp.6+8
1	2	3	4	5	6	7	8	9	10	11
Berlin	3 890	1 892	1 998	1 761	797	964	406	487	37	1203
Königsberg i/Pr.	375	270	105	105	33	72	20	26	10	53
Marienwerder	118	101	17	17	6	11	4	7	1	10
Breslau	1 056	692	364	335	164	171	75	98	16	239
Stettin	431	372	59	59	23	36	24	12	8	47
Kiel	505	451	54	54	27	27	19	3	1	46
Celle	822	738	84	84	31	53	25	29	6	56
Hamm	1 213	1 055	158	158	65	93	25	56	16	90
Kassel	233	192	41	38	19	19	12	10	2	31
Naumburg a/S.	787	692	95	71	32	39	21	20	9	53
Düsseldorf	858	717	141	141	55	86	33	51	5	88
Köln	919	795	124	124	40	84	37	47	2	77
Frankfurt a/M.	607	332	275	255	91	164	74	77	5	165
	11 814	8 299	3 515	3 202	1 383	1 819	775	923	118	2158

Reichsgesetzblatt
Teil I

1933 — Ausgegeben zu Berlin, den 28. Februar 1933 — **Nr. 17**

Inhalt: Verordnung des Reichspräsidenten zum Schutz von Volk und Staat. Vom 28. Februar 1933 .... S. 83

Verordnung des Reichspräsidenten zum Schutz von Volk und Staat. Vom 28. Februar 1933.

Auf Grund des Artikels 48 Abs. 2 der Reichsverfassung wird zur Abwehr kommunistischer staatsgefährdender Gewaltakte folgendes verordnet:

§ 1

Die Artikel 114, 115, 117, 118, 123, 124 und 153 der Verfassung des Deutschen Reichs werden bis auf weiteres außer Kraft gesetzt. Es sind daher Beschränkungen der persönlichen Freiheit, des Rechts der freien Meinungsäußerung, einschließlich der Pressefreiheit, des Vereins- und Versammlungsrechts, Eingriffe in das Brief-, Post-, Telegraphen- und Fernsprechgeheimnis, Anordnungen von Haussuchungen und von Beschlagnahmen sowie Beschränkungen des Eigentums auch außerhalb der sonst hierfür bestimmten gesetzlichen Grenzen zulässig.

§ 2

Werden in einem Lande die zur Wiederherstellung der öffentlichen Sicherheit und Ordnung nötigen Maßnahmen nicht getroffen, so kann die Reichsregierung insoweit die Befugnisse der obersten Landesbehörde vorübergehend wahrnehmen.

§ 3

Die Behörden der Länder und Gemeinden (Gemeindeverbände) haben den auf Grund des § 2 erlassenen Anordnungen der Reichsregierung im Rahmen ihrer Zuständigkeit Folge zu leisten.

§ 4

Wer den von den obersten Landesbehörden oder den ihnen nachgeordneten Behörden zur Durchführung dieser Verordnung erlassenen Anordnungen oder den von der Reichsregierung gemäß § 2 erlassenen Anordnungen zuwiderhandelt oder wer zu solcher Zuwiderhandlung auffordert oder anreizt, wird, soweit nicht die Tat nach anderen Vorschriften mit einer schwereren Strafe bedroht ist, mit Gefängnis nicht unter einem Monat oder mit Geldstrafe von 150 bis zu 15 000 Reichsmark bestraft.

Wer durch Zuwiderhandlung nach Abs. 1 eine gemeine Gefahr für Menschenleben herbeiführt, wird mit Zuchthaus, bei mildernden Umständen mit Gefängnis nicht unter sechs Monaten und, wenn die Zuwiderhandlung den Tod eines Menschen verursacht, mit dem Tode, bei mildernden Umständen mit Zuchthaus nicht unter zwei Jahren bestraft. Daneben kann auf Vermögenseinziehung erkannt werden.

Wer zu einer gemeingefährlichen Zuwiderhandlung (Abs. 2) auffordert oder anreizt, wird mit Zuchthaus, bei mildernden Umständen mit Gefängnis nicht unter drei Monaten bestraft.

§ 5

Mit dem Tode sind die Verbrechen zu bestrafen, die das Strafgesetzbuch in den §§ 81 (Hochverrat), 229 (Giftbeibringung), 307 (Brandstiftung), 311 (Explosion), 312 (Überschwemmung), 315 Abs. 2 (Beschädigung von Eisenbahnanlagen), 324 (gemeingefährliche Vergiftung) mit lebenslangem Zuchthaus bedroht.

Mit dem Tode oder, soweit nicht bisher eine schwerere Strafe angedroht ist, mit lebenslangem Zuchthaus oder mit Zuchthaus bis zu 15 Jahren wird bestraft:

1. Wer es unternimmt, den Reichspräsidenten oder ein Mitglied oder einen Kommissar der Reichsregierung oder einer Landesregierung zu töten oder wer zu einer solchen Tötung auffordert, sich erbietet, ein solches Erbieten annimmt oder eine solche Tötung mit einem anderen verabredet;
2. wer in den Fällen des § 115 Abs. 2 des Strafgesetzbuchs (schwerer Aufruhr) oder des § 125 Abs. 2 des Strafgesetzbuchs (schwerer Landfriedensbruch) die Tat mit Waffen oder in bewußtem und gewolltem Zusammenwirken mit einem Bewaffneten begeht;
3. wer eine Freiheitsberaubung (§ 239) des Strafgesetzbuchs in der Absicht begeht, sich des der Freiheit Beraubten als Geisel im politischen Kampfe zu bedienen.

§ 6

Diese Verordnung tritt mit dem Tage der Verkündung in Kraft.

Berlin, den 28. Februar 1933.

Der Reichspräsident
von Hindenburg

Der Reichskanzler
Adolf Hitler

Der Reichsminister des Innern
Frick

Der Reichsminister der Justiz
Dr. Gürtner

Herausgegeben vom Reichsministerium des Innern. — Gedruckt in der Reichsdruckerei, Berlin.

Der Oberlandesgerichtspräsident. Breslau 1, den 16. März 1933.
                                   Ritterplatz 15.
    10 IX 1 B/a   Fernsprecher : 52741.
     332 4.

                        An

              sämtliche an den Breslauer Gerichten
              zugelassenen Rechtsanwälte.

     In der Anlage gebe ich von einer Veröffentlichung Kenntnis, welche auf Veranlassung des kommissarischen Polizeipräsidenten in Breslau morgen in der Tagespresse in Breslau erscheinen wird.
     Die darin erwähnten Richtlinien haben folgenden Inhalt:
     Unter allen jüdischen Breslauer Anwälten werden 17 ausgewählt, welche an den Breslauer Gerichten auftreten. Diese Herren erhalten zu ihrer Legitimation besondere polizeiliche Ausweise. Alle anderen jüdischen Rechtsanwälte halten sich vom Auftreten vor Gericht fern. Im übrigen sind sie in ihrer Berufstätigkeit unbeschränkt.
     Wegen der Ausweise wird an die Herren, auf welche die Wahl gefallen ist, besondere Mitteilung ergehen.
     Die in der Anlage ausgesprochene dringende Bitte an die jüdischen Rechtsanwälte, sich im Rahmen dieser Richtlinien zu halten, wiederhole ich hiermit. Ich verspreche mir davon eine Beruhigung der Bevölkerung und eine Entspannung der allgemeinen Lage. Insofern aber dürfte diese Regelung auch im eigenen Interesse der davon Betroffenen liegen.

<u>Anlage1</u>

Am 16.März 1933 fand unter dem Vorsitz des kommissarischen Polizeipräsidenten in Breslau eine Besprechung über die Lage bei den Breslauer Gerichten statt. Hinzugezogen waren Vertreter des Polizeipräsidiums, der Justizverwaltung, der SA, und SS.

Der Polizeipräsident erklärt, daß er für die ungestörte Abwickelung des Geschäftsganges bei den Justizbehörden unbedingt Sorge tragen werde. Er fügte aber den Wunsch hinzu, die Justizverwaltung möge unter dem Eindruck der Erregung dieser Tage sich dem Wunsche der nationalen Bevölkerung nicht verschließen und für ein Eindämmen der Einflüsse jüdischer Rechtspflegerorgane Sorge tragen. Andernfalls sei den Unruhen bei den Gerichtsgebäuden und Behelligung jüdischer Rechtspfleger nicht zu begegnen, die zwar durch die Polizei im Rahmen des Möglichen verhindert werden würden, jedoch in das Wirtschaftsleben neue Unruhen hineintragen könnten. Dies erfordere auch die Rücksicht auf die in den letzten zwei Wochen schon ohnehin überlasteten Polizeikräfte. Die Vertreter der Justizverwaltung nahmen von dieser Erklärung Kenntnis. In gemeinsamer Besprechung wurde sodann nach Möglichkeiten gesucht, die auf der einen Seite die Aufrechterhaltung des Geschäftsbetriebes bei den Justizbehörden regeln, andererseits aber auch dem Verlangen der nationalen Bevölkerung Rechnung tragen. Nach eingehender Besprechung wurde sodann folgendes festgelegt:

In Erfüllung einer selbstverständlichen Pflicht, die Bevölkerung vor Ausschreitungen zu schützen, werde die Polizei für die Aufrechterhaltung des Geschäftsbetriebes bei den Justizbehörden Sorge tragen.

Aus den oben angeführten Gründen jedoch muß im Hinblick auf die erregte Stimmung der Bevölkerung an diejenigen Rechtspflegerorgane, die in jüngster Zeit Gegenstand von Angriffen gewesen sind, die dringende Bitte gerichtet werden, sich aus den oben angeführten Gründen sich im Rahmen der ihnen von der Justizverwaltung zugehenden Richtlinien zu verhalten. Diese Richtlinien sind in der Konferenz nach eingehender Besprechung aufgestellt und der Justizverwaltung mit der Bitte um weitere Veranlassung zugeleitet worden. Die Justizverwaltung ihrerseits hat sich dazu bereit erklärt, den durch die aufgestellten Richtlinien Betroffenen in geeigneter Form Kenntnis zu geben.

Dokumente

Reichsgesetzblatt
Teil I

| 1933 | Ausgegeben zu Berlin, den 22. März 1933 | Nr. 23 |

Inhalt: Verordnung des Reichspräsidenten über Maßnahmen auf dem Gebiete der Finanzen, der Wirtschaft und der Rechtspflege. Vom 18. März 1933 .... S. 109
Verordnung des Reichspräsidenten zur Beschleunigung des Verfahrens in Hochverrats- und Landesverratsachen. Vom 18. März 1933 .... S. 131
Erste Verordnung zur Neuordnung der Krankenversicherung. Vom 17. März 1933 .... S. 131

Verordnung des Reichspräsidenten
über Maßnahmen auf dem Gebiete der Finanzen, der Wirtschaft und der Rechtspflege
Vom 18. März 1933

		Seite
Kapitel I.	Sechste Änderung des Besoldungsgesetzes usw.	110
Kapitel II.	Bekämpfung des Schmuggels	112
Kapitel III.	Branntweinmonopol, Salzsteuer	112
Kapitel IV.	Erhebung der Einkommensteuer einschl. der Zuschläge sowie der Abgabe zur Arbeitslosenhilfe im Rechnungsjahr 1933; Finanzausgleich	113
Kapitel V.	Vermögensteuer, Erbschaftsteuer und Grunderwerbsteuer 1933	116
Kapitel VI.	Realsteuersperre	116
Kapitel VII.	Steuervereinheitlichung	117
Kapitel VIII.	Vereinfachungen im Besteuerungsverfahren	118
Kapitel IX.	Arbeitslosenhilfe	119
Kapitel X.	Änderung des Münzgesetzes	119
Kapitel XI.	Ergänzung einiger Vorschriften des Bürgerlichen Gesetzbuchs und des Zwangsversteigerungsgesetzes	119
Kapitel XII.	Zuziehung von Hilfsrichtern zum Reichsgericht	119
Kapitel XIII.	Änderung der Rechtsanwaltsordnung	119
Kapitel XIV.	Verlängerung des Pächterkreditgesetzes	121
Kapitel XV.	Ausgleichskassen	122
Kapitel XVI.	Stärkung mittelständischer Kreditinstitute	122
Kapitel XVII.	Zulassung der Wertpapiere der Deutschen Reichsbahn-Gesellschaft zum Börsenverkehr	122
Kapitel XVIII.	Enteignungen auf dem Gebiete des Städtebaues und des Baues von Wasserstraßen	122
Kapitel XIX.	Reichsanstalt für Arbeitsvermittlung und Arbeitslosenversicherung	122

Nr. 23 — Tag der Ausgabe: Berlin, den 22. März 1933

einzuholen und zu erteilen ist, kann das Finanzamt verlangen" jeweils ersetzt durch die Worte: „Das Finanzamt kann verlangen".

6. Im § 183 Satz 1 und im § 184 werden die Worte: „mit Genehmigung des Landesfinanzamts" jeweils gestrichen.

7. Im § 261 Abs. 1 Satz 1 werden die Worte: „innerhalb der Rechtsmittelfrist" ersetzt durch die Worte: „bis zum Ablauf eines Monats (von der Einlegung des Rechtsmittels ab gerechnet)".

8. Im § 266 erhält die Nr. 2 folgende Fassung: „2. das Finanzamt, dessen Entscheidung angefochten wird; der Vertreter des Landes und der Vertreter der Gemeinde oder des selbständigen Gutsbezirks, die bei der angefochtenen Entscheidung mitgewirkt haben oder zur Mitwirkung berechtigt waren (§ 36 Abs. 2, 3), können dem Verfahren beitreten,".

9. Dem § 268 Abs. 2 wird folgender Satz 2 hinzugefügt:
„Hat der Steuerpflichtige Berufung eingelegt, so soll das Finanzamt dies dem Vertreter des Landes und dem Vertreter der Gemeinde oder des selbständigen Gutsbezirks mitteilen, die bei der angefochtenen Entscheidung mitgewirkt haben oder zur Mitwirkung berechtigt waren (§ 36 Abs. 2, 3)."

10. Im § 286 Abs. 1 wird das Wort „zweihundert" ersetzt durch das Wort „fünfhundert".

Artikel 2

Artikel 1 Nr. 1 tritt am 1. Mai 1933, die übrigen Vorschriften des Artikels 1 treten am 1. April 1933 in Kraft.

Kapitel IX
Arbeitslosenhilfe

§ 1

Die Ermächtigungen, die in der Verordnung des Reichspräsidenten über Maßnahmen zur Erhaltung der Arbeitslosenhilfe und der Sozialversicherung sowie zur Erleichterung der Wohlfahrtslasten der Gemeinden vom 14. Juni 1932 (Reichsgesetzbl. I S. 273) im Ersten Teil Kapitel I Artikel 1 und im Vierten Teil Kapitel I für das Rechnungsjahr 1932 ausgesprochen sind, gelten bis auf weiteres auch für die folgenden Rechnungsjahre.

§ 2

Die Vorschriften der Wohlfahrtshilfeverordnung vom 14. Juni 1932 (Reichsgesetzbl. I S. 278) in der Fassung des Vierten Teils Kapitel I Artikel 1 der Verordnung des Reichspräsidenten zur Belebung der Wirtschaft vom 4. September 1932 (Reichsgesetzbl. I S. 425, 429) finden bis auf weiteres im Rechnungsjahr 1933 entsprechende Anwendung.

Kapitel X
Änderung des Münzgesetzes

§ 2 Ziffer 3 des Münzgesetzes vom 30. August 1924 (Reichsgesetzbl. II S. 254) ist in folgender Fassung anzuwenden:
„3. Stücke über 1, 2, 4, 5, 10 und 50 Reichspfennige sowie 1 Reichsmark".

Die Stücke über 4 Reichspfennige werden bis zum 15. Oktober 1933 außer Kurs gesetzt.

Kapitel XI
Ergänzung einiger Vorschriften des Bürgerlichen Gesetzbuchs und des Zwangsversteigerungsgesetzes

Artikel 1

Im § 1082 Satz 2, im § 1392 Abs. 1 Satz 1, im § 1808, im § 1814 Satz 1 und im § 2116 Abs. 1 Satz 1 des Bürgerlichen Gesetzbuchs werden hinter dem Worte „Reichsbank" die Worte eingefügt:
„bei der Deutschen Zentralgenossenschaftskasse oder bei der Deutschen Girozentrale (Deutschen Kommunalbank)".

Artikel 2

Im § 67 Abs. 3 des Gesetzes über die Zwangsversteigerung und die Zwangsverwaltung werden hinter dem Worte „Reichsbank" die Worte eingefügt:
„der Deutschen Zentralgenossenschaftskasse, der Deutschen Girozentrale (Deutschen Kommunalbank)".

Kapitel XII
Zuziehung von Hilfsrichtern zum Reichsgericht

Die in dem Gesetz vom 1. März 1930 (Reichsgesetzbl. I S. 31) dem Reichsminister der Justiz erteilte Ermächtigung zur Einberufung von Hilfsrichtern zum Reichsgericht wird auf die Zeit bis zum 1. April 1936 ausgedehnt.

Kapitel XIII
Änderung der Rechtsanwaltsordnung

Artikel I

Die Rechtsanwaltsordnung vom 1. Juli 1878 in der Fassung der Gesetze und Verordnungen vom 22. Mai 1910, 1. Juni 1920, 11. Juli 1922, 9. Juli 1923, 6. Februar 1924, 7. März, 29. Juni, 9. Juli und 30. November 1927 (Reichsgesetzbl. 1878 S. 177; 1910 S. 772; 1920 S. 1108; 1922 I S. 573; 1923 I S. 617; 1924 I S. 44; 1927 I S. 71, 133, 175 und 334) ist mit folgenden Änderungen anzuwenden:

1. Der § 49 Abs. 2 wird wie folgt gefaßt:

"Der Vorstand kann die in Nr. 1 bezeichnete Aufsicht und die in Nr. 2, 3 bezeichneten Geschäfte einzelnen seiner Mitglieder übertragen. Die Erteilung einer Rüge oder Mißbilligung bleibt jedoch dem Vorstande vorbehalten."

2. Hinter dem § 61 wird als § 61a folgende Vorschrift eingefügt:

§ 61a

Zur Förderung der Interessen der Rechtsanwaltschaft wird eine Reichs-Rechtsanwaltskammer errichtet. Ihre besondere Aufgabe ist, eine ständige Verbindung unter den Vorständen der Anwaltskammern, deren Zuständigkeit unberührt bleibt, herzustellen. Sie ist verpflichtet, Gutachten, die von einer der an der Gesetzgebung des Reichs beteiligten Körperschaften oder ihren Ausschüssen, von einer obersten Reichsbehörde oder dem Ehrengerichtshof erfordert werden, zu erstatten.

Die Reichs-Rechtsanwaltskammer ist rechtsfähig; sie hat ihren Sitz in Berlin. Sie wird gerichtlich und außergerichtlich durch ihren Vorstand vertreten.

Über die Zusammensetzung der Reichs-Rechtsanwaltskammer sowie über ihre Einrichtungen, insbesondere die Kammerversammlung und den Vorstand, trifft die Satzung die erforderlichen Bestimmungen. Die Satzung und ihre Änderungen bedürfen eines Beschlusses der Kammerversammlung sowie der Genehmigung des Reichsministers der Justiz; sie werden im Reichsanzeiger bekanntgemacht.

Die Reichs-Rechtsanwaltskammer ist befugt, zur Deckung ihrer Unkosten von den Anwaltskammern Beiträge im Verhältnis der Zahl der ihnen angehörenden Rechtsanwälte zu erheben.

3. Im § 63 Nr. 3 werden die Worte „eintausend Reichsmark" durch die Worte „fünftausend Reichsmark" ersetzt.

4. Der § 65 Abs. 1 wird wie folgt gefaßt:

Ist gegen einen Rechtsanwalt wegen einer strafbaren Handlung die öffentliche Klage erhoben, so ist während der Dauer des Strafverfahrens ein wegen derselben Tatsachen eingeleitetes ehrengerichtliches Verfahren auszusetzen. Die Aussetzung steht dem Erlaß eines Vertretungsverbots gemäß § 91a nicht entgegen.

5. Hinter § 91 werden folgende Vorschriften eingefügt:

§ 91a

Ist gegen einen Rechtsanwalt im ehrengerichtlichen Verfahren die öffentliche Klage erhoben, so kann gegen ihn durch Beschluß des Ehrengerichts ein Vertretungsverbot verhängt werden, wenn zu erwarten ist, daß gegen ihn auf Ausschließung aus der Rechtsanwaltschaft erkannt werden wird.

Der Beschluß ergeht auf Grund mündlicher Verhandlung. Auf die Ladung und die mündliche Verhandlung finden die Vorschriften über die Hauptverhandlung entsprechende Anwendung, soweit sich nicht aus den folgenden Vorschriften ein anderes ergibt.

In der Ladung ist die dem Rechtsanwalt zur Last gelegte Pflichtverletzung zu bezeichnen, sofern nicht die Anklageschrift ihm bereits mitgeteilt ist. Auf die Ladung findet der § 40 der Strafprozeßordnung Anwendung.

In der mündlichen Verhandlung sind die Beteiligten zu hören. Art und Umfang der Beweisaufnahme bestimmt das Ehrengericht, ohne durch Anträge gebunden zu sein.

Zur Verhängung des Vertretungsverbots ist eine Mehrheit von zwei Dritteilen der Stimmen erforderlich.

Das Ehrengericht kann, wenn es auf Ausschließung aus der Rechtsanwaltschaft erkannt hat, im unmittelbaren Anschluß an die Hauptverhandlung über das Vertretungsverbot verhandeln und entscheiden. Dies gilt auch dann, wenn der Angeschuldigte zu der Hauptverhandlung nicht erschienen ist.

Der Beschluß ist mit Gründen zu versehen und dem Angeschuldigten zuzustellen. Wird das Vertretungsverbot verhängt, so hat der Schriftführer des Vorstandes der Anwaltskammer eine beglaubigte Abschrift der Formel des Beschlusses den Gerichten, die sich am Wohnsitz des Angeschuldigten befinden, den auswärtigen Gerichten, bei denen er zugelassen ist, sowie der Landesjustizverwaltung mitzuteilen.

§ 91b

Der Beschluß wird mit der Verkündung wirksam.

Dem Rechtsanwalt, gegen den das Vertretungsverbot verhängt ist, ist verboten, vor einem Gericht, einer sonstigen Behörde oder einem Schiedsgericht in Person aufzutreten. Vollmachten oder Untervollmachten zu erteilen und mit Gerichten, sonstigen Behörden, Schiedsgerichten oder Rechtsanwälten schriftlichen Verkehr zu pflegen. Dies gilt nicht für die Wahrnehmung der eigenen Angelegenheiten des Rechtsanwalts und der Angelegenheiten seiner Ehefrau und seiner minderjährigen Kinder, soweit nicht Anwaltszwang besteht. Die recht-

Nr. 23 — Tag der Ausgabe: Berlin, den 22. März 1933

liche Wirksamkeit von Handlungen des Rechtsanwalts wird durch das Vertretungsverbot nicht berührt.

Ein Rechtsanwalt, der dem Vertretungsverbote wissentlich zuwiderhandelt, ist mit der Ausschließung aus der Rechtsanwaltschaft zu bestrafen, sofern nicht nach den besonderen Verhältnissen des Falles eine der im § 63 Nr. 1 bis 3 bezeichneten Strafen als ausreichende Sühne erscheint.

Gerichte und sonstige Behörden sollen einen Rechtsanwalt, der entgegen dem Vertretungsverbote vor ihnen in Person auftritt, zurückweisen.

§ 91c

Gegen die Verhängung des Vertretungsverbots steht dem Rechtsanwalt die sofortige Beschwerde an den Ehrengerichtshof zu. Die Beschwerde hat keine aufschiebende Wirkung. Auf das Verfahren finden die Vorschriften des § 91a Abs. 2, 3 Satz 2, Abs. 4, 5, 7 Satz 1 und, wenn das Vertretungsverbot aufgehoben wird, auch Satz 2 entsprechende Anwendung.

§ 91d

Für den Rechtsanwalt, gegen den das Vertretungsverbot verhängt ist, ist im Falle des Bedürfnisses von der Landesjustizverwaltung nach Anhörung des Vorstandes der Anwaltskammer ein Stellvertreter zu bestellen. § 25 Abs. 1, 3 Satz 1 findet Anwendung. Der Rechtsanwalt kann einen geeigneten Vertreter vorschlagen.

Ein Rechtsanwalt, dem die Stellvertretung übertragen wird, darf sie nur aus einem wichtigen Grunde ablehnen. Über die Ablehnung entscheidet der Präsident des Landgerichts, bei dem der zum Stellvertreter bestellte Rechtsanwalt zugelassen ist oder zu dessen Bezirk das Amtsgericht gehört, bei dem er zugelassen ist, und, sofern er ausschließlich bei einem höheren Gerichte zugelassen ist, der Präsident dieses Gerichts; ist der Rechtsanwalt gleichzeitig bei mehreren Landgerichten oder nur bei einem Oberlandesgericht und einem obersten Landesgericht zugelassen, so entscheidet der Präsident des Oberlandesgerichts. Vor der Entscheidung ist der Vorstand der Anwaltskammer zu hören.

Der Stellvertreter führt sein Amt unter eigener Verantwortung und ohne an Weisungen des Vertretenen gebunden zu sein, für dessen Rechnung und auf dessen Kosten. Der Vertretene ist verpflichtet, dem Stellvertreter eine angemessene Vergütung zu zahlen. Auf Verlangen des Stellvertreters oder des Vertretenen ist die Vergütung vom Vorstand der Anwaltskammer festzusetzen. Für die festgesetzte Vergütung haftet die Anwaltskammer wie ein Bürge.

§ 91e

Das Vertretungsverbot tritt außer Kraft, wenn in dem ehrengerichtlichen Verfahren ein nicht auf Ausschließung lautendes Urteil ergeht oder der Angeschuldigte außer Verfolgung gesetzt wird.

Das Vertretungsverbot ist von dem Ehrengericht und, sofern das ehrengerichtliche Verfahren in der Berufungsinstanz schwebt, von dem Ehrengerichtshof aufzuheben, wenn sich herausstellt, daß die Voraussetzungen für seine Verhängung nicht oder nicht mehr vorliegen.

Beantragt der Angeschuldigte die Aufhebung des Vertretungsverbots, so kann das Gericht eine erneute mündliche Verhandlung anordnen. Die Ablehnung des Antrags unterliegt nicht der Beschwerde.

In den Fällen der Abs. 1 und 2 gilt § 91a Abs. 7 Satz 2 entsprechend.

6. Im § 93 wird hinter dem Abs. 1 folgender Abs. 2 eingefügt:

Zur besseren Aufklärung der Sache kann das Ehrengericht vor der Hauptverhandlung einzelne Beweiserhebungen anordnen; um die Ausführung dieses Beschlusses kann es die Staatsanwaltschaft ersuchen.

Artikel II

Die erste Satzung der Reichs-Rechtsanwaltskammer wird gemeinsam von dem Vorstand der Vereinigung der Vorstände der Deutschen Anwaltskammern und dem Vorstand des Deutschen Anwaltsvereins beschlossen. Mit der Bekanntmachung der genehmigten Satzung im Reichsanzeiger gilt die Reichs-Rechtsanwaltskammer als errichtet. Bis zur ersten Vorstandswahl werden die Geschäfte der Reichs-Rechtsanwaltskammer durch den Vorstand der Vereinigung der Vorstände der Deutschen Anwaltskammern geführt; er hat alsbald die Wahl der Mitglieder zu veranlassen und die erste Kammerversammlung einzuberufen.

Kapitel XIV
Verlängerung des Pächterkreditgesetzes

Der § 23 Abs. 1 des Gesetzes, betreffend die Ermöglichung der Kapitalkreditbeschaffung für landwirtschaftliche Pächter vom 9. Juli 1926 (Reichsgesetzbl. I S. 399, 1112), ist in folgender Fassung anzuwenden:

Dieses Gesetz tritt mit seiner Verkündung in Kraft und zwanzig Jahre nach seiner Verkündung außer Kraft.

Dokumente

Abschrift.

Der Preußische Justizminister   Berlin W 8, den 31.März 1933.
I 9343.   Wilhelmstraße 65.

    Die Erregung des Volkes über das anmaßende Auftreten amtierender jüdischer Rechtsanwälte und jüdischer Richter hat Ausmaße erreicht, die dazu zwingen, mit der Möglichkeit zu rechnen, daß besonders in der Zeit des berechtigten Abwehrkampfes des deutschen Volkes gegen die alljüdische Greuelpropaganda, das Volk zur Selbsthilfe schreitet. Das würde eine Gefahr für die Aufrechterhaltung der Autorität der Rechtspflege darstellen.

    Es muß daher Pflicht aller zuständigen Behörden sein, dafür zu sorgen, daß spätestens mit dem Beginn des von der Nationalsozialistischen Deutschen Arbeiterpartei geleiteten Abwehrboykotts die Ursache solcher Selbsthilfeaktionen beseitigt wird.

    Ich ersuche deshalb umgehend allen amtierenden jüdischen Richtern nahezulegen, sofort ihr Urlaubsgesuch einzureichen und diesem sofort stattzugeben. Ich ersuche ferner die Kommissorien jüdischer Assessoren sofort zu widerrufen.

    In allen Fällen, in denen jüdische Richter sich weigern, Ihr Urlaubsgesuch einzureichen, ersuche ich, diesen kraft Hausrechts das Betreten des Gerichtsgebäudes zu untersagen.

    Jüdische Laienrichter (Handelsrichter, Schöffen, Geschworene, Arbeitsrichter usw.) ersuche ich nicht mehr einzuberufen.

    Wo etwa hierdurch die Gefahr einer Stockung der Rechtsprechung herbeigeführt wird, ersuche ich sofort zu berichten.

    Jüdische Staatsanwälte und jüdische Beamte im Strafvollzug ersuche ich umgehend zu beurlauben.

    Besondere Erregung hat das anmaßende Auftreten jüdischer Anwälte hervorgerufen, ich ersuche deshalb mit den Anwaltskammern oder örtlichen Anwaltsvereinen oder sonstigen geeigneten Stellen noch heute zu vereinbaren, daß ab morgen früh, 10 Uhr nur noch bestimmte jüdische Rechtsanwälte und zwar in einer Verhältniszahl, die dem Verhältnis der jüdischen Bevölkerung zur sonstigen Bevölkerung etwa entspricht, auftreten. Die danach zum Auftreten autorisierten Rechtsanwälte ersuche ich im Einvernehmen mit dem Gaurechtsstellenleiter der NSDAP. oder dem Vorsitzenden der Gaugruppe des Bundes n.s.d.J. auszuwählen und zu bestimmen.

    Wo eine Vereinbarung dieses Inhaltes infolge Obstruktion der jüdischen Anwälte nicht zu erzielen ist, ersuche ich, das Betreten des Gerichtsgebäudes diesen zu verbieten.

    Mir scheint es selbstverständlich zu sein, daß die Beiordnung jüdischer Anwälte als Armenanwälte oder Bestellung von solchen

zu I 9343.   als

als Pflichtverteidiger, zu Konkursverwaltern, Zwangsverwaltern usw. ab morgen 10 Uhr nicht mehr erfolgt, da solche Maßnahmen ein Vergehen gegen die Boykottpflicht des deutschen Volkes enthalten.

Aufträge zur Vertretung von Rechtsstreitigkeiten des Staates an jüdische Anwälte ersuche ich sofort zurückzuziehen und nicht jüdische Anwälte mit der Vertretung des Staates zu betrauen. Dabei bitte ich mit den neuen Vertretern zu vereinbaren, daß diese die bei den bisherigen Prozeßvertretern entstandenen Gebühren nicht nochmals berechnen. Meine Auffassung geht dahin, daß das Einverständnis hiermit nicht gegen die Standespflicht des Anwalts verstößt. Den Gesamtrücktritt des Vorstandes der Anwaltskammern ersuche ich durch entsprechende Verhandlungen herbeizuführen. Mit der vorläufigen Wahrnehmung der Geschäfte der Anwaltskammer ersuche ich einen Kommissar zu beauftragen, der nach Anhörung der nationalsozialistischen oder sonstigen nationalen Anwaltsorganisationen zu bestellen ist.

Verweigern der Vorstand und Vorstandsmitglieder ihren Rücktritt, so ersuche ich alsbald zu berichten.

Nach vollständiger Durchführung der oben angegebenen Maßnahmen ist im verständnisvollen Zusammenwirken mit der Bevölkerung für die Aufrechterhaltung einer geordneten und würdigen Rechtspflege unter Einsatz aller geeigneten Mittel Sorge zu tragen. Wenn von den Gau- oder Kreisleitungen der NSDAP. der Wunsch geäußert wird, durch uniformierte Wachen die Sicherheit und Ordnung innerhalb des Gerichtsgebäudes zu überwachen, ist diesem Wunsche Rechnung zu tragen, um damit die dringend erforderliche Beachtung der Autorität der Gerichtsbehörden sicherzustellen.

Ich hoffe, daß dadurch die unbedingt erforderliche Aufrechterhaltung der Autorität der Rechtspflege gesichert ist.

    Der Kommissar des Reiches.
    gez. Kerrl.

An sämtliche Herren Oberlandesgerichtspräsidenten,
  Herren Generalstaatsanwälte bei den Oberlandesgerichten und
  Herren Präsidenten der Strafvollzugsämter.

Preußische Justizminister

I 6564.

Berlin W 8, den 6. April 1933.
Wilhelmstraße 65.

Betrifft Kündigung von Angestellten bei jüdischen Rechtsanwälten und Notaren.

Infolge der im Einverständnis mit der jüdischen Anwaltschaft vorgenommenen Maßnahme der letzten Woche haben eine ganze Reihe jüdischer Rechtsanwälte und auch Notare sich veranlaßt gesehen, ihren Angestellten teilweise sogar fristlos zu kündigen. Solche fristlosen Kündigungen zeugen von völligem Fehlen deutschen sozialen Sinnes, da der deutsche Arbeitgeber, wenn er jahrelang mit Hilfe seiner Angestellten gearbeitet und verdient hat, seine Angestellten nicht plötzlich fristlos entläßt.

Die Ausschaltung jüdischer Anwälte und Notare aus dem preußischen Rechtsleben darf nicht dazu führen, daß deutsche Angestellte brotlos werden oder brotlos bleiben. Ich ersuche deshalb in geeigneter, allen Anwaltsangestellten zur Kenntnis kommender Form alle von jüdischen Anwälten fristlos oder befristet im Zusammenhang mit den Maßnahmen der letzten Woche gekündigten Angestellten aufzufordern, sich in eine bei dem Oberlandesgericht zu führende Liste eintragen zu lassen, die die Namen aller dieser Angestellten enthält.

Bei Anträgen auf neue Zulassung zur Anwaltschaft ersuche ich die Antragsteller jeweils darauf hinzuweisen, daß von ihnen erwartet werden muß, daß der oder die erste von ihnen eingestellte Angestellte aus dieser Liste zu entnehmen ist. Vor der Zulassung ist von dem Antragsteller ein entsprechender Verpflichtungsschein zu unterzeichnen. Ferner ersuche ich die Antragsteller aufzufordern, darüber hinaus 50 v.H. ihrer Angestellten aus den in der oben bezeichneten Liste aufgeführten brotlos

An
den Herrn Kammergerichtspräsidenten
sowie sämtliche übrigen
Herren Oberlandesgerichtspräsidenten.

brotlos gewordenen Angestellten zu entnehmen. Auch hierüber ersuche ich Verpflichtungserklärung vor der Entscheidung über die Zulassung herbeizuführen.

Ich ersuche endlich, die deutschen Anwälte innerhalb ihres Bezirks aufzufordern, bei Neueinstellungen die in obenbezeichneter Liste aufgeführten brotlos gewordenen Angestellten zu berücksichtigen. Dies ist eine Pflicht des deutschen Anwalts gegenüber dem deutschen Volke.

Wo in Einzelfällen Antragsteller, die ihre Zulassung zum Notariat beantragt haben, sich weigern sollten, die oben bezeichneten Verpflichtungserklärungen zu unterzeichnen, ersuche ich um Bericht vor Entscheidung über die Zulassung des Betreffenden.

Bei Anträgen auf Ernennung zum Notar ersuche ich entsprechend zu verfahren.

   Der Kommissar des Reiches.
   Im Auftrage.
   gez. Dr. Freisler.

   Beglaubigt.

   Kakuschky
   Ministerialkanzleisekretär.

Verzeichnis
der von dritter Seite eingereichten Eingaben über
Rechtsanwälte nicht arischer Abstammung.

	Name des Rechtsanwalts	Name des Einsenders	Datum der Eingabe	Bemerkungen
1	Curt Albu, RA.u. Notar, Berlin	von Kleist, Rittergut Labehn, Krs. Stolp	5. 4. 33	IV. A. 6.
2	Auerbach, Justizrat, Berlin,	Name unbekannt	3. 4. 33	II. A. 83.
3	Dr. Auerbach, JR., Bln-Schöneberg,	Eva Johanna von Rücker geb. von Heyden, Berlin,	11. 4. 33	II. A. 8.
4	Dr. Abrahamsohn, Hermann, Charlottenburg	Fritz Färber, z.Zt. Wilhelmshorst, Post Michendorf (Mark)	10. 4. 33	II. A. 21.
4a	Dr. Alsberg, Professor	Name unbekannt	8. 4. 33	I. A. 15
5	E.M. Arndt, Berlin	Else Haack, Berlin N 24, Oranienburgerstr. 50	10. 4. 33	II. A. 13
6	Kurt Ball	Frau Pastor Roeper, Hohen Neuendorf	3. 4. 33	I. B. 47
7	Dr. Alfred Baum, Kammergericht	Max von Schillings, Bln-Zehlendorf,	10. 4. 33	I. B. 4.
8	Dr. Ludwig Bendix, Berlin SW.	Name unbekannt	6. 4. 33	II. B. 39
9	Max Brünn, Berlin	Hans Krocker-Krockow, Berlin	2. 4. 33	
10	Dr. Beutner, Berlin	American Chamber of Commerce in Germany, H.B. Peirce Präsident	18. 4. 33	Sond. Liste
11	Dr. Bokofzer, Berlin	Dr. Otto Tornes, Königsberg Pr. Samitter Allee 74a	13. 4. 33	II. B. 107
12	RA. Wilfried Buchholz, Berlin	A. Deutsch, Berlin	10. 4. 33	I. B. 48.
13	Georg Cohn, Berlin	Adalbert Stier, Reichsverband zur Unterstützung Deutscher Veteranen E.V., Berlin	6. 4. 33	II. C. 2.

Die Gerichts- und Anwaltsgebühren betragen zwei Zehntel der Sätze des § 8 des Gerichtskostengesetzes und des § 9 der Gebührenordnung für Rechtsanwälte.

Berlin, den 7. April 1933.

Der Reichskanzler
Adolf Hitler

Der Reichsminister der Justiz
Dr. Gürtner

Gesetz über die Zulassung zur Rechtsanwaltschaft. Vom 7. April 1933.

Die Reichsregierung hat das folgende Gesetz beschlossen, das hiermit verkündet wird:

§ 1

Die Zulassung von Rechtsanwälten, die im Sinne des Gesetzes zur Wiederherstellung des Berufsbeamtentums vom 7. April 1933 (Reichsgesetzbl. I S. 175) nicht arischer Abstammung sind, kann bis zum 30. September 1933 zurückgenommen werden.

Die Vorschrift des Abs. 1 gilt nicht für Rechtsanwälte, die bereits seit dem 1. August 1914 zugelassen sind oder im Weltkriege an der Front für das Deutsche Reich oder für seine Verbündeten gekämpft haben oder deren Väter oder Söhne im Weltkriege gefallen sind.

§ 2

Die Zulassung zur Rechtsanwaltschaft kann Personen, die im Sinne des Gesetzes zur Wiederherstellung des Berufsbeamtentums vom 7. April 1933 (Reichsgesetzbl. I S. 175) nicht arischer Abstammung sind, versagt werden, auch wenn die in der Rechtsanwaltsordnung hierfür vorgesehenen Gründe nicht vorliegen. Das gleiche gilt von der Zulassung eines der im § 1 Abs. 2 bezeichneten Rechtsanwälte bei einem anderen Gericht.

§ 3

Personen, die sich in kommunistischem Sinne betätigt haben, sind von der Zulassung zur Rechtsanwaltschaft ausgeschlossen. Bereits erteilte Zulassungen sind zurückzunehmen.

§ 4

Die Justizverwaltung kann gegen einen Rechtsanwalt bis zur Entscheidung darüber, ob von der Befugnis zur Zurücknahme der Zulassung gemäß § 1 Abs. 1 oder § 3 Gebrauch gemacht wird, ein Vertretungsverbot erlassen. Auf das Vertretungsverbot finden die Vorschriften des § 91b Abs. 2 bis 4 der Rechtsanwaltsordnung (Reichsgesetzbl. 1933 I S. 120) entsprechende Anwendung.

Gegen Rechtsanwälte der im § 1 Abs. 2 bezeichneten Art ist das Vertretungsverbot nur zulässig, wenn es sich um die Anwendung des § 3 handelt.

§ 5

Die Zurücknahme der Zulassung zur Rechtsanwaltschaft gilt als wichtiger Grund zur Kündigung der von dem Rechtsanwalt als Dienstberechtigten abgeschlossenen Dienstverträge.

§ 6

Ist die Zulassung eines Rechtsanwalts auf Grund dieses Gesetzes zurückgenommen, so finden auf die Kündigung von Mietverhältnissen über Räume, die der Rechtsanwalt für sich oder seine Familie gemietet hatte, die Vorschriften des Gesetzes über das Kündigungsrecht der durch das Gesetz zur Wiederherstellung des Berufsbeamtentums betroffenen Personen vom 7. April 1933 (Reichsgesetzbl. I S. 187) entsprechende Anwendung. Das gleiche gilt für Angestellte von Rechtsanwälten, die dadurch stellungslos geworden sind, daß die Zulassung des Rechtsanwalts zurückgenommen oder gegen ihn ein Vertretungsverbot gemäß § 4 erlassen ist.

Berlin, den 7. April 1933.

Der Reichskanzler
Adolf Hitler

Der Reichsminister der Justiz
Dr. Gürtner

Gesetz über die Neuwahl der Schöffen, Geschworenen und Handelsrichter. Vom 7. April 1933.

Die Reichsregierung hat das folgende Gesetz beschlossen, das hiermit verkündet wird.

Kapitel I

Schöffen und Geschworene

§ 1

Die laufende Wahlperiode der Schöffen und Geschworenen endet mit dem 30. Juni 1933.

Die am 1. Juli 1933 beginnende neue Wahlperiode endet mit dem 31. Dezember 1934.

§ 2

Der im § 40 des Gerichtsverfassungsgesetzes bezeichnete Ausschuß ist unverzüglich neu zu wählen. Sodann hat alsbald eine Neuwahl der Schöffen und Geschworenen nach den Vorschriften des Gerichtsverfassungsgesetzes stattzufinden.

Juristische Wochenschrift

Herausgegeben vom Deutschen Anwaltverein.

Schriftleiter:
Justizrat Dr. Dr. Julius Magnus, Berlin, Rechtsanwalt Dr. Heinrich Dittenberger, Berlin
unter Mitwirkung von Rechtsanwalt Dr. Dr. Max Hachenburg, Mannheim.

Verlag: W. Moeser Buchhandlung, Inh.: Oscar Brandstetter, Leipzig C 1, Dresdner Straße 11/13.
Fernsprecher Sammel-Nr. 72566 / Drahtanschrift: Imprimatur / Postscheckkonto Leipzig Nr. 63673.
Geschäftsstelle in Berlin SW 48 Hedemannstr. 14. Fernsprecher Bergmann 217.

Die JW. erscheint wöchentlich. Bezugspreis monatlich M. 4.50; Einzelhefte kosten den halben Monatsbetrag. Für Studenten, Referendare und Assessoren im Vorbereitungsdienst ist ein Vorzugspreis von monatlich M. 3.— festgesetzt; Auskunft hierüber erteilt der Verlag. — Der Bezug erfolgt am zweckmäßigsten durch die Post, doch nehmen auch die Buchhandlungen und der Verlag Bestellungen an. Beschwerden über mangelhafte Zustellung sind bei Postbezug ausschließlich bei der Post anzubringen.

Anzeigen die 6gespaltene Millimeterhöhe 21 Pf., für den Stellenmarkt 15 Pf., 1/1 Seite M. 300.—, 1/2 Seite M. 155.—, 1/4 Seite M. 80.—. Der Anzeigenraum wird in der Höhe von Trennungsstrich zu Trennungsstrich gerechnet. Bei Zifferanzeigen kommen noch 60 Pf. Gebühren hinzu. Zahlungen ausnahmslos auf Postscheckkonto W. Moeser Buchhandlung, Leipzig 63673, erbeten.

Für den Deutschen Anwaltverein sind Zuschriften nach Berlin W 62, Maaßenstr. 5, Zahlungen auf Postscheckkonto Berlin 55445 zu richten.

Alle Sendungen für die Schriftleitung der JW. werden nach Berlin W 62, Maaßenstr. 27 erbeten.

Erklärung des Deutschen Anwaltvereins.

Der Vorstand des Deutschen Anwaltvereins begrüßt die Erstarkung nationalen Denkens und Wollens, die sich im deutschen Volke vollzogen hat. Er wird seine ganze Kraft einsetzen, um der Gesundung von Volk und Reich zu dienen, den Staat in Sicherheit zu gründen und die Verbundenheit des Volkes über Stände und Berufe hinweg herzustellen.

In voller Würdigung der Tatsache, daß große Umwälzungen sich im Wege der Machtentfaltung durchzusetzen pflegen, sind wir von der Überzeugung durchdrungen, daß der Wiederaufbau des Staates nur dann gelingen kann auf der Grundlage des Rechtes und der Gerechtigkeit mit dem Ziel, alle im Volke vorhandenen Kräfte durch gerechte Behandlung für die gemeinsame Sache zu gewinnen.

Die deutsche Anwaltschaft, der Not des Volkes verbunden, sieht in der Erfüllung ihrer Aufgabe, dem Rechte zu dienen, die Ordnung zu fördern, dem Redlichen sein Recht zu sichern und die Schwachen zu schützen, den Weg, auf dem sie das Ihrige zur Gesundung des Reiches und zur Überwindung aller Zerrissenheit beisteuern kann.

In diesem Dienste am nationalen Gedanken einig und geschlossen zu bleiben, dazu rufen wir die deutsche Anwaltschaft auf.

Berlin, den 26. März 1933.

Der Vorstand des Deutschen Anwaltvereins
Dr. Rudolf Dix
Präsident.

Änderungen des Verfahrens in Hochverrats- und Landesverratssachen.

Von Ministerialrat im Reichsjustizministerium Geh. Regierungsrat Dr. Leopold Schäfer, Berlin.

In JW. 1933, 873 habe ich den materiellrechtlichen Inhalt der VO. des RPräs. gegen Verrat am deutschen Volke und hochverräterische Umtriebe v. 28. Febr. 1933 (RGBl. I, 85)[1] besprochen, der wichtige Änderungen und Ergänzungen der Strafvorschriften wegen Landesverrat, Verrat militärischer Geheimnisse und Hochverrat gebracht hat. Die Besprechung der §§ 8 bis 10 dieser VO., die einige prozessuale Bestimmungen zum Zweck der Erleichterung der sachgemäßen Durchführung der Strafverfahren wegen Hoch- und Landesverrats enthalten, wurde zurückgestellt, weil sie zusammen mit den auf das engste mit ihnen zusammenhängenden Vorschriften der VO. des RPräs. zur Beschleunigung des Verfahrens in Hochverrats- und Landesverratssachen v. 18. März 1933 (RGBl. I, 131)[2] den Gegenstand des vorliegenden besonderen Aufsatzes finden sollten.

Die prozessualen Neuerungen der beiden VO. betreffen:

1. Einführung der Möglichkeit, Hochverratssachen von minderer Bedeutung vor die OLG. zu bringen (Art. 1 VO. II);
2. Einführung eines Ermittlungsrichters des RG. und Regelung seiner Zuständigkeit (§§ 8, 9 VO. I);
3. Einschränkung der Voruntersuchung in den zur Zuständigkeit des RG. und der OLG. gehörenden Strafsachen (§ 10 VO. I, Art. 2 VO. II);
4. Wegfall des Eröffnungsbeschlusses in denselben Strafsachen (Art. 3 VO. II).

1. Einführung der Möglichkeit, Hochverratssachen von minderer Bedeutung vor die Oberlandesgerichte zu bringen.

Nach § 134 Abs. 1 GVG. ist das RG. für die Untersuchung und Entscheidung in erster und letzter Instanz zuständig in den Fällen des Hochverrats, des Landesverrats und des Kriegsverrats gegen das Reich sowie der Verbrechen gegen die §§ 1, 3 SpionG. Das gleiche gilt nach § 7 Abs. 1

---
[1] In dem Aufsatz als VO. I bezeichnet.
[2] In dem Aufsatz als VO. II bezeichnet.

Vorstand der Anwaltskammer in BERLIN
W 35, Schöneberger Ufer 36
Fernsprecher: B 2 Lützow 8976

Gesch.-Nr.

Es wird ersucht, in der Antwort das vorstehende Zeichen anzugeben

Für den Vorsitzenden und die Abteilungsvorsitzenden bestimmte Sendungen sind nicht an deren persönliche Adresse, sondern ausschließlich an die obige Geschäftsstelle zu richten.
Das gleiche gilt für telefonische Anfragen.

Von der Adjutantur in den Geschäftsgang gegeben
An das

Pr. Justiz-Min.
26. MAI. 1933

Berlin, den 22. April 1933.

Preußische Justizministerium
z.Hd. des Herrn Ministerialdirektors Dr. Freisler,

Berlin W 8.

Betr.: Neuwahl zum Vorstand der Anwaltskammer in Berlin

Die Neuwahlen für den Vorstand der Anwaltskammer in Berlin haben am heutigen Tage auftragsgemäß stattgefunden. Die Bestimmungen der Rechtsanwaltsordnung und der Geschäftsordnung sind dabei gewahrt worden.

Die Sitzung ist programmgemäß und ohne Zwischenfälle verlaufen. Die Versammlung ist von mehr als 700 Anwälten und etwa 300 Zuhörern besucht worden. Gegen die Oeffentlichkeit der Versammlung wurde ein Widerspruch nicht erhoben.

Mit allen gegen 7 Stimmen wurde beschlossen, die Neuwahlen in Abänderung des § 3 der Geschäftsordnung durch Zuruf ohne Aussprache in einem Wahlgang vorzunehmen. Die gemeinschaftliche Liste wurde mit allen gegen 2 Stimmen gewählt.

Hiernach besteht der Vorstand aus 24 Anwälten, die der N.S.D.A.P. angehören oder ihr nahestehen, aus 6 Anwälten, die zum Stahlhelm oder zur D.N.V.P. gehören und aus 3 Mitgliedern, die, ohne daß ihre Parteizugehörigkeit näher feststeht, als allgemein rechtsstehend gelten können.

Die Versammlung dauerte eine halbe Stunde.

Im

– Blatt 2 –

Im Anschluß an die Versammlung fand die erste Sitzung des neuen Gesamtvorstandes der Anwaltskammer statt. Hierbei wurde der Unterzeichnete zum Vorsitzenden, Rechtsanwalt Hercher zum stellvertretenden Vorsitzenden, Rechtsanwalt Ranz zum Schriftführer, Rechtsanwalt Thinius zum zweiten Schriftführer gewählt. Der Vorsitzende und der stellvertretende Vorsitzende gehören der N.S.D.A.P. an, der Schriftführer steht ihr seit Jahren nahe, der stellvertretende Schriftführer ist Mitglied des Stahlhelms.

Der Vorstand der Anwaltskammer

[Unterschrift]

Vorsitzender.

Deutsches Recht: Juristische Wochenschrift

Zeitschrift des Deutschen Anwaltvereins
im Bunde Nationalsozialistischer Deutscher Juristen

Herausgeber: Reichsjustizkommissar Staatsminister **Dr. Hans Frank**,
Führer des Bundes Nationalsozialistischer Deutscher Juristen

Schriftleiter: Rechtsanwälte **Dr. Heinrich Dittenberger** und **Dr. Hermann Voß**, Berlin;
Regierungsrat im Reichsjustizministerium **Rudolf Schraut**, Berlin

Verlag: **W. Moeser Buchhandlung**, Inh.: **Oscar Brandstetter**, **Leipzig C 1**, Dresdner Straße 11/13.
Fernsprecher Sammel-Nr. 72566 / Drahtanschrift: Imprimatur / Postscheckkonto Leipzig Nr. 63673.
Geschäftsstelle in Berlin SW 48 Hedemannstr. 14. Fernsprecher Bergmann 217.

Die Zukunft der deutschen Anwaltschaft.
Von Reichsjustizkommissar Staatsminister Dr. Hans Frank, München.

Ansprache an die Abgeordnetenversammlung des Deutschen Anwaltvereins vom 18. Mai 1933.

Deutsche Volksgenossen! Wir alle stehen unter dem Eindruck der erhebenden Worte, die mein hochverehrter Herr Vorredner, der Präsident Dr. Dix, eben zu Ihnen gesprochen hat. Es war für mich persönlich, der ich nun seit Juni 1919 neben Adolf Hitler einhermarschiere, ein erhebendes Gefühl, von ihm zu hören, daß sich jenes Deutschtum, das deshalb immer noch das beste war, weil es nach jenem Satz Richard Wagners Deutschsein auffaßte als eine Sache um ihrer selbst wegen tun, — daß sich auch dieses Deutschtum voll und ganz zur nationalsozialistischen Revolution bekannt hat. Das, meine lieben Volksgenossen, ist ein entscheidender Augenblick.

Wenn ich die Ehre habe, Ihrem Präsidenten im Namen des Nationalsozialismus und im Namen der an der nationalsozialistischen Revolution beteiligten Männer zu danken, so tue ich das wirklich ohne Rücksicht auf irgendwelche damit zusammenhängende persönliche Fragen, sondern lediglich deshalb, weil durch diese innere Einstellung der deutsche Anwaltstand als solcher wieder die politische, wieder die gesellschaftliche, wieder die allgemeine Rolle wird spielen können, um die er von den Händlertypen gebracht wurde. (Bravo! und stürmischer Beifall.)

Wir alle sind Anwälte, und wir waren es mit Stolz. Ich kann wohl sagen, daß es gerade diejenigen unter uns, die die Ehre hatten, im Bereich der letztjährigen Bewegungen als Anwälte vor den Gerichten des Systems tätig zu werden, mit Entsetzen erfüllen mußte, wie ein Stand in der allgemeinen Ansehen herabkommen kann, wenn minderwertige Exemplare sich anmaßen dürfen, in der Anwaltsrobe aufzutreten (Sehr richtig!), und man ihnen nicht entgegenkommen kann. — Heute, meine Herren, ist es anders. Der Anwaltstand verlangt, daß ihm die ihm gebührende Führerrolle bei den Kämpfen um die Neugestaltung der deutschen Welt eingeräumt wird. (Lebhafte Bravo-Rufe und Händeklatschen.) Es ist vorbei, daß man sich den Vorwurf machen kann: der deutsche Jurist — ja, das ist so ein Begriff für Leute, die immer so wie die Fettaugen auf der Suppe im Volk herumschwimmen, ohne eigentlichen Kontakt mit ihm, die nach Formen leben, die das allgemeine Volk nicht begreift, die so einen Interessentenbund, so gleichsam einen Naturschutzpark für theoretische Abstraktionen bevölkern. (Heiterkeit und Beifall.) Wir sind der Meinung, daß diese Volksgemeinschaft herzustellen ist, und, meine Herren, glauben Sie mir, damit ist es ernst. Es ist nicht an dem, daß die derzeitigen Machtträger sich etwa fürchten würden, Entscheidungen vollkommen aus eigenem Willensbereich heraus zu treffen. Es ist nicht an dem, daß wir etwa den Parlamentarismus im weiten Land besiegt haben, daß aber so letzte Domänen des Parlamentarismus in einigen Standesorganisationen fortleben: an dem ist es nicht, meine Herren, sondern wenn die Möglichkeit besteht, über die Einreihung des Anwaltstandes in die große nationale Front zu sprechen, dann deshalb, weil gerade ich auch beim Führer durchgesetzt habe, daß der deutsche Jurist, vor allem der deutsche Rechtsanwalt als freier Beruf auch freier Entschließung folgend diesen Schritt begeht und nicht durch Zwang von außen. (Lebhafter Beifall.) Es ist an dem, daß an diesem, ich möchte sagen, methodischen Gesichtspunkt sich schon die erste Keimzelle des deutschen neuen freien Anwaltstums entwickeln wird. Man wird für alle Zeiten sagen: bitte, einen Willens, einer Seele hat sich der deutsche Anwalt zu diesem Bündnis mit dem Volk entschlossen.

Wir sind heute nicht da, um irgendwie hermetisch abgeschlossenen juristischen Eigensüchteleien nachzugehen. Erkennen Sie die Zeichen der Zeit nicht? Die Möglichkeit, daß der deutsche Jurist sich wieder in die große Gemeinschaft des Volks einreiht, hat er sich nicht selbst zu verdanken, sondern diese Möglichkeit verdankt er dem Volk, das auch für ihn gekämpft hat. (Sehr richtig!) Und wir stehen auch nicht nur als Repräsentanten der Justiz als Standesorganisation in diesem Sinne da, sondern gerade ich habe immer betont, daß ich mich auch als Vertreter der Opfer einer volksfremden Justiz ansehe.

Wir müssen daher, meine Herren, mit diesem vollkommen bereinigten Vorfeld unserer Überlegungen hier an das Problem des heutigen Tages gehen. Ihr Herr Präsident hat Ihnen den Weg vorgeschlagen. Es wird wohl parteipolitische Hemmungen, nehme ich an, nicht geben. Sollten parteipolitische Hemmungen vorliegen, dann müßte ich allerdings gestehen, meine Herren, daß die Würde eines großen Augenblicks der deutschen Anwaltschaft gefährdet werden könnte. (Sehr richtig und Bravo!)

Ich habe die Ehre, Ihnen, meine Herren, als Gast hier die klare Stellung der revolutionären Regierungsfaktoren zu

253

übermitteln, nicht etwa in dem Sinn, daß wir Ihnen Vorschriften machen wollen, sondern in dem Sinn, daß ich Ihnen kurz das vortrage, wie sich die offiziellen revolutionären Mächte die Entwicklung der Anwaltschaft denken.

Ihr Herr Präsident hatte die Güte, auf eine Rücksprache mit mir hinzuweisen, die wir beide gepflogen haben. Ich möchte hier autoritativ folgendes erklären. Ich bin selbst stolz, lange Jahre Anwalt gewesen zu sein. Der Inhalt meines Lebens war und ist, Anwalt Adolf Hitlers und des Nationalsozialismus gewesen zu sein. Meine Herren, dieser Stolz, Anwalt zu sein und Anwalt gewesen zu sein, verbindet sich bei mir zu der amtlichen Verpflichtung, den freien deutschen Anwaltstand so, wie er sich in den besten Überlegungen und in den besten Vertretern herausgebildet hat, unter allen Umständen als wesentliche Korporation des deutschen Kulturfortschritts auf allen Gebieten mit allen Mitteln zu erhalten. (Stürmischer Beifall.) Ich lege dieses Bekenntnis nicht etwa aus taktischen Erwägungen hier in dieser Versammlung ab, meine Herren, sondern ich kann Sie darauf verweisen, daß ich diese Überlegungen öffentlich schon sehr häufig kundgetan habe und daß sie auch voll und ganz mit jenen Grundgedanken der Rechtspolitik übereinstimmen, die der Nationalsozialismus vertritt.

Darüber hinaus ist es wichtig, festzustellen, daß diese Freiheit des deutschen Anwaltstandes nur gewahrt werden kann, wenn dieser Begriff „Freiheit" jene grundsätzliche und auch organisatorisch sich auswirkende Ausdeutung erfährt, die heute notwendig ist. Ihr Herr Präsident hat mit vollem Recht schon darauf hingewiesen, daß es mit der alten liberalistischen Freiheit des bellum omnium contra omnes aufhört. Die Freiheit, die wir meinen, lautet dahin, daß es die Freiheit ist, die kameradschaftliche Freiheit eines Standes ist, dessen charakterliche und weltanschauliche Basis unabänderlich identisch ist mit der charakterlichen und weltanschaulichen Basis der öffentlichen Machtträger. Die Freiheit besteht darin, daß jeder einzelne die Freiheit hat, sich als erster Diener, als oberster Diener der Gesamtheit bezeichnen und als solcher betätigen zu dürfen. (Lebhafter Beifall.) Dies ist nötig. Wir wollen keine Kasernen in dem Sinn, wie es Ihr verehrter Herr Präsident aufgestellt hat. Die Freiheit Ihrer Entschließungen, die Freiheit Ihres Wirkens, die Freiheit Ihres Auftretens, auch die Freiheit Ihres öffentlichen Wortes soll für alle Zeiten unangetastet bleiben, wenn die weltanschauliche Basis eingehalten bleibt, daß man sagt: jawohl, der hat das Recht, ein freies Wort zu sprechen, erstens weil er Anwalt ist, zweitens weil er als Deutscher in den Reihen der absolut unabänderlichen Mitkämpfer der nationalen Regierung gehört. (Lebhafter Beifall.) Dies muß ganz klar heraus gesagt sein.

Ein Drittes. Der Nationalsozialistische Deutsche Juristenbund, der schon vor vielen Jahren auf meine Veranlassung vom Führer des Nationalsozialismus errichtet wurde, hat niemals die Absicht gehabt, sich zu bereichern. Glauben Sie mir, meine Herren — es ist mir eigentlich peinlich, über diese Dinge zu sprechen —: wir Nationalsozialisten sind arme Leute; keiner von uns wird, wenn er vom Leben weicht, ein Vermögen zurücklassen. Der Sinn unseres Lebens ist identisch mit dem selbstlosen Kampf um das deutsche Volk, und wir Nationalsozialisten verstehen Sorgen um Vereinsvermögen eigentlich nicht. Aber, meine Herren, seien Sie davon unberührt. Es liegt dem Nationalsozialistischen Deutschen Juristenbund nichts ferner, als das von Ihnen und Ihren Vorgängern mühsam aus den Spargroschen der deutschen Anwaltschaft aufgebaute Vereinsvermögen auch nur irgendwie anzutasten oder es irgendwie anderen Zwecken als denen zuzuführen, die von den Spendern oder von denen, die mit dazu beigetragen haben, dieses Vermögen aufzustellen, als Ziel vorgesetzt waren. Das Vermögen, Ihr Haus, und was Sie alles besitzen mögen, sei völlig unangetastet. Wir kämpfen nicht um Geld, nicht um Geldeswert; wir kämpfen um die Seele des Menschen. (Bravo!) Wir sind nicht dazu da, um als Juristen auch im nationalsozialistischen Sinn uns etwa in schöne Präsidialgebäude hineinzusetzen; wir bleiben in unserer Bude. Aber, meine Herren, eines sei Ihnen gesagt: auch dies kann nur verstanden werden in jener Selbständigkeit, die die deutschen Anwälte im Gesamtbereich der deutschen Lebensentwicklung haben werden. Ich werde mich jedem Versuch widersetzen, dieses dann dem Anwaltverein weiterhin zur Verfügung stehende Vermögen etwa Zwecken zuzuführen, die indirekt oder direkt eine Fortsetzung alter liberalistischer Politik bedeuten würden. (Bravo!) Damit müssen Sie rechnen. Das ist an sich nicht nötig, denn bei den Persönlichkeiten, die damit zu tun haben werden, die ja zum Teil aus dem bisherigen Verwaltungsbereich kommen, und auch bei dem ganzen Charakter des Deutschen Anwaltvereins als einer denkbar sauber geführten Verwaltungsstelle ist es überflüssig, derartige Sorgen zu haben. Aber nationalsozialistische Kämpfer sind brutal und sagen das, was sie denken, nackt heraus. (Beifall und Heiterkeit.)

Wir haben dann viertens das „Schlucken" des Anwaltvereins auch nur in dieser, wollen wir einmal sagen, universalseelisch-geistigen Organisiertheit vor. Meine Herren, es steht Ihnen vollkommen frei, Ihre Entscheidung zu fällen. Die Entwicklung geht entweder so, wie sie Ihnen heute ermöglicht ist. Wenn sie nicht so geht, dann würde ich bedauern, die gleiche Methode wie bei den marxistischen Gewerkschaften anwenden zu müssen. (Beifall.) Ich sage Ihnen das ganz offen heraus. Sie können darüber denken, wie Sie wollen. Sie können schimpfen, aber, meine Herren, was gilt der Fluch bisher Generation, wenn uns das kommende Jahrtausend der deutschen Geschichte für unsere Härte segnet. Wir sind nicht gewillt, hier irgendwie weich zu werden, und darum möchte ich Ihnen zu diesem Punkt ganz ruhig sagen: der Nationalsozialistische Deutsche Juristenbund ist in seiner künftigen Verkörperung als Front des deutschen Rechts das Gegenstück zur Front der deutschen Arbeit. Diese Front des deutschen Rechts ist die einzige Möglichkeit, den Juristenstand in all seinen Trägern als eigengerichtete, eigengeartete Berufsorganisation überhaupt sicherzustellen. Zu dem Juristenbund gehören die Richter, die Staatsanwälte, die Amtsanwälte, die Notare und die anderen Berufsgruppen. Es ist noch nicht restlos entschieden, wie ich mich zu der Aufnahme der Justizbeamten, die nicht Akademiker sind, letzten Endes verhalte. Ich habe mit den Herren Vertretern Verhandlungen aufgenommen; sie sind noch nicht abgeschlossen. Ich habe fast bei mir jetzt die Neigung, dem Führer der Partei vorzuschlagen, er möchte aus Zweckmäßigkeitsgründen vielleicht die Justizbeamten, die nicht die übliche juristische Vorbildung haben, mit dem Beamtenbund als solchem vereinigt lassen; denn schließlich werden wir die anderen Gruppen als Juristenbund zusammengefaßt halten. Wie gesagt, diese Frage ist noch nicht entschieden; aber ich darf wohl annehmen, daß sie in diesem letzteren Sinne schon in den nächsten Tagen vom Führer entschieden wird. Wir sind dann, wenn wir so sagen dürfen, als akademisch gebildete Juristen im Juristenbund vollkommen unter uns. Das wird dann zur Folge haben, daß innerhalb des Juristenbundes völlig in sich hermetisch, möchte ich fast sagen, abgeschlossene Interessenbereiche innerhalb der einzelnen Fachgruppen vorhanden sind. Diese Fachgruppen führen organisatorisch nahezu ein Eigenleben. Der Juristenbund wird, wenn ich so sagen darf, ein stark föderalistisch aufgebauter Bundesstaat sein, der nur die allernotwendigsten Zentralrechte auf die Gesamtzentralinstanz unter dem Titel „Führung der Front des deutschen Rechts" überträgt, der aber den einzelnen Fachgruppen nahezu unberührt die gleiche Selbständigkeit beläßt, die sie beruflich bisher brauchten und die sie künftig zweifellos auch brauchen werden.

Meine Herren, der Staat und die Gemeinschaft brauchen Wärme zum Leben, und um diese Wärme zu erzeugen, braucht man Reibungen. Diese Reibungen werden nur nützlich sein, wenn sie sich auch weiterhin fortsetzen. Es soll nicht an dem sein, daß alles Leben erdrückt wird, daß kasernenmäßig, reglementmäßig alles erstickt wird; nein, gerade das Gegenteil ist der Fall. Dieser Nationalsozialismus Adolf Hitlers ist ja doch der letzte gewaltige Versuch gewesen, die Freiheit der geistigen Entwicklung Deutschlands gegenüber dem kommunistischen Mordterror, der kommunistischen und marxistisch-liberalistisch dekadenten Kasernierung des Geistes zu gewährleisten und das deutsche Volk von diesem Ungeist freizuhalten. (Lebhafter Beifall.) Wir sind aber auch hier der Meinung, daß, meine Herren, wenn wir diese Mechanisierung und Nivellierung des Juristentums nicht wollen, dann eigentlich alle Anlässe genommen sind, die bestenfalls gegen die heutigen Anträge Ihres Präsidiums gerichtet sind. Wenn bei diesen Voraussetzungen der vom Herrn Präsidenten Ihnen vorgeschlagene Weg nicht begangen werden könnte, meine Herren, dann hätte die Regierung allen Anlaß, auf den schlechten Willen schließen zu müssen, der sich diesem Weg versagt.

Dies voraus. Und im nachhinein wünsche ich Ihnen den besten Erfolg für Ihre heutige Arbeit. Ich werde mich freuen, wenn das Ziel so, wie es gesteckt ist, wie es gesteckt werden mußte, glatt, klar, sachlich, einstimmig erreicht wird. Ich würde mich bereits, auch in keinem Fall davor zurückschrecken, die Möglichkeiten der weiteren Entwicklung vorzutragen, wie es der revolutionären Notwendigkeit dieser Zeit entspricht. Und glauben Sie mir: das Ziel der Einheit der deutschen Anwaltschaft unter Führung Adolf Hitlers wird erreicht werden. (Lebhafter Beifall.) Sie dürfen nicht glauben, daß wir etwa der Meinung sind, mit Drohungen oder sonstwie arbeiten zu wollen. Drohung wäre das nur, wenn der Ton, den ich hier anschlage, so absolut abweichend wäre von dem, was wir seit Jahr und Tag dem deutschen Volke vorgetragen haben. (Sehr richtig!) Wir sind von allem Anfang an uns darüber klar gewesen, daß man ein Volk wie das deutsche nur mit äußerster Selbstdisziplin aus dem Chaos heraufführen kann, und die deutschen Anwälte haben es selbst in der Hand, ob sie Führer, Mitführer in diesem Ringen sein wollen oder ob sie unter die Räder des revolutionären Geschehens kommen müssen. — Heil! (Heilrufe, stürmischer Beifall und Händeklatschen.)

Das Recht des Einheitspreisgeschäftes.

Von Regierungsassessor Dr. Oesterle, Polizeipräsidium Berlin.

Der dritte Teil der NotVO. zum Schutze der Wirtschaft v. 9. März 1932 (RGBl. I, 125) enthält die ersten Beschränkungen für die Einheitspreisgeschäfte. Diese VO. wurde durch den ersten Teil der VO. des RPräs. über Wirtschaft und Finanzen v. 23. Dez. 1932 (RGBl. I, 571) in wesentlichen Punkten geändert. Art. I § 1 des Ges. zum Schutze des Einzelhandels v. 12. Mai 1933 (RGBl. I, 262) bringt eine weitere Änderung. — Dieses Gesetz trifft im übrigen eine generelle Regelung für den gesamten Einzelhandel. Die Sonderbestimmungen der VO.en v. 9. März und 23. Dez. 1932 sind durch dieses Gesetz, abgesehen von der erwähnten Vorschrift des Art. I § 1, unberührt geblieben. Diese Folgerung ergibt sich bereits aus dem allgemeinen Auslegungsgrundsatz, daß generelle Rechtssätze nicht ohne weiteres frühere Sonderbestimmungen beseitigen. Für die hier vorliegenden Vorschriften rechtfertigt sich dieser Schluß noch besonders durch die in Art. I § 1 des Gesetzes getroffene Änderung der genannten VO. und durch die darin enthaltene Anerkennung ihres Fortbestandes. Eine Betrachtung des nunmehr geltenden Rechtes der Einheitspreisgeschäfte ordnet sich systematisch nach folgenden Punkten: die Errichtung, die Firmen- und sonstigen geschäftlichen Bezeichnungen, die Preisauszeichnung und endlich die Erweiterung und Verlegung von Verkaufsräumen.

Der Erörterung dieser Einzelfragen muß eine Klärung des Begriffes des Einheitspreisgeschäftes vorausgehen. In § 1 VO. v. 9. März u. 23. Dez. 1932 ist ein besonderer gesetzlicher Begriff des Einheitspreisgeschäftes niedergelegt. Hiernach sind Einheitspreisgeschäfte „Verkaufsstellen, in denen Waren mehrerer nichtzusammengehöriger Warenarten ausschließlich oder überwiegend in einer oder mehreren feststehenden Preisstufen feilgehalten werden". Das erste Merkmal des Einheitspreisgeschäftes besteht sonach darin, daß es nichtzusammengehörige Waren verkauft. Von den beiden Gruppen des Einzelhandels, Gemischtwarengeschäfte und Fachgeschäfte, werden damit nur die erstgenannten getroffen; Fachgeschäfte hingegen, die zu Einheitspreisen verkaufen, werden von der VO. nicht erfaßt. Nach dem klaren Gesetzeswortlaut können diese von der VO. unberührten Einheitspreisfachgeschäfte, ohne diesen Bestimmungen zu unterfallen, auch „zusammengehörige" Waren feilhalten. Maßgebend für diese Zusammengehörigkeit ist der für den Kunden entscheidende Verwendungs- und Verbrauchszweck. Auf solche Fachgeschäfte des Einheitspreissystems finden daher die allgemeine Regelung des Art. I §§ 2 ff. des vorgenannten Gesetzes, insbes. dessen Sperrbestimmungen Anwendung. Hiermit ist eine berechtigte Forderung des mittelständischen Einzelhandels erfüllt.

Der Begriff des Einheitspreisgeschäftes erfordert weiter, daß die „Warenarten ausschließlich oder überwiegend in einer oder mehreren feststehenden Preisstufen feilgehalten werden". Danach fallen zunächst unter die VO. die Geschäfte, die nur Waren zu einer bestimmten Preisstufe führen, also z. B. die „50-Pfennig"- oder „1-Reichsmark"-Geschäfte. Die Entwicklung ist jedoch nicht bei dieser einfachsten und klarsten Form des Einheitspreisgeschäftes stehengeblieben. Mit zunehmender Größe und mit steigender Konkurrenz schreitet der Einheitspreisbetrieb in der Vermehrung seines Warenkreises immer weiter vorwärts. Eine Grenze nach oben ist daher für die Zahl der Preisstufen in der VO. nicht aufgestellt. In den Richtlinien des Herrn Reichswirtschaftsministers v. 18. April 1932, H G 2127/32, wird allerdings ausgeführt, daß die Zahl der Preisstufen eine verhältnismäßig geringe sei und sich in der Regel zwischen vier und sechs verschiedenen Stufen bewege. Die jetzige Fassung des § 2 der VO., der die besondere Gruppe von Einheitspreisgeschäften mit Waren „zu nicht mehr als zehn feststehenden Preisstufen" betrifft, zeigt jedoch bereits, daß die Zahl der Preisstufen sehr wohl eine höhere sein kann. Zu der Bedeutung dieser Vorschrift sei bereits an dieser Stelle klargelegt: diese Bestimmung betrifft lediglich die Frage, welche Einzelhandelsunternehmen den Namen „Einheitspreisgeschäfte" oder eine ähnliche Bezeichnung führen dürfen; sie schränkt aber damit in keiner Weise den grundsätzlichen Begriff des Einheitspreisgeschäftes ein. Auch durch die vorerwähnte Bemerkung der Richtlinien des Herrn Reichswirtschaftsministers soll keine starre Grenze nach oben gezogen werden, wie aus den anschließenden Ausführungen erhellt. An dieser Stelle heißt es wörtlich: „Indessen kann auch unter Umständen eine größere Zahl von Preisstufen bei einem Einheitspreisgeschäft i. S. der VO. vorkommen, sofern nur die Anordnung der Preisstufen einerseits für die Kunden übersichtlich und andererseits für den Verkauf bestimmend bleibt." Die Entscheidung der Frage, ob bei einer größeren Zahl von Preisstufen noch ein Einheitspreisgeschäft vorliegt, findet in diesen beiden Gesichtspunkten entscheidende Fingerzeige. Zu beiden Punkten ergeben die

Der Preußische Justizminister Berlin W 8, den 31. Mai 1933.
I 969. Wilhelmstr. 65.

Betrifft Zuteilung von Armensachen, Pflichtverteidigungen und dergl. an Rechtsanwälte nichtarischer Abstammung.

Anlagen: Abdrucke.

Auf verschiedentlich gestellte Fragen weise ich darauf hin, dass eine Notwendigkeit, Rechtsanwälte nichtarischer Abstammung, deren Zulassung nicht zurückgenommen ist, nunmehr wieder im Armenrecht beizuordnen oder als Pflichtverteidiger zu bestellen, keineswegs besteht. Die Auswahl eines beizuordnenden Rechtsanwalts erfolgt aus der Zahl der bei dem Gericht zugelassenen Rechtsanwälte. Dass hierbei nicht nur die Interessen der im Einzelfalle Beteiligten, sondern auch die berechtigten Auffassungen des deutschen Volkes berücksichtigt werden, erachte ich als selbstverständlich.

Kerrl

An
den Herrn Kammergerichtspräsidenten
und den Herrn Generalstaatsanwalt
bei dem Kammergericht
sowie sämtliche übrigen
Herren Oberlandesgerichtspräsidenten
und Herren Generalstaatsanwälte.

238.T.12047.33.

Abschrift.
================

Beschluss.

Jn Sachen

betr. Entlassung des Testamentsvollstreckers nach dem am 2. Juni 1933 verstorbenen Jngenieur und Fabrikanten Franz Scheu, beantragt von seiner Witwe Frau Gertrud Scheu geb. Pietsch, zugleich als gesetzliche Vertreterin ihrer Tochter Jngeborg Scheu, in Berlin-Halensee, Paulsbornerstrasse 72,

Antragstellerinnen,

vertreten durch Rechtsanwalt Dr. Karl Deutschmann in Berlin W.15, Fasanenstrasse 74,

gegen

den Rechtsanwalt Justizrat Julian Jacobsohn in Berlin W.15, Wielandstrasse 25/26,

Antragsgegner,

hat die ... Zivilkammer des Landgerichts in Berlin auf die Beschwerde der Antragstellerin gegen den Beschluss des Amtsgerichts in Charlottenburg vom 25. Juli 1933 in der Sitzung vom 9. Oktober 1933 beschlossen:

Der angefochtene Beschluss wird aufgehoben.

Der Antragsgegner wird aus seinem Amte als Testamentsvollstrecker entlassen.

Die Kosten des Verfahrens werden dem Antragsgegner auferlegt.

Gründe.

Am 2. Juni 1933 ist der Fabrikant und Jngenieur Franz Scheu infolge eines Autounfalles verstorben. Jn seinem Testament vom 15. Oktober 1932 hatte er die Antragstellerin und die gemeinsame Tochter Jngeborg zu alleinigen Erben eingesetzt

und

Antragstellerin insoweit ihre Beschwerde nicht begründen würde. Aber die von den Parteien erwähnten Differenzen zeigen, dass eine Fortführung des Amtes durch den Antragsgegner zu immer neuen Unzuträglichkeiten mit den Erben führen würde, die auch der Erblasser bei seiner ebenfalls nationalsozialistischen Einstellung in der letzten Zeit seines Lebens bestimmt nicht gewollt hat. Es mag dahingestellt bleiben, ob nicht wirklich die Änderung seines letzten Willens unterblieben war, weil er vorzeitig den tötlichen Unfall erlitten hatte.

Für die Entscheidung über die Beschwerde kommt es aber hierauf nicht wesentlich an. Denn es ist zu berücksichtigen, dass der Testamentsvollstrecker seinem ganzen Wesen nach Organ der Rechtspflege ist, die nach den Grundsätzen der neuen Staatsform - abgesehen von den gesetzlich vorgesehenen Ausnahmefällen -, nur noch von Ariern auszuüben ist. Aus staatpolitischen Erwägungen, die auch das bürgerliche Recht zu leiten haben, wird daher im Regelfalle ein wichtiger Grund zur Entlassung des Testamentsvollstreckers, sofern einer der Beteiligten einen Entlassungsantrag stellt, schon anzunehmen sein, wenn der Testamentsvollstrecker einer anderen Rasse als der arischen angehört. Dieser Annahme steht die vom Antragsgegner angezogene 2.Verordnung zur Durchführung der Gesetze über die Zulassung zur Rechtsanwaltschaft vom 1.Oktoner 1933 ebensowenig entgegen, wie die Errichtung des Testamentes erst nach dem Regierungsantritt Adolf Hitlers oder die Nichtzugehörigkeit des Erblassers zur Nationalsozialistischen Deutschen Arbeiterpartei, denn erstes Grundgesetz

des

Zu RJM.Nr.I 1 3310.

Verordnung
zur Durchführung der Gesetze über die Zulassung zur Rechtsanwaltschaft und zur Patentanwaltschaft vom 7. und 22. April 1933.

Vom   Juli 1933.

Auf Grund des § 9 des Gesetzes betreffend die Zulassung zur Patentanwaltschaft und zur Rechtsanwaltschaft vom 22.April 1933 (Reichsgesetzbl. I S.217) wird folgendes verordnet:

§ 1

Wer als Frontkämpfer und wer als gefallen im Sinne des § 1 Abs. 1 des Gesetzes über die Zulassung zur Rechtsanwaltschaft vom 7.April 1933 (Reichsgesetzbl. I S.188) anzusehen ist, bestimmt sich nach den auf Grund des § 17 Abs. 1 des Gesetzes zur Wiederherstellung des Berufsbeamtentums vom 7. April 1933 (Reichsgesetzbl. I S.175) erlassenen Ausführungsvorschriften. Ist in der Kriegsstammrolle oder Kriegsrangliste die Teilnahme an einem Gefecht, einem Stellungskampf oder einer Belagerung bescheinigt, so sind weitere Ermittlungen über die Frontkämpfereigenschaft eines Rechtsanwalts oder Patentanwalts unzulässig.

§ 2

Die Verteidigung oder Vertretung von Angehörigen der kommunistischen Partei ist nur dann als Betätigung in kommunistischem Sinne (§ 3 des Gesetzes über die Zulassung zur Rechtsanwaltschaft, § 3 des Gesetzes, betr. die Zulassung zur Patentanwaltschaft) anzusehen, wenn dies nach den besonderen Verhältnissen, insbesondere der Häufigkeit derartiger Verteidigungen oder Vertretungen, der Art ihrer Führung oder den

den Umständen, unter denen die Verteidigung oder Vertretung übernommen wurde, gerechtfertigt ist.

Die frühere Betätigung in kommunistischem Sinne hat bei solchen Personen außer Betracht zu bleiben, die sich schon vor dem 1.Januar 1931 einer Partei oder einem Verbande, die sich hinter die Regierung der nationalen Erhebung gestellt haben, angeschlossen hatten.

§ 3

War in einem Falle, in dem die Voraussetzungen für die Zurücknahme der Zulassung nach §§ 1,2 nicht vorliegen, die Zurücknahme bereits ausgesprochen, so sind der Zurücknahmebescheid und die Löschung in der Liste der Rechtsanwälte oder Patentanwälte aufzuheben.

Berlin, den   Juli 1933.

Der Reichskanzler

Der Reichsminister der Justiz

Der Reichsminister des Innern

Rückblick und Ausblick.

(Zur Auflösung des Deutschen Anwaltvereins.)

Vom Reichsfachgruppenleiter Dr. Walter Raeke, M. d. R., Mitglied der Akademie für deutsches Recht.

Am 27. Dezember 1933 hat der Deutsche Anwaltverein E. V., der bereits durch die am 30. September im Rahmen des Juristentages beschlossene Satzungsänderung die Hauptbezeichnung „Fachgruppe Rechtsanwälte im Bund Nationalsozialistischer Deutscher Juristen" angenommen und die Mitgliedschaft auf arische Anwälte beschränkt hatte, in seiner letzten Mitgliederversammlung und ohne jeden Widerspruch die Auflösung zwecks Eingliederung in die Reichsfachgruppe Rechtsanwälte des Bundes Nationalsozialistischer Deutscher Juristen beschlossen und einstimmig den Reichsfachgruppenleiter mit der Durchführung dieses Auflösungsbeschlusses und der vermögensrechtlichen Abwicklung beauftragt. Dem Führer der Deutschen Rechtsfront, Reichsjustizkommissar Dr. Frank, konnte berichtet werden, daß diese letzte Versammlung des Deutschen Anwaltvereins mit einem begeisterten Treuegelöbnis für den Führer der Bewegung und den Führer der Deutschen Rechtsfront geendet habe.

Mit dieser historischen Auflösungsversammlung hat die 62jährige Geschichte des Deutschen Anwaltvereins ihren Abschluß gefunden. Der Anwaltverein war am 25. August 1871 von 169 Rechtsanwälten gegründet worden und umfaßte Anfang 1933 mit rund 15000 Mitgliedern die weit überwiegende Mehrzahl aller an den deutschen Gerichten zugelassenen Rechtsanwälte. Er war berufen, die Standesvertretung der gesamten deutschen Rechtsanwaltschaft zu sein und in der Zusammenfassung aller Rechtsanwälte als Diener am Recht lebendig an der Gestaltung des deutschen Rechts mitzuwirken. Dieser Aufgabe hat sich der Deutsche Anwaltverein in seiner bisherigen Form nicht gewachsen gezeigt. Seiner im „Geiste" der liberalistischen Demokratie und des Parlamentarismus geschaffenen Organisation fehlte die geschlossene straffe Gliederung und eine wirkliche Führung. Trat der Anwaltverein in die Öffentlichkeit, insbesondere bei den Anwaltstagen und bei den Abgeordnetenversammlungen, so zeigte sich stets das typische Bild eines sehr viel redenden und „beschließenden", aber wenig oder gar nicht handelnden Parlaments, das trotz weitschweifendster Diskussion und „tiefschürfender" Referate fast niemals zu positiven und verwertbaren Ergebnissen kam, zumal auch die Mitwirkung der Anwaltschaft bei der Gesetzgebungstätigkeit sich auf mehr oder weniger fruchtlose und theoretische Stellungnahmen beschränkte. — Als wesentliches, mit weit größerem Erfolg bearbeitetes Tätigkeitsfeld blieb die Fürsorge für die Standesangehörigen und die Hinterbliebenen sowie vor allem die Herausgabe von Publikationen, von denen namentlich die „Juristische Wochenschrift" schon seit Jahrzehnten — wie auch vom Nationalsozialismus ohne jeden Vorbehalt anerkannt wird — eine weit über den Rahmen des Anwaltsstandes und auch über die Grenzen des Deutschen Reiches hinausgehende Bedeutung erlangt hat.

Die Reichsfachgruppe Rechtsanwälte hat das Erbe dieser dem Aufbau und dem lebendigen Lebenswillen des neuen Deutschlands, vor allem aber auch dem erweiterten Aufgabenkreis einer volksverbundenen Anwaltschaft nicht mehr entsprechenden Organisation übernommen. Der vom Reichsjuristenführer, Reichsjustizkommissar Dr. Frank, geschaffene und durchgeführte Zusammenschluß der gesamten völkisch empfindenden Anwaltschaft im Rahmen der berufsständischen Organisation des Bundes Nationalsozialistischer Deutscher Juristen bürgt dafür, daß diese neue und durch das große Erleben der nationalen Revolution geläuterte, zum Führerprinzip bekehrte Anwaltschaft bei Anspannung aller Kräfte imstande sein wird, das vom Führer des neuen Deutschlands in sie gesetzte Vertrauen zu rechtfertigen und an der Erneuerung des deutschen Rechts, an der Befreiung der deutschen Rechtspflege von allen undeutschen Schlacken und fremdrassigen Einflüssen in hervorragendem Maße mitzuwirken.

Daneben wird es eine der Hauptaufgaben der neuen deutschen Anwaltschaft und ihrer Führung sein, den Berufsstand der Rechtsanwälte aus der Entfremdung gegenüber den breiten Massen des deutschen Volkes, die in den letzten Jahren unter dem zunehmenden Einfluß fremdrassiger Elemente immer größer geworden war, durch schonungslose Ausmerzung aller Reste des liberalistischen Krämergeistes herauszuführen, die Kluft zwischen dem deutschen Anwalt und dem deutschen Volk für immer zu schließen und hierdurch nicht nur der deutschen Rechtspflege, sondern letzten Endes auch dem deutschen Anwaltsstande selbst den größten Dienst zu erweisen. Dabei darf die Anwaltschaft das frohe Bewußtsein und die volle Sicherheit haben, daß bei einer derartigen Pflichterfüllung auch die berufliche Arbeit des Anwalts im neuen Deutschland voll anerkannt und gewertet wird, daß insbesondere das nationalsozialistische Leistungsprinzip, wonach jede ehrliche berufliche Arbeit einer angemessenen Gegenleistung wert ist, auch für die deutsche Anwaltschaft als berufene Beraterin und Rechtsvertreterin des deutschen Volkes Geltung hat, wie von dem Führer persönlich wiederholt zum Ausdruck gebracht wurde. Unbeschadet dieses Grundsatzes wird aber eine der vornehmsten und edelsten Pflichten der neuen deutschen Anwaltschaft darin bestehen, sich der von allen Anwälten der Deutschen Rechtsfront getragenen Organisation zur kameradschaftlichen und unentgeltlichen Rechtsbetreuung aller unbemittelten deutschen Volksgenossen mit freudiger Hingabe und Opferwilligkeit zur Verfügung zu stellen.

Endlich und nicht zuletzt wird der neue deutsche Anwaltsstand bei seiner beruflichen Tätigkeit vor den Gerichten in kameradschaftlichem Zusammenwirken mit dem Richterstand alle sittlichen und Verstandeskräfte dafür einzusetzen haben, daß der von liberalistischen Juristen als verschwommen und „juristisch unverwertbar" geschmähte Rechtsgrundsatz von Treu und Glauben die oberste Richtschnur für die Auslegung aller Verträge wird, daß darüber hinaus alle diejenigen Vereinbarungen, die den Grundsätzen der unserem heutigen Deutschland zum Segen der Volksgesamtheit beherrschenden nationalsozialistischen Rechtsanschauung über gute Sitten und zumutbare Forderungen zuwiderlaufen, als sittenwidrig und demgemäß als nichtig zu gelten haben, daß die gesamte Rechtsprechung im neuen tausendjährigen Reich Adolf Hitlers immerdar unter dem Leitstern steht:

„Recht ist, was dem Volke frommt, Unrecht, was ihm schadet".

Reichsgesetzblatt
Teil I

1934 — Ausgegeben zu Berlin, den 19. Februar 1934 — **Nr. 17**

Tag	Inhalt	Seite
16. 2. 34	Erstes Gesetz zur Überleitung der Rechtspflege auf das Reich	91
16. 2. 34	Gesetz zur Änderung der Verordnung über die Devisenbewirtschaftung	92
16. 2. 34	Gesetz über Kassenvereinigungen in der Krankenversicherung	93
16. 2. 34	Lichtspielgesetz	95
10. 2. 34	Vierte Verordnung zur Änderung der Reichsgrundsätze über Voraussetzung, Art und Maß der öffentlichen Fürsorge	99
15. 2. 34	Verordnung zur Durchführung des Gesetzes über die Vermittlung von Musikaufführungsrechten	100
16. 2. 34	Dritte Verordnung über den vorläufigen Aufbau des Reichsnährstandes	100

Erstes Gesetz zur Überleitung der Rechtspflege auf das Reich. Vom 16. Februar 1934.

Die Reichsregierung hat das folgende Gesetz beschlossen, das hiermit verkündet wird:

Artikel 1
Sämtliche Gerichte sprechen Recht im Namen des Deutschen Volkes.

Artikel 2
Der Reichspräsident übt neben dem Begnadigungsrecht das Recht aus, anhängige Strafsachen niederzuschlagen.

Amnestien können nur durch ein Reichsgesetz erlassen werden.

Artikel 3
Wer die Befähigung zum Richteramt erlangt hat, muß nach Maßgabe der geltenden reichsgesetzlichen Vorschriften in jedem Lande zur Rechtsanwaltschaft zugelassen werden.

Diese Vorschrift tritt an die Stelle des § 2 der Rechtsanwaltsordnung; der § 4 fällt fort.

Artikel 4
Notarielle Urkunden haben im gesamten Reichsgebiet dieselbe Wirksamkeit. Landesrechtliche Vorschriften, nach denen die Wirksamkeit einer notariellen Beurkundung oder Beglaubigung davon abhängig ist, daß die Beurkundung oder Beglaubigung von einem Notar des eigenen Landes oder eines bestimmten Landesteiles vorgenommen ist, treten außer Kraft.

Artikel 5
Der Reichsminister der Justiz wird ermächtigt, alle Bestimmungen zu treffen, die durch den Übergang der Justizhoheit auf das Reich erforderlich werden.

Berlin, den 16. Februar 1934.

Der Reichskanzler
Adolf Hitler

Der Reichsminister der Justiz
zugleich für den Reichsminister für Ernährung
und Landwirtschaft
Dr. Gürtner

Der Reichsminister des Innern
Frick

Der Reichsminister der Finanzen
Graf Schwerin von Krosigk

Der Reichswirtschaftsminister
Dr. Schmitt

Der Reichsarbeitsminister
Franz Seldte

Der Reichswehrminister
von Blomberg

Gesetz zur Änderung der Vorschriften über die Ehrengerichtsbarkeit der Rechtsanwaltschaft.

Vom 28. März 1934.

Die Reichsregierung hat das folgende Gesetz beschlossen, das hiermit verkündet wird:

Artikel 1

Mit dem 1. Mai 1934 geht die Ehrengerichtsbarkeit zweiter Instanz auf die Reichs-Rechtsanwaltskammer über.

Die Rechtsanwaltsordnung wird demgemäß wie folgt geändert:

1. Der § 67 erhält folgende Fassung:

   Der Vorstand entscheidet im ehrengerichtlichen Verfahren als Ehrengericht in der Besetzung von fünf Mitgliedern. Das Ehrengericht besteht aus dem Vorsitzenden des Vorstandes, dem stellvertretenden Vorsitzenden und weiteren ordentlichen Mitgliedern, die der Vorstand aus seiner Mitte bestimmt. Der Vorstand bestimmt ferner die Reihenfolge, in der die übrigen Mitglieder des Vorstandes als Stellvertreter zu berufen sind. Ist der Vorsitzende des Vorstandes durch Zugehörigkeit zum Ehrengerichtshof an dem Vorsitz im Ehrengericht behindert, so ist Vorsitzender des Ehrengerichts der stellvertretende Vorsitzende des Vorstandes; ist dieser aus dem gleichen Grunde behindert, so wird der Vorsitzende des Ehrengerichts von dem Vorstande bestimmt.

   Die Geschäftsordnung kann zulassen, daß bei dem Ehrengericht mehrere Abteilungen gebildet werden. In diesem Falle sind Vorsitzende der Abteilungen der Vorsitzende des Vorstandes, der stellvertretende Vorsitzende und, wenn mehr als zwei Abteilungen gebildet sind, weitere vom Vorstande zu Vorsitzenden bestimmte Mitglieder. Im übrigen gelten die Vorschriften des Abs. 1 entsprechend.

   Die Geschäfte verteilt der Vorstand. Die Vorschriften des § 63 des Gerichtsverfassungsgesetzes gelten dabei entsprechend.

2. Der § 90 erhält folgende Fassung:

   Gegen Urteile des Ehrengerichts ist die Berufung an den Ehrengerichtshof zulässig.

   Der Ehrengerichtshof wird bei der Reichs-Rechtsanwaltskammer gebildet. Er besteht aus Mitgliedern der Reichs-Rechtsanwaltskammer und des Reichsgerichts. Die anwaltlichen Mitglieder werden von dem Präsidium der Reichs-Rechtsanwaltskammer, die richterlichen Mitglieder von dem Präsidium des Reichsgerichts für je ein Geschäftsjahr bestimmt. Die anwaltlichen Mitglieder können nicht gleichzeitig einem Ehrengericht als ordentliche oder stellvertretende Mitglieder angehören.

   Die Zahl der Senate bestimmt der Reichsminister der Justiz nach Anhörung des Präsidiums der Reichs-Rechtsanwaltskammer.

   Jeder Senat entscheidet in der Besetzung von vier anwaltlichen und drei richterlichen Mitgliedern.

   Den Vorsitz in den Senaten führen der Präsident der Reichs-Rechtsanwaltskammer und die vom Präsidium der Reichs-Rechtsanwaltskammer zu Vorsitzenden bestellten anwaltlichen Mitglieder als Senatspräsidenten.

   Die Geschäfte verteilt das Präsidium der Reichs-Rechtsanwaltskammer. Die Vorschriften des § 63 des Gerichtsverfassungsgesetzes gelten entsprechend. Die Vorsitzenden und die Mitglieder der Senate vertreten sich nach Maßgabe des Geschäftsverteilungsplanes gegenseitig.

3. Im § 91 wird vor der Paragraphenzahl „82" die Zahl „81" eingefügt.

4. Der § 95 erhält folgende Fassung:

   Ausfertigungen und Auszüge der Urteile des Ehrengerichts sind von dem Schriftführer des Vorstandes, Ausfertigungen und Auszüge der Urteile des Ehrengerichtshofs von dem Schriftführer der Reichs-Rechtsanwaltskammer zu erteilen.

5. Im § 102 wird der Abs. 2 gestrichen.

Artikel 2

Die am 1. Mai 1934 bei dem bisherigen Ehrengerichtshof anhängigen Berufungen werden von diesem nach Maßgabe der bisherigen Vorschriften erledigt, wenn der Termin zur Hauptverhandlung bereits vor diesem Zeit-

Nr. 35 — Tag der Ausgabe: Berlin, den 29. März 1934

punkte bestimmt war. Im übrigen werden die anhängigen Berufungen und Beschwerden an den neuen Ehrengerichtshof abgegeben.

Berlin, den 28. März 1934.

Der Reichskanzler
Adolf Hitler

Der Reichsminister der Justiz
Dr. Gürtner

Gesetz zur Änderung des Kraftfahrzeugsteuergesetzes. Vom 28. März 1934.

Die Reichsregierung hat das folgende Gesetz beschlossen, das hierdurch verkündet wird:

§ 19 des Kraftfahrzeugsteuergesetzes (Bekanntmachung vom 11. April 1933, Reichsgesetzbl. I S. 195) wird gestrichen.

Berlin, 28. März 1934.

Der Reichskanzler
Adolf Hitler

Der Reichsminister der Finanzen
Graf Schwerin von Krosigk

Gesetz zur Änderung des Gesetzes über Förderung der Eheschließung. Vom 28. März 1934.

Die Reichsregierung hat das folgende Gesetz beschlossen, das hierdurch verkündet wird:

Artikel I

§ 1

§ 1 Absatz 1 Buchstabe c des Gesetzes über Förderung der Eheschließungen (Abschnitt V des Gesetzes zur Verminderung der Arbeitslosigkeit vom 1. Juni 1933, Reichsgesetzbl. I S. 323, 327) erhält folgende Fassung:

„c) daß die Ehefrau oder die künftige Ehefrau sich verpflichtet, eine Tätigkeit als Arbeitnehmerin so lange nicht auszuüben, als der Ehemann oder der künftige Ehemann nicht als hilfsbedürftig im Sinn der Vorschriften über die Gewährung von Arbeitslosenunterstützung betrachtet wird und das Ehestandsdarlehen nicht restlos getilgt ist."

§ 2

§ 1 findet keine Anwendung, soweit der Antrag auf Gewährung des Ehestandsdarlehens vor dem Inkrafttreten dieses Gesetzes gestellt worden ist.

Artikel II

§ 21 Absatz 2 des Gesetzes über Förderung der Eheschließungen (Abschnitt V des Gesetzes zur Verminderung der Arbeitslosigkeit vom 1. Juni 1933, Reichsgesetzbl. I S. 323, 329) erhält folgende Fassung:

„(2) Soweit das Aufkommen an Ehestandshilfe im Rechnungsjahr 1933 12 Millionen Reichsmark, in den folgenden Rechnungsjahren je 15 Millionen Reichsmark übersteigt, bildet es ein Sondervermögen des Reichs, das vom Reichsminister der Finanzen verwaltet wird."

Artikel III

Dieses Gesetz tritt mit Wirkung ab 31. März 1934 in Kraft.

Berlin, 28. März 1934.

Der Reichskanzler
Adolf Hitler

Der Reichsminister der Finanzen
Graf Schwerin von Krosigk

Gesetz über die Erhebung einer Abgabe der Aufsichtsratsmitglieder. Vom 28. März 1934.

Die Reichsregierung hat das folgende Gesetz beschlossen, das hierdurch verkündet wird:

§ 1

(1) Mitglieder des Aufsichtsrats (Verwaltungsrats) von Aktiengesellschaften, Kommanditgesellschaften auf Aktien, Berggewerkschaften, Gesellschaften mit beschränkter Haftung und sonstigen Kapitalgesellschaften, Genossenschaften und Personenvereinigungen des privaten und des öffentlichen Rechts, bei denen die Gesellschafter nicht als Unternehmer (Mit-

Richtlinien

für die

Ausübung des Anwaltsberufs

Aufgestellt

von der

Reichs-Rechtsanwalts-Kammer

Inhalt.

- A. Die Stellung des Anwalts zu Volk und Staat .... 1— 8
- B. Die Stellung des Anwalts zu Gericht und Behörden .... 9—12
- C. Verhältnis zu den Standesgenossen.
  - I. Vorstand der Anwaltskammer 13
  - II. Pflicht der Standesgemeinschaft .... 14—20
  - III. Gemeinschaftliche Berufsausübung .... 21—22
  - IV. Ausbildung des Nachwuchses 23
- D. Verhältnis zu den Rechtsuchenden.
  - I. Wahrung der beruflichen Unabhängigkeit 24
  - II. Verschwiegenheitspflicht 25
  - III. Treupflicht .... 26—29
  - IV. Geldverkehr 30
  - V. Haftungsbeschränkungen 31
- E. Gebührenfragen.
  - I. Honorarvereinbarung; Verbot der Unterbietung und Überforderung; quota litis, Erfolgshonorar .... 32—36
  - II. Pauschalvergütung 37
  - III. Liquidation und Beitreibung 38
  - IV. Unzulässigkeit der Gebührenteilung 39
- F. Armensachen.
  - I. Allgemeines 40
  - II. Honorarversprechen in Armensachen .... 41—43
  - III. Nachforderung bei Besserung der Vermögenslage .. 44—45
  - IV. Rückwirkung des Armenrechts 46
  - V. Honorar für den Fall der Nichtbeiordnung .... 47—48
  - VI. Wandlung des freien Mandats in ein Armenmandat 49
- G. Besonderheiten für Straffachen .... 50—52
- H. Einrichtung der Praxis.
  - I. Verbot der Reklame und des Werbens um Praxis .... 53—58
  - II. Fachanwaltschaft 59
  - III. Titelführung 60
  - IV. Zweigbüros und Sprechtage 61
  - V. Verkauf der Praxis .... 62—63
- J. Verhältnis zur Kanzlei .... 64—66
- K. Verkehr mit Prozeßagenten, Rechtsbeiständen und anderen nichtanwaltlichen Rechtsvertretern .... 67—70

Mit dem 1. Mai 1934 ist die Standesehrengerichtsbarkeit im zweiten Rechtszuge auf den Ehrengerichtshof bei der Reichs-Rechtsanwalts-Kammer übergegangen. Damit übernimmt die Anwaltschaft in erhöhtem Maße die Verantwortung und Verpflichtung vor der deutschen Volksgemeinschaft, für Rechtlichkeit und Lauterkeit in den eigenen Reihen einzustehen und sich als verantwortungsbewußten Träger des Rechtsgedankens zu erweisen und zu erhalten.

Für die Art der Berufsausübung gibt die Rechtsanwaltsordnung nur wenige Vorschriften. Standesrecht, geschaffen aus Überlieferung und Ehrenrechtsprechung, hat ergänzende Grundsätze herausgebildet. Die jetzige Neuordnung läßt es geboten erscheinen, die für die Ausübung des Anwaltsberufs geltenden Richtlinien neu zu fassen und mit den Anschauungen des Dritten Reiches in Einklang zu bringen. Diese Richtlinien können das anwaltliche Standesrecht nicht erschöpfen. Den Anforderungen der Standesehre wird nicht der Anwalt genügen, der sich sklavisch an den Buchstaben dieser Richtlinien hält. Nur der Anwalt wird seinen Pflichten gegenüber dem Stande und damit gegenüber der Volksgemeinschaft und dem Staat gerecht werden, der von dem Geiste eines freien Dieners am Recht durchdrungen ist. Dazu gehört in erster Linie das Zurückstellen der eigenen Person und eigener Interessen hinter einer gewissenhaften, die Belange der Gesamtheit wahrenden Berufsausübung.

Jeder Anwalt ist verpflichtet, sich mit dem geltenden Standesrecht vertraut zu machen. Es ist Pflicht des Kammervorstandes, über die gewissenhafte Berufsausübung im Sinne dieser Richtlinien zu wachen und Verfehlungen notfalls im ehrengerichtlichen Verfahren zu ahnden. Kein Anwalt kann sich auf Unkenntnis des Standesrechts berufen.

A. Die Stellung des Anwalts zu Volk und Staat.

1. Der Anwalt ist als freier Diener am Recht ein unentbehrliches Organ in der Rechtspflege und damit im Gesamtaufbau des deutschen Volkes. Er muß sich der Pflichten, die ihm aus dieser Stellung zu Staat und Volk beruflich und außerberuflich erwachsen, stets bewußt sein und sich seines Standes würdig erweisen. Jeder Anwalt muß sein Verhalten so einrichten, daß die Bevölkerung mit Vertrauen und Achtung auf die Anwaltschaft blicken kann.

2. Trägerin des deutschen Staats- und Rechtsgedankens ist die NSDAP. In ihrem Sinne soll der Anwalt deutschen Blutes an den großen Aufgaben des Volkes mitarbeiten und sich in der nationalsozialistischen Bewegung und ihren Organisationen nach Kräften betätigen. Nur so kann er den lebendigen Zusammenhang mit dem Volksganzen gewinnen und erhalten und aus ihm die Kenntnis der Rechtsauffassung des Volkes schöpfen und vertreten.

Aber auch der nicht-arische Anwalt muß seine Berufsausübung und sein sonstiges Verhalten nach den Rechtsauffassungen und den Lebensinteressen des deutschen Volkes einrichten.

3

3. Eine öffentliche schriftstellerische oder rednerische Tätigkeit muß sachlich und in würdiger Form vor sich gehen und darf nicht offensichtlich standeswidriger Reklame dienen.

4. Die selbstlose Rechtsbetreuung der minderbemittelten Bevölkerung im Rahmen der hierfür geschaffenen Einrichtungen ist für jeden Anwalt deutschen Blutes Ehrenpflicht.

5. Der Anwalt des Rechts darf keine volks- und staatsfeindlichen Bestrebungen mittelbar oder unmittelbar fördern. Wird ein Anwalt in die Notwendigkeit versetzt, einen Schädling an Volk oder Staat zu vertreten, so muß er dabei jederzeit die Belange des deutschen Volkes beachten.

6. Der Anwalt soll der Gerechtigkeit und der Wahrheit dienen. Er muß es daher ablehnen, offensichtlich unsoziale, undeutsche Rechtsauffassungen zu vertreten, die mit dem gesunden Volksempfinden im Widerspruch stehen. Ebenso muß er Winkelzüge und Zweideutigkeiten vermeiden. Eine offene, gerade Art der Rechtsvertretung schafft dem Stande Ansehen und Vertrauen.

7. Der Anwalt hat die Pflicht zu strenger Sachlichkeit und zur gewissenhaften Prüfung der Unterlagen. Eine außergerichtliche Befragung der Zeugen ist in besonderen Fällen nicht unzulässig, muß aber jeden Verdacht eines Versuchs der Zeugenbeeinflussung vermeiden.

Ansprüche seiner Auftraggeber, die der Anwalt für gegeben hält, soll er mit ruhiger Entschiedenheit verfolgen, sich dabei aber stets anständiger Kampfesmittel bedienen. Er hüte sich, ohne zwingenden Grund den Verdacht strafbarer Handlungen auszusprechen oder unnötig dritte Personen, wie das Gericht oder den Gegenanwalt, in den Streit der Parteien hineinzuziehen.

8. Verstöße gegen die Standespflichten, also auch gegen die Pflicht zur Sachlichkeit können durch Berufung auf ausdrückliche Parteianweisung nicht entschuldigt werden.

B. Die Stellung des Anwalts zu Gericht und Behörden.

9. Der Anwalt ist der berufene Vertreter der Rechtsuchenden. Er hilft das Recht suchen, das der Richter finden soll, und muß dahin wirken, daß ein Recht gesprochen wird, das deutschem Rechtsbewußtsein und Rechtsempfinden entspricht.

Hinter dem Richter steht das Ansehen und die Macht des Staates. Deshalb muß der Anwalt vor dem Richter die Würde des Gerichts wahren. Unbeschadet der Wahrung der Rechte seines Schutzbefohlenen und der Würde der Anwaltschaft als eines gleichgeordneten Organs der Rechtspflege muß er in der Art seines Auftretens die Achtung vor dem Gericht zum Ausdruck bringen.

10. Soweit eine Sitzungskleidung vorgesehen ist, ist diese anzulegen; aber auch sonst hat der Anwalt in angemessener Kleidung vor Gericht aufzutreten.

11. Der Anwalt soll auf die Herstellung eines Vertrauensverhältnisses zum Gericht und dadurch auf eine gedeihliche Förderung der Rechtspflege hinwirken.

12. Ein Gleiches gilt für das Verhältnis zu Verwaltungsbehörden und Verwaltungsgerichten.

C. Verhältnis zu den Standesgenossen.

I. Vorstand der Anwaltskammer.

13. Über die Wahrung der Standespflicht hat der Kammervorstand zu wachen. Der Anwalt schuldet dem Vorstande der Anwaltskammer daher als dem berufenen Vertreter des Standes Achtung, Rücksicht und Offenheit.

Er hat den Anordnungen und Aufforderungen des Vorstandes unverzüglich nachzukommen und ihm jede erforderliche Auskunft zu geben. Die Verletzung der dem Anwalt gegenüber dem Vorstand obliegenden Verpflichtungen ist eine Verletzung der Standespflichten.

II. Pflicht der Standesgemeinschaft.

14. Die Pflicht der Standesgemeinschaft gebietet dem Anwalt, persönliche Angriffe gegen den Gegenanwalt vor der Öffentlichkeit zu unterlassen und darauf zu achten, daß durch die Art seiner Ausführungen das Ansehen der Standesgenossen und des Standes gewahrt bleibt.

15. Jeder Anwalt hat darauf zu achten, daß auch andere Berufsgenossen nicht gegen die Standesehre verstoßen. Bei Verstößen soll er sich zunächst an den zuständigen Kammervorstand wenden; glaubt er, gegen einen anderen Anwalt Schritte bei Behörden unternehmen oder gar Strafanzeige erstatten zu müssen, soll er ebenfalls vorher dem Kammervorstand Mitteilung machen, damit dieser in geeigneten Fällen eingreifen kann.

Vor Erhebung einer Zivilklage gegen einen anderen Anwalt wird diesem Gelegenheit zu außergerichtlicher Regelung zu geben sein.

16. Bei Meinungsverschiedenheiten oder Streitigkeiten zwischen Standesgenossen haben die Beteiligten zunächst den Versuch einer gütlichen Einigung zu machen und hierfür entweder geeignete erfahrene Standesgenossen ihres Vertrauens oder den vom Kammervorstand eingesetzten Schlichtungsausschuß anzurufen.

Solche Streitigkeiten darf der Anwalt nicht in die Öffentlichkeit bringen oder sonst vor weiteren Kreisen erörtern.

17. Bei Terminen muß der Anwalt pünktlich zur festgesetzten oder mit dem Gegner vereinbarten Zeit verhandlungsbereit sein. Verspätungen müssen auch an Orten mit mehreren Gerichten vermieden werden.

Gleichwohl erscheint die Erwirkung eines Versäumnisurteils gegen die durch einen Anwalt vertretene Partei ohne vorherige Androhung in der Regel als unzulässig. Über die Zulässigkeit sonstiger einseitiger Anträge entscheidet der Ortsgebrauch.

5

18. Im Einzelfalle ist mit besonderer Sorgfalt abzuwägen, ob das Interesse des Auftraggebers die Hintansetzung der Rücksichtnahme auf den Berufsgenossen ausnahmsweise verlangt. Die ausdrückliche Anweisung des Auftraggebers allein genügt nicht.

19. Es ist unzulässig, mit der durch einen Anwalt vertretenen Gegenpartei unmittelbar in Verbindung zu treten, sofern der Gegenanwalt nicht einverstanden ist. In gewissen Fällen (z. B. bei materiellen Erklärungen, bei der Zwangsvollstreckung) kann eine Abweichung von dieser Übung zulässig sein. Wenn ausnahmsweise unmittelbare Schreiben an die Gegenpartei gerichtet werden, ist gleichzeitig dem Gegenanwalt Abschrift zuzusenden. Doch ist stets der Anschein zu vermeiden, als wollte der Rechtsanwalt den Gegenanwalt umgehen.

20. Vereinbarungen über eine vom Gesetz abweichende sachliche Zuständigkeit sind auf die Sonderfälle zu beschränken, in denen ein unabweisbares Parteiinteresse vorliegt.

III. Gemeinschaftliche Berufsausübung.

21. Der Anwalt unterliegt bei seiner Berufsausübung dem Berufsrecht seines Standes. Er kann sich daher zur gemeinschaftlichen Berufsausübung auch nur mit einem anderen Anwalt, nicht aber mit Angehörigen eines anderen Berufes zusammenschließen.

Eine gemeinschaftliche Berufsausübung zwischen arischen und nichtarischen Anwälten ist grundsätzlich zu vermeiden; auch im sonstigen Verkehr ist beiderseits taktvolle Zurückhaltung geboten.

22. Die Verbindung von Anwälten, die an verschiedenen Gerichten zugelassen sind, ist in der Regel zulässig.

Schriftsätze dürfen jedoch in Kopf und Zeichnung nur den Namen desjenigen Anwalts tragen, der bei dem jeweiligen Instanzgericht zugelassen ist.

Grundsätzlich soll sich ein bei einem Kollegialgericht zugelassener Anwalt – vom Fall der Generalvertretung abgesehen – nur durch einen beim gleichen Gericht zugelassenen Anwalt vertreten lassen; soll mit Zustimmung des Prozeßbevollmächtigten in der mündlichen Verhandlung ein beim Prozeßgericht nicht zugelassener Anwalt die Ausführung der Parteirechte übernehmen, so soll dies nur neben dem Prozeßbevollmächtigten geschehen.

IV. Ausbildung des Nachwuchses.

23. Der Anwalt ist verpflichtet, die bei ihm beschäftigten, im Vorbereitungsdienst befindlichen Juristen gewissenhaft und sorgsam auszubilden und ihnen Gelegenheit zu geben, in alle in Betracht kommenden Zweige der Anwaltstätigkeit Einblick zu nehmen.

Die Zeugnisse über diese Ausbildungstätigkeit müssen ein klares und ungefälschtes Bild von Befähigung und Leistungen des Ausgebildeten ergeben.

D. Verhältnis zu den Rechtsuchenden.

I. Wahrung der beruflichen Unabhängigkeit.

24. Der Anwalt muß sich unter allen Umständen volle Unabhängigkeit der Berufsausübung wahren. Er muß aufs strengste vermeiden,

irgendwelche Bindungen gegenüber dem Auftraggeber einzugehen, die diese Unabhängigkeit gefährden könnten.

Der Rechtsanwalt kann daher die ständige Beratung eines Auftraggebers für eine laufende feste, würdig bemessene Vergütung übernehmen. Er darf aber in ein Angestelltenverhältnis zu ihm nur dann treten, wenn die Freiheit der Berufsausübung gewahrt bleibt.

Liegt in diesen Fällen dem Anwalt auch die Führung von Prozessen ob, so muß er dafür in jedem Fall die vollen Sätze der Gebührenordnungen erhalten; auch die Gebühren für verlorene Prozesse dürfen nicht auf die Pauschalvergütung verrechnet werden.

II. Verschwiegenheitspflicht.

25. Die Pflicht zur Verschwiegenheit erstreckt sich auf alles, was der Anwalt in Ausübung und bei Gelegenheit seiner Berufstätigkeit erfahren hat, sofern er nach den Umständen annehmen muß, daß dessen Geheimhaltung im Interesse des Auftraggebers geboten ist.

Die Pflicht zur Verschwiegenheit erstreckt sich auch über die Beendigung des Mandatsverhältnisses hinaus und besteht auch dem gegenüber, dem die betreffenden Tatsachen bereits von anderer Seite mitgeteilt sind.

Zu beachten ist, daß der Anwalt auch seinen Angehörigen gegenüber verschwiegen sein muß.

Der Anwalt hat seine Kanzleiangestellten und seine sonstigen Mitarbeiter zur Beobachtung der gleichen Grundsätze anzuhalten.

III. Treupflicht.

26. Das Verhältnis zwischen Anwalt und Auftraggeber ist ein Treuverhältnis. Deshalb ist die Übernahme oder Beibehaltung eines Auftrages ausgeschlossen, wo dieses Treuverhältnis nicht bestehen kann.

27. Besondere Sorgfalt hat der Anwalt als Treuhänder anzuwenden. Als Treuhänder hat der Anwalt Pflichten gegenüber allen am Treuhandverhältnis Beteiligten. Sonderinteressen des Mandanten sind dabei nicht zu bevorzugen.

28. Zu treuen Händen überlassene Urkunden und Akten darf der Anwalt niemals seiner Partei überlassen. Die Einsichtnahme durch die Partei muß er persönlich überwachen.

29. Der Anwalt macht sich strafbar, wenn er in derselben Rechtssache beiden Parteien pflichtwidrig dient. Auch wenn die Voraussetzungen des § 356 StGB. nicht erfüllt sind, kann eine Standesverfehlung vorliegen. – Unter „derselben Rechtssache" ist nicht nur der Streitstoff eines Prozesses, sondern die Gesamtheit der dabei in Frage kommenden Tatsachen und Interessen zu verstehen.

IV. Geldverkehr.

30. Die peinlichste Sorgfalt in der Behandlung fremder Gelder ist Voraussetzung für die Vertrauensstellung des Anwalts. Unzuverlässigkeiten im Geldverkehr wird mit allem Nachdruck durch rücksichtslosen Ausschluß aus der Anwaltschaft entgegengetreten werden. Aber selbst der Anschein der leisesten Lässigkeit in Gelddingen muß vermieden werden.

Die Vermengung eigener mit fremden Geldern ist unzulässig, wenn nicht die jederzeitige vollständige Befriedigung des Empfangsberechtigten gesichert ist. Fremde Gelder sind unverzüglich an den Empfangsberechtigten abzuführen.

Fremde Gelder von mehr als 200,— RM., die für längere Zeit aufzubewahren sind, sind so anzulegen, daß sie unbedingt dem Zugriff Dritter entzogen sind, möglichst auf „Anderkonten" eines vertrauenswürdigen Kreditinstituts.

V. Haftungsbeschränkungen.

31. Die allgemeine Vereinbarung des Ausschlusses oder der Beschränkung der Haftung des Rechtsanwalts, insbesondere die formularmäßige Haftungsbeschränkung in Vollmachten, ist unzulässig.

Haftungsbeschränkung durch Vertrag ist in Einzelfällen zulässig, z. B. dann, wenn bei besonders bedeutsamen und schwierigen Angelegenheiten die dem Rechtsanwalt zustehende Vergütung keinen hinreichenden Ausgleich für das hohe Risiko des Anwalts bietet, oder wenn etwa dem Anwalt aus irgendwelchen Gründen die für die gründliche Bearbeitung der Angelegenheit an sich erforderliche Zeit nicht zur Verfügung gestellt werden kann (Terminsnähe, Fristablauf, Geltendmachung von Teilansprüchen).

E. Gebührenfragen.

I. Honorarvereinbarung; Verbot der Unterbietung und Überforderung; Quota litis, Erfolgshonorar.

32. Es ist unzulässig, geringere Gebühren, als sie die Gebührenordnung vorschreibt, im voraus zu vereinbaren.

Diese Regel schließt nicht aus, daß im Einzelfalle besonderen Umständen, wie namentlich der Bedürftigkeit eines Auftraggebers, Rechnung getragen wird, sofern nicht darin ein Unterbieten gegenüber den Kollegen liegt und der Verdacht unzulässigen Werbens um Praxis hervorgerufen wird.

33. Die Vereinbarung und die Annahme von Honoraren, bei denen die Grenze der Mäßigung überschritten ist, ist unzulässig.

Bei Abschluß der Vereinbarung muß der Auftraggeber stets darauf hingewiesen werden, daß das Honorar von der gesetzlichen Vergütung abweicht.

34. Vereinbarungen, durch die sich der Anwalt eine Quote des zu erstreitenden Betrages als Honorar ausbedingt (quota litis) sind grundsätzlich unzulässig. Das gleiche gilt auch in der Regel für Vereinbarungen, durch die der Honoraranspruch ganz oder teilweise von dem erzielten Erfolg abhängig gemacht wird. Nur in Ausnahmefällen kann die Vereinbarung eines Erfolgshonorars als zulässig erachtet werden, wenn z. B. die Partei erst durch den Erfolg in die Lage kommt, ein angemessenes Honorar zu entrichten.

8

Dokumente

1269

Reichsgesetzblatt
Teil I

| 1934 | Ausgegeben zu Berlin, den 29. Dezember 1934 | Nr. 137 |

Tag	Inhalt	Seite
20.12.34	Gesetz gegen heimtückische Angriffe auf Staat und Partei und zum Schutz der Parteiuniformen	1269
24.12.34	Steuersäumnisgesetz (StSäumG)	1271
19.12.34	Verordnung über die Zuständigkeit der Reichsbehörden zur Ausführung des Reichsbeamtengesetzes	1272
19.12.34	Verordnung über die Verkündung von Anordnungen und Festsetzungen des Reichsnährstandes	1272
20.12.34	Vierte Verordnung zum Aufbau der Sozialversicherung (Reichsbahn-Arbeiterpensionskassen)	1273
21.12.34	Fünfte Verordnung zum Aufbau der Sozialversicherung	1274
21.12.34	Fünfte Verordnung zur Änderung der Reichsgrundsätze über Voraussetzung, Art und Maß der öffentlichen Fürsorge	1279
21.12.34	Verordnung über Wettbewerb	1280
21.12.34	Verordnung zur Abwicklung der Entschuldungsverfahren im Osthilfegebiet (Osthilfeabwicklungsverordnung)	1280
21.12.34	Verordnung über die Aufhebung der Verordnung über Erleichterungen bei der Einfuhr von Milcherzeugnissen, Eiern, Schweinespeck und Schweineschmalz im dänisch-deutschen Grenzverkehr vom 12. April 1934	1289
22.12.34	Zehnte Durchführungsverordnung zur Verordnung über die Devisenbewirtschaftung	1290
	Druckfehlerberichtigung	1291

Gesetz gegen heimtückische Angriffe auf Staat und Partei und zum Schutz der Parteiuniformen.
Vom 20. Dezember 1934.

Die Reichsregierung hat das folgende Gesetz beschlossen, das hiermit verkündet wird:

Artikel 1
§ 1

(1) Wer vorsätzlich eine unwahre oder gröblich entstellte Behauptung tatsächlicher Art aufstellt oder verbreitet, die geeignet ist, das Wohl des Reichs oder das Ansehen der Reichsregierung oder das der Nationalsozialistischen Deutschen Arbeiterpartei oder ihrer Gliederungen schwer zu schädigen, wird, soweit nicht in anderen Vorschriften eine schwerere Strafe angedroht ist, mit Gefängnis bis zu zwei Jahren und, wenn er die Behauptung öffentlich aufstellt oder verbreitet, mit Gefängnis nicht unter drei Monaten bestraft.

(2) Wer die Tat grob fahrlässig begeht, wird mit Gefängnis bis zu drei Monaten oder mit Geldstrafe bestraft.

(3) Richtet sich die Tat ausschließlich gegen das Ansehen der NSDAP. oder ihrer Gliederungen, so wird sie nur mit Zustimmung des Stellvertreters des Führers oder der von ihm bestimmten Stelle verfolgt.

§ 2

(1) Wer öffentlich gehässige, hetzerische oder von niedriger Gesinnung zeugende Äußerungen über leitende Persönlichkeiten des Staates oder der NSDAP., über ihre Anordnungen oder die von ihnen geschaffenen Einrichtungen macht, die geeignet sind, das Vertrauen des Volkes zur politischen Führung zu untergraben, wird mit Gefängnis bestraft.

(2) Den öffentlichen Äußerungen stehen nichtöffentliche böswillige Äußerungen gleich, wenn der Täter damit rechnet oder damit rechnen muß, daß die Äußerung in die Öffentlichkeit dringen werde.

(3) Die Tat wird nur auf Anordnung des Reichsministers der Justiz verfolgt; richtet sich die Tat gegen eine leitende Persönlichkeit der NSDAP., so trifft der Reichsminister der Justiz die Anordnung im Einvernehmen mit dem Stellvertreter des Führers.

(4) Der Reichsminister der Justiz bestimmt im Einvernehmen mit dem Stellvertreter des Führers den Kreis der leitenden Persönlichkeiten im Sinne des Absatzes 1.

§ 3

(1) Wer bei der Begehung oder Androhung einer strafbaren Handlung eine Uniform oder ein Abzeichen der NSDAP. oder ihrer Gliederungen trägt oder mit sich führt, ohne dazu als Mitglied der NSDAP. oder ihrer Gliederungen berechtigt zu sein, wird mit Zuchthaus, in leichteren Fällen mit Gefängnis nicht unter sechs Monaten bestraft.

(2) Wer die Tat in der Absicht begeht, einen Aufruhr oder in der Bevölkerung Angst oder Schrecken zu erregen, oder dem Deutschen Reich außenpolitische Schwierigkeiten zu bereiten, wird mit Zuchthaus nicht unter drei Jahren oder mit lebenslangem Zuchthaus bestraft. In besonders schweren Fällen kann auf Todesstrafe erkannt werden.

(3) Nach diesen Vorschriften kann ein Deutscher auch dann verfolgt werden, wenn er die Tat im Ausland begangen hat.

§ 4

(1) Wer seines Vorteils wegen oder in der Absicht, einen politischen Zweck zu erreichen, sich als Mitglied der NSDAP. oder ihrer Gliederungen ausgibt, ohne es zu sein, wird mit Gefängnis bis zu einem Jahr und mit Geldstrafe oder mit einer dieser Strafen bestraft.

(2) Die Tat wird nur mit Zustimmung des Stellvertreters des Führers oder der von ihm bestimmten Stelle verfolgt.

§ 5

(1) Wer parteiamtliche Uniformen, Uniformteile, Gewebe, Fahnen oder Abzeichen der NSDAP., ihrer Gliederungen oder der ihr angeschlossenen Verbände ohne Erlaubnis des Reichsschatzmeisters der NSDAP. gewerbsmäßig herstellt, vorrätig hält, feilhält, oder sonst in Verkehr bringt, wird mit Gefängnis bis zu zwei Jahren bestraft. Für welche Uniformteile und Gewebe es der Erlaubnis bedarf, bestimmt der Reichsschatzmeister der NSDAP. im Einvernehmen mit dem Reichswirtschaftsminister durch eine im Reichsgesetzblatt zu veröffentlichende Bekanntmachung.

(2) Wer parteiamtliche Uniformen und Abzeichen im Besitz hat, ohne dazu als Mitglied der NSDAP., ihrer Gliederungen oder der ihr angeschlossenen Verbände oder aus einem anderen Grunde befugt zu sein, wird mit Gefängnis bis zu einem Jahr, und, wenn er diese Gegenstände trägt, mit Gefängnis nicht unter einem Monat bestraft.

(3) Den parteiamtlichen Uniformen, Uniformteilen und Abzeichen stehen solche Uniformen, Uniformteile und Abzeichen gleich, die ihnen zum Verwechseln ähnlich sind.

(4) Neben der Strafe ist auf Einziehung der Uniformen, Uniformteile, Gewebe, Fahnen oder Abzeichen, auf die sich die strafbare Handlung bezieht, zu erkennen. Kann keine bestimmte Person verfolgt oder verurteilt werden, so ist auf Einziehung selbständig zu erkennen, wenn im übrigen die Voraussetzungen hierfür vorliegen.

(5) Die eingezogenen Gegenstände sind dem Reichsschatzmeister der NSDAP. oder der von ihm bestimmten Stelle zur Verwertung zu überweisen.

(6) Die Verfolgung der Tat und die selbständige Einziehung (Abs. 4 Satz 2) findet nur mit Zustimmung des Stellvertreters des Führers oder der von ihm bestimmten Stelle statt.

§ 6

Im Sinne dieser Vorschriften gilt nicht als Mitglied der NSDAP., ihrer Gliederungen oder der ihr angeschlossenen Verbände, wer die Mitgliedschaft erschlichen hat.

§ 7

Der Stellvertreter des Führers erläßt im Einvernehmen mit den Reichsministern der Justiz und des Innern die zur Ausführung und Ergänzung der §§ 1 bis 6 erforderlichen Vorschriften.

Artikel 2

§ 8

(1) Die Vorschriften dieses Gesetzes mit Ausnahme des § 5 Abs. 1 gelten sinngemäß für den Reichsluftschutzbund, den Deutschen Luftsportverband, den Freiwilligen Arbeitsdienst und die Technische Nothilfe.

(2) Die zur Ausführung und Ergänzung dieser Bestimmung erforderlichen Vorschriften erläßt der Reichsminister der Justiz, und zwar, soweit es sich um den Reichsluftschutzbund und den Deutschen Luftsportverband handelt, im Einvernehmen mit dem Reichsminister der Luftfahrt, und soweit es sich um den Freiwilligen Arbeitsdienst und die Technische Nothilfe handelt, im Einvernehmen mit dem Reichsminister des Innern.

Nr. 137 — Tag der Ausgabe: Berlin, den 29. Dezember 1934

Artikel 3
§ 9

§ 5 Abs. 1 tritt am 1. Februar 1935 in Kraft. Die übrigen Vorschriften dieses Gesetzes treten am Tage nach der Verkündung in Kraft; gleichzeitig treten die Verordnung zur Abwehr heimtückischer Angriffe gegen die Regierung der nationalen Erhebung vom 21. März 1933 (Reichsgesetzbl. I S. 135) sowie Artikel 4 des Gesetzes über die Reichsluftfahrtverwaltung vom 15. Dezember 1933 (Reichsgesetzbl. I S. 1077) außer Kraft.

Berlin, den 20. Dezember 1934.

Der Führer und Reichskanzler
Adolf Hitler

Der Reichsminister der Justiz
Dr. Gürtner

Der Stellvertreter des Führers
Reichsminister ohne Geschäftsbereich
R. Heß

Der Reichsminister des Innern
Frick
zugleich für den Reichsminister der Luftfahrt

Steuersäumnisgesetz (StSäumG)
Vom 24. Dezember 1934.

Die Reichsregierung hat das folgende Gesetz beschlossen, das hierdurch verkündet wird:

Abschnitt I: Säumniszuschlag

§ 1

(1) Wird eine Steuerzahlung (§ 2), die nach dem 31. Dezember 1934 fällig wird, nicht rechtzeitig entrichtet, so ist mit dem Ablauf des Fälligkeitstags ein einmaliger Zuschlag (Säumniszuschlag) verwirkt.

(2) Wird eine Steuerzahlung (§ 2), die vor dem 1. Januar 1935 fällig geworden ist oder fällig wird, nicht bis zum Ablauf des 31. Januar 1935 entrichtet, so ist mit dem Ablauf des 31. Januar 1935 ein einmaliger Zuschlag (Säumniszuschlag) verwirkt.

§ 2

(1) Der Säumniszuschlag findet Anwendung auf Zahlungen, die als Steuern des Reichs, der Länder, der Gemeinden und der Gemeindeverbände dem Steuergläubiger geschuldet werden. Ausgenommen sind Zahlungen, die als Reichsfluchtsteuer geschuldet werden.

(2) Auf andere Zahlungen, insbesondere auf die im § 168 Absatz 2 der Reichsabgabenordnung bezeichneten Zuschläge, auf Zinsen, Verzugszuschläge, Säumniszuschläge, Geldstrafen und Kosten, findet der Säumniszuschlag keine Anwendung.

§ 3

(1) Der Säumniszuschlag beträgt zwei vom Hundert des rückständigen Steuerbetrags.

(2) Für die Berechnung des Säumniszuschlags wird der rückständige Steuerbetrag auf volle zehn Reichsmark nach unten abgerundet. Dabei werden mehrere Steuerbeträge nur dann zusammengerechnet, wenn sie dieselbe Steuerart betreffen und an demselben Tag fällig geworden sind.

§ 4

Als Tag, an dem eine Zahlung entrichtet worden ist, gilt:

1. bei Übergabe oder Übersendung von Zahlungsmitteln an eine Steuerbehörde:
   der Tag des Eingangs;
2. bei Überweisung auf das Postscheckkonto einer Steuerbehörde und bei Einzahlung durch Postscheck:
   der Tag, der sich aus dem Tagesstempelabdruck des Postscheckamts ergibt;
3. bei Überweisung auf das Reichsbankgirokonto einer Steuerbehörde:
   der Tag, der sich aus dem Tagesstempelabdruck der Reichsbankanstalt ergibt;
4. bei einer sonstigen Überweisung:
   der Tag, an dem der Betrag der Steuerbehörde gutgeschrieben wird;
5. bei einer durch Zahlkarte oder Postanweisung bewirkten Einzahlung an eine Steuerbehörde:
   der Tag, der sich aus dem Tagesstempelabdruck der Aufgabepostanstalt ergibt;
6. bei Einzahlung aus dem Ausland:
   der Tag, an dem der eingezahlte Betrag bei der Steuerbehörde eingeht oder ihr gutgeschrieben wird.

§ 5

Ist der Steuerbetrag, zu dem der Säumniszuschlag verwirkt ist, in der Zwangsvollstreckung oder im Konkursverfahren bevorrechtigt, so erstreckt sich das Vorrecht auf den Säumniszuschlag.

Dr. Kann
Rechtsanwalt am Kammergericht

Fernsprecher: B 2 Lützow 4649

Bankkonto: Dresdner Bank, Depositenkasse 51
Berlin W 35, Potsdamer Straße 103a
Postscheckkonto Nr. 12094

143

BERLIN W 35, den 4. April 1935.
Schöneberger Ufer 46␣

IV-6604

Herrn

Ministerialrat Dr. Martin J o n a s

B e r l i n W 9

Reichsjustizministerium
Voßstrasse 5.

Hochgeehrter Herr Ministerialrat!

Zur Frage der Beiordnung nichtarischer Anwälte als Armenanwälte gestatten wir uns, Ihre Aufmerksamkeit auf folgende Vorgänge zu lenken.

1. In dem am 30. März 1935 erschienenen Heft 13 der Juristischen Wochenschrift ist auf Seite 1039 eine Entscheidung des Kammergerichts unter der Überschrift:

> "Nichtarische Anwälte sind als Armenanwälte nicht beizuordnen."

mitgeteilt worden.

Die Entscheidung selbst beschäftigt sich mit der Frage, unter welchen Voraussetzungen die Beiordnung nichtarischer Armenanwälte zulässig ist. Sie spricht dagegen keineswegs den in der Überschrift wiedergegebenen Satz aus.

Gleichwohl ist und zwar schon vor Erscheinen des Heftes der JW in der Presse folgende Mitteilung verbreitet worden:

> "Das Kammergericht (Juristische Wochenschrift 1935 Seite 1039) hat festgestellt, dass Juden als Armenanwälte für eine arische Partei nicht beigeordnet werden dürfen."

Drei

Drei Zeitungsausschnitte fügen wir als Belege bei.

Diese Mitteilung war geeignet, in der Öffentlichkeit irrtümliche Vorstellungen zu erregen, durch die die Stellung und das Ansehen der nichtarischen Anwälte erheblich gefährdet worden ist. Diese irrtümlichen Vorstellungen waren ganz unvermeidlich, weil die Pressemitteilungen aus dem 13.Heft der JW lediglich die Überschrift übernommen, die unter dieser Überschrift stehende Entscheidung aber nicht wiedergegeben haben. - Dass die Praxis eines grossen Teils der deutschen Gerichte der Justizministerialverordnung vom 10. Dezember 1934 entspricht, dürfte bekannt sein. Leider ist es nicht möglich, diese Entscheidungen in der JW zum Abdruck zu bringen.

Es müsste nach Ansicht der Unterzeichneten möglich sein, durch einen an die Justizpressestelle zu richtenden Hinweis dafür zu sorgen, dass ähnliche Vorgänge sich nicht wiederholen.

2. Es mehren sich die Entscheidungen, die den Schluss zulassen, dass die Gerichte die Justizministerialverordnung vom 10.Dezember 1934 nicht richtig auffassen. Als Beispiele mögen dienen:

    a.der anliegende Beschluss des 22.Senats des Kammergerichts vom 5.Februar 1935, in welchem der Antrag einer arischen Partei auf Beiordnung eines nichtarischen Anwalts mit der Begründung abgelehnt wird, dass grundsätzlich "eine arische Partei die Beiordnung eines arischen Anwalts erwartet." Dieser Satz kann doch nur dann gelten, wenn nicht die Partei sich selbst einen nichtarischen Anwalt ausge-

Dr. Kann
Rechtsanwalt am Kammergericht

Fernsprecher: B 2 Lützow 4649

Bankkonto: Dresdner Bank, Depositenkasse 51
Berlin W 35, Potsdamer Straße 103a
Postscheckkonto Nr. 12094

BERLIN W 35, den 4. April 1935.
Schöneberger Ufer 46 II

– Zweites Blatt –

sucht hat. Hat sie dies aber getan und bittet sie um dessen Beiordnung, so erwartet sie nichts anderes als die Beiordnung dieses Anwalts;

b. die Verfügung des Vorsitzenden der 77.Zivilkammer des Landgerichts Berlin vom 18.März 1935, durch welche die Entziehung des Armenrechts als Strafe für die Bitte um Beiordnung eines nichtarischen Anwalts angedroht wird;

c. eine Verfügung der 26.Zivilkammer des Landgerichts Berlin (276.OH.3/35.) vom 17.Januar 1935.

In dieser Sache war die Beiordnung eines nichtarischen Armenanwalts abgelehnt worden. Auf die Gegenvorstellungen der Parteien, die sich auf die Verordnung vom 10. Dezember 1934 berief, erging am 17.Januar 1935 folgende Mitteilung:

"In Sachen pp. wird erwidert, dass der Vorsitzende hiermit Ihre Beiordnung aus den bereits mitgeteilten Gründen endgültig ablehnt. Die Verordnung vom 10.Dezember 1934 betrifft die Arierfrage überhaupt nicht."

Da es sich hier um Fragen von grundsätzlicher Bedeutung handelt, wären wir dankbar, wenn uns Gelegenheit zu einer persönlichen Rücksprache gewährt werden würde. Da der Linksunterzeichnete demnächst eine Erholungsreise antritt, bitten wir ergebenst, uns Benachrichtigungen zu Händen des mitunterzeichneten Rechtsanwalts Dr. Fliess, Berlin W 15, Bleibtreustrasse 27 (Telefon: J 1 (Bismarck) 6065) zukommen zu lassen.

Mit dem Ausdruck vorzüglichster Hochachtung
und sehr ergebenst

Dokumente

Bund National-Sozialistischer Deutscher Juristen

Reichsgeschäftsstelle
Berlin W 35, Tiergartenstr. 20

Drahtanschrift: Juristenbund
Postscheckkonten: München Nr. 20850
und Berlin NW 7 Nr. 172126
Fernsprecher: B 2 Lützow Nr. 8961

(Bei Antwort anzugeben)

An das
Reichsjustizministerium,
Berlin W.,
Wilhelmstr. 65.

Reichsjustizministerium 13. APR. 1935

Ihr Zeichen — Ihre Nachricht vom — Unser Zeichen Dr.R/Kr. — Tag 10. April 1935.

Betr.: Beiordnung jüdischer Armenanwälte für arische Prozeßparteien.

Das Reichsrechtsamt der NSDAP hat der Reichsführung des B.N.S.D.J. Abschrift seines dorthin gerichteten Schreibens vom 28. März 1935 nebst Anlagen zur Kenntnis gebracht.

Die Reichsführung des BNSDJ tritt dem in diesem Schreiben von der Reichsleitung der NSDAP parteiamtlich geltend gemachten Standpunkt vollen Umfangs bei und schließt sich auf Grund der auch bei ihr eingegangenen Beschwerden der dringenden Bitte an, die mit nationalsozialistischen Grundsätzen völlig unvereinbare Beiordnung jüdischer Rechtsanwälte für arische Prozeßparteien auf Kosten des nationalsozialistischen Staates keinesfalls länger gutzuheißen, sondern grundsätzlich zu verbieten, wobei auch in diesem Zusammenhang auf die von nationalsozialistischem Geist getragene Entscheidung des Kammergerichts Berlin vom 25. Januar 1935, abgedruckt in der "Juristischen Wochenschrift" vom 30. März 1935, verwiesen wird.

Heil Hitler!
Reichsgeschäftsführer:

Dokumente

Heft 49 [3417]   64. Jahrgang   7. Dezember 1935

Juristische Wochenschrift

Organ der Reichsfachgruppe Rechtsanwälte des Bundes Nationalsozialistischer Deutscher Juristen
Herausgegeben von dem Reichsfachgruppenleiter Rechtsanwalt **Dr. Walter Raeke**, M. d. R.,
unter Mitwirkung der Mitglieder des Reichsfachgruppenrates:
Rechtsanwälte **Dr. Droege**, Hamburg; **Dr. Hawlitzky**, Forst i. L.; **Dr. Mößmer**, München;
Prof. **Dr. Erwin Noack**, Halle a. S.; **Dr. Römer**, M. d. R., Hagen; **Dr. Rudat**, Königsberg/Pr.;
Wilh. Scholz, Berlin; **Dr. Emil Schwartz**, Prenzlau, und Patentanwalt **Dr. Ullrich**, Berlin
Schriftleitung: Berlin W 35, Lützowufer 18 II. Fernruf Kurfürst B 1, 3718

Verlag: **W. Moeser Buchhandlung**, Inh.: Oscar Brandstetter, **Leipzig C 1**, Dresdner Straße 11/13
Fernsprecher Sammel-Nr. 72 566 / Drahtanschrift: Imprimatur / Postscheckkonto Leipzig Nr. 63 673
Geschäftsstelle in Berlin SW 48, Hedemannstr. 14. Fernsprecher Bergmann 217

Das Reichsbürgergesetz und das Gesetz zum Schutze des deutschen Blutes und der deutschen Ehre

Von Amtsgerichtsrat Maßfeller im Reichsjustizministerium

Übersicht

A. Das Reichsbürgergesetz

(Ges. v. 15. Sept. 1935 [RGBl. I, 1146] und VO. v. 14. Nov. 1935 [RGBl. I, 1333].)

I. Der Inhalt des Gesetzes.
II. Der deutsche Staatsangehörige deutschen oder artverwandten Blutes.
III. Behandlung des Juden und jüdischen Mischlings deutscher Staatsangehörigkeit.
IV. Rassische Einordnung als Jude oder jüdischer Mischling;
  1. die gesetzlichen Bestimmungen;
  2. gemeinsame Bemerkungen;
  3. der jüdische Mischling;
  4. der Jude.
V. Übersicht über die rassische und staatsbürgerliche Einordnung der Ehegatten einer bestehenden Ehe.
VI. Weitere Bestimmungen.

B. Das Gesetz zum Schutze des deutschen Blutes und der deutschen Ehre[1])

(Ges. v. 15. Sept. 1935 [RGBl. I, 1146] und VO. v. 14. Nov. 1935 [RGBl. I, 1334].)

I. Übersicht über den Inhalt des Gesetzes.
II. Die Ehehindernisse der Rassenmischung.
  1. Die Ehehindernisse wegen jüdischen Bluteinschlags.
    a) Materielle Vorschriften;
    b) Feststellung der Eheverbote
      bei Eheschließung im Inland,
      bei Eheschließung im Ausland,
    c) Rechtsfolgen bei Verletzung der Eheverbote,
      familienrechtliche Folgen,
      strafrechtliche Folgen;
    d) Übersicht über verbotene und erlaubte Ehen,
      über Einwirkung der Eheschließung auf die rassische Einordnung eines Ehegatten und der Kinder.

  2. Das Ehehindernis wegen Gefährdung der Reinerhaltung des deutschen Blutes.
    a) Materielle Vorschriften und Rechtsfolgen bei Übertretung des Eheverbots,
    b) Feststellung des Eheverbots,
    c) Übergangsregelung.
III. Das Verbot des außerehelichen Geschlechtsverkehrs zwischen Juden und Personen deutschen oder artverwandten Blutes.
IV. Sonstige Vorschriften.
  1. Halten weiblicher Hausangestellten;
  2. Hissen der Reichs- und Nationalflagge durch Juden;
  3. Befreiungen.

A. Das Reichsbürgergesetz

(Ges. v. 15. Sept. 1935 [RGBl. I, 1146] und VO. vom 14. Nov. 1935 [RGBl. I, 1333].)

I. Der Inhalt des Gesetzes

Staatsangehöriger ist, wer dem Schutzverband des Deutschen Reiches angehört und ihm dafür besonders verpflichtet ist.

Die Staatsangehörigkeit wird nach den Vorschriften des Reichs- und Staatsangehörigkeitsgesetzes erworben.

Reichsbürger ist nur der Staatsangehörige deutschen oder artverwandten Blutes, der durch sein Verhalten beweist, daß er gewillt und geeignet ist, in Treue dem deutschen Volk und Reich zu dienen.

Das Reichsbürgerrecht wird durch Verleihung des Reichsbürgerbriefs erworben.

Der Reichsbürger ist der alleinige Träger der vollen politischen Rechte nach Maßgabe der Gesetze.

Das ist der Inhalt des Reichsbürgerges., das vom Führer des Volkes und von der Vertretung des Volkes, dem deutschen Reichstag, am 15. Sept. 1935 auf dem Reichsparteitag der Freiheit erlassen ist, und das eine alte Forderung der nationalsozialistischen Bewegung endgültig erfüllt.

---

[1]) Eine eingehende Kommentierung des Gesetzes zum Schutze des deutschen Blutes und der deutschen Ehre und des Gesetzes zum Schutze der Erbgesundheit des deutschen Volkes wird der nach Erlaß sämtlicher Ausführungsverordnungen erscheinende große Kommentar zu diesen Gesetzen von Gütt-Linden-Maßfeller (J. F. Lehmann Verlag, München) enthalten.

über die grundlegende Bedeutung, die dem Gesetze zukommt, brauchen hier keine weiteren Ausführungen gemacht zu werden. Sie ist jedem deutschen Rechtswahrer bekannt.

Das Reichsbürgerges. v. 15. Sept. 1935, das in lapidarer Kürze nur ausspricht, wer Staatsangehöriger ist und wer Reichsbürger sein darf und welche Rechte und Pflichten beide haben, bedurfte selbstverständlich einer Ergänzung im Verordnungswege. Durch § 3 des Ges. ist deshalb der Reichsminister des Innern ermächtigt worden, im Einvernehmen mit dem Stellvertreter des Führers die zur Durchführung und Ergänzung des Gesetzes erforderlichen Rechts- und Verwaltungsvorschriften zu erlassen. Diese sind am 14. Nov. 1935 im Reichsgesetzblatt verkündet worden. Die Bedeutung der VO. geht weit über die einer gewöhnlichen VO. hinaus. Am sinnfälligsten ist dies dadurch zum Ausdruck gebracht, daß der Führer und Reichskanzler die VO. persönlich unterzeichnet hat.

II. Der deutsche Staatsangehörige deutschen oder artverwandten Blutes

Die Verleihung des Reichsbürgerbriefs an die Staatsangehörigen deutschen oder artverwandten Blutes setzt voraus, daß der Bewerber durch sein Verhalten bewiesen hat, daß er gewillt und geeignet ist, in Treue dem deutschen Volk und Reich zu dienen. Die hiernach erforderliche Prüfung kann nicht von heute auf morgen erfolgen. Deshalb bestimmt § 1 Abs. 1 VO. für die Übergangszeit, daß bis zum Erlaß weiterer Vorschriften über den Reichsbürgerbrief vorläufig als Reichsbürger die Staatsangehörigen deutschen oder artverwandten Blutes gelten, die beim Inkrafttreten des Reichsbürgerges. — das ist der 30. Sept. 1935 — das Reichstagswahlrecht besessen haben oder denen der Reichsminister des Innern im Einvernehmen mit dem Stellvertreter des Führers das vorläufige Reichsbürgerrecht verleiht. Vorläufiger Reichsbürger ist also grundsätzlich jeder deutsche Staatsangehörige geworden, der am 30. Sept. 1935 das 20. Lebensjahr vollendet hatte, es sei denn, daß er Träger artfremden, insbesondere jüdischen Blutes ist, oder daß ihm an diesem Tage aus besonderen Gründen (Entmündigung, Verlust der bürgerlichen Ehrenrechte) das Reichstagswahlrecht nicht zustand.

Da sich unter den Personen, die am 30. Sept. 1935 das aktive Reichstagswahlrecht besaßen, auch Menschen befinden, die des Reichsbürgerrechts nicht würdig sind, hat der Reichsminister des Innern die Befugnis, im Einvernehmen mit dem Stellvertreter des Führers das vorläufige Reichsbürgerrecht zu entziehen (§ 1 Abs. 2 VO.).

Nur der Reichsbürger ist im Besitze der vollen politischen Rechte; nur er kann daher das Stimmrecht in politischen Angelegenheiten ausüben und ein öffentliches Amt bekleiden (§ 3 S. 1 VO.).

Träger deutschen Blutes ist, wer die dem deutschen Volke und seinen Stämmen eigene Blutmischung besitzt. Es würde den Rahmen eines Aufsatzes sprengen, wollte man näher hierauf eingehen. Ich muß mich darauf beschränken, auf Günthers Rassenkunde des deutschen Volkes zu verweisen.

Träger artverwandten Blutes sind etwa die Angehörigen der europäischen Völker oder auch der nordamerikanischen Staaten. Träger artfremden Blutes sind vor allem die Juden; dann aber auch die Nachkommen jener artvergessenen deutschen Frauen, die sich in der Zeit der deutschen Erniedrigung mit Angehörigen farbiger Besatzungstruppen am Rhein eingelassen und Negerbastarde geboren haben[2]).

III. Behandlung des Juden und jüdischen Mischlings deutscher Staatsangehörigkeit

Ein Jude kann nicht Reichsbürger sein; ihm steht ein Stimmrecht in politischen Angelegenheiten nicht zu, auch kann er kein öffentliches Amt bekleiden (§ 4 Abs. 1 VO.). Die deutsche Staatsangehörigkeit kann der Jude auf Grund der Bestimmungen des Reichs- und Staatsangehörigkeitsgesetzes besitzen.

---

[2]) Vgl. im übrigen Lösener: RVerwBl. 1935, 929 ff.

Der jüdische Mischling ist vorläufiger Reichsbürger (§ 2 Abs. 1 VO.), sofern er nicht nach § 5 Abs. 2 VO. als Jude gilt, und soweit ihm das vorläufige Reichsbürgerrecht nicht von dem Reichsminister des Innern im Einvernehmen mit dem Stellvertreter des Führers nach der für alle Staatsangehörigen geltenden Vorschrift des § 1 Abs. 2 VO. entzogen worden ist.

IV. Rassische Einordnung als Jude oder jüdischer Mischling

1. Die gesetzlichen Bestimmungen

Wer Jude und wer jüdischer Mischling ist, wird in §§ 5 und 2 Abs. 2 VO. z. Reichsbürgerges. bestimmt.

„Jüdischer Mischling ist, wer von einem oder der Rasse nach volljüdischen Großelternteilen abstammt, sofern er nicht nach § 5 Abs. 2 als Jude gilt. Als volljüdisch gilt ein Großelternteil ohne weiteres, wenn er der jüdischen Religionsgemeinschaft angehört hat" (§ 2 Abs. 2 VO.).

„Jude ist, wer von mindestens drei der Rasse nach volljüdischen Großeltern abstammt. § 2 Abs. 2 S. 2 findet Anwendung.

Als Jude gilt auch der von zwei volljüdischen Großeltern abstammende staatsangehörige jüdische Mischling,

a) der beim Erlaß des Gesetzes der jüdischen Religionsgemeinschaft angehört hat oder danach in sie aufgenommen wird,

b) der beim Erlaß des Gesetzes mit einem Juden verheiratet war oder sich danach mit einem solchen verheiratet,

c) der aus einer Ehe mit einem Juden im Sinne des Abs. 1 stammt, die nach dem Inkrafttreten des Gesetzes zum Schutze des deutschen Blutes und der deutschen Ehre v. 15. Sept. 1935 (RGBl. I, 1146) geschlossen ist,

d) der aus dem außerehelichen Verkehr mit einem Juden im Sinne des Abs. 1 stammt und nach dem 31. Juli 1936 außerehelich geboren wird" (§ 5 VO.).

2. Gemeinsame Bemerkungen

Die rassische Einordnung eines Menschen wird grundsätzlich allein nach den Großeltern beurteilt. Die rassische Einordnung der Eltern und Ehegatten hat nur in den Fällen des § 5 Abs. 2 VO. zum Reichsbürgerges. Bedeutung. Es ist deshalb möglich, daß die Kinder rassisch anders beurteilt werden, als ihre Eltern.

Jüdischer Bluteinschlag bei einem Großelternteil ist für die rassische Einordnung des Enkels (nach der Judenseite hin) nur dann von Bedeutung, wenn der in Betracht kommende Großelternteil rassisch Volljude ist. Jeder Großelternteil ist für sich zu betrachten; die jüdische Erbmasse mehrerer Großeltern wird nicht zusammengerechnet. Sind also Großeltern eines Menschen nach ihrer Erbmasse Halbjuden, die anderen beiden Großeltern arischer Abstammung, so ist der Enkel nicht etwa jüdischer Mischling mit zwei volljüdischen Großelternteilen; er steht vielmehr einer Person deutschen oder artverwandten Blutes gleich.

Die Vermutung des § 2 Abs. 2 S. 2 VO. z. Reichsbürgerges. (und des § 5 Abs. 1 S. 2 VO.), daß ein Großelternteil ohne weiteres als volljüdisch gilt, wenn er der jüdischen Religionsgemeinschaft angehört hat, ist eine unwiderlegliche Vermutung. Sie kann also nicht durch den Nachweis entkräftet werden, daß der Großelternteil nur 75% oder noch weniger oder auch überhaupt keine jüdische Erbmasse hat. Wenn in dem im vorigen Absatz angeführten Beispiel die beiden halbjüdischen Großelternteile der jüdischen Religionsgemeinschaft angehört haben, gelten sie als Volljuden; der Enkel ist dann jüdischer Mischling mit zwei volljüdischen Großelternteilen. Dagegen streitet, wenn ein Großelternteil seit seiner Geburt einer christlichen Religionsgemeinschaft angehört hat, keine unwiderlegliche Vermutung dafür, daß er nicht Jude ist. In diesem Falle kommt es vielmehr darauf an, ob er rassisch Jude ist oder nicht.

In den Fällen, in denen ein Großelternteil als Jude gilt, weil er der jüdischen Religionsgemeinschaft angehört hat, kommt es nur darauf an, ob er zu irgendeiner Zeit seines Lebens sich zum Judentum bekannt hat. Ein Großelternteil, der von christlichen Eltern geboren ist, später aber zum Judentum übergetreten ist, weil er etwa einen jüdischen Mann heiraten wollte, gilt für die rassische Einordnung der Enkel auch dann als Jude, wenn er der Abstammung nach jüdischen Blutes ist.

Für die beim Inkrafttreten des Reichsbürgerges. lebende Generation ist entscheidend, ob ihre Großeltern bis zum Inkrafttreten des Gesetzes zu irgendeiner Zeit sich zu einer jüdischen Religionsgemeinschaft bekannt haben. Sollte sich einmal der Fall ereignen, daß ein Großelternteil noch nach dem Inkrafttreten des Gesetzes zum Judentum übertritt, so hat dieser Übertritt keinen Einfluß mehr auf die rassische Einordnung der Enkel.

Für die erst nach dem Inkrafttreten des Gesetzes geborenen oder künftig geboren werdenden Menschen wird es entscheidend darauf ankommen, ob die Großeltern vor der Geburt des Enkels einmal einer jüdischen Religionsgemeinschaft angehört haben. Treten sie erst später zum Judentum über, so ist dieser Übertritt ebenfalls ohne Bedeutung für die rassische Einordnung der vorher geborenen Enkelkinder.

3. Der jüdische Mischling

Die Unterscheidung in jüdische Mischlinge, die von einem, und solche, die von zwei volljüdischen Großeltern abstammen, hat praktische Bedeutung. Der jüdische Mischling, der von zwei volljüdischen Großeltern abstammt, kann seine Mischlingseigenschaft verlieren und Jude werden (vgl. unten unter 4), nicht dagegen der nur von einem jüdischen Großelternteil abstammende Mischling. Auch in ihrer Ehefähigkeit werden sie verschieden behandelt (vgl. unten unter B II 1). Der jüdische Mischling mit nur einem volljüdischen Großelternteil ist grundsätzlich den Personen deutschen oder artverwandten Blutes gleichgestellt.

4. Der Jude

a) Ob ein Mensch von drei oder vier der Rasse nach volljüdischen Großeltern abstammt, ist für ihn praktisch ohne Bedeutung. Die Behandlung ist in allen Beziehungen die gleiche.

b) Aus dem Kreise der jüdischen Mischlinge werden durch § 5 Abs. 2 VO. z. Reichsbürgerges. vier Gruppen von Mischlingen herausgegriffen und den Juden zugezählt.

Diesen vier Gruppen ist folgendes gemeinsam:

Der jüdische Mischling muß die deutsche Staatsangehörigkeit besitzen. Auf fremde Staatsangehörige findet § 5 Abs. 2 VO. z. Reichsbürgerges. keine Anwendung. Er findet jedoch Anwendung, wenn durch denselben Umstand, der die rassische Umordnung bewirkt, gleichzeitig die deutsche Staatsangehörigkeit erworben wird. Als Beispiel mag gelten der Fall, daß eine ausländische Halbjüdin einen Volljuden deutscher Staatsangehörigkeit heiratet.

Der Mischling muß von zwei volljüdischen Großeltern abstammen.

Die Gründe für die Umordnung der Angehörigen der vier Gruppen sind zwei verschiedene.

In den Gruppen des § 5 Abs. 2 Buchst. a und b findet die Umordnung statt, weil der Mischling durch sein eigenes Verhalten bewiesen hat oder beweist, daß er zum Judentum neigt.

In den Gruppen des § 5 Abs. 2 Buchst. c und d erfolgt die Umordnung, weil der Mischling aus einer vom rassischen Standpunkt zu mißbilligenden, erst nach Erlaß des Blutschutzgesetzes eingegangenen Verbindung stammt.

Im einzelnen gilt folgendes:

aa) 1. Gruppe. Allein entscheidend ist, ob der Mischling beim Erlaß des Gesetzes, also am 16. Sept. 1935 der jüdischen Religionsgemeinschaft angehört hat oder danach in sie aufgenommen worden ist oder aufgenommen wird. Ausschlaggebend ist, daß er der Gemeinschaft mit bürgerlich-rechtlicher Wirkung angehört. Falls er früher einmal einer anderen Religionsgemeinschaft angehört hat, muß er aus dieser mit bürgerlich-rechtlicher Wirkung ausgetreten sein.

Durch einen Austritt aus dem Judentum nach dem 16. Sept. 1935 kann die rassische Einordnung nicht mehr verändert werden.

bb) 2. Gruppe. Der Mischling muß beim Erlaß des Gesetzes mit einem Juden verheiratet gewesen sein oder sich danach mit einem solchen verheiratet haben oder noch verheiraten.

Jude im Sinne dieser Bestimmung ist der Voll- und Dreivierteljude (§ 5 Abs. 1 VO. z. Reichsbürgerges.), aber auch der Halbjude deutscher Staatsangehörigkeit mit mosaischem Religionsbekenntnis (§ 5 Abs. 2 Buchst. a VO. z. Reichsbürgerges.); wo nur der Jude im Sinne des § 5 Abs. 1 gemeint ist, ist dies ausdrücklich gesagt (vgl. § 5 Abs. 2 Buchst. c und d der VO. z. Reichsbürgerges.).

„Verheiratet" ist jemand, solange er in einer noch nicht durch den Tod eines Ehegatten (Wiederverheiratung nach Todeserklärung) oder Scheidung aufgelösten oder auf Nichtigkeitsklage oder Anfechtungsklage für nichtig erklärten Ehe lebt. Ist die Ehe absolut nichtig, eine Nichtehe, so liegt diese Voraussetzung nicht vor.

Die auf Grund des § 5 Abs. 2 Buchst. b erworbene Eigenschaft als Jude bleibt auch dann bestehen, wenn die Ehe, durch die diese Eigenschaft begründet worden ist, aufgelöst oder für nichtig erklärt wird.

cc) 3. Gruppe. Jude ist der Mischling, der aus einer Ehe mit einem Juden im Sinne des § 5 Abs. 1 VO. z. Reichsbürgerges. (also von einem Juden mit drei oder vier der Rasse nach volljüdischen Großelternteilen) stammt, wenn die Ehe nach dem Inkrafttreten des Blutschutzgesetzes geschlossen ist. Die rassische Zugehörigkeit des andern Elternteils ist unerheblich.

Nicht erforderlich ist, daß der Mischling nach den Vorschriften des Familienrechts als eheliches Kind des Juden gilt. Auch wenn er als uneheliches Kind gilt, weil den Eltern bei der Eheschließung die Nichtigkeit der Ehe bekannt war, findet § 5 Abs. 2 Buchst. c VO. Anwendung. Im übrigen wird der Nachweis, daß das Kind nicht von dem Juden stammt, auch dann noch für zulässig gehalten werden müssen, wenn nach den heute noch geltenden Vorschriften des Familienrechts im übrigen nicht mehr zulässig ist; denn ausschlaggebend muß die wahre Abstammung des Kindes sein.

Für die Anwendung des § 5 Abs. 2 Buchst. c VO. ist nicht erforderlich, daß die Ehe nach den Vorschriften des Blutschutzgesetzes und seiner Ausführungsverordnung verboten war. Wenn etwa ein Jude deutscher Staatsangehörigkeit eine Niederländerin arischer Abstammung heiratet, so ist die Ehe erlaubt; die Kinder aus der Verbindung sind aber nach § 5 Abs. 2 Buchst. c Juden, wenn sie zwei volljüdische Großeltern haben.

dd) 4. Gruppe. Jude ist schließlich der nach dem 31. Juli 1936 außerehelich geborene Mischling, der aus außerehelichem Verkehr mit einem Juden im Sinne des § 5 Abs. 1 VO. z. Reichsbürgerges. stammt.

Stammt der Mischling zwar aus einem außerehelichen Verkehr, wird er aber, weil seine Eltern inzwischen einander geheiratet haben, in der Ehe geboren, so gilt § 5 Abs. 2 Buchst. c VO. z. Reichsbürgerges.

V. Übersicht über die rassische und staatsbürgerliche Einordnung der Ehegatten einer bestehenden Ehe

In der folgenden Übersicht wird die rassische und staatsbürgerliche Einordnung der Ehegatten einer beim Inkrafttreten des Reichsbürgergesetzes bestehenden Ehe dargestellt, wenn einer von ihnen oder beide jüdischen Bluteinschlag haben. Es werden der Kürze halber folgende Ausdrücke verwandt werden:

Arier für den Träger deutschen oder artverwandten Blutes,

Vierteljude für Personen, die einen volljüdischen Großelternteil haben,

Halbjude für Personen, die zwei volljüdische Großelternteile haben,

Dreivierteljude für Personen, die drei volljüdische Großelternteile haben,

Volljude für Personen, die vier volljüdische Großelternteile haben.

1a. **Ehe zwischen Arier und einer Person, die zwar jüdischen Bluteinschlag, aber keinen volljüdischen Ahn in der Großelterngeneration hat.**

Beide Ehegatten sind vorläufige Reichsbürger, wenn sie die deutsche Staatsangehörigkeit besitzen.

(In den folgenden Absätzen 1b bis d kann an Stelle des Ariers auch eine Person treten, die zwar jüdischen Bluteinschlag, aber keinen volljüdischen Großelternteil hat.)

b. **Ehe zwischen Arier und Vierteljude.**

aa) **Der Arier ist,** wenn er die deutsche Staatsangehörigkeit besitzt, vorläufiger Reichsbürger gemäß § 1 Abs. 1 VO.

bb) **Der Vierteljude ist,** gleich welcher Religionsgemeinschaft er angehört, jüdischer Mischling (§ 2 Abs. 2 VO.); er ist, wenn er die deutsche Staatsangehörigkeit besitzt, vorläufiger Reichsbürger gemäß § 2 Abs. 1 VO.

c. **Ehe zwischen Arier und Halbjude.**

aa) **Der Arier ist,** wenn er die deutsche Staatsangehörigkeit besitzt, vorläufiger Reichsbürger gemäß § 1 Abs. 1 VO.

bb) **Der Halbjude ist, wenn er die deutsche Staatsangehörigkeit besitzt,** jüdischer Mischling, es sei denn, daß er der jüdischen Religionsgemeinschaft angehört (§ 2 Abs. 2 VO.); er ist vorläufiger Reichsbürger (§ 2 Abs. 1 VO.).

Jude, wenn er der jüdischen Religionsgemeinschaft angehört (§ 5 Abs. 2 Buchst. a); er kann nicht Reichsbürger sein (§ 4 Abs. 1 VO.).

Der Halbjude ist, wenn er die deutsche Staatsangehörigkeit nicht besitzt, immer jüdischer Mischling, weil die Ausnahmevorschrift des § 5 Abs. 2 VO. nur für die jüdischen Mischlinge deutscher Staatsangehörigkeit gilt. Reichsbürger kann er nicht sein, weil er nicht die deutsche Staatsangehörigkeit besitzt.

d. **Ehe zwischen Arier und Dreivierteljude (oder Volljude).**

aa) **Der Arier ist,** wenn er die deutsche Staatsangehörigkeit besitzt, vorläufiger Reichsbürger gemäß § 1 Abs. 1 VO.

bb) **Der Dreiviertel- oder Volljude ist** Jude gemäß § 5 Abs. 1 VO.; er kann nicht Reichsbürger sein (§ 4 Abs. 1 VO.).

2. **Ehe zwischen Vierteljude und Vierteljude (Halbjude, Dreivierteljude, Volljude).**

aa) **Der Vierteljude ist,** gleich welcher Religionsgemeinschaft er angehört, jüdischer Mischling (§ 2 Abs. 2 VO.); er ist, wenn er die deutsche Staatsangehörigkeit besitzt, vorläufiger Reichsbürger gemäß § 2 Abs. 1 VO.

bb) Für den anderen Ehegatten gilt das zu 1b bb, 1c bb, 1d bb Gesagte.

3a. **Ehe zwischen Halbjude und Halbjude.**

aa) **Beide Ehegatten sind deutsche Staats-** angehörige. Gehören beide nicht der jüdischen Religionsgemeinschaft an, dann sind sie jüdische Mischlinge gemäß § 2 Abs. 2 VO. und vorläufige Reichsbürger gemäß § 2 Abs. 1 VO. Gehören beide der jüdischen Religionsgemeinschaft an, dann sind beide Ehegatten Juden gemäß § 5 Abs. 2 Buchst. a VO. Sie können nach § 4 Abs. 1 VO. nicht Reichsbürger sein.

Gehört nur einer von ihnen der jüdischen Religionsgemeinschaft an, dann sind ebenfalls beide Ehegatten Juden; derjenige Teil, welcher der jüdischen Religionsgemeinschaft angehört, ist Jude gemäß § 5 Abs. 2 Buchst. b VO., der andere Teil gemäß § 5 Abs. 2 Buchst. b VO. Sie können nach § 4 Abs. 1 VO. nicht Reichsbürger sein.

bb) **Beide Ehegatten besitzen eine fremde Staatsangehörigkeit.**

Sie sind jüdische Mischlinge gemäß § 2 Abs. 2 VO. Sie sind auch dann keine Juden, wenn sie der jüdischen Religionsgemeinschaft angehören, weil § 5 Abs. 2 VO. sich nur auf jüdische Mischlinge deutscher Staatsangehörigkeit bezieht. Reichsbürger können sie nicht sein, weil sie nicht die deutsche Staatsangehörigkeit besitzen.

cc) **Nur ein Ehegatte besitzt die deutsche, der andere eine fremde Staatsangehörigkeit.**

Der deutsche Staatsangehörige ist jüdischer Mischling und vorläufiger Reichsbürger, wenn er nicht der jüdischen Religionsgemeinschaft angehört (§ 2 Abs. 2 und Abs. 1 VO.). Unerheblich ist, ob der andere Teil der jüdischen Religionsgemeinschaft angehört; auch wenn dies der Fall wäre, wäre er nicht Jude, da § 5 Abs. 2 VO. auf ihn nicht anwendbar ist.

Der deutsche Staatsangehörige ist Jude und kann daher nicht Reichsbürger sein, wenn er der jüdischen Religionsgemeinschaft angehört (§ 5 Abs. 2 Buchst. a, § 4 Abs. 1 VO.).

Der fremde Staatsangehörige ist immer jüdischer Mischling, weil § 5 Abs. 2 VO. auf ihn nicht anwendbar ist. Reichsbürger kann er nicht sein, weil er die deutsche Staatsangehörigkeit besitzt.

b. **Ehe zwischen Halbjude und Dreivierteljude (oder Volljude).**

aa) **Der Halbjude gilt,** wenn er die deutsche Staatsangehörigkeit besitzt, als Jude; und zwar gemäß § 5 Abs. 2 Buchst. a, wenn er der jüdischen Religionsgemeinschaft angehört, andernfalls gemäß § 5 Abs. 2 Buchst. b VO. Er kann nicht Reichsbürger sein (§ 4 Abs. 1 VO.).

Der Halbjude ist, wenn er eine fremde Staatsangehörigkeit besitzt, jüdischer Mischling. Reichsbürger kann er nicht sein, weil er nicht deutscher Staatsangehöriger ist.

bb) **Der Dreivierteljude oder Volljude ist** Jude gemäß § 5 Abs. 1 VO.

4. **Ehe zwischen Dreivierteljude (oder Volljude) und Dreivierteljude (oder Volljude).** Beide Ehegatten sind Juden gemäß § 5 Abs. 1 VO.

5. Die rassische Einordnung der Kinder aus den in der vorstehenden Übersicht angeführten Ehen — sowohl der vor dem Inkrafttreten des Gesetzes geborenen wie auch der erst später geboren werdenden Kinder — richtet sich nach der rassischen Einordnung ihrer Großeltern, nicht ihrer Eltern. Die rassische Einordnung der Eltern ist nur in den Fällen des § 5 Abs. 2 Buchst. c und d der VO. z. Reichsbürgerges. von Bedeutung.

VI. Weitere Bestimmungen

Die übrigen Bestimmungen des Reichsbürgergesetzes und der AusfVO. seien hier nur inhaltlich mitgeteilt.

1. Von der Vorschrift, daß nur der Reichsbürger ein öffentliches Amt bekleiden kann (§ 3 Satz 1 VO.), kann der Reichsminister des Innern oder die von ihm ermächtigte Stelle für eine Übergangszeit Ausnahmen gestatten (§ 3 Satz 2 VO.). Die Angelegenheiten der Religionsgesellschaften werden durch § 3 Satz 1 VO. nicht berührt (§ 3 Satz 3 VO.).

2. **Jüdische Beamte** treten mit Ablauf des 31. Dez. 1935 in den Ruhestand. Wenn sie im Weltkrieg an der Front für das Deutsche Reich oder seine Verbündeten gekämpft haben, erhalten sie bis zur Erreichung der Altersgrenze als Ruhegehalt die vollen zuletzt bezogenen ruhegehaltsfähigen Dienstbezüge; sie steigen jedoch nicht in Dienstaltersstufen auf. Nach Erreichung der Altersgrenze wird ihr Ruhegehalt nach den letzten ruhegehaltsfähigen Dienstbezügen neu berechnet (§ 4 Abs. 2 VO.).

Die Vorschrift des § 4 Abs. 2 VO. gilt nur für Beamte, nicht für Privatangestellte oder frei praktizierende Ärzte, Rechtsanwälte usw.

3. Durch die Bestimmung, daß ein Jude kein öffentliches Amt bekleiden darf (§ 4 Abs. 1 VO.), werden die Angelegenheiten der Religionsgesellschaften nicht berührt (§ 4 Abs. 3 VO.). Das Dienstverhältnis der Lehrer an öffentlichen jüdischen Schulen bleibt bis zur Neuregelung des jüdischen Schulwesens unberührt (§ 4 Abs. 4 VO.).

4. Soweit in Reichsgesetzen oder in Anordnungen der Nationalsozialistischen Deutschen Arbeiterpartei und ihrer Gliederungen **Anforderungen an die Reinheit des Blutes** gestellt werden, die über § 5 VO. hinausgehen (z. B. im Gesetz zur Wiederherstellung des Berufsbeamtentums, im Reichserbhofgesetz), bleiben sie unberührt. Sonstige über § 5 VO. hinausgehende Anforderungen an die Reinheit des Blutes dürfen nur mit Zustimmung des Reichsministers des Innern und des Stellvertreters des Führers gestellt werden. Soweit Anforderungen dieser Art bereits bestehen, fallen sie am 1. Jan. 1936 weg, wenn sie nicht vorher von dem Reichsminister des Innern im Einvernehmen mit dem Stellvertreter des Führers zugelassen werden. Der Antrag auf Zulassung ist bei dem Reichsminister des Innern zu stellen (§ 6 VO.).

5. Der Führer und Reichskanzler kann von den Vorschriften der Verordnung und etwaiger späterer Verordnungen Befreiungen bewilligen (§ 7 VO.).

B. Das Gesetz zum Schutze des deutschen Blutes und der deutschen Ehre

(Ges. v. 15. Sept. 1935 [RGBl. I, 1146] und VO. vom 14. Nov. 1935 [RGBl. I, 1334].)

I. Übersicht über den Inhalt des Gesetzes

Das Gesetz zum Schutze des deutschen Blutes und der deutschen Ehre ist das dritte der sog. Nürnberger Gesetze. Seine Hauptbedeutung liegt darin, daß es eine weitere Vermischung deutschen Blutes mit artfremdem, insbesondere jüdischem Blute verhindert. Sein wesentlicher Inhalt ist folgender:

1. Eheschließungen zwischen Juden und Staatsangehörigen deutschen oder artverwandten Blutes sind verboten. Trotzdem geschlossene Ehen sind nichtig (§ 1).

Wer dem Verbot zuwiderhandelt, wird mit Zuchthaus bestraft (§ 5 Abs. 1).

2. Außerehelicher Verkehr zwischen Juden und Staatsangehörigen deutschen oder artverwandten Blutes ist verboten (§ 2).

Der Mann, der dem Verbot zuwiderhandelt, wird mit Gefängnis oder mit Zuchthaus bestraft (§ 5 Abs. 2).

3. Juden dürfen weibliche Staatsangehörige deutschen oder artverwandten Blutes unter 45 Jahren in ihrem Haushalt nicht beschäftigen (§ 3).

4. Juden ist das Hissen der Reichs- und Nationalflagge und das Zeigen der Reichsfarben verboten (§ 4).

Ergänzt wird das Gesetz zum Schutze des deutschen Blutes und der deutschen Ehre — im folgenden kurz Blutschutzgesetz genannt — durch die AusfVO. v. 14. Nov. 1935. Sie ist ebenso wie die VO. z. Reichsbürgerges. vom Führer und Reichskanzler persönlich unterzeichnet und dadurch in ihrer Bedeutung gegenüber anderen Verordnungen hervorgehoben.

II. Die Ehehindernisse der Rassenmischung

Im Blutschutzgesetz und der AusfVO. v. 14. Nov. 1935 ist das Recht der Eheschließung zwischen Personen deutschen oder artverwandten Blutes mit Personen artfremden, insbesondere jüdischen Blutes umfassend und abschließend geregelt. In dieser Regelung und in dem Verbot des rassenschänderischen außerehelichen Verkehrs liegt die Hauptbedeutung des Gesetzes.

In § 1 AusfVO. z. Blutschutzges. werden zunächst einige Begriffe festgestellt: Staatsangehöriger ist der deutsche Staatsangehörige im Sinne des Reichsbürgergesetzes; Jude ist der Jude im Sinne von § 5 Abs. 1 und 2 VO. z. Reichsbürgerges.; jüdischer Mischling ist der jüdische Mischling im Sinne von § 2 Abs. 2 VO. z. Reichsbürgerges.

1. Die Ehehindernisse wegen jüdischen Bluteinschlags

a) Materielle Vorschriften

Die Ehehindernisse wegen jüdischen Bluteinschlags sind durch § 1 des Ges. und die §§ 2—4 AusfVO. erschöpfend geregelt (§ 5 AusfVO.). Damit ist eine klare Rechtslage geschaffen und die notwendige Rechtssicherheit gewährleistet.

Die Ehehindernisse wegen jüdischen Bluteinschlags sind teils trennende Ehehindernisse (die trotz des Verbots geschlossene Ehe ist nichtig), teils aufschiebende Ehehindernisse (die Eheschließung ist zwar verboten, die dem Verbot zuwider geschlossene Ehe ist aber gültig). Wenn die Ehe trotz eines trennenden Ehehindernisses geschlossen wird, tritt Bestrafung wegen Rassenschande ein; dagegen erfolgt keine Bestrafung, wenn die Ehe einem aufschiebenden Eheverbot zuwider geschlossen wird.

Zum besseren Verständnis der folgenden Ausführungen seien die Bestimmungen des Gesetzes und der AusfVO. hier geordnet mitgeteilt.

aa) § 1 Abs. 1 des Ges.: Eheschließungen zwischen Juden und Staatsangehörigen deutschen oder artverwandten Blutes sind verboten. Trotzdem geschlossene Ehen sind nichtig, auch wenn sie zur Umgehung dieses Gesetzes im Ausland geschlossen sind.

§ 2 AusfVO.: Zu den nach § 1 des Ges. verbotenen Eheschließungen gehören auch die Eheschließungen zwischen Juden und staatsangehörigen jüdischen Mischlingen, die nur einen volljüdischen Großelternteil haben.

§ 8 Abs. 1 AusfVO.: Die Nichtigkeit einer entgegen dem § 1 des Ges. oder dem § 2 dieser VO. geschlossenen Ehe kann nur im Wege der Nichtigkeitsklage geltend gemacht werden.

§ 1 Abs. 2 des Ges.: Die Nichtigkeitsklage kann nur der Staatsanwalt erheben.

§ 5 Abs. 1 des Ges.: Wer dem Verbot des § 1 des Ges. (oder des § 2 AusfVO.; Folgerung aus § 2 und § 8 Abs. 1 AusfVO.) zuwiderhandelt, wird mit Zuchthaus bestraft.

§ 16 Abs. 2 AusfVO.: Die Strafverfolgung eines fremden Staatsangehörigen bedarf der Zustimmung der Reichsminister der Justiz und des Innern.

§ 14 AusfVO.: Für Verbrechen gegen § 5 Abs. 1

des Ges. ist im ersten Rechtszuge die große Strafkammer zuständig.

bb) § 3 Abs. 1 AusfVO.: Staatsangehörige jüdische Mischlinge mit zwei volljüdischen Großeltern bedürfen zur Eheschließung mit Staatsangehörigen deutschen oder artverwandten Blutes oder mit staatsangehörigen jüdischen Mischlingen, die nur einen volljüdischen Großelternteil haben, der Genehmigung des Reichsministers des Innern und des Stellvertreters des Führers oder der von ihnen bestimmten Stelle.

§ 3 Abs. 2 AusfVO.: Bei der Entscheidung sind insbesondere zu berücksichtigen die körperlichen, seelischen und charakterlichen Eigenschaften des Antragstellers, die Dauer der Ansässigkeit seiner Familie in Deutschland, seine oder seines Vaters Teilnahme am Weltkrieg und seine sonstige Familiengeschichte (§ 3 Abs. 3 und 4 betr. das Genehmigungsverfahren).

§ 4 AusfVO.: Eine Ehe soll nicht geschlossen werden zwischen staatsangehörigen jüdischen Mischlingen, die nur einen volljüdischen Großelternteil haben.

§ 8 Abs. 2 AusfVO.: Für Ehen, die entgegen den §§ 3, 4... geschlossen worden sind, treten die Folgen des § 1 (Ehenichtigkeit) und des § 5 Abs. 1 des Ges. (Strafbarkeit) nicht ein.

In den unter aa aufgeführten Fällen ist das Ehehindernis des jüdischen Bluteinschlags ein trennendes, in den unter bb aufgeführten Fällen nur ein aufschiebendes.

Im übrigen ist zu den einzelnen die Ehehindernisse enthaltenden Vorschriften noch folgendes zu bemerken:

Zu § 1 Abs. 1 des Ges. und § 2 AusfVO.:

Unter Jude im Sinne dieser Vorschriften ist, wie überall im Reichsbürger- und Blutschutzges., zu verstehen

der in- oder ausländische Staatsangehörige, der von drei oder vier der Rasse nach volljüdischen Großeltern abstammt und

der deutsche Staatsangehörige, der nur von zwei der Rasse nach volljüdischen Großeltern abstammt, aber nach § 5 Abs. 2 VO. z. Reichsbürgerges. als Jude gilt.

Wer Träger deutschen oder artverwandten Blutes ist, ist unter A II Abs. 4 und 5 kurz dargestellt.

Durch § 1 Abs. 1 des Ges. und § 2 AusfVO. wird nur die Ehe zwischen Juden und deutschen Staatsangehörigen verboten; der Jude, mag er selbst die deutsche oder fremde Staatsangehörigkeit besitzen, kann jeden ausländischen Staatsangehörigen heiraten; dessen Rasse ist unerheblich. Es kann also ein Jude deutscher Staatsangehörigkeit etwa eine Niederländerin arischer Abstammung und eine Jüdin deutscher Staatsangehörigkeit einen Niederländer arischer Abstammung heiraten.

Verboten ist dem Juden nur die Ehe mit einem Staatsangehörigen, der entweder deutschen oder artverwandten Blutes oder Mischling mit nur einem jüdischen Großelternteil ist. Der Jude kann also auch einen deutschen Staatsangehörigen heiraten, wenn dieser selbst Jude oder wenn er jüdischer Mischling mit zwei volljüdischen Großeltern ist.

Zu § 3 AusfVO.:

§ 3 AusfVO. z. Blutschutzges. enthält eine Sondervorschrift für die Eheschließung staatsangehöriger jüdischer Mischlinge mit zwei volljüdischen Großelternteilen.

Voraussetzung für die Anwendung des § 3 ist also zunächst, daß der Mischling die deutsche Staatsangehörigkeit besitzt; der jüdische Mischling ausländischer Staatsangehörigkeit unterliegt nicht der Vorschrift des § 3 AusfVO. Weiter darf der jüdische Mischling, wenn § 3 zur Anwendung kommen soll, nicht gemäß § 5 Abs. 2 VO. z. Reichsbürgerges. als Jude gelten; gilt er als Jude, dann unterliegt er dem Eheverbot des § 1 Abs. 1 Satz 1 des Ges. und des § 2 AusfVO.

Der jüdische Mischling deutscher Staatsangehörigkeit mit zwei volljüdischen Großeltern bedarf zur Eheschließung mit Staatsangehörigen deutschen oder artverwandten Blutes oder jüdischen Mischlingen mit nur einem volljüdischen Großelternteil sind, der Genehmigung. Daraus folgt, daß § 3 nur zur Anwendung kommen kann, wenn auch der andere Teil deutscher Staatsangehöriger ist.

Mischlinge deutscher Staatsangehörigkeit mit zwei volljüdischen Großeltern können ohne Genehmigung die Ehe eingehen mit einem fremden Staatsangehörigen gleich welcher Rasse, ferner mit einem deutschen Staatsangehörigen, der vier, drei oder zwei volljüdische Großeltern hat.

Der jüdische Mischling fremder Staatsangehörigkeit mit zwei volljüdischen Großeltern kann sowohl einen deutschen wie einen fremden Staatsangehörigen ohne Rücksicht auf deren Rasse heiraten.

Zu § 4 AusfVO.:

Eine Ehe soll nicht geschlossen werden zwischen Staatsangehörigen jüdischen Mischlingen mit nur einem volljüdischen Großelternteil.

Das Verbot erstreckt sich also nur auf die Ehen von deutschen Staatsangehörigen untereinander.

Der jüdische Mischling ausländischer Staatsangehörigkeit mit nur einem jüdischen Großelternteil darf jeden deutschen und jeden fremden Staatsangehörigen ohne Rücksicht auf deren Rasse heiraten.

Zu § 5 AusfVO.:

Durch § 1 Blutschutzges. und die §§ 2–4 AusfVO. ist endgültig und erschöpfend geregelt, in welchem Umfange im nationalsozialistischen Staat Ehen zwischen Personen deutschen oder artverwandten Blutes mit Personen, die jüdischen Bluteinschlag haben, verboten sein sollen. Durch § 5 AusfVO. wird dies nochmals ausdrücklich festgestellt.

Der Staatenlose.

Die Behandlung der staatenlosen Personen ist im Rahmen des Blutschutzges. besonders geregelt worden. § 15 AusfVO. bestimmt:

„Soweit die Vorschriften des Gesetzes und seiner Ausführungsverordnungen sich auf deutsche Staatsangehörige beziehen, sind sie auch auf Staatenlose anzuwenden, die ihren Wohnsitz oder gewöhnlichen Aufenthalt im Inlande haben. Staatenlose, die ihren Wohnsitz oder gewöhnlichen Aufenthalt im Auslande haben, fallen nur dann unter diese Vorschriften, wenn sie früher die deutsche Staatsangehörigkeit besessen haben."

§ 15 AusfVO. geht als Sondervorschrift der allgemeinen Norm des Art. 29 EGBGB. vor.

Im Rahmen des Blutschutzges. wird der Staatenlose, der seinen Wohnsitz oder gewöhnlichen Aufenthalt in Deutschland hat, einem deutschen Staatsangehörigen gleichgestellt. Daraus folgt, daß z. B. die Ehe zwischen Juden und einem Staatenlosen deutschen oder artverwandten Blutes oder einem staatenlosen Mischling mit nur einem volljüdischen Großelternteil auf der anderen Seite verboten ist, wenn der Staatenlose seinen Wohnsitz oder gewöhnlichen Aufenthalt in Deutschland hat. Ebenso werden nach § 15 Satz 2 AusfVO. diejenigen Staatenlosen behandelt, die ihren Wohnsitz oder gewöhnlichen Aufenthalt im Ausland haben, aber die deutsche Staatsangehörigkeit besaßen, bevor sie staatenlos wurden.

An einer ausdrücklichen Bestimmung fehlt es für staatenlose Personen, die ihren Wohnsitz oder gewöhnlichen Aufenthalt im Ausland haben und ferner entweder ursprünglich staatenlos sind oder eine **fremde** Staatsangehörigkeit besessen haben, bevor sie staatenlos wurden. Jedoch ergibt sich aus Satz 2 des § 15, daß diese Personen die nur für deutsche Staatsangehörige geltenden Vorschriften keine Anwendung finden sollen. Es bleibt also nur die Möglichkeit, auf sie die für fremde Staatsangehörige geltenden Besondern Vorschriften des Gesetzes und der AusfVO. anzuwenden oder diejenigen Vorschriften, die sich in gleicher Weise auf den Inländer und Ausländer erstrecken. Letztere Annahme scheint mir richtig zu sein. Ausgeschlossen wird durch § 15 Satz 2 AusfVO. nur die Anwendung der für deutsche Staatsangehörige geltenden Sonderbestimmungen, nicht aber wird ausgesprochen, daß sie nur die für fremde Staatsangehörige geltenden Sonderbestimmungen maßgebend sind. Daraus ergibt sich, daß diese Gruppe von Staatenlosen denjenigen Vorschriften unterworfen ist, die in gleicher Weise für In- und Ausländer gelten. Praktische Bedeutung hat diese Unterscheidung etwa für die Fälle des § 9 und § 2 AusfVO., in denen vorausgesetzt ist, daß jemand eine fremde Staatsangehörigkeit besitzt.

Die in Deutschland ohne festen Wohnsitz umherziehenden Personen (etwa die Zigeuner) haben in aller Regel ihren gewöhnlichen Aufenthalt in Deutschland, wenn auch nicht an einem bestimmten Orte in Deutschland. Wenn Zweifel besteht, ob eine Person ihren gewöhnlichen Aufenthalt im In- oder Ausland hat, wird man — entsprechend dem Zweck des Blutschutzges. — die für deutsche Staatsangehörige geltenden Vorschriften auf sie anzuwenden haben. Soweit diese Eheverbote wegen jüdischen Bluteinschlags in Betracht kommen, wird die Frage wohl nur selten praktische Bedeutung erlangen. Anders ist es bei dem Eheverbot des § 6 AusfVO., da hier z. B. zu entscheiden sein wird, ob ein Deutscher einen Zigeuner heiraten darf.

b) Feststellung der Eheverbote

aa) Bei Eheschließung im Inland

α) Nach § 45 PersStG. haben die Verlobten dem Standesbeamten vor der Anordnung des Aufgebots ihre Ehefähigkeit nachzuweisen. Der Standesbeamte darf das Aufgebot erst anordnen, wenn er sich davon überzeugt hat, daß kein Ehehindernis der beabsichtigten Ehe entgegensteht. Diese Grundsätze gelten auch für die Eheverbote wegen jüdischen Bluteinschlags.

Bisher ist noch nicht angeordnet, welche Urkunden die Verlobten zum Nachweise dafür, daß ein Ehehindernis wegen jüdischen Bluteinschlags nicht vorliegt, beizubringen haben und welche Erklärungen von ihnen abzugeben sind. Es ist anzunehmen, daß diese Frage in kürzester Zeit in einem Runderlaß des Reichs- und Preußischen Ministers des Innern entschieden wird.

Kommt der Standesbeamte zu der Überzeugung, daß das Ehehindernis wegen jüdischen Bluteinschlags nicht besteht, so hat er — wenn die Ehefähigkeit der Brautleute auch im übrigen nachgewiesen ist — das Aufgebot anzuordnen. Stellt er dagegen fest, daß die beabsichtigte Ehe verboten ist, so muß er das Aufgebot ablehnen. Gegen die Ablehnung des Aufgebots können die Verlobten die Entscheidung des AG. anrufen (§ 11 Abs. 3 PersStG. in Verbindung mit § 69 RJGG.). Der weitere Rechtszug geht an die ZivSen. des OLG. und eines der in einem Lande bestehenden mehreren OLG.: (in Preußen: des KG.); notfalls entscheidet das RG.

β) Nach diesen Gesichtspunkten hat der Standesbeamte auch dann zu verfahren, wenn die Ehe ohne Aufgebot geschlossen werden darf, sei es, daß ein Verlobter lebensgefährlich erkrankt ist (§ 50 PersStG.), sei es, daß Befreiung vom Aufgebot bewilligt ist (vgl. § 1316 BGB.). Die Prüfung obliegt in diesen Fällen dem Standesbeamten, vor dem die Ehe geschlossen werden soll. Wird Befreiung vom Aufgebot beantragt, so wird allerdings schon die Befreiungsbehörde (vgl. § 6 VO. zur Vereinheitlichung der Zuständigkeit in Familien- und Nachlaßsachen v. 31. Mai 1934 [RGBl. I, 472]) prüfen, ob das Eheverbot des jüdischen Bluteinschlags besteht, und gegebenenfalls die Befreiung versagen. Immerhin ist der Standesbeamte, vor dem die Ehe geschlossen wird, nicht von der Pflicht zur selbständigen Prüfung enthoben, wenn die Befreiung erteilt ist.

γ) Schließlich hat der Standesbeamte die gleiche Prüfung vorzunehmen, wenn ein Deutscher, der im Ausland heiraten will, bei ihm die Ausstellung eines Ehefähigkeitszeugnisses beantragt (vgl. § 5 VO. zur Vereinheitlichung der Zuständigkeit in Familien- und Nachlaßsachen v. 31. Mai 1934 [RGBl. I, 472]); denn das Ehefähigkeitszeugnis darf der Standesbeamte nur dann ausstellen, wenn er auch das Aufgebot anordnen dürfte. Gegen die Versagung des Ehefähigkeitszeugnisses sind dieselben Rechtsbehelfe wie gegen die Versagung des Aufgebots gegeben (vgl. Art. 2 VO. zur weiteren Vereinheitlichung der Zuständigkeit in Familiensachen v. 17. Mai 1935 [RGBl. I, 682]).

δ) Für den Fall, daß einer der Verlobten eine fremde Staatsangehörigkeit besitzt, bestimmt § 9 AusfVO. z. Blutschutzges.:

„Besitzt einer der Verlobten eine fremde Staatsangehörigkeit, so ist vor einer Versagung des Aufgebots wegen eines der im § 1 des Ges. oder in den §§ 2—4 dieser VO.³) genannten Ehehindernisses ... die Entscheidung des Reichsministers des Innern einzuholen."

Der Standesbeamte darf also das Aufgebot nicht von sich aus versagen. Ebensowenig darf er in den oben (β und γ) erörterten Fällen die Eheschließung oder die Ausstellung des Ehefähigkeitszeugnisses ablehnen, bevor er die Entscheidung des Reichsministers des Innern eingeholt hat.

Die Entscheidung des Reichsministers des Innern ist für den Standesbeamten bindend. Er muß also das Aufgebot anordnen, auch wenn das Ehehindernis des jüdischen Bluteinschlags besteht. Dadurch, daß in § 9 AusfVO. dem Reichsminister des Innern die Entscheidung darüber übertragen ist, ob das Aufgebot anzuordnen sei oder nicht, hat er auch die Befugnis erhalten, trotz Vorliegens des Ehehindernisses die Eheschließung zu gestatten.

bb) Bei Eheschließung im Ausland

Es ist ein anerkannter Grundsatz des deutschen internationalen Eherechts, daß sich die materiellen Voraussetzungen der Eheschließung für einen deutschen Staatsangehörigen auch dann nach deutschem Recht richten, wenn die Ehe im Ausland geschlossen wird. Nur für die Form der Eheschließung ist neben der deutschen Form auch die Form des Staates zugelassen, in dem die Heirat erfolgt. Vom Standpunkt des deutschen Rechts müssen wir deshalb verlangen, daß auch der ausländische Standesbeamte oder Religionsdiener, der die Eheschließung vollzieht, auf die deutschen Verlobten deutsches Recht und damit auch die Bestimmungen des Blutschutzges. und der AusfVO. anwendet. Die Länder, mit denen Deutschland im HaagEheschlAbk. vereinigt ist, sind vertragsmäßig zur Anwendung des deutschen Rechts auf die deutschen Verlobten verpflichtet (Art. 1: „Das Recht zur Eingehung der Ehe bestimmt sich in Ansehung eines jeden der Verlobten nach dem Gesetze des Staates, dem er angehört...").

Auf welche Weise sich der ausländische Standesbeamte die Überzeugung verschafft, daß das Ehehindernis des jüdischen Bluteinschlags nicht besteht, bleibt ihm und der Gesetzgebung seines Landes überlassen. Er kann sich zuverlässig dadurch unterrichten, daß dem deutschen Verlobten die Beibringung eines Ehefähigkeitszeugnisses aufgibt. Im Haager Abkommen ist dies ausdrücklich vorgesehen. Art. 4 bestimmt:

„Die Ausländer müssen zum Zwecke ihrer Eheschließung nachweisen, daß sie den Bedingungen genügen, die nach dem im Art. 1 bezeichneten Gesetz (Gesetz des Heimatstaates) erforderlich sind.

Dieser Nachweis kann durch ein Zeugnis der diplomatischen oder konsularischen Vertreter des Staates, dem die Verlobten angehören, oder durch irgendein anderes Beweismittel geführt werden, je nachdem die Staatsverträge oder die Behörden des Landes, in welchem die Ehe geschlossen wird, den Nachweis als genügend anerkennen."

---

³) In Betracht kommen nur § 1 des Gesetzes und § 2 AusfVO. In den §§ 3 und 4 ist Voraussetzung, daß beide Verlobten die deutsche Staatsangehörigkeit besitzen (vgl. die Ausführungen unter B II 1 a zu § 3 AusfVO.).

c) **Rechtsfolgen bei Verletzung der Eheverbote**

aa) **Familienrechtliche Folgen**

α) Nach § 1 Abs. 1 Satz 2 des Ges. sind die dem Verbot zuwider geschlossenen Ehen zwischen Juden und Staatsangehörigen deutschen und artverwandten Blutes nichtig; ebenso sind nichtig die Ehen zwischen Juden und staatsangehörigen jüdischen Mischlingen, die nur einen volljüdischen Großelternteil haben (§ 2 AusfVO.). Die Nichtigkeit ist keine absolute, sondern muß durch gerichtliches Urteil festgestellt werden; bis zur Rechtskraft des Urteils ist die Ehe als bestehend zu betrachten. Für die Geltendmachung der Nichtigkeit gelten folgende Bestimmungen:

§ 1 Abs. 2 des Ges.: „Die Nichtigkeitsklage kann nur der Staatsanwalt erheben."

§ 8 Abs. 1 AusfVO.: „Die Nichtigkeit einer entgegen dem § 1 des Ges. oder dem § 2 dieser VO. geschlossenen Ehe kann nur im Wege der Nichtigkeitsklage geltend gemacht werden."

Beide Bestimmungen weichen von den sonst im Familienrecht geltenden Grundsätzen ab.

Die Nichtigkeitsklage kann sonst außer von dem Staatsanwalt auch von den Ehegatten erhoben werden. Im Rahmen des Blutschutzges. sollen die Ehegatten ein Klagerecht nicht haben, weil sie unter Mißachtung eines fundamentalsten Grundsätze des nationalsozialistischen Staates die Ehe geschlossen haben. Die gleiche Regelung besteht im Ehegesundheitsg. und im Gesetz gegen Mißbräuche bei der Eheschließung und der Annahme an Kindes Statt.

Durch § 8 Abs. 1 AusfVO. wird ferner die Regel des § 1329 BGB. durchbrochen, daß nach Auflösung der Ehe die Nichtigkeit von jedem geltend gemacht werden kann. Nach § 1329 BGB. kann, wenn ein Ehegatte gestorben ist, bevor die Ehe für nichtig erklärt worden ist, jeder, der ein berechtigtes Interesse daran hat, sich auf die Nichtigkeit der Ehe berufen (wichtig für Erbschaftsansprüche). Durch § 8 Abs. 1 AusfVO. wird dies ausgeschlossen. Die Nichtigkeit kann nur im Wege der Nichtigkeitsklage und nur vom Staatsanwalt geltend gemacht werden. Jeder andere, auch die Ehegatten, können sich auf die Nichtigkeit erst berufen, wenn diese durch gerichtliches Urteil mit Wirkung für und gegen alle festgestellt worden ist. Ist die Ehe durch den Tod eines Ehegatten oder durch Scheidung aufgelöst, bevor sie für nichtig erklärt worden ist, so kann niemand sich auf die Nichtigkeit berufen; die Ehe ist so zu behandeln, als ob sie gültig gewesen wäre.

β) Die Gerichtszuständigkeit für die Nichtigkeitsklage richtet sich nach § 606 ZPO. Wohnt der Mann im Inland, so ist die Zuständigkeit eines Gerichts für die Nichtigkeitsklage immer gegeben (§ 606 Abs. 1 ZPO.). Wohnt er dagegen im Ausland, so ist ein deutsches Gericht für die Klage des Staatsanwalts in der Regel nur zuständig, wenn der Mann die deutsche Staatsangehörigkeit besitzt.

γ) Ist eine nach § 1 Abs. 1 des Ges. und § 2 AusfVO. verbotene Ehe im Ausland geschlossen, so ist sie nur nichtig, wenn die Ehegatten zum Zwecke der Umgehung des deutschen Gesetzes im Ausland geheiratet haben. Zu beachten ist aber § 10 AusfVO., wonach eine Ehe, die vor einer deutschen Konsularbehörde geschlossen ist, als im Inland geschlossen gilt.

Es ist schon darauf hingewiesen worden, daß die rechtliche Fähigkeit zur Eingehung einer Ehe sich für einen deutschen Staatsangehörigen auch dann nach den deutschen Gesetzen richtet, wenn die Ehe im Ausland geschlossen wird. Immerhin muß damit gerechnet werden, daß bei Eheschließungen im Ausland die Bestimmungen des Blutschutzges. nicht in demselben Umfange beachtet werden, wie wenn die Ehe vor einem deutschen Standesbeamten eingegangen wird. Dies hängt damit zusammen, daß der ausländische Standesbeamte nicht nach deutschem Recht, sondern nach seinem Heimatrecht verfährt. Nur wenn ihm die Rechtsordnung seines Landes gebietet, deutsches Recht auf den deutschen Staatsangehörigen anzuwenden, wird er dies tun, sonst nicht. Die Anwendung des deutschen Rechts ist also gewährleistet, wenn die Ehe in einem solchen Staate geschlossen wird, der mit Deutschland im HaagEheschlAbk. vereinigt ist, oder in einem Staate, dessen internationales Familienrecht bestimmt, daß die Ehefähigkeit des Ausländers nach seinem Heimatrecht zu beurteilen ist; in der zuletzt genannten Staatengruppe ist die Gewähr für die Anwendung deutschen Rechtes erheblich geringer als in der ersten Gruppe, weil keine völkerrechtliche Bindung besteht. Das deutsche Recht wird überhaupt nicht angewandt in den Staaten, die die Ehefähigkeit des Ausländers nach ihrem eigenen Recht beurteilen; es ist dies vor allem in den Staaten, die dem Domizilprinzip folgen. So wird der deutsche Staatsangehörige, der sein Domizil im Sinne des englischen Rechts in England hat, auch hinsichtlich seiner persönlichen Fähigkeit zur Eheschließung nach englischem, nicht nach deutschem Recht beurteilt.

Die Rechtsordnung des fremden Staates ermöglicht also in vielen Fällen die Eheschließung zwischen Personen, denen die Heirat durch das deutsche Gesetz verboten ist. Hinzukommt, daß der im Ausland lebende deutsche Staatsangehörige die Bestimmungen des Blutschutzges. und seiner AusfVO. nicht immer hinlänglich kennen wird. Wenn ihn auch sein Rassegefühl von der Eingehung einer nach § 1 des Ges. oder § 2 AusfVO. verbotenen Ehe abhalten sollte, so müssen wir doch leider damit rechnen, daß solche Rassenmischungen im Ausland geschlossen werden.

Trotzdem hätte auch in Fällen dieser Art der deutsche Gesetzgeber an die Übertretung seiner im Interesse der Reinerhaltung der deutschen Rasse geschaffenen Eheverbote die Rechtsfolge der Ehenichtigkeit knüpfen können. Er hat indessen davon abgesehen und diese Rechtsfolge nur mit der größten Mißachtung des deutschen Rechts verbunden: „Die Ehe soll nur nichtig sein, wenn sie zum Zwecke der Umgehung des deutschen Gesetzes im Ausland geschlossen ist. Eine Umgehungsabsicht wird meist anzunehmen sein, wenn in Deutschland wohnende Personen zur Eheschließung ins Ausland reisen und alsbald wieder nach Deutschland zurückkehren. Dagegen wird man eine Umgehungsabsicht kaum feststellen können, wenn die Ehe in einem Staate geschlossen wird, in dem einer der Verlobten seinen gewöhnlichen Aufenthalt hat. Immerhin kann die Prüfung des Einzelfalls zu einem anderen Ergebnis führen.

Da die im Ausland vor einer deutschen Konsularbehörde geschlossene Ehe nach § 10 AusfVO. als im Inland geschlossen gilt, ist diese Ehe nach den allgemeinen Vorschriften nichtig. Im übrigen wird der Fall, daß Verlobte, die eine verbotene Ehe schließen wollen, vor einem deutschen Konsul heiraten, nicht praktisch werden.

δ) Die Rechtsfolge der Ehenichtigkeit tritt nicht ein, wenn die Ehe zwischen einem staatsangehörigen jüdischen Mischling mit zwei volljüdischen Großeltern auf der einen und einem deutschen Staatsangehörigen deutschen oder artverwandten Blutes oder staatsangehörigen jüdischen Mischling mit nur einem volljüdischen Großelternteil auf der anderen Seite ohne die nach § 3 AusfVO. erforderliche Genehmigung geschlossen wird; ferner tritt Nichtigkeit nicht ein, wenn zwei staatsangehörige jüdische Mischlinge mit nur einem volljüdischen Großelternteil dem Verbote des § 4 AusfVO. zuwider heiraten. In § 8 Abs. 2 AusfVO. ist dies ausdrücklich bestimmt.

bb) **Strafrechtliche Folgen**

Wer eine durch § 1 Abs. 1 des Ges. oder § 2 AusfVO. verbotene Ehe schließt, wird mit Zuchthaus bestraft (§ 5 Abs. 1 des Ges.). Die Strafandrohung richtet sich gegen beide Ehegatten. Strafbar ist auch der Standesbeamte, der die Eheschließung in Kenntnis des Ehehindernisses vornimmt.

Unerheblich ist, ob die Ehegatten die deutsche oder eine fremde Staatsangehörigkeit besitzen. Besitzen sie oder besitzt einer von ihnen eine fremde Staatsangehörigkeit, so ist § 16 Abs. 2 AusfVO. zu beachten, wonach die Strafverfolgung eines fremden Staatsangehörigen der Zustimmung der Reichsminister der Justiz und des Innern bedarf.

Wenn die Ehe im Ausland geschlossen ist, gilt die Strafvorschrift nur dann, wenn die Verlobten zum Zwecke der Umgehung des deutschen Gesetzes im Ausland geheiratet haben.

Da es sich in § 5 Abs. 1 des Ges. um ein **Verbrechen** handelt, ist auch der Versuch strafbar. Zuständig zur Aburteilung ist nach § 14 AusfVO. die große StrK.

Die Übertretung der Eheverbote der §§ 3 und 4 des Ges. wird nicht bestraft (§ 8 Abs. 2 AusfVO.).

d) Übersicht

In der folgenden Übersicht ist dargestellt, ob eine Ehe verboten oder erlaubt ist, ob die einem Verbote zuwider geschlossene Ehe nichtig oder gültig ist, ob die Übertretung des Verbots strafbar ist, schließlich — soweit erforderlich —, wie sich die Eheschließung auf die rassische Einordnung der Ehegatten und der Kinder auswirkt. In der Übersicht werden der Kürze halber folgende Ausdrücke verwandt werden:

Arier für eine Person deutschen oder artverwandten Blutes,

Vierteljude für eine Person, die von einem volljüdischen Großelternteil abstammt,

Halbjude für eine Person, die von zwei volljüdischen Großeltern abstammt,

Dreivierteljude für eine Person, die von drei volljüdischen Großeltern abstammt,

Volljude für eine Person, die von vier volljüdischen Großeltern abstammt.

Da in der Übersicht wiederholt darauf abgestellt ist, ob ein Großelternteil volljüdisch ist, ist zu beachten, daß ein Großelternteil auch dann als Volljude gilt, wenn er der jüdischen Religionsgemeinschaft angehört hat.

Übersicht

a¹) **Ein Volljude oder Dreivierteljude** deutscher Staatsangehörigkeit darf heiraten

aa) einen fremden Staatsangehörigen ganz allgemein; dessen rassische Einordnung ist unerheblich.

Besitzt der Mann die deutsche Staatsangehörigkeit, so gilt noch folgendes:

Die Frau gilt, wenn sie Halbjüdin ist, fortan als Jude (§ 5 Abs. 2 Buchst. b VO. z. Reichsbürgerges.), da sie durch die Eheschließung die deutsche Staatsangehörigkeit erwirbt.

Die Kinder aus der Verbindung sind, auch wenn sie nur zwei volljüdische Großeltern haben, Juden (§ 5 Abs. 2 Buchst. c VO. z. Reichsbürgerges.);

bb) einen deutschen Staatsangehörigen, der Voll- oder Dreivierteljude ist; die Kinder sind, auch wenn sie nur zwei volljüdische Großeltern haben, Juden.

Halbjude ist und nach § 5 Abs. 2 VO. zum Reichsbürgerges. als Jude gilt; die Kinder sind, auch wenn sie nur zwei volljüdische Großeltern haben, Juden gem. § 5 Abs. 2 Buchst. c VO. zum Reichsbürgerges.;

Halbjude und nach § 2 Abs. 2 VO. z. Reichsbürgerges. Mischling ist; der Mischling wird durch die Eheschließung Jude (§ 5 Abs. 2 Buchst. b VO. z. Reichsbürgerges.); die Kinder sind, wenn sie nur zwei volljüdische Großeltern haben, Juden gem. § 5 Abs. 2 Buchst. c VO. z. Reichsbürgerges.

a²) Er darf nicht heiraten einen deutschen Staatsangehörigen, der arischer Abstammung oder Vierteljude ist. Die trotz des Verbots geschlossene Ehe ist nichtig. Die Übertretung des Verbots ist strafbar. Die Kinder aus der Verbindung sind gem. § 5

Buchst. c VO. z. Reichsbürgerges., auch wenn sie nur zwei volljüdische Großeltern haben, Juden.

b¹) **Ein Halbjude deutscher Staatsangehörigkeit, der nach § 5 Abs. 2 VO. z. Reichsbürgerges. als Jude gilt**, darf heiraten

aa) einen fremden Staatsangehörigen ganz allgemein: dessen rassische Einordnung ist unerheblich.

Besitzt der Mann die deutsche Staatsangehörigkeit, so gilt noch folgendes:

Die Frau gilt, wenn sie Halbjüdin ist, fortan als Jüdin gem. § 5 Abs. 2 Buchst. b VO. z. Reichsbürgerges.

Die Kinder sind, wenn die Frau Volljüdin oder Dreivierteljüdin ist, Juden gem. § 5 Abs. 2 Buchst. c VO. z. Reichsbürgerges., wenn sie zwei volljüdische Großeltern haben;

bb) einen deutschen Staatsangehörigen, der Voll- oder Dreivierteljude ist, auch wenn sie nur zwei volljüdische Großeltern haben, Juden (§ 5 Abs. 2 Buchst. c VO. z. Reichsbürgerges.;

Halbjude ist und nach § 5 Abs. 2 VO. zum Reichsbürgerges. als Jude gilt; auf die Kinder findet § 5 Abs. 2 Buchst. c VO. z. Reichsbürgerges. keine Anwendung, vielmehr richtet sich ihre rassische Einordnung ausschließlich nach ihren Großeltern;

Halbjude und nach § 2 Abs. 2 VO. z. Reichsbürgerges. Mischling ist; der Mischling wird durch die Eheschließung Jude (§ 5 Abs. 2 Buchst. b VO. z. Reichsbürgerges.); die rassische Einordnung der Kinder richtet sich ausschließlich nach ihren Großeltern.

b²) Er darf nicht heiraten einen deutschen Staatsangehörigen, der arischer Abstammung oder Vierteljude ist. Die trotz des Verbots geschlossene Ehe ist nichtig. Die Übertretung des Verbots wird bestraft. Die rassische Einordnung des arischen Teils oder des Mischlings wird nicht berührt. Die rassische Einordnung der Kinder richtet sich ausschließlich nach ihren Großeltern (§ 5 Abs. 2 Buchst. c VO. zum Reichsbürgerges. gilt nicht).

c¹) **Ein Halbjude deutscher Staatsangehörigkeit, der nach § 2 Abs. 2 VO. z. Reichsbürgerges. Mischling ist**, darf heiraten

aa) einen fremden Staatsangehörigen ganz allgemein; auf dessen rassische Einordnung kommt es nicht an.

Besitzt der Mann die deutsche Staatsangehörigkeit, so gilt noch folgendes:

Der Mann gilt fortan als Jude, wenn die Frau Volljüdin, Dreivierteljüdin oder Halbjüdin mit mosaischem Bekenntnis ist (§ 5 Abs. 2 Buchst. b VO. zum Reichsbürgerges.); ist die Frau Halbjüdin mit mosaischem Bekenntnis, so gilt sie vom Zeitpunkt der Eheschließung an als Jüdin (§ 5 Abs. 2 Buchst. a VO. z. Reichsbürgerges.).

Die Kinder aus der Verbindung sind Juden, wenn die Frau Volljüdin oder Dreivierteljüdin ist und die Kinder mindestens zwei volljüdische Großeltern haben (§ 5 Abs. 2 Buchst. c VO. z. Reichsbürgerges.);

bb) einen deutschen Staatsangehörigen, der Volljude oder Dreivierteljude ist; der Mischling wird dadurch Jude gem. § 5 Abs. 2 Buchst. b VO. z. Reichsbürgerges.; die Kinder aus der Verbindung sind, wenn sie auch nur zwei volljüdische Großeltern haben, Juden gem. § 5 Abs. 2 Buchst. c VO. z. Reichsbürgerges.;

Halbjude ist und gem. § 5 Abf. 2 BO. zum Reichsbürgergef. als Jude gilt; der Mischling wird durch die Eheschließung ebenfalls Jude (§ 5 Abf. 2 Buchft. b BO. z. Reichsbürgergef.); die rassische Einordnung der Kinder richtet sich ausschließlich nach den Großeltern.

Halbjude und nach § 2 Abf. 2 BO. z. Reichsbürgergef. Mischling ist; beide Ehegatten bleiben Mischlinge. Die rassische Einordnung der Kinder richtet sich ausschließlich nach ihren Großeltern.

c³) Er darf nur mit Genehmigung einen deutschen Staatsangehörigen, der arischer Abstammung oder Vierteljude ist, heiraten (§ 3 Abf. 1 BO. z. Blutschutzgef.). Die ohne die Genehmigung geschlossene Ehe ist gültig. Eine Bestrafung erfolgt nicht. Die rassische Einordnung der Beteiligten wird nicht berührt. Die rassische Einordnung der Kinder richtet sich ausschließlich nach ihren Großeltern.

d¹) Ein **Vierteljude deutscher Staatsangehörigkeit** darf heiraten

  aa) einen fremden Staatsangehörigen, der arischer Abstammung oder Vierteljude oder Halbjude ist (die Genehmigungspflicht des § 3 Abf. 1 BO. z. Blutschutzgef. erstreckt sich nicht auf diese Ehe);

  bb) einen deutschen Staatsangehörigen, der arischer Abstammung ist.

d²) Er darf einen Halbjuden deutscher Staatsangehörigkeit, der nach § 2 Abf. 2 BO. z. Reichsbürgergef. Mischling ist, heiraten, wenn dieser die Genehmigung nach § 3 Abf. 1 AusfBO. z. Blutschutzgef. erhalten hat. Die ohne die Genehmigung geschlossene Ehe ist gültig. Eine Bestrafung erfolgt nicht. Die rassische Einordnung der Kinder richtet sich nach ihren Großeltern.

d³) Er darf nicht heiraten

  aa) einen fremden Staatsangehörigen, Dreivierteljude oder Volljude ist. Die trotz des Verbots geschlossene Ehe ist nichtig. Die Übertretung des Verbots wird bestraft. Besitzt der Mann die deutsche Staatsangehörigkeit, so werden die Kinder, wenn auch nur zwei Großeltern Volljuden sind, Juden gemäß § 5 Abf. 2 Buchft. c BO. z. Reichsbürgergef.

  bb) einen deutschen Staatsangehörigen, der Vierteljude ist (§ 4 AusfBO. z. Blutschutzgef.); die trotz des Verbots geschlossene Ehe ist gültig; eine Bestrafung erfolgt nicht.

Halbjude ist und nach § 5 Abf. 2 BO. z. Reichsbürgergef. als Jude gilt (vgl. unter b³);

Dreivierteljude oder Volljude ist (vgl. unter a²).

e¹) Ein **Arier deutscher Staatsangehörigkeit** darf heiraten

  aa) einen fremden Staatsangehörigen, der arischer Abstammung, Vierteljude oder Halbjude ist (vgl. d¹ aa);

  bb) einen deutschen Staatsangehörigen, der arischer Abstammung oder Vierteljude ist.

e²) Er darf einen Halbjuden deutscher Staatsangehörigkeit, der nach § 2 Abf. 2 BO. z. Reichsbürgergef. Mischling ist, heiraten, wenn dieser die Genehmigung erhalten hat (vgl. d²).

e³) Er darf nicht heiraten

  aa) einen fremden Staatsangehörigen, der Dreivierteljude oder Volljude ist (vgl. im übrigen unter d³ aa);

bb) einen deutschen Staatsangehörigen, der Halbjude ist und nach § 5 Abf. 2 BO. z. Reichsbürgergef. als Jude gilt (vgl. b³); Dreivierteljude oder Volljude ist (vgl. a²).

f) **Ausländische Staatsangehörige** können untereinander ohne jede Beschränkung heiraten. Die Beschränkungen, denen der Ausländer bei der Eheschließung mit einem Deutschen unterworfen ist, können aus der Übersicht unter a bis e entnommen werden, wenn von der rassischen Zugehörigkeit des deutschen Teils ausgegangen wird.

Es ergibt sich dann folgendes:

aa) Ein ausländischer Jude (Voll- oder Dreivierteljude) darf heiraten

einen Ausländer, gleich welcher Rasse;

einen Voll- oder Dreivierteljuden deutscher Staatsangehörigkeit;

einen Halbjuden deutscher Staatsangehörigkeit, mag dieser jüdischer Mischling gemäß § 2 Abf. 2 BO. z. Reichsbürgergef. sein oder nach § 5 Abf. 2 daselbst als Jude gelten.

bb) Ein Ausländer arischer Abstammung, ein ausländischer Mischling mit einem jüdischen Großelternteil, ein ausländischer Mischling mit zwei jüdischen Großelternteilen darf heiraten

einen deutschen Staatsangehörigen, gleich welcher Rasse;

einen Ausländer, gleich welcher Rasse.

In den übrigen Fällen ist die Ehe verboten. Das Verbot richtet sich immer gegen den deutschen Verlobten, nicht gegen den fremden Staatsangehörigen; denn dessen Ehefähigkeit wird immer nach seinem Heimatrecht beurteilt (vgl. Art. 13 EGBGB. und Art. 1 Haager Eheschließungs-Abkommens).

2. Das Ehehindernis wegen Gefährdung der Reinerhaltung des deutschen Blutes

a) Materielle Vorschriften und Rechtsfolgen bei Übertretung des Eheverbots

Die Eheverbote wegen jüdischen Bluteinschlags werden ergänzt durch § 6 AusfBO. z. Blutschutzgef. Nach dieser Bestimmung soll eine Ehe nicht geschlossen werden, wenn aus ihr eine die Reinerhaltung des deutschen Blutes gefährdende Nachkommenschaft zu erwarten ist. Nach dieser Bestimmung werden insbesondere verboten sein die Ehen zwischen deutschen Staatsangehörigen, die Träger deutschen oder artverwandten Blutes sind, auf der einen Seite und den Nachkommen der farbigen Besatzungstruppen am Rhein auf der anderen Seite. Ebenso werden darunter fallen die Ehen zwischen deutschblütigen Menschen und Zigeunern. Eine auch nur einigermaßen vollständige Übersicht über die Ehen, die durch das Verbot des § 6 AusfBO. getroffen werden können, kann im Rahmen eines Aufsatzes nicht gegeben werden. Nur darauf sei hingewiesen, daß das Ehehindernis des § 6 nicht darauf gestützt werden kann, daß einer der Verlobten jüdischen Bluteinschlag hat; denn die Ehehindernisse wegen jüdischen Bluteinschlags sind durch § 1 Blutschutzgef. und durch die §§ 2—4 AusfBO. erschöpfend geregelt (§ 5 AusfBO.).

Das Ehehindernis des § 6 AusfBO. ist ein aufschiebendes Ehehindernis; die Eheschließung ist verboten, die trotz des Verbotes geschlossene Ehe ist aber gültig. Auch werden die Ehegatten, die eine durch § 6 verbotene Ehe schließen, nicht bestraft. In § 8 Abf. 2 AusfBO. wird dies ausdrücklich ausgesprochen.

b) Feststellung des Eheverbots

Anders als bei den Ehehindernissen wegen jüdischen Bluteinschlags obliegt die Feststellung, ob das Eheverbot des § 6 AusfVO. besteht, nicht dem Standesbeamten. Diese Feststellung ist vielmehr Aufgabe des Gesundheitsamts; § 7 AusfVO. bestimmt, daß die Verlobten durch das **Ehetauglichkeitszeugnis nachzuweisen haben, daß kein Ehehindernis im Sinne des § 6 AusfVO. vorliegt.** Das Ehetauglichkeitszeugnis ist durch § 2 Ges. zum Schutze der Erbgesundheit des deutschen Volkes (Ehegesundheitsges.) v. 18. Okt. 1935 eingeführt worden und dient der Feststellung, ob der Eheschließung etwa ein gesundheitliches Ehehindernis im Sinne des § 1 Ehegesundheitsges. entgegensteht (vgl. im übrigen meine Ausführungen in JW. 1935, 3065 unter II). Das Ehetauglichkeitszeugnis hat nunmehr noch den weiteren Zweck, zu bekunden, daß auch das Eheverbot des § 6 AusfVO. z. Blutschutzges. nicht besteht. Das Gesundheitsamt, das über die Ausstellung des Ehetauglichkeitszeugnisses zu entscheiden hat, hat demgemäß zwei Fragen zu beantworten. Besitzen die Verlobten die zur Eheschließung erforderliche Gesundheit; und ferner, ist aus der Ehe etwa eine die Reinerhaltung des deutschen Blutes gefährdende Nachkommenschaft zu erwarten? Nur wenn sich ergibt, daß weder ein gesundheitliches Eheverbot nach § 1 Ehegesundheitsges. noch das rassische Eheverbot des § 6 AusfVO. z. Blutschutzges. besteht, darf das Gesundheitsamt das Ehetauglichkeitszeugnis ausstellen. Andernfalls hat es die Ausstellung des Zeugnisses zu versagen. Erfolgt die Versagung des Zeugnisses, weil ein gesundheitlicher Hinderungsgrund der Eheschließung entgegensteht, so wird den Verlobten in der AusfVO. z. Ehegesundheitsges. die Möglichkeit gegeben werden, die Entscheidung des Gesundheitsamts durch das ErbgesGer. und ErbgesObGer. nachprüfen zu lassen (vgl. die amtliche Begründung z. Ehegesundheitsges.). Wird das Ehetauglichkeitszeugnis dagegen versagt, weil § 6 AusfVO. z. Blutschutzges. der Eheschließung entgegensteht, so können die Verlobten sich im Dienstaufsichtswege gegen die Versagung des Zeugnisses durch das Gesundheitsamt beschweren; eine Anrufung des ErbgesGer. findet in diesem Falle nicht statt (§ 7 Satz 2 AusfVO. z. Blutschutzges.). Liegt sowohl der Versagungsgrund des § 1 Ehegesundheitsges. wie der des § 6 AusfVO. z. Blutschutzges. vor, dann müssen die Verlobten, wenn sie die Entscheidung des Gesundheitsamts nicht für richtig halten, beide Rechtsbehelfe ergreifen. Das ErbgesGer. wird dann darüber entscheiden, ob die Versagung des Zeugnisses auf Grund des § 1 Ehegesundheitsges., und die Aufsichtsbehörde des Gesundheitsamts darüber, ob die Versagung auf Grund des § 6 AusfVO. z. Blutschutzges. begründet ist.

Wenn einer der Verlobten eine **fremde Staatsangehörigkeit** besitzt, darf das Gesundheitsamt die Ausstellung des Ehetauglichkeitszeugnisses wegen des Ehehindernisses des § 6 AusfVO. z. Blutschutzges. erst ablehnen, wenn es die Entscheidung des Reichsministers des Innern eingeholt hat; dieser befindet darüber, ob das Ehehindernis des § 6 AusfVO. der Eheschließung entgegensteht und gegebenenfalls, ob das Ehetauglichkeitszeugnis trotz des Ehehindernisses zu erteilen ist; im letzteren Falle wird durch die Entscheidung des Reichsministers des Innern, die man rechtlich vielleicht als Befreiung bezeichnen kann, das Ehehindernis beseitigt.

Dem Standesbeamten obliegt eine Prüfung der Ehetauglichkeit der Verlobten gemäß § 6 AusfVO. nicht. Für ihn ist allein entscheidend, ob das Ehetauglichkeitszeugnis beigebracht ist oder nicht. Wird das Zeugnis von den Verlobten vorgelegt, so muß er die Eheschließung vornehmen, andernfalls muß er sie ablehnen.

c) Übergangsregelung

Nach § 8 Abs. 2 Ehegesundheitsges. bestimmt der Reichsminister des Innern den Zeitpunkt, in dem § 2 Ehegesundheitsges. in Kraft tritt. Bis zu diesem Zeitpunkt darf der Standesbeamte nach § 8 Abs. 2 Satz 2 Ehegesundheitsges. die Vorlegung eines Ehetauglichkeitszeugnisses nur in Zweifelsfällen verlangen. Entsprechende Bestimmungen enthält § 17 Abs. 2 AusfVO. z. Blutschutzges. Die Verlobten brauchen auch zum Nachweise, daß das Ehehindernis des § 6 AusfVO. z. Blutschutzges. nicht besteht, **vorläufig das Ehetauglichkeitszeugnis nicht vorzulegen.** Auch in diesen Fällen darf der Standesbeamte das Ehetauglichkeitszeugnis nur verlangen, wenn er begründete Zweifel hat, daß die Ehe zu gestatten ist.

III. Das Verbot des außerehelichen Geschlechtsverkehrs zwischen Juden und Personen deutschen oder artverwandten Blutes

1. Der durch das Verbot der Rassenmischehe erstrebte Erfolg, die weitere Vermischung deutschen und artfremden Blutes zu verhindern, kann nur erreicht werden, wenn gleichzeitig auch der rassenschänderische außereheliche Verkehr verboten wird. Dieses Verbot enthält § 2 Blutschutzges. Er bestimmt: „**Außerehelicher Verkehr zwischen Juden und Staatsangehörigen deutschen oder artverwandten Blutes ist verboten.**"

Der Begriff des „außerehelichen Verkehrs" in § 2 des Ges. wird durch § 11 Satz 1 AusfVO. dahin näher bestimmt, daß hierunter nur der Geschlechtsverkehr zu verstehen ist. Das Verbot erstreckt sich nicht auf den gesellschaftlichen und geschäftlichen Verkehr; es bleibt dem Rassenbewußtsein jedes Volksgenossen überlassen, den Verkehr dieser Art mit Juden zu unterlassen.

Durch § 2 des Ges. werden ferner nicht alle unzüchtigen Handlungen im Sinne des § 174 StGB. erfaßt, sondern nur der Geschlechtsverkehr im eigentlichen Sinne; denn nur durch ihn kann eine rassisch unerwünschte Blutmischung vermittelt werden. Andererseits wird man aber nicht so weit gehen dürfen, nur den Beischlaf im Sinne etwa des § 173 StGB. als verboten anzusehen; auch der regelwidrige (perverse) Geschlechtsverkehr wird durch das Verbot erfaßt.

Verboten ist der Geschlechtsverkehr zwischen Juden auf der einen und **Staatsangehörigen deutschen oder artverwandten Blutes** (§ 2 des Ges.) oder staatsangehörigen jüdischen Mischlingen mit einem volljüdischen Großelternteil (§ 11 Satz 2 AusfVO.) auf der anderen Seite. Der Begriff des Juden ist der im Reichsbürgerges. und Blutschutzges. übliche, umfaßt also den Voll- und Dreivierteljuden ohne Rücksicht auf die Staatsangehörigkeit und den von zwei volljüdischen Großeltern abstammenden Mischling der Staatsangehörigkeit, der nach § 5 Abs. 2 VO. z. Reichsbürgerges. als Jude gilt.

Etwaige aus dem Verkehr stammenden, nach dem 31. Juli 1936 außerehelich geborenen Kinder gelten, auch wenn sie nur zwei volljüdische Großeltern haben, als Juden (§ 5 Abs. 2 Buchst. d VO. z. Reichsbürgerges.); Voraussetzung ist, daß sie die deutsche Staatsangehörigkeit besitzen.

2. Der rassenschänderische außereheliche Verkehr wird **nur auf seiten des Mannes bestraft.** Unerheblich ist, ob der Mann Jude ist oder nicht, unerheblich auch, ob er die deutsche Staatsangehörigkeit besitzt oder nicht. Ist der Mann Ausländer, so ist zur Strafverfolgung die Zustimmung der Reichsminister der Justiz und des Innern erforderlich.

Da der rassenschänderische außereheliche Verkehr ein Verbrechen ist, ist auch der Versuch strafbar. Zuständig zur Aburteilung ist im ersten Rechtszuge die große Strafkammer.

IV. Sonstige Vorschriften

1. Halten weiblicher Hausangestellten

Durch § 3 des Ges. ist die Beschäftigung weiblicher Angestellten deutscher Staatsangehörigkeit, die deutschen oder artverwandten Blutes sind, in einem jüdischen Haushalt verboten.

Voraussetzung für die Anwendbarkeit des § 3 ist

a) daß die weibliche Angestellte die deutsche Staatsangehörigkeit besitzt;

b) daß die weibliche Angestellte deutschen oder artverwandten Blutes ist; in § 3 des Ges. steht der Mischling mit nur einem volljüdischen Großelternteil einer Person deutschen oder artverwandten Blutes nicht gleich;

c) daß sie in einem jüdischen Haushalt angestellt ist. Nach § 12 Abs. 1 AusfVO. ist ein Haushalt jüdisch, wenn ein jüdischer Mann Haushaltungsvorstand ist oder der Hausgemeinschaft angehört. Die Judeneigenschaft des Mannes ist gemäß § 5 Abf. 1 und 2 VO. z. Reichsbürgerges. festzustellen. Für die Anwendbarkeit des § 3 ist nicht erforderlich, daß der jüdische Mann der Arbeitgeber ist; es kommt nur darauf an, ob er Haushaltungsvorstand ist oder der Hausgemeinschaft angehört. Leben in einem Haushalt nur eine jüdische Frau und jüdische Kinder, so gilt das Verbot nicht. Auch das Vorhandensein jüdischer Kinder männlichen Geschlechts begründet die Anwendbarkeit des § 3 nicht. Wenn § 12 Abs. 1 VO. von einem jüdischen Mann spricht, so ist damit zum Ausdruck gebracht, daß der Jude männlichen Geschlechts ein Alter erreicht haben muß, in dem er die Geschlechtsehre des deutschen Mädchens gefährden kann;

d) daß die weibliche Angestellte im Haushalt beschäftigt ist. Nach § 12 Abs. 2 AusfVO. ist im Haushalt beschäftigt, wer im Rahmen eines Arbeitsverhältnisses in die Hausgemeinschaft aufgenommen ist oder wer mit alltäglichen Haushaltsarbeiten oder anderen alltäglichen, mit dem Haushalt in Verbindung stehenden Arbeiten beschäftigt ist. Es gehören hierher also in erster Linie Dienstboten, Reinmachefrauen, Kindermädchen;

e) daß sie noch nicht 45 Jahre alt ist; eine Ausnahme hiervon enthält § 12 Abs. 3 AusfVO., wonach Angestellte, die beim Erlaß des Gesetzes in einem jüdischen Haushalt beschäftigt waren, in diesem Haushalt in ihrem bisherigen Arbeitsverhältnis bleiben dürfen, wenn sie bis zum 31. Dez. 1935 das 35. Lebensjahr vollendet haben.

Liegen diese Voraussetzungen vor, so endet das Arbeitsverhältnis am 31. Dez. 1935 (§ 3 tritt erst am 1. Jan. 1936 in Kraft). Arbeitsverträge, die nach dem 1. Jan. 1936 dem Verbot des § 3 zuwider abgeschlossen werden, sind nach § 134 BGB. nichtig; Ansprüche auf Dienstleistung und auf Zahlung des vereinbarten Lohnes entstehen nicht. Die Angestellte hat lediglich einen Anspruch auf Schadensersatz (§ 309 in Verbindung mit § 307 BGB.) und aus ungerechtfertigter Bereicherung (§ 812 BGB.).

Das Verbot des § 3 richtet sich gegen den Arbeitgeber; unerheblich ist, ob er Jude ist oder nicht.

Fremde Staatsangehörige, die weder ihren Wohnsitz noch ihren dauernden Aufenthalt im Inland haben, fallen nicht unter das Verbot (§ 12 Abs. 4 AusfVO.). Sie können die weibliche Angestellte sowohl im Ausland wie — bei vorübergehendem Aufenthalt im Inland — hier beschäftigen. Ist der Arbeitgeber oder die Angestellte staatenlos, so gilt § 15 AusfVO.

Der Arbeitgeber, der dem Verbot des § 3 zuwiderhandelt, wird mit Gefängnis bis zu einem Jahr oder mit Geldstrafe oder mit einer dieser Strafen bestraft (§ 5 Abs. 3 des Ges.). Da sich das Verbot nicht nur gegen den jüdischen Arbeitgeber richtet, ist der Arbeitgeber auch strafbar, wenn er nicht Jude ist (§ 13 AusfVO.).

Die Strafverfolgung eines fremden Staatsangehörigen bedarf der Zustimmung der Reichsminister der Justiz und des Innern.

2. Hissen der Reichs- und Nationalflagge durch Juden

Nach § 4 des Ges. ist Juden das Hissen der Reichs- und Nationalflagge und das Zeigen der Reichsfarben verboten.

Die Judeneigenschaft ist gemäß § 5 Abs. 1 und 2 VO. z. Reichsbürgerges. festzustellen.

Reichs- und Nationalflagge ist nach Art. 2 ReichsflaggenG. v. 15. Sept. 1935 (RGBl. I, 1145) die Hakenkreuzflagge. Die Reichsfarben sind nach Art. 1 desselben Gesetzes schwarz-weiß-rot.

Der Jude, der dem Verbot des § 4 zuwider die Hakenkreuzflagge hißt oder die Reichsfarben schwarz-weiß-rot zeigt, wird mit Gefängnis bis zu einem Jahr und mit Geldstrafe oder mit einer dieser Strafen bestraft.

Für Staatenlose gilt § 15 AusfVO., für die Strafverfolgung von fremden Staatsangehörigen § 16 Abs. 2 AusfVO.

3. Befreiungen

Der Führer und Reichskanzler kann nach § 16 Abs. 1 AusfVO. von sämtlichen Vorschriften des Blutschutzges., der 1. AusfVO. und aller weiteren AusfVO. Befreiung erteilen.

Heilung der Ehenichtigkeit trotz Nichtigkeitsurteil?
(§ 3 Abs. 2 zum Schutze des Ehegesundheitsgesetzes des deutschen Volkes vom 18. Oktober 1935)

A.
Von Referendar Dr. H. A. Knothe, Breslau.

I.

Das Gesetz zum Schutze der Ehegesundheit des deutschen Volkes (Ehegesundheitsgesetz = EGG.) vom 18. Okt. 1935 (RGBl. I, 1246) bedeutet einen weiteren Markstein im Zuge der Gesetzgebung des Dritten Reichs im Hinblick auf die Reinhaltung deutschen Blutes zwecks Aufzucht des Volkes.

Das kurze, aber dennoch inhaltsreiche Gesetz gibt Anlaß zu allerlei Zweifelsfragen, von denen im Rahmen dieses Aufsatzes nur eine, aber besonders augenfällige behandelt werden soll.

Das Gesetz stellt bekanntlich in seinem § 1 in vier Unterfällen ein neues Ehehindernis auf.

Falls das Gesundheitsamt eines der im Gesetz aufgezählten Ehehindernisse nicht festgestellt und demgemäß den Verlobten das Ehetauglichkeitszeugnis (§ 2) ausgestellt hat, ist die geschlossene Ehe nichtig, wenn beide Verlobte die Ausstellung des Zeugnisses oder das Handeln des Standesbeamten bei der Eheschließung durch wissentlich falsche Angaben herbeigeführt haben (§ 3 Abs. 1).

Die Geltendmachung der Nichtigkeit kann nur durch Klage der Staatsanwaltschaft erfolgen. § 3 Abs. 2 des Gesetzes bestimmt nun, daß die so geschlossene Ehe von Anfang an gültig ist, wenn das Ehehindernis später wegfällt. Hierbei erhebt sich sofort die Frage, ob die infolge Wegfalls des ursprünglichen Ehehindernisses bestimmte Heilung der Nichtigkeit auch dann eintritt, wenn bereits vor dem Wegfalle die Nichtigkeitsklage des Staatsanwaltes Erfolg gehabt hat, also dem § 3 Abs. 2 am Schluß noch hinzuzufügen ist: „... bevor die Ehe für nichtig erklärt ist?"

Die Lösung dieser Frage kann nur im Wege der Auslegung, entweder der rein wörtlichen, der systematischen oder der rationellen gefunden werden.

a) Von der wörtlichen Auslegung ausgehend könnte

Zweites Gesetz zur Änderung der Rechtsanwaltsordnung.
Vom 13. Dezember 1935.

Der Rechtsanwalt ist der berufene, unabhängige Vertreter und Berater in allen Rechtsangelegenheiten. Sein Beruf ist kein Gewerbe, sondern Dienst am Recht.

Die Rechtsanwaltschaft so zu erhalten, daß sie ihre hohe Aufgabe erfüllen kann, erachtet die Reichsregierung für ihre ernste Pflicht. Sie sieht in dem jedes Bedürfnis übersteigenden Zustrom zur Anwaltschaft eine schwere Gefahr für den Berufsstand und darüber hinaus für die gesamte Rechtspflege. Um dieser Gefahr zu begegnen und den Nachwuchs vor unausbleiblichen Enttäuschungen zu bewahren, hat die Reichsregierung das folgende Gesetz beschlossen, das hiermit verkündet wird:

Artikel I

An die Stelle des bisherigen ersten Abschnitts der Rechtsanwaltsordnung tritt folgender

„Erster Abschnitt

Der Rechtsanwalt

§ 1

Als Rechtsanwalt kann nur zugelassen werden, wer durch Ablegung der großen Staatsprüfung die Befähigung zum Richteramt erlangt hat.

A. Der Probe- und Anwärterdienst

§ 2

Ein Assessor, der seine Zulassung als Rechtsanwalt erstrebt, hat sich zur besonderen Ausbildung für den Beruf des Rechtsanwalts dem anwaltlichen Probe- und Anwärterdienst zu unterziehen.

§ 3

Der Assessor erhält die gleichen Bezüge wie ein Assessor im staatlichen Probe- und Anwärterdienst. Diese Bezüge gebühren ihm für die Dauer des Probe- und Anwärterdienstes. Grundsätzlich sind diese Bezüge dem Assessor auf Grund einer Vereinbarung mit dem Rechtsanwalt zu zahlen, dem er überwiesen ist. Soweit der Rechtsanwalt diese Bezüge nicht zahlen kann, gewährleistet die Reichs-Rechtsanwaltskammer die Zahlung.

§ 4

Über den Antrag auf Übernahme in den anwaltlichen Probedienst entscheidet der Reichsminister der Justiz.

Die Übernahme ist widerruflich.

§ 5

Der anwaltliche Probedienst dauert ein Jahr. Er kann auf Antrag ausnahmsweise bis zur Dauer eines weiteren Jahres verlängert werden.

Ist der Assessor nach seiner Persönlichkeit und seiner Befähigung für den Beruf des Rechtsanwalts vorzugsweise geeignet, so kann der Probedienst ausnahmsweise abgekürzt oder ganz erlassen werden.

Die Entscheidung trifft der Reichsminister der Justiz.

§ 6

Während des anwaltlichen Probedienstes ist der Assessor vorwiegend mit den Geschäften eines Rechtsanwalts, nach Möglichkeit kürzere Zeit auch mit richterlichen Aufgaben zu befassen.

§ 7

Die Leitung des anwaltlichen Probedienstes obliegt dem Präsidenten des Oberlandesgerichts, dessen Bezirk der Assessor zum Probedienst überwiesen ist. Der Oberlandesgerichtspräsident nimmt den Assessor bei Antritt des Probedienstes durch Handschlag in Pflicht und überweist ihn einem vom Präsidenten der Rechtsanwaltskammer vorgeschlagenen Rechtsanwalt zur Beschäftigung. Er ist befugt, den Assessor zur Erfüllung seiner Pflichten anzuhalten.

§ 8

Der Rechtsanwalt hat den Assessor mit den Aufgaben des Anwaltsberufs vertraut zu machen und ihn angemessen zu beschäftigen.

Der Assessor ist gehalten, die ihm aufgetragenen Berufsarbeiten gewissenhaft zu erledigen. Er ist in dem gleichen Umfange wie der Rechtsanwalt zur Verschwiegenheit verpflichtet und zur Verweigerung der Aussage berechtigt.

§ 9

Der Reichsminister der Justiz entscheidet, ob der Assessor nach Abschluß des anwaltlichen Probedienstes als Anwärter für den Beruf des Rechtsanwalts der Reichs-Rechtsanwaltskammer zu überweisen ist.

§ 10

Der Assessor wird in den Anwärterdienst regelmäßig auf drei Jahre überwiesen. Der Reichsminister der Justiz kann die Anwärterzeit auf Antrag verlängern.

Der Assessor führt während des Anwärterdienstes die Bezeichnung „Anwaltsassessor".

§ 11

Der Präsident der Rechtsanwaltskammer nimmt den Anwaltsassessor bei Antritt des Anwärterdienstes durch Handschlag in Pflicht.

Von diesem Zeitpunkt ab untersteht der Anwaltsassessor der Ehrengerichtsbarkeit der Reichs-Rechtsanwaltskammer und der Aufsicht des Präsidenten der Rechtsanwaltskammer. Der Präsident der Rechtsanwaltskammer hat ihn darauf bei der Verpflichtung hinzuweisen.

§ 12

Der Präsident der Rechtsanwaltskammer überweist den Anwaltsassessor einem Rechtsanwalt zur Leistung des Anwärterdienstes.

Der Rechtsanwalt hat dem Anwaltsassessor anwaltliche Geschäfte aus allen Rechtsgebieten zur Bearbeitung zu übertragen. Der Anwaltsassessor hat die ihm übertragenen Geschäfte nach den Weisungen des Rechtsanwalts gewissenhaft zu erledigen. Er ist in dem gleichen Umfange wie der Rechtsanwalt zur Verschwiegenheit verpflichtet und zur Verweigerung der Aussage berechtigt.

§ 13

Dem Anwaltsassessor stehen die anwaltlichen Befugnisse des Rechtsanwalts zu, dem er überwiesen ist.

§ 14

Der Anwaltsassessor kann sich um seine Zulassung als Rechtsanwalt in der Regel erst zum Ende des dritten Anwärterjahres bewerben. Bei vorzugsweiser Eignung kann er ausnahmsweise schon zu einem früheren Zeitpunkt als Rechtsanwalt zugelassen werden.

Drei Jahre nach dem Ende der Anwärterzeit wird einem Antrage auf Zulassung als Rechtsanwalt in aller Regel nicht mehr stattgegeben.

B. Die Zulassung

§ 15

Der Rechtsanwalt wird bei einem bestimmten Gericht zugelassen.

Bei einem Gericht sollen nicht mehr Rechtsanwälte zugelassen werden, als einer geordneten Rechtspflege dienlich ist.

§ 16

Über den Antrag auf Zulassung als Rechtsanwalt entscheidet der Reichsminister der Justiz im Einvernehmen mit dem Reichsführer des Bundes Nationalsozialistischer Deutscher Juristen. Vor der Zulassung wird der Präsident der Reichs-Rechtsanwaltskammer gutachtlich gehört.

§ 17

Bewerber, die ein öffentliches Amt bekleidet haben, unterliegen nicht den Vorschriften über den Probe- und Anwärterdienst.

§ 18

Der bei einem Amtsgericht zugelassene Rechtsanwalt ist auf seinen Antrag zugleich bei dem Landgericht zuzulassen, in dessen Bezirk das Amtsgericht seinen Sitz hat, sowie bei den Kammern für Handelssachen, die für den Bezirk dieses Amtsgerichts zuständig sind.

Der bei einem Kollegialgericht zugelassene Rechtsanwalt kann auf seinen Antrag zugleich bei einem anderen an dem Orte seines Wohnsitzes befindlichen Kollegialgericht zugelassen werden, wenn die Zulassung der Rechtspflege förderlich ist.

Rechtsanwälte, welche bei einem Landgericht zugelassen sind, können bei dem übergeordneten Oberlandesgericht oder bei einem benachbarten Landgericht zugelassen werden, wenn die gleichzeitige Zulassung einer geordneten Rechtspflege dienlich ist; die gleichzeitige Zulassung beim benachbarten Landgericht ist widerruflich.

§ 19

Der Rechtsanwalt schwört nach seiner Zulassung in der nächsten Sitzung des zuständigen Ehrengerichts vor dem Präsidenten der Rechtsanwaltskammer folgenden Eid:

»Ich schwöre, dem Führer des Deutschen Reiches und Volkes Adolf Hitler Treue zu halten und die Pflichten eines Deutschen Rechtsanwalts gewissenhaft zu erfüllen, so wahr mir Gott helfe.«

Gestattet ein Gesetz den Mitgliedern einer Religionsgesellschaft an Stelle des Eides den Gebrauch anderer Beteuerungsformeln, so kann der Rechtsanwalt, der Mitglied einer solchen Religionsgesellschaft ist, diese Beteuerungsformel sprechen.

Erklärt der Rechtsanwalt, daß er gegen die Eidesleistung in religiöser Form Bedenken habe, so kann er den Eid ohne die Schlußworte leisten.

§ 20

Der Rechtsanwalt muß an dem Ort des Gerichts, bei dem er zugelassen ist, seinen Wohnsitz nehmen und eine Kanzlei einrichten. Inwieweit benachbarte Orte im Sinne dieser Vorschrift als ein Ort anzusehen sind, bestimmt der Reichsminister der Justiz.

Der Rechtsanwalt darf ohne Zustimmung des Präsidenten der Rechtsanwaltskammer weder eine Zweigstelle einrichten noch außerhalb der Kanzlei Sprechtage abhalten.

Der Reichsminister der Justiz kann Ausnahmen bewilligen; die Bewilligung ist widerruflich und kann unter Auflagen erteilt werden.

Ist der Rechtsanwalt gleichzeitig bei mehreren Gerichten in verschiedenen Orten zugelassen, dann bestimmt der Reichsminister der Justiz, an welchem dieser Orte der Rechtsanwalt seinen Wohnsitz zu nehmen und seine Kanzlei einzurichten hat.

Die Mehrkosten, welche bei der Vertretung einer Partei vor einem Kollegialgericht durch einen bei demselben zugelassenen Rechtsanwalt dadurch entstehen, daß der letztere seine Kanzlei nicht am Orte des Gerichts hat, ist die Gegenpartei zu erstatten nicht verpflichtet.

§ 21

Bei jedem Gericht ist eine Liste der dort zugelassenen Rechtsanwälte zu führen. Die Eintragung erfolgt nach der Zulassung. In der Liste ist der Zeitpunkt der Zulassung, der Wohnsitz und die Kanzlei des Rechtsanwalts zu vermerken.

Mit der Eintragung beginnt die Befugnis des Rechtsanwalts, die Anwaltstätigkeit auszuüben.

Jede Veränderung des Wohnsitzes und der Kanzlei muß der Rechtsanwalt zur Eintragung in die Liste anzeigen.

§ 22

Die Zulassung wird zurückgenommen,

1. wenn die Verhältnisse des Antragstellers und die Art seiner Wirtschaftsführung die Belange der Rechtsuchenden gefährden;
2. wenn der Rechtsanwalt einer Tätigkeit nachgeht, die der Würde des Anwaltsberufs widerspricht;
3. wenn der Rechtsanwalt infolge eines körperlichen Gebrechens oder wegen Schwäche seiner körperlichen oder geistigen Kräfte zur ordnungsmäßigen Ausübung des Anwaltsberufs dauernd unfähig ist;
4. wenn der Rechtsanwalt seinen Wohnsitz an dem Ort des Gerichts, bei dem er zugelassen ist, binnen drei Monaten seit seiner Zulassung nicht genommen oder es einen Monat lang versäumt hat, die ihm auf Grund des § 20 Abs. 3 gemachten Auflagen zu erfüllen;
5. wenn der Rechtsanwalt seinen Wohnsitz aufgibt;
6. wenn sich nach der Zulassung ergibt, daß der Rechtsanwalt infolge strafgerichtlichen Urteils die Fähigkeit zur Bekleidung öffentlicher Ämter im Zeitpunkt seiner Zulassung nicht besaß.

§ 23

Die Zulassung wird ferner zurückgenommen, wenn der Rechtsanwalt ein Amt bekleidet oder eine Beschäftigung betreibt, die mit dem Beruf des Rechtsanwalts nicht vereinbar sind.

Bekleidet der Rechtsanwalt, ohne daneben die anwaltliche Berufstätigkeit auszuüben, ein Gemeindeamt oder hauptamtlich ein Amt in der NSDAP oder einer ihrer Gliederungen oder angeschlossenen Verbände auf Probe, Widerruf oder Kündigung, so ist eine Zurücknahme der Zulassung auf Grund des Absatzes 1 innerhalb der ersten zwei Jahre nach Antritt des Amtes nicht zulässig.

§ 24

Liegen die Voraussetzungen für die Zurücknahme der Zulassung nach § 22 Ziffer 1 bis 3 oder § 23 vor, so hat der Reichsminister der Justiz dem Rechtsanwalt durch schriftlichen Bescheid zu eröffnen, daß und aus welchen Gründen die Zulassung zurückgenommen werden müsse. Binnen einer Frist von einem Monat nach dieser Eröffnung kann der Rechtsanwalt durch schriftliche Erklärung gegenüber dem Reichsminister der Justiz beantragen, das Vorliegen der Voraussetzungen für eine Zurücknahme im objektiven ehrengerichtlichen Verfahren nachzuprüfen. Hat der Rechtsanwalt binnen dieser Frist diese Nachprüfung nicht beantragt, so wird die Zulassung zurückgenommen.

Im übrigen wird die Zulassung zurückgenommen, sobald das Vorliegen der Voraussetzungen für eine Zurücknahme aus einem der im § 22 Ziffer 1 bis 3 und § 23 angegebenen Gründe im objektiven ehrengerichtlichen Verfahren rechtskräftig festgestellt ist. Im Falle des § 23 darf die Zurücknahme erst erfolgen, wenn der Rechtsanwalt länger als einen Monat nach der Rechtskraft der Entscheidung die beanstandete Beschäftigung fortgesetzt hat.

§ 25

Die Zulassung kann zurückgenommen werden, wenn der Rechtsanwalt infolge gerichtlicher Anordnung in der Verfügung über sein Vermögen beschränkt ist.

§ 25a

Die Zulassung wird durch den Reichsminister der Justiz nach Anhörung des Präsidenten der Reichs-Rechtsanwaltskammer zurückgenommen.

In den Fällen des § 22 Ziffer 4 bis 6 und des § 25 muß der Zurücknahme die Anhörung des Betroffenen vorausgehen.

Ein die Zulassung zurücknehmender Bescheid muß den Grund der Zurücknahme angeben.

§ 25b

Stirbt der Rechtsanwalt oder gibt er die Rechte aus der Zulassung auf oder wird die Zulassung zurückgenommen oder verliert der Rechtsanwalt infolge Urteils die Fähigkeit zur Ausübung des Anwaltsberufs, so ist er in der Rechtsanwaltsliste zu löschen.

Frühere Rechtsanwälte dürfen die Berufsbezeichnung „Rechtsanwalt" auch mit einem auf das Erlöschen der Zulassung hinweisenden Zusatz nicht führen, es sei denn, daß ihnen die Weiterführung dieser Berufsbezeichnung auf Vorschlag des Präsidenten der Reichs-Rechtsanwaltskammer von dem Reichsminister der Justiz gestattet wird.

§ 25c

Die Stellvertretung eines an der Ausübung seines Berufs zeitweise verhinderten Rechtsanwalts soll grundsätzlich außer einem Rechtsanwalt nur einem Assessor im Probe- oder Anwärterdienst übertragen werden; ausnahmsweise kann die Stellvertretung auch anderen Personen übertragen werden, welche die Befähigung zum Richteramt erlangt haben und in ihrer Person die Voraussetzungen für die Berufung in das Reichsbeamtenverhältnis erfüllen.

Wird die Stellvertretung nicht von einem bei demselben Gericht zugelassenen Rechtsanwalt übernommen, so muß die Bestellung des Stellvertreters beim Reichsminister der Justiz nachgesucht werden.

Auf die im Abs. 1 bezeichneten Stellvertreter finden die Vorschriften des § 157 Abs. 1, 2 Zivilprozeßordnung keine Anwendung. Das gleiche gilt für die im Probedienst befindlichen Assessoren, wenn sie einen Rechtsanwalt in Fällen vertreten, in denen eine Vertretung durch einen Rechtsanwalt nicht geboten ist, oder wenn sie unter Beistand des Rechtsanwalts die Ausführung der Parteirechte übernehmen.

§ 25 d

Ist ein Rechtsanwalt, für den ein Stellvertreter bestellt ist, gestorben, so sind Rechtshandlungen, die von dem Stellvertreter oder ihm gegenüber vor der Löschung des Rechtsanwalts vorgenommen worden sind, nicht deshalb unwirksam, weil der Rechtsanwalt zur Zeit der Bestellung des Vertreters oder zur Zeit der Vornahme der Rechtshandlung nicht mehr gelebt hat."

Artikel II

Im zweiten Abschnitt der Rechtsanwaltsordnung fällt der § 26 fort.

Artikel III

An die Stelle des bisherigen dritten Abschnitts der Rechtsanwaltsordnung tritt folgender

"Dritter Abschnitt

Die Reichs-Rechtsanwaltskammer

§ 41

Die bei den Gerichten des Deutschen Reichs zugelassenen Rechtsanwälte sind in der Reichs-Rechtsanwaltskammer zusammengeschlossen.

Die Reichs-Rechtsanwaltskammer ist rechtsfähig. Sie erfüllt ihre Aufgaben als Selbstverwaltungsangelegenheiten.

Die Aufsicht über die Reichs-Rechtsanwaltskammer und ihre Organe und sonstigen Einrichtungen übt der Reichsminister der Justiz aus.

§ 42

An der Ausbildung der Assessoren im Probe- und Anwärterdienst mitzuwirken und die Auszahlung der ihnen zustehenden Bezüge zu sichern, ist Aufgabe der Reichs-Rechtsanwaltskammer.

§ 43

Die Reichs-Rechtsanwaltskammer kann zur Erfüllung ihrer Aufgaben von ihren Mitgliedern Beiträge erheben, soweit die erforderlichen Mittel nicht auf andere Weise aufgebracht werden.

Bei Bemessung der Beiträge ist auf die wirtschaftliche Lage der Mitglieder Rücksicht zu nehmen. Die Beiträge sind angemessen zu staffeln. Rückständige Beiträge können auf Grund einer von dem Präsidenten der Reichs-Rechtsanwaltskammer ausgestellten, mit der Bescheinigung der Vollstreckbarkeit versehenen Zahlungsaufforderung nach den Vorschriften über die Vollstreckung von Urteilen in bürgerlichen Rechtsstreitigkeiten eingezogen werden.

§ 44

Organe der Reichs-Rechtsanwaltskammer sind:

der Präsident,

das Präsidium,

der Beirat,

die Präsidenten der Rechtsanwaltskammern,

die Rechtsanwaltskammern,

der Ehrengerichtshof und die Ehrengerichte.

§ 45

Der Präsident der Reichs-Rechtsanwaltskammer vertritt diese gerichtlich und außergerichtlich.

Der Präsident der Reichs-Rechtsanwaltskammer wird vom Reichsminister der Justiz im Einvernehmen mit dem Reichsführer des Bundes Nationalsozialistischer Deutscher Juristen auf Vorschlag des Präsidiums der Reichs-Rechtsanwaltskammer auf fünf Jahre berufen.

§ 46

Das Präsidium der Reichs-Rechtsanwaltskammer steht dem Präsidenten beratend zur Seite. Es besteht aus fünf Rechtsanwälten und der gleichen Zahl von Vertretern. Einem der Mitglieder obliegt die ständige Vertretung des Präsidenten. Der ständige Vertreter des Präsidenten, die übrigen Mitglieder des Präsidiums und die fünf Vertreter werden von dem Reichsminister der Justiz im Einvernehmen mit dem Reichsführer des Bundes Nationalsozialistischer Deutscher Juristen auf Vorschlag des Präsidenten der Reichs-Rechtsanwaltskammer auf fünf Jahre berufen.

Scheidet ein Mitglied vor Ablauf seiner Amtszeit aus, so tritt an seine Stelle der Stellvertreter. Scheidet auch dieser vorzeitig aus, so wird ein neues Mitglied für den Rest der Amtszeit berufen.

Das Präsidium ist verpflichtet, Gutachten aus dem Gebiet des Anwaltsrechts und des Anwaltswesens zu erstatten, die von einem Organ der Gesetzgebung, von einer obersten Reichsbehörde, einem obersten Gericht oder vom Ehrengerichtshof erfordert werden.

§ 47

Der Beirat besteht aus dem Präsidium der Reichs-Rechtsanwaltskammer und den Präsidenten der Rechtsanwaltskammern oder ihren Vertretern.

Der Beirat berät den Präsidenten der Reichs-Rechtsanwaltskammer in Fragen von allgemeiner Bedeutung.

Er ist gutachtlich zu hören:

a) bei der Aufstellung des Haushaltsplans und bei der Festsetzung der Beiträge der Reichs-Rechtsanwaltskammer,

b) zur jährlichen Rechnungslegung und

c) zu Änderungen der Satzung der Reichs-Rechtsanwaltskammer.

§ 48
Die Geschäftsführung des Präsidenten der Reichs-Rechtsanwaltskammer, des Präsidiums und des Beirats wird in einer Geschäftsordnung geregelt, die der Präsident nach Anhörung des Präsidiums erläßt.

§ 49
Für den Bezirk eines jeden Oberlandesgerichts werden unter der Leitung eines Präsidenten Rechtsanwaltskammern gebildet. Diese besitzen keine Rechtsfähigkeit.

Die Präsidenten der Rechtsanwaltskammern erfüllen unter beratender Mitwirkung der Rechtsanwaltskammern in ihrem Bezirk die Aufgaben der Reichs-Rechtsanwaltskammer unter eigener Verantwortung; sie sind dabei an Weisungen des Präsidenten der Reichs-Rechtsanwaltskammer gebunden.

Der Reichsminister der Justiz kann bei Bedarf in einem Oberlandesgerichtsbezirk die Errichtung einer zweiten Rechtsanwaltskammer anordnen.

§ 50
Die Präsidenten der Rechtsanwaltskammern werden vom Reichsminister der Justiz im Einvernehmen mit dem Reichsführer des Bundes Nationalsozialistischer Deutscher Juristen auf Vorschlag des Präsidenten der Reichs-Rechtsanwaltskammer auf fünf Jahre berufen.

Dem Präsidenten der Rechtsanwaltskammer steht die Kammer beratend zur Seite. Die Mitglieder der Rechtsanwaltskammer werden vom Präsidenten der Reichs-Rechtsanwaltskammer aus der Zahl der Rechtsanwälte des Bezirks auf vier Jahre berufen, jedoch mit der Maßgabe, daß alle zwei Jahre die Hälfte der Mitglieder, bei ungerader Zahl zum erstenmal die größere Zahl ausscheidet. Die Berufung bedarf der Bestätigung des Reichsministers der Justiz.

Scheidet ein Mitglied vor Ablauf seiner Amtszeit aus, so wird ein neues Mitglied für den Rest der Amtszeit berufen.

§ 51
Der Präsident der Reichs-Rechtsanwaltskammer erläßt auf Vorschlag des Präsidenten der Rechtsanwaltskammer eine Geschäftsordnung. Er regelt darin die Vertretung und die Verteilung der Geschäfte unter die Mitglieder der Rechtsanwaltskammer.

§ 52
Der Präsident der Rechtsanwaltskammer ist befugt, Rechtsanwälten und Anwaltsassessoren seines Bezirks bei leichteren Pflichtverletzungen eine Rüge zu erteilen oder eine Mißbilligung auszusprechen. Richtet sich die Maßnahme gegen einen Rechtsanwalt, so hat der Präsident vor seiner Entscheidung einen aus mindestens drei Mitgliedern der Rechtsanwaltskammer gebildeten ständigen Ausschuß gutachtlich zu hören.

§ 53
Der Präsident der Rechtsanwaltskammer vermittelt auf Antrag bei Streitigkeiten zwischen Mitgliedern der Reichs-Rechtsanwaltskammer oder zwischen solchen Mitgliedern und deren Auftraggebern.

§ 54
Der Präsident der Rechtsanwaltskammer erstattet Gutachten, welche bei Streitigkeiten zwischen einem Mitglied der Reichs-Rechtsanwaltskammer und dessen Auftraggeber von den Gerichten des Oberlandesgerichtsbezirks erfordert werden.

§ 55
Rechtsanwälte und Anwaltsassessoren haben auf die von dem Präsidenten der Reichs-Rechtsanwaltskammer oder von den Präsidenten der Rechtsanwaltskammern in Ausübung ihrer gesetzlichen Befugnisse erlassenen Ladungen zu erscheinen, die verlangten Aufschlüsse zu erteilen und den zu diesem Zwecke erlassenen Anordnungen Folge zu leisten.

Zur Erzwingung einer solchen Anordnung können Geldstrafen bis zum Gesamtbetrage von 300 Reichsmark festgesetzt werden. Der Festsetzung einer Strafe muß deren schriftliche Androhung vorangehen.

§ 56
Die Tätigkeit der Reichs-Rechtsanwaltskammer und ihrer Organe wird im einzelnen in der Satzung geregelt. Satzungsänderungen im Rahmen dieses Gesetzes verfügt der Präsident der Reichs-Rechtsanwaltskammer nach Anhörung des Beirats. Änderungen bedürfen der Bestätigung des Reichsministers der Justiz und sind in gleicher Weise wie die Satzung bekanntzumachen.

§ 57
Alljährlich erstattet der Präsident der Reichs-Rechtsanwaltskammer dem Reichsminister der Justiz einen schriftlichen Bericht über die Tätigkeit und die Lage der Reichs-Rechtsanwaltskammer.

§ 58
Verhandlungen und Erlasse der Reichs-Rechtsanwaltskammer und ihrer Organe und die an diese Stellen gerichteten Erlasse und Eingaben sind, soweit sie nicht eine Beurkundung von Rechtsgeschäften enthalten, frei von Gebühren und Stempeln."

Artikel IV
Im jetzigen vierten Abschnitt der Rechtsanwaltsordnung treten bis zur Neuordnung des ehrengerichtlichen Verfahrens folgende Änderungen ein:

1. Der § 62 erhält folgende Fassung:

„§ 62
Rechtsanwälte und Anwaltsassessoren, welche die ihnen obliegenden Pflichten verletzen, werden ehrengerichtlich bestraft."

2. Der § 63 erhält folgende Fassung:

„§ 63

Die ehrengerichtlichen Strafen sind:
1. für Rechtsanwälte: Warnung, Verweis, Geldstrafe bis zu 5 000 Reichsmark, Ausschließung von der Rechtsanwaltschaft;
2. für Anwaltsassessoren: Warnung, Verweis, Geldstrafe bis zu 500 Reichsmark, Ausschließung vom Anwärterdienst.

Geldstrafe und Verweis können nebeneinander verhängt werden.

Eine Bestrafung im ehrengerichtlichen Verfahren wird nicht dadurch ausgeschlossen, daß der Präsident der Rechtsanwaltskammer dem Rechtsanwalt oder dem Anwaltsassessor nach § 52 eine Rüge erteilt oder eine Mißbilligung ausgesprochen hat."

3. Der § 65 erhält folgende Fassung:

„§ 65

Ist gegen einen Rechtsanwalt oder einen Anwaltsassessor wegen einer strafbaren Handlung die öffentliche Klage erhoben, so ist während der Dauer des Strafverfahrens ein wegen derselben Tatsachen eingeleitetes ehrengerichtliches Verfahren auszusetzen. Die Aussetzung steht dem Erlaß eines Vertretungsverbots nicht entgegen.

Ist im Strafverfahren gegen einen Anwaltsassessor ein Urteil ergangen, das den Verlust der Fähigkeit zur Bekleidung öffentlicher Ämter zur Folge hat, dann scheidet der Anwaltsassessor mit der Rechtskraft dieses Urteils aus dem Anwärterdienst aus.

Ist im Strafverfahren auf Freisprechung erkannt, so findet wegen derjenigen Tatsachen, welche in diesem zur Erörterung gekommen sind, ein ehrengerichtliches Verfahren nur insofern statt, als dieselben an sich und unabhängig von dem Tatbestand einer im Strafgesetze vorgesehenen Handlung die ehrengerichtliche Bestrafung begründen.

Ist im Strafverfahren eine Verurteilung ergangen, welche die Unfähigkeit zur Bekleidung öffentlicher Ämter nicht zur Folge hat, so beschließt das Ehrengericht, ob außerdem das ehrengerichtliche Verfahren zu eröffnen oder fortzusetzen sei. Für die Entscheidung im ehrengerichtlichen Verfahren sind die tatsächlichen Feststellungen des strafgerichtlichen Urteils bindend, wenn nicht das erkennende Gericht einstimmig die Nachprüfung beschließt.

Kann im Strafverfahren eine Hauptverhandlung nicht stattfinden, weil der Angeklagte abwesend ist, so findet die Vorschrift des Absatzes 1 keine Anwendung."

4. Hinter § 66 werden folgende Vorschriften eingefügt:

„§ 66a

Ehrengerichte des ersten Rechtszuges sind die Ehrengerichte bei den Rechtsanwaltskammern.

Ehrengericht des zweiten Rechtszuges ist der Ehrengerichtshof der Reichs-Rechtsanwaltskammer.

§ 66b

Für den Präsidenten der Reichs-Rechtsanwaltskammer, die Mitglieder des Präsidiums der Reichs-Rechtsanwaltskammer und die Präsidenten der Rechtsanwaltskammern ist als Ehrengericht allein der Ehrengerichtshof der Reichs-Rechtsanwaltskammer zuständig.

Seine Entscheidungen sind endgültig."

5. Der § 67 erhält folgende Fassung:

„§ 67

Die Ehrengerichte bei den Rechtsanwaltskammern bestehen aus fünf Mitgliedern. Den Vorsitz führt der Präsident der Rechtsanwaltskammer. Er bestimmt jeweils am Jahresbeginn aus den Angehörigen der Rechtsanwaltskammern seine Vertreter im Vorsitz, die Mitglieder und deren Vertreter, ferner die Reihenfolge, in der Richter und Vertreter in den Sitzungen mitzuwirken haben.

Der Präsident der Rechtsanwaltskammer kann bei Bedarf jeweils zum Jahresbeginn mehrere Kammern des Ehrengerichts bilden. Er bestimmt gleichzeitig die Vorsitzenden und die Mitglieder sowie deren Stellvertreter. Die Reihenfolge der Mitwirkung und die Geschäftsverteilung bestimmt der Vorsitzende sogleich für das laufende Jahr. Die Bestimmung bedarf der Zustimmung des Präsidenten der Rechtsanwaltskammer.

Im Laufe des Jahres können diese Bestimmungen für den Rest des Jahres nur geändert werden, wenn die Überlastung des Ehrengerichts oder einer Kammer oder das Ausscheiden oder die dauernde Behinderung einzelner Mitglieder die Änderung notwendig macht.

Die allgemeine Dienstaufsicht über die Ehrengerichte führt der Präsident der Rechtsanwaltskammer."

6. Der § 68 erhält folgende Fassung:

„§ 68

Zuständig ist das Ehrengericht derjenigen Rechtsanwaltskammer, in deren Bereich der Angeschuldigte zur Zeit der Erhebung der Klage als Rechtsanwalt zugelassen oder als Anwaltsassessor tätig ist."

7. Der § 80 erhält folgende Fassung:

„§ 80

Die Mitglieder der Rechtsanwaltskammer, welche bei der Entscheidung über die Eröffnung des Hauptverfahrens mitgewirkt haben, sind von der Teilnahme an dem Hauptverfahren nicht ausgeschlossen."

8. Der § 81 erhält folgende Fassung:

„§ 81

In der Hauptverhandlung ist als Protokollführer ein der Rechtsanwaltskammer nicht angehörender, am Sitze des Ehrengerichts wohnhafter Rechtsanwalt von dem Vorsitzenden zuzuziehen."

9. Der § 82 erhält folgende Fassung:

„§ 82

Die Hauptverhandlung ist nicht öffentlich. Mitglieder der Reichs-Rechtsanwaltskammer sind als Zuhörer zuzulassen, andere Personen nur nach dem Ermessen des Vorsitzenden."

10. Der § 89 erhält folgende Fassung:

„§ 89

Für die Verhandlung und Entscheidung über das Rechtsmittel der Beschwerde ist zuständig:
a) bei Beschwerden gegen Verfügungen oder Beschlüsse des Ehrengerichts und seines Vorsitzenden: der Ehrengerichtshof;
b) im übrigen: das Oberlandesgericht."

11. Der § 90 erhält folgende Fassung:

„§ 90

Der Ehrengerichtshof der Reichs-Rechtsanwaltskammer besteht aus dem Präsidenten der Reichs-Rechtsanwaltskammer, seinem ständigen Vertreter, aus weiteren Mitgliedern der Reichs-Rechtsanwaltskammer und aus Mitgliedern des Reichsgerichts. Die nicht gesetzlich bestimmten anwaltlichen Mitglieder werden von dem Präsidium der Reichs-Rechtsanwaltskammer, die richterlichen Mitglieder von dem Präsidium des Reichsgerichts für je ein Geschäftsjahr bestimmt. Die anwaltlichen Mitglieder können nicht gleichzeitig einem Ehrengericht als ordentliche oder stellvertretende Mitglieder angehören.

Die Zahl der Senate bestimmt der Reichsminister der Justiz jeweils zum Jahresbeginn auf Vorschlag des Präsidenten der Reichs-Rechtsanwaltskammer. Jeder Senat entscheidet in der Besetzung von vier anwaltlichen und drei richterlichen Mitgliedern.

Den Vorsitz in den Senaten führen der Präsident der Reichs-Rechtsanwaltskammer und die von ihm nach Anhörung des Präsidiums der Reichs-Rechtsanwaltskammer zu Beginn eines jeden Jahres für dessen Dauer zu Vorsitzenden bestellten anwaltlichen Mitglieder als Senatspräsidenten.

Die Geschäfte verteilt der Präsident der Reichs-Rechtsanwaltskammer jeweils zum Jahresbeginn für die Dauer des Jahres.

Die Anordnungen des Präsidenten der Reichs-Rechtsanwaltskammer über die Besetzung und die Tätigkeit der Senate können im Laufe eines Jahres nur geändert werden, wenn die Überlastung eines Senats oder das Ausscheiden oder die dauernde Behinderung eines Senatspräsidenten oder eines Senatsmitgliedes die Änderung notwendig macht."

12. Im § 91a erhält der Abs. 7 folgende Fassung:

„Der Beschluß ist mit Gründen zu versehen und dem Angeschuldigten zuzustellen. Wird ein Vertretungsverbot verhängt, so hat der Präsident der Rechtsanwaltskammer eine beglaubigte Abschrift der Formel des Beschlusses dem Reichsminister der Justiz, den Amtsgerichten, die sich am Wohnsitz des Angeschuldigten befinden, und den Gerichten mitzuteilen, bei denen der Rechtsanwalt sonst noch zugelassen ist."

13. Der § 91b Abs. 3 erhält folgende Fassung:

„Ein Rechtsanwalt, der dem Vertretungsverbot wissentlich zuwiderhandelt, ist mit Ausschließung zu bestrafen, sofern nicht nach den besonderen Verhältnissen des Falles eine mildere Strafe ausreichend ist."

14. Im § 91d erhält der Abs. 1 folgende Fassung:

„Für den Rechtsanwalt, gegen den das Vertretungsverbot verhängt ist, ist im Falle des Bedürfnisses von dem Reichsminister der Justiz nach Anhörung des Präsidenten der Rechtsanwaltskammer ein Stellvertreter zu bestellen. § 25c Abs. 1, 3 Satz 1 findet Anwendung. Der Rechtsanwalt kann einen geeigneten Vertreter vorschlagen."

15. Im § 91d erhält der Satz 3 des Absatzes 2 folgende Fassung:

„Vor der Entscheidung ist der Präsident der Rechtsanwaltskammer zu hören."

16. Im § 91d erhalten die Sätze 3 und 4 des Absatzes 3 folgende Fassung:

„Auf Verlangen des Stellvertreters oder des Vertretenen ist die Vergütung vom Präsidenten der Rechtsanwaltskammer festzusetzen. Für die festgesetzte Vergütung haftet die Reichs-Rechtsanwaltskammer wie ein Bürge."

17. Im § 93 erhält der Abs. 1 folgende Fassung:

„In den Fällen des § 24 Abs. 1 und 2 wird ohne Beschluß über die Eröffnung des Hauptverfahrens zur Hauptverhandlung geschritten. Die Vorschriften über den Erlaß eines Vertretungsverbots finden entsprechende Anwendung."

18. Im § 94 erhält der Satz 1 im Abs. 3 folgende Fassung:

„Kosten, welche weder dem Angeschuldigten noch einem Dritten auferlegt werden oder von dem Verpflichteten nicht eingezogen werden können, fallen der Reichs-Rechtsanwaltskammer zur Last."

19. Im § 94 erhält der Abs. 4 folgende Fassung:

„Die Hinterlegung der gesetzlichen Entschädigung für Personen, welche von dem Angeklagten unmittelbar geladen sind, erfolgt bei dem Präsidenten der Rechtsanwaltskammer."

20. Der § 95 erhält folgende Fassung:

„§ 95

Ausfertigung und Auszüge der Urteile des Ehrengerichts sind von dem Vorsitzenden oder seinem Beauftragten, Ausfertigung und Auszüge der Urteile des Ehrengerichtshofs von dem Präsidenten der Reichs-Rechtsanwaltskammer zu erteilen."

21. Der § 96 erhält folgende Fassung:

„§ 96

Die Ausschließung von der Rechtsanwaltschaft oder vom Anwärterdienst tritt mit der Rechtskraft des Urteils ein.

Die Ausschließung von der Rechtsanwaltschaft wird von dem Präsidenten der Rechtsanwaltskammer unter Mitteilung einer mit der Bescheinigung der Vollstreckbarkeit versehenen beglaubigten Abschrift der Urteilsformel dem Reichsminister der Justiz und den Gerichten angezeigt, bei welchen der Rechtsanwalt zugelassen war.

Die Ausschließung vom Anwärterdienst wird von dem Präsidenten der Rechtsanwaltskammer unter Mitteilung einer mit der Bescheinigung der Vollstreckbarkeit versehenen beglaubigten Abschrift der Urteilsformel dem Reichsminister der Justiz, dem Rechtsanwalt, der den Anwärterassessor im Anwärterdienst beschäftigt, und den Gerichten angezeigt, bei welchen dieser Rechtsanwalt zugelassen ist."

22. Der § 97 erhält folgende Fassung:

„§ 97

Geldstrafen fließen zur Kasse der Reichs-Rechtsanwaltskammer.

Die Vollstreckung der eine Geldstrafe aussprechenden Entscheidung erfolgt auf Grund einer von dem Präsidenten der Rechtsanwaltskammer erteilten, mit der Bescheinigung der Vollstreckbarkeit versehenen beglaubigten Abschrift der Entscheidungsformel nach den Vorschriften über die Vollstreckung der Urteile in bürgerlichen Rechtsstreitigkeiten.

Dasselbe gilt von der Vollstreckung der die Kosten festsetzenden Verfügung.

Die Vollstreckung wird von dem Präsidenten der Rechtsanwaltskammer betrieben."

Artikel V

Im fünften Abschnitt der Rechtsanwaltsordnung treten folgende Änderungen ein:

1. Der § 98 erhält folgende Fassung:

„§ 98

Auf die Rechtsanwaltschaft bei dem Reichsgericht finden, insoweit nicht in den nachfolgenden Paragraphen abweichende Bestimmungen enthalten sind, die Vorschriften des ersten bis vierten und sechsten Abschnitts dieses Gesetzes mit der Maßgabe sinngemäß Anwendung, daß an die Stelle des Oberlandesgerichts das Reichsgericht tritt."

2. Der § 99 erhält folgende Fassung:

„§ 99

Die Zulassung als Rechtsanwalt bei dem Reichsgericht und die Bestellung eines Stellvertreters erfolgt durch den Reichsminister der Justiz im Einvernehmen mit dem Reichsführer des Bundes Nationalsozialistischer Deutscher Juristen. Der Präsident des Reichsgerichts und der Präsident der Reichs-Rechtsanwaltskammer werden gutachtlich gehört. Die Zulassung als Rechtsanwalt setzt die Vollendung des 35. Lebensjahres voraus."

3. Der § 100 erhält folgende Fassung:

„§ 100

Die Zulassung als Rechtsanwalt bei dem Reichsgericht ist mit der Zulassung als Rechtsanwalt bei einem anderen Gericht unvereinbar.

Die bei dem Reichsgericht zugelassenen Rechtsanwälte dürfen bei einem anderen Gericht nicht auftreten."

4. Der § 102 fällt weg.

Artikel VI

Der sechste Abschnitt der Rechtsanwaltsordnung erhält folgende Fassung:

„§ 103

Gesuche um Zulassung zur Rechtsanwaltschaft, über die im Zeitpunkt des Inkrafttretens dieses Gesetzes noch nicht endgültig entschieden ist, werden nach den neuen Vorschriften behandelt.

Der Reichsminister der Justiz kann bis zum Ablauf des Jahres 1938 zur Vermeidung von Härten Antragsteller, die die Befähigung zum Richteramt vor dem 1. April 1935 erlangt haben, ohne Ableistung oder unter Abkürzung des Probe- und Anwärterdienstes als Rechtsanwalt zulassen, auch wenn bei ihnen die Voraussetzungen des § 5 Abs. 2 und des § 14 Abs. 1 Satz 2 nicht vorliegen. § 16 gilt entsprechend.

§ 104

Ist einem Rechtsanwalt auf Grund der bisherigen Vorschriften gestattet worden, seinen Wohnsitz nicht an dem Ort des Gerichts zu nehmen, bei dem er zugelassen ist, so bleibt er wie bisher verpflichtet, seine Kanzlei am Gerichtsort zu halten oder einen dort wohnhaften ständigen Zustellungsbevollmächtigten zu bestellen.

An den Zustellungsbevollmächtigten kann auch die Zustellung von Anwalt zu Anwalt wie an den Rechtsanwalt selbst erfolgen. Ist eine Zustellung an den Zustellungsbevollmächtigten am Orte des Gerichts nicht ausführbar, so kann sie an den Rechtsanwalt durch Aufgabe zur Post erfolgen.

§ 105
Die Reichs-Rechtsanwaltskammer tritt mit dem Inkrafttreten dieses Gesetzes in alle vermögensrechtlichen Pflichten und Rechte der bisherigen Reichs-Rechtsanwaltskammer, der Anwaltskammern und ihrer sämtlichen Einrichtungen ein. Aus Anlaß dieses Übergangs von Pflichten und Rechten auf die Reichs-Rechtsanwaltskammern werden Steuern, Gebühren und andere Abgaben nicht erhoben; bare Auslagen bleiben außer Ansatz.

§ 106
Bis zur Berufung des ersten Präsidenten und des ersten Präsidiums der Reichs-Rechtsanwaltskammer führen der Präsident und das Präsidium der bisherigen Reichs-Rechtsanwaltskammer die Geschäfte fort. Bis zur Berufung der Präsidenten der Rechtsanwaltskammern führen die beim Inkrafttreten dieses Gesetzes amtierenden Vorsitzenden der Vorstände der Anwaltskammern deren Geschäfte. Bis zur Berufung der Mitglieder der Rechtsanwaltskammern nehmen die bisherigen Mitglieder der Vorstände der Anwaltskammern die Aufgaben der Mitglieder der Rechtsanwaltskammern wahr.

Der Ehrengerichtshof und die Ehrengerichte versehen in der bisherigen Besetzung ihr Amt bis zur Neubildung.

§ 107
Der Präsident der Reichs-Rechtsanwaltskammer kann anordnen, daß die Mitgliederbeiträge zur Reichs-Rechtsanwaltskammer im laufenden Geschäftsjahr nach den bisherigen Bestimmungen berechnet und eingezogen werden.

§ 108
Bei der ersten Berufung von ehrenamtlich tätigen Mitgliedern der Reichs-Rechtsanwaltskammer bestimmt der Reichsminister der Justiz deren Tätigkeitsdauer.

§ 109
Rechtsanwälte, die die deutsche Staatsangehörigkeit (Reichsangehörigkeit) nicht besitzen, können den in § 19 vorgesehenen Eid auf Wunsch dahin leisten,
dem Führer des Deutschen Reiches und Volkes Adolf Hitler Achtung zu erweisen und die Pflichten eines Rechtsanwalts gewissenhaft zu erfüllen.

§ 110
Die erste Satzung der Reichs-Rechtsanwaltskammer stellt der Reichsminister der Justiz fest. Sie wird in dem für amtliche Veröffentlichungen der Justizverwaltung bestimmten Organ bekanntgemacht.

§ 111
Eine Entschädigung wegen eines Schadens, der durch eine Maßnahme auf Grund dieses Gesetzes entsteht, wird nicht gewährt."

Artikel VII
(1) Der Reichsminister der Justiz wird ermächtigt, den Wortlaut der Rechtsanwaltsordnung im Reichsgesetzblatt neu bekanntzumachen und dabei etwaige Unstimmigkeiten des Gesetzestextes zu beseitigen.

(2) Er wird ferner ermächtigt, die zur Durchführung und Ergänzung dieses Gesetzes erforderlichen Anordnungen im Verordnungswege zu erlassen.

Berlin, den 13. Dezember 1935.

Der Führer und Reichskanzler
Adolf Hitler

Der Reichsminister der Justiz
Dr. Gürtner

Der Reichsminister der Finanzen
Graf Schwerin von Krosigk

Der Reichsminister des Innern
Frick

Der Reichswirtschaftsminister
Mit der Führung der Geschäfte beauftragt:
Dr. Hjalmar Schacht
Präsident des Reichsbankdirektoriums

Gesetz zur Verhütung von Mißbräuchen auf dem Gebiete der Rechtsberatung.
Vom 13. Dezember 1935.

Die Reichsregierung hat das folgende Gesetz beschlossen, das hiermit verkündet wird:

Artikel 1
§ 1
(1) Die Besorgung fremder Rechtsangelegenheiten, einschließlich der Rechtsberatung und der Einziehung fremder oder zu Einziehungszwecken abgetretener Forderungen, darf geschäftsmäßig — ohne Unterschied zwischen haupt- und nebenberuflicher oder entgeltlicher und unentgeltlicher Tätigkeit — nur von Personen betrieben werden, denen dazu von der zuständigen Behörde die Erlaubnis erteilt ist.

(2) Die Erlaubnis darf nur erteilt werden, wenn der Antragsteller die für den Beruf erforderliche Zuverlässigkeit und persönliche Eignung sowie genügende Sachkunde besitzt und das Bedürfnis nicht bereits durch eine hinreichende Zahl von Rechtsberatern gedeckt ist.

§ 2
Die Erstattung wissenschaftlich begründeter Gutachten und die Übernahme der Tätigkeit als Schiedsrichter bedürfen der Erlaubnis gemäß § 1 nicht.

Nr. 140 — Tag der Ausgabe: Berlin, den 17. Dezember 1935

§ 3

Durch dieses Gesetz werden nicht berührt:
1. die Rechtsberatung und Rechtsbetreuung, die von Behörden, von Dienststellen der NSDAP und ihrer Gliederungen, von Körperschaften des öffentlichen Rechts sowie von den der NSDAP angeschlossenen Verbänden im Rahmen ihrer Zuständigkeit ausgeübt wird;
2. die Berufstätigkeit der Notare und sonstigen Personen, die ein öffentliches Amt ausüben, sowie der Rechtsanwälte, Verwaltungsrechtsräte und Patentanwälte;
3. die Berufstätigkeit der Prozeßagenten (§ 157 Absatz 3 der Zivilprozeßordnung);
4. die Besorgung von Rechtsangelegenheiten auf dem Gebiete des Versorgungswesens durch die im § 48 Absatz 2 des Gesetzes über das Verfahren in Versorgungssachen (Reichsgesetzbl. 1934 I S. 1113) und durch die im § 83 Absatz 2 des Wehrmachtversorgungsgesetzes (Reichsgesetzbl. 1935 I S. 21) bezeichneten Verbände sowie durch Personen, die auf Grund dieser Vorschriften als Bevollmächtigte oder Beistände in Versorgungssachen zugelassen sind;
5. die Besorgung von Rechtsangelegenheiten auf dem Gebiete des Patent-, Gebrauchsmuster- und Warenzeichenwesens in den in den §§ 56 und 60 des Patentanwaltsgesetzes vom 28. September 1933 (Reichsgesetzbl. I S. 669) bestimmten Grenzen;
6. die Tätigkeit als Zwangsverwalter, Konkursverwalter oder Nachlaßpfleger sowie die Tätigkeit sonstiger für ähnliche Aufgaben behördlich eingesetzter Personen;
7. die Tätigkeit von Genossenschaften, genossenschaftlichen Prüfungsverbänden und deren Spitzenverbänden sowie von genossenschaftlichen Treuhand- und ähnlichen Stellen, soweit sie im Rahmen ihres Aufgabenbereichs ihre Mitglieder, die ihnen angehörenden genossenschaftlichen Einrichtungen oder die Mitglieder oder Einrichtungen der ihnen angehörenden Genossenschaften betreuen.

§ 4

(1) Die Erlaubnis nach § 1 gewährt nicht die Befugnis zur geschäftsmäßigen Hilfeleistung in
1. Steuersachen,
2. Monopolsachen,
3. Devisensachen und Angelegenheiten der Verordnung über den Warenverkehr vom 4. September 1934 (Reichsgesetzbl. I S. 816),
4. sonstigen von Behörden der Reichsfinanzverwaltung verwalteten Angelegenheiten.

(2) Für die im Absatz 1 Ziffern 1, 2 und 4 bezeichneten Angelegenheiten sind die Vorschriften der Reichsabgabenordnung, des Steueranpassungsgesetzes, des Gesetzes über die Zulassung von Steuerberatern vom 6. Mai 1933 (Reichsgesetzbl. I S. 257) und des Artikels 2 § 2 dieses Gesetzes maßgebend. Die geschäftsmäßige Hilfeleistung in Devisensachen wird besonders geregelt (Artikel 5 Absatz 1 dieses Gesetzes).

(3) Die Befugnis zur Hilfeleistung auf den im Absatz 1 bezeichneten Gebieten ermächtigt nicht zur Rechtsbesorgung in sonstigen Angelegenheiten.

§ 5

Die Vorschriften dieses Gesetzes stehen dem nicht entgegen,
1. daß kaufmännische oder sonstige gewerbliche Unternehmer für ihre Kunden rechtliche Angelegenheiten erledigen, die mit einem Geschäft ihres Gewerbebetriebs in unmittelbarem Zusammenhang stehen;
2. daß öffentlich bestellte Wirtschaftsprüfer sowie vereidigte Bücherrevisoren in Angelegenheiten, mit denen sie beruflich befaßt sind, auch die rechtliche Bearbeitung übernehmen, soweit diese mit den Aufgaben des Wirtschaftsprüfers oder Bücherrevisors in unmittelbarem Zusammenhange steht;
3. daß Vermögensverwalter, Hausverwalter und ähnliche Personen die mit der Verwaltung in unmittelbarem Zusammenhange stehenden Rechtsangelegenheiten erledigen.

§ 6

(1) Die Vorschriften dieses Gesetzes stehen ferner dem nicht entgegen,
1. daß Angestellte Rechtsangelegenheiten ihres Dienstherrn erledigen;
2. daß Angestellte, die bei Personen oder Stellen der in den §§ 1, 3 und 5 bezeichneten Art beschäftigt sind, im Rahmen dieses Anstellungsverhältnisses Rechtsangelegenheiten erledigen.

(2) Die Rechtsform des Angestelltenverhältnisses darf nicht zu einer Umgehung des Erlaubniszwangs mißbraucht werden.

§ 7

Einer Erlaubnis bedarf es nicht, wenn auf berufsständischer oder ähnlicher Grundlage gebildete Vereinigungen oder Stellen im Rahmen ihres Aufgabenbereichs ihren Mitgliedern Rat und Hilfe in Rechtsangelegenheiten gewähren. Diese Tätigkeit kann ihnen jedoch untersagt werden.

§ 8

Wer, ohne im Besitz der nach diesem Artikel erforderlichen Erlaubnis zu sein, fremde Rechtsangelegenheiten geschäftsmäßig besorgt oder gegen ein Verbot der im § 7 Satz 2 bezeichneten Art verstößt, wird mit Geldstrafe bestraft.

Artikel 2
§ 1

Die Reichsabgabenordnung wird wie folgt geändert:
1. Hinter dem § 107 wird folgender § 107a eingefügt:

„§ 107a

(1) Personen, die geschäftsmäßig Hilfe in Steuersachen leisten, insbesondere geschäftsmäßig Rat in Steuersachen erteilen, bedürfen dazu der vorherigen allgemeinen Erlaubnis des Finanzamts. Sie sind, wenn ihnen diese Erlaubnis erteilt ist, befugt, die Bezeichnung „Helfer in Steuersachen" zu führen.

(2) Für die Erstattung wissenschaftlich begründeter Gutachten bedarf es der im Absatz 1 Satz 1 bezeichneten Erlaubnis nicht.

(3) Absatz 1 gilt nicht für
1. Behörden, Dienststellen der NSDAP und ihrer Gliederungen, Körperschaften des öffentlichen Rechts sowie die der NSDAP angeschlossenen Verbände, soweit sie im Rahmen ihrer Zuständigkeit Hilfe in Steuersachen leisten;
2. Rechtsanwälte, Notare, Verwaltungsrechtsräte, Patentanwälte, Prozeßagenten, allgemein zugelassene Steuerberater, öffentlich bestellte Wirtschaftsprüfer und vereidigte Bücherrevisoren;
3. Personen, die von einer Zollbehörde auf Zolltreue verpflichtet sind, soweit sie in Zollsachen oder in anderen Sachen, die von Zollbehörden verwaltet werden, Hilfe leisten;
4. Verwahrer und Verwalter fremden oder zu treuen Händen oder zu Sicherungszwecken übereigneten Vermögens, soweit sie hinsichtlich dieses Vermögens Hilfe in Steuersachen leisten;
5. Unternehmer, die ein Handelsgewerbe betreiben, soweit sie in unmittelbarem Zusammenhang mit einem Geschäft, das zu ihrem Handelsgewerbe gehört, ihren Kunden Hilfe in Steuersachen leisten;
6. genossenschaftliche Prüfungsverbände und deren Spitzenverbände, genossenschaftliche Treuhand- und ähnliche genossenschaftliche Stellen, soweit sie im Rahmen ihres Aufgabenbereichs ihren Mitgliedern Hilfe in Steuersachen leisten;
7. auf berufsständischer oder ähnlicher Grundlage gebildete Vereinigungen oder Stellen, soweit sie im Rahmen ihres Aufgabenbereichs ihren Mitgliedern Hilfe in Steuersachen leisten;
8. Angestellte, soweit sie Steuersachen ihres Dienstherrn erledigen;
9. Angestellte, soweit sie bei den in den Ziffern 1 bis 7 bezeichneten Personen oder Stellen mit der Bearbeitung von Steuersachen beschäftigt sind und ihre Tätigkeit in Steuersachen sich in den Grenzen hält, die für die steuerrechtliche Betätigung des Dienstherrn bestehen.

(4) Die im Absatz 3 Ziffern 4, 7, 8 und 9 bezeichneten Rechtsformen dürfen nicht zu einer Umgebung des Erlaubniszwangs mißbraucht werden. Soweit ein solcher Mißbrauch vorliegt, kann das Finanzamt die Hilfeleistung in Steuersachen untersagen; im übrigen kann der Reichsminister der Finanzen im Einvernehmen mit den beteiligten Reichsministern den im Absatz 3 Ziffer 7 bezeichneten Vereinigungen und Stellen die Hilfeleistung in Steuersachen untersagen.

(5) Der Reichsminister der Finanzen kann durch Verordnung den Erlaubniszwang einschränken oder erweitern.

(6) Das Finanzamt kann die Erlaubnis (Absatz 1 Satz 1) jederzeit zurücknehmen, auch wenn dies bei Erteilung der Erlaubnis nicht vorbehalten ist. Durch die Zurücknahme erlischt die Befugnis, die Bezeichnung „Helfer in Steuersachen" zu führen.

(7) Die Erlaubnis nach Absatz 1 Satz 1 umfaßt nicht die Befugnis, als Bevollmächtigter oder Beistand vor Behörden aufzutreten. Die Vorschriften des § 107 Absätze 2, 4 bis 8 gelten auch für Personen, denen eine Erlaubnis nach Absatz 1 Satz 1 erteilt worden ist.

(8) Zuwiderhandlungen sind nach § 413 strafbar."

2. Der § 200 fällt weg.

§ 2

(1) Zur geschäftsmäßigen Hilfeleistung
    in Steuersachen, soweit sie Steuern eines Landes, einer Gemeinde, eines Gemeindeverbandes oder einer öffentlich-rechtlichen Religionsgesellschaft betreffen,
    in Monopolsachen und
    in sonstigen von Behörden der Reichsfinanzverwaltung verwalteten Angelegenheiten
— mit Ausnahme der Devisensachen —
sind nur befugt:
1. die im § 107a Absatz 3 der Reichsabgabenordnung bezeichneten Personen und Stellen in den dort bezeichneten Grenzen;
2. Helfer in Steuersachen.

(2) Die Vorschriften des § 107a Absätze 2, 4 bis 8 der Reichsabgabenordnung gelten entsprechend.

Artikel 3

Im § 35 der Gewerbeordnung erhalten die Eingangsworte des Absatzes 3 folgende Fassung:

„Dasselbe gilt — soweit nicht in dem Gesetz zur Verhütung von Mißbräuchen auf dem Gebiete der Rechtsberatung vom 13. Dezember 1935 (Reichsgesetzbl. I S. 1478) oder in sonstigen reichsrechtlichen Vorschriften ein anderes bestimmt ist — von der gewerbsmäßigen Besorgung bei Behörden wahrzunehmender Geschäfte, ...".

Artikel 4

Die Durchführung der Artikel 1 und 2 dieses Gesetzes sowie der zu ihrer Ausführung erlassenen Vorschriften begründet keine Ansprüche auf Entschädigung.

Artikel 5

(1) Die Ausführungsvorschriften werden im Einvernehmen mit den beteiligten Reichsministern zu Artikel 1 dieses Gesetzes von dem Reichsminister der Justiz, für die Rechtsbesorgung in Devisensachen und in Angelegenheiten der Verordnung über den Warenverkehr vom 4. September 1934 (Reichsgesetzbl. I S. 816) vom Reichswirtschaftsminister erlassen. Hierbei können ergänzende Bestimmungen getroffen, insbesondere Einschränkungen oder Erweiterungen der Erlaubnispflicht bestimmt werden.

(2) Die Ausführungsvorschriften zu Artikel 2 ergehen auf Grund der §§ 12 und 107a Absatz 5 der Reichsabgabenordnung.

Artikel 6

(1) Dieses Gesetz tritt mit dem Tage nach der Verkündung in Kraft.

(2) Personen, die die Besorgung fremder Rechtsangelegenheiten bereits vor diesem Zeitpunkt geschäftsmäßig betrieben haben, können ihre Tätigkeit nach Maßgabe der bisherigen Vorschriften bis zum 30. Juni 1936 fortsetzen. Dies gilt entsprechend für Personen, die vor dem Inkrafttreten dieses Gesetzes in Angelegenheiten der im Artikel 1 § 4 bezeichneten Art geschäftsmäßig Hilfe geleistet haben.

Berlin, den 13. Dezember 1935.

Der Führer und Reichskanzler
Adolf Hitler

Der Reichsminister der Justiz
Dr. Gürtner

Der Reichsminister der Finanzen
Graf Schwerin von Krosigk

Der Reichswirtschaftsminister
Mit der Führung der Geschäfte beauftragt:
Dr. Hjalmar Schacht
Präsident des Reichsbankdirektoriums

Verordnung zur Ausführung des Gesetzes zur Verhütung von Mißbräuchen auf dem Gebiete der Rechtsberatung.
Vom 13. Dezember 1935.

Auf Grund des Artikels 5 Abs. 1 des Gesetzes zur Verhütung von Mißbräuchen auf dem Gebiete der Rechtsberatung vom 13. Dezember 1935 (Reichsgesetzbl. I S. 1478) wird folgendes verordnet:

§ 1

(1) Die Erlaubnis nach Artikel 1 § 1 des Gesetzes wird grundsätzlich für einen bestimmten Ort erteilt. Sollen Zweigniederlassungen, auswärtige Sprechtage oder dergleichen unterhalten werden, so ist dazu eine besondere Erlaubnis einzuholen.

(2) Soweit die Betätigung im Schriftverkehr ausgeübt wird, unterliegt sie keinen örtlichen Begrenzungen.

§ 2

(1) Die Erlaubnis ist, sofern der Nachsuchende es beantragt oder dies nach Lage der Verhältnisse sachgemäß erscheint, unter Beschränkung auf bestimmte Sachgebiete zu erteilen.

(2) Die Erlaubnis kann auch unter bestimmten Auflagen erteilt werden.

§ 3

Bei juristischen Personen sowie bei offenen Handelsgesellschaften und ähnlichen Vereinigungen ermächtigt die Erlaubnis nur zur Berufsausübung durch die in der Erlaubnis namentlich bezeichneten Personen.

§ 4

Die Erlaubnis soll Personen, die das 25. Lebensjahr noch nicht vollendet haben, in der Regel nicht erteilt werden.

§ 5

Juden wird die Erlaubnis nicht erteilt.

§ 6

Ob der Nachsuchende die erforderliche Zuverlässigkeit besitzt, ist unter Berücksichtigung seines Vorlebens, insbesondere etwaiger Strafverfahren, zu prüfen, und zwar gleichgültig, ob ein Strafverfahren mit Einstellung, Nichteröffnung oder Verurteilung geendet hat. Die Erlaubnis ist in der Regel zu versagen, wenn der Nachsuchende nach dem Strafregister wegen eines Verbrechens verurteilt ist oder wegen eines Vergehens, das einen Mangel an Zuverlässigkeit hat erkennen lassen; dazu gehören insbesondere Vergehen gegen Vermögensrechte. Die Erlaubnis ist ferner zu versagen, wenn mit Rücksicht auf die Verhältnisse des Nachsuchenden und die Art seiner Wirtschaftsführung die Belange der Rechtsuchenden gefährdet werden würden.

§ 7

Personen, die infolge strafrechtlicher oder dienststrafrechtlicher Verurteilung aus dem Beamtenverhältnis oder infolge ehrengerichtlicher Verurteilung oder Zurücknahme der Zulassung aus der Rechtsanwaltschaft ausgeschieden sind, wird die Erlaubnis in der Regel nicht erteilt.

§ 8

Der Nachsuchende hat seine Sachkunde und Eignung durch genaue Angaben über seinen Ausbildungsgang und seine bisherige berufliche Tätigkeit darzulegen und, soweit möglich, durch Lehr- und Prüfungszeugnisse, Zeugnisse seiner bisherigen Arbeitgeber und dgl. zu belegen.

§ 9

(1) Die Frage des Bedürfnisses ist nach den Verhältnissen des Ortes, an dem der Nachsuchende seine Tätigkeit betreiben will, und des näheren Wirtschaftsgebiets, dem der Ort angehört, zu beurteilen. Es ist dabei einerseits auf Zahl, Art und Zusammensetzung der Bevölkerung und andererseits auf die bereits vorhandenen Möglichkeiten zur Befriedigung des Bedürfnisses Rücksicht zu nehmen. Daß der Nachsuchende Aussicht hat, sich durch Beziehungen und dgl. für seine Person ein hinreichendes Tätigkeitsfeld zu beschaffen, genügt nicht, um das Bedürfnis zu bejahen.

(2) Personen, die die Tätigkeit bereits vor dem Inkrafttreten des Gesetzes ausgeübt haben, ist wegen Verneinung des Bedürfnisses die Erlaubnis nur dann zu versagen, wenn sich aus der Zahl der an dem Orte tätigen Rechtsberater erhebliche Mißstände ergeben haben.

§ 10

(1) Juristischen Personen, insbesondere Gesellschaften mit beschränkter Haftung, soll die Erlaubnis nur erteilt werden, wenn besondere Umstände für diese Rechtsform der Betriebsführung sprechen; dies gilt nicht, wenn die im Artikel 1 § 1 des Gesetzes bezeichnete Tätigkeit bereits vor Inkrafttreten des Gesetzes in dieser Form ausgeübt worden ist.

(2) Bei juristischen Personen und Personenvereinigungen ist in dem Gesuch anzugeben, welche gesetzlichen Vertreter oder leitenden Angestellten die Rechtsbesorgung tatsächlich ausüben sollen.

§ 11

(1) Über das Gesuch entscheidet der Präsident des Landgerichts, in dessen Bezirk die Rechtsbesorgung ausgeübt werden soll; gehört der Ort zu dem Bezirk eines Amtsgerichts, das einem Präsidenten unterstellt ist, so entscheidet der Amtsgerichtspräsident.

(2) Das Gesuch ist bei dem Amtsgericht einzureichen, in dessen Bezirk die Rechtsbesorgung ausgeübt werden soll. Außer den im § 8 bezeichneten Belegen sind dem Gesuch ein handschriftlicher Lebenslauf sowie Nachweisungen über die Staatsangehörigkeit und die Abstammung des Nachsuchenden beizufügen.

(3) Der Vorstand des Amtsgerichts holt eine Äußerung der Kreispolizeibehörde ein, stellt die erforderlichen weiteren Ermittlungen an und legt das Gesuch mit einer gutachtlichen Äußerung dem nach Abs. 1 zuständigen Präsidenten vor. Kreispolizeibehörde im Sinne dieser Vorschrift ist in Gemeinden mit staatlicher Polizeiverwaltung die staatliche Polizeibehörde, im übrigen in Stadtkreisen der Oberbürgermeister, in Landkreisen in Preußen der Landrat und in den anderen Ländern die entsprechende Behörde.

§ 12

Gegen die Versagung der Erlaubnis ist die Beschwerde im Aufsichtswege an den Präsidenten des Oberlandesgerichts zulässig. Dieser entscheidet endgültig.

§ 13

Die Erlaubnis erlischt, wenn der Nachsuchende seine Tätigkeit nicht binnen dreier Monate seit Erteilung der Erlaubnis aufnimmt.

§ 14

(1) Die Erlaubnis ist zu widerrufen, wenn Tatsachen eintreten oder nachträglich bekanntwerden, die eine Versagung der Erlaubnis rechtfertigen; wegen mangelnden Bedürfnisses darf jedoch die Erlaubnis nicht widerrufen werden.

(2) Die Erlaubnis ist ferner zu widerrufen, wenn die Tätigkeit ein Jahr tatsächlich nicht ausgeübt wird.

(3) Sie kann widerrufen werden, wenn gegen die für die Geschäftsführung des Rechtsberater ergehenden Vorschriften wiederholt verstoßen wird oder Auflagen (§ 2 Abs. 2) nicht erfüllt werden.

§ 15

(1) Der Widerruf wird von dem für die Erteilung der Erlaubnis zuständigen Präsidenten ausgesprochen. Vor der Entscheidung ist der Rechtsberater zu hören und eine Äußerung der Kreispolizeibehörde (§ 11 Abs. 3) einzuholen.

(2) Es kann, wenn dies nach Lage des Falles angemessen erscheint, eine Frist zur Abwicklung der Tätigkeit gewährt werden. Anderenfalls wird der Widerruf mit der Zustellung der Verfügung wirksam.

(3) Die Anfechtung der Entscheidung bestimmt sich nach § 12. Die Beschwerde hat keine aufschiebende Wirkung.

§ 16

(1) Einer auf berufsständischer oder ähnlicher Grundlage gebildeten Vereinigung oder Stelle ist die Rechtsbesorgung nach § 7 des Gesetzes zu untersagen,

a) wenn die Tätigkeit ganz oder überwiegend von Personen ausgeübt wird, denen die Erlaubnis nach §§ 4 bis 8 dieser Verordnung zu versagen wäre, und in dieser Hinsicht gerügte Mängel nicht in angemessener Zeit abgestellt werden;

b) wenn die Rechtsform der Vereinigung zur Umgehung des Erlaubniszwanges mißbraucht wird.

(2) Das Verbot wird von dem Landgerichts-(Amtsgerichts-)Präsidenten erlassen. § 15 gilt entsprechend.

(3) Im übrigen bleibt die Untersagung nach § 7 Satz 2 des Gesetzes dem Reichsminister der Justiz im Einvernehmen mit den beteiligten Reichsministern vorbehalten.

§ 17

Die Erteilung und der Widerruf der Erlaubnis (§§ 11, 14) sowie die Untersagung der Rechtsbesorgung (§ 16) sind im Amtsblatt bekanntzumachen. Spricht der Reichsminister der Justiz die Untersagung aus, so kann er eine andere Art der Bekanntmachung anordnen.

Berlin, den 13. Dezember 1935.

Der Reichsminister der Justiz
Dr. Gürtner

Reichsgesetzblatt

Teil I

| 1936 | Ausgegeben zu Berlin, den 25. Februar 1936 | Nr. 15 |

Tag	Inhalt	Seite
21. 2. 36	Bekanntmachung der neuen Fassung der Rechtsanwaltsordnung	107

Bekanntmachung der neuen Fassung der Rechtsanwaltsordnung.
Vom 21. Februar 1936.

Die Rechtsanwaltschaft so zu erhalten, daß sie ihre hohe Aufgabe erfüllen kann, erachtet die Reichsregierung für ihre ernste Pflicht. Sie sieht in dem jedes Bedürfnis übersteigenden Zustrom zur Anwaltschaft eine schwere Gefahr für den Berufsstand und darüber hinaus für die gesamte Rechtspflege. Um dieser Gefahr zu begegnen und den Nachwuchs vor unausbleiblichen Enttäuschungen zu bewahren, hat die Reichsregierung das Zweite Gesetz zur Änderung der Rechtsanwaltsordnung vom 13. Dezember 1935 (Reichsgesetzbl. I S. 1470) beschlossen. Auf Grund der Ermächtigung im Artikel VII dieses Gesetzes wird nachstehend der Wortlaut der Rechtsanwaltsordnung in ihrer nunmehr geltenden Fassung als Reichs-Rechtsanwaltsordnung bekanntgemacht.

Berlin, den 21. Februar 1936.

Der Reichsminister der Justiz
Dr. Gürtner

Reichs-Rechtsanwaltsordnung.

Der Rechtsanwalt ist der berufene, unabhängige Vertreter und Berater in allen Rechtsangelegenheiten. Sein Beruf ist kein Gewerbe, sondern Dienst am Recht.

Erster Abschnitt
Der Rechtsanwalt

§ 1

Als Rechtsanwalt kann nur zugelassen werden, wer durch Ablegung der großen Staatsprüfung die Fähigkeit zum Richteramt erlangt hat.

A. Der Probe- und Anwärterdienst

§ 2

Ein Assessor, der seine Zulassung als Rechtsanwalt erstrebt, hat sich zur besonderen Ausbildung für den Beruf des Rechtsanwalts dem anwaltlichen Probe- und Anwärterdienst zu unterziehen.

§ 3

Der Assessor erhält die gleichen Bezüge wie ein Assessor im staatlichen Probe- und Anwärterdienst. Diese Bezüge gebühren ihm für die Dauer des Probe- und Anwärterdienstes. Grundsätzlich sind diese Bezüge dem Assessor auf Grund einer Vereinbarung mit dem Rechtsanwalt zu zahlen, dem er überwiesen ist. Soweit der Rechtsanwalt diese Bezüge nicht zahlen kann, gewährleistet die Reichs-Rechtsanwaltskammer die Zahlung.

§ 4

(1) Über den Antrag auf Übernahme in den anwaltlichen Probedienst entscheidet der Reichsminister der Justiz.

(2) Die Übernahme ist widerruflich.

§ 5

(1) Der anwaltliche Probedienst dauert ein Jahr. Er kann auf Antrag ausnahmsweise bis zur Dauer eines weiteren Jahres verlängert werden.

(2) Ist der Assessor nach seiner Persönlichkeit und seiner Befähigung für den Beruf des Rechtsanwalts vorzugsweise geeignet, so kann der Probedienst ausnahmsweise abgekürzt oder ganz erlassen werden.

(3) Die Entscheidung trifft der Reichsminister der Justiz.

§ 6

Während des anwaltlichen Probedienstes ist der Assessor vorwiegend mit den Geschäften eines Rechtsanwalts, nach Möglichkeit kürzere Zeit auch mit richterlichen Aufgaben zu befassen.

§ 7

Die Leitung des anwaltlichen Probedienstes obliegt dem Präsidenten des Oberlandesgerichts, dessen Bezirk der Assessor zum Probedienst überwiesen ist. Der Oberlandesgerichtspräsident nimmt den Assessor bei Antritt des Probedienstes durch Handschlag in Pflicht und überweist ihn einem vom Präsidenten der Rechtsanwaltskammer vorgeschlagenen Rechtsanwalt zur Beschäftigung. Er ist befugt, den Assessor zur Erfüllung seiner Pflichten anzuhalten.

§ 8

(1) Der Rechtsanwalt hat den Assessor mit den Aufgaben des Anwaltsberufs vertraut zu machen und ihn angemessen zu beschäftigen.

(2) Der Assessor ist gehalten, die ihm aufgetragenen Berufsarbeiten gewissenhaft zu erledigen. Er ist in dem gleichen Umfange wie der Rechtsanwalt zur Verschwiegenheit verpflichtet und zur Verweigerung der Aussage berechtigt.

§ 9

Der Reichsminister der Justiz entscheidet, ob der Assessor nach Abschluß des anwaltlichen Probedienstes als Anwärter für den Beruf des Rechtsanwalts der Reichs-Rechtsanwaltskammer zu überweisen ist.

§ 10

(1) Der Assessor wird in den Anwärterdienst regelmäßig auf drei Jahre überwiesen. Der Reichsminister der Justiz kann die Anwärterzeit auf Antrag verlängern.

(2) Der Assessor führt während des Anwärterdienstes die Bezeichnung „Anwaltsassessor".

§ 11

(1) Der Präsident der Rechtsanwaltskammer nimmt den Anwaltsassessor bei Antritt des Anwärterdienstes durch Handschlag in Pflicht.

(2) Von diesem Zeitpunkt ab untersteht der Anwaltsassessor der Ehrengerichtsbarkeit der Reichs-Rechtsanwaltskammer und der Aufsicht des Präsidenten der Rechtsanwaltskammer. Der Präsident der Rechtsanwaltskammer hat ihn darauf bei der Verpflichtung hinzuweisen.

§ 12

(1) Der Präsident der Rechtsanwaltskammer überweist den Anwaltsassessor einem Rechtsanwalt zur Leistung des Anwärterdienstes.

(2) Der Rechtsanwalt hat dem Anwaltsassessor anwaltliche Geschäfte aus allen Rechtsgebieten zur Bearbeitung zu übertragen. Der Anwaltsassessor hat die ihm übertragenen Geschäfte nach den Weisungen des Rechtsanwalts gewissenhaft zu erledigen. Er ist in dem gleichen Umfange wie der Rechtsanwalt zur Verschwiegenheit verpflichtet und zur Verweigerung der Aussage berechtigt.

§ 13

Dem Anwaltsassessor stehen die anwaltlichen Befugnisse des Rechtsanwalts zu, dem er überwiesen ist.

§ 14

(1) Der Anwaltsassessor kann sich um seine Zulassung als Rechtsanwalt in der Regel erst zum Ende des dritten Anwärterjahres bewerben. Bei vorzugsweiser Eignung kann er ausnahmsweise schon zu einem früheren Zeitpunkt als Rechtsanwalt zugelassen werden.

(2) Drei Jahre nach dem Ende der Anwärterzeit wird einem Antrage auf Zulassung als Rechtsanwalt in aller Regel nicht mehr stattgegeben.

B. Die Zulassung

§ 15

(1) Der Rechtsanwalt wird bei einem bestimmten Gericht zugelassen.

(2) Bei einem Gericht sollen nicht mehr Rechtsanwälte zugelassen werden, als einer geordneten Rechtspflege dienlich ist.

§ 16

Über den Antrag auf Zulassung als Rechtsanwalt entscheidet der Reichsminister der Justiz im Einvernehmen mit dem Reichsführer des Bundes Nationalsozialistischer Deutscher Juristen. Vor der Zulassung wird der Präsident der Reichs-Rechtsanwaltskammer gutachtlich gehört.

§ 17

Bewerber, die ein öffentliches Amt bekleidet haben, unterliegen nicht den Vorschriften über den Probe- und Anwärterdienst.

§ 18

(1) Der bei einem Amtsgericht zugelassene Rechtsanwalt ist auf seinen Antrag zugleich bei dem Landgericht zuzulassen, in dessen Bezirk das Amtsgericht seinen Sitz hat, sowie bei den Kammern für Handelssachen, die für den Bezirk dieses Amtsgerichts zuständig sind.

(2) Der bei einem Kollegialgericht zugelassene Rechtsanwalt kann auf seinen Antrag zugleich bei einem anderen an dem Orte seines Wohnsitzes befindlichen Kollegialgericht zugelassen werden, wenn die Zulassung der Rechtspflege dienlich ist.

(3) Rechtsanwälte, welche bei einem Landgericht zugelassen sind, können bei dem übergeordneten Oberlandesgericht oder bei einem benachbarten Landgericht zugelassen werden, wenn die gleichzeitige Zulassung einer geordneten Rechtspflege dienlich ist; die gleichzeitige Zulassung beim benachbarten Landgericht ist widerruflich.

§ 19

(1) Der Rechtsanwalt schwört nach seiner ersten Zulassung in der nächsten Sitzung des zuständigen Ehrengerichts vor dem Präsidenten der Rechtsanwaltskammer folgenden Eid:

„Ich schwöre, dem Führer des Deutschen Reiches und Volkes Adolf Hitler Treue zu halten und die Pflichten eines Deutschen Rechtsanwalts gewissenhaft zu erfüllen, so wahr mir Gott helfe."

(2) Gestattet ein Gesetz den Mitgliedern einer Religionsgesellschaft an Stelle des Eides den Gebrauch anderer Beteuerungsformeln, so kann der Rechtsanwalt, der Mitglied einer solchen Religionsgesellschaft ist, diese Beteuerungsformel sprechen.

(3) Erklärt der Rechtsanwalt, daß er gegen die Eidesleistung in religiöser Form Bedenken habe, so kann er den Eid ohne die Schlußworte leisten.

§ 20

(1) Der Rechtsanwalt muß an dem Ort des Gerichts, bei dem er zugelassen ist, seinen Wohnsitz nehmen und eine Kanzlei einrichten. Inwieweit benachbarte Orte im Sinne dieser Vorschrift als ein Ort anzusehen sind, bestimmt der Reichsminister der Justiz.

(2) Der Rechtsanwalt darf ohne Zustimmung des Präsidenten der Rechtsanwaltskammer weder eine Zweigstelle einrichten noch außerhalb der Kanzlei Sprechtage abhalten.

(3) Ist der Rechtsanwalt gleichzeitig bei mehreren Gerichten in verschiedenen Orten zugelassen, so bestimmt der Reichsminister der Justiz, an welchem dieser Orte der Rechtsanwalt seinen Wohnsitz zu nehmen und seine Kanzlei einzurichten hat.

(4) Der Reichsminister der Justiz kann Ausnahmen von den Vorschriften der Absätze 1 und 2 bewilligen; die Bewilligung ist widerruflich. Die Bewilligung sowie die Bestimmung des Wohnsitzes oder des Ortes der Kanzlei nach Absatz 3 können mit Auflagen verbunden werden. Wird auf Grund einer Auflage ein Zustellungsbevollmächtigter bestellt, so kann diesem wie einem Rechtsanwalt gegen Empfangsbekenntnis zugestellt werden (§§ 198, 212a der Zivilprozeßordnung). Kann eine Zustellung an den Zustellungsbevollmächtigten an dem Orte, an dem er bestellt oder zu bestellen war, nicht ausgeführt werden, so kann die Zustellung an den Rechtsanwalt durch Aufgabe zur Post zugestellt werden.

(5) Die Mehrkosten, welche bei der Vertretung einer Partei vor einem Kollegialgericht durch einen bei demselben zugelassenen Rechtsanwalt dadurch entstehen, daß der letztere seine Kanzlei nicht am Orte des Gerichts hat, ist die Gegenpartei zu erstatten nicht verpflichtet.

§ 21

(1) Bei jedem Gericht ist eine Liste der dort zugelassenen Rechtsanwälte zu führen. Die Eintragung erfolgt nach der Zulassung. In der Liste ist der Zeitpunkt der Zulassung, der Wohnsitz und die Kanzlei des Rechtsanwalts zu vermerken.

(2) Mit der Eintragung beginnt die Befugnis des Rechtsanwalts, die Anwaltstätigkeit auszuüben.

(3) Jede Veränderung des Wohnsitzes und der Kanzlei muß der Rechtsanwalt zur Eintragung in die Liste anzeigen.

§ 22

Die Zulassung wird zurückgenommen,
1. wenn die Verhältnisse des Antragstellers und die Art seiner Wirtschaftsführung die Belange der Rechtsuchenden gefährden;
2. wenn der Rechtsanwalt einer Tätigkeit nachgeht, die der Würde des Anwaltsberufs widerspricht;
3. wenn der Rechtsanwalt infolge eines körperlichen Gebrechens oder wegen Schwäche seiner körperlichen oder geistigen Kräfte zur ordnungsmäßigen Ausübung des Anwaltsberufs dauernd unfähig ist;
4. wenn der Rechtsanwalt nicht binnen drei Monaten seit seiner Zulassung an dem nach § 20 bestimmten Orte seinen Wohnsitz nimmt oder seine Kanzlei einrichtet, oder wenn er es einen Monat lang versäumt hat, die ihm auf Grund des § 20 Abs. 4 gemachten Auflagen zu erfüllen;
5. wenn der Rechtsanwalt seinen Wohnsitz oder seine Kanzlei aufgibt;
6. wenn sich nach der Zulassung ergibt, daß der Rechtsanwalt infolge strafgerichtlichen Urteils die Fähigkeit zur Bekleidung öffentlicher Ämter im Zeitpunkt seiner Zulassung nicht besaß.

§ 23

(1) Die Zulassung wird ferner zurückgenommen, wenn der Rechtsanwalt ein Amt bekleidet oder eine Beschäftigung betreibt, die mit dem Beruf des Rechtsanwalts nicht vereinbar sind.

(2) Bekleidet der Rechtsanwalt, ohne daneben die anwaltliche Berufstätigkeit selbst auszuüben, ein Gemeindeamt oder hauptamtlich ein Amt in der NSDAP oder einer ihrer Gliederungen oder angeschlossenen Verbände auf Probe, Widerruf oder Kündigung, so ist eine Zurücknahme der Zulassung auf Grund des Absatzes 1 innerhalb der ersten zwei Jahre nach Antritt des Amtes nicht zulässig.

§ 24

Die Zulassung kann zurückgenommen werden, wenn der Rechtsanwalt infolge gerichtlicher Anordnung in der Verfügung über sein Vermögen beschränkt ist.

§ 25

Die Zulassung wird durch den Reichsminister der Justiz nach Anhörung des Präsidenten der Reichs-Rechtsanwaltskammer zurückgenommen.

§ 26

(1) Liegen die Voraussetzungen für die Zurücknahme der Zulassung nach § 22 Ziffern 1 bis 3 oder § 23 vor, so hat der Reichsminister der Justiz dem Rechtsanwalt durch schriftlichen Bescheid zu eröffnen, daß und aus welchen Gründen die Zulassung zurückgenommen werden müsse. Binnen einer Frist von einem Monat nach dieser Eröffnung kann der Rechtsanwalt durch schriftliche Erklärung gegenüber dem Reichsminister der Justiz beantragen, das Vorliegen der Voraussetzungen für eine Zurücknahme im objektiven ehrengerichtlichen Verfahren nachzuprüfen. Hat der Rechtsanwalt binnen dieser Frist die Nachprüfung nicht beantragt, so wird die Zulassung zurückgenommen.

(2) Im übrigen wird die Zulassung zurückgenommen, sobald das Vorliegen der Voraussetzungen für eine Zurücknahme aus einem der im § 22 Ziffern 1 bis 3 und § 23 angegebenen Gründe im objektiven ehrengerichtlichen Verfahren rechtskräftig festgestellt ist. Im Falle des § 23 darf die Zurücknahme erst erfolgen, wenn der Rechtsanwalt länger als einen Monat nach der Rechtskraft der Entscheidung die beanstandete Beschäftigung fortgesetzt hat.

§ 27

(1) In den Fällen des § 22 Ziffern 4 bis 6 und des § 24 muß der Zurücknahme die Anhörung des Betroffenen vorausgehen.

(2) Ein die Zulassung zurücknehmender Bescheid muß den Grund der Zurücknahme angeben.

§ 28

(1) Stirbt der Rechtsanwalt oder gibt er die Rechte aus der Zulassung auf oder wird die Zulassung zurückgenommen oder verliert der Rechtsanwalt infolge Urteils die Fähigkeit zur Ausübung des Anwaltsberufs, so ist er in der Rechtsanwaltsliste zu löschen.

(2) Frühere Rechtsanwälte dürfen die Berufsbezeichnung „Rechtsanwalt" auch mit einem auf das Erlöschen der Zulassung hinweisenden Zusatz nicht führen, es sei denn, daß ihnen die Weiterführung dieser Berufsbezeichnung auf Vorschlag des Präsidenten der Reichs-Rechtsanwaltskammer von dem Reichsminister der Justiz gestattet wird.

§ 29

(1) Die Stellvertretung eines an der Ausübung seines Berufs zeitweise verhinderten Rechtsanwalts soll grundsätzlich außer einem Rechtsanwalt nur einem Assessor im Probe- oder Anwärterdienst übertragen werden; ausnahmsweise kann die Stellvertretung auch anderen Personen übertragen werden, welche die Befähigung zum Richteramt erlangt haben und in ihrer Person die Voraussetzungen für die Berufung in das Reichsbeamtenverhältnis erfüllen.

(2) Wird die Stellvertretung nicht von einem bei demselben Gericht zugelassenen Rechtsanwalt übernommen, so muß die Bestellung des Stellvertreters beim Reichsminister der Justiz nachgesucht werden.

(3) Auf die im Absatz 1 bezeichneten Stellvertreter finden die Vorschriften des § 157 Absätze 1, 2 der Zivilprozeßordnung keine Anwendung. Das gleiche gilt für die im Probedienst befindlichen Assessoren sowie für die einem Rechtsanwalt zur Ausbildung überwiesenen Gerichtsreferendare, wenn sie den Rechtsanwalt in Fällen vertreten, in denen eine Vertretung durch einen Rechtsanwalt nicht geboten ist, oder wenn sie unter Beistand des Rechtsanwalts die Ausführung der Parteirechte übernehmen.

§ 30

Ist ein Rechtsanwalt, für den ein Stellvertreter bestellt ist, gestorben, so sind Rechtshandlungen, die von dem Stellvertreter oder ihm gegenüber vor der Löschung des Rechtsanwalts vorgenommen worden sind, nicht deshalb unwirksam, weil der Rechtsanwalt zur Zeit der Bestellung des Vertreters oder zur Zeit der Vornahme der Rechtshandlung nicht mehr gelebt hat.

Zweiter Abschnitt
Rechte und Pflichten der Rechtsanwälte

§ 31

(1) Der Rechtsanwalt hat seinen Beruf getreu seinem Eide gewissenhaft auszuüben.

(2) Er hat sich auch außerhalb seiner Berufstätigkeit des Vertrauens und der Achtung würdig zu erweisen, die sein Beruf als Diener am Recht erfordert.

§ 32

(1) Der Rechtsanwalt hat seine Berufstätigkeit zu versagen:

1. wenn sie für eine pflichtwidrige Handlung in Anspruch genommen wird;
2. wenn sie von ihm in derselben Rechtssache bereits einer anderen Partei im entgegengesetzten Interesse gewährt ist;
3. wenn er sie in einer streitigen Angelegenheit gewähren soll, an deren Entscheidung er als Richter teilgenommen hat.

(2) In bürgerlichen Streitverfahren einschließlich schiedsrichterlicher Verfahren, in Strafsachen und in verwaltungsgerichtlichen Verfahren hat der Rechtsanwalt ferner seine Berufstätigkeit als Prozeßbevollmächtigter zu versagen, wenn er zu seinem Auftraggeber in einem ständigen Dienst- oder ähnlichen ständigen Geschäftsverhältnis steht.

§ 33

(1) Insoweit eine Vertretung durch Anwälte geboten ist, kann nur ein bei dem Prozeßgericht zugelassener Rechtsanwalt die Vertretung als Prozeßbevollmächtigter übernehmen.

(2) In der mündlichen Verhandlung, einschließlich der vor dem Prozeßgericht erfolgenden Beweisaufnahme, kann jedoch jeder Rechtsanwalt die Ausführung der Parteirechte und für den Fall, daß der bei dem Prozeßgericht zum Prozeßbevollmächtigten bestellte Rechtsanwalt ihm die Vertretung überträgt, auch diese übernehmen.

§ 34

Der Rechtsanwalt muß, wenn er sich über eine Woche hinaus von seinem Wohnsitz entfernen will, für seine Stellvertretung sorgen, auch dem Vorsitzenden des Gerichts, bei welchem er zugelassen ist, sowie dem Amtsgericht, in dessen Bezirk er seinen Wohnsitz hat, Anzeige machen und den Stellvertreter benennen.

§ 35

Der Rechtsanwalt, dessen Berufstätigkeit in Anspruch genommen wird, ist verpflichtet, wenn er den Antrag nicht annimmt, die Ablehnung ohne Verzug zu erklären, widrigenfalls er den durch die Verzögerung erwachsenden Schaden zu ersetzen hat.

§ 36

(1) Der Rechtsanwalt ist nicht verpflichtet, vor Empfang seiner Auslagen und Gebühren die Handakten dem Auftraggeber herauszugeben.

(2) Die Pflicht zur Aufbewahrung der Handakten erlischt mit Ablauf von fünf Jahren nach Beendigung des Auftrags und schon vor Beendigung dieses Zeitraums, wenn der Auftraggeber, zur Empfangnahme der Handakten aufgefordert, sie nicht binnen sechs Monaten nach erhaltener Aufforderung in Empfang genommen hat.

§ 37

Der Anspruch der Partei auf Schadensersatz aus dem zwischen ihr und dem Rechtsanwalt bestehenden Vertragsverhältnis verjährt in fünf Jahren.

§ 38

Außer den in der Zivilprozeßordnung bezeichneten Fällen hat das Prozeßgericht, insoweit eine Vertretung durch Anwälte geboten ist, einer Partei auf Antrag zur Wahrnehmung ihrer Rechte beizuordnen, wenn die Partei einen zu ihrer Vertretung geneigten Anwalt nicht findet und die Rechtsverfolgung oder Rechtsverteidigung nicht mutwillig oder aussichtslos erscheint.

§ 39

(1) Einer Partei, welcher das Armenrecht bewilligt ist, kann auch, insoweit eine Vertretung durch Anwälte nicht geboten ist, zur vorläufig unentgeltlichen Wahrnehmung ihrer Rechte von dem Prozeßgericht ein Rechtsanwalt auf Antrag beigeordnet werden.

(2) Die Beiordnung eines besonderen Anwalts zur Wahrnehmung einer auswärtigen Beweisaufnahme oder zur Vermittlung des Verkehrs mit dem Prozeßbevollmächtigten ist nur zulässig, wenn besondere Umstände dies erfordern.

§ 40

Gegen die Entscheidung, durch welche die Beiordnung eines Rechtsanwalts abgelehnt wird, steht der Partei die Beschwerde nach Maßgabe der Zivilprozeßordnung zu.

§ 41

(1) Der beizuordnende Rechtsanwalt wird durch den Vorsitzenden des Gerichts aus der Zahl der bei diesem zugelassenen Rechtsanwälte ausgewählt. Befinden sich an einem Orte mehrere Amtsgerichte, so kann das Amtsgericht auch einen Rechtsanwalt beiordnen, der bei einem anderen Amtsgericht dieses Ortes zugelassen ist. Sind bei einem Amtsgericht keine Rechtsanwälte zugelassen oder die zugelassenen Rechtsanwälte an der Vertretung behindert, so kann ein Rechtsanwalt beigeordnet werden, der bei einem anderen Gericht desselben Ortes und mangels eines solchen bei einem benachbarten Amtsgericht oder dem übergeordneten Landgericht zugelassen ist.

(2) Im Falle des § 39 Abs. 2 wird der Rechtsanwalt auf Ersuchen von dem Amtsgericht beigeordnet, in dessen Bezirk die Beweisaufnahme stattfinden soll oder die Partei wohnt.

(3) Gegen die Verfügung steht der Partei und dem Rechtsanwalt die Beschwerde nach Maßgabe der Zivilprozeßordnung zu.

§ 42

Die Mehrkosten, welche bei der Vertretung einer armen Partei durch ihr beigeordneten Rechtsanwalt dadurch entstehen, daß der letztere seinen Wohnsitz nicht am Orte des Gerichts hat, ist die Gegenpartei zu erstatten nicht verpflichtet.

§ 43

Im Falle des § 38 kann der beigeordnete Rechtsanwalt die Übernahme der Vertretung davon abhängig machen, daß ihm ein nach den Vorschriften der Gebührenordnung zu bemessender Vorschuß gezahlt wird.

§ 44

(1) Für die Verpflichtung des Rechtsanwalts, in Strafsachen die Verteidigung zu führen, sind die Bestimmungen der Strafprozeßordnung maßgebend.

(2) In denjenigen Fällen, in welchen nach § 144 der Strafprozeßordnung die Bestellung des Verteidigers durch den Vorsitzenden des Landgerichts oder den Amtsrichter zu erfolgen hat, stehen den am Sitze des Gerichts wohnhaften Rechtsanwälten die innerhalb des Bezirks desselben wohnhaften und bei demselben zugelassenen gleich. Auf Reisekosten und Tagegelder für die Reise nach dem Sitze des Gerichts haben dieselben keinen Anspruch.

(3) Ein nach § 18 Abs. 3 bei einem benachbarten Landgericht widerruflich zugelassener Rechtsanwalt kann in Ermangelung von Rechtsanwälten, welche im Bezirke des Gerichts wohnhaft sind, in den Fällen des § 144 der Strafprozeßordnung zum Verteidiger bestellt werden.

§ 45

Der Rechtsanwalt ist verpflichtet, den in Vorbereitungsdienst bei ihm beschäftigten Gerichtsreferendaren Anleitung und Gelegenheit zu praktischen Arbeiten zu geben.

Dritter Abschnitt
Die Reichs-Rechtsanwaltskammer

§ 46

(1) Die bei den Gerichten des Deutschen Reichs zugelassenen Rechtsanwälte sind in der Reichs-Rechtsanwaltskammer zusammengeschlossen.

(2) Die Reichs-Rechtsanwaltskammer ist rechtsfähig. Sie erfüllt ihre Aufgaben als Selbstverwaltungsangelegenheiten.

(3) Die Aufsicht über die Reichs-Rechtsanwaltskammer und ihre Organe und sonstigen Einrichtungen übt der Reichsminister der Justiz aus.

§ 47

An der Ausbildung der Assessoren im Probe- und Anwärterdienst mitzuwirken und die Auszahlung der ihnen zustehenden Bezüge zu sichern, ist Aufgabe der Reichs-Rechtsanwaltskammer.

§ 48

(1) Die Reichs-Rechtsanwaltskammer kann zur Erfüllung ihrer Aufgaben von ihren Mitgliedern Beiträge erheben, soweit die erforderlichen Mittel nicht auf andere Weise aufgebracht werden.

(2) Bei Bemessung der Beiträge ist auf die wirtschaftliche Lage der Mitglieder Rücksicht zu nehmen. Die Beiträge sind angemessen zu staffeln. Rückständige Beiträge können auf Grund einer von dem Präsidenten der Reichs-Rechtsanwaltskammer ausgestellten, mit der Bescheinigung der Vollstreckbarkeit versehenen Zahlungsaufforderung nach den Vorschriften über die Vollstreckung von Urteilen in bürgerlichen Rechtsstreitigkeiten eingezogen werden.

§ 49

Organe der Reichs-Rechtsanwaltskammer sind:
der Präsident,
das Präsidium,
der Beirat,
die Präsidenten der Rechtsanwaltskammern,
die Rechtsanwaltskammern,
der Ehrengerichtshof und die Ehrengerichte.

§ 50

(1) Der Präsident der Reichs-Rechtsanwaltskammer vertritt diese gerichtlich und außergerichtlich.

(2) Der Präsident der Reichs-Rechtsanwaltskammer wird vom Reichsminister der Justiz im Einvernehmen mit dem Reichsführer des Bundes Nationalsozialistischer Deutscher Juristen auf Vorschlag des Präsidiums der Reichs-Rechtsanwaltskammer auf fünf Jahre berufen.

§ 51

(1) Das Präsidium der Reichs-Rechtsanwaltskammer steht dem Präsidenten beratend zur Seite. Es besteht aus fünf Rechtsanwälten und der gleichen Zahl von Vertretern. Einem der Mitglieder obliegt die ständige Vertretung des Präsidenten. Der ständige Vertreter des Präsidenten, die übrigen Mitglieder des Präsidiums und die fünf Vertreter werden von dem Reichsminister der Justiz im Einvernehmen mit dem Reichsführer des Bundes Nationalsozialistischer Deutscher Juristen auf Vorschlag des Präsidenten der Reichs-Rechtsanwaltskammer auf fünf Jahre berufen.

(2) Scheidet ein Mitglied vor Ablauf seiner Amtszeit aus, so tritt an seine Stelle der Stellvertreter. Scheidet auch dieser vorzeitig aus, so wird ein neues Mitglied für den Rest der Amtszeit berufen.

(3) Das Präsidium ist verpflichtet, Gutachten aus dem Gebiet des Anwaltsrechts und des Anwaltswesens zu erstatten, die von einem Organ der Gesetzgebung, von einer obersten Reichsbehörde, einem obersten Gericht oder vom Ehrengerichtshof erfordert werden.

§ 52

(1) Der Beirat besteht aus dem Präsidium der Reichs-Rechtsanwaltskammer und den Präsidenten der Rechtsanwaltskammern oder ihren Vertretern.

(2) Der Beirat berät den Präsidenten der Reichs-Rechtsanwaltskammer in Fragen von allgemeiner Bedeutung.

(3) Er ist gutachtlich zu hören:
a) bei der Aufstellung des Haushaltsplans und bei der Festsetzung der Beiträge der Reichs-Rechtsanwaltskammer,
b) zur jährlichen Rechnungslegung und
c) zu Änderungen der Satzung der Reichs-Rechtsanwaltskammer.

§ 53

Die Geschäftsführung des Präsidenten der Reichs-Rechtsanwaltskammer, des Präsidiums und des Beirats wird in einer Geschäftsordnung geregelt, die der Präsident nach Anhörung des Präsidiums erläßt.

§ 54

(1) Für den Bezirk eines jeden Oberlandesgerichts werden unter der Leitung eines Präsidenten Rechtsanwaltskammern gebildet. Diese besitzen keine Rechtsfähigkeit.

(2) Die Präsidenten der Rechtsanwaltskammern erfüllen unter beratender Mitwirkung der Rechtsanwaltskammern in ihrem Bezirk die Aufgaben der Reichs-Rechtsanwaltskammer unter eigener Verantwortung; sie sind dabei an Weisungen des Präsidenten der Reichs-Rechtsanwaltskammer gebunden.

(3) Der Reichsminister der Justiz kann bei Bedarf in einem Oberlandesgerichtsbezirk die Errichtung einer zweiten Rechtsanwaltskammer anordnen.

§ 55

(1) Die Präsidenten der Rechtsanwaltskammern werden vom Reichsminister der Justiz im Einvernehmen mit dem Reichsführer des Bundes Nationalsozialistischer Deutscher Juristen auf Vorschlag des Präsidenten der Reichs-Rechtsanwaltskammer auf fünf Jahre berufen.

(2) Dem Präsidenten der Rechtsanwaltskammer steht die Kammer beratend zur Seite. Die Mitglieder der Rechtsanwaltskammer werden vom Präsidenten der Reichs-Rechtsanwaltskammer aus

der Zahl der Rechtsanwälte des Bezirks auf vier Jahre berufen, jedoch mit der Maßgabe, daß alle zwei Jahre die Hälfte der Mitglieder, bei ungerader Zahl zum erstenmal die größere Zahl ausscheidet. Die Berufung bedarf der Bestätigung des Reichsministers der Justiz.

(8) Scheidet ein Mitglied vor Ablauf seiner Amtszeit aus, so wird ein neues Mitglied für den Rest der Amtszeit berufen.

§ 56

Der Präsident der Reichs-Rechtsanwaltskammer erläßt auf Vorschlag des Präsidenten der Rechtsanwaltskammer eine Geschäftsordnung. Er regelt darin die Vertretung und die Verteilung der Geschäfte unter die Mitglieder der Rechtsanwaltskammer.

§ 57

Der Präsident der Rechtsanwaltskammer ist befugt, Rechtsanwälten und Anwaltsassessoren seines Bezirks bei leichteren Pflichtverletzungen eine Rüge zu erteilen oder eine Mißbilligung auszusprechen. Richtet sich die Maßnahme gegen einen Rechtsanwalt, so hat er vor seiner Entscheidung einen aus mindestens drei Mitgliedern der Rechtsanwaltskammer gebildeten ständigen Ausschuß gutachtlich zu hören.

§ 58

Der Präsident der Rechtsanwaltskammer vermittelt auf Antrag bei Streitigkeiten zwischen Mitgliedern der Reichs-Rechtsanwaltskammer oder zwischen Mitgliedern und deren Auftraggebern.

§ 59

Der Präsident der Rechtsanwaltskammer erstattet Gutachten, welche bei Streitigkeiten zwischen einem Mitglied der Reichs-Rechtsanwaltskammer und dessen Auftraggeber von den Gerichten des Oberlandesgerichtsbezirks erfordert werden.

§ 60

(1) Rechtsanwälte und Anwaltsassessoren haben auf die von dem Präsidenten der Reichs-Rechtsanwaltskammer oder von den Präsidenten der Rechtsanwaltskammern in Ausübung ihrer gesetzlichen Befugnisse erlassenen Ladungen zu erscheinen, die verlangten Aufschlüsse zu erteilen und den zu diesem Zwecke erlassenen Anordnungen Folge zu leisten.

(2) Zur Erzwingung einer solchen Anordnung können Geldstrafen bis zum Gesamtbetrage von 300 Reichsmark festgesetzt werden. Der Festsetzung einer Strafe muß deren schriftliche Androhung vorangehen.

§ 61

Die Tätigkeit der Reichs-Rechtsanwaltskammer und ihrer Organe wird im einzelnen in der Satzung geregelt. Satzungsänderungen im Rahmen dieses Gesetzes verfügt der Präsident der Reichs-Rechtsanwaltskammer nach Anhörung des Beirats. Änderungen bedürfen der Bestätigung des Reichsministers der Justiz und sind in gleicher Weise wie die Satzung bekanntzumachen.

§ 62

Alljährlich erstattet der Präsident der Reichs-Rechtsanwaltskammer dem Reichsminister der Justiz einen schriftlichen Bericht über die Tätigkeit und die Lage der Reichs-Rechtsanwaltskammer.

§ 63

Verhandlungen und Erlasse der Reichs-Rechtsanwaltskammer und ihrer Organe und die an diese Stellen gerichteten Erlasse und Eingaben sind, soweit sie nicht eine Beurkundung von Rechtsgeschäften enthalten, frei von Gebühren und Stempeln.

Vierter Abschnitt

Ehrengerichtliches Verfahren

§ 64

Rechtsanwälte und Anwaltsassessoren, welche die ihnen obliegenden Pflichten verletzen, werden, sofern nicht Maßnahmen nach § 57 ausreichen, ehrengerichtlich bestraft.

§ 65

(1) Die ehrengerichtlichen Strafen sind:
1. für Rechtsanwälte: Warnung, Verweis, Geldstrafe bis zu 5 000 Reichsmark, Ausschließung von der Rechtsanwaltschaft;
2. für Anwaltsassessoren: Warnung, Verweis, Geldstrafe bis zu 500 Reichsmark, Ausschließung vom Anwärterdienst.

(2) Geldstrafe und Verweis können nebeneinander verhängt werden.

(3) Eine Bestrafung im ehrengerichtlichen Verfahren wird nicht dadurch ausgeschlossen, daß der Präsident der Rechtsanwaltskammer dem Rechtsanwalt oder dem Anwaltsassessor nach § 57 eine Rüge erteilt oder eine Mißbilligung ausgesprochen hat.

§ 66

Wegen Handlungen, die ein Rechtsanwalt oder Anwaltsassessor vor seiner Verpflichtung als Anwaltsassessor oder ein Rechtsanwalt, der seinen Anwärterdienst geleistet hat, vor seiner Zulassung als Rechtsanwalt begangen hat, ist ein ehrengerichtliches Verfahren nur zulässig, wenn auf Ausschließung zu erkennen ist.

§ 67

(1) Ist gegen einen Rechtsanwalt oder einen Anwaltsassessor wegen einer strafbaren Handlung die öffentliche Klage erhoben, so ist während der Dauer des Strafverfahrens ein wegen derselben Tatsachen eingeleitetes ehrengerichtliches Verfahren auszusetzen. Die Aussetzung steht dem Erlaß eines Vertretungsverbots nicht entgegen.

(2) Ist im Strafverfahren gegen einen Anwaltsassessor ein Urteil ergangen, das den Verlust der Fähigkeit zur Bekleidung öffentlicher Ämter zur Folge hat, so scheidet der Anwaltsassessor mit der Rechtskraft dieses Urteils aus dem Anwärterdienst aus.

(3) Ist im Strafverfahren auf Freisprechung erkannt, so findet wegen derjenigen Tatsachen, welche in diesem zur Erörterung gekommen sind, ein ehrengerichtliches Verfahren nur insofern statt, als dieselben an sich und unabhängig von dem Tatbestand einer im Strafgesetz vorgesehenen Handlung die ehrengerichtliche Bestrafung begründen.

(4) Ist im Strafverfahren eine Verurteilung ergangen, welche die Unfähigkeit zur Bekleidung öffentlicher Ämter nicht zur Folge hat, so beschließt das Ehrengericht, ob außerdem das ehrengerichtliche Verfahren zu eröffnen oder fortzusetzen sei. Für die Entscheidung im ehrengerichtlichen Verfahren sind die tatsächlichen Feststellungen des strafgerichtlichen Urteils bindend, wenn nicht das erkennende Gericht einstimmig die wiederholte Prüfung beschließt.

(5) Ist der Angeklagte flüchtig und wird die Hauptverhandlung gegen ihn nicht durchgeführt, so findet Absatz 1 keine Anwendung.

§ 68

Insoweit nicht aus den nachfolgenden Bestimmungen Abweichungen sich ergeben, finden auf das ehrengerichtliche Verfahren die Vorschriften der Strafprozeßordnung über das Verfahren in den zur Zuständigkeit der Schöffengerichte gehörigen Strafsachen und die Vorschriften der §§ 155 Nr. II, 176, 184 bis 198 des Gerichtsverfassungsgesetzes entsprechende Anwendung.

§ 69

(1) Ehrengerichte des ersten Rechtszuges sind die Ehrengerichte bei den Rechtsanwaltskammern.

(2) Ehrengericht des zweiten Rechtszuges ist der Ehrengerichtshof der Reichs-Rechtsanwaltskammer.

§ 70

(1) Für den Präsidenten der Reichs-Rechtsanwaltskammer, die Mitglieder des Präsidiums der Reichs-Rechtsanwaltskammer und die Präsidenten der Rechtsanwaltskammern ist als Ehrengericht allein der Ehrengerichtshof der Reichs-Rechtsanwaltskammer zuständig.

(2) Seine Entscheidungen sind endgültig.

§ 71

(1) Die Ehrengerichte bei den Rechtsanwaltskammern bestehen aus fünf Mitgliedern. Den Vorsitz führt der Präsident der Rechtsanwaltskammer. Er bestimmt jeweils am Jahresbeginn aus den Mitgliedern der Rechtsanwaltskammer seine Vertreter im Vorsitz, die Mitglieder des Ehrengerichts und deren Vertreter, ferner die Reihenfolge, in der Richter und Vertreter in den Sitzungen mitzuwirken haben.

(2) Der Präsident der Rechtsanwaltskammer bildet bei Bedarf jeweils zum Jahresbeginn mehrere Kammern des Ehrengerichts und verteilt die Geschäfte auf die Dauer des Jahres auf sie. Er bestimmt gleichzeitig die Vorsitzenden und die Mitglieder sowie deren Stellvertreter. Die Reihenfolge der Mitwirkung bestimmt der Vorsitzende jeder Kammer sogleich für das laufende Jahr. Die Bestimmung bedarf der Zustimmung des Präsidenten der Rechtsanwaltskammer.

(3) Ist der Präsident der Rechtsanwaltskammer durch Zugehörigkeit zum Ehrengerichtshof an dem Vorsitz im Ehrengericht behindert, so führt sein in der Geschäftsordnung (§ 56) bestimmter Vertreter den Vorsitz.

(4) Im Laufe des Jahres können diese Bestimmungen für den Rest des Jahres nur geändert werden, wenn die Überlastung des Ehrengerichts oder einer Kammer oder das Ausscheiden oder die dauernde Behinderung einzelner Mitglieder die Änderung notwendig macht.

(5) Die allgemeine Dienstaufsicht über die Ehrengerichte führt der Präsident der Rechtsanwaltskammer.

§ 72

Zuständig ist das Ehrengericht derjenigen Rechtsanwaltskammer, in deren Bereich der Angeschuldigte zur Zeit der Erhebung der Klage als Rechtsanwalt zugelassen oder als Anwaltsassessor tätig ist.

§ 73

(1) Der Antrag auf Eröffnung der Voruntersuchung kann von dem Ehrengericht sowohl aus rechtlichen als aus tatsächlichen Gründen abgelehnt werden.

(2) Gegen den ablehnenden Beschluß steht der Staatsanwaltschaft die sofortige Beschwerde zu.

(3) Gegen den die Voruntersuchung eröffnenden Beschluß steht dem Angeschuldigten die Beschwerde nur wegen Unzuständigkeit des Ehrengerichts zu.

§ 74

(1) Das Ehrengericht kann beschließen, daß ohne Voruntersuchung das Hauptverfahren zu eröffnen sei.

(2) Beschwerde findet nicht statt.

§ 75

Mit der Führung der Voruntersuchung wird ein Richter durch den Präsidenten des Oberlandesgerichts beauftragt.

§ 76

Die Verhaftung und vorläufige Festnahme sowie die Vorführung des Angeschuldigten ist unzulässig.

§ 77

Die Beeidigung von Zeugen und Sachverständigen kann in der Voruntersuchung erfolgen, auch wenn die Voraussetzungen der §§ 66, 223 der Strafprozeßordnung nicht vorliegen.

§ 78

Beantragt die Staatsanwaltschaft eine Ergänzung der Voruntersuchung, so hat der Untersuchungsrichter, wenn er dem Antrag nicht stattgeben will, die Entscheidung des Ehrengerichts einzuholen.

§ 79

Nach geschlossener Voruntersuchung sind dem Angeschuldigten auf seinen Antrag die Ergebnisse des bisherigen Verfahrens mitzuteilen.

§ 80

Die Anklageschrift hat die dem Angeschuldigten zur Last gelegte Pflichtverletzung durch Angabe der sie begründenden Tatsachen zu bezeichnen und, soweit in der Hauptverhandlung Beweise erhoben werden sollen, die Beweismittel anzugeben.

§ 81

Ist der Angeschuldigte außer Verfolgung gesetzt oder die Eröffnung des Hauptverfahrens abgelehnt, so kann die Klage nur während eines Zeitraums von fünf Jahren seit dem Tage des Beschlusses und nur auf Grund neuer Tatsachen oder Beweismittel wieder aufgenommen werden.

§ 82

In dem Beschlusse, durch welchen das Hauptverfahren eröffnet wird, ist die dem Angeklagten zur Last gelegte Pflichtverletzung durch Angabe der sie begründenden Tatsachen zu bezeichnen.

§ 83

Die Mitteilung der Anklageschrift erfolgt mit der Ladung zur Hauptverhandlung.

§ 84

In der Hauptverhandlung ist als Protokollführer ein der Rechtsanwaltskammer nicht angehörender, am Sitze des Ehrengerichts wohnhafter Rechtsanwalt von dem Vorsitzenden zuzuziehen.

§ 85

Die Hauptverhandlung ist nicht öffentlich. Mitglieder der Reichs-Rechtsanwaltskammer sind als Zuhörer zuzulassen, andere Personen nur nach dem Ermessen des Vorsitzenden.

§ 86

(1) Das Ehrengericht kann auch dann entscheiden, wenn der ordnungsmäßig geladene Angeklagte in der Hauptverhandlung nicht erscheint.

(2) Das Ehrengericht kann das persönliche Erscheinen des Angeklagten unter der Verwarnung anordnen, daß bei seinem Ausbleiben ein Vertreter nicht werde zugelassen werden.

§ 87

In der Hauptverhandlung hält nach Verlesung des Beschlusses über die Eröffnung des Hauptverfahrens ein Berichterstatter in Abwesenheit der Zeugen einen Vortrag über die Ergebnisse des bisherigen Verfahrens, soweit dieselben sich auf die in dem Beschlusse über die Eröffnung des Hauptverfahrens enthaltenen Tatsachen beziehen.

§ 88

Das Ehrengericht bestimmt den Umfang der Beweisaufnahme, ohne hierbei durch Anträge, Verzichte oder frühere Beschlüsse gebunden zu sein.

§ 89

(1) Das Ehrengericht kann nach freiem Ermessen die Vernehmung von Zeugen oder Sachverständigen durch einen ersuchten Richter oder in der Hauptverhandlung anordnen. Beweiserhebungen durch einen ersuchten Richter kann zur Vorbereitung der Hauptverhandlung auch der Vorsitzende des Ehrengerichts anordnen, wenn das Einholen einer Entscheidung des Ehrengerichts das Verfahren verzögern würde.

(2) Auf das Ersuchen finden die §§ 157 bis 159, 165 des Gerichtsverfassungsgesetzes entsprechende Anwendung.

(3) Die Vernehmung muß auf Antrag der Staatsanwaltschaft oder des Angeschuldigten in der Hauptverhandlung erfolgen, sofern nicht voraussichtlich der Zeuge oder Sachverständige am Erscheinen in der Hauptverhandlung verhindert oder sein Erscheinen wegen großer Entfernung besonders erschwert sein wird.

§ 90

Die Verhängung von Zwangsmaßregeln sowie die Festsetzung von Strafen gegen Zeugen und Sachverständige, welche in der Hauptverhandlung ausbleiben oder ihre Aussage oder deren Beeidigung verweigern, erfolgt auf Ersuchen durch das Amtsgericht, in dessen Bezirk dieselben ihren Wohnsitz und in Ermangelung eines solchen ihren Aufenthalt haben.

§ 91

Die Aussage eines außerhalb der Hauptverhandlung vernommenen Zeugen oder Sachverständigen, dessen Vernehmung nicht in der Hauptverhandlung erfolgen muß, ist, sofern es die Staatsanwaltschaft oder der Angeklagte beantragt oder das Ehrengericht es für erforderlich erachtet, zu verlesen.

§ 92

Für die Verhandlung und Entscheidung über das Rechtsmittel der Beschwerde ist zuständig

a) bei Beschwerden gegen Verfügungen oder Beschlüsse des Ehrengerichts und seines Vorsitzenden: der Ehrengerichtshof;

b) im übrigen: das Oberlandesgericht.

§ 93

(1) Der Ehrengerichtshof der Reichs-Rechtsanwaltskammer besteht aus dem Präsidenten der Reichs-Rechtsanwaltskammer, seinem ständigen Vertreter, aus weiteren Mitgliedern der Reichs-Rechtsanwaltskammer und aus Mitgliedern des Reichsgerichts. Die nicht gesetzlich bestimmten anwaltlichen Mitglieder werden von dem Präsidium der Reichs-Rechtsanwaltskammer, die richterlichen Mitglieder von dem Präsidium des Reichsgerichts für je ein Geschäftsjahr bestimmt. Die anwaltlichen Mitglieder können nicht gleichzeitig einem Ehrengericht als ordentliche oder stellvertretende Mitglieder angehören.

(2) Die Zahl der Senate bestimmt der Reichsminister der Justiz jeweils zum Jahresbeginn auf Vorschlag des Präsidenten der Reichs-Rechtsanwaltskammer. Jeder Senat entscheidet in der Besetzung von vier anwaltlichen und drei richterlichen Mitgliedern.

(3) Den Vorsitz in den Senaten führen der Präsident der Reichs-Rechtsanwaltskammer und die von ihm nach Anhörung des Präsidiums der Reichs-Rechtsanwaltskammer zu Beginn eines jeden Jahres für dessen Dauer zu Vorsitzenden bestellten anwaltlichen Mitglieder als Senatspräsidenten.

(4) Die Geschäfte verteilt der Präsident der Reichs-Rechtsanwaltskammer jeweils zum Jahresbeginn für die Dauer des Jahres; er regelt dabei auch die gegenseitige Vertretung der Vorsitzenden und der Mitglieder der Senate.

(5) Die Anordnungen des Präsidenten der Reichs-Rechtsanwaltskammer über die Besetzung und die Tätigkeit der Senate können im Laufe eines Jahres nur geändert werden, wenn die Überlastung eines Senats oder das Ausscheiden oder die dauernde Behinderung eines Senatspräsidenten oder eines Senatsmitgliedes die Änderung notwendig macht.

§ 94

Auf das Berufungs- und Beschwerdeverfahren finden die Vorschriften der Strafprozeßordnung entsprechende Anwendung. Im Berufungsverfahren gelten auch die §§ 84, 85, 86 Abs. 1, §§ 87 bis 91 dieses Gesetzes sinngemäß.

§ 95

(1) Ist gegen einen Rechtsanwalt im ehrengerichtlichen Verfahren die öffentliche Klage erhoben, so kann gegen ihn durch Beschluß des Ehrengerichts ein Vertretungsverbot verhängt werden, wenn zu erwarten ist, daß gegen ihn auf Ausschließung aus der Rechtsanwaltschaft erkannt werden wird.

(2) Der Beschluß ergeht auf Grund mündlicher Verhandlung. Auf die Ladung und die mündliche Verhandlung finden die Vorschriften über die Hauptverhandlung entsprechende Anwendung, soweit sich nicht aus den folgenden Vorschriften ein anderes ergibt.

(3) In der Ladung ist die dem Rechtsanwalt zur Last gelegte Pflichtverletzung zu bezeichnen, sofern nicht die Anklageschrift ihm bereits mitgeteilt ist. Auf die Ladung findet der § 40 der Strafprozeßordnung Anwendung.

(4) In der mündlichen Verhandlung sind die Beteiligten zu hören. Art und Umfang der Beweisaufnahme bestimmt das Ehrengericht, ohne durch Anträge gebunden zu sein.

(5) Zur Verhängung des Vertretungsverbots ist eine Mehrheit von zwei Dritteilen der Stimmen erforderlich.

(6) Das Ehrengericht kann, wenn es auf Ausschließung aus der Rechtsanwaltschaft erkannt hat, im unmittelbaren Anschluß an die Hauptverhandlung über das Vertretungsverbot verhandeln und entscheiden. Dies gilt auch dann, wenn der Angeschuldigte zu der Hauptverhandlung nicht erschienen ist.

(7) Der Beschluß ist mit Gründen zu versehen und dem Angeschuldigten zuzustellen. Wird ein Vertretungsverbot verhängt, so hat der Präsident der Rechtsanwaltskammer eine beglaubigte Abschrift der Formel des Beschlusses dem Reichsminister der Justiz, den Amtsgerichten, die sich am Wohnsitz des Angeschuldigten befinden, und den Gerichten mitzuteilen, bei denen der Rechtsanwalt sonst noch zugelassen ist.

§ 96

(1) Der Beschluß wird mit der Verkündung wirksam.

(2) Dem Rechtsanwalt, gegen den das Vertretungsverbot verhängt ist, ist verboten, vor einem Gericht, einer sonstigen Behörde oder einem Schiedsgericht in Person aufzutreten, Vollmachten oder Untervollmachten zu erteilen und mit Gerichten, sonstigen Behörden, Schiedsgerichten oder Rechtsanwälten schriftlichen Verkehr zu pflegen. Dies gilt nicht für die Wahrnehmung der eigenen Angelegenheiten des Rechtsanwalts und der Angelegenheiten seiner Ehefrau und seiner minderjährigen Kinder, soweit nicht Anwaltszwang besteht. Die rechtliche Wirksamkeit von Handlungen des Rechtsanwalts wird durch das Vertretungsverbot nicht berührt.

(3) Ein Rechtsanwalt, der dem Vertretungsverbot wissentlich zuwiderhandelt, ist mit Ausschließung zu bestrafen, sofern nicht nach den besonderen Verhältnissen des Falles eine mildere Strafe ausreichend ist.

(4) Gerichte und sonstige Behörden sollen einen Rechtsanwalt, der entgegen dem Vertretungsverbot vor ihnen in Person auftritt, zurückweisen.

§ 97

Der Beschluß unterliegt der sofortigen Beschwerde. Die Beschwerde gegen die Verhängung des Vertretungsverbots hat keine aufschiebende Wirkung. Auf das Verfahren finden die Vorschriften des § 95 Absätze 2, 3 Satz 2, Absätze 4, 5, 7 Satz 1 und, wenn das Vertretungsverbot aufgehoben wird, auch Satz 2 entsprechende Anwendung.

§ 98

(1) Für den Rechtsanwalt, gegen den das Vertretungsverbot verhängt ist, ist im Falle des Bedürfnisses von dem Reichsminister der Justiz nach Anhörung des Präsidenten der Rechtsanwaltskammer ein Stellvertreter zu bestellen. § 29 Absätze 1, 3 Satz 1 findet Anwendung. Der Rechtsanwalt kann einen geeigneten Vertreter vorschlagen.

(2) Ein Rechtsanwalt, dem die Stellvertretung übertragen wird, darf sie nur aus einem wichtigen Grunde ablehnen. Über die Ablehnung entscheidet der Präsident des Landgerichts, bei dem der zum Stellvertreter bestellte Rechtsanwalt zugelassen ist oder zu dessen Bezirk das Amtsgericht gehört, bei dem er zugelassen ist, und, sofern er ausschließlich bei einem höheren Gericht zugelassen ist, der Präsident dieses Gerichts; ist der Rechtsanwalt gleichzeitig bei mehreren Landgerichten oder nur bei einem Oberlandesgericht zugelassen, so entscheidet der Präsident des Oberlandesgerichts. Vor der Entscheidung ist der Präsident der Rechtsanwaltskammer zu hören.

(8) Der Stellvertreter führt sein Amt unter eigener Verantwortung und ohne an Weisungen des Vertretenen gebunden zu sein, für dessen Rechnung und auf dessen Kosten. Der Vertretene ist verpflichtet, dem Stellvertreter eine angemessene Vergütung zu zahlen. Auf Verlangen des Stellvertreters oder des Vertretenen ist die Vergütung vom Präsidenten der Rechtsanwaltskammer festzusetzen. Für die festgesetzte Vergütung haftet die Reichs-Rechtsanwaltskammer wie ein Bürge.

§ 99

(1) Das Vertretungsverbot tritt außer Kraft, wenn in dem ehrengerichtlichen Verfahren ein nicht auf Ausschließung lautendes Urteil ergeht oder der Angeschuldigte außer Verfolgung gesetzt wird.

(2) Das Vertretungsverbot ist von dem Ehrengericht, bei dem das ehrengerichtliche Verfahren in Rechtszuge schwebt, aufzuheben, wenn sich herausstellt, daß die Voraussetzungen für seine Verhängung nicht oder nicht mehr vorliegen.

(3) Beantragt der Angeschuldigte die Aufhebung des Vertretungsverbots, so kann das Gericht eine erneute mündliche Verhandlung anordnen. Die Ablehnung des Antrags unterliegt nicht der Beschwerde.

(4) In den Fällen der Absätze 1 und 2 gilt § 95 Abs. 7 Satz 2 entsprechend.

§ 100

Die Verrichtungen der Staatsanwaltschaft werden von der Staatsanwaltschaft bei dem Oberlandesgericht, im Verfahren vor dem Ehrengerichtshof von der Staatsanwaltschaft bei dem Reichsgericht wahrgenommen.

§ 101

(1) In den Fällen des § 26 Abs. 1 wird ohne Beschluß über die Eröffnung des Hauptverfahrens zur Hauptverhandlung geschritten. Die Vorschriften über den Erlaß eines Vertretungsverbots finden entsprechende Anwendung.

(2) Zur besseren Aufklärung der Sache kann das Ehrengericht vor der Hauptverhandlung einzelne Beweiserhebungen anordnen; um die Ausführung dieses Beschlusses kann es die Staatsanwaltschaft ersuchen.

(3) Das Ehrengericht kann nach Maßgabe des § 89 auch die Vernehmung des Antragstellers vor der Hauptverhandlung anordnen.

(4) Dem Antragsteller sind auf Verlangen die ihm zur Last gelegten Tatsachen sowie die Beweismittel vor der Hauptverhandlung schriftlich anzugeben.

(5) Das Verfahren ist einzustellen, wenn der Antrag auf Entscheidung im ehrengerichtlichen Verfahren zurückgenommen wird; die Kosten trägt in diesem Falle der Antragsteller.

§ 102

(1) Für das Verfahren werden weder Gebühren noch Stempel, sondern nur bare Auslagen in Ansatz gebracht.

(2) Der Betrag der Kosten ist von dem Vorsitzenden festzustellen. Die Festsetzung ist vollstreckbar.

(3) Kosten, welche weder dem Angeschuldigten noch einem Dritten auferlegt werden oder von dem Verpflichteten nicht eingezogen werden können, fallen der Reichs-Rechtsanwaltskammer zur Last. Dieselbe haftet den Zeugen und Sachverständigen für die ihnen zukommende Entschädigung in gleichem Umfang wie in Strafsachen die Reichskasse. Bei weiterer Entfernung des Aufenthaltsorts der geladenen Personen ist denselben auf Antrag ein Vorschuß zu bewilligen.

(4) Die Hinterlegung der gesetzlichen Entschädigung für Personen, welche von dem Angeklagten unmittelbar geladen sind, erfolgt bei dem Präsidenten der Rechtsanwaltskammer, im Verfahren vor dem Ehrengerichtshof bei dem Präsidenten der Reichs-Rechtsanwaltskammer.

§ 103

Ausfertigungen und Auszüge der Urteile des Ehrengerichts sind von dem Präsidenten der Rechtsanwaltskammer, Ausfertigungen und Auszüge der Urteile des Ehrengerichtshofs von dem Präsidenten der Reichs-Rechtsanwaltskammer zu erteilen.

§ 104

(1) Die Ausschließung von der Rechtsanwaltschaft oder vom Anwärterdienst tritt mit der Rechtskraft des Urteils ein.

(2) Die Ausschließung von der Rechtsanwaltschaft wird von dem Präsidenten der Rechtsanwaltskammer unter Mitteilung einer mit der Bescheinigung der Vollstreckbarkeit versehenen beglaubigten Abschrift der Urteilsformel dem Reichsminister der Justiz und den Gerichten angezeigt, bei welchen der Rechtsanwalt zugelassen war.

(3) Die Ausschließung vom Anwärterdienst wird von dem Präsidenten der Rechtsanwaltskammer unter Mitteilung einer mit der Bescheinigung der Vollstreckbarkeit versehenen beglaubigten Abschrift der Urteilsformel dem Reichsminister der Justiz, dem Rechtsanwalt, der den Anwaltsassessor im Anwärterdienst beschäftigt, und den Gerichten angezeigt, bei welchen dieser Rechtsanwalt zugelassen ist.

§ 105

(1) Geldstrafen (§§ 60, 65) fließen zur Kasse der Reichs-Rechtsanwaltskammer.

(2) Die Vollstreckung der eine Geldstrafe aussprechenden Entscheidung erfolgt auf Grund einer von dem Präsidenten der Rechtsanwaltskammer erteilten, mit der Bescheinigung der Vollstreckbarkeit versehenen beglaubigten Abschrift der Entscheidungsformel nach den Vorschriften über die Vollstreckung der Urteile in bürgerlichen Rechtsstreitigkeiten.

(3) Dasselbe gilt von der Vollstreckung der die Kosten festsetzenden Verfügung.

(4) Die Vollstreckung wird von dem Präsidenten der Rechtsanwaltskammer betrieben.

Fünfter Abschnitt
Rechtsanwaltschaft bei dem Reichsgericht

§ 106

Auf die Rechtsanwaltschaft bei dem Reichsgericht finden, insoweit nicht in den nachfolgenden Paragraphen abweichende Bestimmungen enthalten sind, die Vorschriften des ersten bis vierten und sechsten Abschnitts dieses Gesetzes mit der Maßgabe sinngemäß Anwendung, daß an die Stelle des Oberlandesgerichts das Reichsgericht tritt.

§ 107

Die Zulassung als Rechtsanwalt bei dem Reichsgericht und die Bestellung eines Stellvertreters erfolgt durch den Reichsminister der Justiz im Einvernehmen mit dem Reichsführer des Bundes Nationalsozialistischer Deutscher Juristen. Der Präsident des Reichsgerichts und der Präsident der Reichs-Rechtsanwaltskammer werden gutachtlich gehört. Die Zulassung als Rechtsanwalt setzt die Vollendung des 35. Lebensjahres voraus.

§ 108

(1) Die Zulassung als Rechtsanwalt bei dem Reichsgericht ist mit der Zulassung als Rechtsanwalt bei einem anderen Gericht unvereinbar.

(2) Die bei dem Reichsgericht zugelassenen Rechtsanwälte dürfen bei einem anderen Gericht nicht auftreten.

§ 109

Eine Übertragung der dem Prozeßbevollmächtigten zustehenden Vertretung auf einen bei dem Reichsgericht nicht zugelassenen Rechtsanwalt findet nicht statt.

Sechster Abschnitt
Schluß- und Übergangsbestimmungen

§ 110

(1) Gesuche um Zulassung zur Rechtsanwaltschaft, über die am 18. Dezember 1935 noch nicht endgültig entschieden ist, werden nach den neuen Vorschriften behandelt.

(2) Der Reichsminister der Justiz kann bis zum Ablauf des Jahres 1938 zur Vermeidung von Härten Antragsteller, die die Befähigung zum Richteramt vor dem 1. April 1935 erlangt haben, ohne Ableistung oder unter Abkürzung des Probe- und Anwärterdienstes als Rechtsanwalt zulassen, auch wenn bei ihnen die Voraussetzungen des § 5 Abs. 2 und des § 14 Abs. 1 Satz 2 nicht vorliegen. § 16 gilt entsprechend.

§ 111

(1) Ist einem Rechtsanwalt auf Grund der bisherigen Vorschriften gestattet worden, seinen Wohnsitz nicht an dem Ort des Gerichts zu nehmen, bei dem er zugelassen ist, so bleibt er wie bisher verpflichtet, seine Kanzlei am Gerichtsort zu halten oder einen dort wohnhaften ständigen Zustellungsbevollmächtigten zu bestellen.

(2) Dem Zustellungsbevollmächtigten kann wie dem Rechtsanwalt gegen Empfangsbekenntnis zugestellt werden (§§ 198, 212a der Zivilprozeßordnung). Ist eine Zustellung an den Zustellungsbevollmächtigten am Orte des Gerichts nicht ausführbar, so kann dem Rechtsanwalt durch Aufgabe zur Post zugestellt werden.

§ 112

Die Reichs-Rechtsanwaltskammer tritt mit dem 18. Dezember 1935 in alle vermögensrechtlichen Pflichten und Rechte der bisherigen Reichs-Rechtsanwaltskammer, der Anwaltskammern und ihrer sämtlichen Einrichtungen ein. Aus Anlaß dieses Übergangs von Pflichten und Rechten auf die Reichs-Rechtsanwaltskammer werden Steuern, Gebühren und andere Abgaben nicht erhoben; bare Auslagen bleiben außer Ansatz.

§ 113

(1) Bis zur Berufung des ersten Präsidenten und des ersten Präsidiums der Reichs-Rechtsanwaltskammer führen der Präsident und das Präsidium der bisherigen Reichs-Rechtsanwaltskammer die Geschäfte fort. Bis zur Berufung der Präsidenten der Rechtsanwaltskammern führen die am 18. Dezember 1935 amtierenden Vorsitzenden der Vorstände der Anwaltskammern deren Geschäfte. Bis zur Berufung der Mitglieder der Rechtsanwaltskammern nehmen die bisherigen Mitglieder der Vorstände der Anwaltskammern die Aufgaben der Mitglieder der Rechtsanwaltskammern wahr.

(2) Der Ehrengerichtshof und die Ehrengerichte versehen in der bisherigen Besetzung ihr Amt bis zur Neubildung.

§ 114

Der Präsident der Reichs-Rechtsanwaltskammer kann anordnen, daß die Mitgliederbeiträge zur Reichs-Rechtsanwaltskammer im Geschäftsjahr 1935/36 nach den bisherigen Bestimmungen berechnet und eingezogen werden.

§ 115

Bei der ersten Berufung von ehrenamtlich tätigen Mitgliedern der Reichs-Rechtsanwaltskammer bestimmt der Reichsminister der Justiz deren Tätigkeitsdauer.

§ 116

Rechtsanwälte, die die deutsche Staatsangehörigkeit (Reichsangehörigkeit) nicht besitzen, können den im § 19 vorgesehenen Eid auf Wunsch dahin leisten,

dem Führer des Deutschen Reiches und Volkes Adolf Hitler Achtung zu erweisen und die Pflichten eines Rechtsanwalts gewissenhaft zu erfüllen.

§ 117

Die erste Satzung der Reichs-Rechtsanwaltskammer stellt der Reichsminister der Justiz fest. Sie wird in dem für amtliche Veröffentlichungen der Justizverwaltung bestimmten Organ bekanntgemacht.

§ 118

Eine Entschädigung wegen eines Schadens, der durch eine Maßnahme auf Grund dieses Gesetzes entsteht, wird nicht gewährt.

Dokumente

Juristische Wochenschrift

Heft 12 [769] — 65. Jahrgang — 21. März 1936

Organ der Reichsfachgruppe Rechtsanwälte des Bundes Nationalsozialistischer Deutscher Juristen

Herausgegeben von dem kommissarischen Reichsfachgruppenleiter Rechtsanwalt **Dr. Droege**, unter Mitwirkung der Mitglieder des Reichsfachgruppenrates: **Dr. Hanns Fritzsche**, Leipzig; **Dr. Hawlitzky**, Forst i. L.; **Dr. Mößmer**, München; Prof. **Dr. Noack**, Halle a. S.; **Dr. Rudat**, Königsberg (Pr.); **Wilh. Scholz**, Berlin; **Dr. Schwartz**, Prenzlau; **Dr. Ullrich**, Berlin

Schriftleitung: Berlin W 35, Lützowufer 18 II. Fernruf Kurfürst B 1, 3718

Verlag: W. Moeser Buchhandlung, Inh.: Oscar Brandstetter, Leipzig C 1, Dresdner Straße 11/13
Fernsprecher Sammel-Nr. 72566 / Drahtanschrift: Imprimatur / Postscheckkonto Leipzig Nr. 65673
Geschäftsstelle in Berlin SW 48, Hedemannstr. 14. Fernsprecher A 9, Blücher 0217

Das Recht ist bei Deutschland

Von Hauptschriftleiter Rechtsanwalt Rudolf Hensen, Berlin

In der historischen Reichstagssitzung v. 7. März 1936 hat der Führer aufgerufen „zu dem Schwur, vor keiner Macht und vor keiner Gewalt in der Wiederherstellung der Ehre unseres Volkes zurückzuweichen und lieber der schwersten Not ehrenvoll zu erliegen, als jemals vor ihr zu kapitulieren, und zu dem Bekenntnis, nun erst recht für eine Verständigung der Völker Europas und insbesondere für eine Verständigung mit unseren westlichen Nachbarn einzutreten". Das erste Echo der französischen Regierung und der französischen Presse auf die Rede des Führers ließ erkennen, daß das offizielle Frankreich die Situation doch nicht gleich völlig überblickt hat, daß sie für die europäische Lage kein sofortiges Verständnis aufbrachte und nur die Mißverständnisse, die Probleme und Spannungen zwischen den Völkern Europas sah. Wer die Mentalität der französischen Regierung kennt, den konnte diese ablehnende, auf formalen Gesichtspunkten beruhende Haltung nicht überraschen.

Zwar wird es immer Spannungen zwischen den Völkern geben, weil die Völker in ihren Charakteren, in Kultur und Geisteshaltung, in Lebensform und Lebensbedingungen unterschiedlich sind. Was es aber zwischen ihrer Kultur nach gleichrangigen Völkern nicht zu geben braucht und nicht geben sollte, das ist die **Diffamierung und Entrechtung eines Volkes unter Ausnutzung einer Zwangslage und unter Anwendung von brutaler Gewalt**.

Diese Methode der Diffamierung, der Entehrung und Entrechtung ist Deutschland gegenüber wiederholt angewandt worden. Den eindeutigsten und schlagendsten Beweis hierfür liefert das Diktat von Versailles. Daß dieser sogenannte Friedensvertrag kein Vertrag friedfertigen Geistes, sondern ein Diktat des Hasses, der Gewalt und der Angst war, durch den Unrecht zum Recht gestempelt und der Kriegszustand permanent gemacht wurde, ist inzwischen von den Einsichtigen aller beteiligten Nationen anerkannt worden. Doch die Einsicht und das Anerkenntnis der anderen nützte uns nicht, weil man die daraus notwendigen Folgerungen zu ziehen vergaß. Wir selbst aber waren ohnmächtig in innerer Zerrissenheit und unternahmen nichts dazu, das Elementarrecht jeden Volkes, das Recht der Selbstbestimmung und der Gleichberechtigung, auch für Deutschland durchzusetzen.

Erst Adolf Hitler hat diesen Schritt gewagt. Durchdrungen von dem Glauben an Deutschland, und bauend auf die Treue seiner Gefolgsmannen, hat er im Jahre 1920 den Kampf für Deutschlands Freiheit aufgenommen. Als Führer des Dritten Reiches, gestützt auf das Vertrauen eines 65-Millionenvolkes, hat er im Jahre 1933 diesen Kampf für die Gleichberechtigung Deutschlands gegen das Unrecht der Welt in die Weltarena vorangetragen und diesen Kampf bestanden. Nicht nur um Deutschland ging dieses Ringen, es ging in gleicher Weise auch um den Frieden der europäischen Völker und damit um den Frieden der Welt. Der Kampf, den der Führer und mit ihm die Nationalsozialistische Deutsche Arbeiterpartei um das Recht Deutschlands in der Welt geführt hat und führt, ist aus den gleichen zwingenden Grundgedanken des Nationalsozialismus geboren und von den gleichen rechtspolitischen Erwägungen getragen, wie der innerdeutsche Kampf um die Neuschöpfung eines wahrhaft deutschen Rechts.

Wie im Innern das Ursprüngliche, das Naturgegebene in Volk und Recht überwuchert war durch eindringendes Fremdrecht, so war unser deutsches Recht verstrickt in formalistischen Rechtsinstitutionen, so war unser deutsches Volk verstrickt in den Ketten formalistischer Verträge. Beiden war und ist gemeinsam die Verneinung des Ursprünglichen, die Verneinung der naturgegebenen völkischen Notwendigkeiten, die gewaltsame Ausschaltung des Lebensrechtes.

Dieses **Lebensrecht** beruht auf der Tatsache, der kraft göttlicher Schöpfung geschaffenen Verschiedenheit der Völker, die alle ausgestattet sind mit einem Eigenwert und einem Eigenleben. Jedes Volk führt seit vorgeschichtlichen Zeiten ein eigengesetzliches Leben, spricht seine eigene Sprache, bewohnt ein ihm eigenes Territorium, lebt nach seinen charakteristischen Eigenarten der Erfüllung der Regierung der speziell ihm gestellten Aufgaben der Geschichte. Jedes Volk dient in der Entwicklung seiner arteigenen Kultur der Förderung der Kultur der Welt. Es ist freilich ein Symptom unseres Jahrhunderts, daß der vom Liberalismus erfundene Ruf nach allgemeiner Gleichmachung, nach Verwischung aller Unterschiede und Leugnung der Verschiedenartigkeit so laut geworden ist, aber es ist ein Symptom für die Mentalität unserer Nachbarn, daß sie den Ruf mitverschallen lassen, im übrigen aber für sich selbst die Behauptung ihres Eigenlebens energisch in Anspruch nehmen. Gerade aber aus ihrer Stellung zu ihren eigenen Belangen, so sollte man meinen, müßten diese Völker auch das

97

starke Verlangen des Nationalsozialismus nach völliger Unberührtheit des Eigenlebens des deutschen Volkes verstehen.

Das Lebensrecht eines Volkes dokumentiert sich weiter in dem Recht auf Freiheit in der umfassendsten und tiefsten Bedeutung dieses Begriffes. Jedes Volk ist für sich selbst verantwortlich; es selbst gibt sich die Formen und den Inhalt seines Eigenlebens, es selbst allein formt sich sein Schicksal. Kein anderes Volk hat das Recht, in diese Freiheit der Selbstbestimmung eines anderen Volkes einzugreifen, seinen Willen in der Gestaltung des Eigenlebens eines anderen Volkes diesem aufzuzwingen.

Das Lebensrecht eines jeden Volkes verlangt kategorisch die Gewährleistung des für die Existenz des Volkes, für sein Leben, seine Arbeit, sein Wirken und seine Entwicklung erforderlichen Raumes. Volk ohne Raum ist Volk ohne Leben, ist sterbendes Volk. Wer einem Volk das Recht auf den Raum abstreitet, wer einem Volk willkürliche Grenzen setzt und ihm überall den Raum beschneidet und nimmt, handelt wider das Lebensrecht, gegen das zu handeln ein größeres Verbrechen ist, als der Verstoß gegen ein vom Menschen erdachtes Gesetz. Gesetze können erdacht werden, sie sind nicht einmalig, haben keinen Ewigkeitswert. Das völkische Lebensrecht aber ist ein Urrecht, einmalig, aus göttlicher Schöpfung der Welt verordnet und ewig. Wer gegen ein Gesetz verstößt, verletzt Menschensatzung; wer das völkische Lebensrecht mißachtet, lehnt sich gegen die gottgegebene Schöpfungsordnung auf. Das sollten die Nationen am ehesten einsehen, die für sich selbst das Lebensrecht ihres Volkes in Anspruch nahmen, die schon vor Jahrhunderten anfingen, ihr Anrecht auf den Raum geltend zu machen und dabei auch nicht vor der Verletzung des Lebens- und Raumrechtes anderer Völker, z. B. des deutschen Volkes, zurückschreckten. Wenn heute nach der Erweckung durch den Nationalsozialismus sich Deutschland allzuspät seines Lebensrechtes besinnt und für sich in Anspruch nimmt, was die anderen Kulturvölker seit Jahrhunderten für sich als eine Selbstverständlichkeit ansahen, und wenn diese anderen Völker Deutschland dieses Lebensrecht abstreiten wollen und von Vertragsbruch und Völkerrechtsverstößen sprechen zu müssen meinen, dann kann man sich nur fragen: Sind diese Völker tatsächlich so wenig einsichtig und bar jedes Gerechtigkeitsgefühls oder aber sind sie unaufrichtig und Feinde der Wahrheit, daß sie ihre bessere Einsicht nicht zugeben wollen?

Diese drei und alle sonstigen Auswirkungen des Lebensrechts hat der Führer in seiner Reichstagsrede in einer vierten scharf und knapp formulierten Auswirkung zusammengefaßt: Das deutsche Volk will zu seiner Lebensbehauptung keine schlechteren Chancen besitzen, als sie auch anderen Völkern gegeben sind. Dieses Recht auf die gleiche Daseinschance, die Krönung des Lebensrechtsbegriffes, wie Reichsminister Dr. Frank es treffend nannte, kann sich kein Volk nehmen lassen, also auch nicht das deutsche. Es kann wohl ein Volk durch Waffengewalt, durch Wirtschaftsboykott und politischen Druck gezwungen werden, eine Zeitlang sich dieses Rechtes zu begeben. Dann ist aber das, was das Volk zu dieser Rechtsbegebung, zur Selbstaufgabe zwingt, nicht Recht, sondern schreiendes Unrecht. Eine Politik, die einem anderen Volke das Lebensrecht nehmen will, ist keine Politik des Friedens, sondern eine Politik brutaler Gewalt und des Krieges. Und ein Vertrag, der von dem Träger solcher Politik diktiert und von dem mit Waffengewalt und Wirtschaftsterror niedergehaltenen Volk unterzeichnet wird, ist kein Rechtsvertrag, sondern ein Diktat der Unmoral.

Das Lebensrecht gilt für alle Völker, also auch in gleicher Weise für das deutsche Volk. Versailles aber ging an dem Lebensrecht Deutschlands vorbei, es schritt bewußt darüber hinweg. Es beschnitt Deutschlands Eigenleben, es griff tief in seine Lebensstruktur, in seine Wirtschaft, in seine Kultur, in seine Lebensgestaltung ein. Es fesselte ihm seine Freiheit, es nahm ihm seine Wehrhoheit, es legte ihm Reparationslasten von unvorstellbaren Ausmaßen auf, es zwang Deutschland zur Verschrottung seiner Waffen, zum Schleifen seiner Befestigungen, zur Ablieferung seiner Ausrüstungsgegenstände, zur Abgabe seiner Wirtschaftsgüter, zum Verzicht auf die Selbstbestimmung und zur Aufgabe seiner Ehre. Das war Versailles, die Verewigung des Kriegszustandes, die Verkörperung des Hasses und brutaler Gewalt, die Ausgeburt sinnloser Angst und die eklatanteste Offenbarung der Mißachtung des gottgegebenen Lebensrechtes der Völker.

Das gleiche gilt für den Vertrag von Locarno, der die nochmalige Verankerung der in dem Art. 42 und 43 des Versailler Diktates niedergelegten Vergewaltigung des deutschen Rechtes auf seine Freiheit und die Gleichheit der Lebenschancen enthält.

Weshalb die Rückverlegung von Truppen in ihre Friedensgarnisonen verwehrt und als Rechtsbruch angesichts der Bedrohung Deutschlands durch den französisch-sowjetischen Militärpakt bezeichnet werden kann, ist schlechterdings unverständlich. Was Deutschland tat, war kein Rechtsbruch, sondern die Wiederherstellung des verletzten Rechtes, der mißachteten Ehre und der geknechteten Freiheit. Denn ein verletztes Recht ist immer die Quelle von Spannungen, und das mißachtete und unterdrückte Lebensrecht ist immer die Quelle der Kriegsgefahr. Wo aber das Lebensrecht der Völker in gegenseitigem Verständniswillen geachtet wird, da blühen die Völker im Segen eines dauerhaften ehrlichen Friedens.

Das deutsche Volk wird lieber jede Not und Drangsal auf sich nehmen, als von dem Gebot der Ehre und dem Willen zur Freiheit und der Gleichberechtigung abzustehen.

Adolf Hitler

Die Ehre ist etwas weit Höheres als ein überholter Standesbegriff. Das Erlöschen der Ehre eines Volkes kann diesem Volke selbst den Todesstoß versetzen. Ein Volk, das Ehre besitzt, hat eine Fülle von geschichtlichen Aufgaben, die einem ehrlosen Gemeinschaftsbegriff völlig fehlen.

Ein Volk von Ehre verlangt vom Recht, daß es die Ehre in den Mittelpunkt der Betrachtungen des Schutzes des Einzelnen stellt, ein Volk von Ehre verlangt von den internationalen, völkerrechtlichen und zwischenstaatlichen Beziehungen, daß man ihm das Recht der Selbstbewilligung seiner Wehrkraft, seines Wehrstolzes und seiner Wehrsicherheit überläßt. Ein Volk von Ehre verlangt, daß es gleichberechtigt, daß es gleichberechtigt an international-rechtlichen Übereinkünften teilnehmen kann. Ein Volk von Ehre sein bedeutet daher für den Gesetzgeber die Aufgabe, zu sagen: Alles Recht muß letzten Endes den Ehrlichen in einer Volksgemeinschaft Schutz bieten, den Unehrlichen aber Strafe und Nachteil. Der Mann von Ehre muß ein Mann guten Rechtes sein. Der Staat des Nationalsozialismus ist ein Staat dieser nationalen Ehre. Er hat den Ehrbegriff zum tragenden Begriff seiner Gemeinschaft gemacht.

Reichsminister Dr. Frank

Aus der Deutschen Rechtsfront

Vom Juristenbund zum Nationalsozialistischen Rechtswahrerbund
5. Reichstagung in Leipzig vom 16.–19. Mai 1936

Der Deutsche Juristentag 1936 ist vorüber, die Reden sind verklungen, und die Sonderzüge haben die Tausende von Teilnehmern wieder in ihre Heimat zurückgebracht. Die Tagung ist vorbei, aber das Erlebnis wirkt in allen, die teilnahmen, fort, und die Ergebnisse dieses zweiten Deutschen Juristentages im Dritten Reich werden sich in den kommenden Wochen und Monaten in Rechtslehre, Rechtsschöpfung und Rechtsanwendung zeigen.

Die an großen Ereignissen reiche Tagung gestaltete sich zu einer eindrucksvollen Kundgebung einheitlichen Rechtsgestaltungswillens und wurde sinnfälliger Ausdruck der Geschlossenheit und treuen Gefolgschaft der deutschen Rechtswahrer. Der Juristentag wurde eingeleitet durch einen Empfang im Rathaus der Stadt Leipzig und durch die Eröffnung der Ausstellung „Deutsches Recht" im Alten Rathaus. In Anwesenheit zahlreicher Vertreter der Partei und des Staates, des diplomatischen Korps, der Wehrmacht, der Wissenschaft und der Presse des In- und Auslandes eröffnete der Reichsrechtsführer am Sonnabend, dem 16. Mai 1936, in einer feierlichen Großkundgebung in der Messehalle 7 den Juristentag. An die Eröffnungskundgebung schlossen sich in fast ununterbrochener Folge die weiteren Veranstaltungen, Amtswalterappell, Aufmarsch vor dem Reichsgericht, Großkundgebung „Jugend und Recht", die Arbeitstagung der Reichsgruppen, die Vorträge über „Rasse und Volk", „Das Recht in der Wirtschaft", „Recht und Gemeinschaft" und „Partei und Staat", die Tagungen der Reichssachschaften und Reichsberufsgruppen, Presseempfänge, Festkonzerte, Theater- und Opernfestaufführungen, Kameradschaftsabende und Besichtigungen, bis die eindrucksvolle Arbeitstagung ausklang in dem gewaltigen Appell der Schlußkundgebung am 19. Mai in der größten Messehalle mit Ansprachen des Reichsministers für Volksaufklärung und Propaganda, Dr. Josef Goebbels, und des Reichsrechtsführers.

Im Mittelpunkt des Juristentages stand — abgesehen von den Arbeitstagungen mit den fachwissenschaftlichen Vorträgen, über die und deren Ergebnisse in den kommenden Heften der Juristischen Wochenschrift noch eingehend berichtet werden wird — die Erklärung des Reichsrechtsführers, Reichsministers Dr. Frank, daß das vor drei Jahren gesteckte Teilziel erreicht ist und nunmehr die feierliche Umwandlung des Bundes Nationalsozialistischer Deutscher Juristen in den Nationalsozialistischen Rechtswahrerbund proklamiert werden konnte. Das geschah „nicht, um den Juristen zu schmähen, sondern aus dem Willen, Wahrer des Rechtes des Deutschen Volkes zu sein". Es bedeutet aber zugleich eine Anerkennung für die von den Rechtswahrern im Rahmen des BNSDJ. geleistete Arbeit und einen Ansporn zu immer neuer Arbeit an dem Ziel, das der Führer bereits im Jahre 1920 im Programm der NSDAP. aufstellte und um dessen Erfüllung die nationalsozialistischen Rechtswahrer unter dem Reichsleiter Dr. Frank seit dem Jahre 1926 ringen: die Schaffung des Deutschen Gemeinrechts.

Schon diese Tatsache, daß die NSDAP. von ihren ersten Anfängen an sich für ein starkes Deutsches Recht einsetzte, sollte allen Einsichtigen im Auslande sagen, daß die Redereien über Rechtlosigkeit und Gewaltherrschaft in Deutschland nur auf politischer Brunnenvergiftung und böswilliger Verleumdung beruhen können. Wenn aber darüber überhaupt noch Zweifel bestanden haben, so konnte das Ausland auf dieser Tagung sich selbst davon überzeugen, wie tief und untrennbar Nationalsozialismus und Recht miteinander verwurzelt sind. Noch eindringlicher als durch das Bekenntnis zum Recht an sich, das Reichsminister Dr. Frank bei der Eröffnungskundgebung in feierlicher Form ablegte, konnte diese Verbundenheit nicht zum Ausdruck gebracht werden. Welchen Geist aber dieses Recht, zu dem wir uns bekennen, hat und haben wird, das hat in klaren und eindrucksvollen Worten der Stellvertreter des Führers Rudolf Heß bei der Eröffnungsfeier ausgeführt:

„Es ist selbstverständlich für die nationalsozialistische Bewegung, gemäß ihrer Weltanschauung, zum Rechte zu stehen und dem Rechtsgedanken stets stärkste Förderung angedeihen zu lassen, ja das Recht als einen der wesentlichsten Diener der Gemeinschaft des Volkes anzusehen. Denn im Mittelpunkt der nationalsozialistischen Weltanschauung steht das Volk, dessen Zusammenleben das Recht regelt und ordnet. Ohne Recht entsteht das Chaos, aus dem Chaos der Untergang des Volkes. Um seine Mission der Regelung und Ordnung des Zusammenlebens der Einzelnen des Volkes, der Eingliederung der Teile in die Gemeinschaft zu erfüllen, muß das Recht aus dem Geiste dieser Gemeinschaft, d. h. aus dem Geiste des Volkes heraus, geformt werden. Je mehr der Geist des Volkes in der neuen Rechtspflege seinen Ausdruck findet, desto mehr fühlt sich das Volk nicht nur mit seinem Recht, sondern gerade auch mit dem Staate selbst verbunden. Denn auf keinem anderen Gebiete tritt der Staat dem Volk so eindrucksvoll gegenüber wie auf dem des Rechts. Der Wandlung des Volkes muß darum die Wandlung des Rechts folgen."

So wuchs der Juristentag 1936 weit über eine fachliche Arbeitstagung hinaus und wurde zur Willenskundgebung des Nationalsozialismus, zu einer imponierenden Kundgebung für Freiheit, Ehre, Recht und Frieden.

Rechten und Pflichten ausstattet und sie als etwas anderes betrachtet denn als die große, praktisch verwirklichte, lebendig gewordene soziale Idee unseres neuen Arbeitslebens und seines Rechts".

Eine fertige Lösung für jeden Einzelfall geben uns die Vorschriften in §§ 1, 2 ArbOG. freilich nicht und wollen sie nicht geben. Aber gerade darin offenbart sich wieder die deutsche Grundanschauung, wonach das Recht sich nicht in der geschriebenen Regel erschöpft, sondern seinen letzten Grund in der Persönlichkeit, im Bewußtsein derjenigen hat, die zu seiner Anwendung berufen sind. So ist die neue Ordnung der Dinge wohl geeignet, die Würde des Richteramts zu erhöhen, weil sie an die Persönlichkeit seiner Träger die höchsten Anforderungen stellt, und hier mag sich vielleicht noch ein anderes Wort Schönfelds neu bewahrheiten (Arch ZivPr. 135 [1932], 1 ff., 63): „Das Wagnis der persönlichen, verantwortungsbewußten Entscheidung kann dem Richter niemand abnehmen, seine herrschende Meinung und seine stehende Praxis, kein Reichsgericht, kein Kaiser und kein König und kein Parlament, kein Rechtsanwalt und kein Professor."

Die Gesetze der Vererbung,
die Grundlage der deutschen Erb- und Rassenpflege
Von Amtsgerichtsrat Maßfeller, Berlin

Vorbemerkung: Am 1. Jan. 1937 waren drei Jahre seit dem Inkrafttreten des Gesetzes zur Verhütung erbkranken Nachwuchses vergangen. Seit mehr als einem Jahr besitzen wir in Deutschland ein Ehegesundheitsgesetz. Volles Verständnis für beide Gesetze hat nur der, dem die Grundgedanken der Vererbungslehre geläufig sind. Auch der Rechtsanwalt, der eine Vertretung vor dem Erbgesundheitsgericht übernommen hat, muß sie kennen. Es erscheint deshalb zweckmäßig, die Grundgedanken der Vererbungsgesetze einmal in möglichst leichtverständlicher Form darzustellen. In dem folgenden Aufsatz von Amtsgerichtsrat Maßfeller wird jeweils auch erörtert, ob das ErbkrNachwGes. oder das EhegesundhG. Anwendung findet.

D. S.

Sämtliche Maßnahmen des nationalsozialistischen Staates auf dem Gebiete der Erb- und Rassenpflege sind letzten Endes begründet in den Gesetzen der Vererbung, diesen ewigen unabänderlichen Gesetzen, nach denen wir alle, jeder von uns und jeder nach uns seines Daseins Kreise vollenden muß. Auf sie stützen sich die Bestimmungen über die Förderung kinderreicher erbgesunder Familien und nicht minder die Vorschriften des ErbkrNachwGes. Sie in erster Linie muß der Arzt berücksichtigen, wenn er seine Pflicht als Eheberater gewissenhaft erfüllen will. Ohne sie kann man nicht verzichten müssen auf das Gesetz zum Schutze des deutschen Blutes und der deutschen Ehre und auf das Gesetz zum Schutze der Erbgesundheit des deutschen Volkes.

Dieses große und in sich geschlossene Gesetzgebungswerk, das die Grundzüge der Erb- und Rassenpflege enthält und das zu den Staatsgrundgesetzen des Dritten Reichs zählt, können wir nur dann voll verstehen, seine gewaltige Bedeutung für Volk und Reich nur dann richtig würdigen, wenn wir die ihm zugrunde liegenden Gesetze der Vererbung wenigstens in ihren Grundzügen erkannt haben.

Der deutsche Rechtswahrer ist in weitem Umfange berufen, die Forderungen der Erb- und Rassenpflege zu verwirklichen. In vorderster Front steht der Erbgesundheitsrichter, dem die Entscheidung darüber anvertraut ist, ob ein Volksgenosse, der an schweren Erbschäden leidet, auf Fortpflanzung verzichten muß, und ob junge Menschen, die einander heiraten wollen, nach ihrer Erbbeschaffenheit hierzu tauglich sind. Ihm folgt der Vormundschaftsrichter, der einen großen Teil unserer Jugend betreut und der bei seinen Entscheidungen sich immer wieder fragen muß, ob eine beantragte Maßnahme mit den Forderungen der Erb- und Rassenpflege vereinbar ist. Aber auch der Prozeßrichter und jeder andere Richter der freiwilligen Gerichtsbarkeit wird immer wieder Gelegenheit haben, diese Forderungen zu verwirklichen und für sie Verständnis zu wecken, wo es noch fehlt. Und wenn wir Rechtswahrer allesamt dazu aufgerufen sind, bei der Schaffung eines neuen, dem deutschen Volke artgemäßen Rechts mitzuwirken, so können wir auch diese große Aufgabe nur erfüllen, weil wir wissen, daß sich die deutsche Art seit Jahrhunderten in jeder Generation erneuert, weil sich unser Denken, Fühlen und Wollen von Geschlecht zu Geschlecht bis auf uns fortvererbt hat. Und auch die größte Aufgabe der Staatsführung und jedes Volksgenossen, an der Erneuerung des Volkes zu arbeiten, findet ihre Berechtigung letzten Endes in den Gesetzen der Vererbung; denn diese Erneuerung kann nur ein Zurückfinden zur eigenen Art und die Gestaltung des Lebens nach dieser Art sein. Dieser Gedanke sollte jeden Volksgenossen dazu anregen und dazu zwingen, jenen geheimnisvollen Gesetzen, nach denen all dies sich vollzieht, nachzuspüren. Leider ist das noch lange nicht erreicht. Immer wieder muß man die bedauerliche Feststellung machen, daß nicht einmal die primitivsten Grundgedanken der Vererbungslehre bekannt sind. Auch Menschen, die von ihrer „Bildung" überzeugt sind, zeigen häufig eine erstaunliche Unwissenheit auf diesem Gebiete. Immer wieder hört man aus vollster Überzeugung vertreten, es sei nicht möglich, daß die eigene Krankheit oder die Krankheit eines Sippenangehörigen eine Erbkrankheit sei, denn die Eltern oder die Kinder oder die Brüder und Schwestern seien ja gesund. Und noch häufiger fehlt das Verständnis dafür, daß ein erscheinungsbildlich gesunder Mensch Träger kranker Erbanlagen sein und diese auf seine Kinder und Kindeskinder vererben kann. Unser aller Pflicht ist es, überall, wo wir dieser Verständnislosigkeit begegnen, aufklärend zu wirken.

Verständnis zu wecken für den Vererbungsgedanken und jedem deutschen Rechtswahrer, an welcher Stelle er auch tätig ist, es zu erleichtern, seiner Pflicht zur Aufklärung zu genügen, das ist der Zweck der folgenden Ausführungen. In ihnen soll versucht werden, die Gesetze der Vererbung und die Folgerungen, die sich aus ihnen zwangsläufig ergeben, in möglichst leicht verständlicher und anschaulicher Form aufzuzeigen.

Daß ungezählte Eigenschaften des Menschen — körperliche wie geistige — vererblich sind, ist eine unbestrittene Erkenntnis der Wissenschaft von der menschlichen Erblehre. „Unser gesamtes kulturelles Leben", so führen Gütt-Rüdin-Ruttke in der Einführung zu ihrem großen Kommentar zum ErbkrNachwGes. (vor kurzem in 2. neubearbeiteter Auflage erschienen) aus, „steht schon seit Jahrzehnten mehr oder weniger unter dem Einfluß biologischen Denkens, das in der Hauptsache in der Mitte des vorigen Jahrhunderts mit den Lehren von Darwin, Mendel und Galton begonnen hat und dann durch die Arbeiten von Ploetz, Schallmeyer, Correns, de Vries, Tschermak, Baur, Rüdin, Fischer, Lenz u. a. gefördert worden ist. Wenn es auch Jahrzehnte gedauert hat, bis man sich den Anfängen naturwissenschaftlicher Erkenntnisse fand, den Mut fand, eine planmäßige Erbforschung zu betreiben, so war doch der Gang der Lehre und ihrer Nutzanwendung auf den Menschen nicht mehr aufzuhalten. Man erkannte, daß die Naturgesetze, die man bei Pflanzen und Tieren fand, auch auf den Menschen zutreffen müßten, was dann im Laufe der letzten drei Jahrzehnte durch Familienforschung wie durch Erforschung von Bastarden und Zwillingen voll und ganz bestätigt werden konnte. ... Wir wissen heute, daß gute und schlechte Erbanlagen unveränderlich nach den Mendelschen Gesetzen über lange Geschlechterfolgen hinweg auf Kind und Kindeskinder übertragen werden. Wir kennen den Erbgang vieler Krankheitszustände bereits so sicher, daß wir mit großer Wahrscheinlichkeit voraussagen können, ob und in welchem Maße die Nachkommen von erbkranken Personen an Erbschäden leiden werden. So ist gerade die Zwillingsforschung eine der sichersten Methoden zur Feststellung der Vererbung geworden, indem wir bei Zwillingen das Verhältnis der Einwirkung von Erbe und Umwelt, wie das Durchschlagen bestimmter Eigenschaften nachweisen und oft prozentual berechnen können. Im Rahmen und mit Unterstützung der genealogischen Erforschung des Erbganges und der empirischen Erbprognose wird die Zwillingsmethode an der Ausfüllung der Lücken in unserm Wissen über die Vererbung menschlicher Leiden nach wie vor hervorragenden Anteil haben. — Da es schwierig ist, durch Erforschung einer Familie allein bei der langen Dauer der Generationen und der oft kleinen Kinderzahl die Vererbung einzelner Symptome oder Krankheitszustände zu verfolgen, oder die Koppelung von Erbeigenschaften und Krankheitsanlagen festzustellen, ist die empirische Erbforschung als die ausgiebigste Methode anzusehen; die statistische Erforschung des Erbganges und des Durchschlagens zu sichern, denn sie betrachtet die Vererbungsergebnisse in einer großen Reihe von Familien, um aus dieser großen Zahl der Nachkommenschaft die Erbprognose, d. h. die Feststellung des erblichen Durchschlagens für einzelne Krankheitszustände und Erbeigenschaften zu sichern."

Welches sind nun die Erbgesetze, die wir auf solche Weise für die einzelne Erbeigenschaft erforschen?

Wie der Mensch von Vater und Mutter abstammt, so wird auch sein Erbgut durch die väterlichen und mütterlichen Eigenschaften bestimmt. Jede vererbliche Eigenschaft ist an sogenannte Erbfaktoren oder Gene gebunden. Hinsichtlich jeder dieser Eigenschaften erhält der werdende Mensch je einen Erbfaktor von seinem Vater und seiner Mutter. Jede Eigenschaft wird also durch zwei Erbfaktoren oder Gene bestimmt, durch das väterliche Gen und durch das mütterliche Gen.

Haben Vater und Mutter hinsichtlich einer bestimmten Eigenschaft dieselben Faktoren oder Gene, so werden bei dem Kind hinsichtlich dieser Eigenschaft zwei gleiche Erbfaktoren oder Gene vorhanden sein. Das Erbbild nennen wir dann „gleicherbig" oder „homozygot".

Haben Vater und Mutter hinsichtlich einer bestimmten Eigenschaft dagegen verschiedene Erbfaktoren oder Gene, so werden bei dem Kind hinsichtlich dieser Eigenschaft zwei verschiedene Erbfaktoren oder Gene vorhanden sein. Das Erbbild nennen wir in diesem Falle „zwiererbig", „spaltererbig" oder „heterozygot".

Einige Beispiele mögen das deutlich machen. Nehmen wir an, der Vater habe hinsichtlich einer bestimmten Eigenschaft das Gen A, die Mutter ebenfalls das Gen A; dann wird das Kind A, also gleicherbig, homozygot sein. Ebenso ist es, wenn Vater und Mutter hinsichtlich einer bestimmten Eigenschaft das Gen B haben; das Kind ist auch in diesem Falle gleicherbig oder homozygot, nämlich BB. Anders ist es dagegen, wenn der Vater Träger des Gens A, die Mutter Trägerin des Gens B ist — oder auch umgekehrt —; in diesem Falle wird das Kind zwei verschiedene Gene hinsichtlich derselben Eigenschaft haben, nämlich A und B. Sein Erbbild ist AB, also zwiererbig, spaltererbig oder heterozygot.

Wir müssen noch etwas genauer sein. Da jeder Mensch hinsichtlich jeder vererbbaren Eigenschaft zwei Erbfaktoren hat, müssen je zwei Erbfaktoren oder Gene für die bestimmte Anlage auch bei den Eltern des Kindes vorhanden sein. Es ist also nicht richtig, wenn wir bei den Eltern nur einen Faktor (A oder B) angenommen haben. Daraus ergibt sich, daß auch schon die Eltern des Kindes AA oder BB oder AB sein müssen.

Von diesen vier Erbfaktoren oder Genen, die Vater und Mutter zusammen haben, erhält das Kind nur zwei, und zwar ein väterliches und ein mütterliches Gen; und zwar kann sich jedes väterliche Gen mit jedem mütterlichen verbinden.

Hierfür einige Beispiele:

Sind beide Eltern gleicherbig AA, so erhalten wir folgendes Bild:

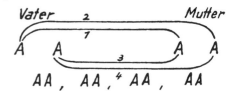

Aus dieser Verbindung können also nur Kinder hervorgehen, deren Erbbild gleicherbig oder homozygot AA ist.

Ebenso müssen die Kinder gleicherbig oder homozygot BB sein, wenn beide Eltern gleicherbig BB sind.

Anders ist es, wenn ein Elternteil spaltererbig oder heterozygot (AB), der andere gleicherbig oder homozygot (AA oder BB) ist; dabei macht es keinen Unterschied, ob der Vater oder die Mutter spaltererbig ist. Wir erhalten dann folgende Bilder:

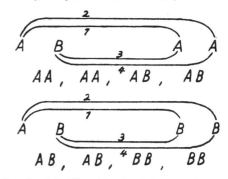

Im ersten Falle (Eltern AB und AA) können die Kinder also gleicherbig AA oder spaltererbig AB, im zweiten Falle (Eltern AB und BB) können die Kinder gleicherbig BB oder spaltererbig AB sein.

Schließlich muß noch der Fall berücksichtigt werden, daß beide Eltern, Vater und Mutter, spaltererbig oder heterozygot, also AB sind. Dann sind folgende Kombinationen möglich:

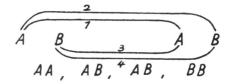

Die Kinder können also sowohl reinerbig AA und reinerbig BB wie auch spaltererbig AB sein. Das Erbbild des Kindes braucht also dem Erbbild des Vaters oder der Mutter nicht gleich zu sein. Obgleich beide Eltern spaltererbig oder heterozygot sind, können die Kinder reinerbig oder homozygot sein. Wir werden noch sehen, daß diese Feststellung von hervorragend großer Bedeutung ist.

Wir ahnen schon, daß es sehr wichtig wäre zu wissen, in welcher Reihenfolge sich je ein väterliches Gen mit je einem mütterlichen Gen verbindet, ob also etwa in dem zuletzt gegebenen Beispiel die Kinder in der Reihenfolge der Darstellung zur Welt kommen: zuerst das Kind mit dem Erbbild AA, dann zwei Kinder mit dem Erbbild AB, nun das Kind mit dem Erbbild BB und dann wieder von vorne mit AA beginnend. Hierüber wissen wir jedoch nichts; nur das können wir sagen, daß diese Regelmäßigkeit nicht besteht. Im Gegenteil sind zahlreiche Fälle bekannt, in denen trotz Spaltbarkeit der Eltern (AB) sämtliche vorhandenen Kinder reinerbig (AA oder BB) waren. Betrachten wir dagegen eine große Anzahl von Kindern, etwa 1000 oder noch mehr, deren Eltern beide spalterbig (AB) sind, so machen wir die überraschende Feststellung, daß fast genau der vierte Teil der Kinder, also 250 das Erbbild AA, ein weiteres Viertel das Erbbild BB und die Hälfte, also 500 das Erbbild AB haben. Ebenso stellen wir bei einer solch großen Anzahl von Kindern, deren einer Elter AB und deren anderer Elter AA ist, fest, daß 50% der Kinder AA und 50% AB sind. Sind die Eltern Träger der Gene AB und BB, dann sind 50% der Kinder BB und 50% wieder AB.

Diese Vererbungsgesetze gelten grundsätzlich auch für die vererblichen Rassenmerkmale des Menschen und für alle sonstigen vererblichen Merkmale, auch für die sogenannten Erbkrankheiten. Nehmen wir also einmal an, das Gen oder der Erbfaktor A bedeute hinsichtlich einer bestimmten Erbkrankheit die Anlage zu gesund, das Gen oder der Erbfaktor B die Anlage zu krank, so besitzt ein Mensch mit dem Erbbild AA nur gesunde, ein Mensch mit dem Erbbild BB nur kranke Erbanlagen. Der Mensch AA ist gesund, der Mensch BB ist krank. Wenn nun aber bei einem Menschen von jedem Elternteil eine verschiedene, die eine kranke und eine gesunde Anlage zur Vererbung gekommen ist, der Mensch also zwieerbig AB ist, so können wir ihn eigentlich weder als gesund noch als krank bezeichnen, denn er trägt ja sowohl die Anlage zu gesund wie zu krank in sich. Nun hat die wissenschaftliche Forschung ergeben, daß in bestimmten Fällen schon ein krankes Gen genügt, um die Krankheit bei dem Menschen in Erscheinung treten zu lassen (Erscheinungsbild). In diesen Fällen verdrängt sozusagen die kranke Anlage die gesunde; die kranke Anlage wird herrschend, dominant. Wir sprechen deshalb vom dominanten Erbgang. In anderen Fällen wird die kranke Erbanlage von der gesunden zurückgedrängt; die kranke Erbanlage wird überdeckt, sie weicht zurück (recedere). Wir sprechen vom rezessiven Erbgang. Und da es sich immer um Erbgänge handelt, die durch ein einfaches mendelndes (nach dem Entdecker Mendel) Erbanlagepaar handelt, sind die Ausdrücke: „der einfach dominante Erbgang" und „der einfach rezessive Erbgang" gebräuchlich.

Bei der bildlichen Darstellung der Erbgänge benutzen wir nicht Buchstaben, sondern Kreise. Dabei bedeutet ein kleiner schwarzer Kreis = ● die Erbanlage zu krank und ein kleiner weißer Kreis = ○ die Erbanlage zu gesund. Das Erbbild eines Menschen, der nur kranke Erbanlagen überkommen hat, drückt sich also in zwei kleinen schwarzen Kreisen = ●● aus. Sein Erscheinungsbild bezeichnen wir mit einem großen schwarzen Kreis = ●. Ebenso bezeichnen wir das Erbbild eines Menschen, der nur gesunde Erbfaktoren vererbt erhalten hat, mit zwei kleinen weißen Kreisen = ○○ und sein Erscheinungsbild mit einem großen weißen Kreis = ○. Schließlich wird das Erbbild eines Menschen, der Träger einer gesunden und einer kranken Anlage ist, mit einem kleinen schwarzen und einem kleinen weißen Kreis = ●○ bezeichnet. Sein Erscheinungsbild ist in diesem Falle, wie soeben ausgeführt, verschieden, je nachdem es sich um eine Krankheit handelt, die sich nach dem einfach dominanten Erbgang vererbt, oder um eine Krankheit, die dem einfach rezessiven Erbgang folgt. Beim dominanten Erbgang ist das Erscheinungsbild krank; es müßte also der große schwarze Kreis verwandt werden. Um aber anzudeuten, daß im Erbbild auch eine gesunde Anlage vorhanden ist, setzen wir in den großen schwarzen Kreis einen kleinen weißen Kreis, also ⊙. Handelt es sich dagegen um den einfach rezessiven Erbgang, so ist das Erscheinungsbild eines Heterozygoten (●○) gesund; es muß hier also der große weiße Kreis verwandt werden. Um aber anzudeuten, daß im Erbbild aber auch eine kranke Anlage vorhanden ist, setzen wir hier in den großen weißen Kreis einen kleinen schwarzen Kreis, also ⊙.

Die Zeichen haben hiernach folgende Bedeutung:

○ ○ = Zygote (= befruchtete Zelle, aus der das Lebewesen entsteht) reinerbig gesund homozygot gesund } Erbbilder

● ● = Zygote, reinerbig krank homozygot krank

● ○ = Zygote, zwieerbig, spalterbig, heterozygot

○ = Erscheinungsbildlich gesund; reinerbig gesund } Erscheinungsbilder

● = Erscheinungsbildlich krank; reinerbig krank

⊙ = Erscheinungsbildlich krank; heterozygot (● dominant über ○)

⊙ = Erscheinungsbildlich gesund; heterozygot (● rezessiv gegenüber ○)

Auf der Tafel I ist der einfach dominante Erbgang dargestellt. Zum leichteren Verständnis sei noch folgendes zur Erklärung gesagt. Die Personen, die nur kranke Erbanlagen haben, sind mit ●● = ● bezeichnet (z. B. die Ahnen F, I, K, O); Personen, die eine kranke und eine gesunde Anlage haben, sind mit ●○ = ⊙ bezeichnet (vgl. die Ahnen D, E, G, H, P); schließlich Personen, die nur gesunde Erbfaktoren tragen, mit ○○ = ○ bezeichnet (vgl. die Ahnen B, C, L, M, N, Q). Es bedeutet also ● die Erbanlage zu krank, ○ die Erbanlage zu gesund. Die mit ●● = ● bezeichneten sind also erscheinungsbildlich krank, erbbildlich reinerbig krank; die mit ●○ = ⊙ bezeichneten Personen erscheinungsbildlich krank, da die kranke Anlage über die gesunde dominant ist, erbbildlich zwieerbig oder spalterbig oder heterozygot; die mit ○○ = ○ bezeichneten Ahnen sind erscheinungsbildlich gesund, erbbildlich reinerbig gesund.

Betrachten wir nun die Tafel I einmal näher, so sehen wir folgendes:

a) Aus der Ehe A mit B können nur Kinder hervorgehen, die ein gesundes und ein krankes Gen besitzen, die also spalterbig, zwieerbig oder heterozygot sind; denn es muß sich immer ein krankes Gen ihres Elters A, der reinerbig krank = ●● ist, mit einem gesunden Gen ihres Elters B, der reinerbig gesund = ○○ ist, verbinden. Eine andere Kombination ist nicht möglich. Erscheinungsbildlich müssen die Kinder krank sein, da beim dominanten Erbgang das kranke Gen gegenüber dem gesunden dominant, herrschend ist.

b) In der Verbindung C~D ist die Ehe eines Kindes aus der Verbindung A~B mit einem gesunden Ehegatten C dargestellt. Praktisch ist diese Art der Verbindung beim dominanten Erbgang die häufigste. Die Tafel zeigt, daß sich in der Hälfte der Fälle ein gesundes Gen von C mit einem gesunden Gen von D verbindet; die Hälfte der Kinder ist also reinerbig oder homozygot gesund = ○○. Die kranke Erbmasse des Großelters A ist vollständig verschwunden; sie wird auch nie mehr in die Erscheinung treten, wenn nicht wieder eine Verbindung mit einem Träger der kranken Anlage eingegangen wird. Die andere Hälfte der Kinder muß wieder zwieerbig oder heterozygot sein, da sich ja die beiden gesunden Gene von C auch je einmal mit dem kranken von D verbinden werden. Diese Kinder sind ebenso wie ihr Elter D erscheinungsbildlich krank und erbbildlich zwieerbig oder heterozygot.

c) In der Verbindung E~F ist die Ehe eines anderen Kindes aus der Verbindung A~B, und zwar dieses Mal mit einem reinerbig (heterozygot) kranken dargestellt. Erfreulicherweise sind solche Verbindungen äußerst selten. Das Ergebnis einer solchen Verbindung werden lauter erscheinungsbildlich kranke Kinder sein, von denen die Hälfte reinerbig (homozygot) krank, die andere Hälfte zwieerbig (heterozygot) ist.

d) In der Verbindung G~H haben wir einen Fall vor uns, in dem zwei erscheinungsbildlich kranke, erbbildlich Zwieerbige (Heterozygoten) einander heiraten. 25% der Kinder werden erscheinungsbildlich krank sein und erbbildlich reinerbig (homozygot) krank sein; es hat sich das kranke Gen des Elters G mit dem kranken Gen des Elters H verbunden. Weitere 50%

der Kinder werden ebenfalls erscheinungsbildlich krank sein; erbbildlich werden sie zweierbig, also Träger eines gesunden und eines kranken Faktors (heterozygot) sein. 25% der Kinder werden schließlich nur gesunde Erbfaktoren erhalten haben. Daraus ergibt sich, daß es durchaus möglich ist, daß erscheinungsbildlich kranke Eltern einmal ein Kind erhalten, das erscheinungs- und erbbildlich gesund ist. Es wird in einer Verbindung mit einem gesunden Ehegatten nur wieder gesunden Kindern das Leben geben, wie die Verbindung L ~ M und die Beschaffenheit der hieraus hervorgegangenen Kinder zeigt.

e) In der Verbindung I ~ K haben wir den ungünstigsten Fall vor uns. Zwei homozygot Kranke heiraten einander; sämtliche Kinder werden ausschließlich kranke Erbfaktoren haben.

f) Die Verbindung L ~ M ist bereits unter d erwähnt. Die Kinder aus dieser Verbindung sind sämtlich reinerbig gesund. Von dem kranken Erbgut der Großeltern G und H, des Ururgroßvaters D und des Ururgroßvaters A befindet sich in ihrer Erbmasse nichts mehr.

g) In der Verbindung N ~ O sehen wir noch einmal die Verbindung eines reinerbig (homozygot) Kranken mit einem reinerbig Gesunden wie bei der Verbindung A ~ B.

h) In der Verbindung P ~ Q sind die Erbverhältnisse ebenso wie bei der Verbindung C ~ D.

Wäre der Ahn A der Tafel I an der Fortpflanzung durch Unfruchtbarmachung verhindert worden, so würden zwar die gesunden Abkömmlinge aus der Verbindung C ~ D, der gesunde Abkömmling L, die vier gesunden Abkömmlinge aus der Verbindung L ~ M und die beiden gesunden Abkömmlinge aus der Verbindung P ~ Q, insgesamt neun gesunde Abkömmlinge, nicht geboren worden sein. Auf der anderen Seite hätte aber eine noch größere Zahl von Kranken das Licht der Welt nicht erblickt und außerdem hätten, wenn wir das Ehegesundh.G. schon gehabt hätten, die erbgesunden Personen, die in die Familie hineingeheiratet haben (C, M, N, Q), sich einen Partner aus gesunder Familie wählen müssen und mit diesem erbgesunden das Leben gegeben.

Um Mißverständnissen vorzubeugen, möchte ich auch ausdrücklich darauf hinweisen, daß die Erbverhältnisse der Tafel I nicht an Hand einer bestimmten Familie aufgezeigt sind. Die Tafel sollte nur dazu dienen, den Erbgang der dominant vererblichen Krankheiten darzustellen. In der Deutlichkeit, die die Tafel zeigt, kann bei einer bestimmten Familie der Erbgang natürlich nicht aufgezeigt werden, weil selbstverständlich nicht immer die Vierzahl der Kinder vorhanden ist, und vor allem, weil in der einzelnen Familie die Verhältniszahlen, die

nach der Mendelschen Regel für eine große Zahl von Kindern zu erwarten sind, selten vorhanden sind.

Auf der Tafel II ist der einfach rezessive Erbgang dargestellt. Zum leichteren Verständnis sei noch folgendes zur Erklärung gesagt: Die Personen, die nur kranke Erbanlagen haben, sind wieder mit ●● = ● bezeichnet (vgl. die Ahnen A, F, I, K, M, O); Personen, die eine kranke und eine gesunde Anlage haben, sind mit ●○ bezeichnet (vgl. die Ahnen D, E, G, H, L, P, Q, R); schließlich sind Personen, die nur gesunde Erbfaktoren haben, mit ○○ = ○ bezeichnet (vgl. die Ahnen B, C, N, S, T, U). Es bedeutet also — ebenso wie bei der Darstellung des dominanten Erbgangs ● die Erbanlage zu krank, ○ die Erbanlage zu gesund. Die mit ●● = ● bezeichneten Personen sind also erscheinungs- und erbbildlich (reinerbig) krank; die mit ●○ = ◐ bezeichneten Personen sind

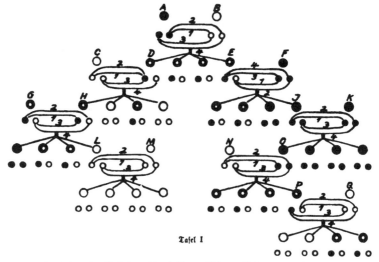

Tafel I

erscheinungsbildlich gesund (anders beim dominanten Erbgang), erbbildlich aber zweierbig oder spalterbig oder heterozygot; die mit ○○ = ○ bezeichneten schließlich sind erscheinungs- und erbbildlich (reinerbig oder homozygot) gesund.

Bei einer näheren Betrachtung der Tafel II ergibt sich folgendes:

a) Verbindung A ~ B. Der Ahn A ist erscheinungsbildlich krank; er ist erbbildlich homozygot krank, d. h. er hat hinsichtlich einer bestimmten Erbkrankheit nur kranke Erbfaktoren. Der Ahn B ist erscheinungsbildlich gesund; er ist auch erbbildlich homozygot gesund, d. h. er hat hinsichtlich der bestimmten Erbkrankheit nur gesunde Anlagen. Die Kinder aus der Verbindung A ~ B werden je ein krankes Gen von ihrem Elter A und je ein gesundes Gen von ihrem Elter B haben. Sie werden also erbbildlich heterozygot = ●○ sein. Da wir den einfach rezessiven Erbgang vor uns haben, wird das kranke Gen ● von dem gesunden Gen ○ überdeckt. Demzufolge werden sämtliche Kinder aus der Verbindung A ~ B erscheinungsbildlich gesund sein; die kranken Erbanlagen werden bei ihnen — anders als beim dominanten Erbgang — in ihrem ganzen Leben nicht zum Durchbruch kommen. Sie sind aber vorhanden und können bei ihren Kindern und Kindeskindern auch wieder in die Erscheinung treten. Daß die Kinder aus der Verbindung A ~ B Träger eines kranken Erbfaktors sind, können wir nur mittelbar aus der Krankheit des Elters A schließen. Bemerkt mag werden, daß solche erscheinungsbildlich gesunden Menschen, die aber Heterozygoten sind, unter das ErbkrNachw.Ges. fallen; auch ist ihnen die Heirat nach § 1 Abs. 1 Buchst. d EhegesundhG. verboten. Denn sowohl für die Anwendung des ErbkrNachw.Ges. wie zur Anwendung des § 1 Buchst. d EhegesundhG. ist Voraussetzung, daß die Krankheit wenigstens einmal sichtbar in die Erscheinung getreten ist. An dieser Voraussetzung aber fehlt es bei den Heterozygoten, wenn es sich um eine Krankheit handelt, die sich nach dem rezessiven Erbgang vererbt. Was die Heirat insbesondere anlangt, so kann höchstens die Frage aufgeworfen werden, ob diese Heterozygoten etwa an einer geistigen Störung leiden, die die Ehe für die Volksgemeinschaft unerwünscht erscheinen läßt, ob also das Eheverbot des § 1 Abj. 1 Buchst. c EhegesundhG. vorliegt. Diese Frage kann nur von Fall zu Fall beantwortet werden. Keineswegs kann man generell sagen, daß jeder Heterozygoter — wenn schon keine Erbkrankheit im Sinne des ErbfrNachwGei. — so doch wenigstens geistige Störungen im Sinne von § 1 Abj. 1 Buchst. c EhegesundhG. aufweise. Im Gegenteil, solche Personen können durchaus in jeder

wertigen Nachwuchses so gering ist, daß sie der Erkrankungswahrscheinlichkeit der Durchschnittsbevölkerung für das in Frage kommende Leiden annähernd gleichkommt."

b) Verbindung C ~ D. Hier handelt es sich um eine Verbindung, die ein Heterozygoter (D, Abkömmling von A ~ B) mit einem erscheinungs- und erbbildlich gesunden Menschen (C) eingeht. Beide Partner (C und D) sind also erscheinungsbildlich gesund. Während C auch erbbildlich homozygot gesund ist, trägt D — verborgen in sich — einen kranken Erbfaktor von A. Dieser kranke Erbfaktor geht auf die Hälfte der gemeinsamen Kinder von C und D über. Die andere Hälfte der Kinder wird reinerbig (homozygot) gesund sein. Erscheinungsbildlich müssen sämtliche Kinder gesund sein, da auch bei den Zwieerbigen (Heterozygoten) der kranke Erbfaktor durch den gesunden überdeckt wird.

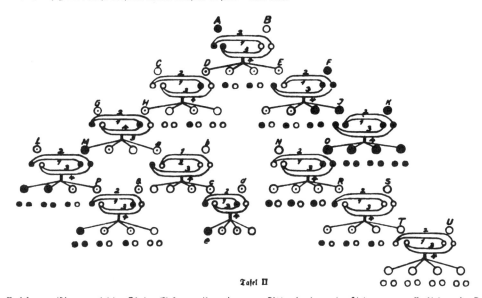

Tafel II

Beziehung geistig normal sein. Ob der Eheberater ihnen im Hinblick auf ihre erbliche Belastung von der Eingehung der Ehe abraten wird, ist eine andere Frage, die sich ebenfalls nicht generell entscheiden läßt. In dem Kommentar von Gütt-Linden-Maßfeller zum EhegesundhG. und BlutschG., der vor kurzem im Verlag von J. F. Lehmann erschienen ist und diese Fragen eingehend behandelt, wird ausgeführt: „Es wäre völlig verkehrt, wenn man jedem, in dessen näherer Verwandtschaft ein Fall von Erbkrankheit vorgekommen ist, den Rat geben würde, von der Eheschließung abzusehen. Ganz abgesehen davon, daß wir uns bei der weiten Verbreitung der Erbkrankheiten aus rein bevölkerungspolitischen Gründen ein solches Verfahren nicht leisten können, würde ein schematisches Vorgehen im Volke auf wenig Verständnis stoßen und bald dazu führen, daß der größte Teil der Beratenen die Ratschläge des Arztes in den Wind schlägt. Nur diejenigen, die sich bei der Familiengründung auch ernstere Sorgen um die Zukunft machen, würden sich von der Eheschließung abhalten lassen. Da gerade diese Personen nicht die schlechtesten sind, kämen wir auf diese Weise zu einer Art Gegenauslese, die nicht erwünscht ist" und an anderer Stelle: „Ist nur einer der Ehepartner als belastet anzusehen, der andere dagegen vollwertig zu sein, ist im Einzelfall zu entscheiden, ob wegen der Gefahr eines erbminderwertigen Nachwuchses und wegen der Entziehung des vollwertigen Erbguts des gesunden Partners aus dem Volkskörper von einer Eheschließung abgeraten werden muß oder ob die Gefahr eines erbminder-

Während wir von den Kindern aus der Verbindung A ~ B mit Bestimmtheit aussagen konnten, daß sämtliche Kinder Träger eines gesunden und eines kranken Erbfaktors seien, können wir von den Kindern aus der Verbindung C ~ D nicht aussagen, welche einen kranken Erbfaktor erhalten haben und welche nicht; denn die erbbiologische Wissenschaft ist heute noch nicht in der Lage, bei einem erscheinungsbildlich gesunden Menschen festzustellen, ob er im Erbbild eine kranke Anlage besitzt. Wenn wir annehmen, die Verbindung C ~ D stelle eine konkrete Ehe dar, so können wir über die Erbbeschaffenheit der Kinder aus dieser Ehe hinsichtlich der bestimmten Anlage also keine genauen Aussagen machen. Da im einzelnen konkreten Falle das Mendelsche Gesetz hinsichtlich der prozentualen Verteilung von gesund und krank nicht erfüllt zu sein braucht, können sämtliche Kinder aus der Ehe erscheinungsbildlich und erbbildlich (reinerbig) gesund sein, sämtliche Kinder können aber auch und zwar erscheinungsbildlich gesund, erbbildlich Träger eines kranken Faktors (zwieerbig, heterozygot) sein, schließlich kann aber auch ein Teil der Kinder reinerbig gesund und der andere Teil zwieerbig sein. Weiteres können wir über die Erbbeschaffenheit der Kinder hinsichtlich der bestimmten Erbanlage nicht aussagen. In welche Kategorie das einzelne Kind fällt, können wir vielleicht später einmal aus der Beschaffenheit seines Nachwuchses aussagen (vgl. Verbindung G ~ H); denn wenn es Träger eines kranken Erbfaktors ist, kann dieser bei einem späteren Abkömmling unter gewissen Voraussetzungen wieder in die Erscheinung treten.

Es ist selbstverständlich und braucht nicht besonders betont zu werden, daß die Kinder aus der Verbindung C~D nicht unter das ErbkrNachwGes. fallen und daß ihnen wegen der Möglichkeit einer erblichen Belastung auch nicht die Ehe durch das EhegesundhG. verboten wird.

c) Verbindung E~F. Es handelt sich hier um eine Verbindung, die ein Heterozygoter (E, Abkömmling von A~B) mit einem erscheinungs- und erbbildlich kranken Menschen (F) eingeht. Wie die Tafel zeigt, wird die Hälfte der Kinder zwar erscheinungsbildlich gesund, im Erbbild aber Träger eines kranken Anlagefaktors sein. Die andere Hälfte der Kinder wird erscheinungs- und erbbildlich (reinerbig) krank sein.

Im vorliegenden Falle könnten wir, wenn die Erbbeschaffenheit von A und B nicht bekannt wären, aus der Beschaffenheit der Kinder einen Schluß auf das Erbbild des E ziehen. Ohne die Kenntnis der Kinder und der Eltern von E (A und B) könnten wir von E ja nur aussagen, daß er erscheinungsbildlich gesund ist. Das Erbbild des Menschen können wir aus der Untersuchung des Einzelwesens nicht erkennen. Da aber aus der Verbindung E mit F erscheinungsbildlich kranke, also erbbildlich reinerbig kranke Kinder hervorgegangen sind, müssen sie ein krankes Gen von einem Elternteil E ererbt haben. E muß also Träger eines kranken Anlagefaktors, also zweierbig oder heterozygot sein.

Wenn wir nun einmal die Anwendbarkeit des ErbkrNachwGes. und des EhegesundhG. auf die Kinder aus der Verbindung von E und F prüfen, so steht zunächst fest, daß die eine Hälfte der Kinder, — diejenigen, die erscheinungsbildlich krank, erbbildlich also reinerbig krank sind — unter die Bestimmungen des ErbkrNachwGes. fällt (Voraussetzung ist natürlich, daß es sich um eine in dem ErbkrNachwGes. aufgezählten Erbkrankheiten zu tun haben); denn sie würden ihre kranke Erbanlage auf ihre sämtlichen Kinder übertragen; sie müssen also an der Fortpflanzung verhindert werden. Ihnen würde auch durch § 1 Abs. 1 Buchst. d EhegesundhG. die Eingehung der Ehe mit einer gesunden, fortpflanzungsfähigen Person verboten. Dagegen könnten sie nach § 1 Abs. 2 EhegesundhG. einen Partner heiraten, der selbst unfruchtbar ist, mag die Unfruchtbarkeit auf natürlicher Ursache beruhen oder durch einen ärztlichen Eingriff bewirkt sein; dabei ist natürlich Voraussetzung, daß ihr Leiden die Eingehung einer Ehe nicht überhaupt ausschließt. Die andere Hälfte der Kinder — diejenigen, die erscheinungsbildlich gesund, erbbildlich aber Träger eines kranken Erbfaktors sind — fällt nicht unter das ErbkrNachwGes., weil bei ihnen die kranke Erbanlage verdeckt ist, also nicht in die Erscheinung tritt. Ihnen wird auch durch § 1 Abs. 1 Buchst. d EhegesundhG. die Heirat mit einer gesunden, fortpflanzungsfähigen Person verboten. Der Eheberater muß allerdings berücksichtigen, daß beide Elternteile erblich belastet sind und daß auch die Hälfte der Geschwister erscheinungsbildlich krank ist. Er wird also auf die Gefahren hinweisen, denen sich die zwar erscheinungsbildlich gesunden, erbbildlich aber zweierbigen Abkömmlinge von E und F aussetzen, wenn sie heiraten. Er wird dringend von einer Heirat abraten, wenn auch in der Familie des ausgewählten Ehepartners Erbkrankheiten festgestellt worden sind.

d) Verbindung G~H. Diese Verbindung bringt die ganze Tücke der Erbkrankheiten zum Ausdruck, die sich nach dem rezessiven Erbgang vererben. Beide Ehepartner sind erscheinungsbildlich gesund, beide allerdings Träger eines kranken Erbfaktors, also Heterozygoten. Die Tafel zeigt, daß die Hälfte der Kinder wieder dieselbe Erbbeschaffenheit haben wird wie die Eltern; sie sind erscheinungsbildlich gesund, erbbildlich aber Anlageträger 25% der Kinder sind erscheinungs- und erbbildlich (reinerbig) gesund, die letzten 25% der Kinder sind erscheinungs- und erbbildlich (reinerbig) krank, obgleich beide Elternteile erscheinungsbildlich gesund sind. Wenn bei M die Krankheit ausbricht, wird er zunächst daran zweifeln, daß es sich um eine Erbkrankheit handelt; denn, soviel er weiß, waren ja seine Eltern und seine Großeltern gesund (auch die Eltern des G können ja erscheinungsbildlich gesund gewesen sein); seine Urgroßeltern hat er aber nicht gekannt, hat auch nie davon gehört, daß sie an einer Erbkrankheit gelitten haben. Und doch kann in diesem Falle, der gewiß in besonders hohem Maße unser menschliches Mitgefühl erweckt, auf die Anwendung des ErbkrNachwGes. nicht verzichtet werden, wenn die kranken Anlagen des M nicht weiter die Volkskraft schwächen sollen. In diesem Falle ist es Aufgabe eines jeden, der mit den Vererbungsgesetzen vertraut ist, aufklärend zu wirken, um dem kranken Volksgenossen verständlich zu machen, daß die Gesundheit seiner Eltern und Großeltern nicht gegen die Annahme einer Erbkrankheit spricht.

Noch ein anderes lehrt uns die Verbindung G und H. G und H haben vielleicht nie etwas davon gehört, daß einer ihrer Vorfahren einmal krank gewesen ist. Die Krankheit braucht ja auch nicht bei zweien ihrer Großeltern erscheinungsbildlich geworden zu sein; vielmehr können die kranken Ahnen noch mehrere Generationen zurückliegen (durch den mit a, heterozygoter Abkömmling von G~H, beginnenben Stammbaum ist das verständlich gemacht; erscheinungsbildlich krank erst e; in der 6. Generation kommt die Krankheit also erst wieder äußerlich in die Erscheinung). Daraus aber ergibt sich, daß wir uns zwar bemühen können, die kranken Stammbäume zu erkennen, daß es aber trotz allem immer wieder möglich ist, daß eine Krankheit nach Generationen wieder sichtbar wird.

e) Verbindung I~K. Dies ist die ungünstigste Verbindung: es heiraten einander zwei erscheinungsbildlich Kranke, die auch erbbildlich homozygot krank sind. Sämtliche Kinder aus dieser Verbindung sind erscheinungs- und erbbildlich krank. Glücklicherweise kommen derartige Verbindungen in der Wirklichkeit nur selten vor.

f) Verbindung L~M. Die Erbbeschaffenheit der Partner ist dieselbe wie bei der Verbindung E~F.

g) In der Verbindung N~O ist die Erbbeschaffenheit dieselbe wie bei der Verbindung A~B.

h) Die Verbindung P~Q zeigt noch einmal das Zusammentreffen zweier erscheinungsbildlich Gesunder, die aber erbbildlich heterozygot sind. Wir sehen wieder, daß eines der Kinder erscheinungsbildlich krank, erbbildlich reinerbig krank ist.

i) Die Verbindung R~S ist erbbildlich die gleiche wie die Verbindung C~D.

k) Verbindung T~U. Hier gehen zwei erscheinungs- und erbbildlich Gesunde die Verbindung ein. T, dessen Großelter O noch erscheinungs- und erbbildlich (reinerbig) krank war und dessen Elter R auch noch Träger einer kranken Erbanlage war, hat nur gesundes Erbgut. Sämtliche Kinder aus der Verbindung werden gesund sein. Das ist eine tröstliche Feststellung. Sie zeigt, daß nun nicht jeder Volksgenosse, in dessen Familie einmal eine Erbkrankheit festgestellt worden ist, stets von der ängstlichen Sorge begleitet sein muß, daß diese Krankheit bei den Kindern und Kindeskindern wieder auftreten wird. Wenn er selbst gesund ist und in der Familie seines Ehegatten keine Erbkrankheit festgestellt worden ist, so kann er damit rechnen, daß mit großer Wahrscheinlichkeit auch seine Nachkommen gesunde Glieder des Volkes sein werden. Allerdings darf niemand den Kopf in den Sand stecken wie der Vogel Strauß, um die Gefahr nicht zu sehen. Genaue Kenntnis der eigenen Familie und genaue Kenntnis der Familie des Lebensgefährten ist notwendig, wenn man unsägliches Leid und unsägliche Not von seinen Kindern und Enkeln fernhalten will. Sippenforschung tut also not.

Ich habe versucht, in möglichst leichtverständlicher Form einen Überblick über die einfachsten Gesetze der Vererbung zu geben. Zum Schlusse muß ich aber davor warnen, nun anzunehmen, daß jedes Leiden sich nach einem der dargestellten Erbgänge vererben müsse. So einfach ist die Erkenntnis der Lebensvorgänge leider nicht. In einem späteren Aufsatz will ich versuchen, diese Vorgänge, die jahrhundertelang ein Geheimnis waren und uns erst seit etwa 70 Jahren bekannt sind, dem allgemeinen Verständnis näherzubringen.

Der Reichsminister der Justiz
4611 - I a 7 194/38

Berlin W 8, den 31. Januar 1938
Wilhelmstraße 65
Fernsprecher: 11 0044

An
die Herren Oberlandesgerichtspräsidenten.

Streng vertraulich!

Betrifft: Vertretung von Schutzhäftlingen durch Rechtsanwälte.

Zur Vorbereitung einer Entschließung des Herrn Reichsführers SS und Chef der Deutschen Polizei darüber, ob einzelnen Rechtsanwälten die Übernahme der Vertretung von Schutzhäftlingen allgemein gestattet werden kann, bitte ich alsbald zu prüfen, ob und welche Rechtsanwälte Ihres Bezirkes hierfür in Betracht kommen würden. Eine Vertretung von Schutzhäftlingen erfordert ein ganz besonderes Maß an Eignung und Zuverlässigkeit. Bei der Auswahl wird also ein sehr strenger Maßstab anzulegen sein. Die Zugehörigkeit zur NSDAP. wird, soweit sie erst nach dem 30. Januar 1933 erworben worden ist, für sich allein das erforderliche Maß an Zuverlässigkeit in aller Regel noch nicht gewährleisten; andererseits wird diese Voraussetzung nicht schon deshalb zu verneinen sein, weil der Anwalt der Partei nicht angehört. In Betracht kommen nur Rechtsanwälte, deren Haltung keinen Zweifel darüber aufkommen läßt, daß sie mit den politischen Bestrebungen des Staates und den weltanschaulichen Zielen der Bewegung voll übereinstimmen. Im übrigen wird davon ausgegangen werden können, daß Rechtsanwälte, deren Berufsausübung sich auf die Übernahme von Verteidigungen in Strafsachen nicht erstreckt, im allgemeinen auch die Vertretung von Schutzhäftlingen nicht übernehmen werden.

Die hiernach für eine Vertretung von Schutzhäftlingen geeigneten Rechtsanwälte, die möglichst in verschiedenen Orten Ihres Bezirks wohnhaft sein sollen, bitte ich, in ausreichender Zahl in eine nach Staatspolizeistellen gegliederte Liste aufzunehmen. Über ihre Eignung bitte ich sodann den Präsidenten der Rechtsanwaltskammer unter Hinweis auf die Notwendigkeit einer streng vertraulichen Behandlung gutachtlich zu hören. Von einer Anhörung anderer Stellen außerhalb der Justizverwaltung ist abzusehen. Mit der Äußerung des Präsidenten der Rechtsanwaltskammer bitte ich die Liste sodann in zweifacher Ausfertigung vorzulegen. Hinsichtlich der benannten Rechtsanwälte ist je ein Personal-und Befähigungsnachweis beizufügen; darin ist neben der charakterlichen und politischen Haltung des Rechtsanwalts insbesondere die Art seiner Berufsausübung als Verteidiger in Strafsachen und - wenn möglich - auch zu erörtern, ob Grund zu der Annahme besteht, daß der Anwalt das Vertrauen der Staatspolizeistelle genießt.

Eine etwaige Fehlanzeige ist erforderlich.

In Vertretung
gez. Freisler berger

Beglaubigt
Schlichting
als Ministerialkanzleisekretär.

<u>Abschrift</u>
<u>Reichskanzlei</u>   Berlin, den 12.April 1938

Vertraulich!

V e r m e r k :

Heute teilte mir Staatssekretär Schlegelberger folgendes mit:
Die Anwaltschaft wünsche eine Entfernung der bisher in ihren Stellungen belassenen jüdischen Anwälte (Frontkämpfer und Altanwälte). Bisher habe gegen eine solche Maßnahme das Bedenken bestanden, daß man diese Anwälte nicht ohne eine Versorgung lassen könne. Die Anwaltschaft denke sich jetzt die Versorgung so, daß frühere jüdische Anwälte als Rechtskonsulenten zugelassen würden, die zwar die vollen Anwaltsgebühren erhalten, aber die über die Rechtskonsulentengebühren hinausgehenden Beträge in eine Garantiekasse abführen sollten. Aus dieser Garantiekasse solle dann die Versorgung der früheren jüdischen Anwälte in Höhe von etwa 300 RM monatlich finanziert werden. Außerdem sei an eine Altersversorgung für alle Anwälte gedacht. Die Mittel dafür sollten aus den staatlichen Gebühren der Armensachen, auf die die Rechtsanwälte persönlich verzichten würden, gewonnen werden. Notfalls würden auch diese Mittel für die Versorgung der jüdischen Anwälte zur Verfügung stehen.

Die bei der Entfernung aller jüdischen Anwälte zu befürchtende Schwierigkeit, daß Juden keinen Anwalt als Vertreter fänden, gedenke man dadurch zu vermeiden, daß man die früheren jüdischen Anwälte als Rechtskonsulenten auch bei den Gerichten zulasse, bei denen an sich Anwaltszwang besteht.

Der Reichsminister der Justiz wäre dankbar, wenn er erfahren könnte, ob der Führer mit der Entfernung der jüdischen Anwälte unter diesen Umständen einverstanden wäre.

gez.Kritzinger.

1.) Vermerk: 188

Am 5.d.M. wurden die Fragen des Ausscheidens der Juden aus der Anwaltschaft, der Beratung und Vertretung jüdischer Parteien und der Altersversorgung deutscher Rechtsanwälte unter dem Vorsitz von Herrn StS.Dr.Schlegelberger mit Herren der Anwaltschaft erörtert.

Anwesenheitsliste liegt bei.

Die Besprechung hatte folgendes Ergebnis:

1. Ausscheiden jüdischer Rechtsanwälte.

Einverständnis bestand darüber, daß möglichst bald Juden im Sinne der Nürnberger Gesetze -einschließlich der sogen. Geltungsjuden- aus der Anwaltschaft auszuschließen seien, daß dies jedoch nur erreicht werden könne, wenn gleichzeitig eine Versorgung der ausscheidenden Rechtsanwälte sichergestellt werde. Ferner bestand Einverständnis darüber, daß nach dieser Maßnahme jede Unterscheidung innerhalb der Anwaltschaft, insbesondere jede Qualifizierung der verbleibenden Mischlinge (Frontkämpfer und Altanwälte) zu unterbleiben habe. Insbesondere erklärte Reichswalter Noack ausdrücklich, daß nach dem Ausscheiden der Juden die Mischlinge in den NSRB. aufzunehmen seien.ˣ⁾

Die Anwaltschaft begrüßt diese Maßnahme auch deshalb besonders, weil sie daraufhin die Verleihung des Hoheitszeichens für die Amtstracht erwartet.

Die Versorgung der ausscheidenden Juden soll mit Hilfe der Einnahmen aus Judenprozessen und einer Garantie Versorgung der deutschen Rechtsanwälte sichergestellt werden.

2. Rechtsberatung jüdischer Parteien.

Erörtert wurden die drei Möglichkeiten, 1. jüdische Parteien durch deutsche Rechtsanwälte beraten und vertreten zu lassen (Gedanke der RRAnwK.), 2. besondere arische Judenvertreter in

mehr

– 2 –

mehr oder weniger beamtenähnlicher Stellung zu bestellen (Gedanke von Hrn. Prof. Noack) oder 3. in beschränkter Zahl jüdische Rechtsvertreter zur Vertretung von Juden zu bestellen (Vorschlag des RJM.). Eine Mittelmeinung ging dahin, für die Beratung und außergerichtliche Vertretung von Juden jüdische Vertreter zu bestellen, vor den Gerichten jedoch nur deutsche Rechtsanwälte auftreten zu lassen (Dr. Droege). Nach eingehender Aussprache ergab sich Einverständnis darüber, daß eine Betreuung von Juden durch deutsche Rechtsanwälte, die in weitem Umfang mit den z.Zt. von der Partei erlassenen Anordnungen in Widerspruch steht, jedenfalls im Augenblick nicht zu erreichen sei. Auch die grundsätzlichen und praktischen Schwierigkeiten, die der Bestellung arischer Judenvertreter entgegenstehen, wurden von den Vertretern der Anwaltschaft nicht verkannt. Dem Vorschlag des RJM. wurde danach grundsätzlich zugestimmt; insbesondere erklärte auch Herr Dr. Droege, sich auf seine ursprünglichen Vorschläge nicht versteifen zu wollen, wenn davon die Durchführung der geplanten Maßnahmen abhänge.

Für die Judenvertreter wurde die Bezeichnung "jüdische Parteivertreter" in Aussicht genommen. Die Frage, ob den jüdischen Parteivertretern feste Bezüge zu gewähren oder eine Gebührenabgabe aufzuerlegen sei, wurde offen gelassen. Einig war man sich darüber, daß sie von ihren Auftraggebern und deren kostenpflichtigen Gegnern Gebühren nach Maßgabe der RAnwGebO. erheben sollen.

<u>Alle</u>

- 3 -   189

Alle Anwesenden gingen davon aus, daß bei dieser Regelung jedenfalls im Ergebnis eine Vertretung und Beratung von Juden durch deutsche Anwälte grundsätzlich nicht mehr in Frage kommt. Daß Ausnahmen von diesem Grundsatz erforderlich seien (Vertretung ausländischer Juden, Auftretung vor dem VGH. u. dergl.) wurde jedoch allgemein anerkannt.

3. Altersversorgung deutscher Rechtsanwälte.

Die Altersversorgung der deutschen Rechtsanwälte soll dadurch sichergestellt werden, daß das Reich für den Wegfall der Gebührenerstattung an Armenanwälte, auf die die Anwaltschaft verzichten will, jährlich rd. 20 Mill. RM zur Verfügung stellt. Die Versorgung soll aus einer Alters-, einer Witwen- und Waisen- und einer Invalidenversorgung bestehen. Ferner soll den berufstätigen Rechtsanwälten ein Mindesteinkommen garantiert werden. Für eine Übergangszeit soll den Anwälten, die bisher mehr als das zu garantierende Einkommen aus Armensachen gehabt haben, eine zusätzliche Hilfe gewährt werden.

Die Vertreter des NSRB. versicherten, daß die Finanzierung der Altersversorgung deutscher Rechtsanwälte und der ausscheidenden Juden nach vorstehenden Grundsätzen sichergestellt sei; nähere Unterlagen werden sie noch einreichen.

Die Vertreter der Anwaltschaft erklärten ferner, daß die Führerschaft der deutschen Rechtsanwälte geschlossen hinter diesen Vorschlägen stehe und auch stark genug sei, diese Vorschläge zu vertreten und die Anwaltschaft von ihrer Richtigkeit zu überzeugen.

Berlin, den 8. April 1938.

Dr. FLIESS
RECHTSANWALT AM KAMMERGERICHT

BANK-KONTO: DEUTSCHE BANK
UND DISCONTO-GESELLSCHAFT
DEP.-KASSE Y, KURFÜRSTENDAMM 188/189

POSTSCHECKKONTO: BERLIN NR. 209 99

BERLIN W 15, DEN 30. Juni 1938
BLEIBTREUSTR. 27
FERNSPRECHER 91 60 65

An den

Herrn Reichsminister der Justiz

B e r l i n.

Da wir glauben, Anlass zu der Befürchtung zu haben, dass Erwägungen über eine Änderung der rechtlichen Stellung der in Deutschland zugelassenen jüdischen Anwälte schweben, sprechen wir die Bitte aus,

> uns die Möglichkeit zur mündlichen Darlegung der Gründe zu gewähren, aus denen nach unserer Auffassung eine Aufrechterhaltung der bis jetzt bestehenden Rechtslage geboten ist.

Zunächst weisen wir auf folgendes hin :

In dem Gesetze über die Zulassung zur Rechtsanwaltschaft vom 7. April 1933 (RGBl. I 188) ist bestimmt, dass die Vorschrift des § 1 des Gesetzes für diejenigen Rechtsanwälte nicht gilt,

> die seit dem 1. August 1914 zugelassen waren,
> oder im Weltkriege an der Front für das Deutsche Reich oder für seine Verbündeten gekämpft hatten,
> oder deren Väter oder Söhne im Weltkriege gefallen waren.

Durch dieses Gesetz ist die Gleichwertigkeit der Rechtsstellung der in ihrem Berufe belassenen jüdischen Rechtsanwälte mit allen ihren anderen Berufsgenossen gewährleistet. Auf diesem Grundsatze beruht die Anordnung der Durchführungsverordnung vom 1. Oktober 1933 (RGBl. I, 699), dass jeder in seinem Berufe verbliebene Rechtsanwalt im vollen Genusse seiner Berufsrechte verbleibt

2.

bleibt und in der Ausübung seines Berufes nicht gehindert oder beeinträchtigt werden darf. Wir müssen uns auf Grund dieser gesetzlichen Bestimmungen gegen jede Regelung wenden, durch die entgegen der Vorschrift, dass alle in Deutschland tätigen Rechtsanwälte einen einheitlichen Berufsstand bilden und gleiche Pflichten haben, die Berufsausübung eines Teiles der Rechtsanwälte beschränkt oder Unterschiede in der rechtlichen Stellung von Anwälten begründet würden.

Der überwiegende Teil der jüdischen Anwälte gehört zu den Frontkämpfern im Sinne des § 1 Abs.2 des Gesetzes vom 7.April 1933. Die Lage der Altanwälte brauchen wir nicht besonders zu behandeln, da in den letzten 5 Jahren bei ihnen ein natürlicher starker Abgang eingetreten ist, der sich naturgemäss in den folgenden Jahren noch stärker vermehren wird. Wir wollen nur darauf hinweisen, dass es sich bei ihnen durchweg um ältere Männer handelt, die Frauen und Kinder zu ernähren haben.

Die gesetzliche Regelung bezüglich der Frontsoldaten beruht auf der Anerkennung der Leistungen der jüdischen Frontkämpfer für ihr Vaterland. Wir führen kurz an, dass von den beim Ausbruche des Krieges in Deutschland lebenden etwa 500 000 reichsangehörigen Juden mehr als 75 000 an der Front gekämpft haben, mehr als 12 000 gefallen, mehr als 2 000 zu Offizieren des Beurlaubtenstandes befördert, mehr als 900 mit dem Eisernen Kreuz I.Klasse, mehr als 17 000 mit dem Eisernen Kreuz II.Klasse ausgezeichnet worden sind. Den Grundsatz, dass diese Leistungen der Frontkämpfer eine bevorzugte Stellung der jüdischen Anwälte gegenüber den Nichtfrontkämpfern rechtfertigen, hat der verstorbene Herr Reichspräsident von Hindenburg mehrfach zum Ausdruck gebracht, wir fügen einen Brief aus dem Büro des Herrn Reichspräsidenten vom 8.April 1933 in der Anlage in Abschrift bei.

Die Auffassung, die in den angeführten gesetzlichen Bestimmungen und in der Erklärung des verstorbenen Herrn
Reichspräsidenten

3.

Reichspräsidenten zum Ausdruck gekommen ist, würde aufgegeben werden, wenn jetzt die jüdischen Anwälte, die die Eigenschaft von Frontkämpfern haben, und von denen viele kriegsbeschädigt, zum Teil schwer kriegsbeschädigt sind, in ihrer rechtlichen Stellung als Anwälte gegenüber der durch das Gesetz vom 7. April 1933 geschaffenen Rechtslage beeinträchtigt würden. Es würde dann die Folge eintreten, dass die Frontkämpfer, die durch die gesetzliche Regelung besser gestellt werden sollten, jetzt, nachdem sie um ein halbes Jahrzehnt älter geworden sind, gegenüber denjenigen, die auf Grund des Gesetzes vom 7. April 1933 aus ihrem Berufe haben ausscheiden müssen, denen damals aber Umschichtungs- und Auswanderungsmöglichkeiten in weitem Umfange zur Verfügung gestanden haben, schwer beeinträchtigt würden.

Die Anerkennung der besonderen Frontleistungen und der Kriegsopfer hat in der ganzen Welt, in Deutschland, wie in den früher feindlichen Ländern, Geltung, wir können nicht annehmen, dass der Grundsatz der Anerkennung der Frontkämpferleistungen für die jüdischen Soldaten des alten deutschen Heeres, die ihr Leben in der gleichen Weise eingesetzt haben, wie alle ihre Kameraden, keine Geltung mehr haben sollte.

gleichzeitig für die Rechtsanwälte
Dr. Leo Sternberg in Berlin W., Bleibtreustr. 24,
Dr. Lentzberg in Hannover, Georgstrasse 24,
Dr. F.W. Arnold in Berlin W. 15, Ludwigkirchstr. 10a.

Notar
Dr. Erwin Noack
Rechtsanwalt beim Kammergericht

Postscheckkonto: Berlin 17366
Bankkonto: Dresdner Bank, Dep.-Kasse 33
Unter den Linden 53, Konto Nr. 6901

Kanzlei geöffnet:
Wochentags 8½—17 Uhr
Sonnabends 8½—13½ Uhr
Rücksprachen nach Vereinbarung

Mitgl. des NSRB.

Berlin W 8, den 5. August 1938.
Unter den Linden 47
(gegenüber der Neustädtischen Kirchstraße)
Fernruf: 12 21 34

Herrn
Ministerialrat P o h l e
in Berlin, Reichsjustizministerium.

Sehr geehrter Herr Ministerialrat!

Zu meinem grössten Erstaunen lese ich heute im Reichsgesetzblatt die vierte Verordnung zum Reichs=bürgergesetz vom 25. Juli 1938. Danach sind nun also die Ärzte judenrein. Nur bei uns ist natürlich das nun schon solange von mir Angestrebte noch nicht erreicht worden. Ich wäre Ihnen ausserordentlich dankbar, wenn Sie mit allem Nachdruck doch dafür sorgen wollten, dass nun endlich auch bei uns entsprechend meinem Vorschlag die Judenbereinigung kommt.

Mit Hitler Heil
bin ich Ihr

Noack.

Fünfte Verordnung zum Reichsbürgergesetz.
Vom 27. September 1938. 3028B

Auf Grund des § 3 des Reichsbürgergesetzes vom 15. September 1935 (Reichsgesetzbl. I S. 1146) wird folgendes verordnet:

Artikel I
Ausscheiden der Juden aus der Rechtsanwaltschaft

§ 1

Juden ist der Beruf des Rechtsanwalts verschlossen. Soweit Juden noch Rechtsanwälte sind, scheiden sie nach Maßgabe der folgenden Vorschriften aus der Rechtsanwaltschaft aus.

1. Jm alten Reichsgebiet:

Die Zulassung jüdischer Rechtsanwälte ist zum 30. November 1938 zurückzunehmen.

2. Jm Lande Österreich:

(1) Jüdische Rechtsanwälte sind spätestens bis zum 31. Dezember 1938 auf Verfügung des Reichsministers der Justiz in der Liste der Rechtsanwälte zu löschen.

(2) Bei Juden, die in der Liste der Rechtsanwaltskammer in Wien eingetragen sind, kann jedoch, wenn ihre Familie seit mindestens fünfzig Jahren im Lande Österreich ansässig ist und wenn sie Frontkämpfer sind, von der Löschung vorläufig abgesehen werden. Den Zeitpunkt der Löschung bestimmt in diesem Falle der Reichsminister der Justiz.

(3) Bis zur Entscheidung darüber, ob eine Löschung in der Rechtsanwaltsliste erfolgt, kann der Reichsminister der Justiz dem Rechtsanwalt die Ausübung seines Berufs vorläufig untersagen.

§ 2

(1) Dienstverträge, die ein nach dieser Verordnung aus der Rechtsanwaltschaft ausscheidender Jude als Dienstberechtigter geschlossen hatte, können von beiden Teilen unter Einhaltung einer Frist von drei Monaten zum Ende

eines

eines Kalendermonats auch dann gekündigt werden, wenn gesetzlich oder vertraglich eine längere Frist bestimmt oder das Dienstverhältnis für bestimmte Zeit eingegangen war.

(2) Die Kündigung nach Abs.1 kann
a) im alten Reichsgebiet
   nur zum 28. Februar 1939,
b) im Lande Österreich
   nur für den ersten Termin erklärt werden, für den sie nach dem Zeitpunkt erfolgen kann, an dem der frühere Rechtsanwalt oder sein Angestellter (Dienstnehmer) von der Löschung in der Rechtsanwaltsliste Kenntnis erhält.

(3) Gesetzliche oder vertragliche Bestimmungen über eine kürzere als die im Abs.1 vorgesehene Kündigungsfrist bleiben unberührt.

§ 3

(1) Wer auf Grund dieser Verordnung aus der Rechtsanwaltschaft ausscheidet, kann ein Mietverhältnis über Räume, die er für sich oder seine Familie gemietet hat, trotz entgegenstehender Vereinbarungen über die Dauer des Mietvertrages oder die Kündigungsfrist mit Einhaltung der gesetzlichen Kündigungsfrist kündigen. Das gleiche gilt für Angestellte (Dienstnehmer) eines Rechtsanwalts, die dadurch stellungslos werden, daß der Rechtsanwalt auf Grund dieser Verordnung aus der Rechtsanwaltschaft ausscheidet.

(2) Eine Kündigung nach Abs.1 kann durch den Rechtsanwalt
a) im alten Reichsgebiet
   nur zu dem ersten Termin erfolgen, zu dem sie nach dem 30. November 1938 zulässig ist,
b) im Lande Österreich
   nur zu dem ersten Termin erfolgen, zu dem sie nach dem Zeitpunkt zulässig ist, in dem dem Rechtsanwalt die Löschung in der Rechtsanwaltsliste mitgeteilt wird.

(3) Der Angestellte (Dienstnehmer) kann eine Kündigung nach Abs.1 nur zu dem ersten Termin aussprechen, für den die Kündigung nach Beendigung des Dienstverhältnisses zulässig ist.

L382631 (4)

- 3 -

(4) Jm übrigen gelten für die Kündigung

a) im alten Reichsgebiet die Vorschriften des § 6 des Gesetzes über die Zulassung zur Rechtsanwaltschaft vom 7.April 1933 (Reichsgesetzbl. I S.188),

b) im Lande Österreich die Vorschriften des § 13 der Verordnung zur Neuordnung des österreichischen Berufsbeamtentums vom 31.Mai 1938 (Reichsgesetzbl. I S.607)

sinngemäß.

§ 4

1. Die Besorgung fremder Rechtsangelegenheiten ist dem auf Grund dieser Verordnung aus der Rechtsanwaltschaft ausgeschiedenen Juden nach Maßgabe des Artikels 1 § 8 des Gesetzes zur Verhütung von Mißbräuchen auf dem Gebiete der Rechtsberatung vom 13.Dezember 1935 (Reichsgesetzbl. I S.1478) untersagt.

2. Jm Lande Österreich gilt bis zum Jnkraftsetzen des Gesetzes zur Verhütung von Mißbräuchen auf dem Gebiete der Rechtsberatung folgendes:

(1) Wer auf Grund dieser Verordnung in der Liste der Rechtsanwälte gelöscht ist, darf fremde Rechtsangelegenheiten nicht mehr geschäftsmäßig besorgen; insbesondere ist ihm die gerichtliche oder außergerichtliche Vertretung, die Rechtsberatung und die Einziehung von Forderungen seiner Auftraggeber nicht gestattet.

(2) Gerichte oder sonstige Behörden dürfen dem früheren Rechtsanwalt die Verwaltung oder Verwertung fremden Vermögens nicht übertragen. Jst ihm ein Auftrag dieser Art bereits erteilt, so hat die Stelle, die ihn ernannt hat, den Auftrag zu widerrufen; sie hat einem anderen Rechtsanwalt oder einer sonstigen geeigneten Person den Auftrag zu übertragen, soweit dies zur Verhütung von Rechtsnachteilen für die Beteiligten oder aus einem sonstigen Grunde erforderlich erscheint.

(3) Die Vorschriften der Abs.1 und 2 gelten nicht für die Wahrnehmung von eigenen Angelegenheiten des früheren Rechtsanwalts und von Angelegenheiten seiner Ehefrau und seiner minderjährigen Kinder, soweit nicht Anwaltszwang besteht.

(4) Wer den Vorschriften des Abs.1 vorsätzlich zuwiderhandelt, wird mit Geldstrafe bestraft.

(5) Für die Dauer einer vorläufigen Untersagung der Berufsausübung gelten die Vorschriften der Abs. 1 bis 4 sinngemäß.

L302632

§ 5

JPD 304

– 4 –

§ 5

Den auf Grund dieser Verordnung aus der Rechtsanwaltschaft ausgeschiedenen Juden können, soweit sie Frontkämpfer sind, aus den Einnahmen der jüdischen Konsulenten (§ 14) bei Bedürftigkeit und Würdigkeit jederzeit widerrufliche Unterhaltszuschüsse gewährt werden. Nach Maßgabe der eingehenden Beträge können unter den gleichen Voraussetzungen auch anderen auf Grund dieser Verordnung aus der Rechtsanwaltschaft ausgeschiedenen Juden, soweit sie seit dem 1. August 1914 in der Rechtsanwaltsliste eingetragen waren, Unterhaltszuschüsse dieser Art gewährt werden.

§ 6

(1) Frontkämpfer im Sinne dieser Verordnung ist, wer im Weltkrieg (in der Zeit vom 1. August 1914 bis 31. Dezember 1918) auf seiten des Deutschen Reichs oder seiner Verbündeten bei der fechtenden Truppe an einer Schlacht, einem Gefecht, einem Stellungskampf oder einer Belagerung teilgenommen hat. Es genügt nicht, wenn sich jemand, ohne vor den Feind gekommen zu sein, während des Krieges aus dienstlichem Anlaß im Kriegsgebiet aufgehalten hat.

(2) Der Teilnahme an den Kämpfen des Weltkriegs steht die Teilnahme an den Kämpfen gleich, die nach ihm im Baltikum, ferner gegen die Feinde der nationalen Erhebung und zur Erhaltung deutschen Bodens geführt worden sind.

Artikel II
Löschung der Juden in den Listen der Rechtsanwaltsanwärter und der Verteidiger im Lande Österreich

§ 7

(1) Juden werden in die Listen der Rechtsanwaltsanwärter und der Verteidiger in Strafsachen nicht mehr eingetragen. Soweit Juden in diesen Listen noch eingetragen sind, werden sie spätestens bis zum 31. Dezember 1938 auf Verfügung des Reichsministers der Justiz gelöscht.

(2) Die Vorschriften des Artikels 1 § 1 Nr. 2 Abs. 3, §§ 2 bis 4 dieser Verordnung gelten sinngemäß.

Artikel III
Rechtliche Beratung und Vertretung von Juden

§ 8

Zur rechtlichen Beratung und Vertretung von Juden läßt die Justiz-

– 5 –

Justizverwaltung jüdische Konsulenten zu.

§ 9

(1) Jüdische Konsulenten werden nur zugelassen, soweit ein Bedürfnis besteht.

(2) Die Zulassung erfolgt auf Widerruf. Zum Zwecke der Stellvertretung eines zugelassenen jüdischen Konsulenten kann die Zulassung auch auf Zeit erfolgen.

(3) Die jüdischen Konsulenten und ihre Stellvertreter sollen, soweit angängig, aus der Zahl der nach § 1 dieser Verordnung aus der Rechtsanwaltschaft ausscheidenden Juden entnommen werden; Frontkämpfer sind nach Möglichkeit bevorzugt zu berücksichtigen.

§ 10

Jüdische Konsulenten dürfen nur Rechtsangelegenheiten von Juden sowie von jüdischen Gewerbebetrieben, jüdischen Vereinen, Stiftungen, Anstalten und sonstigen jüdischen Unternehmen geschäftsmäßig besorgen; insbesondere dürfen sie nur für diese die rechtliche Beratung, die gerichtliche oder außergerichtliche Vertretung sowie die Einziehung von Forderungen übernehmen.

§ 11

(1) Den jüdischen Konsulenten wird ein bestimmter Ort für ihre berufliche Niederlassung zugewiesen. Die Unterhaltung von Zweigniederlassungen, auswärtigen Sprechtagen oder ähnlichen ständigen Einrichtungen an einem anderen Ort erfolgt nach näherer Bestimmung der Justizverwaltung.

(2) Soweit die jüdischen Konsulenten Rechtsangelegenheiten besorgen dürfen, können sie in einem von der Justizverwaltung zu bestimmenden Bezirk vor allen Gerichten und Verwaltungsbehörden sowie vor allen diesen übergeordneten Gerichten und Behörden auftreten und als Bevollmächtigte – auch gegenüber den Gegnern ihrer Auftraggeber – tätig werden. Dies gilt auch insoweit, als Rechtsanwälte in einem Verfahren nur tätig werden dürfen, wenn sie bei dem Gericht, vor dem das Verfahren schwebt, zugelassen sind; soweit sonstige einschränkende Vorschriften bestehen, gelten diese sinngemäß.

(3) Jm übrigen unterliegt die Berufstätigkeit der jüdischen Konsulenten keinen örtlichen Beschränkungen.

§ 12

Jüdische Konsulenten können im Armenrecht, als Notvertreter (ent-

L382634

(entsprechend § 38 der Reichs-Rechtsanwaltsordnung) oder als Pflichtverteidiger beigeordnet werden. Soweit verfahrensrechtliche Vorschriften, insbesondere die §§ 91 Abs.2, 104 Abs.2, 135, 198, 212 a der Reichs-Zivilprozeßordnung für Rechtsanwälte Vereinfachungen und sonstige Besonderheiten vorsehen, gelten sie für jüdische Konsulenten sinngemäß.

§ 13

Die jüdischen Konsulenten unterstehen der Aufsicht der Justizverwaltung.

§ 14

(1) Von ihren Auftraggebern erheben die jüdischen Konsulenten im eigenen Namen, jedoch für Rechnung einer vom Reichsminister der Justiz zu bestimmenden Ausgleichsstelle Gebühren und Auslagen nach Maßgabe der für Rechtsanwälte geltenden reichs- und landesrechtlichen Vorschriften. Von dem kostenpflichtigen Gegner des jüdischen Auftraggebers sind diese Beträge in gleicher Weise wie die Kosten eines Rechtsanwalts zu erstatten.

(2) Den jüdischen Konsulenten verbleibt als Vergütung für ihre Berufstätigkeit und als Entschädigung für Kanzleiunkosten – neben der Erstattung der notwendigen baren Aufwendungen für Reisen und dergl. – ein Anteil an den aus ihrer Berufstätigkeit anfallenden Gebühren.

(3) Aus den der Ausgleichsstelle zufließenden Beträgen werden die nach § 5 dieser Verordnung zu leistenden Unterhaltszuschüsse gezahlt.

(4) Nähere Bestimmungen können durch allgemeine Verwaltungsanordnungen getroffen werden.

Artikel IV

<u>Schluß- und Übergangsvorschriften</u>

§ 15

(1) Wird in einer bürgerlichen Rechtssache der Rechtsanwalt einer Partei durch eine auf Grund dieser Verordnung getroffene Maßnahme unfähig, die Vertretung der Partei fortzuführen, so werden auch Verfahren, in denen eine Vertretung durch Rechtsanwälte nicht geboten ist, unterbrochen.

(2) Eine Unterbrechung des Verfahrens tritt jedoch nicht ein, wenn der Rechtsanwalt gleichzeitig mit seinem Ausscheiden aus der Rechtsanwaltschaft als jüdischer Konsulent zugelassen wird und als solcher seinen Auftraggeber weiterhin vertreten darf.

§ 16

§ 16

Einer Partei, die in einer bürgerlichen Rechtssache oder in einer Strafsache einen Termin (eine Tagsatzung) oder eine befristete Prozeßhandlung versäumt, ist auf Antrag die Wiedereinsetzung in den vorigen Stand zu bewilligen, wenn sie durch die auf Grund dieser Verordnung getroffenen Maßnahmen am rechtzeitigen Erscheinen zu dem Termin (der Tagsatzung) oder an der rechtzeitigen Vornahme der Prozeßhandlung verhindert worden ist.

§ 17

(1) Tritt in der Besorgung einer Rechtsangelegenheit wegen des Ausscheidens eines Juden aus der Rechtsanwaltschaft auf Grund dieser Verordnung ein Wechsel des Vertreters ein, so ist der kostenpflichtige Gegner des Auftraggebers des bisherigen jüdischen Rechtsanwalts zur Erstattung der durch den Vertreterwechsel entstehenden Mehrkosten nicht verpflichtet.

(2) Übernimmt ein jüdischer Konsulent eine bisher von einem jüdischen Rechtsanwalt besorgte Rechtsangelegenheit, so hat er seinem Auftraggeber die dem jüdischen Rechtsanwalt geschuldeten Gebühren gutzubringen. Der jüdische Konsulent und der frühere jüdische Rechtsanwalt haben im Wege gütlicher Vereinbarung einen Ausgleich über die dem früheren Rechtsanwalt angefallenen Gebühren herbeizuführen, wenn dies nach dem Umfang der von beiden in der Rechtssache geleisteten Arbeit der Billigkeit entspricht. Kommt eine Einigung nicht zustande, so kann auf Antrag eines Beteiligten über den Ausgleich im Verwaltungswege entschieden werden.

§ 18

Für ein Verfahren, das gegen einen Juden vor einem anwaltlichen Ehrengericht in dem Zeitpunkt anhängig ist, zu dem er nach dieser Verordnung aus der Anwaltschaft ausscheidet, gelten die Bestimmungen des § 2 der Verordnung zur Ergänzung der Vorschriften über das ehrengerichtliche Verfahren gegen Rechtsanwälte vom 31.August 1937 (Reichsgesetzbl. I S. 919) sinngemäß.

§ 19

Der Reichsminister der Justiz wird ermächtigt, die zur Durchführung und Ergänzung dieser Verordnung erforderlichen Rechts- und Verwaltungsvorschriften zu erlassen. Soweit der Reichs-

– 8 –

Reichsminister der Finanzen beteiligt ist, ergehen sie im Einvernehmen mit diesem.

Vor Unterzeichnung durch den Führer ist der Wortlaut des Entwurfs wie folgt geändert:

1.) Jn § 1 Nr.1 ist "30.September 1938" ersetzt durch "30.November 1938".

2.) Jn § 2 Abs.2 Buchst.a) ist "31.Dezember 1938" ersetzt durch "28.Februar 1939".

3.) Jn § 3 Abs.2 Buchst.a) ist "30.September 1938" ersetzt durch "30.November 1938".

Berlin, den 27.September 1938

Der Reichsminister und Chef der Reichskanzlei

Berlin, den 27.September 1938
Der Führer und Reichskanzler

Der Reichsminister der Justiz
Dr. Gürtner

Der Reichsminister des Innern
Frick

Der Stellvertreter des Führers
R Heß

Der Reichsminister der Finanzen

L302637

Dokumente

Heft 40 [2505]   67. Jahrgang   1. Oktober 1938

Juristische Wochenschrift

Organ der Reichsgruppe Rechtsanwälte des NS. Rechtswahrer-Bundes
Herausgegeben von dem Reichsgruppenwalter, Rechtsanwalt Dr. H. Droege

Die Rechtfertigung des Anwaltsberufes im nationalsozialistischen Volksstaat
Von Reichsgruppenwalter Rechtsanwalt Dr. H. Droege, Hamburg

10 Jahre sind vergangen, seitdem nach dem Willen des Führers der Nationalsozialistische Rechtswahrerbund als ältester angeschlossener Verband der NSDAP. durch seinen damaligen und jetzigen Reichsführer aus kleinsten Anfängen geschaffen wurde. 5 Jahre sind vergangen, als mit der Machtübernahme wiederum nach dem Willen des Führers diese immer noch kleine Kerntruppe der nationalsozialistischen Rechtswahrer dazu bestimmt wurde, die alleinige und umfassende berufsständische Organisation aller deutschen Rechtswahrer zu bilden, eine Aufgabe, die der Reichsführer des Bundes noch im Jahre 1933 durchführen konnte. Jetzt, nach weiteren 5 Jahren steht der Bau des deutschen Rechtswahrerstandes weltanschaulich und organisatorisch fest gefügt da, wobei die neueste Entwicklung dadurch gekennzeichnet ist, daß die unmittelbare Verbindung mit der Grundlage aller angeschlossenen Verbände, der Partei selber noch enger gestaltet worden ist. So gibt die Tatsache des 10jährigen Bestehens des Nationalsozialistischen Rechtswahrerbundes auch den in ihm zusammengefaßten einzelnen Rechtswahrerberufen Anlaß, ihre berufsständische Lage rückblickend in die Vergangenheit und vorausschauend in die Zukunft zu überdenken.

Dies gilt ganz besonders für die Rechtsanwälte, denn sie sind unter den Rechtswahrerberufen, welche der NSRB. bereits in fester Ausprägung vorfand und nicht erst, wie den der Wirtschaftsrechtler neu schaffen mußte, derjenige, dessen Gesamtstruktur aufs Tiefste berührt werden mußte und berührt worden ist.

Es kann aus der gesicherten Geisteshaltung heraus, welche der Reichsrechtsführer uns gewiesen und ein großer Teil der deutschen Anwälte sich inzwischen als unumstößliche Grundlage ihres Denkens und Handelns erarbeitet hat, nunmehr ruhig gesagt werden, daß in den ersten Jahren nach der Machtergreifung gerade auch die Nationalsozialisten unter den Anwälten trotz der Eingliederung des Berufs in den NSRB. und trotz der damit hergestellten besonderen Obhut der Partei über diesen Beruf sich fragen mußten, ob denn wirklich dieser Beruf im nationalsozialistischen Volksstaat noch seine volle Rechtfertigung habe und daß die Zweifel, mit denen die Volksmeinung gerade diesem Beruf nach der Machtergreifung gegenübertrat, vielleicht in der Brust der nationalsozialistischen Anwälte selbst am stärksten waren. Man darf nicht vergessen, daß auch der Nationalsozialist unter den Anwälten eine fest geprägte Form der Berufsauffassung und Berufsausübung vorfand, die typisch liberal war, ja sogar eine besonders charakteristische Form des Liberalismus war. Die damals übliche und fast als selbstverständlich empfundene Definition der Berufstätigkeit als „freiberufliche Wahrnehmung fremder Rechtsinteressen" zeigt dies besonders deutlich.

Rückblickend betrachtet kann man sagen, daß alle die mannigfaltigen berufsständischen Probleme ideeller und materieller Art, die den Anwälten seit 1933 gestellt waren, im Kern immer wieder auf einen Zentralpunkt zurückführen, nämlich das Ringen des einzelnen nationalsozialistischen Rechtsanwalts um die Rechtfertigung seines Lebensberufes vor sich selbst als Nationalsozialist.

Auch ohne klare gedankliche Erfassung der Voraussetzungen zur Klärung dieser Frage war es dem nationalsozialistischen Rechtsanwalt ohne weiteres fühlbar, daß die „freiberufliche Wahrnehmung fremder Rechtsinteressen" irgendwie mit der Struktur des werdenden nationalsozialistischen Volksstaates nicht in Einklang zu bringen war. Das Grundprinzip der Selbstverantwortung des Einzelnen gegenüber der Volksgemeinschaft schien in allen Aufgaben ideeller Natur, und hierzu gehört ja zweifellos die Wahrung des Rechts, die unmittelbare Verantwortung des Einzelnen gegenüber der Gemeinschaft zu erfordern. Jede Dazwischenschaltung eines Mittlers in eine ideelle Beziehung des Einzelnen zur Volksgemeinschaft schien deshalb bedenklich, weil durch diese „Interessenwahrnehmung" die ideelle Beziehung materialisiert zu werden schien. Die Forderung nach der Schaffung eines deutschen Volksrechts schien die Forderung in sich zu schließen, daß der Volksgenosse sein Recht unmittelbar zu suchen habe. Diese Überlegung schien unterstützt zu werden durch die Tatsache, daß in der politischen Sphäre die Interessenwahrnehmung in dem Sinne, wie sie das liberalistische System als selbstverständlich und naturnotwendig angesehen hatte, also durch den Parlamentarier, den Syndikus eines Arbeitgeberverbandes oder den berufsmäßigen Gewerkschaftler abgeschafft wurde und zwar gleich so gründlich, daß der Typus als solcher durch Aufhebung des Systemparteien, der Arbeitgeberverbände und der Gewerkschaften überhaupt verschwand. Übrig blieb auf der anderen Seite die Interessenwahrnehmung da, wo sie materieller Natur war, wie z. B. im Bereich der Wirtschaft bei der Vertretung eines Handelsunternehmens durch einen Makler oder Agenten.

So hatten, wie wir rückblickend betrachtend uns ruhig eingestehen wollen, gerade die berufsständischen Leiter der deutschen Rechtsanwälte sich mit sich selbst und mit ihren Berufsgenossen in erster Linie darüber auseinander zu setzen, ob denn nicht auch richtig betrachtet der Rechtsanwaltsberuf zu denen gehöre, deren weltanschauliche Voraussetzungen weggefallen seien, ob nicht auch auf dem Gebiete des Rechts als eines idealen Gutes der Volksgemeinschaft ähnlich wie auf dem Gebiete der Politik, wenn auch vielleicht nicht so schnell und nur allmählich der berufliche Vertreter fremder Interessen keine Existenzberechtigung mehr haben dürfe. Das damals unter Anwälten zu hörende Klagwort, der Anwaltsberuf sei ein „absterbender Beruf" wurde zwar mit äußerlichen Symptomen wie dem Hinweis auf die ungünstige wirtschaftliche Lage begründet, war aber in Wirklichkeit der unbewußte Ausdruck dieser letzten Zweifel an der weiteren Existenzberechtigung des Berufes.

Es kam hinzu, daß begreiflicherweise auch viele Parteistellen dem Beruf des Rechtsanwalts gefühlsmäßig wenig Verständnis entgegenbrachten. Immer wieder waren die alten Kämpfer der Partei in die Instrumente vor der Gerichte gezerrt worden, immer wieder hatten sie hierbei auch über die Tätigkeit mancher Anwälte Beobachtungen machen müssen, die ihnen wahrlich nicht die besten Eindrücke vermittelt hatten. Ja selbst die Anwälte, welche ihnen als Parteigenosse zur

Seite traten, um sie zu verteidigen oder um sie im Zivilprozeß zu vertreten, konnten nicht unbedingt diesen ungünstigen Eindrücken entgegenwirken, waren sie doch vielfach genötigt, die Vertretung in den Formen der herrschenden liberalistischen Rechtsauffassung zu führen, wenn sie überhaupt ein Verständnis vor Gericht erwarten wollten.

Man muß sich diese Lage, wie sie insbesondere auch für die nationalsozialistischen Rechtsanwälte nach der Machtergreifung bestand, einmal wieder ganz deutlich vor Augen führen, um es voll zu würdigen, was gerade in diesem entscheidenden Punkte die völlige Eingliederung der deutschen Rechtsanwälte in den NSRB. bedeutet hat. Es hat damals nicht an Überlegungen unter den Anwälten gefehlt, ob ein wirklich dieses völlige Aufgehen in der großen Gemeinschaft des gesamten deutschen Rechtswahrerstandes das richtige sei, um dem in seiner Existenz bedrohten oder vermeintlich gar zum Absterben verurteilten Beruf zu helfen. Man argumentierte, daß doch der Deutsche Anwaltverein wenigstens in der Lage gewesen sei, immer nur die anwaltlichen Belange als solche wahrzunehmen, während die Eingliederung in den Rechtswahrerstand die selbstverständliche kameradschaftliche Rücksichtnahme auf die Belange der übrigen Berufsgruppen, insbesondere auch der freiberuflichen Wirtschaftsrechtler mit bringe und damit eine nachhaltige berufsständische Förderung der Anwälte bis zu einem gewissen Grade lahmlegen müsse. Wenn also schon der Deutsche Anwaltverein als eine Sonderorganisation der Anwälte nicht aufrechterhalten werden könne, so müsse das System der Rechtsanwaltskammern zum tragenden Instrument der berufsständischen Arbeit ausgestaltet werden, denn nur eine lediglich auf die Anwälte abgestellte Organisationsform könne die geeignete Waffe im Kampf um die Existenzerhaltung der Anwaltschaft darstellen.

Rückblickend betrachtet steht es wohl jedem klar vor Augen, wie gut es ist, daß solche Gedanken nicht die Oberhand gewinnen konnten, daß vielmehr über alle solchen Zweifel hinweg die völlige Eingliederung der Rechtsanwälte in den NSRB. unbeirrbar vollzogen und in voller Konsequenz durchgeführt worden ist, denn nur aus der Idee der Einheit des Rechtswahrerstandes und der einheitlichen ihm gesetzten Aufgabe der Wahrung des Rechts kann die Frage nach der Existenzberechtigung des Rechtsanwaltsberufes im nationalsozialistischen Volksstaat bejaht werden. Wir wollen uns eingestehen, daß wir für diese Idee innerlich noch nicht reif waren, die nach dem Willen des Führers bereits durch den Reichsrechtsführer in Gestalt des Bundesaufbaues verwirklicht wurde. Wie so oft im nationalsozialistischen Aufbauwerk mußte hier zunächst die Form geschaffen werden für einen Inhalt, den nur erst wenige voll erkannt hatten, dessen nachträgliche Erkenntnis aber erst für alle die inzwischen geschaffene Form voll rechtfertigen konnte. Hat der gesamte Rechtswahrerstand in verschiedenen beruflich unterteilten Funktionen eine einheitliche Rechtswahreraufgabe als einen notwendigen Dienst am Volk zu erfüllen, so ist damit auch die Aufgabe des Rechtsanwaltsberufes innerlich gerechtfertigt, dann dient der Anwalt nicht mehr fremden rechtlichen Interessen, sondern er dient unmittelbar der Volksgemeinschaft, die verlangen muß, daß das Recht gewahrt wird. Der Einzelne geht nicht nur seinen eigenen Interessen nach, wenn er sein Recht durch einen Anwalt wahrnehmen läßt, sondern er erfüllt damit auch die Verpflichtung gegenüber der Volksgemeinschaft, um eine von ihm als unrichtig empfundene Rechtslage wieder richtig herzustellen. Dafür, daß diese Aufgabe so erfüllt wird, daß hierbei die Interessen der Allgemeinheit schon von vornherein und in der Art, wie die Einzelne seinen Anspruch anmeldet und verfolgt, berücksichtigt werden, ist der deutsche Rechtsanwalt da. Es kann von den einzelnen deutschen Volksgenossen nicht verlangt und erwartet werden, daß er über ein gewisses rechtliches Grundgefühl hinaus die einzelnen für die Bedürfnisse der komplizierten Rechtsordnung eines hoch entwickelten Volkes und Staates kennt und erkennt. Sein Kampf um das Recht muß daher durch das Medium eines Berufes geleitet werden, der seinerseits diese Kenntnis und Erkenntnis zu seiner Lebensaufgabe gemacht

hat und der darüber hinaus diesen Beruf in kameradschaftlicher Zusammenarbeit mit anderen Rechtswahrerberufen erfüllt, die ihrerseits in verschiedener aber notwendig ergänzender Funktion an der Wahrung des Rechts beteiligt sind. Diese Erkenntnis aber ist seit den seit der Machtergreifung verflossenen 5 Jahren gesicherter geistiger Besitz nicht nur der berufsständischen Leiter, sondern bereits des größten Teils aller deutschen Rechtsanwälte geworden. Dieses innere unerschütterliche Wissen um die Notwendigkeit des Berufes gibt dem deutschen Anwalt zusehends mehr die Kraft, die äußeren Schwierigkeiten der „völligen Eingliederung seines Berufs in den nationalsozialistischen Volksstaat zu meistern. Darüber hinaus aber setzt sich das wiedergewonnene Selbstvertrauen der deutschen Rechtsanwälte allmählich auch gegenüber aus der Vergangenheit übernommenen ablehnenden Gefühlen im Volke durch.

Daß dies aber und in so kurzer Zeit erreicht werden konnte, wurde nur dadurch möglich, daß 1933 die Anwälte mit allen Rechtswahrerberufen zur großen Einheit des NSRB. zusammengeschweißt worden sind. Hier mußten sich die verschiedenen Rechtswahrerberufe in gemeinsamer Aufgabe kameradschaftlich näher kommen. Dies mußte sich in zunehmendem Maße zunächst mehr äußerlich, dann sich immer vertiefend auf die Art der Berufsausübung auswirken. Daß diese Einwirkung sich für den Einzelnen vielfach unbewußt und zunächst rein gefühlsmäßig vollzogen hat, ändert nichts an ihrer fundamentalen Bedeutung. Jedem praktischen Anwalt wird dies deutlich, wenn er einmal vor Gericht auf einen Berufsgenossen stößt, der die neue Haltung noch nicht gewonnen hat. Wie befremdlich wirkt schon heute eine „Interessenwahrnehmung" in der alten logisch zugespitzten und überspitzten Form des „Florettfechtens mit Argumenten" gegenüber dem heute schon ganz natürlich und selbstverständlich Gewordenen, daß Gericht und Anwälte gemeinsam an den Kern der Sache herangehen und nur das erörtern, was nach ihrer wirklichen Überzeugung an Für und Wider vorzubringen ist. Ganz besonders aber zeigt sich die neue Haltung in der Strafverteidigung und in der neuen Stellung des Verteidigers gegenüber dem Gericht und der Staatsanwaltschaft. Ohne daß bisher grundsätzliche gesetzliche Änderungen erfolgt sind, kann gesagt werden, daß lediglich auf dem Wege besserer kameradschaftlicher Zusammenarbeitens und besserer Einfühlung in die wirklichen Notwendigkeiten des Verfahrens hier bereits Entscheidendes erreicht ist. Wer heute mit einer Strafsache zu einem Anwalt kommt, um sich von ihm verteidigen zu lassen, weiß bereits, daß er keine Chance mehr hat, daß der Anwalt aus schwarz weiß mache, er weiß vielmehr, daß alles, was wirklich zugunsten des Beschuldigten spricht, erschöpfend und gewissenhaft vorgebracht und herausgearbeitet wird, aber auch nicht mehr.

Dieser Wandel im Geiste war möglich, weil der deutsche Anwalt, wie ihn der Nationalsozialismus 1933 bei der Machtergreifung vorfand, im Grunde besser war, als er selbst es nach seinen herrschenden Berufsauffassung wahrhaben wollte. Theoretisch war es zwar die herrschende Meinung, daß es lediglich die Aufgabe des Rechtsanwalts sei, das individuelle Interesse seines Klienten gegenüber einem anderen individuellen Interesse oder gegenüber dem Staate mit allen zu Gebote stehenden Mitteln, soweit sie formell rechtlich noch zulässig sei, zu vertreten. Diese Theorie, welche der ungünstigen Meinung des Volkes über die Rechtsanwälte in bedauerlichem Maße Vorschub leistete, ist aber niemals für die Gesamtheit der deutschen Anwälte praktisch geworden. Es hat immer einen guten gesunden Stamm bewährter Anwälte gegeben, welche dieser Theorie zum Trotz rein gefühlsmäßig und ohne eine weltanschaulich gesicherte Rechtfertigung ihres Handelns den Gedanken des echten Rechtswahrertums hoch gehalten und ihn in der Praxis vorgelebt haben.

Die organisatorische Zusammenfassung aller Rechtswahrer im NSRB. beruhte also letzten Endes auf der Erkenntnis und dem festen Glauben des Reichsrechtsführers, daß dieser gesunde Kern des Rechtsanwaltsberufes ebenso wie der übrigen Rechtswahrerberufe mit Naturnotwendigkeit freigelegt werden würde, wenn in der Organisation und in der

Menschenführung die erforderlichen Voraussetzungen dazu geschaffen würden. Auch hier in dieser Teilausgabe des Aufbaues der Volksgemeinschaft war es letzten Endes das Wissen um den inneren Wert der zu erfassenden deutschen Menschen und der unerschütterliche Glaube daran, der es rechtfertigte, in die Zukunft hinausbauend eine organisatorische Form zu schaffen, die sich dann aus den gesunden Instinkten der erfaßten deutschen Menschen heraus mit dem vorgehenden Inhalt erfüllen mußte und auch erfüllt hat.

In dieser Stunde der Besinnung auf dem Wege aus einer überlebten Vergangenheit in eine neu zu gestaltende Zukunft sehen wir, daß seit der Machtergreifung in der äußeren Neuordnung des Anwaltsberufs entscheidende Maßnahmen bereits getroffen oder wenigstens weit vorbereitet worden sind. Die Entfernung eines großen Teils der Juden aus dem Beruf im Jahre 1933, die Neugestaltung des Kammersystems und des Zulassungswesens durch die Reichsrechtsanwaltsordnung im Jahre 1935, die völlige Entfernung der Juden aus der Anwaltschaft und die völlige Loslösung der deutschen Rechtsanwälte von jüdischen Interessen jeder Art durch das allgemeine Verbot der Judenvertretung im Jahre 1938 sind Etappen auf diesem Wege. Die Schaffung eines Altersversorgungswerks und einer Existenzsicherung für die Anwaltschaft ist die nächste der Lösung nahe große Gegenwartsaufgabe. Darüber hinaus bleibt an den allgemeinen Zielen der Sicherung der Grenzen der Berufsausübung und ihrer angemessenen Erweiterung sowie der besseren Ausbildung der Anwälte für die vielfach auftretenden neuen Anforderungen auch in die weitere Zukunft hinein noch viel zu tun. Das insoweit Erreichte und noch zu Erstrebende aber tritt an Bedeutung zurück gegenüber dem entscheidenden Wandel in der Berufsauffassung und der gewonnenen inneren Sicherheit des deutschen Anwalts über die Notwendigkeit seines Berufes. Diese Erkenntnis, welche der Reichsrechtsführer bereits in sich trug, als er sich anschickte, den ihm gegebenen Auftrag des Führers auszuführen, haben wir, seine Gefolgsleute, uns erst nach und nach erringen müssen, — allerdings der eine früher und der andere später. Heute ist sie unser gesicherter Besitz und die Quelle der Kraft für die Erfüllung unserer weiteren Aufgaben. Das Vertrauen, das der Reichsrechtsführer in die deutsche Rechtsanwaltschaft gesetzt hat, ist damit gerechtfertigt.

Standesaufsicht und Ehrengerichtsbarkeit der Anwaltschaft

Von Rechtsanwalt und Notar Dr. Reinhard Neubert, Präsident der Reichs-Rechtsanwaltskammer

Die Einrichtung einer Standesbehörde der Anwaltschaft mit der Befugnis zur Ausübung der Aufsicht und Ehrengerichtsbarkeit ist in Deutschland erst spät geschaffen worden. Während in England seit dem Mittelalter die Anwaltschaft in den vier Juristengilden (Inns of Courts) eine ständische Selbstverwaltung ausübte, in Frankreich schon Jahrhunderte vor der Revolution von 1789 der Stabträger der Anwaltschaft (Bâtonnier) als anwaltliche Behörde die Staatsdisziplin ausübte, unterstanden die Anwälte, Advokaten, Prokuratoren und Justizkommissare der deutschen Territorien bis ins 19. Jahrhundert hinein ohne körperschaftliche Zusammenfassung als Einzelpersonen der Aufsicht und Disziplinarstrafbefugnis des Gerichts, der Justizverwaltung und des Landesherrn.

Der erste Ansatz zur Schaffung einer Standesorganisation findet sich in Preußen 1738, als in einer Verordnung Coccejis bei den AG. die Errichtung eines „Collegium advocatorum" angekündigt wurde,

„um einige mutwillige Advocaten so viel mehr in Ordnung zu halten, und ihnen bey zeithero mit unterlauffenden Mißbrauch unerlaubten Practicirens zuvor zu kommen".

Diese Einrichtung trat jedoch niemals ernstlich in Tätigkeit und verlor ihren Sinn, als in der Folgezeit die Advokaten als „Assistenzräte" zeitweilig ins Beamtenverhältnis übernommen wurden, so daß eine ständische Selbstverwaltung überhaupt nicht mehr in Frage kam.

Die Aufsichts- und Disziplinarbefugnis über die Justizkommissare der allgemeinen Gerichtsordnung von 1793 übte weiter das Obergericht aus, und dieser Zustand blieb bis 1847 bestehen. Nur in Rheinpreußen wurden die von den Franzosen eingeführten selbstgewählten Disziplinarräte mit beschränkten Befugnissen belassen. Erst durch eine Verordnung v. 30. April 1847 wurden auf persönliche Initiative König Friedrich Wilhelms IV. von Preußen als eigene Standesbehörde der Anwälte „Ehrenräte" bei den Landesjustizkollegien (den späteren Oberlandesgerichten) geschaffen. Diesen Ehrenräten lag die Ahndung schwerer Berufsvergehen der Anwälte ob, während die Befugnis zur Verhängung von Ordnungsstrafen bei geringeren Verstößen den Gerichten verblieb.

Erst die deutsche Rechtsanwaltsordnung v. 1. Juli 1878 faßte die Anwälte eines Oberlandesgerichtsbezirkes körperschaftlich zu „Anwaltskammern" zusammen und übertrug diesen ungeteilt die Befugnisse der Standesaufsicht und Ehrengerichtsbarkeit. Die bevorstehende Ausweitung des Geltungsbereichs des deutschen Anwaltsrechts auf die wiedergewonnene Ostmark rechtfertigt einen kurzen Überblick über die Aufgaben der Anwaltskammern auf dem Gebiete der Standesaufsicht.

*

Die Standesaufsicht ergreift — unbeschadet der das Partei- und Bundesleben ordnenden Partei- bzw. Bundesehrengerichtsbarkeit des NSRB. — umfassend das gesamte dienstliche und außerdienstliche Verhalten eines Anwalts, die Ehrengerichtsbarkeit ist aus dieser Aufsicht nur ein — allerdings der bedeutungsvollste — Ausschnitt. In der Mehrzahl der Fälle wird die Standesbehörde auf Ersuchen eines Rechtsuchenden tätig, der gegen einen Anwalt — sei es den eigenen, sei es den Gegenanwalt — Anzeige erstattet oder eine Beschwerde vorträgt; seltener auf Ersuchen einer Behörde oder eines Gerichts. Die Anzeige wird in einem Verfahren, das sich in aller Regel schriftlich abspielt, durch Anhörung des beschuldigten Anwalts, Herbeiziehung von Akten und sonstigen Beweismitteln geprüft. Ergibt es sich hierbei, daß das Verhalten des Anwalts einwandfrei war, so schließt das Verfahren mit der Erteilung eines entsprechenden Bescheides an den Anzeigenden und den Anwalt. Ergibt es die Gewißheit oder der Verdacht einer schweren Berufspflichtverletzung, so veranlaßt der Präsident der Rechtsanwaltskammer die Staatsanwaltschaft zur Einleitung des ehrengerichtlichen Verfahrens.

Daneben hat sich ein Bedürfnis herausgestellt bei leichteren Pflichtverletzungen, die zwar eine ehrengerichtliche Verfolgung nicht erfordern, aber dennoch nicht ungerügt hingehen können, dem Anwalt ohne förmliches Verfahren eine Rüge auszusprechen. Es hat sich daher schon unter der Geltung der Rechtsanwaltsordnung von 1878 auf Grund des § 49 Ziff. 1 die Gepflogenheit herausgebildet, bei leichteren Verstößen „Hinweise", „Rügen" und „Mißbilligungen" unter verschiedenen Bezeichnungen und Abstufungen auszusprechen, die in den Personalakten vermerkt und in künftigen Fällen bei der Beurteilung des Rechtsanwalts durch die Standesbehörde berücksichtigt wurden. Durch § 57 RRAO. v. 21. Febr. 1936 ist diese Rügebefugnis des Präsidenten der Rechtsanwaltskammer gesetzlich geregelt worden. Es besteht neben dem förmlichen Ehrengerichtsverfahren somit eine Art freier kleiner Ehrengerichtsbarkeit. Verfahrensmäßig ist diese von der Ehrengerichtsbarkeit völlig verschieden. Die Aufsichtsmaßnahmen des Präsidenten der Rechtsanwaltskammer sind Verwaltungsakte. Sie unterliegen nur einer einzigen Ver-

Abschrift Nationalsozialistischer Rechtswahrerbund   213
zu Berlin
Gruppe "Rechtsanwälte"
Dr. Georg S t a e g e   An den
Rechtsanwalt und Notar   Reichsgruppenwalter Rechtsanwälte
Berlin W.35, Potsdamer Str. 177   des NSRB.

                                        Berlin W.35
                                        Tiergartenstr. 20
                                        a.d.D.

                    D/O   26.Nov.1938

5.Verordnung zum Reichsbürgergesetz

Der Ausschluss der jüdischen Rechtsanwälte nach Massgabe der genannten Verordnung führte alsbald zur Erörterung einer Reihe von damit zusammenhängenden Fragen in der Gaugruppe Rechtsanwälte.

Insbesondere wurde mit Recht darauf verwiesen, dass es nicht nur notwendig ist, den jüdischen Anwalt zu beseitigen, sondern, dass man nicht darum herumkommt, auch diejenigen Anwälte abzulehnen, die mit Jüdinnen verheiratet sind, denn die enge Fühlungnahme mit einem Juden, hervorgerufen durch die Hausgemeinschaft usw., führt auch zu einer charakterlichen und rassefeindlichen Beeinflussung des arischen Anwaltes. Zudem darf nicht verkannt werden, dass die arischen Anwälte, die mit Jüdinnen verheiratet sind, die Zeichen der Zeit nicht verstanden und eine auffallende rassische Instinktlosigkeit an den Tag gelegt haben, wenn sie nicht einmal seit dem Jahre 1933 sich dazu haben entschliessen können, die Ehe mit den Jüdinnen anzufechten.

Die Gaugruppe Rechtsanwälte erachtet es als eine dringliche Forderung, dass die 5. Verordnung zum Reichsbürgergesetz eine entsprechende Ergänzung findet, wonach auch die Zulassung von mit Jüdinnen verheirateten Rechtsanwälten zurückgezogen wird. Es wird gebeten, diese Anregung an die zuständige Stelle weiterzugeben und auf ihre Verwirklichung zu dringen.

                                Heil Hitler!
                                Der Gaugruppenwalter:
                                gez.Dr. S t a e g e

Universität Berlin
Institut für Auslandsrecht
Direktor: Prof. Dr. Ernst Heymann

Winter-Semester 1938/39

1. Einführung in den Rechtszustand Englands, Do. 10—11, publ. Aud. 222. Beginn: 3. Nov. Prof. Dr. E. Heymann.
2. Eléments du droit civil français I (Généralités, droits de famille), in französischer Sprache, Mo. 16—17, publ. Aud. 241. Beginn: 7. Nov. Rechtsanwalt Docteur en droit Georg Krauß.
3. Organisation des Pouvoirs Publics en France, in französischer Sprache, Mo. 17—18, publ. Aud. 241. Beginn: 7. Nov. Rechtsanwalt Docteur en droit Georg Krauß.
4. Einführung in Kapitel des französischen Strafrechts (10. Fortsetzung), in französischer Sprache, Fr. 15—16, pg. Aud. 256. Beginn: 11. Nov. Lektor Dr. Olivier-Henrion.
5. Rechts- und Gerichtswesen der Vereinigten Staaten, insbesondere Neuyorks, Do. 17—18, publ. Aud. 256. Beginn: 10. Nov. Counsellor at Law von Neuyork Toplen.
6. Staatsrecht der Sowjet-Union, Do. 16—17, publ. Aud. 238. Beginn: 10. Nov. Lektor an der Wirtschafts-Hochschule Berlin Leontovitsch.
7. Chinesisches und Japanisches Recht, Fr. 16—17, publ. Aud. 71. Beginn: 11. Nov. Assessor Dr. Bünger.
8. Deutsche und ausländische kaufmännische Buchführung, So. 8—9, p. Aud. 72. Beginn: 5. Nov. Prof. Dr. W. Schuster, Wirtschafts-Hochschule Berlin.
9. Übungen in der kaufmännischen Kalkulation, Mi. 8—9, p. Aud. 72. Beginn: 9. Nov. Prof. Dr. W. Schuster, Wirtschafts-Hochschule Berlin.
10. Einführung in das deutsche und ausländische Bau- und Maschinenwesen, mit Exkursionen und Lichtbildern, Di. 13—14, publ. Aud. 72. Beginn: 8. Nov. Prof. Dr. Dr. Wilhelm Franz und N. N.
11. Technische Fragen zum Patent-, Muster- und Zeichenwesen Deutschlands und des Auslandes, mit Lichtbildern, Teil I, Mo. 19—21, p. Aud. 72. Beginn: 7. Nov. Patentanwalt Dr. Schad.

Wegen etwaiger sonstiger Vorlesungen und Kurse Näheres am Schwarzen Brett und Zimmer 225.

Die Entjudung der deutschen Anwaltschaft
Von Rechtsanwalt und Notar Professor Dr. Erwin Noack, Berlin

Durch die 5. VO. zum RBürgerG. v. 27. Sept. 1938 ist die Entjudung der deutschen Anwaltschaft beendet. Eine Tatsache, deren ideelle Tragweite überhaupt nicht zu überschätzen ist. Denken wir daran, daß im Jahre 1933 4500 Anwälte in Deutschland (ohne Österreich) Juden waren bei einer Gesamtzahl von rund 19 200 Anwälten! Ein Viertel der ganzen Anwaltschaft war jüdisch, und was lag näher, als daß dieses Viertel bei den typischen immer wieder in Erscheinung tretenden hervorstechenden Charaktereigenschaften dieser Rasse allmählich zum Typenvertreter der Anwaltschaft überhaupt wurde, daß dem deutschen Volksgenossen ein Rechtsanwalt nur als Jude denkbar war; und so wurden Rechtsanwalt und jüdischer Advokat identifiziert. Eine Tatsache, unter der wir heute alle noch auf das schwerste zu leiden haben.

Um so größer ist unser Dank dem Führer gegenüber, dessen Ideen die Voraussetzungen zu der uns von den jüdischen Schädlingen befreienden Tat schufen, und Dank unserem Reichsrechtsführer, der nie davon abließ, in glühend fanatischen Worten die Entfernung des letzten Juden aus dem deutschen Rechtsleben zu fordern.

Nur zwei Worte von ihm möchte ich hier zitieren:

„Der Gedanke, daß ein Jude direkt oder indirekt etwas mit dem deutschen Rechtsleben zu tun haben sollte, ist für uns Nationalsozialisten absolut unerträglich. Es muß daher auch mit aller Macht zum Ausdruck gebracht werden, daß wir den Zeitpunkt, an dem der letzte Jude aus der deutschen Rechtsarbeit beseitigt sein wird, kaum erwarten können." (Rede des Reichsrechtsführers Reichsministers Dr. Frank auf der Tagung des Reichsrechtsamtes der NSDAP. und des NSRB. anläßlich des Reichsparteitages 1935.)

„Nationalsozialistische Gesetze können niemals durch einen jüdischen Richter oder jüdischen Rechtsanwalt richtig angewandt werden. Es wird daher unser unverrückbares Ziel bleiben, den Juden im Laufe der Zeit aus der Rechtspflege immer mehr auszuschalten." (Rede des Reichsleiters, Reichsministers Dr. Frank, vor dem Kongreß des NSDAB. am 14. Sept. 1935. — Die Neugestaltung des deutschen Rechts.)

Das Ziel ist erreicht, der letzte Jude wird aus dem deutschen Rechtsleben verschwinden. Wir werden wieder eine wirkliche deutsche Anwaltschaft haben.

Zwei Berufe waren und sind es vor allem, in die der Jude mit allen Fasern seines Seele und Kultur zerstörenden Charakters bei allen Gastvölkern immer wieder einzudringen versucht und auch eindringt: Der Beruf des Arztes und des Rechtsanwalts. Es lohnt sich schon, einmal zu untersuchen, warum der Jude gerade diese beiden Berufe bevorzugt. Der Beruf des Arztes und des Rechtsanwalts haben eins gemeinsam: Es sind Vertrauensberufe im wahrsten Sinne des Wortes. Der Kranke, der zum Arzt kommt, sieht in ihm seine letzte Rettung, seinen Helfer. Der durch Krankheit Erschütterte braucht und sucht auch geistige Anlehnung und erwartet sie von dem, der ihm in seiner Not helfen soll. Ihm gegenüber ist er am aufgeschlossensten, und dadurch bringt der Arzt in das Innenleben, in das Seelenleben seiner Patienten ein.

Ist es denn anders beim Rechtsanwalt?

Zu ihm kommen jene, die da meinen, daß man ihnen ihr Recht genommen, daß sie entrechtet seien. Sie kommen hilfesuchend, sie brauchen in ihrem Kampf um das Recht, in dem sie sich allein zu schwach fühlen, die Hilfe, die Unterstützung, die Stärke ihres Anwalts. Von ihm erhoffen sie Rettung, an ihn lehnen sie sich an, ihm erschließen sie bereitwilligst ihr Inneres. Das hatte der Jude erkannt. Aus der Vertrauensstellung eines Arztes, eines Anwalts heraus versuchte er in das Seelenleben seines Gastvolkes einzudringen, um dort destruktiv entartend zu wirken und um so das Gastvolk immer bereiter zu machen zur Aufnahme der jüdischen Unkultur, des jüdischen Giftparasiten. So wird es uns verständlich, daß am 7. April 1933 von 19 200 Anwälten rund 4500 Juden waren.

Die erste Maßnahme für ein Zurückdämmen des Judentums in der Anwaltschaft war das Gesetz über die Zulassung zur Rechtsanwaltschaft v. 7. April 1933 (RGBl. I, 188). Der § 1 des Gesetzes gestattete die Rücknahme der Zulassung von nichtarischen Rechtsanwälten, soweit sie nicht Frontkämpfer oder bereits seit dem 1. Aug. 1914 zugelassen waren.

Diese Rücknahme der Zulassung konnte aber nur bis zum 30. Sept. 1933 erfolgen.

Der Erfolg dieser Maßnahme war, daß bis Ende 1933 1500 nichtarische Anwälte ausschieden, es verblieben aber immer noch rund 2900 Juden in der Anwaltschaft.

Ein Wiederansteigen der jüdischen Anwaltschaft war durch § 2 des genannten Gesetzes unmöglich gemacht, der bestimmte:

„Die Zulassung zur Rechtsanwaltschaft kann Personen, die i. S. des Gesetzes zur Wiederherstellung des Berufsbeamtentums v. 7. April 1933 (RGBl. I, 175) nichtarischer Abstammung sind, versagt werden, auch wenn die in der RAO. hierfür vorgesehenen Gründe nicht vorliegen. Das gleiche gilt von der Zulassung eines der im § 1 Abs. 2 bezeichneten Rechtsanwälte bei einem anderen Gericht."

Diese Bestimmung verlor jedoch dadurch an Bedeutung, daß der Anwaltsnachwuchs, der durch den Vorbereitungsdienst des Dritten Reiches gegangen ist, sowieso durchweg die Voraussetzungen der Berufung in das Reichsbeamtenverhältnis erfüllen muß, so daß ein erneutes Eindringen von Nichtariern durch neue Zulassung unmöglich gemacht ist.

Bestehen blieb jedoch das Problem der noch in der Anwaltschaft befindlichen jüdischen Frontkämpfer und jüdischen Altanwälte. Die Weiterentwicklung verlief so, daß am 1. Jan. 1938 von einer Gesamtanwaltszahl von 17 360 immer noch 1753 Juden waren. 10% der deutschen Anwaltschaft waren Juden! Jeder 10. Rechtsanwalt ein Jude!

Für diese Tatsache gab es nur eine Bezeichnung: Unerträglich! Und daher ist die 5. VO. zum RBürgerG. für das deutsche Volk, aber auch für uns im besonderen eine Erlösung. Eine Erlösung, die durch den Anschluß Österreichs an das Reich mit erzwungen wurde, was sich ohne weiteres daraus ergibt, daß in Wien 1750 jüdischen Anwälten nur 450 arische gegenüberstanden.

Die Rechtslage ist folgende:

Alle Juden werden aus der Anwaltschaft entfernt, sowohl im alten Reichsgebiet als auch im Lande Österreich.

Im alten Reichsgebiet wird die Zulassung jüdischer Rechtsanwälte bis zum 30. Nov. 1938 zurückgenommen. Im Lande Österreich werden jüdische Rechtsanwälte bis zum 31. Dez. 1938 in der Liste der Rechtsanwälte gelöscht; es kann jedoch die Löschung zu einem späteren Zeitpunkt bei solchen Juden erfolgen, die Frontkämpfer waren und deren Familie seit mindestens 50 Jahren in Österreich ansässig ist.

Allen ausscheidenden jüdischen Anwälten ist die Besorgung fremder Rechtsangelegenheiten untersagt. Ist so der deutsche Anwaltstand von jüdischen Elementen gereinigt, so mußte umgekehrt dafür gesorgt werden, daß Juden, die vor deutschen Gerichten Recht suchen, eine ihrer Rasse entsprechende Vertretung gestellt wird. Man kann es einmal einem deutschen Rechtsanwalt nicht zumuten, für einen Juden tätig zu werden, er würde sich standesrechtlich vergehen, und auch ein Disziplinarverfahren vom NSRB. zu erwarten haben. Zum anderen ist es ein Gebot der Billigkeit, daß der Jude bei der Wahrnehmung seiner Rechte sich eines Rassegenossen bedienen darf, der ja allein sein Vertrauen haben kann. Daher werden gem. § 8 der VO. jüdische Konsulenten nach Bedarf zugelassen auf Widerruf, und zwar möglichst aus der Zahl der aus der Rechtsanwaltschaft ausscheidenden Juden unter besonderer Berücksichtigung der Frontteilnehmer. Der jüdische Konsulent bekommt einen bestimmten Ort zur Niederlassung zugewiesen und kann in dem von der Justizverwaltung bestimmten Bezirk vor allen Gerichten und Verwaltungsbehörden auftreten. Für sie gilt also auch der Grundsatz der Lokalisierung.

Der jüdische Konsulent darf unter gar keinen Umständen als Rechtswahrer oder auch nur als anwaltsähnliche Institution angesprochen werden. Er ist weiter nichts als ein Interessenvertreter für eine jüdische Partei. Recht wahren können nur die Richter und Rechtsanwälte als gerichtliche Organe.

Von ihren Auftraggebern erheben die jüdischen Konsulenten Gebühren und Auslagen nach Maßgabe der für die Rechtsanwälte geltenden Bestimmungen. (Vgl. hierzu die unten abgedr. AV. d. RJM. v. 13. Okt. 1938.)

Die vom Gesetzgeber gewählte Lösung ist ein würdiger weltanschaulich bedingter Ausgleich. Dem deutschen Volksgenossen der deutsche Rechtswahrer! Dem Juden der jüdische Konsulent!

Mit Stolz kann der deutsche Anwalt sich wieder Rechtsanwalt nennen!

Er ist der art- und rassegleiche Fürsprech seiner deutschen Volksgenossen geworden. Möge er sich seiner hohen Verpflichtung dem ganzen deutschen Volke gegenüber allzeit bewußt bleiben! Als ein echtes Organ der Rechtspflege übt auch er — wie Richter und Staatsanwalt — hoheitsrechtliche Funktionen aus.

Und wenn daher der Reichsrechtsführer in Erkenntnis dieser Tatsache auch uns das Tragen des Hoheitszeichens erwirken will, so können wir nur eins: ihm dankbar sein!

Durchführungsbestimmungen zu §§ 5 und 14 der 5. Verordnung zum Reichsbürgergesetz (Ausgleichsstelle; Vergütung der jüdischen Konsulenten; Unterhaltszuschüsse für die aus der Anwaltschaft ausgeschiedenen Juden)

AV. d. RJM. v. 13. Oktober 1938 (3170 — IV b⁸ 1587). — DJ. 1938, 1665

Auf Grund des § 14 Abs. 4 und des § 19 der 5. VO. zum ReichsbürgerG. v. 27. Sept. 1938 (RGBl. I, 1403) wird im Einvernehmen mit dem RJM. folgendes bestimmt:

I.
Ausgleichsstelle

Die Aufgaben der Ausgleichsstelle (§ 14 Abs. 1 der 5. VO. zum ReichsbürgerG.) nimmt die Reichs-Rechtsanwaltskammer wahr. Sie verwaltet die der Ausgleichsstelle zufließenden Beträge als Sondervermögen.

II.
Vergütung der jüdischen Konsulenten

1. Von den Einnahmen aus ihrer Berufstätigkeit verbleiben den jüdischen Konsulenten

a) die Auslagen (einschließlich der Schreibgebühren) im Sinne der Kostengesetze,
b) ein von dem Präsidenten Rechtsanwaltskammer festzusetzender Pauschalbetrag als Entschädigung für Kanzleiunkosten,
c) von den darüber hinaus erzielten monatlichen Einnahmen an Gebühren (einschließlich einer vereinbarten Sondervergütung)

für Beträge bis zu 300 RM	90%
für Beträge von 300—500 RM	70%
für Beträge von 500—1000 RM	50%
und für Beträge über 1000 RM	30%

Teilzahlungen eines Gebührenschuldners werden zunächst auf die Auslagen (einschließlich der Schreibgebühren) sowie auf etwaige Beitreibungskosten verrechnet.

Ansprüche auf Vergütung, die vor der Zulassung zur Konsulententätigkeit entstanden sind, stehen in voller Höhe den jüdischen Konsulenten zu.

2. Die überschießenden Beträge sind an die Ausgleichsstelle abzuführen. Die jüdischen Konsulenten haben der Ausgleichsstelle binnen 10 Tagen nach Ablauf jedes Kalendermonats eine Abrechnung vorzulegen und den daraus sich ergebenden Betrag zu zahlen.

3. Scheidet ein jüdischer Konsulent aus seinem Beruf aus, so werden die noch ausstehenden Kostenforderungen durch einen von der Ausgleichsstelle zu bestimmenden jüdischen Konsulenten in eigenem Namen, jedoch für Rechnung der Ausgleichsstelle eingezogen. Die zur Einziehung erforderlichen Unterlagen — Handakten, Bücher usw. — erhält der beauftragte jüdische Konsulent durch Vermittlung des LGPräs. (Abschnitt III Buchst. l der AV. über Angelegenheiten der jüdischen Konsulenten v. 17. Okt. 1938: DJ. S. 1666.) Aus den eingehenden Beträgen zahlt die Ausgleichsstelle dem ausgeschiedenen jüdischen Konsulenten oder seinen Rechtsnachfolgern die diesen nach Ziff. 1 zustehende Vergütung.

4. Die jüdischen Konsulenten haben — neben dem Register und den Handakten (Abschnitt III Buchst. j, k der AV. über Angelegenheiten der jüdischen Konsulenten) — über die ihnen zustehenden und gezahlten Vergütungen sowie über die

Berufsfragen

Grundsätzliches Verbot der Vertretung von Juden in Rechtsangelegenheiten

Von P. Sülwald, Zentralamtsleiter im Reichsrechtsamt, München

Mit Rücksicht auf die nach dem Ausscheiden der Juden aus der Anwaltschaft erfolgte Bestellung jüdischer Rechtskonsulenten hat der Stellvertreter des Führers in Ergänzung seines Rundschreibens v. 16. Aug. 1934 die Frage der Vertretung von Juden in Rechtsangelegenheiten mit Anordnung 204/38 für die gesamte Bewegung grundsätzlich neu geregelt. Daraufhin hat der Reichsleiter des Reichsrechtsamtes, Pg. Dr. Frank, im Einvernehmen mit dem Obersten Richter der NSDAP. am 2. Jan. 1939 die erforderlichen Richtlinien zu jener grundsätzlichen Anordnung des Stellvertreters des Führers erlassen. Damit sind alle bisher auf dem Gebiet der Vertretung von Juden in Rechtsangelegenheiten für Angehörige der Bewegung ergangenen Anweisungen hinfällig geworden, für die Partei ist nunmehr folgender Rechtszustand ausdrücklich festgelegt:

Parteigenossen und Angehörigen der Gliederungen und aller angeschlossenen Verbände ist die Vertretung und Beratung von Juden in Rechtsangelegenheiten grundsätzlich untersagt. Dieses grundsätzliche Verbot umfaßt nicht die Tätigkeit des Beamten, der Notare und der Wirtschaftsprüfer, soweit diese sich streng auf ihre gesetzlichen Pflichten beschränken; von dem grundsätzlichen Verbot sind weiterhin die Rechtsanwälte ausgenommen, die vom Gericht im Interesse des Reiches mit einer Verteidigung vor dem Volksgerichtshof oder vor den Sondergerichten in Heimtückesachen beauftragt werden. Eine Beratung von Juden, die über diese gesetzliche Verpflichtung hinausgeht, ist jedoch auch diesen Personen untersagt. Weitere grundsätzliche Ausnahmen gibt es nicht. Nur in Einzelfällen kann eine Ausnahmegenehmigung von dem grundsätzlichen Vertretungsverbot durch den zuständigen Hoheitsträger erteilt werden. Voraussetzung für diese Genehmigung ist jedoch, daß ein überwiegendes Interesse des deutschen Volkes die Vertretung des Juden durch einen deutschen Rechtswahrer erfordert.

Der Begriff des Juden bestimmt sich nach § 5 der 1. VO. zum RBürgerG. v. 14. Nov. 1935. Dem Juden steht das jüdische Unternehmen gleich, dessen Begriff sich nach I. § 3. VO. zum RBürgerG. v. 14. Juni 1938 (RGBl. I, 627) bestimmt.

Die Beratung und Vertretung von Juden umfaßt auch die Verteidigung von Juden sowie die Fürsprache für Juden bei parteiamtlichen, staatlichen oder sonstigen Stellen, wie das bereits in der Anordnung des Stellvertreters des Führers v. 16. Aug. 1934 festgelegt war. Bestehen irgendwelche Zweifel über den Umfang des Verbotes, so ist stets um Ausnahmegenehmigung nachzusuchen.

Die Ausnahmegenehmigung muß bereits vor Übernahme der Vertretung und Beratung des Juden vorliegen. Sie wird vom Hoheitsträger schriftlich erteilt oder — bei vorläufiger mündlicher Genehmigung — schriftlich bestätigt.

Ohne eine solche Ausnahmegenehmigung darf ein Rechtswahrer in besonders gelagerten Fällen für einen Juden diejenigen Maßnahmen treffen, die zur Abwendung eines Rechtsverlustes sofort ergriffen werden müssen (z. B. Einlegung von Rechtsmitteln, Unterbrechung der Verjährung, Einhaltung von Ausschlußfristen). Im Anschluß an die getroffene Maßnahme ist unverzüglich entweder die Sache ab- oder zurückzugeben oder eine Ausnahmegenehmigung zu beantragen. Wird ein solcher Antrag nicht gestellt, so hat der Rechtswahrer dem zuständigen Hoheitsträger unverzüglich seine vorläufige Tätigkeit anzuzeigen.

Für die Erteilung der Genehmigung ist zuständig:

a) der Gauleiter bei Vertretung eines Juden vor dem Landgericht oder dem Oberlandesgericht und bei Beratung eines Juden in Rechtsangelegenheiten, die ihrer Bedeutung nach vor Landgerichte und Oberlandesgerichte gehören;

b) der Kreisleiter bei Vertretung eines Juden vor dem Amtsgericht oder bei Beratung in Rechtsangelegenheiten, die ihrer Bedeutung nach vor die Amtsgerichte gehören.

Soweit sich Kreis- oder Gaubereich der NSDAP. nicht mit dem Amts-, Land- oder Oberlandesgerichtsbezirk decken, ist für die Erteilung der Ausnahmegenehmigung der Gauleiter zuständig, in dessen Bereich der Rechtswahrer seinen Dienstsitz oder — in Ermangelung eines solchen — seinen Wohnsitz oder gewöhnlichen Aufenthaltsort hat.

In allen Fällen, die durch die vorgenannte örtliche und sachliche Zuständigkeitsregelung nicht erfaßt sind, ist die vorherige Entscheidung des Reichsleiters des Reichsrechtsamtes einzuholen.

Gesuche sind vorerst zu richten an das Kreisrechtsamt (bei Zuständigkeit des Kreisleiters), an das Gaurechtsamt (bei Zuständigkeit des Gauleiters), an das Reichsrechtsamt — Zentralamt — München 33 (bei Zuständigkeit des Reichsleiters).

Von Juden erteilte Aufträge, deren Ausführung nach den vorstehenden Bestimmungen verboten ist, müssen bis zum 31. März 1939 abgewickelt oder abgegeben sein. Dasselbe gilt für amtlich angeordnete Vertretung oder Beratung von Juden.

Eine genaue Beachtung dieser für die gesamte Bewegung nunmehr ausdrücklich festgelegten Rechtslage ist für jeden Parteigenossen, jeden Angehörigen einer Gliederung oder eines angeschlossenen Verbandes unbedingt erforderlich, da die Gerichtsbarkeit der Bewegung nur im Rahmen der Richtlinien genehmigte Vertretung von Juden als zulässig ansehen, in allen anderen Fällen aber entsprechende Strafen verhängen wird.

Soweit von seiten staatlicher Dienststellen allgemeine Anweisungen ergehen, die den Bestimmungen des Parteirechtes auf dem Gebiete der Vertretung von Juden in Rechtsangelegenheiten entsprechen, werden diese Vorschriften in Kürze an zuständiger Stelle bekanntgegeben werden. Inzwischen ist es erforderlich, daß von Fall zu Fall mit dem zuständigen Gauleiter oder Kreisleiter (Gau- und Kreisrechtsamt) Fühlung genommen wird, bevor ein Rechtswahrer amtlich zur Vertretung eines Juden bestellt wird.

Die Anordnungen haben folgenden Wortlaut:

Nationalsozialistische Deutsche Arbeiterpartei

Der Stellvertreter des Führers   München, den 19. Dez. 1938
III/04 — La

Anordnung Nr. 204/38

Betr.: Vertretung von Juden in Rechtsangelegenheiten

Nachdem durch die 5. Verordnung zum Reichsbürgergesetz v. 27. Sept. 1938 keine jüdischen Rechtsanwälte mehr bei den Gerichten zugelassen sind, bestimme ich in Ergänzung meiner Anordnung v. 16. Aug. 1934 folgendes:

Die Vertretung und Beratung von Juden in Rechtsangelegenheiten ist Parteigenossen und Angehörigen der Gliederungen und angeschlossenen Verbände grundsätzlich untersagt.

Dieses Verbot umfaßt nicht die Tätigkeit der Beamten, der Notare und der Wirtschaftsprüfer, soweit sie sich auf ihre gesetzlichen Pflichten beschränken. Eine Beratung der Juden, die über diese Verpflichtung hinausgeht, ist untersagt.

Von dem grundsätzlichen Verbot sind weiterhin die Rechtsanwälte ausgenommen, die vom Gericht im Interesse des Reichs mit einer Verteidigung vor dem Volksgerichtshof oder vor den Sondergerichten in Heimtückesachen beauftragt werden.

Weitere Ausnahmen können nur im Einzelfall und nur mit besonderer Genehmigung des zuständigen Hoheitsträgers dann erlaubt werden, wenn ein überwiegendes Interesse des deutschen Volkes es erfordert.

Das Reichsrechtsamt wird im Einvernehmen mit dem Obersten Parteigericht Richtlinien ausarbeiten, nach denen eine solche Ausnahmegenehmigung erteilt werden kann.

gez. R. Heß.

Nationalsozialistische Deutsche Arbeiterpartei

Der Reichsleiter des   München, Briennerstr. 45
Reichsrechtsamtes   München, den 2. Jan. 1939

Anordnung A XXI — 1/39

Auf Grund der Anordnung 204/38 des Stellvertreters des Führers v. 19. Dez. 1938, betr. „Vertretung von Juden in Rechtsangelegenheiten", erlasse ich im Einvernehmen mit dem Obersten Richter der NSDAP. folgende Richtlinien:

I.

1. Der Begriff des Juden im Sinne der Anordnung des Stellvertreters des Führers bestimmt sich nach § 5 der Ersten Verordnung zum Reichsbürgergesetz v. 14. Nov. 1935 (RGBl. I, 1333).

2. Dem Juden steht gleich das jüdische Unternehmen, sein Begriff bestimmt sich nach Artikel I der Dritten Verordnung zum Reichsbürgergesetz v. 14. Juni 1938 (RGBl. I, 627).

II.

1. Zur Vermeidung jeder Unklarheit wird ausdrücklich darauf hingewiesen, daß die Beratung und Vertretung von Juden (Abs. 1 der Anordnung des Stellvertreters des Führers) auch die Verteidigung von Juden sowie die Fürsprache für Juden bei parteiamtlichen, staatlichen oder sonstigen Stellen umfaßt (Anordnung des Stellvertreters des Führers vom 16. Aug. 1934).

2. Bestehen Zweifel über den Umfang des Verbotes, so ist stets die Ausnahmegenehmigung (Ziff. III) zu beantragen.

III.

1. Die Ausnahmegenehmigung nach Abs. 4 der Anordnung des Stellvertreters des Führers muß in jedem Falle vor Übernahme der Vertretung und Beratung des Juden vorliegen. Sie wird vom Hoheitsträger schriftlich erteilt oder — bei vorläufiger, mündlicher Genehmigung — schriftlich bestätigt.

2. Ohne die Ausnahmegenehmigung darf ein Rechtswahrer für einen Juden diejenigen Maßnahmen treffen, die zur Abwendung eines Rechtsverlustes sofort ergriffen werden müssen (z. B. Einlegung von Rechtsmitteln, Unterbrechung der Verjährung, Einhaltung von Ausschlußfristen). Im Anschluß an die getroffene Maßnahme ist unverzüglich entweder die Sache ab- oder zurückzugeben oder eine Ausnahmegenehmigung zu beantragen. Wird ein solcher Antrag nicht gestellt, so hat der Rechtswahrer dem zuständigen Hoheitsträger unverzüglich seine vorläufige Tätigkeit anzuzeigen.

IV.

1. Anträgen auf Erteilung einer Ausnahmegenehmigung nach Abs. 4 der Anordnung des Stellvertreters des Führers soll nur dann stattgegeben werden, wenn einer der folgenden Fälle gegeben ist:

a) Vertretung und Beratung in Rechtsangelegenheiten, in denen der Jude zwar Partei ist, die Inanspruchnahme des Rechtswahrers aber durch ein deutsches Versicherungsunternehmen erfolgt,

b) Vertretung und Beratung deutscher Verwalter jüdischen Grundeigentums,

c) Verwaltung jüdischer Vermögen (einschließlich der damit verbundenen Vertretung und Beratung), wenn die zuständige Steuer- oder Devisenbehörde die Verwaltung durch einen Juden für untunlich erklärt,

d) Vertretung und Beratung von Juden fremder Staatsangehörigkeit,

e) Tätigkeit als Konkursverwalter, Vergleichsverwalter, Zwangsverwalter, Testamentsvollstrecker, Nachlaßpfleger, Abwickler oder sonstiger Treuhänder auf Grund amtlicher Bestellung. In allen diesen Fällen ist jedoch stets besonders sorgfältig zu prüfen, ob tatsächlich ein überwiegendes Interesse des deutschen Volkes die Beratung und Vertretung des Juden durch einen Deutschen erfordert.

2. Wird der Rechtswahrer im Auftrage eines deutschen Versicherungsunternehmens (Abs. 1, a) oder eines deutschen Grundstücksverwalters (Abs. 1, b) tätig, so hat er dies zum Ausdruck zu bringen; führt er in diesen Fällen einen Prozeß, so hat er dahin zu wirken, daß das Auftragsverhältnis auch vom Gericht bei der Benennung der Parteien zum Ausdruck gebracht wird.

3. Soweit in Strafsachen von politischer Bedeutung, in Zivilsachen mit politischem Einschlag, in Arbeitsgerichtssachen dieser Art, in Erbgesundheitssachen oder in ähnlichen Verfahren die Vertretung eines Juden durch einen jüdischen Konsulenten im Einzelfalle nicht tragbar erscheint, sondern eine parteiamtliche oder staatliche Stelle die Bestellung eines deutschen Rechtswahrers zur Vertretung des Juden für erforderlich hält, ist an Stelle der Genehmigung das vorherige Einvernehmen über die zu bestellende Person zwischen Hoheitsträger und Gericht herbeizuführen. Dasselbe Verfahren ist auch bei der amtlichen Bestellung nach Abs. 1, e einzuhalten.

V.

1. Für die Erteilung der Genehmigung ist zuständig:

a) der Gauleiter bei Vertretung eines Juden vor dem LG. oder dem OLG. und bei Beratung eines Juden in Rechtsangelegenheiten, die ihrer Bedeutung nach vor die LG. und OLG. gehören,

b) der Kreisleiter bei Vertretung eines Juden vor dem AG. oder bei Beratung in Rechtsangelegenheiten, die ihrer Bedeutung nach vor die AG. gehören.

Soweit sich Kreis- oder Gaubereich der NSDAP. nicht mit dem Amts-, Land- oder Oberlandesgerichtsbezirk decken, ist für die Erteilung der Ausnahmegenehmigung der Gauleiter zuständig, in dessen Bereich der Rechtswahrer seinen Dienstsitz oder — in Ermangelung eines solchen — seinen Wohnsitz oder gewöhnlichen Aufenthaltsort hat.

2. Für Verteidigungen vor dem Volksgerichtshof und vor Sondergerichten in Heimtückesachen gilt die Sonderregelung nach Abs. 3 der Anordnung des Stellvertreters des Führers.

VI.

1. In allen Fällen, die durch die Ziff. IV und V gegebene sachliche und örtliche Zuständigkeitsregelung nicht erfaßt sind, ist meine vorherige Entscheidung einzuholen, die in besonders gelagerten Fällen im Einvernehmen mit dem Obersten Richter der NSDAP. und dem Stellvertreter des Führers ergehen wird. Ein solcher Fall liegt z. B. vor, wenn ein Jude vor dem RG. vertreten werden oder ein Deutscher die Vormundschaft über einen Juden übernehmen soll.

2. Unabhängig von der in Ziff. IV und V gegebenen Zuständigkeitsregelung sind alle diejenigen Fälle mir zur Entscheidung vorzulegen, in denen die Vertretung und Beratung

des Juden durch einen der in Ziff. 2 der Dienstanweisung des Stellvertreters des Führers zum Vernehmungsgesetz genannten Politischen Leiter und Unterführer der NSDAP. erfolgen soll (vgl. Recht der NSDAP. S. 299). Hinsichtlich der Amtswalter angeschlossener Verbände gilt bei entsprechendem Dienstbereich Gleiches.

VII.

1. Sachbearbeitende Dienststellen für die Erteilung der Ausnahmegenehmigung werden — wie bisher — bleiben:
   a) für den Reichsleiter des Reichsrechtsamtes: Das Zentralamt im Reichsrechtsamt der NSDAP.;
   b) für den Gauleiter: Das Gaurechtsamt der NSDAP.;
   c) für den Kreisleiter: Das Kreisrechtsamt der NSDAP.

2. Die Kreisrechtsämter haben dem zuständigen Gaurechtsamt bis zum 5. jeden Monats alle bei ihnen eingegangenen Anträge auf Erteilung einer Genehmigung oder des Einverständnisses nach Ziff. IV, Abs. 3 zu melden und Durchschriften der erteilten Bescheide vorzulegen. In derselben Weise haben die Gaurechtsämter dem Reichsrechtsamt unter Beifügung einer Durchschrift aller im Gaubereich erteilten Bescheide bis zum 10. eines jeden Monats Bericht zu erstatten.

VIII.

1. Diese Richtlinien treten am 2. Jan. 1939 in Kraft. Gleichzeitig treten alle bisher erlassenen Richtlinien über die Vertretung und Beratung von Juden in Rechtsangelegenheiten durch Angehörige der Partei, ihrer Gliederungen oder angeschlossenen Verbände außer Kraft.

2. Von Juden erteilte Aufträge, deren Ausführung nach den vorstehenden Bestimmungen verboten ist, müssen bis zum 31. März 1939 abgewickelt oder abgegeben sein. Dasselbe gilt für amtlich angeordnete Vertretung oder Beratung von Juden.

gez. Dr. Frank.

Schrifttum

Monatshefte für NS.-Sozialpolitik. Mit Beilage „Der Vertrauensrat". Hrsg. von Franz Mende, Leiter des Sozialamtes der Deutschen Arbeitsfront. Jahrg. 5 (1938), Heft 7 bis 24. Stuttgart und Berlin. Verlag W. Kohlhammer. Jahresbezugspreis 14 RM.

Vgl. zuletzt JW. 1938, 1099.

Aus dem reichen Inhalt der letzten Hefte des laufenden Jahrgangs sei nur das Folgende hervorgehoben.

Über Arbeitsrecht und Sozialpolitik im Lande Österreich eins und jetzt unterrichten Aufsätze von Pawelitzki (Heft 8), Stohtfang (Heft 9) und Riedler (Heft 7 und 15); eine Reihe weiterer Beiträge in Heft 16 und 20 befaßt sich mit wichtigen Fragen aus dem Sozialrecht Italiens.

Eine besonders bemerkenswerte Abhandlung von Siebert über das neue Jugendschutzgesetz v. 30. April 1938 (in Kraft ab 1. Jan. 1939) will zeigen, wie gerade in diesem Gesetz der grundsätzliche Wandel von der früheren Sozialpolitik zur nationalsozialistischen Arbeitspolitik deutlich wird; während die alte Sozialpolitik nur eine korrigierende und mildernde Zusatzpolitik war und sich deshalb auf bestimmte Teileingriffe in bestimmte Bereiche beschränkte, will die heutige Arbeitspolitik die Stellung des schaffenden deutschen Menschen ganz und unmittelbar erfassen und beherrschen. Von diesem Standpunkt aus sieht Siebert in dem Jugendgesetz „ein Grundgesetz über die Stellung des schaffenden deutschen Menschen in der nationalsozialistischen Ordnung der Arbeit; es gestaltet diese Stellung total und ausschließlich dem gesamtvölkischen Leistungsgedanken in seiner besonderen Ausprägung für die Jugend".

Das kommende Gesetz über das Arbeitsverhältnis behandeln Aufsätze von Gusko (Heft 12 und 13/14) und Palme (Heft 17); durch den Entwurf angeregt sind wohl auch die Ausführungen von Pawelitzki über Wesen und Begründung des Gratifikationsanspruchs (Heft 21). In einer Abhandlung über Betriebsordnung, Einzelarbeitsvertrag und Ordnungsprinzip setzt sich Rudolf Rust (Heft 13/14) kritisch auseinander mit der namentlich von Nipperdey und Nikisch vertretenen und vom RArbG. gebilligten Lehre, wonach die Vorschriften der Betriebsordnung nicht ohne weiteres in die von ihr erfaßten Arbeitsverhältnisse eingehen, sondern nur kraft ihrer „Normenwirkung" deren Inhalt bestimmen (vgl. RArbG. 18, 62 = JW. 1937, 1171⁴).

Besonders wertvolle und gedankenreiche Anregungen gibt Karl Arnhold, Leiter des Amtes für Berufserziehung und Betriebsführung, in einem Aufsatz über die Grundsätze nationalsozialistischer Menschenführung im Betriebe (Heft 22).

RA. Dr. W. Oppermann, Dresden.

Arbeitsrecht Kartei. (Loseblattlexikon des Arbeits- und des Sozialrechts.) Herausgegeben von LGDir. Dr. Kallee, LArbG. Stuttgart. Stuttgart. Verlag für Wirtschaft und Verkehr Zorkel & Co.

Vgl. zuletzt JW. 1938, 2390.

Die neu erschienenen Hefte 656 bis 672 bringen neben zahlreichen Entscheidungen und kurzen Mitteilungen über arbeitsrechtlich wichtige Tagesfragen u. a. zusammenfassende Darstellungen zu Änderungen der Betriebsordnung (Grub) und des Rechts der Gratifikation (Molitor). Die einschneidende LohngestaltungsVO. v. 25. Juni 1938 (RGBl. I, 691) wird von Mansfeld ausführlich nach Sinn und Zweck, Anwendungsgebiet und Einzelinhalt behandelt; daneben findet man die durch diese VO. veranlaßten allgemeinen Anordnungen der Reichstreuhänder der Arbeit, die sich namentlich mit der Regelung der Kündigungsfristen und mit der Verhinderung von Vertragsbrüchen befassen, mit amtlichen Erläuterungen im Wortlaut abgedruckt. Man wird ferner über eine große Anzahl neuer gesetzlicher Bestimmungen für Österreich und das Sudetenland unterrichtet, soweit sie auf das Arbeitsrecht Bezug haben. So bewährt sich die Stuttgarter Kartei immer mehr als zuverlässiger Ratgeber und Berichterstatter; das neue Stichwortverzeichnis mit seinen über 6000 Stichworten gibt einen Begriff von der Reichhaltigkeit der Sammlung.

RA. Dr. W. Oppermann, Dresden.

Die Gesetzgebung Adolf Hitlers für Reich, Preußen, Österreich und die sudetendeutschen Gebiete. Die Gesetze nebst amtlichen Begründungen und Durchführungsvorschriften im Reich und Preußen seit dem 30. Jan. 1933 sowie die Rechtseinführungsvorschriften für Österreich und die sudetendeutschen Gebiete in systematischer Ordnung mit Sachverzeichnissen. Heft 28. 16. Juli bis 15. Okt. 1938. Herausgegeben von Dr. Werner Hoche, MinR. im RMdJ. Berlin 1938. Verlag Franz Vahlen. 908 S. Preis geb. 9,60 RM, kart. 9 RM.

Heft 28 der bekannten und bewährten Gesetzsammlung „Die Gesetzgebung Adolf Hitlers" umfaßt die Zeit vom 16. Juli bis 15. Okt. 1938. Die ungeheure Fülle gesetzgeberischen Materials ist auf 884 Seiten in der bekannten zuverlässigen und klaren drucktechnischen Art zusammengefaßt worden. Wie bisher ist den einzelnen Materien die Abdruckstelle einschlägiger Vorschriften in den vorangegangenen Bänden vor dem Abdruck neuer Bestimmungen vorangestellt. Einer Empfehlung bedarf dieses Werk nicht mehr.

D. S.

Prof. Dr. Carl Sartorius: Verfassungs- und Verwaltungsrecht. Sammlung der Reichsgesetzen, -verordnungen und -erlassen mit Anmerkungen und Sachverzeichnis. 1. Erg.-Lief. zur 13. Aufl. München u. Berlin 1938. C. H. Beck'sche Verlagsbuchhdlg. 187 Blatt. Preis 3,80 RM, mit Hauptband 10,50 RM (Loseblattausgabe).

Zu der JW. 1938, 1638 besprochenen Hauptband ist eine Ergänzungslieferung nach dem Stande vom 20. Okt. 1938 erschienen. Die Lieferung bringt neben zahlreichen Änderungen von Gesetzen, die in der Sammlung bereits enthalten waren, u. a. die DurchfVO. zum Deutschen Beamtengesetz und zum Deutschen Beamtengesetz für Kommunalbeamte, Durchführungsvorschriften über die Ernennung der Beamten und die Beendigung des Beamtenverhältnisses, die Verordnung über die Arbeitszeit der Beamten, Ausländer-Polizeiverordnung und die AusfVO. zum Personenstandsgesetz.

D. S.

Die Bildung einer Einheitshypothek (Einheitsgrundschuld) muß in der Eintragungsbewilligung ausdrücklich bewilligt und beantragt werden. Es genügt der Satz:

„Wir bewilligen und beantragen, daß die Hypotheken (Grundschulden) Nr. ... von ... R.M., Nr. ... von ... R.M. und Nr. ... von ... R.M. zu einer Einheitshypothek (Einheitsgrundschuld) vereinigt werden."

Ist mit der Vereinigung eine Forderungsauswechslung verbunden, so kann man folgenden Wortlaut wählen:

„Schuldner bekennt, an Stelle der bisherigen Darlehen von insgesamt ... R.M. nunmehr im Wege der Forderungsauswechslung unter Zusammenfassung der Hypotheken Nr. ... von ... R.M. usw. als Einheitshypothek der Gläubigerin ein Bardarlehn in Höhe von ... R.M. zu schulden."

Der Einheitshypothekenbrief (Einheitsgrundschuldbrief) wird — vorausgesetzt natürlich, daß es sich um Briefrechte handelt — von Amts wegen gebildet, auch wenn hierüber in der Bewilligung nichts gesagt ist. Mit ihm wird der neue Schuldurkunde verbunden.

Die Einheitshypothek (Einheitsgrundschuld) entsteht nun durch Eintragung der Inhaltsänderung in Spalte Veränderungen der III. Abteilung des Grundbuchs. Nehmen wir an, es handelt sich um drei Hypotheken: Nr. 1 von 50 000 R.M., Nr. 2 von 30 000 R.M. und Nr. 3 von 20 000 R.M. Bei allen drei Rechten soll gleichzeitig eine Forderungsauswechslung und die Zinsherabsetzung auf 5, unter Umständen 5½% eingetragen werden. Die Unterwerfungsklausel war bereits eingetragen und wird in der neuen Urkunde wiederholt. Die Eintragungsformel hat zu lauten:

„1 / 2 / 3 — 100 000 R.M. Die Hypotheken Nr. 1 von 50 000 R.M., Nr. 2 von 30 000 R.M. und Nr. 3 von 20 000 R.M. sind zu einer Einheitshypothek von 100 000 — i. B. — R.M. vereinigt. An die Stelle der bisherigen Forderungen ist eine neue Forderung aus einem Darlehen von 100 000 R.M. getreten. Der Zinssatz beträgt vom ... ab 5, unter Umständen 5½% jährlich. Der jeweilige Grundstückseigentümer ist der sofortigen Zwangsvollstreckung unterworfen. An Stelle der bisherigen Briefe ist ein Einheitshypothekenbrief gebildet worden. Im übrigen wird auf die Eintragungsbewilligung vom ... Bezug genommen. Eingetragen am ..."

Die bisherigen Einzelbriefe sind unbrauchbar zu machen und zu den Akten zu nehmen. Der neue Einheitsbrief muß die Angabe enthalten, daß er an die Stelle der bisherigen Briefe tritt.

Justizoberinspektor Berchholz, Berlin.

Die Aufgaben des Verteidigers vor den Kriegsgerichten

Die Wiedereinführung der Wehrmachtgerichtsbarkeit hat dem Rechtswahrer wieder das Arbeitsgebiet als Verteidiger vor den Kriegsgerichten eröffnet. Es ist nicht Aufgabe dieser Zeilen, die sich aus den einschlägigen Bestimmungen ergebenden Befugnisse des Verteidigers zu schildern. Das ist in den erschienenen Erläuterungsbüchern zur Genüge geschehen. Hier soll lediglich versucht werden, die sich aus der Arbeit selbst ergebenden Probleme hervorzuheben.

Die erfolgreiche, das heißt der Findung wahren Rechts dienende Verteidigung, hat die unabdingbare Voraussetzung, daß der Verteidiger selbst Soldat, und zwar aus innerster Überzeugung ist. Nur der, der ganz und gar von der Notwendigkeit der militärischen Erfordernisse, auch in den täglichen Einzelheiten durchdrungen ist, wird in der Lage sein, den betreffenden Fall in seiner Bedeutung für Wehrmacht und Volk richtig zu beurteilen. Nur er kann Sinn und Zweck des Wehrmachtstrafrechts, nämlich die Schlagkraft der Wehrmacht zu erhalten, ganz erfassen. So hat auch der im zivilen Berufsleben stehende Rechtswahrer eine soldatische Aufgabe zu erfüllen.

Hat der Verteidiger diese soldatische Ausrichtung gewonnen, so zeigt sich ihm bald, daß das Militärstrafrecht zu Unrecht wegen seiner so oft im kleinsten Alltag wurzelnden Tatbestände und den im Einzelfall im kriminellen Sinne nicht zu schwer wiegenden Straftaten, als ein interessantes Nebengebiet bezeichnet wird. Die Menschen und die Sache, um die es geht, lehren bald eine andere Überzeugung.

Es ist gewiß richtig, der kleine Einzelfall, eine vielleicht geringfügige Gehorsamsverweigerung, bieten dem problemhungrigen Kurjuristen keine Gelegenheit zur Ausübung konstruktiver Jurisprudenz. Dies ist jedoch kein Maßstab für die Bedeutung der Aufgaben des Verteidigers.

Man muß bedenken, daß vor den Kriegsgerichten meist ganz junge, gewöhnlich nicht vorbestrafte Menschen erscheinen. Es gilt also, junge Soldaten, soweit als zulässig, vor den oft schweren Folgen erster militärischer Delikte zu bewahren. Eine Aufgabe, die den Einsatz wohl lohnt. Bei der Verteidigung bei den zivilen Strafgerichten ist es letzten Endes für die Gemeinschaft gleichgültig, ob ein asozialer Verbrecher diese oder jene Strafe erhält. Für unser Volk ist es aber nicht gleichgültig, welche Strafen einen jungen Soldaten treffen, diesen unter Umständen für sein ganzes Leben als gebrandmarkt aus der Volksgemeinschaft ausscheiden, ja ihn vielleicht sogar zu einem wehrfeindlichen und wehrunwilligen Element machen, wenn er den Heeresdienst verläßt. Um dieses wehrpolitischen Zieles der Erhaltung der Wehrfreudigkeit willen bedarf es einer genauen, behutsamen Arbeit des Verteidigers, der Findung eines wirklich gerechten, aber auch in wehrerzieherischem Sinne wirkenden Urteils.

Die Arbeit des Verteidigers grenzt insoweit an die Verteidigung vor den Jugendgerichten. Nicht nur strafrechtliche Folgen einer Handlung sind zu mildern oder abzuwehren, nein, es gilt, das Verständnis des Soldaten für die Strafwürdigkeit seines Tuns und seine Einsicht in die besonderen militärischen Notwendigkeiten einer Bestrafung zu fördern. Dem erzieherischen Einfluß des Verteidigers kann es dabei gelingen, manchen wehrunwillig, vielleicht sogar wehrfeindlich Gewordenen wieder in die innere Gemeinschaft der Wehrmacht zurückzuführen. Damit tritt ein Erfolg erzielt werden, der höher zu werten ist, als ein sofort sichtbarer „Sieg" im Gerichtssaal. Der Verteidiger hat die Befriedigung, zur Erhaltung der inneren Wehrbereitschaft der Nation beigetragen zu haben. Der hohe Wert solcher Arbeit wird am deutlichsten, wenn man erwägt, daß früher mancher verärgerte Reservist, der sich ungerecht behandelt fühlte und in wenigen Einzelfällen, vielleicht militärisch falsch erzogen war, ein williges Opfer des wehrfeindlichen Marxismus wurde. Die Arbeit des Verteidigers vor den Gerichten der Wehrmacht trägt also ihren Lohn in sich selbst.

In den einzelnen Abschnitten des Verfahrens muß der Verteidiger sich stets die Notwendigkeiten des militärischen Prozesses, aus denen sich mancherlei Besonderheiten ergeben, vor Augen halten. In jedem Abschnitt des Verfahrens ist knappste militärische Kürze angebracht. Lassen sich in etwaigen Schutzschriften Rechtsausführungen nicht vermeiden, so müssen sie so gehalten sein, daß sie auch dem Laien verständlich sind. Ein Mitglied des Kriegsgerichts gehört stets der Rangklasse des Angeklagten an, wird also meist sehr jung und wenig erfahren sein. Auch er muß nicht nur in der Verhandlung, sondern auch in der Beratung den gesamten Akteninhalt verstehen. Die Erörterung über die Schriftsätze und das Plädoyer wird aber nicht dadurch erleichtert, daß man durch nicht leichtverständliche Rechtsausführungen den Verhandlungsleiter zwingt, den Vortrag des Verteidigers erst allgemeinverständlich zu machen.

In der Hauptverhandlung muß selbstverständlich Auftreten, Anzug und Sprechweise der Würde des Wehrmachtgerichts entsprechen.

Besonderer Wert ist darauf zu legen, daß unbedingt die Autorität der Vorgesetzten gewahrt wird. Es ist eine Unmöglichkeit, eine von einem Offizier erteilte Beurteilung von Fragen oder Ausführungen zu beanstanden. Entsprechende Rücksichtnahme ist bei der Kritik von Zeugenaussagen, sei es im Laufe der Verhandlung oder im Plädoyer geboten. Die Disziplin wird gefährdet, wenn man die Glaubwürdigkeit eines als Zeugen vernommenen Vorgesetzten in Gegenwart einer größeren Zahl von Untergebenen in Zweifel zieht. Ist eine Kritik unumgänglich notwendig, so läßt sie sich auf andere Weise zum Ausdruck bringen. Mit einigem Geschick kann man seine Ansicht dem Kriegsgericht verständlich machen, indem man die für zutreffend erachteten Aussagen besonders hervorhebt oder im Notfalle erklärt, der Aussage des Zeugen X. aus besonderen, hier nicht näher zu erläuternden Gründen nicht folgen zu können.

Diese vorstehend erläuterten Gesichtspunkte sind sowohl

bei der Stellungnahme zur Vereidigung der Zeugen als auch im Plädoyer zu beachten

Für das Plädoyer sei als Besonderheit bemerkt, daß häufig der Verhandlungsleiter rechtliche Stellungnahmen zu dieser oder jener Frage verlangt. Diese Rechtsausführungen müssen kurz, allgemeinverständlich, sachlich nüchtern und möglichst ohne juristische Fachausdrücke abgegeben werden, sonst sind sie zwecklos. Es gilt nicht, ein juristisches Brillantfeuerwerk vor den Verhandlungsleiter und dem Vertreter der Anklage zu veranstalten, sondern dem Kriegsgericht eine brauchbare rechtliche Erkenntnisgrundlage zu verschaffen. Wenn hier von der Verwendung juristischer Fachausdrücke abgeraten wird, so besagt das nichts dagegen, daß die Rechtsausführungen dennoch restlos erschöpfend sein müssen. Es ist sogar durchaus erwünscht, höchstrichterliche Entscheidungen zu erwähnen und zu erläutern, nur muß das alles allgemeinverständlich sein.

Über die Tätigkeit des Verteidigers nach der Verkündung des Urteils ist nichts juristisch Bedeutendes zu erwähnen. Für die wehrpolitische Seite seiner Arbeit muß hervorgehoben werden. Hält der Verteidiger das Urteil für gerecht, so muß er den Angeklagten hiervon zu überzeugen suchen. Gelingt es, den Angeklagten zur Einsicht zu bringen und ihn eines Besseren zu belehren, so kann die wahrscheinliche Wehrunwilligkeit des Angeklagten meist behoben werden. Damit ist der Arbeit wehrfeindlicher Strömungen der Boden entzogen. Endlich wird durch diese rechtserzieherische Tätigkeit des Verteidigers die innere Halt des Angeklagten gefestigt und damit der feindlichen Spionage die Möglichkeit genommen, unter Ausnutzung der Verärgerung und Wehrunwilligkeit des Verurteilten mit diesem in Verbindung zu treten. Mindestens läßt sich durch diesen Einfluß des Verteidigers einem erfolgreichen Wirken der feindlichen Spionage von vornherein entgegenarbeiten.

Abschließend läßt sich sagen, daß der Verteidiger vor den Kriegsgerichten nicht nur wie sonst auch Organ der Rechtspflege und Helfer bei der Rechtsfindung ist, sondern darüber hinaus Gehilfe bei der Erziehungsarbeit der Wehrmacht ist und sein soll. Zu den rein fachlichen Aufgaben treten hier also besonders wichtige wehrpolitische hinzu. Nur der Verteidiger, der sich gerade der letzteren stets bewußt ist, kann seinen Platz restlos ausfüllen.

Anwaltsassessor Dr. Gonnell.

Fragen aus dem erbhofrechtlichen Verfahren

I.

Das Grundbuchamt soll dem Anerbengericht Nachricht geben, wenn der Bauer zum Erbhof Grundstücke zuerwirbt oder wenn er ein zum Erbhof gehörendes Grundstück veräußert (§ 52 Abs. 1 EHBfO). Weiter soll das Grundbuchamt dem Anerbengericht Mitteilung machen, wenn im Bestandsverzeichnis des Grundbuchs andere Veränderungen eingetragen werden, die für die Führung der Erbhöferolle von Bedeutung sind (z. B. Vereinigung von Grundstücken, Bestandteilzuschreibung, Zusammenschreibung, Änderung der Grundbuchstelle, der Bezeichnung oder der Wirtschaftsart des Grundstücks, durch Feldbereinigung eingetretene Änderungen u. dgl.; § 52 Abs. 2 EHBfO). Es besteht Veranlassung, darauf hinzuweisen, daß — ohne daß eine ausdrückliche rechtliche Verpflichtung hierzu besteht — das Grundbuchamt dem Anerbengericht auch dann Nachricht zu geben haben wird, wenn sich der Eigentümer ändert, wenn es der Ansicht ist, eine Besitzung, bei der kein Erbhofvermerk eingetragen ist, habe gleichwohl Erbhofeigenschaft, oder wenn es feststellt, daß noch auf anderen Markungen Grundstücke vorhanden sind, die bei Anlegung der Erbhöferolle übersehen worden sind. Zwar wird in der Erbhöferolle der jeweilige Eigentümer des Erbhofs nicht eingetragen, sondern nur der Name des Bauerngeschlechts. Gleichwohl ist aber die Kenntnis des jeweiligen Eigentümers für das Anerbengericht von Wichtigkeit, sei es für die Aufnahme von Anträgen oder für die Zustellung von Beschlüssen. Von Eintragungen in Abt. II und III des Grundbuchs braucht das Anerbengericht dagegen nicht benachrichtigt zu werden.

II.

Bei der rechtsgeschäftlichen Übertragung eines Ehegattenerbhofs in Alleineigentum wird für die Vertragsbeurkundung nur die Hälfte der gesetzlichen Gebühr angesetzt, Gerichtskosten für die Umschreibung im Grundbuch werden überhaupt nicht erhoben (§ 43 EHRB). Teilweise ist zu dieser Bestimmung schon die Ansicht vertreten worden, diese Gebührenbegünstigung gelte nicht nur für den rechtsgeschäftlichen Übergang eines Ehegattenerbhofs in Alleineigentum, sondern auch für den Übergang eines Ehegattenerbhofs im Wege der Anerbenfolge. Diese Ansicht ist nicht richtig, was sich ohne weiteres ergibt, wenn man auf den Zweck der genannten Vorschrift eingeht.

Das REG kennt grundsätzlich nur in Alleineigentum stehende Erbhöfe, es hat erst § 11 für die Zeit bis zur Entstehung von Ehegattenerbhöfen zugelassen, und zwar deshalb, weil andernfalls viel im übrigen erbhofgeeigneter Grundbesitz vom REG nicht erfaßt worden wäre. Diese Ehegattenerbhöfe sind nur Übergangserscheinungen, sie sollen so rasch wie möglich wieder verschwinden. Um den Eigentümern eines Ehegattenerbhofs einen Anreiz zu geben, den Hof noch zu ihren Lebzeiten in Alleineigentum überzuführen, ist die Gebührenbegünstigungsvorschrift des § 43 EHRB geschaffen worden. Stirbt ein Eigentümer des Ehegattenerbhofs, so geht der Hof ohne jede Ausnahme kraft Gesetzes auf nur eine Person über, es besteht daher kein Anlaß, einen derartigen Übergang, der sich ausschließlich auf das Gesetz gründet, zu dem die Beteiligten selbst gar nichts beitragen, gebührenrechtlich noch besonders zu begünstigen. Die gleiche Ansicht ist auch in einem Beschluß des OLG. München v. 28. Juli 1938 (EHRpr. § 43 Nr. 2 EHRB) und in einem Beschluß des AG. Saulgau v. 7. Febr. 1938 vertreten worden.

III.

Von verschiedenen Nachlaßgerichten wird die Ansicht vertreten, daß beim Gebührenansatz für die Erteilung eines Anerbenausweises nach § 15 Abs. 2 EHRB vom Einheitswert des Erbhofs auch der Wert des Altenteils des überlebenden Ehegatten nach § 31 REG und der Versorgungsansprüche der Abkömmlinge nach § 30 REG in Abzug zu bringen ist. Andere Nachlaßgerichte ziehen dagegen vom Einheitswert des Erbhofs nur die allgemeinen Nachlaßverbindlichkeiten ab, soweit diese nicht aus dem erbhoffreien Nachlaß berichtigt werden können (§ 34 REG). Die Beantwortung der Frage, welche Berechnungsart die richtige ist, hängt davon ab, ob die Versorgungsansprüche nach §§ 30, 31 REG als Nachlaßverbindlichkeiten anzusehen sind oder nicht.

Die Ansprüche nach §§ 30, 31 REG sind zwar in erster Linie als „sippenrechtliche Versorgungsansprüche" zu werten, nach bürgerlich-rechtlichen Begriffen kann man sie aber zum mindesten kostenrechtlich als eine Art „Ersatz für die gegenüber dem Erbhofvermögen nicht bestehenden Erb- und Pflichtteilsansprüche" ansehen. Pflichtteile sind aber Nachlaßverbindlichkeiten und daher nach § 99 Abs. 2 RKO in Abzug zu bringen. Da die Versorgungsansprüche ausschließlich den Erbhof belasten, sind sie bei Erteilung eines auf die Nachfolge in den Erbhof beschränkten Anerbenausweises mithin vom Wert des Erbhofs (Einheitswert) in voller Höhe in Abzug zu bringen; sonstige in erster Linie aus dem erbhoffreien Nachlaß zu bereinigende Nachlaßverbindlichkeiten sind dagegen nur insoweit abzugsfähig, als der erbhoffreie Nachlaß zu ihrer Berichtigung nicht ausreicht[1]). Daß die Versorgungsansprüche nach §§ 30, 31 REG als Nachlaßverbindlichkeiten zu werten sind, dürfte sich auch aus § 34 REG mit der Überschrift „Nachlaßverbindlichkeiten" ergeben. Zwar ist dort nur das Altenteil erwähnt, die Ansprüche nach § 30 REG fallen aber zweifellos unter die dort stehenden Worte „u. a.". Der Umstand, daß Umfang und Höhe der Versorgungsansprüche vielfach zunächst noch nicht feststehen, ist unbeachtlich; insoweit ist der Umfang der Ansprüche vorläufig zu schätzen. Das Ergebnis geht also dahin, daß die Versorgungsansprüche nach §§ 30, 31 REG abzugsfähig sind.

Justizinspektor Haegele, Ulm.

---

[1]) Vgl. AG.: DRechtspfl. Rspr. 1939 Nr. 73.

einer ordnungsgemäßen Wirtschaftsführung unter Berücksichtigung der besonderen Belange der Kriegswirtschaft und der Neuordnung im Elsaß verwertet werden.

2. Auslandsschuldenbehebung

Die elsässischen Auslandsschulden waren, sofern sie insgesamt den Betrag von 1000.ℛℳ erreichen oder überschreiten, gemäß Bekanntmachung des Chefs der Zivilverwaltung (RegAnz. v. 26. Nov. 1941) bei der Anmeldestelle für Auslandsschulden Berlin C III bis 10. Dez. 1941 anzumelden.

(Abgeschlossen am 12. Dezember 1941.)

Slowakei

1. Zwangsenteignung jüdischer Liegenschaften

Laut Kundmachung der Regierung v. 30. Okt. 1941 (Nr. 238/41 SlGBl.) gingen sämtliche Liegenschaften von Juden und jüdischen Vereinigungen — mit Ausnahme landwirtschaftlicher und solcher, die einen Vermögensbestandteil eines Unternehmens oder einer Apotheke bilden — mit dem 1. Nov. 1941 in das Eigentum des Slowakischen Staates (Zentralwirtschaftsamt) über. Der Staat kann gemäß § 199 des Judenkodexes (VO. Nr. 198/41 SlGBl.) die Liegenschaften entweder im Eigentum behalten, einer inländischen nichtjüdischen physischen oder juristischen Person zum Übertragungswert veräußern oder einer inländischen nichtjüdischen physischen oder juristischen Person in Miete (Pacht) übergeben. Allerdings stehen die Durchführungsverordnungen noch aus.

2. Organe von Aktiengesellschaften und Genossenschaftsverbänden

Gemäß Gesetz Nr. 249/41 SlGBl. darf die Anzahl der Verwaltungsratsmitglieder von Aktiengesellschaften und Genossenschaftsverbänden bei einem Grundkapital bis 10 000 000 K sieben, bei einem Grundkapital zwischen 10 000 000 K und 20 000 000 K neun, bei einem Grundkapital von über 20 000 000 K dreizehn nicht übersteigen. Der Aufsichtsrat darf nicht mehr als sieben Mitglieder haben. Die Repräsentanz einer ausländischen Gesellschaft darf höchstens aus drei Personen bestehen. Verwaltungs- bzw. Aufsichtsratsmitglied darf nicht sein, wer bereits fünf derartige Funktionen bekleidet. Der Verwaltungsrat muß zumindest zur Hälfte aus slowakischen Staatsbürgern, der Aufsichtsrat nur aus slowakischen Staatsbürgern bestehen. Abgeordnete und Staatsbeamte benötigen die vorherige Bewilligung des zuständigen Ministeriums. Die Höhe der Verwaltungs- und Aufsichtsratshonorare ist beschränkt.

Notwendige Satzungsänderungen sind auf der nächsten Generalversammlung, spätestens jedoch bis zum 30. Sept. 1942 durchzuführen. Das Gesetz tritt am 1. Jan. 1942 in Kraft.

Rechtspolitik und Praxis

Kritisches Tagebuch

„Als Rechtsführer des Deutschen Reiches, als Führer der Deutschen Rechtswahrer, als Präsident der Akademie für Deutsches Recht und als Reichsleiter des Reichsrechtsamts der NSDAP. erkläre ich folgendes: ... Mit deutscher Rechtswissenschaft haben die Rechtswerke jüdischer Autoren nicht das geringste zu tun... Deutsche Rechtswissenschaft haben künftig von Zitaten jüdischer Autoren nur noch insoweit Gebrauch zu machen, als diese Zitate zum Hinweis auf eine typisch jüdische Mentalität und zur Darstellung dieser Mentalität unerläßlich notwendig sind. Unmöglich ist aber, daß deutsche Lehrmeinungen völlig auch nur irgendwie auf Lehrmeinungen, die von jüdischen Wissenschaftlern vertreten werden, aufgebaut werden." Es ist an der Zeit, diese verbindliche Weisung des Reichsrechtsführers (DR. 1936, 394) wieder ins Gedächtnis zu rufen und sie der Beachtung aller Rechtswahrer zu empfehlen. Vor allem gilt diese Anordnung auch für die Verfasser von Dissertationen, deren Aufgabe es nicht sein kann, jüdische Lehrmeinungen, die längst bedeutungslos geworden sind, zu katalogisieren.

Die rechtliche Vertretung von Juden[1]), Polen sowie überhaupt Volksfremden und Ausländern bereitet dem Anwalt, der mit den Problemen nicht vertraut ist, häufig Schwierigkeiten. Es wird empfohlen, bei derartigen Vertretungen besondere Sorgfalt schon bei dem Entschluß zur Übernahme der Vertretung und bei der Bearbeitung anzuwenden. Hierfür einige Beispiele:

1. Manche Jüdin und auch manche Frau, die mit einem Juden verheiratet war, entdeckte in diesen Jahren plötzlich den dunklen Punkt in ihrem Leben. Was sie in früheren Jahrzehnten mit dem Brustton der Überzeugung als Verleumdung einer anständigen Frau weit von sich gewiesen hätte, trägt sie nun offen und ohne Scham vor Gerichten und Behörden vor: was mit allen Mitteln verdeckt und verheimlicht wurde, soll nun mit den minutiösesten Beweismitteln klar gelegt werden: ihre eheliche Untreue. Die eigene Ehrbarkeit wird bedenkenlos preisgegeben und oft das Andenken verstorbener oder gefallener deutscher Männer geschmälert. Nicht etwa um der Wahrheit zu dienen, werden hier Vorgänge ans Licht der Öffentlichkeit geholt, die besser verborgen blieben, sondern aus einem sehr realen Grunde: Das Kind, das diesem angeblichen Seitensprung sein Dasein verdankt, soll in seinem wirtschaftlichen Fortkommen in Deutschland gefördert werden, es soll ihm der Makel jüdischer Abkunft genommen werden.

Es mag Fälle gegeben haben, die einer Klärung und Richtigstellung bedurften. Die Gerichte und Behörden haben nicht gezögert, in klaren und selbst noch in sehr zweifelhaften Fällen (vgl. AV. des RJM.: DJ. 1941, 629) die begehrte Feststellung zu treffen. Aber diese Fälle sind längst entschieden. Wer heute erst mit seinen Entdeckungen hervortritt, steht vor vornherein in dringendsten Verdacht, einen Zweckschwindel zu begehen. Jedes Gericht und jede Behörde wird seine Mitteilungen mit größter Vorsicht werten. Mit größter Vorsicht wird auch der Anwalt alle Angaben selbst sorgfältig wieder und wieder prüfen, ehe er eine solche Vertretung übernimmt. Grundsätzlich hat die Volksgemeinschaft kein Interesse mehr daran, um Mitglieder aus der bisherigen Judenschaft bereichert zu werden, die ihre anrüchige Abkunft oder ihre Mischlingseigenschaft den zweifelhaftesten Ammenmärchen verdanken. Es ist deshalb des nationalsozialistischen Rechtswahrers unwürdig, sich, wenn auch unbewußt, zum Diener der Lügengespinste von Juden und Judengenossen zu machen. Ihm wird, selbst bei sorgsamster Prüfung, kaum die Entscheidung möglich sein, ob er hier selbst als Opfer eines Zweckschwindels mißbraucht wird. Läßt er sich aber selbst betrügen, so setzt er sich der Gefahr aus, daß diese Vertretung zum dunklen Punkt seiner Praxis wird und daß er darüber hinaus dem Stand der Gefahr von Vorwürfen und Mißverständnissen aussetzt. Die „Arisierung" mit den Mitteln zweifelhafter Abstammungsnachweise kommt daher für den deutschbewußte Anwaltschaft nicht in Betracht.

2. Noch im November 1941 hatte ein deutscher Anwalt es für richtig befunden, sich bei dem Geheimen Staatspolizeiamt für einen Volljuden zu verwenden, der seine Wohnung räumen sollte. Er verwies zur Begründung darauf, daß die (volljüdische) Familie des Juden „in ihrer ganzen Weltanschauung stets christlich-deutsch" gewesen sei. Der Anwalt, der noch heute, inmitten eines von der Judenheit angezettelten Weltkrieges, die Instinktlosigkeit besitzt, sich für einen Juden einzusetzen, kann auf die Hilfe seiner Standesvertretung nicht rechnen. Für den

---

[1]) Vgl. den Aufsatz von Steffens oben DR. 1942, 9.

deutschen Anwalt besteht keine Veranlassung, seine Hilfe den Angehörigen eines Volkes angedeihen zu lassen, das namenloses Unglück über unser Volk gebracht hat, mögen die Fälle auch liegen, wie sie wollen.

3. Im Sommer schrieb ein deutscher Rechtsanwalt und Notar aus einer größeren Industriestadt Mitteldeutschlands an den Landrat des Kreises Thorn. Die Anschrift lautete: Thorn, Generalgouvernement. In diesem Schreiben setzte er sich für einen Polen ein und beantragte dessen Wiedereinsetzung in das „ihm eigentümlich gehörige landwirtschaftliche Anwesen" in einem Dorf in der Nähe von Thorn. Mit dem Hinweis darauf, daß der Pole vor dem Weltkriege deutscher Reichsangehöriger gewesen sei und im preußischen Heere gedient habe, suchte er nachzuweisen, daß der Pole „zweifellos deutscher Bauer" sei. Die Ahnungslosigkeit von den Verhältnissen im Osten, aus der schon aus der Anschrift des Briefes spricht, drückt sich also auch in seinem Inhalt aus. Als ob nicht jeder Pole, der in Posen und Westpreußen vor dem Weltkriege ansässig war, deutscher Reichsangehöriger gewesen wäre, als ob nicht jeder wehrfähige preußische Untertan im Heere gedient hätte. Wird ein dem polnischen Volkstum zugehöriger Mann dadurch „deutscher Bauer"? — Das deutsche Volk wendet heute wieder wie in allen großen Zeiten seiner Geschichte den Blick nach Osten. Dessen soll sich auch der deutsche Rechtswahrer bewußt sein, selbst wenn er fern den Problemen im Innern des Reiches lebt.

Mitteilungen des Reichsrechtsamtes und des NSRB.

Gründung der Landesvertretung Rumänien der Internationalen Rechtskammer

Im Rahmen der Internationalen Rechtskammer, die Reichsminister Dr. Frank im April 1941 in Berlin gegründet hat, ist nunmehr auch die Landesvertretung Rumänien gebildet worden. Die Präsidentschaft übernahm Vizeministerpräsident Prof. Mihai Antonescu, der in dieser Eigenschaft vom Präsidenten Dr. Frank in den Großen Rat der Internationalen Rechtskammer berufen wurde.

Vizepräsidenten der rumänischen Landesvertretung sind:
Prof. Mircea Djuvara, JustMin. a. D.,
Prof. Al. Otetelisanu, ehem. Dekan und Rektor der Universität Bukarest.

Dem Präsidium gehören ferner an:
Prof. J. Flintescu, zur Zeit Dekan der juristischen Fakultät,
Prof. Dr. Gerota, ehem. Generalsekretär im Justizministerium.

Gau München-Oberbayern

Am 1. Dez. 1941 hielt der Kreisabschnitt Justizpalast des NSRB. im Gau München-Oberbayern gemeinsam mit den Kreisabschnitten West, Süd und Marienplatz im Saal des Augustinerkellers in München eine Kreisabschnittsversammlung ab. Der Vizepräsident am OLG. München, Pg. Castner, eröffnete die Veranstaltung und gedachte der gefallenen Kameraden des Bundes. Gauredner Pg. Dr. Stipperger hatte für seinen Vortrag das Thema: „Verratener, versäumter, verträumter Sozialismus — verwirklichter Sozialismus" gewählt. Er rechnete mit dem Verrat ab, den Roosevelt und Stalin begangen haben und stellte ihnen gegenüber die Gestalt des Führers, der den Sozialismus verwirklicht. Der Vortrag wurde mit großem Beifall aufgenommen. Die Veranstaltung, die von Musikvorführungen der Justizkapelle Werner umrahmt wurde, war sehr gut besucht.

Gau Steiermark

Auch weiterhin beschäftigt die Abstellung von Rechtswahrern in die Untersteiermark das Gaurechtsamt, hat doch die Eingliederung der Untersteiermark in die Altsteiermark noch nicht stattgefunden. Am 3. Nov. 1941 fand eine allgemeine Besprechung der Mitarbeiter des Gaurechtsamtes und der Amtswalter des NSRB. statt. Zur Stärkung der Zusammengehörigkeit fand im Rahmen des NSRB. am 18. Nov. der erste Kameradschaftsabend 41/42 statt, an dem etwa 75 Rechtswahrer der verschiedenen Berufsgruppen teilnahmen. Am 28. Nov. 1941 hielt das Arbeitswerk des NSRB. einen Vortrag „Oeldwährung und Kriegsfinanz" ab, der vom Direktor der Steiermärkischen Sparkasse in Graz gehalten wurde und regstem Interesse begegnete.

Gau Mecklenburg

Vom NSRB. wurde eine größere Mitgliederversammlung der Kreisgruppen Rostock-Stadt und Rostock-Land abgehalten, auf welcher der Leiter des rassenpolitischen Amtes, Pg. Schwab, Schwerin, über „Rassenpolitische Betrachtungen zur Fremdvolkpolitik" und „Verhalten gegenüber Fremdvölkischen" einen mit größtem Interesse aufgenommenen Vortrag hielt. Dieser Vortrag soll im Laufe der nächsten Monate in mehreren anderen Kreisgruppen wiederholt werden.

Gau Danzig-Westpreußen

In den letzten Wochen wurden neue NS.-Rechtsbetreuungsstellen in Briesen, Gollub, Gotenhafen, Karthaus, Leipe, Neuenburg, Rippin, Schönsee, Strasburg und Tuchel eingerichtet und besetzt. Am 27. Nov. 1941 fand in Danzig eine Tagung der Kreisgruppe Danzig des NSRB. statt. Im Rahmen dieser Veranstaltung hielt Kriegsgerichtsrat Dr. Eylert einen Vortrag über „Die militärische Strafgerichtsbarkeit im Kriege und ihre Beziehungen zur allgemeinen Strafrechtspflege".

Anwendung der §§ 22 ff. KWVO. bei den freien Berufen

Die nachstehend abgedruckte „Öffentliche Aufforderung an die Angehörigen der freien Berufe" stellt gegenüber laut gewordenen Zweifeln klar, daß die Grundsätze der §§ 22 ff. KWVO. auch für die freien Berufe gelten. Die Pflicht zur Abführung von Übergewinnen besteht nur für diejenigen Angehörigen und Unternehmen der freien Berufe, die der Gewerbesteuerpflicht unterliegen.

Für diese besondere Regelung sind die besonderen Verhältnisse der Berufsausübung auf diesem Gebiet maßgebend gewesen. Soweit die Einkünfte der freiberuflich Tätigen ausschließlich oder ganz überwiegend aus eigener selbständiger Tätigkeit fließen, ist jedes Mehreinkommen regelmäßig mit einer entsprechend gesteigerten Arbeitsleistung verbunden. In diesen Fällen wäre es nicht angebracht, die Abführung von Übergewinnen zu verlangen. Die persönliche Leistung steht jedoch nicht mehr im Vordergrund, wenn ein Angehöriger der freien Berufe vollausgebildete oder gleichwertige Hilfskräfte seines Berufszweiges beschäftigt. Es liegt dann regelmäßig eine Ausweitung zum Gewerbebetrieb vor. Dementsprechend werden diese Unternehmen bereits zur Gewerbesteuer herangezogen. In solchen Fällen besteht kein Grund, die im Kriege erzielten Übergewinne anders zu behandeln als bei sonstigen wirtschaftlichen Unternehmen.

Die der Gewerbesteuerpflicht unterliegenden Angehörigen und Unternehmen der freien Berufe haben von sich aus und in eigener Verantwortung zu prüfen, ob und wieweit sie Mehrgewinne erzielt haben.

Die Beurteilung des Gewinns hat dabei, wie in den Bereichen des Handels und des Handwerks, von einer Vergleichszeit auszugehen. Als Vergleichszeit wird im allgemeinen das Jahr 1938 in Frage kommen. Für ein-

Abschrift

Der Reichsminister der Justiz   Berlin, den 17. November 1942

An
den Reichsminister und Chef der Reichskanzlei
Herrn Dr. L a m m e r s
    in
        B e r l i n - W 8
        Voßstraße 6

Sehr verehrter Herr Dr. Lammers!

    Zu der mir unter dem 29. September d.Js. übermittelten Abschrift einer Schrift des Justizrats Dr. Ehlers "Über den Sinn des Anwaltberufes" äußere ich mich Ihrem Wunsche entsprechend wie folgt:

    Es ist kein Geheimnis mehr, daß der Anwaltstand in einer Krise sich befindet. Die Gründe zu erkennen bedeutet, die Mittel zu ihrer Behebung zu wissen. Die Gründe sind folgende:

    a) Das Streben vieler Rechtsanwälte nach Verdienst tritt oft stärker zutage als die Erkenntnis, eine soziale Funktion im Rechtsleben unseres Volkes auszuüben.

    b) Nur selten kann sich ein Rechtsanwalt bei seiner Prozeßtätigkeit zu jener Höhe der Auffassung durchringen, die ihn als Gehilfen beim Suchen nach dem wahren Recht in Erscheinung treten lassen soll. Dadurch erweckt er den Eindruck, die Interessen seiner Partei über alles zu stellen, wodurch wiederum seine Ausführungen und Anträge an Wert einer sachkundigen Hilfe verlieren und den so auftretenden Anwalt als einen gegen Bezahlung seiner Dienste tätigen Angestellten seiner Partei erscheinen lassen

    c) Als nicht oder nur schwer zu beseitigende Erinnerung lebt in vielen führenden Persönlichkeiten das Erlebnis fort, das sie in der Systemzeit durch rücksichtslos eigene oder politische Interessen vertretende Anwälte erfahren haben.

                                           Diese

Diese Gründe haben weitgehend die Meinung aufkommen lassen, daß die Anwaltschaft nicht in Ordnung sei, ja daß sie überhaupt überflüssig sei oder daß sie anders eingesetzt werden müsse. Daher kommt es auch, daß heute schon in vielen Verfahren vor Verwaltungsbehörden, z.B. im Unterwerfungsverfahren vor den Finanzbehörden oder bei der Aburteilung durch die Polizei oder im Ordnungsstrafverfahren vor den Wirtschaftsämtern die Rechtsanwälte nicht mehr zugelassen werden. Daß das letzten Endes zum Schaden des unerfahrenen Volksgenossen ist, liegt auf der Hand.

Vorausschicken möchte ich, daß die Funktion des Rechtsanwalts als eines Rechtsberaters des rechtsunkundigen und rechtsunerfahrenen Volksgenossen fast ebenso wichtig ist, wie die eines Arztes und daß die Beteiligung eines Rechtsanwalts in umfangreichen oder rechtlich schwierigen Verfahren notwendig ist. Man muß aber grundsätzlich unterscheiden zwischen dem Rechtsanwalt, der als Berater in Rechtssachen aufgesucht wird und dem, der als Prozeßbeteiligter vor Gericht oder anderen Behörden auftritt.

Durch die Neuordnung der Justiz wird die Tätigkeit des Rechtsanwalts weitgehend eingeschränkt werden können, ohne daß das Leben und die Gerechtigkeit Schaden erleiden. Die große Masse der Rechtsverfahren des täglichen Lebens, die ein jeder Volksgenosse übersehen kann, können ohne Beteiligung eines Anwalts entschieden werden. Die umfangreicheren und schwierigeren Verfahren, meist - aber nicht immer - vor den höheren Instanzen, lassen seine Mitwirkung notwendig erscheinen. Allerdings muß auch gewährleistet sein, daß der Anwalt sich als ein die Wahrheit suchendes und der Gerechtigkeit dienendes Organ erweist. Dagegen soll es dabei bewenden müssen, daß der Volksgenosse zur Ratserteilung den Anwalt in Anspruch nimmt, dem er sein Vertrauen schenkt.

Im ganzen gesehen wird man die Führung und die Beaufsichtigung der Rechtsanwälte durch die Justiz nicht entbehren können. Sie beginnt mit seiner Zulassung durch den Staat, dauert an während seiner ganzen Tätigkeit und endet mit der Zurruhesetzung mit einem Versorgungsanspruch für den Rechtsanwalt, der eines solchen bedarf. In dieser ganzen Zeit muß die Dienstaufsicht einem geordneten Verfahren unterworfen bleiben.

Hierbei wird man die weltanschauliche und sachliche Haltung stets von Staats wegen zu lenken, zu fördern und zu prüfen haben. Man muß schließlich den Anwälten, die über eine lange Berufserfahrung zu jener Reife des Lebens gelangt sind, die sie über ihre Fachgenossen hinaushebt, die Möglichkeit geben, durch das besondere Vertrauensamt eines Notars ausgezeichnet zu werden oder in die Richterlaufbahn hinüberzuwechseln.

Jeder Rechtsanwalt sollte aber, ehe er seinen Beruf ausüben darf, zunächst einige Jahre als Rechtspfleger in der Justiz tätig sein müssen, etwa zwei bis drei Jahre, in denen er besoldet wird. In dieser Zeit wird man ihm die Möglichkeit geben müssen, zu anderen Berufen, als die eines mit der Rechtspflege tätigen, überzugehen, wenn seine Haltung den besonderen Anforderungen des Rechtswahrerstandes nicht genügt. Schon in der Stellung eines Rechtspflegers wird er von den Gerichten aus entweder als Armenanwalt oder als Pflichtverteidiger dem rechtsuchenden Volksgenossen beigeordnet werden können, damit er sich in seinen künftigen Beruf einlebt. Seine Leistungen und seine Haltung in diesen Jahren werden für die künftige Zulassung zur Rechtsanwaltschaft ausschlaggebend sein. Während seiner Zeit als Rechtspfleger unterliegt er auch der gleichen Dienstaufsicht wie die anderen Justizbeamten, ebenso der gleichen Schulung und Ausbildung.

Der Rechtsanwalt wird zwar so etwas später zu seinem eigentlichen von ihm erstrebten Beruf kommen. Das ist jedoch in Rücksicht darauf, daß er sofort eine Familie gründen kann, nicht nachteilig. Es wird sogar manche Rechtsanwälte geben, die in dem Beruf eines Rechtspflegers, der in Zukunft besonders hervorgehoben wird, verbleiben wollen.

Der Rechtsanwalt wird aber in dieser Lehrzeit lernen, daß ihm das Wissen um die Wahrheit der Dinge und die Kenntnis der Tatsachen allein den Weg zeigen, auf dem seine spätere Funktion als Rechtsanwalt sich zu erfüllen hat. Er wird dann davon lassen, durch künstliche Mittel, die ihm seine Rechtskenntnisse an die Hand geben, zu

Gunsten

- 4 -

Gunsten eines Auftraggebers gegen ein besseres Wissen und gegen eine bessere Überzeugung zu handeln und aufzutreten. In letzterem aber liegt der Grund der allgemeinen Abwertung, die dem heutigen Stand der Rechtsanwälte begegnet.

Heil Hitler !

Ihr

(gez.) Dr. Thierack

- - - - - - - -

ration unseres Kontinents" bezeichnet wurde, so ist damit alles Wesentliche gesagt. Die Gründung des Verbandes verdient daher neben dem Interesse vom völkerrechtspolitischen Standpunkt aus die besondere Beachtung der Jugendrechtswissenschaft. Diese wird hierdurch noch mehr, als es bisher der Fall war, auf neue Aufgabengebiete hingelenkt [18]), vor allem auf rechtsvergleichende Forschungen zum europäischen Jugendrecht sowie auf die weitere Klärung der ideellen und organisatorischen Grundsätze der zwischenvölkischen Jugendarbeit, nicht zuletzt im Hinblick auf den Wert und Unwert der früheren internationalen Jugendarbeit und deren Organe, Ziele und Methoden. Den Gegensatz der Jugendorganisationen der jungen europäischen Völker zur anglo-amerikanischen Jugend, die das Bild der politischen Zerrissenheit und Führungslosigkeit bietet, sowie zur bolschewistischen Jugend, die systematisch verhetzt und sowohl körperlich als auch geistig verkommen ist, quellenmäßig weiter herauszuarbeiten, liegt gleichfalls nahe. Durch eine derartige Abgrenzung von den Erscheinungen einer sterbenden Welt, noch mehr aber durch die geistige Besinnung auf die eigene Art gewinnt die Gestalt des neuen europäischen Jugendrechts diejenige Klarheit, die es als eine Schöpfung abendländischer Kultur vor allen verschwommenen Ideologien artfremder Jugendverführer auszeichnet. Auch das europäische Jugendrecht wird E r z i e h u n g s r e c h t sein, indem es die Grundlagen der Erziehung dieser Jugend zu den großen Werten der abendländischen Geisteswelt, „zu einer edleren, eben europäischen Auffassung des Daseins" [19]) sichert. Wie die Hitler-Jugend im Inneren des Reiches mit der ganzen Tatkraft einer der Größe ihrer Zeit aufgeschlossenen jungen Generation an die Arbeit gegangen ist und sich durch Leistung und Einsatz in eine bessere Welt, in der sie ihr Leben nach den allein jugendgemäßen Grundsätzen der Selbsterziehung und der nationalen Ertüchtigung führen kann. Dann wird sich das Wort bewahrheiten, das B a l d u r v. S c h i r a c h zum Abschluß der Tagung im Namen der Jugend Europas an die Welt richtete: „Nach diesem Kriege wird die neue Welt die alte sein und unsere alte Welt Europa, unser aller ewig junge Heimat die Neue!"

[18]) Vgl. bereits m e i n e n Bericht über ein in Kiel veranstaltetes jugendrechtliches Seminar, das sich als erstes mit diesen Fragen befaßte, im „Jungen Deutschland" 1942, 93 f.

[19]) S c h i r a c h in seiner Antwort an R o o s e v e l t, a. a. O. S. 30. Vgl. auch die in Heft 9/1942 von „Wille und Macht" enthaltenen „Stimmen aus den europäischen Ländern" (S. 5 ff.).

Zur Lage der Anwaltschaft
Von Rechtsanwalt am Kammergericht Dr. H e l m u t S e y d e l, Berlin

Der nachfolgende Beitrag enthält keine offizielle Stellungnahme, sondern allein die Meinung eines aufmerksamen Beobachters.

I.

Daß die Anwaltschaft zur Zeit in einer Krise, einem Umwandlungsprozeß grundlegender Art steht, ist inzwischen auch dem letzten Berufsangehörigen klar geworden. Die überkommenen Formen der Ausübung des Anwaltsberufs, wie sie vor dem ersten Weltkrieg und noch bis 1933 üblich und angemessen waren, erwiesen sich immer mehr als brüchig und unbrauchbar. Gegenstand und Art der Tätigkeit wandelten sich. Die Prozeßtätigkeit ging zurück; einzelne Gebiete wurden dem Anwalt gänzlich verschlossen, andere, neue Arbeitsgebiete traten hinzu. Wirtschaftliche Krisen und Umschichtungen als Folgen dieser Entwicklungen blieben nicht aus. Fehlgriffe einzelner Berufsangehöriger forderten die öffentliche Kritik heraus, die daran ging, Bedeutung und Aufgabe des ganzen Berufsstandes in Zweifel zu ziehen.

Einer oberflächlichen Betrachtung mochte es scheinen, als träten diese Fragen und Schwierigkeiten jetzt neu an uns heran und würden in ruhigeren Zeiten verschwinden, wie sie gekommen waren. Das aber ist ein grundlegender Irrtum. Die Probleme bestehen schon seit Jahren. Sie haben ihre Wurzeln in der weltanschaulichen Umwälzung, die der Nationalsozialismus heraufgeführt hat. Sie liegen im Beruf des Anwalts und in der Grundhaltung unserer Zeit. Es geht also nicht um Zeitfragen, die nur die Oberfläche berühren oder vorübergehender Bedeutung sind — es handelt sich vielmehr um die grundlegenden Fragen der Stellung unseres Berufes in unserer Zeit, Fragen, die ernster Besinnung wert sind.

Die Krise kann, so glauben die einen, nur den Anfang vom Ende der Anwaltschaft bedeuten. Sie meinen, daß die gezeichneten Erscheinungen die Liquidation unseres Berufsstandes vorbereiten und daß die Verbeamtung der Anwaltschaft der notwendige Schlußpunkt sei, auf den die Entwicklung zutreibe. Wir teilen diese Auffassung nicht. Die Anwaltschaft wird, wie wir glauben, als f r e i e r B e r u f bestehen bleiben und so am besten ihre Aufgabe in der Volksgemeinschaft erfüllen. Daß es indessen einer neuen Einordnung bedarf, erscheint uns gewiß.

II.

Unserer Generation ist auf weite Sicht gesehen — ein Kernproblem des Rechts zu neuer Lösung aufgegeben: Es ist die Stellung des Rechts und des Rechtswahrers im nationalsozialistischen Staat der Volksgemeinschaft, im deutschen Führerstaat. Noch umfassender gesehen: das Verhältnis des einzelnen zur Gemeinschaft. Es ist nicht allein ein binnendeutsches Problem, dessen Lösung nach dem Kriege in neuen Fragestellungen an uns herantritt — es ist vielmehr ein europäisches Problem, das nicht nur im Verhältnis von Führungsvolk zu den geführten Völkern eine klare und überzeugende Antwort fordert, sondern auch innerhalb der einzelnen europäischen Volksgemeinschaften auftreten wird.

Die beiden Lösungsversuche des vergangenen Jahrhunderts, der Versuch des absoluten und des liberalen Systems, sind gescheitert und haben sich selbst überlebt; sie schlugen sich am Ende mit ihren eigenen Waffen. Keines dieser Systeme kann von uns übernommen werden. Wir wollen weder zurück zur Schrankenlosigkeit des Individuums noch zum Dumpfheit des Polizeistaats. Die Lösung kann nur die einer sinnvoll-gliedschaftlichen Einordnung des einzelnen in die Gemeinschaft sein.

Diese neue Einordnung des einzelnen in die Gemeinschaft und seine Rechtsstellung im autoritären Staat ist eines der Grundprobleme des Rechts. Der Rechtswahrer steht hier am Kreuzweg der Entwicklungen; der Rechtswahrer allgemein, vor allem aber der Anwalt.

Der Anwalt ist nicht nur Rechtswahrer. Er ist Rechtskämpfer. Er kämpft, wie es seine Aufgabe ist, für die er öffentlich bestellt ist, für das Recht, und zwar für Gerechtigkeit im Einzelfall, für das Recht des einzelnen. Das tut er im Zivilprozeß, wenn er Forderungen und Rechte gerade seines Klienten gegenüber anderen Volksgenossen oder gegenüber Gemeinde oder Staat verficht. Er tut es im Strafprozeß; denn hier liegt es ihm ob, darzulegen, daß sein Klient nicht strafbar gehandelt hat, daß er nicht oder jedenfalls nicht in der Art gefehlt hat oder, wenn er gefehlt hat, weshalb seine Tat besonders milde zu beurteilen sei. Die gleiche Aufgabe schließlich hat der Anwalt bei der Bearbeitung von „Angelegenheiten" aller Art, im Steuerverfahren und im Verwaltungsverfahren. Es geht stets um Wahrung des Rechtes des einzelnen, um Gerechtigkeit im Einzelfall. —

Seit 1933 steht für uns groß und beherrschend die G e m e i n s c h a f t d e s V o l k e s im Vordergrund. Wir haben am eigenen Leibe erfahren, was es bedeutet, wenn jeder Interessenhaufen seine eigene Politik machen darf, jeder Sonderling seinen eigenen Parteiladen eröffnen und jeder politische Scharlatan die Gehirne vernebeln kann. Wir wissen, welche Ausgeburten der extreme Individualismus hervorgebracht hat. Deshalb halten wir die Gemeinschaft des Volkes heilig und bringen ihr jedes Opfer. Sie allein gibt uns die Möglichkeit, alle Aufgaben zu meistern, die das Schicksal gerade unserer Zeit und unserer Generation gestellt hat. Auch das wohlbegründete Recht des einzelnen muß zurückstehen. Der Gang der Geschichte macht weder vor Paragraphen noch vor Verträgen und wohlerworbenen Rechten halt. Das Volk geht als Einheit seinen Weg. Tausende fallen – damit das Volk lebe. Einzelrecht und Einzelschicksal müssen der Gemeinschaft geopfert werden – damit das Leben des Volkes und seine neue Ordnung gesichert sei.

Im Schnittpunkt dieser Linien steht der Anwalt. Er ist der Kämpfer für das Recht des einzelnen. Die Gemeinschaft des Volkes aber fordert ihr Recht und geht über verbriefte und wohlerworbene Rechte hinweg. So treffen sich in seiner Aufgabe die Probleme der Zeit: das Verhältnis des einzelnen zur Gemeinschaft.

III.

Der Zusammenprall der Zeiten und der Auffassungen konnte nicht ausbleiben. Die Aufgabe, das Recht des einzelnen notfalls auch gegen den Staat zu verteidigen und durchzusetzen, hatte den „freien" Anwalt zum Lieblingskind des Liberalismus gemacht. Wer hat einmal die Parlamentsverhandlungen durchblättert, in denen eifrige Juden Seite an Seite mit braven und gutgläubigen deutschen Bürgern die „freie Advokatur" verfochten, für den es offenbar, daß der freie Anwalt neben dem Parlament und anderen liberalen Einrichtungen ein Sicherheitsfaktor des einzelnen gegen den Staat und die Gemeinschaft, ein Garant für die Durchsetzung liberaler Grundsätze sein sollte. Diese Grundhaltung der Anwaltschaft sowie jüdische Angeberei und Geschäftigkeit zusammen mit einer verantwortungslosen Pressereklame stempelten den Anwalt in der Volksmeinung zu einem rücksichtslosen Widerpart der Gemeinschaftsgesinnung. Und wie die Meinung der Mehrzahl sich ihr Anwaltsbild prägte, so wirkte diese Vorstellung auf den heranwachsenden Anwalt typenbildend ein und näherte ihn dem Bild eines Gemeinschaftsfeindes an.

Der Zusammenprall mußte daher nach 1933 notwendig auch in der Person des Anwalts erfolgen und den Anwalt in den Mittelpunkt einer Debatte rücken. Daß er nur in Einzelfällen und nur selten erfolgt ist, scheint uns ein Zeichen dafür, daß die Anwaltschaft in ihrer überwiegenden Zahl die Zeichen der Zeit erkannt hat. Dennoch blieb der Zusammenstoß nicht aus. Mit den jüdischen Anwälten, die im übrigen – heute kaum glaublich – bis 1938 noch gleichberechtigt und fröhlich neben den deutschen Anwälten amtierten, verschwand keineswegs auch die innere Einstellung, wie sie durch jenes Typenbild geschaffen war: Ausbildung, Erziehung und jahrelange Berufsübung gerade unter dem Blickpunkt des rücksichtslosen Kampfes für das Einzelrecht waren nicht sofort auszuschalten. Der Mandant selbst war es, der diesen bekannten Anwaltstyp suchte, und er drängte den, der neue Wege gehen wollte, mit seinen Wünschen in die alte Bahn. Der Mandant wollte zunächst durchaus den rücksichtslosen Streitanwalt, nicht den guten und sachlichen Schlichter. So kämpfte der Anwalt weiter für das Einzelrecht wie bisher, oft für ein überspitztes Formalrecht, ein verbrieftes, wohlerworbenes und durch Paragraphen gesichertes Recht, dessen Geltendmachung die Gemeinschaft als Mißbrauch ansah. Der vielbesprochene Fall Gröpke war der Typus jener Fälle. Wie kam der Staat dazu, die Hamsterware, die doch nach § 929 BGB. Eigentum seiner Mandantin geworden war, zu beschlagnahmen? Also verklagte er, „juristisch" vollkommen klar, den Staat auf Herausgabe. Daß er sich damit das Todesurteil als Rechtswahrer in unserem Volksstaat gesprochen hatte, war ebenso klar. Derartige Fälle sind – mehr oder weniger kraß – allenthalben zu Dutzenden vorgekommen. Hier verlangte ein Anwalt für den Vermieter die Entfernung der VB.-Plaketten von der Haustür des Mieters; dort verbot er die Unterstellung des Kinderwagens von Bombenflüchtlingen im Hausflur – er trat hier und dort für ein überspitztes Individualrecht ein, das in unserer Volksgemeinschaft keine Geltung mehr hatte. Die alte Rechtsauffassung traf in der Person des Anwalts mit der neuen zusammen. Nicht jedem Anwalt war es gegeben, oft gegen den erbitterten Widerstand des eigenen Mandanten, in sich die notwendige Synthese zu finden.

Der Zusammenstoß dieser Ideen in der Person des Anwalts vollzog sich auf allen Gebieten seiner Tätigkeit, am auffallendsten und jedem sichtbar im Wirken als Strafverteidiger. Wenn heute etwa der Anwalt eines wegen Schiebungen angeklagten Konstrukteurs in seinem Plädoyer für ihn das Recht in Anspruch nimmt, zu schieben, weil er große Leistungen für die Rüstungsindustrie vollbringe; wenn ein anderer dem Tschechen, dem Polen oder dem Kommunisten die Überzeugung zugute hält, aus der er seine hoch- und landesverräterischen Handlungen gegen das Reich begangen hat, wenn er dem Schieber oder dem Schwarzschlächter das Recht zubilligen will, „eine Kleinigkeit" beiseite zu schaffen, um ein wenig besser zu leben, so argumentiert er aus der Rechtssphäre des Einzelnen heraus, die heute nicht mehr anerkannt wird. Seinem Hinweis auf Persönlichkeit und Familie, bei einer Angeklagten auf die Mutterschaft tritt das eherne und heute unerbittliche Gesetz des Schutzes der Gemeinschaft gegenüber. Es wird deshalb oft gesagt, der Anwalt habe als Strafverteidiger wenig mehr zu sagen. Das ist nur in dem Sinne richtig, daß ihm heute mit formalen und prozessualen Mitteln – jenem Tummelplatz jüdischer Reklameanwälte – wenig mehr gelingt, und daß die Durchschlagskraft seiner Argumente aus der Person des Angeklagten – die einmal sehr stark war – jetzt wesentlich verloren hat. Wie Dahm und Klee nachgewiesen haben, rückt an Stelle der Sühne immer stärker der Gedanke der Zweckmäßigkeit und des Gemeinschaftsschutzes in den Vordergrund strafgerichtlicher Betrachtung. Dementsprechend treten die Gründe des Anwalts aus der Person des Angeklagten zurück. Sie wiegen leichter, allzu leicht vor dem gebieterischen Muß der Gemeinschaftsordnung.

Die gleichen Probleme ergeben sich aber auch im Zivilrecht, noch mehr vielleicht bei den „Angelegenheiten". Ob es nun Gröpke ist, der den Staat auf Herausgabe von Hamsterware verklagt, ob ein anderer Anwalt, der noch mitten im Kriege sich nicht scheut, Mitleid für „arme evakuierte Juden" erwecken zu wollen, ob es schließlich Anwälte sind, die sich dazu herbeilassen, wegen lächerlicher Nichtigkeiten die Gerichte über Gebühr zu behelligen – immer wieder ist es die überspitzte Wahrung des Individualrechts der Anlaß zu Auseinandersetzungen. Die Kritik knüpfte daran die Feststellung, daß dem Anwalt das Gefühl für die Notwendigkeiten der Zeit, der politische Instinkt, fehlt. Es waren die Gedanken und Gründe, es war die routinierte Prozeßführung von gestern, die im verwandelten Heute wie ein Anachronismus wirkte. Der Anwalt war nicht bösgläubig, er glaubte, seine Pflicht zu tun, wie er sie immer getan hatte. So rief man ihn aus dem Trott seiner Routine mit derbem Anruf wach, einem Anruf, der leider von außen und nicht von der Anwaltschaft selbst ausging.

Noch ein weiteres schmerzliches Erbe hat die Anwaltschaft aus der Zeit liberaler und jüdischer Herrschaft übernommen: Die Verwischung der Grenze zwischen Rechtswahrertum und Geschäftemacherei. Der Jude sah im Anwaltsberuf allein zwei Möglichkeiten: Den Weg zu Macht und Einfluß und den Weg zu gewinnbringenden Geschäften. Vor allem die großstädtische Anwaltschaft ist durch dieses hemmungslose jüdische Gewinnstreben in einzelnen Teilen derart mit eigenwirtschaftlichen Interessen an rein geschäftlichen – und zum Teil sehr zweifelhaften – Unternehmungen und Transaktionen befaßt worden, daß ein Unterschied zwischen dem Rechtsanwalt und dem juristisch gebildeten Geschäftemacher kaum noch zu erkennen war. Die wirtschaftlichen Krisen und Umschichtungen: Inflation, Scheinkonjunktur, Arisierung u. a., gaben reichlich Gelegenheit zur Entfaltung ungewöhnlicher geschäftlicher Instinkte. Diese Entwicklung ist gefördert worden durch eine ungesunde Zusammenballung von Anwälten in einzelnen Wirtschaftszentren. Wirtschaftliche Not und Existenzkampf verwiesen die allzu vielen Anwälte auch auf die Wahrnehmung bedenklicher Geschäfte.

Diese Belastungen führten in den letzten Jahren immer wieder zu Anständen. Während des Krieges verschärfte sich die Kritik. Das gesunde Volksempfinden hatte im Kriege weniger denn je Verständnis für die Durchsetzung von Schein- und Formalrechten. Weniger denn je war man auch bereit, Bestrebungen zu billigen, die es dem Anwalt ermöglichten, im sicheren Hafen der Heimat erhebliche Gewinne zu erzielen. So sah sich die Anwaltschaft, nachdem sich 1933 der Vorhang vor ihr geschlossen hatte, plötzlich wieder als Gesamtheit im Rampenlicht der Öffentlichkeit. Die Kritik überschlug sich teilweise zu übersteigerten Angriffen, die den gesamten im Kern gesunden, fleißigen und ehrenhaften Berufsstand unter den Entgleisungen jener einzelnen leiden ließ. Die Angriffe aber hatten das Gute, daß die Anwaltschaft sich selbst wieder einmal betrachtete und fand, daß nicht alles so war, wie es sein sollte. Und diese Erkenntnis wird der Ansatzpunkt sein, von dem aus die Krise in ihren Ursachen begriffen und endgültig bereinigt wird.

IV.

Wenn wir auf dieser Grundlage die Voraussetzungen überblicken, die für eine fruchtbare Tätigkeit des Anwalts gegeben sind, so ergibt sich folgendes:

1. Die Kritik an der Anwaltschaft und die Krise des Berufsstandes bildeten für den einzelnen Berufsangehörigen zwar eine innere Belastung, zuweilen mochte sie ein berufliches Minderwertigkeitsgefühl im einzelnen begründen — praktische Auswirkungen im Vertrauensverhältnis des Anwalts zum Mandanten hatte sie nicht. Trotz aller Angriffe — der Mandant blieb und bewies durch sein immer neu bestätigtes Vertrauen die **Notwendigkeit anwaltlicher Beratung**. Dies Bedürfnis des Volksgenossen, sich in zweifelhaften geschäftlichen, rechtlichen oder auch nur menschlichen Fragen an einen sachkundigen, erfahrenen, objektiven und verschwiegenen Rechtsfreund zu wenden, hat immer bestanden und wird stets bestehen. Es ist einfach falsch, wenn einzelne Richter oder Behörden meinen, ihre Behandlung der Sache sei so objektiv und berücksichtige so die Interessen aller Beteiligten, daß die Beratung und Vertretung durch einen Anwalt nicht nötig sei. Schon das beweist Einseitigkeit und mangelndes Verständnis. Kein Rechtsfall wird in einem gerichtlichen oder behördlichen Verfahren die menschliche Farbe gewinnen, die er in dem Beratungszimmer des Anwalts erhält. Auch der beste Richter und der umsichtigste Beamte ist nicht in der Lage, die Tätigkeit des Anwalts zu ersetzen. Gegenüber weniger umsichtigen Beamten kommt das Fehlen guter anwaltlicher Beratung und Vertretung oft einem Rechtsverlust gleich. Welcher Anwalt hat nicht oft, auf die Verhandlung seiner Sache wartend, das Schicksal des Ungewandten vor Gericht bedauert: Er soll sich in der Hast der Verhandlung kurz und klar äußern — er bleibt im Umweg und im Nebensächlichen stecken. Der durchschlagende Einwand, den der Anwalt ahnt und spürt, bleibt unausgesprochen. Nun wird dem Ungewandten aufgegeben, seine Einwendungen schriftlich „in zwei Stücken" einzureichen — schreiben kann er indessen noch viel weniger als sprechen, und so versickert sein Vortrag in der Schilderung von rechtlich Unerheblichem. Ohne es zu wollen und ohne Böses zu ahnen, ist die Maschine der Justiz über ihn hinweggegangen. — Nur wenige Außenstehende wissen auch, ein wie großer Teil der **rechtshygienischen Arbeit im Anwaltsbüro** geleistet wird: Schlichtung, Beschwichtigung, Zuspruch. So ist das **Vorhandensein eines vertrauenswürdigen Anwaltsstandes eine der Voraussetzungen der Rechtsgesundheit unseres Volkes**.

2. Es hat auch seinen guten Sinn, daß der Anwalt seine Existenz und die seiner Familie nicht auf Gehalt und Pension, sondern allein auf dem Vertrauen seiner Mandanten aufbaut, auf „**der Praxis**", jener unwägbaren und unübertragbaren Summe von Tüchtigkeit und Fleiß, Gewandtheit und Einfühlungsvermögen, aber auch aus Zufall und Glück und aus der Fähigkeit, sich darzustellen, Vertrauen zu erwecken und es zu bewähren. Der gute Jurist ist noch keineswegs notwendig ein guter Anwalt. Dagegen kann ein Anwalt, der in seinem Beruf nicht vorwärtskommt, doch ein ausgezeichneter Richter oder ein guter Wissenschaftler sein. Die Fähigkeiten, die den guten Anwalt ausmachen, sind besonderer Art, und die freiberufliche Tätigkeit weckt sie, und jeder Charakter und jede Begabung prägt sich mit Sicherheit ihren besonderen Typ der Praxis und dient in dieser Vielfalt wieder den Bedürfnissen der Wirtschaft: Die Beratungspraxis eines Wirtschaftsanwalts in anderer Weise als die laufende zivilrechtliche Prozeßpraxis, die Straf-, die Steuer-, die Verwaltungsrechtspraxis. Wie sollte der Anwalt nur beamtenmäßig gebunden werden? Seine Heimat ist zwar die Justiz und das ordentliche Gericht, aber sein Feld ist die ganze Welt rechtlicher Ordnung im Volke, weit über die Grenzen der Justiz hinaus. Es darf auch nicht verkannt werden, daß die Möglichkeit, „seinen" Anwalt zu wählen (und zu bezahlen) für sich allein schon ein Aktivum des Vertrauens des Volksgenossen zum Recht ist. Man vertraut lieber „seinem" Anwalt, einem empfohlenen als dem für den Gerichtsbezirk zuständigen Justizkommissarius. Diese **Freiberuflichkeit** schließt nicht aus, daß Maßnahmen getroffen werden, die die Wiederkehr einer Proletarisierung der Anwaltschaft und einer nervösen Suche nach dem Erwerb ausschließen; die allmähliche, aber energische Verringerung der Anwaltszahl auf einen Bruchteil der heutigen, die planmäßige Verteilung nach dem Bedürfnis, Garantie eines Existenzminimums für den Anfänger und einer Altersversorgung für den alten und arbeitsunfähigen Anwalt.

3. Die Tätigkeit des Anwalts wird **ihrer Funktion nach auch künftig keine andere sein als bisher**: Die Wahrnehmung des Rechtes des einzelnen, der Kampf um Gerechtigkeit im Einzelfall. Dies unterscheidet ihn vom Richter. Über dem Spruch des Richters steht gebieterisch die Forderung der Gemeinschaft, der der einzelne sich unterzuordnen hat. Er entscheidet nicht allein diesen Fall, sondern viele gleiche und ähnliche ziehen bei der Abwägung durch sein Gewissen. Seine Tätigkeit ist objektiv wertend, die des Anwalts subjektiv fordernd. Dennoch hat sich die Aufgabe des Anwalts gegenüber der im liberalen Staat entscheidend gewandelt: Wenn man bisher sagte, daß der Anwalt zwischen dem Volksgenossen und dem Gericht eingeschaltet sei wie ein Filter, der das rechtlich Unerhebliche vom Gericht fernhielte, so trifft dies heute in wesentlich weiterem und verändertem Umfange zu: Es ist jetzt mehr als je jetzt die Aufgabe des Anwalts, als Rechtswahrer dem Auftraggeber gegenüber die Notwendigkeiten der Zeit und die politischen Erfordernisse der Gemeinschaft durchzusetzen. Er scheidet nicht nur das rechtlich Unerhebliche, sondern auch das Unzweckmäßige und politisch Untragbare aus und hält es von Gericht und Behörde fern. Dies machen heute die **Richtlinien für die Ausübung des Anwaltsberufs** — die bekannter und geachteter zu sein verdienen, als sie es sind — dem Anwalt ausdrücklich zur Pflicht. Entscheidend ist, daß der Anwalt sich zuerst als einen dem nationalsozialistischen Staat und der Volksgemeinschaft verpflichteten und verantwortlichen Rechtswahrer betrachtet und in diesem Rahmen erst als Rechtsfreund seiner Partei. Dies ist freilich eine völlig andere Auffassung als die bisherige, die gerade die Gegenerstellung zum Staat, die Freiheit vom Staat zum Inhalt hatte. Traf der Volksgenosse früher im Anwalt den ersten Gegner des Staates, den, sozusagen als legale Opposition, nur darauf wartete, für den einzelnen und gegen den Staat vom Leder ziehen zu können, so trifft er heute im Anwalt den ersten Rechtswahrer der Volksgemeinschaft, der schon in der Beratung ihm mit unmißverständlicher Deutlichkeit sagt, was ein gemeinschaftsbewußter Rechtswahrer zu seinem Begehren meint. Die Distanz zur Partei ist größer geworden. Damit wird das Anwaltsbüro schon zur ersten Instanz in allen Rechtssachen. Aus diesem Filter kommt nicht allein nur das Rechtserhebliche bis zum Gericht, sondern auch nur das, was wirklich und nach ernsthafter Prüfung durch einen nationalsozialistischen Rechtswahrer des Streits wert und im Streit vertretbar ist. Nicht im rücksichtslosen Kampf des einen gegen den anderen oder gegen die Gemeinschaft liegt die Aufgabe des Anwalts, sondern in dieser Vorstufe jedes Rechtsverfahrens, in der Schlichtung, in der Erziehung zu gesundem, gemeinschaftsbewußtem Rechtsdenken, in der **Rechtshygiene** in ihrer Gesamt-

heit. Dies bildet den öffentlichen Auftrag des Anwalts, der dadurch eine Vereinfachung des staatlichen Apparates zuläßt. Nur der Anwalt ist dieser Aufgabe gewachsen, der neben intellektueller Befähigung, neben den besonderen Fähigkeiten des Anwalts einen klaren politischen Blick und eine volksnahe Rechtsauffassung besitzt und eine feste Persönlichkeit von unbestechlicher Sauberkeit ist. Die deutsche Anwaltschaft kann mit Recht von sich sagen, daß der überwiegende Teil ihrer Berufsangehörigen von jeher ihre Aufgabe so aufgefaßt hat. Daß sie auch den letzten Berufsgenossen beseelt, ist unsere Hoffnung.

4. Diese Aufgabe wird der Anwalt nie erfüllen können, der seinen Beruf als ein Gewerbe ansieht. Wir wissen, daß wir zu ihm nicht sprechen. Denn er geht weder in Versammlungen, noch liest er Richtlinien oder Zeitschriften, geschweige denn „allgemeine" Aufsätze, die von den Pflichten des Rechtswahrers sprechen. Dieser Anwalt wird — auch heute noch nicht — widerstehen, wenn ihm ein zahlungskräftiger Mandant zweifelhafte Geschäfte anträgt. Obgleich er sich — meist — keineswegs in Not befindet, übt der große Mandant und das hohe Honorar eine anscheinend unwiderstehliche Anziehungskraft auf ihn aus.

Ein sichtbarer Erfolg im Ansehen der Anwaltschaft wird so lange ausbleiben, als sich diese einzelnen außerhalb der Gebote des Berufes stellen. Es nützt wenig, wenn der nationalsozialistische Anwalt dem Mandanten, der mit zweifelhaften Aufträgen kommt, die Tür weist, dann aber der nächste Anwalt den Auftrag unbedenklich und ungestraft annimmt; gut honoriert wird und über den Kollegen spottet, der aus lauter Bedenklichkeit die besten Aufträge aus dem Hause gehen läßt. Der Versuch, bedenkliche Aufträge zu erteilen oder mit Nichtigkeiten und kleinen Rechthabereien die Gerichte zu behelligen, muß an der geschlossenen Phalanx der gesamten Anwaltschaft scheitern.

V.

Ist eine solche Berufsauffassung Allgemeingut und beseelt sie auch den letzten Berufsangehörigen, so werden wir auch die „Anwaltsfeindlichkeit" überwinden, über die gerade unter Anwälten viel gesprochen wird. Es ist nicht richtig, zu sagen, unsere Zeit sei schlechthin anwaltsfeindlich. Nur einer bestimmten überkommenen Art der Ausübung steht sie feindlich gegenüber. Im allgemeinen ist die Zeit so wenig anwaltsfeindlich, wie sie justizfeindlich oder gar rechtsfeindlich ist. Die Abneigung gegen die Justiz traf ebenfalls nur eine bestimmte Art der Rechtsprechung, und sie wird verschwinden, nachdem die neue Führung die Gewähr dafür bietet, daß alte Fehler vermieden und ausgemerzt werden. So wird auch die Anwaltsfeindlichkeit verschwinden, wenn die Anwaltschaft keinen Anlaß mehr zur Kritik bietet, vor allem aber, wenn sie gewillt ist, restlos und rücksichtslos die Schäden zu beseitigen, die bestehen[1]). Das liegt

[1]) Eine andere Art der Anwaltsfeindlichkeit liegt in dem gefährlichen Glauben an die eigene Umsicht und Unfehlbarkeit. Manchem ist der Anwalt, in dem sich als Sprecher des Volksgenossen oft das Rechtsgewissen des Volkes verkörpert, ein unangenehmer und

im Interesse der Gesamtheit, aber vor allem in ihrem eigenen Interesse. Denn tausend Arbeitstage aller redlichen Anwälte können nicht entfernt den Schaden aufwiegen, den ein einziger grober Mißgriff der ganzen Berufsgruppe zufügt. Politisch ungeschickte Ausführungen im Plädoyer, ein unverhältnismäßig hohes Honorar bei geringfügiger Tätigkeit, die Vertretung nutzloser Bagatellen — alles fällt auf die Anwaltschaft zurück. Jeder sei sich deshalb bewußt, daß sein eigenes Verhalten das Gesamtschicksal der Anwaltschaft mitbestimmt. Wenige Einzelfälle von besonderer Eindringlichkeit können schwerwiegende Auswirkungen für die ganze Berufsgruppe haben, Auswirkungen, die sie unter Umständen in ihrer Existenz berühren. Rücksichtslose Härte gegenüber Berufssündern und eine wesentliche Verschärfung der Ehrengerichtsbarkeit ist daher dringendes Gebot. Milde, kollegiale Nachsicht und Verständnis sind da nicht am Platze, wo es, wie heute, um Grundfragen des Berufes und die grundsätzliche Haltung seiner Angehörigen geht. Scharfe Selbstkontrolle des einzelnen und Selbstbereinigung des Standes sind die Voraussetzungen eines starken, in sich einheitlichen und gefestigten Anwaltsberufes, den wir gerade beim Aufbau eines neuen größeren Reiches nicht entbehren können. Sie sind auch die Voraussetzungen dafür, daß die Anwaltschaft auch auf die Gebieten wieder als Berater und Vertreter zugelassen wird, die ihr nach bisher aus politischen oder anderen Gründen verschlossen sind.

Daß die Anwaltschaft in ihrem Kern gesund, kenntnisreich, zuverlässig und pflichttreu ist und das volle Vertrauen des Volkes in allen Rechtssachen verdient, hat sie im letzten Jahrzehnt unter oft schwierigsten Umständen bewiesen. Die ganz überwiegende Mehrzahl der Anwälte hat als Volksgenosse und als Rechtswahrer im Frieden und im Kriege ihren Mann gestanden. Um so schmerzlicher berührt es, daß eine Berufsgruppe, der Tausende von ehrenfesten und fleißigen Männern angehören, denen der Dienst am Recht heilige Verpflichtung ist, immer wieder durch einzelne ungeeignete oder gedankenlose Berufsgenossen der Kritik ausgesetzt wird und daß sie deshalb in der Volksmeinung noch nicht den Rang einnimmt, der ihr nach ihrer Bedeutung und nach ihrer sachlichen Leistung zukommt. Die Anwaltschaft kann darauf hinweisen, daß es der Anwalt war, der in der Systemzeit den Kämpfern im nationalen Wiedergeburt zur Seite stand, daß sie es war, die nach der Machtergreifung die große Aufgabe der nationalsozialistischen Rechtsbetreuung allein und unentgeltlich übernommen hat. Sie kann schließlich darauf hinweisen, daß sie auch unter den schwierigen Kriegsverhältnissen ihren Aufgaben gerecht geworden ist und daß von den Tausenden von Anwälten, die bei der Wehrmacht stehen, sich viele aufs höchste bewährt haben. Gerade der einberufene Anwalt erwartet mit Recht, daß ihm nach seiner Rückkehr der Arbeitsplatz gesichert und anerkannt sei und er sich mit Stolz als deutscher Rechtsanwalt bezeichnen kann.

unbequemer Mahner. Diese Stimmen verdienen kein Gehör. Jedem sorgsam Entscheidenden wird das Vorbringen des Anwalts ein willkommener Anlaß zur Selbstkontrolle sein.

Anwaltsfragen

Von Rechtsanwalt und Notar Dr. Badura, Oppeln, z. Z. Stabsintendant d. R.

Der nationalsozialistische Staat kennt die Arbeit des einzelnen nur als Dienst am Volke. Diese Grundforderung verpflichtet jeden Stand und Beruf zur entsprechenden Ausrichtung. Im Rahmen der gemeinschaftsbezogenen Gebundenheit findet der Volksgenosse in seinem anerkannten Beruf aber auch die volle Betätigungsmöglichkeit und damit das Gefühl der Berufssicherheit. Im allgemeinen war dort, wo die völkische Neuordnung eine Umformung einzelner Berufe erforderte, vor diesem Kriege der Wandlungsprozeß bereits beendet. Die Anwaltschaft gehört zu den wenigen Berufen, der der Krieg noch mitten in der Entwicklung überrascht hat, zum großen Teil auch deshalb, weil der Gesamtaufbau einer nationalsozia-

listischen Rechtspflege noch unvollendet ist. Die innere Ausrichtung der Anwaltschaft auf die neuen Fragen gegenüber und die Einstellung auf ihre Forderungen war restlos erfolgt. Unerledigt aber blieben sehr viele Probleme, die die allgemeine Stellung des Anwalts innerhalb und außerhalb des Prozesses und die Organisation des Standes und seine Wertung betreffen. Der Krieg darf auch hier keinen Stillstand bedeuten. Gerade die Tausende von Anwälten, die einberufen sind, haben den dringenden und sehr verständlichen Wunsch, daß nach dem Siege auch die brennenden Fragen ihres Standes restlos geklärt sind. Sie wollen bei der Rückkehr zur Friedensarbeit ganz eindeutige Verhältnisse und eine von jedermann anerkannte

Reichsgesetzblatt
Teil I

| 1943 | Ausgegeben zu Berlin, den 6. März 1943 | Nr. 23 |

Tag	Inhalt	Seite
1. 3. 43	Verordnung zur Änderung und Ergänzung der Reichs-Rechtsanwaltsordnung...	123
1. 3. 43	Verordnung zur Änderung und Ergänzung der Reichsnotarordnung	126

Verordnung zur Änderung und Ergänzung der Reichs-Rechtsanwaltsordnung.

Vom 1. März 1943.

Auf Grund des Erlasses des Führers über die Vereinfachung der Rechtspflege vom 21. März 1942 (Reichsgesetzbl. I S. 139) und des Artikels VII Abs. 2 des Zweiten Gesetzes zur Änderung der Rechtsanwaltsordnung vom 13. Dezember 1935 (Reichsgesetzbl. I S. 1470) wird im Einvernehmen mit dem Reichsminister und Chef der Reichskanzlei und dem Leiter der Partei-Kanzlei verordnet:

§ 1
Zulassung als Rechtsanwalt

(1) Der Reichsminister der Justiz kann bis auf weiteres einem Anwaltsassessor die Stellung eines Rechtsanwalts auch ohne Zulassung bei einem bestimmten Gericht verleihen. Die Verleihung kann unter Vorbehalt des Widerrufs ausgesprochen werden. Der Rechtsanwalt ist, soweit er nicht als Stellvertreter eines Rechtsanwalts oder als Anwaltsverwalter tätig wird, zur Ausübung des Rechtsanwaltsberufs nur befugt, wenn ihn ein bei einem bestimmten Gericht zugelassener Rechtsanwalt zur Ausübung seiner anwaltlichen Befugnisse ermächtigt.

(2) Soweit es die Bedürfnisse einer geordneten Rechtspflege erfordern, können bis auf weiteres Rechtsanwälte, die bereits anderweit zugelassen sind, sowie Anwaltsassessoren auch widerruflich als Rechtsanwälte zugelassen werden. Die widerrufliche Zulassung ist nicht davon abhängig, daß der Anwaltsassessor den Anwärterdienst bereits abgeleistet hat. Die Zeit der widerruflichen Zulassung kann auf den Anwärterdienst angerechnet werden.

§ 2
Anwaltsverwalter

(1) Zur einstweiligen Fortführung der Geschäfte eines verstorbenen oder aus dem Beruf ausgeschiedenen Rechtsanwalts kann der Oberlandesgerichtspräsident einen Verwalter bestellen. Bestellt werden kann jeder, der die Fähigkeit zum Richteramt erlangt hat und die Voraussetzungen für die Berufung in das Reichsbeamtenverhältnis erfüllt. Vorzugsweise sollen Rechtsanwälte und Anwaltsassessoren bestellt werden. Dem Verwalter können auch nach der Bestellung Auflagen gemacht werden.

(2) Der Verwalter ist auf eigene Rechnung tätig. Er führt die laufenden Aufträge fort. Kostenforderungen stehen ihm zu, soweit sie nach seiner Bestellung entstehen. Er muß sich jedoch die an den verstorbenen oder ausgeschiedenen Rechtsanwalt gezahlten Vorschüsse anrechnen lassen. Er ist berechtigt, Kostenforderungen des verstorbenen Rechtsanwalts im eigenen Namen für Rechnung der Erben geltend zu machen.

§ 3
Altersgrenze

Der Reichsminister der Justiz kann Rechtsanwälte, die das 65. Lebensjahr vollendet haben, in den Ruhestand versetzen, sofern nicht die Bedürfnisse der Rechtspflege ein Verbleiben des Rechtsanwalts im Beruf erfordern. Er kann die Reichs-Rechtsanwaltskammer verpflichten, den in den Ruhestand versetzten Rechtsanwälten und ihren Hinterbliebenen unter Berücksichtigung ihrer wirtschaftlichen Lage eine Versorgung zu gewähren.

§ 4
Berufsbezeichnung ausgeschiedener Rechtsanwälte

Rechtsanwälte, die in den Ruhestand getreten sind, dürfen die Bezeichnung »Rechtsanwalt außer Dienst« (a. D.) führen. Andere Rechtsanwälte, die aus dem Beruf ausgeschieden sind, dürfen die Bezeichnung führen, wenn es ihnen der Reichsminister der Justiz gestattet. Der Reichsminister der Justiz kann die Weiterführung der Bezeichnung bei Unwürdigkeit untersagen.

§ 5
Ausübung von Aufsichtsbefugnissen des Reichsministers der Justiz durch die Oberlandesgerichtspräsidenten

(1) Bei Ausübung der Aufsicht über den Präsidenten der Rechtsanwaltskammer ist der Präsident des Oberlandesgerichts ständiger Vertreter des Reichsministers der Justiz. Er übt die Aufsicht nach Maßgabe der folgenden Vorschriften aus: Er ist befugt, sich vom Präsidenten der Rechtsanwaltskammer und ihren Organen unterrichten zu lassen, sie auf die maßgebenden Gesichtspunkte und die danach erforderlichen Maßnahmen aufmerksam zu machen und bei Gefahr im Verzuge einstweilige Anordnungen zu treffen. Er kann seine Befugnisse nicht auf einen anderen Beamten übertragen; ist er längere Zeit abwesend oder verhindert, so werden seine Befugnisse von seinem ständigen Vertreter ausgeübt.

(2) Abs. 1 gilt entsprechend für die Rechtsanwaltskammer beim Reichsgericht. Die Aufsicht wird vom Präsidenten des Reichsgerichts ausgeübt.

(3) Die Aufsichtsbefugnisse des Präsidenten der Reichs-Rechtsanwaltskammer bleiben unberührt.

§ 6
Rüge und Mißbilligung

Die Vorschrift im § 57 Satz 2 der Reichs-Rechtsanwaltsordnung, wonach vor Erteilung einer Rüge oder Mißbilligung ein Ausschuß der Rechtsanwaltskammer zu hören ist, wird aufgehoben.

§ 7
Ehrengerichtliches Verfahren

I. Förmliches Verfahren

(1) Die Ehrengerichtsbarkeit über Rechtsanwälte und Anwaltsassessoren wird für die Dauer des Krieges von den Dienststrafgerichten ausgeübt.

(2) Auf das förmliche ehrengerichtliche Verfahren der Dienststrafgerichte finden, soweit nichts anderes bestimmt ist, die für richterliche Beamte der Reichsjustizverwaltung geltenden Vorschriften der Reichsdienststrafordnung entsprechende Anwendung. Die §§ 65, 67 bis 94, 100, 102, 103, 105 der Reichs-Rechtsanwaltsordnung sind im förmlichen ehrengerichtlichen Verfahren bis auf weiteres nicht anzuwenden.

(3) Dienstvorgesetzte im Sinne der Reichsdienststrafordnung sind der Reichsminister der Justiz und die Oberlandesgerichtspräsidenten.

(4) Ehrengerichtliche Strafen sind:
Warnung,
Verweis,
Geldbuße,
Ausschließung von der Rechtsanwaltschaft.
Geldbuße kann gegen Rechtsanwälte bis zu 5 000 Reichsmark, gegen Anwaltsassessoren bis zu 500 Reichsmark verhängt werden. Hat jedoch der Angeschuldigte aus Streben nach Gewinn gehandelt, so kann die Strafe bis zur Höhe des erzielten Vorteils erhöht werden.

(5) Als Ehrengerichte im förmlichen Verfahren entscheiden allein die Dienststrafkammern bei den Oberlandesgerichten und der Dienststrafsenat beim Reichsgericht. In der Dienststrafkammer wirkt neben einem richterlichen Beisitzer ein im Bezirk des Oberlandesgerichts ansässiger Rechtsanwalt als Beisitzer mit. Im Dienststrafsenat wirken neben zwei richterlichen Beisitzern zwei Rechtsanwälte als Beisitzer mit. Die anwaltlichen Beisitzer werden vom Reichsminister der Justiz bestellt. Sind der Vorsitzende der Dienststrafkammer und sein ständiger Vertreter behindert, so führt ein vom Reichsminister der Justiz bestellter Senatspräsident den Vorsitz; das gleiche gilt, wenn der Vorsitzende des Dienststrafsenats und sein ständiger Vertreter behindert sind.

(6) Gegen einen Anwaltsnotar (§ 8 Abs. 2 der Reichsnotarordnung) ist nur das ehrengerichtliche Verfahren vor dem Dienststrafgericht durchzuführen. Als Beisitzer aus dem Rechtsanwaltsstand sollen nur Rechtsanwälte mitwirken, die zugleich Notare sind. Gegen einen zur hauptberuflichen Amtsausübung bestellten Notar, der nach § 8 Abs. 1 der Reichsnotarordnung zugleich als Rechtsanwalt zugelassen ist, ist nur das Dienststrafverfahren nach der Reichsnotarordnung durchzuführen.

(7) Ehrengerichtliche Verfahren, die beim Inkrafttreten dieser Verordnung anhängig sind, werden in der Lage, in der sie sich befinden, nach den Vorschriften dieser Verordnung weitergeführt.

II. Strafverfügung

§ 5 der Verordnung zur weiteren Ergänzung der Reichs-Rechtsanwaltsordnung vom 24. Juni 1941 (Reichsgesetzbl. I S. 333) erhält folgende neue Fassung:

„§ 5

(1) Warnung, Verweis und Geldstrafe bis zu 500 Reichsmark können auf schriftlichen Antrag der Staatsanwaltschaft auch durch

Strafverfügung des Präsidenten der Rechtsanwaltskammer verhängt werden. Der Antrag ist auf eine bestimmte Strafe zu richten. Eine andere als die beantragte Strafe darf nur mit Zustimmung der Staatsanwaltschaft verhängt werden. Vor Verhängung der Strafe hat der Präsident der Rechtsanwaltskammer den Beschuldigten zu hören. Die Strafverfügung ist dem Beschuldigten zuzustellen oder verhandlungsschriftlich zu eröffnen. Hat der Präsident der Rechtsanwaltskammer Bedenken, die Strafe ohne Hauptverhandlung festzusetzen, oder kann eine Verständigung über die zu verhängende Strafe nicht erzielt werden, so wird das förmliche ehrengerichtliche Verfahren eingeleitet. Einer Einleitungsverfügung bedarf es nicht. Der Generalstaatsanwalt beim Oberlandesgericht hat die Sache mit einer Anschuldigungsschrift dem Präsidenten des Oberlandesgerichts vorzulegen.

(2) Die Staatsanwaltschaft und der Beschuldigte können gegen die Strafverfügung innerhalb zweier Wochen nach der Zustellung oder Eröffnung Beschwerde erheben. Die Beschwerde ist bei dem Präsidenten der Rechtsanwaltskammer oder dem Präsidenten der Reichs-Rechtsanwaltskammer einzulegen. Über die Beschwerde entscheidet nach Anhörung des Beschuldigten der Präsident der Reichs-Rechtsanwaltskammer. Hält er im Einvernehmen mit dem Oberreichsanwalt die Einleitung eines förmlichen ehrengerichtlichen Verfahrens für erforderlich, so hebt er die Strafverfügung auf und gibt die Sache an den Generalstaatsanwalt beim Oberlandesgericht ab, der sie mit einer Anschuldigungsschrift dem Präsidenten des Oberlandesgerichts vorlegt; einer Einleitungsverfügung bedarf es in diesem Falle nicht.

(3) Der Präsident der Reichs-Rechtsanwaltskammer kann eine Strafverfügung des Präsidenten der Rechtsanwaltskammer sowie eine von ihm selbst erlassene Strafverfügung innerhalb eines Jahres, nachdem sie erlassen ist, aufheben und mit Zustimmung der Staatsanwaltschaft in der Sache anders entscheiden oder die Sache zur Durchführung eines förmlichen ehrengerichtlichen Verfahrens an den Generalstaatsanwalt beim Oberlandesgericht abgeben, der sie mit einer Anschuldigungsschrift dem Präsidenten des Oberlandesgerichts vorlegt; einer Einleitungsverfügung bedarf es in diesem Falle nicht.

Berlin, den 1. März 1943.

(4) Die Entscheidungen des Präsidenten der Reichs-Rechtsanwaltskammer nach Abs. 2 und 3 sind endgültig."

§ 8
Vertretungsverbot

Die §§ 95, 96, 97 der Reichs-Rechtsanwaltsordnung sind bis auf weiteres in folgender Fassung anzuwenden:

„§ 95

(1) Ist gegen einen Rechtsanwalt ein förmliches ehrengerichtliches Verfahren eingeleitet, so kann gegen ihn durch Beschluß des Ehrengerichts ein Vertretungsverbot verhängt werden.

(2) Der Beschluß über die Verhängung eines Vertretungsverbots ist zu begründen und dem Angeschuldigten zuzustellen. Wird ein Vertretungsverbot verhängt, so ist eine beglaubigte Abschrift der Formel des Beschlusses dem Reichsminister der Justiz, den Amtsgerichten, die sich am Wohnsitz des Angeschuldigten befinden, und den Gerichten mitzuteilen, bei denen der Rechtsanwalt sonst noch zugelassen ist.

§ 96

(1) Der Beschluß wird mit der Verkündung wirksam.

(2) Dem Rechtsanwalt, gegen den das Vertretungsverbot verhängt ist, ist jede anwaltliche Berufstätigkeit verboten. Ausgenommen ist die Wahrnehmung der eigenen Angelegenheiten des Rechtsanwalts und der Angelegenheiten seiner Ehefrau und seiner minderjährigen Kinder, soweit nicht Anwaltszwang besteht. Die rechtliche Wirksamkeit von Handlungen des Rechtsanwalts wird durch das Vertretungsverbot nicht berührt.

§ 97

Der Beschluß unterliegt der Beschwerde nach § 66 Abs. 2, 3 der Reichsdienststrafordnung. Die Beschwerde gegen die Verhängung des Vertretungsverbots hat keine aufschiebende Wirkung. § 95 Abs. 2 gilt entsprechend, Abs. 2 Satz 2 auch dann, wenn das Vertretungsverbot aufgehoben wird."

§ 9
Inkrafttreten

Diese Verordnung tritt zwei Wochen nach der Verkündung in Kraft.

Der Reichsminister der Justiz
In Vertretung
Dr. Rothenberger

Der Chef der Sicherheitspolizei
und des SD
Amt III

Berlin SW 11, den 15. Juli 1943
Prinz-Albrecht-Straße 8
für Rückfragen 12 00 38 / 331

Geheim!

8

SD-Berichte zu Inlandsfragen

Auf Anforderung des Empfängers
und **unüberprüft** vorgelegt

III u + III p

Meldungen zum Arbeitseinsatz der Rechtsanwälte.

Die Verordnung über die Meldung von Männern und Frauen für Aufgaben der Reichsverteidigung vom 27.1.1943 (RGBl. I S. 67) erfasste auch die Rechtsanwälte und Notare als selbständige Berufstätige, soweit auf sie nicht die allgemeinen Befreiungsvorschriften zutrafen. Danach waren zunächst Rechtsanwälte und Notare, die das 65. Lebensjahr noch nicht vollendet hatten und weniger als 5 Angestellte beschäftigten, zur Meldung beim Arbeitsamt verpflichtet. Durch Vereinbarung zwischen dem Reichsjustizminister und dem Generalbevollmächtigten für den Arbeitseinsatz wurden die Rechtsanwälte und Notare jedoch bald nach Verkündung der Verordnung von der Meldepflicht freigestellt und die Durchführung des Arbeitseinsatzes den Oberlandesgerichtspräsidenten übertragen. Massgebender Gesichtspunkt für den Arbeitseinsatz war, dass Rechtsanwälte und Notare, soweit sie noch nicht eine überwiegend kriegswichtige Tätigkeit ausübten, in eine solche zu überführen seien. Eine überwiegend kriegswichtige Tätigkeit übten nach dem Erlass des Reichsjustizministers die Rechtsanwälte und Notare aus, die zur Aufrechterhaltung der Rechtspflege unentbehrlich seien (besonders Strafverteidiger, Steuerberater, Berater von Rüstungswerken, Prozessanwälte für Verfahren mit Anwaltszwang, Notare in ausreichender Zahl).

108

Das Reichsjustizministerium hat im Einvernehmen mit der Reichsrechtsanwaltskammer in Anweisungen an die Oberlandesgerichtspräsidenten und an die örtlichen Rechtsanwaltskammern mitgeteilt, dass die Tätigkeit solcher Rechtsanwälte und Notare, die nach ihren persönlichen Verhältnissen oder der Art ihrer Berufsausübung eine auf das Volksganze ausgerichtete Mitarbeit an der Rechtspflege nicht erwarten liessen, nicht als kriegswichtig angesehen werden könne. Deshalb seien dem Arbeitsamt vornehmlich zur Verfügung zu stellen: Mischlinge, jüdisch versippte Anwälte, Rechtsanwälte, die politisch unzuverlässig sind oder die in ihrer Berufsausübung mehrfach zu Beanstandungen Anlass gegeben haben. Darüber hinaus wären Anwälte zu benennen, die den Jahrgängen 1900 und jünger angehören.

Nach den eingegangenen Meldungen ist der Arbeitseinsatz der Rechtsanwälte und Notare in den einzelnen Bezirken sehr unterschiedlich gehandhabt worden. Wesentliche arbeitseinsatzmässige Ergebnisse haben die Massnahmen, soweit danach festgestellt werden kann, nirgends gehabt. Soweit mit ihnen, wie dies vom Reichsjustizministerium ursprünglich vorgesehen und von den Durchführungsstellen aufgefasst worden sei, gleichzeitig eine mittelbare Berufsbereinigung beabsichtigt gewesen sei, müsse diese als misslungen angesehen werden.

Der erste Erlass des Reichsjustizministers vom 19.2.1943 sei nach den Meldungen meist so verstanden worden und nach einer Erklärung des Vertreters des Reichsjustizministeriums auf einer vorbereitenden Sitzung der Reichsrechtsanwaltskammer auch nicht anders zu verstehen gewesen, als dass die Kanzleien der frei zu gebenden Anwälte geschlossen und damit eine Berufsausübung der unerwünschten Elemente in der Anwaltschaft unmöglich gemacht werden sollte. Für eine solche Berufsbereinigung habe gesprochen, dass sowohl vor als unmittelbar nach der Machtergreifung unzuverlässige Persönlichkeiten in grösserer Zahl in die Anwaltschaft aufgenommen worden seien (z.B. aus politischen Gründen ausgeschiedene Beamte) und eine Berufsbereinigung der Anwaltschaft bisher noch nicht erfolgt sei. Es sei jedoch von vornherein bezweifelt worden, ob zu ihrer Durchführung eine Arbeitseinsatzmassnahme das geeignete Mittel sei. Das an sich erwünschte Ziel einer Berufsbereinigung lasse sich jedenfalls im Kriege mit Hilfe einer solchen Massnahme nicht verwirklichen. Jede Berufsbereinigung müsse z.Z. unvollkommen bleiben; denn sie erfasse weder den Rechtsanwalt, der zur Wehrmacht eingerückt sei noch die in manchen Bezirken grosse Zahl von Anwälten, die bereits in den vergangenen Kriegsjahren eine kriegswichtige Tätigkeit bei Behörden, Verbänden oder in der Rüstungswirtschaft übernommen hätten. Auch unter diesen Anwälten befänden sich unerwünschte Elemente, deren endgültige Ausscheidung aus der Anwaltschaft erwünscht, z.Z. indessen nicht möglich sei.

Die Berufsbereinigung durch eine Arbeitseinsatzmassnahme sei aber auch insofern schwierig und im Erfolg zweifelhaft, weil nach den ergangenen Richtlinien ein Einsatz in einer der Anwaltschaft etwa gleichwertigen Stellung erfolgen solle, in der der Anwalt seiner Vorbildung und Erfahrung entsprechend das Beste leisten könne. Bei diesen Stellungen handele es sich aber heute fast ausschliesslich um Tätigkeiten bei Behörden und in der Rüstungswirtschaft. Es bestehe dabei entweder die Gefahr, dass die Arbeitsämter die angebotenen Anwälte überhaupt nicht unterbringen könnten oder dass politisch oder charakterlich unzuverlässige Anwälte im Rahmen des Kriegseinsatzes an politisch oder wirtschaftlich bedeutsame Stellen kämen, wo sich ihr Einfluss wesentlich ungünstiger auswirken könne als in ihrer bisherigen Tätigkeit als Anwalt.

Eine wirksame Berufsbereinigung mit dem Ziel der endgültigen Ausscheidung des unerwünschten Rechtsanwalts habe dann aber nach den Verordnungen auch gar nicht erreicht werden können. In weiteren Erlassen sei nämlich vom Reichsjustizministerium klargestellt worden, dass nur der Anwalt oder Notar selbst dem Arbeitsamt freizugeben sei; eine Rechtsgrundlage für die Schliessung von Anwaltskanzleien sei durch die Arbeitseinsatzmassnahmen nicht gegeben. Dem zur Verfügung gestellten Anwalt stehe es also frei, soweit seine Arbeitskraft ausreiche, seine Tätigkeit als Rechtsanwalt fortzusetzen. Entgegen den ursprünglichen Absichten sei jetzt folgender Zustand eingetreten: Der freigegebene Rechtsanwalt und Notar behalte seine Zulassung,

109

könne seine Kanzlei weiter betreiben und werde nach dem Kriege sogar noch verlangen, vor anderen Anwälten in der Heimat bevorzugt zu werden, da er zu kriegswichtiger Arbeit verpflichtet worden sei. Gerade die Anwälte, die Mischlinge, jüdisch versippt oder unzuverlässig seien, würden auf alle Weise versuchen, ihre Zulassung aufrecht zu erhalten, während der einsatzbereite Anwalt den Nachteil der Dienstverpflichtung als Kriegsnotwendigkeit ohne Widerspruch hinnehmen werde.

Nach den Meldungen hat es sich vielfach ergeben, dass der Arbeitseinsatz der Rechtsanwälte auch arbeitseinsatzmässig zu keinem günstigen Erfolg geführt hat. In einigen Bezirken sind insgesamt nur sehr wenige Anwälte benannt worden, so sind z.B. in Württemberg nach einer Meldung aus Stuttgart insgesamt nur 3 nicht rein deutschblütige Anwälte und 1 Anwalt aus politischen Gründen zum Arbeitseinsatz gemeldet worden. Andere Meldungen führen aus, dass die noch vorhandenen Anwälte teils alt und krank, teils aber für die Rechtspflege unentbehrlich seien. In den Bezirken aber, in denen eine grössere Anzahl von Anwälten zum Arbeitseinsatz freigegeben worden war, haben die Arbeitsämter keine Möglichkeit gehabt, die zur Verfügung gestellten Arbeitskräfte zweckentsprechend einzusetzen. So haben einzelne Arbeitsämter über die benannten Rechtsanwälte nicht verfügt. Einzelne haben ausdrücklich mitgeteilt, dass sie für die Anwälte z.Z. keine Verwendung hätten; andere haben nur einen kleinen Teil der frei gegebenen Anwälte einsetzen können (Breslau, Wien, Graz, Innsbruck, Karlsruhe, Braunschweig). Dort, wo minderbefähigte Anwälte vermittelt werden sollten, hat es zum Teil auch Schwierigkeiten mit den neuen Dienstherren gegeben, insbesondere in kleineren Orten, wo Behörden und Firmen die Beschäftigung von weniger angesehenen Anwälten abgelehnt haben. Gerade weniger angesehene Anwälte seien dadurch in der Anwaltstätigkeit geblieben, während befähigte jüngere Anwälte noch am leichtesten in günstige Stellen vermittelt werden könnten und dadurch unter Umständen der Anwaltschaft endgültig entfremdet werden würden.

Dokumente

Eine Anzahl von Anwälten sind nach den Meldungen inzwischen in den Justizdienst übernommen worden, insbesondere nachdem des Reichsjustizministerium darauf hingewiesen hatte, dass für den Justizdienst noch zu wenig Anwälte zur Verfügung gestellt worden seien und dass an die freizugebenden Anwälte keine besonderen Anforderungen gestellt zu werden brauchten, wenn sie nur in Fähigkeiten und Leistungen einem durchschnittlichen Richter oder Staatsanwalt entsprächen. Auch Gemeindeverwaltungen und andere Behörden haben einzelne Anwälte übernommen.

Die Massnahmen betreffend den Arbeitseinsatz der Rechtsanwälte und Notare hatten in Rechtsanwaltskreisen selbst eine erhebliche Beunruhigung hervorgerufen, da zunächst völlige Ungewissheit über die Grundsätze bestand, nach denen die Freigabe für den Arbeitseinsatz erfolgen sollte. Diese Besorgnis ist inzwischen gewichen, nachdem in der Anwaltschaft bekannt geworden ist, dass praktisch nur ein kleiner Kreis von Anwälten für den Arbeitseinsatz in Betracht kommt und dass mit der Vermittlung in eine entsprechende Tätigkeit gerechnet werden kann. Besorgnisse bestanden insbesondere hinsichtlich der wirtschaftlichen Stellung der frei gegebenen Anwälte. Da Familienunterhalt oder andere Unterstützungen den Arbeitsverpflichteten nicht gezahlt wurden, waren sie auf die Einkünft ihrer neuen Tätigkeit angewiesen, die vielfach nur einen Bruchteil ihres bisherigen Einkommens ausmachten. Es ergaben sich daher vielfach wirtschaftliche Schwierigkeiten in der Erfüllung der laufenden Verbindlichkeiten (Bürounkosten, Lebensversicherung udgl.). Massnahmen zur Behebung dieser Schwierigkeiten sind inzwischen eingeleitet worden.

Die Besorgnis, dass durch den Arbeitseinsatz zahlreicher Anwälte das ordnungsmässige Funktionieren der Rechtspflege gefährdet werden könne, hat sich nach den Meldungen als unbegründet herausgestellt.

RECHTSANWALTSBRIEFE

MITTEILUNGEN DES REICHSMINISTERS DER JUSTIZ

Vertraulich

NUMMER 1 VOM 1. OKTOBER 1944

Deutsche Rechtsanwälte!

Das deutsche Volk steht an der Schwelle des sechsten Kriegsjahres vor gewaltigen Kriegsaufgaben.

Der Führer hat zur Bewältigung dieser Aufgaben die volle Ausschöpfung aller Kräfte für Wehrmacht und Rüstung angeordnet.

Im Zuge dieser Maßnahmen des totalen Krieseinsatzes wird auch die Rechtspflege tiefgreifende Einschränkungen und Vereinfachungen erfahren. Der weitere Einsatz deutscher Rechtswahrer in Wehrmacht und Rüstung kann nicht allein durch Einschränkungen und Vereinfachungen wettgemacht werden. Er erfordert vor allem die äußerste Konzentration der Kräfte, die künftig unsere Rechtspflege weiterzuführen haben. Jeder Rechtswahrer, der künftig noch mit dieser Aufgabe betraut ist, muß stets daran denken, daß die deutsche Rechtspflege insbesondere angesichts der neuen Aufgaben, die ihr aus der weiteren Totalisierung des Krieges erwachsen werden, mehr denn je eine unmittelbar krieg- und frontsichernde Aufgabe erhalten hat. Die deutschen Rechtswahrer sind damit zur Nachhut der kämpfenden Truppe geworden. Diese äußerste Konzentration aller Kräfte, die damit verbunden ist und die vor allem von den älteren Rechtswahrern erwartet wird, die an die Stellen der jüngeren treten, setzt eine einheitliche Führung und straffe Ausrichtung der Arbeit aller Rechtswahrer, gleichviel ob sie als Richter, Staatsanwälte oder Rechtsanwälte tätig sind, voraus.

In der Stunde, in der unser Volk zum Entscheidungskampf um sein Lebensrecht angetreten ist, muß auch jeder Rechtswahrer seinen Blick, bei allem was er tut, einzig und allein auf diesen Freiheitskampf richten. Alles was nicht unmittelbar diesem Kampf dient, hat nunmehr zurückzutreten. Alles was diesem Kampf dient, hat mit dem geringsten Aufwand an Zeit und Arbeit in der schnellsten und einfachsten Art und Weise zu geschehen. Wenn es um das Leben des Volkes geht, müssen die Interessen des einzelnen zurücktreten. Für kleinlichen Zank und Streit ist schon längst kein Raum mehr. Dinge, die gestern noch eine gewisse Bedeutung hatten, haben diese vielleicht heute schon verloren. Auch unmittelbar kriegswichtige Rechtsangelegenheiten sind jedoch jetzt in kürzester und rationellster Weise zu erledigen. Das Arbeitsziel von Richter, Staatsanwalt und Rechtsanwalt ist gleichmäßig nur auf die Wahrung des Lebens unseres Volkes ausgerichtet.

Dem Rechtsanwalt, der oft als erster mit den Sorgen und Nöten der Volksgenossen befaßt ist, kommt heute eine besonders verantwortungsvolle Aufgabe zu. Dinge, die nicht unbedingt kriegswichtig sind, hat er von den Gerichten fern zu halten, kriegswichtige Rechtsangelegenheiten jedoch schnell aber nicht weniger gewissenhaft so zu erledigen, wie es dem Gebot der Stunde entspricht. Diese Aufgabe kann er nicht allein mit gutem Willen lösen. Er muß dazu vor allem auch die jeweiligen Pläne und Absichten der Justizführung auf den verschiedenen Rechtsgebieten kennen.

Ich weiß, daß die Rechtsanwälte auf eine derartige Ausrichtung ihrer Arbeit warten und daß eine solche Lenkung der Rechtspflege gerade von den Verantwortungsvollen unter ihnen begrüßt wird. Ich habe mich daher gerade in diesen schicksalsschweren Stunden entschlossen, den neuen Abschnitt unserer Rechtspflege im Zeitpunkt des totalen Kriegseinsatzes durch die Herausgabe dieser Rechtsanwaltsbriefe einzuleiten, die damit an die Seite der seit zwei Jahren erscheinenden Richterbriefe treten.

Diese Rechtsanwaltsbriefe verfolgen ein doppeltes Ziel. Sie wollen einmal den Rechtsanwälten anhand von Urteilen der Gerichte auf den verschiedenen kriegswichtigen Rechtsgebieten die Ziele der Justizführung bekanntgeben und die Linie der Gerichte aufzeigen, um ihnen unnötige Arbeit bei Gegenvorstellungen, Beschwerden oder Rechtsbehelfen sonstiger Art zu ersparen, für die heute kein Raum mehr ist. Sie wollen andererseits das allgemeine Verhalten und Auftreten der Rechtsanwälte im Beruf untereinander und gegenüber den Richtern und Staatsanwälten so ausrichten, daß eine geschlossene Arbeitskameradschaft aller Rechtswahrer entsteht und künftig Reibungen, Beanstandungen oder Streitigkeiten auf diesem Gebiet nach Möglichkeit unterbleiben, um die ganze Arbeitskraft in den Dienst der eigentlichen Rechtsarbeit zu stellen. Je härter die Zeit und je größer die Einschränkungen, desto enger muß auch der Zusammenschluß aller Rechtswahrer zu gemeinsamer Arbeit sein.

Diese Rechtsanwaltsbriefe sollen daher genau wie die Richterbriefe ein enges Bindeglied zwischen Justizführung und Gefolgschaft sein und damit zugleich auch Richter, Staatsanwälte und Rechtsanwälte durch eine gemeinsame Ausrichtung ihrer Arbeit enger zusammenschließen. Sie sind keine Befehle, sondern helfende Wegweiser zur Bewältigung der großen Aufgaben, die uns gestellt sind.

Ich erwarte, daß kein deutscher Rechtswahrer und kein deutscher Rechtsanwalt den Ernst der Zeit und die Größe der Aufgaben verkennt. Ich erwarte den restlosen Einsatz aller Kräfte für die Kriegsaufgaben und damit für den Freiheitskampf unseres Volkes. Ich weiß, daß wir diesen Kampf bestehen werden, wenn wir gemeinsam arbeiten und kämpfen wie ein Mann.

In diesem Sinn mögen auch diese Rechtsanwaltsbriefe ein Mittel der Einigung und Stärkung der Kampfentschlossenheit der deutschen Rechtswahrer sein.

Sie sollen nicht Papier bleiben, sondern zu Taten führen!

Berlin, den 1. Oktober 1944.

Dr. Thierack

Verhalten von Rechtsanwälten in Strafsachen 222

1. Der Wahlverteidiger eines Protektoratsangehörigen, der wegen Hochverrats zu 12 Jahren Zuchthaus und 10 Jahren Ehrverlust verurteilt worden war, richtete an seinen im Zuchthaus einsitzenden Mandanten einen Brief, in dem er ihm in Aussicht stellte, sich vereinbarungsgemäß im Gnadenwege für eine Erleichterung der Strafhaft einzusetzen. In diesem Brief heißt es u. a.:

„Heute komme ich nun mit einer persönlichen Bitte. Sie haben mir ganz von sich aus und von vornherein angeboten, mich anderen bekannten tschechischen Familien, deren Angehörige ein ähnliches Los getroffen hat, zu empfehlen. Sie haben auch bei der letzten gemeinsamen Besprechung mit Ihrer verehrten Frau Gemahlin diese von Ihrem Vorschlag unterrichtet. Ich habe mich nun daraufhin nach Prag gewandt, habe aber von dort mehrfach die Antwort erhalten, daß man nicht wisse, wer für eine weitere Verteidigung noch in Frage kommen könnte. Wenn ich das gewußt hätte, hätte ich Sie natürlich damals bei unseren mehrfachen Konferenzen gebeten, mir die entsprechenden Adressen aufzugeben...

In der Verhandlung habe ich anhand zahlreicher Unterlagen nachweisen können, daß Sie nicht nur nicht deutschfeindlich, sondern ausgesprochen deutschfreundlich gestimmt sind. Ich glaube Ihnen auch, daß Sie nach dem schweren Erlebnis die richtige Einstellung zu dem neuen Großdeutschland finden werden und wünsche Ihnen für die Zukunft alles Gute.

Mit den besten Grüßen und Heil Hitler!
Ihr
Unterschrift."

2. Ein Rechtsanwalt verteidigte eine Frau, die gemeinsam mit ihrer Schwester wegen verbotenen Umgangs mit Kriegsgefangenen angeklagt war. Beiden Frauen wurde zur Last gelegt, französische Kriegsgefangene in ihrer Wohnung empfangen, sie bewirtet und mit ihnen Zärtlichkeiten ausgetauscht zu haben.

In seinem Schlußvortrag führte der Verteidiger u. a. aus:

„Wir würden uns doch auch freuen, wenn unseren deutschen Gefangenen im Ausland etwas Gutes erwiesen würde und wir halten diejenigen Ausländer, die unseren deutschen Gefangenen etwas Gutes täten, deswegen doch auch nicht für strafbar."

3. Vor einem Sondergericht hatten sich mehrere tschechische Wirtschaftler wegen Vergehens gegen die Verbrauchsregelungsstrafverordnung (unberechtigten Butterbezugs) zu verantworten. Ihr Anwalt führte in seinem Schlußvortrag folgendes aus:

„Die Angeklagten imponieren mir, weil sie als Haushaltungsvorstände wie echte deutsche Männer für ihre an sich verantwortlichen Frauen eingetreten sind."

Um die deutschfreundliche Einstellung eines der Angeklagten herauszustellen, verlas der Verteidiger Teile einer Rede eines der Angeklagten, die dieser bei irgendeiner Gelegenheit über die Ziele des Nationalsozialismus gehalten hatte. Hierbei unterbrach er das Vorlesen und rief aus:

„Man könnte glauben, ich höre meinen Führer sprechen."

4. Ein Fabrikbesitzer hatte für die Kantine seines Werkes große Mengen von Lebensmitteln schwarz bezogen und diese teilweise für sich verbraucht. Er wurde deshalb wegen Kriegswirtschaftsverbrechens zu 2½ Jahren Zuchthaus verurteilt. In seiner Verteidigungsrede wies sein Rechtsanwalt darauf hin, daß die Lebensmittel den Arbeitern und damit wieder der Rüstung und der Wehrmacht zugute gekommen sein. Er schloß seine Ausführungen mit den Worten:

„So, und nun verurteilen Sie den Angeklagten!"

Auf Vorhalt des Vorsitzenden erklärte er, er könne seinen Antrag auch anders formulieren und beantragte die Freisprechung des Angeklagten.

5. Ein Rechtsanwalt übernahm die Verteidigung einer Geschäftsführerin, die in mehreren Fällen neue Fahrraddecken und Anodenbatterien ohne Bezugschein an Kunden gegen Butter, Fleisch, Wurst und Speck abgegeben hatte und deshalb wegen fortgesetzten Vergehens gegen die Verbrauchsregelungsstrafverordnung und das Verbot des Tauschhandels (§§ 1, 1a KWVO.) zu zwei Jahren Gefängnis und 1 000.— ℛℳ Geldstrafe verurteilt wurde.

In seinem Schlußvortrag führte der Verteidiger aus:

„Es ist der Angeklagten nicht zu verdenken, daß sie sich auf unzulässige Weise zusätzliche Nahrungsmittel verschafft hat. Sie ist außerordentlich korpulent und braucht daher sicher mehr als andere Menschen. Man soll sich nur diesen Körper ansehen und sich klar machen, daß er erhebliche Nahrungsmittel gebrauchte. Die Lebensmittel sind schon für normale Menschen unzureichend. Reichsgesundheitsführer Dr. Conti hat selbst erklärt, daß man mit den Lebensmittelrationen nicht auskommen könne."

Dokumente

Der Rechtsanwalt hat in seiner beruflichen Führung schon mehrfach Anlaß zu Dienstaufsichtsmaßnahmen gegeben. Gegen ihn sind wegen beleidigender Äußerungen gegenüber dem Gericht, Berufskameraden oder Parteien, wegen Erhebung unzulässiger Sonderhonorare usw. bisher 16 Beanstandungen und Mißbilligungen ausgesprochen worden.

6. Eine Mutter und ihre Tochter waren vor einem Sondergericht wegen Verbrechens nach § 4 der VolksschädlingsVO. angeklagt. Die Tochter hatte als Prokuristin einer Firma eine größere Menge Lebensmittelmarken und Kleiderkartenpunkte gestohlen und ihrer Mutter gegeben. Diese hatte die Marken von dem Papier gelöst und zur Verwendung für die kommende Zeit wohlverpackt bereit gestellt. Von den mit den Marken beschafften Lebensmitteln wurden in der Wohnung öfter Abendessen mit mehreren Gästen veranstaltet.

In seinem Schlußvortrag führt der Verteidiger etwa folgendes aus:

„Die angeklagte Tochter ist die Seele des Geschäfts der Firma gewesen. Es dehnten sich die Räume, es dehnte sich das Haus. Nach diesem Zitat sei es richtig, wenn die Tochter Gesellschaften gegeben und dazu Leute eingeladen habe. Die Mutter ist eine fleißige, bescheidene Hausfrau und beide sind Damen von besserer Herkunft. Daß die Mutter die Marken so sorgfältig abgelöst und verpackt hat, ist das Zeichen einer fleißigen und ordentlichen Hausfrau, die ihre Ordentlichkeit auch bei dieser Arbeit bewies."

Der Verteidiger kam zu dem Ergebnis, daß beide Frauen die Teilnahme des Gerichts und für ihr Geständnis eine Belohnung verdienten. Beide Angeklagten, so sagte er schließlich, hätten nichts Unrechtes begangen. Es liege keine kriminelle Schuld vor.

7. Ein Korbmacher, der von einem Rechtsanwalt verteidigt wurde, wurde wegen Widerstands gegen die Staatsgewalt und wegen Beleidigung und groben Unfugs zu 3 Wochen Gefängnis und 14 Tagen Haft verurteilt. Er hatte versucht, in angetrunkenem Zustand an verbotener Stelle eine Bahnstrecke zu überschreiten und war gegen Bahnbeamte, die ihn daran hindern wollten, auffällig geworden. Im Ort hatte er ferner Passanten belästigt und sich seiner Festnahme durch die Polizei widersetzt. Das Gericht war zu einer Freiheitsstrafe gekommen, weil der Angeklagte bereits viermal wegen tätlicher Angriffe auf Vorgesetzte vorbestraft ist und ferner früher eine Gefängnisstrafe wegen unerlaubter Entfernung beim Militär erhalten hatte.

Sein Verteidiger setzte sich in einem Gnadengesuch für die Umwandlung der Freiheitsstrafe in eine Geldstrafe ein und wies darin darauf hin, daß der Verurteilte, der z. Zt. Fuhren mit einem eigenen Gespann unternehme, wirtschaftlich durch die Verbüßung der Freiheitsstrafe schwer geschädigt werde, daß er wegen Schwachsinns vom Militär entlassen worden sei und daß sein Vergehen deshalb nicht so schwer wiege. Gegen den ablehnenden Bescheid der Staatsanwaltschaft legte er Beschwerde ein und führte in der Begründung u. a. folgendes aus:

„Die Sache ist viel zu tragisch genommen worden. Es liegt in den Zeitverhältnissen begründet, daß Vorkommnisse, die in Friedenszeiten mit einer geringen Geldstrafe geahndet werden, heute vielfach als Kapitalverbrechen angesehen werden. Das liegt in der allgemeinen Nervosität begründet, von der wohl auch die Gerichte nicht frei sind, die aber genau so wie die Unzahl von Privatklagen zeitbedingt ist. Es fehlt eben der Humor, der diese Dinge auf das richtige Maß zurückbringt."

8. Eine Frau war wegen Beleidigung einer anderen Frau angeklagt. Sie hatte der anderen Frau, kurz nachdem diese einen ihrer an der Front stehenden Söhne verloren hatte, zugerufen: „Einen Jungen haben sie Dir kaputt geschossen, wir wollten, daß Dir auch die anderen kaputt geschossen würden."

In der Berufungsbegründung führte der Verteidiger aus:

„Ohne den üblen Charakter ihrer Äußerungen, wie sie zur Anklage steht, abschwächen zu wollen, muß die Frage, ob die Äußerung eine Beleidigung darstellt, zur Nachprüfung gestellt werden. Die Äußerung enthalte zwar — so heißt es weiter — einen schlechten Wunsch, eine Verwünschung und sei geeignet, verwandtschaftliche, insbesondere mütterliche Gefühle schwer zu verletzen, sie enthalte dadurch aber nicht die Bedeutung einer Ehrverletzung. Sie sei kein Ausdruck einer Mißachtung einer Person und darum keine Beleidigung."

Diese Ausführungen hielt der Verteidiger in seinem Schlußvortrag aufrecht, obwohl der Vorsitzende ihn darauf hingewiesen hatte, daß sein Standpunkt über die Strafbarkeit der Äußerung unhaltbar sei.

Als die beleidigte Mutter in der Hauptverhandlung als Zeugin vernommen wurde und auf die Fragen des Vorsitzenden nach ihrem Sohn zu weinen anfing, auch zwei Bilder ihres Sohnes in Uniform hervorholte und sie dem Richter zeigte, erklärte der Verteidiger, sie sei offensichtlich hysterisch. Nach einer scharfen Zurückweisung durch den Vorsitzenden erwiderte der Verteidiger ebenfalls scharf: Er verstehe den Schmerz der Frau wohl, doch habe er Bedenken, ihren Worten zu glauben. Dabei fiel auch das Wort „exaltiert".

9. Eine Witwe war wegen Vergehens gegen die Verbrauchsregelungsstrafverordnung angeklagt, weil sie für 34 Zuteilungsperioden die Karten für ihren zur Wehrmacht eingezogenen Sohn weiter bezogen hatte. Die darauf gekauften Lebensmittel hatte sie zum Teil selbst verbraucht, zum größeren Teil ihren drei im Felde stehenden Söhnen geschickt.

Der Verteidiger, der in seinem Schlußvortrag für die Verhängung einer Geldstrafe eintrat, äußerte dabei, den Blick auf den Zuhörerraum gerichtet, u. a.:

„Ich bedauere, daß so wenig Zuhörer anwesend sind, sonst würde mir die Stimme des Volkes beipflichten, daß man eine solche Person nicht mit Gefängnis bestrafen darf."

10. Ein Rechtsanwalt hatte die Verteidigung eines Tischlermeisters übernommen, der beschuldigt wurde, wiederholt mit einer Kriegerfrau geschlechtlich verkehrt zu haben. Der Angeklagte wurde in erster Instanz mangels Beweises freigesprochen, weil die Frau, die den Verkehr früher zugegeben, in der Hauptverhandlung ihre Aussage verweigert hatte. Im Berufungsverfahren rügte der Verteidiger, daß die Ladungsfrist nicht eingehalten sei, beantragte die Anberaumung eines neuen Termins und bat zugleich um Übersendung einer Urteilsabschrift und der Gerichtsakten zur Einsichtnahme. In seinem Schreiben heißt es u. a.:

„Es kann nun auch nicht mehr darauf ankommen, daß bis zur endgültigen Aburteilung des Falles noch einige Wochen mehr vergehen, das besonders deshalb nicht, weil die inzwischen verstrichene Zeit offenbar nur dazu gedient hat, der Staatsanwaltschaft die Möglichkeit zu geben, neues Belastungsmaterial gegen den Angeklagten zu sammeln. Ob Sie auch der ihr gemäß § 160 RStPO. obliegenden Pflicht genügt hat, auch die zur Entlastung des Angeklagten führenden Umstände zu ermitteln, ist dem Unterzeichneten nicht bekannt."

11. Vor einer Strafkammer hatten sich zwei Angeklagte wegen Meineids zu verantworten. Der Vorsitzende hatte früher den Vorsitz in der Berufungszivilkammer geführt, in dem die Meineide in einem Unterhaltsrechtsstreit geleistet worden waren. Die Angeklagten waren damals in dem Unterhaltsprozeß eines Kindes als Zeugen vernommen worden und hatten vor dem Amtsgericht geschworen, daß sie mit der Mutter nicht geschlechtlich verkehrt hätten. In der Berufungsinstanz wurde durch ein erbbiologisches Gutachten und andere Beweismittel festgestellt, daß sie falsch geschworen hatten.

In dem daraufhin eingeleiteten Strafverfahren baten die Verteidiger der beiden Angeklagten nach Zustellung der Anklageschrift um Vernehmung eines weiteren erbbiologischen Sachverständigen. Das Gericht entsprach dieser Bitte und übersandte dem Sachverständigen auch das erste Gutachten. Nachdem der neue Sachverständige zu demselben Ergebnis kam wie der frühere, lehnten die Verteidiger den Vorsitzenden der Strafkammer neun Monate nach Zustellung der Anklageschrift wegen Besorgnis der Befangenheit ab und begründeten das Ablehnungsgesuch damit, daß sich der Vorsitzende in dem vorausgegangenen Unterhaltsrechtsstreit über den Beweiswert erbbiologischer Gutachten festgelegt habe.

12. Ein Rechtsanwalt bestellte in Privatklagesachen in mehreren Fällen die Gegenpartei, sofern sie nicht ebenfalls durch einen Anwalt vertreten war, auf seine Kanzlei. Dies geschah insbesondere dann, wenn das seiner Partei bekannte Beweismaterial nicht ausreichte. Durch die Unterredung mit der Gegenpartei gewann er häufig weiteres Beweismaterial und bot sich dann später, wenn die Gegenpartei auch dann noch nicht durch einen Anwalt vertreten war, als Zeugen an.

13. In einer Privatklagesache schreibt der Anwalt der Privatklägerin mit Bezug auf die verklagte Ehefrau:

„Eifersucht ist eine Leidenschaft, die mit Eifer sucht, was Leiden schafft. Mit dieser Sucht verbindet die verklagte Ehefrau offensichtlich den Grundsatz: Wer schnell lügt, lügt doppelt."

14. Vor einem Sondergericht waren mehrere Angeklagte wegen zahlreicher Verdunklungseinbrüche in Tabakwarenläden und Hauskeller angeklagt. Es handelte sich überwiegend um junge französische Arbeiter im Alter von etwa 20 Jahren. Fünf der Angeklagten hatten einen Pflichtverteidiger.

Obwohl es sich nicht in jeder Beziehung um einen einfachen Sachverhalt handelte, erledigten drei der Pflichtverteidiger ihre Schlußvorträge in zusammen 10 Minuten. Die beiden anderen Pflichtverteidiger, die u. a. die Frage zu prüfen hatten, ob einer der Angeklagten als jugendlicher Schwerverbrecher anzusehen sei, machten längere und zutreffende Ausführungen, die den Eindruck eines wirklichen Einsatzes hinterließen.

Stellungnahme des Reichsministers der Justiz

Die innere Problematik der Stellung des Rechtsanwalts, die darauf beruht, daß der Anwalt einerseits regelmäßig als Vertreter eines einzelnen Volksgenossen, der ihn bestellt und honoriert, andererseits als Organ der Rechtspflege und Rechtswahrer der Gemeinschaft, die ihn in sein Amt einsetzt und betreut, auftritt, ist von jeher besonders in der S t r a f r e c h t s p f l e g e in Erscheinung getreten. Die Wandlung des Zivilrechts vom reinen „Privatrecht" der Vergangenheit, in dem der einzelne sein Recht mehr oder lediglich um seiner selbst willen verfolgte, zum volksgenössischen Recht unserer Zeit, in der der Volksgenosse auch seine „privaten" Rechte als Treuhänder der Gemeinschaft verwaltet, hat zwar a u c h die Aufgabe und Stellung des Rechtsanwalts verändert und umgestaltet. Diese Veränderung tritt jedoch nicht so sinnfällig nach

Dokumente

außen hin in Erscheinung, weil sich die Rechtsverfolgung und Rechtswahrung auf dem Gebiet des volksgenössischen Rechts im weitesten Sinne trotz des Schwergewichts der Belange der Gemeinschaft auch heute noch jedenfalls äußerlich in einer Form vollzieht, die die Doppelstellung des Rechtsanwalts mit ihrer inneren Pflichtenkollision nicht so deutlich hervortreten läßt, wie dies schon immer auf dem Gebiet der Strafrechtspflege der Fall war. Im Strafverfahren streiten nach unserem heutigen strafrechtlichen Denken nicht mehr zwei Parteien um ihr Recht. Hier streitet nicht der in seiner Freiheit bedrohte „Privatmann" gegen eine ihm rechtlich gleichgestellte „juristische Person" namens Staat oder gegen den Staatsanwalt vor dem unabhängigen Richter um die Rechtfertigung eines gegen ihn erhobenen staatlichen Strafanspruches, sondern hier verantwortet sich der Volksgenosse vor der Gemeinschaft und ihrer Führung, der er Treue und Rücksichtnahme schuldet, wegen des Verdachts des Treubruchs oder der Rücksichtslosigkeit. Hier werden nicht Freiheitsrechte erstritten, sondern Gemeinschaftspflichten bewertet. Hier wird nicht nur gesetzmäßiges Verhalten überprüft, sondern rechtschaffener Einsatz, Gesinnungstreue und Wert oder Unwert der Persönlichkeit des einzelnen Volksgenossen für die Gemeinschaft abgewogen und festgestellt. Hier hat die Gemeinschaft dem Einzelnen gegenüber nicht nur soviel Rechte, wie der Staatsbürger ihr durch seine Stimme gegeben hat, sondern der Einzelne hat soviel Rechte und Pflichten, wie ihm die Gemeinschaft verliehen und auferlegt hat.

Es ist selbstverständlich, daß eine solche Betrachtungsweise weitgehende Auswirkungen auf die Stellung und Aufgabe des Rechtsanwalts als Strafverteidiger nach sich ziehen muß, auch wenn sich das Strafverfahren äußerlich in seinen Formen nicht wesentlich von dem früheren Strafprozeß unterscheidet. Der Rechtsanwalt ist als Strafverteidiger näher an den Staat und die Gemeinschaft herangerückt. Er ist eingegliedert in die Gemeinschaft der Rechtswahrer und hat seine frühere Stellung als einseitiger Interessenvertreter des Angeklagten verloren. Wer sich nicht klar und bedingungslos innerlich dazu bekennen kann und ständig danach zu handeln bereit und imstande ist, sollte die Robe eines deutschen Rechtsanwalts nicht anlegen und eine Verteidigerbank nicht betreten. Er würde nicht nur uneinig mit sich selbst bleiben, er würde nicht nur von einem Konflikt in den anderen geraten, er würde auch, wenn auch oft unbewußt, der Rechtspflege mehr schaden als nützen und nicht zuletzt auch den Ruf seiner andersdenkenden und -handelnden Berufskameraden gefährden. Daß der Rechtsanwalt als Strafverteidiger es in seiner inneren Umstellung insoweit schwerer hatte als der Richter und Staatsanwalt, liegt auf der Hand. Das darf aber niemals darüber hinwegtäuschen, daß nur die restlose Erkämpfung dieser inneren Berufseinstellung und die restlose Hingabe an dieses Berufsziel den Weg zur Wahrnehmung des ebenso schwierigen wie verantwortungsvollen und dankbaren Verteidigeramtes freimacht. Welche Folgerungen im einzelnen aus dieser veränderten Aufgabenstellung des Strafverteidigers ergeben, wird in diesen Rechtsanwaltsbriefen noch oft besprochen werden. Fest steht jedenfalls, daß die Bewährung des Rechtsanwalts als Strafverteidiger, um die unsere Anwaltschaft nunmehr seit über 10 Jahren mit wechselndem Erfolg ringt, schließlich davon abhängen wird, ob und in welchem Umfange es ihr gelingen wird, nicht nur äußerlich, sondern auch wirklich innerlich zu dieser neuen Aufgabenstellung durchzuringen und diese erhöhte Pflichtenstellung der Gemeinschaft gegenüber dennoch mit den Pflichten gegenüber dem einzelnen Volksgenossen so zu vereinbaren, daß die Gemeinschaft unbedingt ihr Recht erhält und der einzelne Volksgenosse, der sich einem Anwalt anvertraut, dennoch nicht im Stich gelassen oder gar verraten wird.

Daß dieser Kampf der Anwaltschaft auch heute noch keineswegs beendet ist, zeigen — neben den mitgeteilten Fällen — Vorkommnisse in der Praxis täglich von neuem.

Ich weiß sehr wohl, daß viele Rechtsanwälte diesen Kampf um ihre innere Neuausrichtung, der zugleich ein starkes inneres Bekenntnis erfordert, scheuen, weil sie meinen, ihren Mandanten nicht untreu werden zu dürfen und sich d e s h a l b von Strafsachen überhaupt fernhalten.

An sie wende ich mich nicht. Denn wer das innere Bekenntnis scheut oder nicht die Kraft aufbringt, sich durchzuringen, könnte doch niemals fruchtbare Arbeit als Strafverteidiger leisten.

Die Gründe, die jedoch viele andere früher und heute zur Ablehnung von Strafsachen führen, sind ganz verschiedene. Dabei soll von den Anwälten, die aus innerer Neigung und Berufung grundsätzlich nur Zivilsachen bearbeiten und die auf diesem und anderen Gebieten, z. B. als Anwälte in Wirtschaftssachen, zum großen Teil auch nur in beratender und betreuender Form, wertvollste Rechtsarbeit leisten, die kaum an die Gerichte oder die Öffentlichkeit gelangt, nicht die Rede sein. Aus ihnen will ich keine Strafverteidiger machen. Denn es wäre gänzlich verfehlt, sie ihrer wichtigen Aufgabe zu entziehen und sie einer anderen zuzuführen, zu der sie sich innerlich nicht berufen fühlen. Davon abgesehen gibt es jedoch eine nicht geringe Anzahl von Anwälten, die eine Arbeit in Strafsachen deshalb ablehnen, weil sie Strafsachen allgemein als zweitrangig, weil „weniger juristisch", ansehen. Derartige Rangfragen zwischen Strafrecht und Zivilrecht sollte man überhaupt nicht stellen. Die Meinung von der Zweitrangigkeit der Strafrechtspflege und damit auch des Strafverteidigers, die man auch heute noch bisweilen hört, kann eigentlich nur jemand vertreten, für den sich das „Juristische" in begrifflichen Konstruktionen und logischen Gedankenoperationen erschöpft und der damit einen Begriff des „Juristischen" zugrunde legt, der auch in unserem Zivilrecht längst nicht mehr gilt. Wer dagegen das Recht als die oberste Lebensordnung der Gemeinschaft begreift, wer die Aufgabe des Rechts-

6

das Ziel der Justizführung, daran muß vor allem die Anwaltschaft durch Selbstdisziplin mitarbeiten, die ich von nun an in besonderem Maße erwarte.

Wo Unklarheiten, Zweifel, Wünsche und Sorgen der Anwaltschaft bestehen, mag mir dies jeder Rechtsanwalt selbst oder durch seine Kammer mitteilen, damit diese Fragen soweit möglich in diesen Rechtsanwaltsbriefen erörtert und geklärt werden.

Zu den einzelnen der mitgeteilten Fälle ist kurz folgendes zu sagen:

(1) Der Brief des Verteidigers an den im Zuchthaus sitzenden Hochverräter spricht für sich selbst. Nicht die unverhohlene Werbung für die Praxis tritt hier abstoßend hervor, sondern vor allem die geradezu unverständliche Würdelosigkeit und Unterwürfigkeit, in der sich ein deutscher Rechtswahrer an einen abgestempelten Staatsfeind wendet, den er als „sehr geehrten Herrn" anspricht, dem er „für die Zukunft alles Gute" wünscht und von dem er sich nach dem Hinweis auf die „geehrte Frau Gemahlin" mit „den besten Grüßen und Heil Hitler! Ihr..." verabschiedet.

Deutlicher kann man allerdings nicht zum Ausdruck bringen, daß man zum Rechtsanwalt ungeeignet ist.

(2) Der Rechtsanwalt, der dadurch zu verteidigen suchte, daß er meinte, „wir würden uns doch auch freuen, wenn unseren deutschen Gefangenen etwas Gutes erwiesen würde", läßt jedes Verständnis für den Ernst und die Bedeutung dieser Straftat vermissen. Deutsche Frauen sind nicht dazu da, Kriegsgefangenen „etwas Gutes zu erweisen", sondern haben sich eben als deutsche Frauen zu benehmen, denen Anstand und Würde jede noch so geringe Gemeinschaft mit Kriegsgefangenen, die immer noch unsere Feinde sind, von selbst verbietet. Was sollen andere Frauen, die etwa in eine ähnliche Versuchung geraten, wie etwa die Angeklagte, und diese bestehen, sagen, wenn sie von einem Rechtswahrer derartige Ansichten hören.

(3) Auch dem Verteidiger, dem das Verhalten der tschechischen Wirtschaftler, die Butter ohne Marken besorgt hatten, „imponierte", weil die Angeklagten „wie echte deutsche Männer für ihre an sich verantwortlichen Frauen eingetreten sind", kann man nur sagen, daß ihm die Aufgaben eines deutschen Rechtsanwalts noch recht fremd sind. Auch hier lag die Takt- und Verständnislosigkeit weniger darin, daß er das Vergehen als solches bagatellisierte, als darin, daß er die volkstumsdeutschen Verhältnisse im Protektorat und die Belange des deutschen Volkes offenbar völlig verkannt hat. Eine Rede eines der tschechischen Angeklagten dann aber noch mit einer Rede des Führers auch nur in einem Atemzug zu nennen, war allerdings — ganz gleichgültig wie es gemeint war — ein starkes Stück. So etwas ist nicht mehr mit einer „peinlichen Entgleisung" zu entschuldigen. Denn Instinktlosigkeit ist eine Sache des Charakters.

(4) Der Rechtsanwalt, der den wegen Kriegswirtschaftsvergehens angeklagten Fabrikbesitzer verteidigte, konnte wohl darauf hinweisen, daß der Angeklagte bei dem unberechtigten Bezug der Lebensmittel auch auf das Wohl seiner Arbeiter bedacht war. Soweit dies tatsächlich zutreffend war, mußte er sogar darauf hinweisen. Wenn er dabei jedoch offenbar gar nicht berücksichtigte, daß der Angeklagte — wie das Urteil von 2½ Jahren Zuchthaus erkennen läßt — dabei auch nicht unerheblich in die eigene Tasche gewirtschaftet hatte, so verletzte er damit allerdings seine Verteidigerpflicht. Wenn er aber sogar darüber hinaus das Gericht noch mit den Worten „so, und nun verurteilen Sie den Angeklagten" zu beeinflussen und irrezuführen versuchte und damit die Freisprechung des Angeklagten verlangte, so ging er damit weit über den Rahmen einer möglichen und zulässigen Verteidigung hinaus. Dieser Antrag mußte bei allen Beteiligten, nicht zuletzt auch bei dem Angeklagten selbst, dem er sein Unrecht hätte klarmachen sollen, den Eindruck erwecken, als ob seine Verurteilung ungerecht sei und damit den Interessen des Volkes zuwiderlaufe. Eine solche Verteidigung dient nicht der Rechtspflege, sondern schadet ihr.

(5) Auch die nächsten beiden Fälle zeigen, daß manche Verteidiger auch im fünften Kriegsjahr die Bedeutung der Kriegswirtschaftsstrafsachen noch nicht erkannt haben. Einen verbotenen Schleich- und Tauschhandel mit der „Korpulenz" der Angeklagten zu verteidigen, kann eigentlich nicht ernstgemeint sein und selbstverständlich außer einer schlechten Wirkung für den Anwalt keinen Erfolg haben. Auch dieses Vorbringen läßt sich jedoch nicht mit einer augenblicklichen Entgleisung entschuldigen, denn der Verteidiger hat selbst danach noch durch seinen ebenso unrichtigen wie unangebrachten Hinweis, daß der Reichsgesundheitsführer die Lebensmittelrationen für unzureichend erklärt habe, zu erkennen gegeben, daß er selbst auch innerlich anders denkt als unsere Gesetze und die Staatsführung. Die 16 Beanstandungen und Mißbilligungen, die gegen ihn bisher ausgesprochen worden sind, bestätigen das Bild, das er auch in diesem Falle von sich selbst gezeichnet hat.

(6) Gesellschaften und Abendessen, die von den beiden „Damen besserer Herkunft" mit Hilfe gestohlener Lebensmittelmarken ausgestattet wurden, damit zu verteidigen, daß gewissermaßen das Geschäft derartige Veranstaltungen erfordere, ist ebenso töricht, wie dem Gericht zuzumuten, daß es feststellen solle, die Angeklagten hätten nichts Unrechtes getan. Solche Ausführungen beweisen nicht nur eine recht erhebliche Verständnislosigkeit gegenüber der Bedeutung von Strafsachen auf dem Gebiet des Kriegswirtschaftsrechts, sie gehören überhaupt nicht in den Gerichtssaal.

Dokumente

(7) Humor soll gerade in schweren Zeiten sicher nicht unterdrückt werden, aber nur wo er am Platze ist. Wenn jedoch ein Verteidiger einem Gericht oder der Staatsanwaltschaft mangelnden Humor vorwirft, weil ein Angeklagter, der in angetrunkenem Zustande randaliert, andere Leute belästigt und der Polizei Widerstand leistet, die verdiente Strafe erhielt, so ist dies unverständlich. Der Verteidiger hätte lieber daran denken sollen, daß man im fünften Kriegsjahr Richter und Staatsanwälte nicht mit unangebrachten Gnadengesuchen und Beschwerden — über die überhaupt noch manches zu sagen sein wird — belasten soll. Er hätte besser daran getan, seinem bereits wiederholt unangenehm aufgefallenen Mandanten klar zu machen, wie man sich heute zu benehmen hat, als ihm durch seine verfehlten Angaben noch das Rückgrat zu stärken.

(8) Wenn der Verteidiger in diesem Falle rechtliche Bedenken gegen die Annahme einer Beleidigung der Mutter geltend macht, so konnte er damit nur eine Freisprechung beabsichtigen. Damit hatte er als Rechtswahrer die Ansicht vertreten, daß es in solchen Fällen nach unserem Recht einen Ehrenschutz gefallener Soldaten und seiner Angehörigen nicht gebe. Diese Einstellung und sein weiteres Verhalten in der Hauptverhandlung, in der er die schwergeprüfte Mutter des Gefallenen, in der begreiflicherweise vor dem Richter noch einmal ihr Schmerz und Leid auflebte, als „hysterisch und exaltiert" bezeichnete, verrät — auch wenn die Mutter sich noch so aufgeregt gezeigt haben sollte — einen seltenen Mangel an Gemeinschaftsgefühl und menschlichem Mitgefühl. Wer eine solche Straftat noch dazu als Rechtswahrer zu decken versucht, stellt sich damit gesinnungsmäßig mit dem Angeklagten auf eine Stufe.

(9) Wenn der Verteidiger der Witwe, die für 34 Zuteilungsperioden Lebensmittel auf die Karten ihres zur Wehrmacht eingezogenen Sohnes bezog, eine Geldstrafe beantragte, obwohl es sich um einen recht erheblichen Zeitraum handelte, so kann man dies dann verstehen, wenn sie sämtliche Lebensmittel ihren Söhnen ins Feld geschickt hätte. Sie hat aber auch selbst erhebliche Mengen für sich verbraucht. Hierfür verdiente sie eine erhebliche Strafe. Es macht stets einen peinlichen Eindruck, wenn der Verteidiger statt zum Gericht, zum Zuhörerraum spricht — ich beobachtete das zuletzt im vorigen Jahr vor einem Münchener Gericht. Ein solches Haschen nach dem Beifall des Zuhörerraumes ist eines Verteidigers unwürdig. Wer hierauf ausgeht, soll sich an anderer Stelle versuchen.

(10) Eine kameradschaftliche Zusammenarbeit von Richtern, Staatsanwälten und Rechtsanwälten kann der Rechtspflege nur nützen. Die Anwälte wünschen und fordern eine solche Zusammenarbeit selbst. Dies läßt sich allerdings nicht durch Schreiben erreichen, wie das des Rechtsanwalts, der darin die Staatsanwaltschaft in recht ungehöriger Form angreift. Dieser Anwalt darf sich dann nicht wundern, wenn er eine entsprechende Antwort erhält.

(11) Auch dieser Fall ist kein Beispiel für eine verständnisvolle und reibungslose Zusammenarbeit zwischen Anwalt und Gericht. Den Vorsitzenden des Gerichts 9 Monate nach Zustellung der Anklage wegen Besorgnis der Befangenheit abzulehnen, nachdem er der Bitte der Verteidiger, ein weiteres Gutachten einzuholen, das dann nicht ihren Hoffnungen entsprach, ist eine deutliche Verschleppungshandlung, die mit einer ordnungsmäßigen Wahrung der Rechte des Angeklagten nichts mehr zu tun hat. Die Verteidiger konnten diese Ablehnung auch nicht damit begründen, daß der Vorsitzende sich über den Beweiswert erbbiologischer Gutachten bereits festgelegt hatte, nachdem sie selbst die Einholung des Gutachtens beantragt und damit zu erkennen gegeben hatten, daß sie den Beweiswert derartiger Gutachten offenbar selbst anerkennen.

(12) In Privatklagesachen, die in der heutigen Zeit mehr und mehr zurücktreten müssen, ist es die vornehmste Aufgabe des Rechtsanwalts auf eine gütliche Beilegung des Streites hinzuwirken und den Gerichten derartige Sachen nach Möglichkeit fernzuhalten. Das kann und darf aber keinesfalls in der Weise versucht werden, daß der Anwalt die Gegenpartei aushorcht, um daraus erst die richtigen Anhaltspunkte für die Durchführung des Streites zu erhalten. Eine solche Handlungsweise muß bei der Gegenpartei mit Recht den Eindruck erwecken, daß der Anwalt hier nicht als Rechtswahrer, sondern als besonders raffinierter Interessenvertreter seiner Partei tätig wird.

(13) In derselben Linie liegt die Handlungsweise des Verteidigers, der durch Form und Inhalt seiner Schriftsätze im Privatklageverfahren den Streit nicht beizulegen versuchte, sondern erst richtig schürt, indem er die Gegenpartei selbst in beleidigender Form angreift.

(14) Aufgabe und Stellung des Rechtsanwalts als Verteidiger werden nicht dadurch in verschiedener Weise bestimmt, daß der Verteidiger als Wahlverteidiger oder Pflichtverteidiger tätig wird. Der Anwalt ist als Rechtswahrer unabhängig davon, ob ihn der Staat oder der Angeklagte bestellt und honoriert, in jedem Falle in gleicher Weise verpflichtet, seine ganze Arbeitskraft in den Dienst der S a c h e zu stellen. Auch von dem Pflichtverteidiger muß daher verlangt werden, daß er seine Pflichten der Gemeinschaft und dem Angeklagten gegenüber genau so eingehend und gewissenhaft erfüllt, wie er es in demselben Fall als Wahlverteidiger tun würde. So einfach und klar kann kaum ein Fall liegen, daß drei Pflichtverteidiger ihren Schlußvortrag in kaum zehn Minuten erledigen können. So etwas muß bei allen Beteiligten den Eindruck erwecken, daß eine Verteidigung überhaupt überflüssig war.

12

Druck: Zuchthaus Brandenburg (Havel)-Görden

Nr. 64 — Tag der Ausgabe: 15. Dezember 1944

Bei dem Vermögensvergleich bleiben die Freibeträge (§ 5 des Gesetzes) außer Betracht. Es ist also in jedem Fall das neue Gesamtvermögen mit dem ursprünglichen Gesamtvermögen zu vergleichen;«.

2. Im § 12 Absatz 1 Abschnitt I erhält der vorletzte Satz die folgende Fassung:
»Der Steuerpflichtige wird zusammen veranlagt:
 a) mit seiner nicht dauernd von ihm getrennt lebenden Ehefrau,
 b) mit seinen Kindern, die das achtzehnte Lebensjahr noch nicht vollendet haben.«

Artikel II
Änderung der Durchführungsverordnung zum Reichsbewertungsgesetz

Die Durchführungsverordnung zum Reichsbewertungsgesetz wird mit Wirkung ab 1. Januar 1945 wie folgt geändert:

1. Im § 3a erhält
 a) die Überschrift die folgende Fassung:
»Wertverhältnisse beim Grundbesitz«

und wird b) der folgende Absatz 2 angefügt:
»(2) Der Reinertrag der land- und forstwirtschaftlichen Betriebe ist zur Ermittlung des Ertragswerts abweichend von § 31 Absatz 2 des Gesetzes mit achtzehn zu vervielfältigen.«

2. Im Schlußsatz des § 17 werden die Worte »(§ 76 Absatz 3)« ersetzt durch die Worte »(§ 3a Absatz 2)«.

3. Die §§ 75 und 76 werden gestrichen.

Artikel III
Änderung der Aufbringungsumlage-Verordnung

Die Aufbringungsumlage-Verordnung wird mit Wirkung ab 1. Januar 1945 wie folgt geändert:

1. Im § 11 Absatz 1 Satz 1 wird das Wort »Rechnungsjahre« durch das Wort »Kalenderjahre« ersetzt.

2. § 13 Absatz 1 erhält die folgende Fassung:
»(1) Die Aufbringungsumlage für ein Kalenderjahr wird in zwei gleichen Teilbeträgen am 10. Februar und am 10. August fällig.«

Berlin, 8. Dezember 1944

Der Reichsminister der Finanzen
In Vertretung
Reinhardt

Verordnung
zur weiteren Anpassung der Strafrechtspflege an die Erfordernisse des totalen Krieges
(Vierte Verordnung zur Vereinfachung der Strafrechtspflege).
Vom 13. Dezember 1944.

Auf Grund des Erlasses des Führers über besondere Vollmachten des Reichsministers der Justiz vom 20. August 1942 (Reichsgesetzbl. I S. 535) wird in Verbindung mit dem Erlaß des Führers über den totalen Kriegseinsatz vom 25. Juli 1944 (Reichsgesetzbl. I S. 161) im Einvernehmen mit dem Reichsminister und Chef der Reichskanzlei, dem Leiter der Partei-Kanzlei und dem Generalbevollmächtigten für die Reichsverwaltung verordnet:

Artikel 1
§ 1
Verminderte Besetzung des Volksgerichtshofs

(1) Die Senate und der Besondere Senat des Volksgerichtshofs können in der Hauptverhandlung in der Besetzung von zwei hauptamtlichen Richtern, von denen einer den Vorsitz führt, und einem oder zwei ehrenamtlichen Richtern entscheiden, wenn der Vorsitzer und der Oberreichsanwalt beim Volksgerichtshof die volle Besetzung des Senats nicht für erforderlich halten.

(2) Die Beschlüsse des Senats und des Besonderen Senats werden außerhalb der Hauptverhandlung in der Besetzung von zwei hauptamtlichen Richtern mit Einschluß des Vorsitzers erlassen.

§ 2
Verminderte Besetzung des Reichsgerichts

(1) Die Strafsenate und der Besondere Strafsenat des Reichsgerichts entscheiden in der Besetzung von drei hauptamtlichen Richtern mit Einschluß des Vorsitzers. Zur Hauptverhandlung vor dem Besonderen Strafsenat kann der Vorsitzer mit Zustimmung des Oberreichsanwalts beim Reichsgericht einen oder zwei weitere Mitglieder des Besonderen Strafsenats hinzuziehen.

(2) Die Beschlüsse des Strafsenats und des Besonderen Strafsenats können außerhalb der Hauptverhandlung in der Besetzung von zwei hauptamtlichen Richtern mit Einschluß des Vorsitzers erlassen werden.

§ 3
Einschränkung der Zuständigkeit des Oberlandesgerichts

(1) Die Zuständigkeit des Oberlandesgerichts in Strafsachen geht auf das Reichsgericht über; dies gilt nicht für:

die Strafsachen des ersten Rechtszugs (§ 6 der Zuständigkeitsverordnung vom 21. Februar 1940, Reichsgesetzbl. I S. 405, in der Fassung der Verordnung vom 29. Januar 1943, Reichsgesetzbl. I S. 76; § 3 der Verordnung vom 20. Juni 1938, Reichsgesetzbl. I S. 640, und § 2 der Verordnung vom 18. Januar 1943, Reichsgesetzbl. I S. 72);

die Nichtigkeitsbeschwerden des Generalstaatsanwalts (Artikel 7 § 2 Abs. 2 der weiteren Vereinfachungsverordnung vom 13. August 1942, Reichsgesetzbl. I S. 508, und Ziffer X Abs. 2 der Verordnung über die Strafrechtspflege gegen Polen und Juden in den eingegliederten Ostgebieten vom 4. Dezember 1941, Reichsgesetzbl. I S. 759);

die Entscheidungen nach dem Deutschen Auslieferungsgesetz.

(2) Über Berufungen und Beschwerden des Staatsanwalts gegen Entscheidungen des Amtsrichters in Strafverfahren gegen Polen auf Grund von Ziffer VI der Verordnung über die Strafrechtspflege gegen Polen in den eingegliederten Ostgebieten vom 4. Dezember 1941 (Reichsgesetzbl. I S. 759) entscheidet an Stelle des Oberlandesgerichts das Landgericht.

(3) Im Anwendungsbereich der österreichischen Strafprozeßordnung (öStPO.) entscheidet an Stelle des Oberlandesgerichts über:

Aufsichtsbeschwerden gegen Strafgerichte (§ 15 öStPO.) die Stelle, der die Dienstaufsicht zusteht;

Anträge auf Zuweisung einer Strafsache von dem zuständigen Amtsgericht an ein anderes Amtsgericht (§ 62 öStPO.) im Bezirk des gleichen Landgerichts die Ratskammer;

Anträge, den Beschuldigten auf freiem Fuß zu belassen oder aus der Haft zu entlassen (§ 194 öStPO.), die Ratskammer;

Einsprüche gegen Abwesenheitsurteile (§ 427 öStPO.) das Landgericht;

Berufungen und Beschwerden gegen Entscheidungen des Einzelrichters im vereinfachten Verfahren in Verbrechens- und Vergehensfällen das Landgericht am Sitz des Oberlandesgerichts.

§ 4
Vereinfachte Rechtshilfe

Über die Zulässigkeit von Rechtshilfeersuchen in Strafsachen entscheidet an Stelle des Oberlandesgerichts das Landgericht, zu dessen Bezirk das ersuchte Gericht gehört. Ist das ersuchte Gericht örtlich nicht zuständig, so gibt es das Ersuchen an das zuständige Gericht ab.

Artikel 2
§ 5
Erlaß von Haftbefehlen durch den Staatsanwalt

(1) Vor Erhebung der öffentlichen Klage kann auch der Staatsanwalt, der für das Vorverfahren zuständig ist, einen Haftbefehl erlassen. Wird der Beschuldigte vorläufig festgenommen, so kann er auch dem nächsten Staatsanwalt zum Erlaß des Haftbefehls vorgeführt werden.

(2) Der Beschuldigte, der auf Grund eines Haftbefehls des Staatsanwalts ergriffen wird, ist dem zuständigen Staatsanwalt oder auf sein Verlangen dem nächsten Staatsanwalt oder dem nächsten Amtsrichter, wenn dieser leichter zu erreichen ist, vorzuführen.

(3) Gegen den Haftbefehl des Staatsanwalts kann der Beschuldigte die Entscheidung des Gerichts anrufen, bei dem der Staatsanwalt tätig ist; ist für das Hauptverfahren der Volksgerichtshof, der Besondere Strafsenat des Reichsgerichts oder das Oberlandesgericht zuständig, so entscheiden diese. Auf das Recht, die Entscheidung des Gerichts anzurufen, wird der Beschuldigte bei der Bekanntgabe des Haftbefehls hingewiesen. Das Gericht entscheidet über die Aufrechterhaltung des Haftbefehls des Staatsanwalts auch dann, wenn die Anklage nicht binnen drei Wochen seit der Bekanntgabe des **Haftbefehls** erhoben ist.

(4) Im übrigen finden die Vorschriften über den richterlichen Haftbefehl entsprechende Anwendung.

(5) Im Anwendungsbereich der österreichischen Strafprozeßordnung können der Staatsanwalt und der Amtsrichter als Strafvollstreckungsbehörden zur Vollstreckung einer Freiheitsstrafe einen Vorführungs- oder Haftbefehl erlassen, wenn der Verurteilte sich auf die Ladung zum Strafantritt nicht gestellt hat oder der Flucht verdächtig ist. Steckbriefe (§ 416 öStPO.) können auch vom Staatsanwalt erlassen werden.

§ 6
Anordnung von Beschlagnahmen und Durchsuchungen durch den Staatsanwalt

(1) Vor Erhebung der öffentlichen Klage steht auch dem Staatsanwalt die Anordnung von Beschlagnahmen und Durchsuchungen zu, selbst wenn keine Gefahr im Verzug ist.

(2) Eine richterliche Bestätigung der Anordnung findet nicht statt; eine richterliche Entscheidung gegen die Anordnung kann nicht nachgesucht werden. Im Anwendungsbereich der österreichischen Strafprozeßordnung entfällt die Verpflichtung zur Vorlage der Niederschrift über die vom Staatsanwalt angeordnete Hausdurchsuchung an den Untersuchungsrichter (§ 88 Abs. 3 öStPO.).

(3) Die Eröffnung beschlagnahmter Briefe und anderer Postsendungen sowie die Durchsicht der Papiere des von einer Durchsuchung Betroffenen stehen dem Staatsanwalt zu, wenn er die Beschlagnahme oder Durchsuchung angeordnet hat.

§ 7
Augenschein, Leichenschau, Leichenöffnung ohne Mitwirkung eines Richters

Der Staatsanwalt kann ohne Hinzuziehung eines Richters und eines gerichtlichen Urkundsbeamten einen Augenschein und eine Leichenschau vornehmen sowie eine Leichenöffnung vornehmen lassen. Die Vorschriften über die richterlichen Amtshandlungen dieser Art und die Verlesung der darüber aufgenommenen Niederschriften finden entsprechende Anwendung. Im Anwendungsbereich der österreichischen Strafprozeßordnung entfällt die Verpflichtung zur Vorlage der Niederschrift an den Untersuchungsrichter (§ 88 Abs. 3 öStPO.).

§ 8
Weitere Lockerung des Verfolgungszwangs

(1) Der Staatsanwalt kann von der Erhebung der öffentlichen Klage absehen, wenn die Verfolgung im Kriege zum Schutze des Volkes nicht erforderlich ist.

(2) Ist die Klage bereits erhoben, so kann das Gericht mit Zustimmung des Staatsanwalts das Verfahren einstellen; der Beschluß ist unanfechtbar.

(3) Das Absehen von der Klageerhebung und die Einstellung des Verfahrens können von der Erfüllung bestimmter Auflagen abhängig gemacht werden.

§ 9
Einschränkung der Mitteilungspflichten

(1) Der Staatsanwalt benachrichtigt den Anzeigeerstatter von der Einstellung des Verfahrens nur, wenn er es für geboten hält.

(2) In Jugendsachen kann von gesetzlich vorgeschriebenen Mitteilungen nach näherer Anordnung des Reichsministers der Justiz abgesehen werden.

§ 10
Vereinfachte Anklageschrift beim Sondergericht

Die Anklagebehörde beim Sondergericht kann in einfach liegenden Fällen von der Darstellung des wesentlichen Ergebnisses der Ermittlungen in der Anklageschrift absehen, wenn sie zur Vorbereitung der Hauptverhandlung nicht erforderlich ist.

§ 11
Vereinfachte Anklageerhebung nach Verweisung in das ordentliche Verfahren

Nach Verweisung einer Strafsache vom sondergerichtlichen Verfahren in das ordentliche Verfahren kann der Staatsanwalt von der Einreichung einer neuen Anklageschrift absehen und beantragen, daß im ordentlichen Verfahren auf Grund der bei dem Sondergericht eingereichten Anklageschrift verhandelt wird. Entsprechendes gilt nach Ablehnung der Aburteilung im beschleunigten Verfahren, wenn eine Anklageschrift eingereicht ist, sowie nach Ablehnung der Entscheidung im vereinfachten Jugendverfahren, wenn der schriftliche Antrag den wesentlichen Erfordernissen einer Anklageschrift entspricht.

§ 12
Beschränkte Mitwirkung von Rechtsanwälten

(1) In einem Strafverfahren können mehrere Rechtsanwälte oder geschäftsmäßige Vertreter als Wahlverteidiger eines Beschuldigten nicht nebeneinander mitwirken.

(2) Die Vorschriften über die notwendige Verteidigung finden keine Anwendung. Der Vorsitzer bestellt einen Verteidiger für das ganze Verfahren oder einen Teil des Verfahrens, wenn wegen der schwierigen Sach- oder Rechtslage die Mitwirkung eines Verteidigers geboten ist oder wenn sich der Beschuldigte seiner Persönlichkeit nach nicht selbst verteidigen kann. Im Anwendungsbereich der österreichischen Strafprozeßordnung können auch Justizbeamte, die nicht als Richter angestellt sind, sowie Rechtskundige, welche die erste Prüfung für den Justizdienst bestanden haben, zu Verteidigern bestellt werden. Die Nichtigkeitsbeschwerde der österreichischen Strafprozeßordnung kann gegen ein Urteil, das den Angeklagten schuldig spricht, auch dann ergriffen werden (§ 281 Ziffer 1 a öStPO.), wenn entgegen diesen Vorschriften die Hauptverhandlung ohne Bestellung eines Verteidigers durchgeführt worden ist.

§ 13
Weitere Einschränkung der Rechtsmittel

(1) Revision (Nichtigkeitsbeschwerde der österreichischen Strafprozeßordnung), Berufung und Beschwerde des Angeklagten, Privatklägers, Nebenklägers und Privatbeteiligten (§ 465 Abs. 3 öStPO.) gegen eine nach dem Inkrafttreten dieser Verordnung ergangene Entscheidung bedürfen einer besonderen Zulassung. Sie wird erteilt, wenn ihre Versagung unbillig wäre.

(2) Über die Zulassung entscheidet der Vorsitzer des Gerichts, das die angefochtene Entscheidung erlassen hat; er kann auch die Entscheidung des Gerichts über die Zulassung herbeiführen. Die Entscheidungen bedürfen keiner Begründung und sind unanfechtbar.

(3) In Strafsachen ist gegen Entscheidungen der Kammern des Landgerichts sowie gegen die Festsetzung einer Ordnungsstrafe wegen Ungebühr Beschwerde nicht zulässig.

§ 14
Vereinfachung des Rechtsmittelverfahrens

Das Reichsgericht kann über eine Revision (Nichtigkeitsbeschwerde der österreichischen Strafprozeßordnung) auch dann durch Beschluß entscheiden, wenn sie einstimmig für offensichtlich begründet erklärt wird.

Artikel 3
§ 15
Sofortige Vollstreckung von Zuchtmitteln und Erziehungsmaßregeln

Der Richter kann im Urteil oder nachträglich durch unanfechtbaren Beschluß die sofortige Vollstreckung von Zuchtmitteln und Erziehungsmaßregeln mit Ausnahme der endgültigen Fürsorgeerziehung für zulässig erklären.

§ 16
Vereinfachung im Strafvollstreckungsverfahren

Gerichtliche Entscheidungen über die Bewilligung von Zahlungsfristen oder Teilzahlungen sowie über das Unterbleiben der Vollstreckung von Ersatzfreiheitsstrafen (§ 28 Abs. 2 Satz 1, § 29 Abs. 6 RStGB., § 409 öStPO.), über Unterbrechung oder Aufschub der Vollstreckung einer Freiheitsstrafe oder einer Maßregel der Sicherung und Besserung (§ 458 Abs. 2 und 3, § 463a Abs. 1 RStPO., §§ 401, 401a öStPO.) sowie über nachträgliche Milderung der Strafe (§ 410 öStPO.) sind nach dem Urteil nicht mehr zulässig.

Artikel 4
§ 17
Schlußvorschriften

(1) Der Reichsminister der Justiz erläßt die zur Durchführung und Ergänzung dieser Verordnung notwendigen weiteren Bestimmungen. Er kann Zweifelsfragen im Verwaltungsweg entscheiden.

(2) Diese Verordnung tritt am siebenten Tage nach der Verkündung in Kraft. Sie gilt auch für die deutschen Justizbehörden im Protektorat Böhmen und Mähren.

(3) Die Vorschriften der §§ 2, 3 und 12 dieser Verordnung finden keine Anwendung, wenn vor ihrem Inkrafttreten die Verhandlung bereits begonnen hat.

Berlin, den 13. Dezember 1944.

Der Reichsminister der Justiz
Dr. Thierack

Sechsundzwanzigste Bekanntmachung
über die Eintragung von verzinslichen Schatzanweisungen des Deutschen Reichs in das Reichsschuldbuch
Vom 13. Dezember 1944

Auf Grund von § 21 Absatz 2 der Reichsschuldenordnung in Verbindung mit Artikel I der Verordnung zur Ergänzung der Reichsschuldenordnung vom 29. Dezember 1936 (Reichsgesetzbl. I S. 1156) habe ich bestimmt, daß den Schuldverschreibungen nach § 21 Absatz 1 der Reichsschuldenordnung und den Vorschriften des Reichsschuldbuchgesetzes in der Fassung der Bekanntmachung vom 31. Mai 1910 (Reichsgesetzbl. S. 840) weiter gleichzusetzen sind die

$3^{1}/_{2}\%$igen Schatzanweisungen des Deutschen Reichs von 1945, Folge I.

Die Schatzanweisungen können somit ebenfalls in das Reichsschuldbuch eingetragen werden.

Berlin, 13. Dezember 1944

Der Reichsminister der Finanzen
Im Auftrag
Bayrhoffer

Berichtigung

In der Verordnung zur Vereinfachung des Eichwesens vom 22. September 1944 (Reichsgesetzbl. I S. 227) muß es in der Zeile 5 des § 5 Abs. 1 statt »im § 43« richtig heißen: »in den §§ 33, 43«.

Berlin, den 30. November 1944.

Der Reichswirtschaftsminister
Im Auftrag
Dr. Quassowski

Herausgegeben vom Reichsministerium des Innern — Verlag: Reichsverlagsamt — Druck: Reichsdruckerei

Quellen- und Literaturverzeichnis

1. Archivbestände

Anwaltskammer, Berlin

Personalakten:	Karl Kikath	Franz Thinius
Kurt Behling	Johannes Langkau	Erich Wedell
Hellmuth Boden	Fritz Ludwig	Arno Weimann
Ernst Dahlmann	Walter Luetgebrune	Lothar Welt
Erich Deus	Kurt Peschke	Kurt Wergin
Carl Falck	Max Schmidt	Otto Wilde
Werner Holschemacher	Erwin Siber	
Carl Horn	Georg Staege	

Bundesarchiv, Berlin

R 22/251	R 22/277	R 22/5032
R 22/254	R 22/706	R 22/5040
R 22/255	R 22/721	R 43 I/1464
R 22/256	R 22/928	R 43 II/598
R 22/257	R 22/929	R 43 II/600
R 22/258	R 22/930	R 43 II/1534
R 22/260	R 22/947	R 43 II/1535
R 22/261	R 22/951	R 43 II/1536c
R 22/262	R 22/995	R 58/147
R 22/263	R 22/1056	R 58/150
R 22/265	R 22/1079	R 58/152
R 22/266	R 22/1088	R 58/173
R 22/267	R 22/1467	R 58/186
R 22/268	R 22/3166	R 58/507
R 22/269	R 22/4275	R 58/711
R 22/270	R 22/4353	R 30.16 Sachakten 86
R 22/271	R 22/4700	R 30.16 Sachakten 102
R 22/275	R 22/4701	NS 16/112
R 22/276	R 22/4702	NS 16/120

Quellen- und Literaturverzeichnis

Personalakten

R 3005/2626 (Ludwig Bendix)
R 22/52568 (Wilhelm Braubach)
R 22/53837 (Ernst Dahlmann)
R 22/54106 (Karl Deutschmann)
R 22/54292 (Karl Dittmar)
R 22/54338 (Walter Döhring)
R 22/54749 (Ilse Eben-Servaes)
R 22/55377 (Georg Eschstruth)
R 22/59435 und 59436
(Edith Hegemann-Springer)
R 22/60363
(Hans-Joachim Heyl)
R 22/61215 (Carl Horn)
R 22/62504 (Otto Kamecke)
R 22/63161 (Karl Kikath)
R 22/64137 (Otto Koffka)
R 22/64291 (Friedrich Koppe)
R 22/64679 (Franz Kremer)
R 22/65045 (Hero Kruse)
R 22/65234 (Wilhelm Kühne)
R 22/65356 (Wilhelm Kunz)
R 22/65542 (Ernst Ladwig)
R 22/65811 (Johannes Langkau)
R 22/67198
(Walter Luetgebrune)
R 22 (Heinrich Megow)
R 22 (Bernhard Nadbyl)
R 22 (Kurt Peschke)
R 22 (Werner Ranz)
R 22 (Willy Reinberger)
R 22 (Alfred Richter)
R 22 (Erich Ristow)
R 22 (Oskar Scheer)
R 22 (Wilhelm Schlosser)
R 22 (Wilhelm Schön)
R 22 (Wilhelm Scholz)
R 22 (Franz Thinius)
R 22 (Hans Viereck)
R 22 (Werner Wille)
R 22 (Curt Winkler)
R 22 (Josef Wirmer)
R 22 (Hans Wöstendiek)
R 22 (Wilhelm Woy)

Berlin Document Center

Gerhard Bohne
Ernst Dahlmann
Karl Deutschmann
Karl Dittmar
Georg Eschstruth
Heinrich Ehlers
Georg Eschstruth
Edith Hegemann-Springer
Hans-Joachim Heyl
Otto Kamecke
Karl Kikath
Wilhelm Kühne
Wilhelm Kunz
Erwin Noack
Kurt Peschke
Werner Ranz
Erich Ristow
Alfons Sack
Oskar Scheer
Helmut Seydel
Georg Staege
Friedrich-Karl Surén
Franz Thinius
Wilhelm Woy

Geheimes Preußisches Staatsarchiv (GStA), Berlin

Rep. 84a MF 1198
Rep. 84a MF 1199
Rep. 84a MF 1200
Rep. 84a MF 1201
Rep. 84a MF 1202
Rep. 84a MF 1203
Rep. 84a MF 1205
Rep. 84a MF 1206
Rep. 84a MF 1207
Rep. 84a MF 1208
Rep. 84a MF 1209
Rep. 84a MF 1210
Rep. 84a MF 1211
Rep. 84a MF 1212
Rep. 84a MF 1218
Rep. 84a MF 1251
Rep. 84a MF 1252
Rep. 84a MF 11217
Rep. 84a MF 11218
Rep. 84a MF 11219
Rep. 84a MF 11220
Rep. 84a MF 11221
Rep. 84a MF 11323
Rep. 84a MF 11324
Rep. 84a (2.5.1.) Nr. 67
Rep. 84a (2.5.1.) Nr. 73
Rep. 84a (2.5.1.) Nr. 75
Rep. 84a (2.5.1.) Nr. 106
Rep. 84a (2.5.1.) Nr. 10352
Rep. 84a (2.5.1.) Nr. 11993
Rep. 84a (2.5.1.) Nr. 12733
Rep. 84a (2.5.1.) Nr. 20155
Rep. 84a (2.5.1.) Nr. 20156
Rep. 84a (2.5.1.) Nr. 20363
Rep. 84a (2.5.1.) Nr. 20407

Hessisches Ministerium für Justiz

Personalakten:
Wolfgang Zarnack

Institut für Zeitgeschichte, München

Reichs-Rechtsanwaltsordnung in der Fassung vom 21.2.1936
NSRB Gau Berlin, Tätigkeitsbericht für das Jahr 1939

Justizakademie des Landes Nordrhein-Westfalen

Personalakten:
Gerhard Bohne
Rüdiger Graf von der Goltz

Zentrum für Antisemitismusforschung, TU Berlin

Nürnberger Dokumente	NG-533	NG-971
NG-274	NG-535	NG-973
NG-333	NG-536	NG-991
NG-336	NG-646	NG-1007
NG-400	NG-659	NG-1009
NG-403	NG-792	NG-2335
NG-404	NG-851	NG-4415
NG-408	NG-954	

2. Zeitungen und Zeitschriften

Deutsche Juristen-Zeitung

Akademie für Deutsches Recht. Jahrbuch
Anwaltsblatt. Nachrichten für die Mitglieder des Deutschen Anwaltvereins
Berliner Anwaltsblatt
Deutsche Justiz. Rechtspflege und Rechtspolitik. Amtliches Blatt der deutschen Rechtspflege
Deutsches Recht. Zeitschrift des Bundes Nat.-Soz. Deutscher Juristen
Juristische Wochenschrift

Mitteilungsblatt der Reichs-Rechtsanwaltskammer
Mitteilungsblatt des National-Sozialistischen Rechtswahrerbundes. Beilage zu: Deutsches Recht
Zeitschrift der Akademie für Deutsches Recht
Die Publikationen der „Arbeitsgemeinschaft für Strafrechtspflege" des NSRB Berlin stellte mir RA Gerhard Jungfer aus seiner Bibliothek zur Verfügung.

3. Literaturverzeichnis

Alterthum, Willy, Fünf Jahre Berliner Rechtsanwaltschaft. Ein Streifzug durch Protokolle und andere Schriften, in: Festschrift für Albert Pinner zu seinem 75. Geburtstag, Berlin 1932, S. 55-107.

Arndt, Ino/Boberach, Heinz, Deutsches Reich, in: Wolfgang Benz (Hrsg.), Dimension des Völkermords. Die Zahl der jüdischen Opfer des Nationalsozialismus, München 1991, S. 23–65.

Bader, Karl S., Strafverteidigung vor deutschen Gerichten im Dritten Reich, in: Juristenzeitung 27 (1972), S. 6-12.

Bendix, Reinhard, Von Berlin nach Berkeley. Deutsch-jüdische Identitäten, Frankfurt a.M. 1985.

Blau, Bruno, Vierzehn Jahre Not und Schrecken, o.O. o.J.

Boberach, Heinz (Hrsg.), Meldungen aus dem Reich. Die geheimen Lageberichte des Sicherheitsdienstes der SS, Herrsching 1984.

Boberach, Heinz (Hrsg.), Richterbriefe. Dokumente zur Beeinflussung der deutschen Rechtsprechung 1942-1944, Boppard am Rhein 1975.

Brück, Carlheinz von, Ein Mann, der Hitler in die Enge trieb. Hans Littens Kampf gegen den Faschismus. Ein Dokumentarbericht, Berlin 1975.

Cheim, Hans-Gerhard, Zur Verfolgung Berliner jüdischer Rechtsanwälte 1933 bis 1945, in: Zeitschrift für Geschichtswissenschaft 11 (1988), S. 992-1010.

Comitée des Délégations Juives (Hrsg.), Das Schwarzbuch. Tatsachen und Dokumente. Die Lage der Juden in Deutschland 1933, Paris 1934.

Deutscher Juristinnenbund (Hrsg.), Juristinnen in Deutschland. Eine Dokumentation (1900-1984), München 1984.

Douma, Eva, Deutsche Anwälte zwischen Demokratie und Diktatur. 1930-1955, Frankfurt a.M. 1998.

Douma, Eva, Rechtsanwälte als Staatsdiener. Der „Einsatz" der Rechtsanwälte in der Justiz während des Zweiten Weltkrieges, in: Juristische Zeitgeschichte, Bd. 1: Justiz und Nationalsozialismus, S. 103-130.

Ebel, Friedrich/Albrecht Randelzhofer (Hrsg.), Rechtsentwicklungen in Berlin. Acht Vorträge, gehalten anläßlich der 750-Jahrfeier Berlins, Berlin 1988.

Eckert, Joachim/Tens, Antonia, Hitler und die Juristen. Äußerungen und tatsächliche Politik, in: Recht und Politik 29 (1993), S. 34-50.

Eggert, Wolfgang, Jüdische Rechtsanwälte und Richter im Deutschland des 19. und 20. Jahrhunderts, in: Historische Mitteilungen 1 (1989), S. 79-115.

Erlebnisbericht Werner Pünders über die Ermordung Klauseners am 30. Juni 1934 und ihre Folgen, in: Vierteljahrshefte für Zeitgeschichte 4 (1971), S. 404-431.

Feth, Andrea, Hilde Benjamin – eine Biographie, Berlin 1997.

Fliess, Dorothee, Geschichte einer Rettung, in: Rüdiger von Voss/Günther Neske (Hrsg.), Der 20. Juli 1944. Annäherung an den geschichtlichen Augenblick, Pfullingen 1984, S. 69-87.

Focke, Harald/Reimer, Uwe, Alltag der Entrechteten. Wie die Nazis mit ihren Gegnern umgingen, Bd. 2, Reinbek bei Hamburg 1980.

Focke, Harald/Strocka, Monika, Alltag der Gleichgeschalteten. Wie die Nazis Kirche, Kultur, Justiz und Presse braun färbten, Bd. 3, Reinbek bei Hamburg 1985.

Frey, Erich, Ich beantrage Freispruch. Aus den Erinnerungen des Strafverteidigers Prof. Dr. Dr. Erich Frey, Hamburg 1959.

Godin, Hans von, Strafjustiz in rechtloser Zeit. Mein Ringen um Menschenleben in Berlin 1943-45, Berlin 1990.

Göppinger, Horst, Juristen jüdischer Abstammung im „Dritten Reich". Entrechtung und Verfolgung, München 1990^2.

Grubel, Fred, Vortrag zur Gedächtnisfeier für Dr. Martin Drucker am 22. Oktober 1989. Revidierter Text der Einleitung zur Festschrift zu Ehren des 65. Geburtstages von Dr. M. Drucker (6. Oktober 1934), in: Anwaltsblatt 1 (1990), S. 8ff.

Gruchmann, Lothar, Justiz im Dritten Reich 1933-1940. Anpassung und Unterwerfung in der Ära Gürtner, München 1988.

Güstrow, Dietrich, Tödlicher Alltag: Strafverteidiger im Dritten Reich, Berlin 1981.

Hartstang, Gerhard, Der deutsche Rechtsanwalt. Rechtsstellung und Funktion in Vergangenheit und Gegenwart, Heidelberg 1986.

Heinrichs, Helmut/Franzki, Harald/Schmalz, Klaus/Stolleis, Michael (Hrsg.), Deutsche Juristen jüdischer Herkunft, München 1993.

Helling, Wilfried, Gleichschaltung und Ausgrenzung. Der Weg der bremischen Anwaltschaft ins Dritte Reich, Bremen 1990.

Heydeloff, Rudolf, Staranwalt der Rechtsextremisten. Walter Luetgebrune in der Weimarer Republik, in: Vierteljahrshefte für Zeitgeschichte 3 (1984), S. 373-421.

Hirsch, Martin/Majer, Diemut/Meinck, Jürgen (Hrsg.), Recht, Verwaltung und Justiz im Nationalsozialismus. Ausgewählte Schriften, Gesetze und Gerichtsentscheidungen von 1933 bis 1945, Köln 1984.

Im Namen des Deutschen Volkes. Justiz und Nationalsozialismus. Katalog zur Ausstellung des Bundesministers der Justiz, Köln 1989.

Isay, Rudolf, Aus meinem Leben, Weinheim 1960.

Jahntz, Bernhard/Kähne, Volker, Der Volksgerichtshof. Darstellung der Ermittlungen der Staatsanwaltschaft bei dem Landgericht Berlin gegen ehemalige Richter und Staatsanwälte am Volksgerichtshof, Berlin 1987^2.

Jarausch, Konrad H., The Perils of Professionalism: Lawyers, Teachers, and Engineers in Nazi Germany, in: German Studies Review 9 (1986), S. 107-137.

Jungfer, Gerhard, Die Vertreibung der jüdischen Juristen, in: Anwaltsblatt 1 (1989), S. 10–14.

Jungfer, Gerhard, Hans Litten zum 50. Todestag – Eine Dokumentation, in: Anwaltsblatt 4 (1988), S. 213-216.

Jungfer, Gerhard, Rechtsanwalt Dr. Julius Magnus zum Gedenken, in: NJW 43 (1991), S. 2748-2753.

Knobloch, Gundula, Deutsch das Recht und deutsch auch die Juristen. Zur Ausschaltung der jüdischen Rechtsanwälte aus der Anwaltschaft 1933-1938, in: Anwaltsblatt 10 (1990), S. 483–490.

König, Stefan, Vom Dienst am Recht. Rechtsanwälte als Strafverteidiger im Nationalsozialismus, Berlin 1987.

Krach, Tillmann, Die „Gleichschaltung" der anwaltlichen Standesorganisationen in Preußen und ihre Folgen für die jüdischen Kollegen, in: Anwaltsblatt 6 (1990).

Krach, Tillmann, „ ... endlich von artfremdem Einfluß ganz befreit ..." – Jüdische Rechtsanwälte und ihre Vertreibung im Nationalsozialismus, in: Recht und Politik 29 (1993), S. 84-93.

Krach, Tillmann, Jüdische Rechtsanwälte in Preußen. Über die Bedeutung der freien Advokatur und ihre Zerstörung durch den Nationalsozialismus, München 1991.

Kritische Justiz (Hrsg.), Streitbare Juristen. Eine andere Tradition, Baden-Baden 1988.

Ladwig-Winters, Simone, Anwalt ohne Recht. Das Schicksal jüdischer Rechtsanwälte in Berlin nach 1933, Berlin 1998.

Lang, Hubert, Martin Drucker – Das Ideal eines Rechtsanwalts, Leipzig o.J.

Leich, S. Hanna/Lundt, André, Zur Ausschaltung jüdischer Rechtsanwälte 1933-1938 – am Beispiel Berlins, in: Recht und Politik 24 (1988), S. 221-229.

Litten, Irmgard, Eine Mutter kämpft gegen Hitler, Rudolstadt 1947 (erstmals 1940 erschienen).

Marxen, Klaus, Das Volk und sein Gerichtshof. Eine Studie zum nationalsozialistischen Volksgerichtshof, Frankfurt a. M. 1994.

Meier-Scherling, Anne-Gudrun, Die Benachteiligung der Juristin zwischen 1933 und 1945, in: Deutsche Richterzeitung 1 (1975), S. 10-13.
Meyer, Winfried, Unternehmen Sieben. Eine Rettungsaktion für vom Holocaust Bedrohte aus dem Amt Ausland/Abwehr im Oberkommando der Wehrmacht, Frankfurt a. M. 1993.
Morisse, Heiko, Rechtsanwälte im Nationalsozialismus. Zur Funktion der Ehrengerichtsbarkeit dargestellt am Beispiel des Oberlandesgerichtsbezirks Hamburg, Hamburg 1995.
Müller, Ingo, Furchtbare Juristen. Die unbewältigte Vergangenheit unserer Justiz, München 1987.
Neumann, Siegfried, Vom Kaiserhoch zur Austreibung. Aufzeichnungen aus dem Leben eines jüdischen Rechtsanwalts in Deutschland, Bonn 1978.
Olden, Rudolf und Ika, „In tiefem Dunkel liegt Deutschland". Von Hitler vertrieben – Ein Jahr deutsche Emigration, Berlin 1994.
Ostler, Fritz, Die deutschen Rechtsanwälte 1871-1971, Essen 1971.
Ostler, Fritz, Rechtsanwälte in der NS-Zeit. Fakten und Erinnerungen, in: Anwaltsblatt 2 (1983), S. 50–59.
Paech, Norman, „Ich habe nur als proletarischer Anwalt meine Pflicht den angeklagten Proletariern gegenüber erfüllt." Hans Litten, Rechtsanwalt (1903-1938), in: Demokratie und Recht (1988), S. 70-78.
Plum, Günter, Wirtschaft und Erwerbsleben, in: Wolfgang Benz (Hrsg.), Die Juden in Deutschland 1933-1945. Leben unter nationalsozialistischer Herrschaft, München 1988, S. 268–313.
Proskauer, Erna, Wege und Umwege. Erinnerungen einer Berliner Rechtsanwältin, Frankfurt a.M. 1996.
Pufendorf, Lutz von, Zur Lage der Berliner Anwaltschaft im Jahr 1933, in: Berliner Anwaltsblatt 6 (1995), S. 225-236.
Reifner, Udo, Die Zerstörung der freien Advokatur im Nationalsozialismus, in: Kritische Justiz 17 (1984), S. 380-393.
Reifner, Udo, Juristen im Nationalsozialismus. Kritische Anmerkungen zum Stand der Vergangenheitsbewältigung, in: Zeitschrift für Rechtspolitik 1 (1983), S. 13-19.
Rethmeier, Andreas, „Nürnberger Rassegesetze" und Entrechtung der Juden im Zivilrecht, Frankfurt a. M. 1995.
Riess, Curt, Der Mann in der schwarzen Robe. Das Leben des Strafverteidigers Max Alsberg, Hamburg 1965.
Rottleuthner, Hubert, Wer war Dietrich Güstrow?, in: Kritische Justiz 1988, S. 81-91.
Rottleuthner, Hubert/Tuchel, Johannes, Wer war Dietrich Wilde alias Dietrich Güstrow? Ein Nachtrag, in: Kritische Justiz 1991, S. 76-83.
Salje, Peter, Recht und Unrecht im Nationalsozialismus, Münster 1985.
Schaich, Albrecht, Hundert Jahre Deutscher Anwaltverein, in: Anwaltsblatt 1 (1971), S. 1ff.
Schilde, Kurt/Schultz, Rolf/Walleczeck, Silvia, SA-Gefängnis Papestraße. Spuren und Zeugnisse, Berlin 1996.
Schimmler, Bernd, Recht ohne Gerechtigkeit. Zur Tätigkeit der Berliner Sondergerichte im Nationalsozialismus, Berlin 1984.
Schimmler, Bernd, „Stimmung der Bevölkerung und politische Lage". Die Lageberichte der Berliner Justiz 1940-1945, Berlin 1986.
Schlabrendorff, Fabian von, Werner Pünder 85 Jahre alt, in: NJW 40 (1970), S. 1784f.
60 Jahre Berliner Arbeitsgerichtsbarkeit 1927-1987, hrsg. vom Gesamtrichterrat der Berliner Gerichte für Arbeitssachen. Redaktion: André Lundt, Berlin 1987.
Staff, Ilse (Hrsg.), Justiz im Dritten Reich. Eine Dokumentation, Frankfurt a.M. 1978.
Stiefel, Ernst C./Mecklenburg, Frank, Deutsche Juristen im amerikanischen Exil (1933-1950), Tübingen 1991.

Sunnus, Michael, Der NS-Rechtswahrerbund (1928-1945). Zur Geschichte der nationalsozialistischen Juristenorganisation, Frankfurt a. M. 1990.

Unger, Manfred, Martin Drucker. Anwalt des Rechts, in: Anwaltsblatt 1 (1990), S. 3ff.

Versehrt, verfolgt, versöhnt: Horst Berkowitz. Ein jüdisches Anwaltsleben. Aufgezeichnet von Ulrich Beer, Essen 1979.

Vortmann, Jürgen, Juristischer Widerstand gegen den Nationalsozialismus, in: Zeitschrift für Rechtspolitik 23 (1990), S. 193-200.

Wagner, Walter, Der Volksgerichtshof im nationalsozialistischen Staat, Stuttgart 1974.

Weinkauff, Hermann, Die deutsche Justiz und der Nationalsozialismus. Ein Überblick, Stuttgart 1968.

Witthoeft, Maren, Hans Litten – Ein zu Unrecht fast vergessener Anwalt der Opfer, in: Kritische Justiz 3 (1998), S. 405-411.